Grundrisse zum Neuen Testament

10

V&R

Grundrisse zum Neuen Testament

Das Neue Testament Deutsch · Ergänzungsreihe

Herausgegeben von Jürgen Roloff

Band 10

Die Kirche im Neuen Testament

Göttingen · Vandenhoeck & Ruprecht · 1993

Die Kirche
im Neuen Testament

von

Jürgen Roloff

Göttingen · Vandenhoeck & Ruprecht · 1993

Für Fairy von Lilienfeld
zum 4. 10. 1992

Die Deutsche Bibliothek – CIP-Einheitsaufnahme

Roloff, Jürgen:
Die Kirche im Neuen Testament / von Jürgen Roloff. –
Göttingen: Vandenhoeck und Ruprecht, 1993
(Grundrisse zum Neuen Testament; Bd. 10)
ISBN 3-525-51377-1
NE: GT

Inhalt

Einführung

Übergreifende Literatur zum Thema: K. *Berger*, Art. Kirche II, TRE 18, 1989, 201–216; W. *Breuning u.a. (Hg.)*, Unterwegs zur Kirche. Alttestamentliche Konzeptionen, 1987 (QD 110); R.E. *Brown*, The Unity and Diversity in New Testament Ecclesiology, Milwaukee 1965; R. *Bultmann*, Theologie des Neuen Testaments, hg. O. Merk, ⁹1984 (UTB 630); H. *v. Campenhausen*, Kirchliches Amt und geistliche Vollmacht in den ersten drei Jahrhunderten, ²1963 (BHTh 14); N.A. *Dahl*, Das Volk Gottes, Darmstadt ²1963; G. *Delling*, Merkmale der Kirche im Neuen Testament, NTS 13 (1966/67) 297–316; H. *Dombois*, Das Recht der Gnade I, Witten 1969; I. *Goldhahn-Müller*, Die Grenze der Gemeinde, 1989 (GTA 39); L. *Goppelt*, Christentum und Judentum im ersten und zweiten Jahrhundert, 1954 (BFChTh 2/55); *ders.*, Die apostolische und nachapostolische Zeit, 1961 (KIG 1A); *ders.*, Theologie des Neuen Testaments, Göttingen ³1981; F. *Hahn*, Exegetische Beiträge zum ökumenischen Gespräch. Ges. Aufs. I, Göttingen 1986; J. *Hainz (Hg.)*, Kirche im Werden, München u.a. 1976; A. *Harnack*, Entstehung und Entwickelung der Kirchenverfassung und des Kirchenrechts in den zwei ersten Jahrhunderten, Leipzig 1910 (Neudr. Darmstadt 1980); S. *Heine*, Frauen der frühen Christenheit, Göttingen ²1987; E. *Herms*, Erfahrbare Kirche, Tübingen 1990; E. *Jüngel*, Die Kirche als Sakrament?, ZThK 80 (1983) 432–457; E. *Käsemann*, Amt und Gemeinde im Neuen Testament, in: ders., Exegetische Versuche und Besinnungen I, Göttingen ³1971, 109–134; *ders.*, Einheit und Vielfalt in der neutestamentlichen Lehre von der Kirche, in: ders., Exegetische Versuche und Besinnungen II, Göttingen ³1970, 262–267; K. *Kertelge (Hg.)*, Das Amt im Neuen Testament, 1977 (WdF 439); *ders.*, Gemeinde und Amt im Neuen Testament, 1972 (BiH 10); *ders.*, Die Wirklichkeit der Kirche im NT, in: W. Kern u.a. (Hg.), Handbuch der Fundamentaltheologie 3: Traktat Kirche, Freiburg u.a. 1986, 97–121; W. *Kirchschläger*, Die Anfänge der Kirche, Graz u.a. 1990; I. *Kitzberger*, Bau der Gemeinde, Würzburg 1987; H.-J. *Klauck*, Hausgemeinde und Hauskirche im frühen Christentum, 1981 (SBS 103); G. *Klinzing*, Die Umdeutung des Kultus in der Qumrangemeinde und im Neuen Testament, 1971 (StUNT 7); W. *Kreck*, Grundfragen der Ekklesiologie, München 1981; U. *Kühn*, Kirche, 1980 (Handbuch der Systematischen Theologie 10); H. *Küng*, Die Kirche, ³1985 (Serie Piper 161); G.A. *Lindbeck*, The Nature of Doctrine, Philadelphia 1984; C. *Link/U. Luz/L. Vischer*, Sie aber hielten fest an der Gemeinschaft ..., Zürich 1988; D. *Lührmann/G. Strecker (Hg.)*, Kirche, FS G. Bornkamm, Tübingen 1980; U. *Luz*, Charisma und Institution in neutestamentlicher Sicht, EvTh 49 (1989) 76–94; P.S. *Minear*, Images of the Church in the New Testament, Philadelphia 1960; J. *Moltmann*, Kirche in der Kraft des Geistes, München 1975; F. *Mußner*, Traktat über die Juden, München 1979; W. *Pannenberg*, Thesen zur Theologie der Kirche, München 1970; W. *Rebell*, Zum neuen Leben berufen, München 1990; J. *Roloff*, Apostolat – Verkündigung – Kirche, Gütersloh 1965; *ders.*, Art. Amt/Ämter/Amtsverständnis IV, TRE 2, 508–533; *ders.*, Art. Apostel/Apostolat/Apostolizität I, TRE 3, 430–445; L. *Schenke*, Die Urgemeinde, Stuttgart 1990; H. *Schlier*, Ekklesiologie des Neuen Testaments, MySal 4,1 (1972) 101–221; K.L. *Schmidt*, Die Kirche des Urchristentums, in: Festgabe für A. Deißmann, Tübingen 1927, 258–319; R. *Schnackenburg*, Die Kirche im Neuen Testament, Freiburg ²1963; W. *Schrage*, Ethik des Neuen Testaments, ²1989 (GNT 4); E. *Schweizer*, Gemeinde und Gemeindeordnung im

Neuen Testament, ²1962 (AThANT 35); *ders.*, Theologische Einleitung in das Neue Testament, 1989 (GNT 2); *G. Theißen*, Studien zur Soziologie des Urchristentums, ³1989 (WUNT 19); *C. Thoma*, Kirche aus Juden und Heiden, Freiburg u.a. 1970; *H. Thyen*, Zur Problematik einer neutestamentlichen Ekklesiologie, in: G. Liedke (Hg.), Frieden – Bibel – Kirche, Stuttgart/München 1973, 96–173; *E. Troeltsch*, Die Soziallehren der christlichen Kirchen und Gruppen, in: ders., Gesammelte Schriften I, Tübingen 1922; *H.J. Venetz*, So fing es mit der Kirche an, Zürich ³1985; *A. Vögtle*, Exegetische Reflexionen zur Apostolizität des Amtes und zur Amtssukzession, in: Die Kirche des Anfangs, FS H. Schürmann, hg. R. Schnackenburg u.a., Freiburg u.a. 1978, 529–582; *ders.*, Die Dynamik des Anfangs, Freiburg u.a. 1988; *A. Vögtle/L. Oberlinner*, Anpassung oder Widerspruch, Freiburg u.a. 1992; *D. Wiederkehr*, Die Kirche als Ort und Subjekt des Heilsgeschehens, MySal Erg.-Bd., Zürich u.a. 1981, 251–263; *J. Wirsching*, Kirche und Pseudokirche, Göttingen 1990.

(Abkürzungen wissenschaftlicher Reihen, Sammelwerke und Zeitschriften nach *S. Schwertner*, Theologische Realenzyklopädie. Abkürzungsverzeichnis, Berlin/New York 1976).

1. Sich heute theologisch mit der Kirche zu beschäftigen ist riskant. Wer es tut, setzt sich dem Verdacht aus, den zentralen Lebens- und Überlebensfragen des christlichen Glaubens in der modernen Gesellschaft, die an der Zeit sind, auszuweichen und sich auf ein Thema, das nicht mehr an der Zeit ist, zurückzuziehen. Vielleicht wird man ihn sogar als einen ansehen, der vergeblich versucht, aus einem morschen, leckgeschlagenen Boot das von allen Seiten eindringende Wasser herauszuschöpfen, statt das einzig Sinnvolle zu tun: sich selbst auf festes Land zu retten und das Boot sinken zu lassen.

Wir erleben gegenwärtig eine sich dramatisch zuspitzende Krise der geschichtlich gewordenen Kirchen – zumindest in Westeuropa und Nordamerika. Hatte man die Zeichen einer fortschreitenden Erosion lange Zeit übersehen können, so ist das jetzt nicht mehr möglich. Die allgemeine Krise der Institutionen hat auch die Kirchen in scheinbar unwiderruflicher Weise erfaßt. Diese gelten in den Augen moderner Menschen als von einer gesichtslosen Großbürokratie bestimmte Systeme, die individuelle Freiheit einengen und durch traditionsbestimmte Zwänge eine eigenverantwortliche persönliche Lebensgestaltung verhindern; die heute geläufige Rede von der „Amtskirche" spricht eine deutliche Sprache. Gewiß haben Institutionen ihre Eigendynamik, die auf den Erhalt des Bestehenden abzielt. Das gilt auch von den Kirchen. Sie versuchen in der gegenwärtigen Situation, Sozialstrategien zu entwickeln, die darauf abzielen, durch eine weitgehende Anpassung an gesellschaftliche Trends und Tendenzen ihren Bestand möglichst zu wahren. Ob das eine realistische Perspektive ist, mag dahingestellt bleiben. Zugleich gewinnt die Frage nach der Möglichkeit eines Christentums ohne Kirche, das allein auf eine Verwirklichung von Glauben in der Dimension persönlicher Authentizität und spontaner zwischenmenschlicher Kommunikation setzt, theologisch immer mehr an Boden. Diese Möglichkeit scheint sich vor allem für protestantische Theologie nahezulegen, für die traditionell die empirischen Kirchengebilde immer nur eine Art Notlösung gewesen sind[1]. Von da her kommt es leicht zu der Frage: sollten wir unsere

---

[1] Vgl. *T. Rendtorff*, Das Problem der Institutionen in der neueren Christentumsgeschichte, in: H. Schelsky (Hg.), Zur Theorie der Institution, Düsseldorf 1970, 148f.

theologischen Kräfte nicht auf die Erkundung von Modellen für eine Bezeugung und Praktizierung von Glauben in diesem zwischenmenschlichen Bereich konzentrieren und dabei nach Möglichkeit auf die Kirche als eine heute endgültig obsolet gewordene Hilfskonstruktion verzichten?

Vom Neuen Testament her erweist sich eine solche Fragestellung freilich als verfehlt. Für die überwiegende Mehrzahl seiner Schriften geht es bei dem Thema „Kirche" keineswegs nur um die äußeren Lebens- und Überlebensbedingungen einer sozialen Gruppe in der Welt der Spätantike, also gleichsam um das Vorfeld der eigentlichen zentralen Lebensfragen des christlichen Glaubens. *Die Frage nach der Kirche ist für das Urchristentum vielmehr eine Lebensfrage des Glaubens.*

2. Zur ersten, vorläufigen Begründung dieser These bedarf es einiger Überlegungen zum *Verhältnis von Christologie und Ekklesiologie* im Neuen Testament.

2.1 Das Thema, das am Ausgangspunkt aller christlichen Theologie stand, war die Frage nach Jesus von Nazaret als Grund des Glaubens, und das heißt: die Christologie. Ihr war jedoch von Anfang an die Frage nach Grund, Gestalt und Ziel des durch die Bindung an Jesus bestimmten gemeinschaftlichen Lebens zugeordnet. Sie bildete den Ansatz der Ekklesiologie. Zwischen beiden Fragen besteht ein sachlich bedingtes Gefälle. Zunächst müssen Christen gemeinsam sagen können, wer Jesus Christus für sie ist und in welcher Weise sich seine Geschichte heilvoll auf ihr Leben auswirkt; erst aufgrund dieses Christusbekenntnisses gewinnen sie die Erkenntnis, daß sich aus ihrem Verhältnis zu Jesus als dem Christus bestimmte Folgen für ihre gemeinsame Lebensgestaltung ergeben. Es handelt sich hier zwar um einen zweiten Erkenntnisschritt, dem jedoch grundsätzlich kein geringerer Grad an Verbindlichkeit eignet als dem ersten.

2.2 Zur ersten Frage kann an dieser Stelle nur ganz allgemein konstatiert werden, daß die Christologie in den ältesten Schichten des Neuen Testaments ungleich präziser faßbar ist als die Ekklesiologie. Bereits in den echten Paulusbriefen, den maßgeblichen Zeugnissen der ersten christlichen Generation, begegnet sie in der Gestalt von festen Lehrsätzen, Glaubensformeln, die den entscheidenden Inhalt dessen, was für Christen verbindlich ist, festhalten (1Kor 15,3b–5; Röm 1,3f), sowie in gottesdienstlich-liturgischen Stücken, die dies Verbindliche in der Sprache anbetender Gewißheit artikulieren (z.B. Phil 2,6–11). Christologische Aussagen stehen weithin in der Perspektive des *Bekenntnisses*, eines verbindlich den Modus der Zugehörigkeit zu Jesus Christus bestimmenden – und damit zugleich auch abgrenzenden – Redens. Aussagen gleichen Ranges über die Kirche fehlen zwar in den Dokumenten der ersten christlichen Generation völlig; so etwas wie ekklesiologische Glaubens- oder Bekenntnisformeln gibt es nicht. Immerhin aber läßt sich hier mit aller Deutlichkeit erkennen, wie aus dem ersten Reflexionsschritt der zweite herauswächst, indem von der bereits gewonnenen Basis der christologischen Reflexion aus ekklesiologische Konsequenzen gezogen werden. Dies geschieht etwa, wenn Paulus christologische Traditionen ekklesiologisch auswertet (z.B. Röm 1,1–6; Phil 2,5–11). Darüber hinaus haben einige Paulusbriefe eine übergreifende ekklesiologische Thematik. Das gilt von den beiden Korintherbriefen, deren Anlaß zweifellos eine fundamentale, zu einer tiefgreifenden Krise führende Unklarheit über das Wesen von Kirche in der Empfängergemeinde war. Das gilt mindestens in weiten Teilen ebenso vom Römerbrief, der sich die Stärkung der ekklesialen Zusammengehörigkeit von Juden- und Heidenchristen zum Ziel setzte.

Sehr viel eindeutiger drängt das Thema „Kirche" in den Zeugnissen der dritten christlichen Generation in den Vordergrund. Eine Reihe wichtiger neutestamentlicher Schriften aus dieser Zeit sind, wenn nicht ausschließlich, so doch zu einem guten Teil von der Absicht bestimmt, die Frage nach Identität und Wesen der christlichen Gemeinschaft zu beantworten. Das gilt vom Matthäusevangelium und dem lukanischen Geschichtswerk ebenso wie von den deuteropaulinischen Briefen. Aber auch hier bildet die Christologie den selbstverständlichen Ausgangspunkt für die Ekklesiologie.

2.3 Eine Gemeinsamkeit zwischen Christologie und Ekklesiologie besteht darin, daß beider Entwicklung durch konkrete äußere Lebensumstände wesentlich bestimmt wurde. Fragen, die sich vom inneren Leben der Gemeinden her stellten und die ihnen in der Begegnung mit ihrer Umgebung gestellt wurden, bedurften der Klärung und Aufarbeitung. Der eigenen Identität wird sich nur bewußt, wer in kritischer Zeitgenossenschaft lebt und den Dialog wagt. Die Einsicht, daß die neutestamentliche Christologie ihre unterschiedlichen Ausprägungen weitgehend dem Bemühen der frühen Christenheit verdankt, sich selbst und ihren Zeitgenossen im Horizont ihren Erfahrungen Rechenschaft darüber zu geben, wer Jesus Christus sei und warum von ihm Heil zu erwarten sei, hat sich heute als Ertrag der kritischen Forschung allgemein durchgesetzt[2]. Gleiches gilt in gesteigertem Maße auch für die neutestamentliche Ekklesiologie. Ihr ging es weithin darum, Erfahrungen, die die Christen in ihrem Zusammenleben in bestimmten geschichtlichen Situationen gemacht hatten, kritisch zu klären und zu verarbeiten. Die eigene Identität wurde im Horizont der jeweiligen Herausforderungen und im Gespräch mit den diese Identität bestimmenden Überlieferungen kritisch überprüft mit dem Ziel, zu einer eindeutigen Ortsbestimmung in der Gegenwart zu kommen. Selbst die auf den ersten Blick rein spekulativ und abstrakt erscheinende Reflexion über das Wesen der Kirche im Epheserbrief erweist bei näherem Zusehen ihren Bezug auf einen konkreten Lebens- und Erfahrungshintergrund, der als Verständnisschlüssel für den heutigen Ausleger wichtig ist.

3. Doch nun noch einige Bemerkungen zu *Aufbau und Zielsetzung* dieses Buches!

3.1 Es geht mir zunächst darum, zu erheben, wie die verschiedenen neutestamentlichen Schriften bzw. Schriftengruppen und die hinter ihnen stehenden kirchlichen Gemeinschaften jeweils Kirche erfahren haben und was sie theologisch über die Kirche gedacht haben. Und zwar sollen diese Erfahrungen und Gedanken von

---

[2] S. hierzu *J. Roloff*, Die Geschichtlichkeit der Schrift und die Bezeugung des einen Evangeliums, in: ders., Exegetische Verantwortung in der Kirche, Göttingen 1990, 11–43.

den sie tragenden theologischen Gesamtkonzeptionen her erklärt werden. Das macht einen historischen Aufriß erforderlich, innerhalb dessen allerdings zeitliche und sachliche Zusammengehörigkeit nach Möglichkeit berücksichtigt wird. Der Versuch einer systematisierenden Zusammenschau wird erst im Schlußkapitel (XII.) vorgenommen.

3.2 Fragen nach dem kirchlichen Lebenshintergrund der jeweiligen Schriften, nach Verfassung und Ordnung der hinter ihnen stehenden Gemeinden, ihren inneren Problemen und ihrer Stellung innerhalb der Gesellschaft spielen eine wichtige Rolle. Hierin weiß sich diese Untersuchung den Ergebnissen neuerer Arbeiten zur Soziologie des Urchristentums dankbar verpflichtet.

Allerdings wird an diesem Punkt eine Weichenstellung vorgenommen, von der ich mir bewußt bin, daß sie Kritik herausfordern wird. Diese Untersuchung versteht sich primär als theologische, nicht aber als religionssoziologische. Sie versucht, durch Einbeziehung des jeweiligen Erfahrungs- und Problemhintergrundes den konkreten Bezugsrahmen der einzelnen ekklesiologischen Konzeptionen wie auch das erkenntnisleitende Interesse ihrer Autoren in den Blick zu nehmen. Aus Überzeugung geht sie nicht den umgekehrten Weg, die ekklesiologischen Aussagen nur als gewissermaßen ideologische Verkleidungen von in Wirklichkeit ausschließlich auf der Ebene sozialer Kommunikation und Interaktion liegenden Problemen wahrzunehmen; vielmehr nimmt sie den Anspruch dieser Autoren, *theologisch* von der Kirche zu reden, beim Wort. So werden die – im einzelnen formal recht unterschiedlich strukturierten – ekklesiologischen Aussagen jeweils auf ein hinter ihnen stehendes Gesamtbild von Kirche hin befragt, wobei zugleich dessen Ort im Rahmen des theologischen Denkens des jeweiligen Autors aufgewiesen werden soll.

3.3 Relativ breiter Raum wird der Frage nach dem Verhältnis der Kirche zum Judentum eingeräumt. Dies geschieht zunächst aus der Einsicht heraus, daß die Notwendigkeit der *Selbstdefinition der Kirche gegenüber Israel* ein zentraler Ansatzpunkt für das Nachdenken der ältesten Christenheit über die Kirche gewesen ist. Ich gestehe, daß ich selbst zunächst von der starken Gewichtung gerade dieses Themas im Rahmen der neutestamentlichen Ekklesiologie überrascht war. Gerade weil christliche Theologie es in der Vergangenheit weithin vernachlässigt, zumindest aber nicht seinem Rang entsprechend gewürdigt hat, besteht hier ein erheblicher Nachholbedarf. Dem versuche ich Rechnung zu tragen, nicht zuletzt aus der Einsicht heraus, daß der Fortgang des christlich-jüdischen Dialogs eine *christliche Theologie in Israels Gegenwart* voraussetzt.

3.4 Erst recht aber soll die Frage nach der Kirche im Neuen Testament im Bewußtsein der *Gegenwart der Ökumene* gestellt werden. Der zwischenkirchliche Dialog im Rahmen der ökumenischen Bewegung erwies sich in den letzten Jahrzehnten als der Bereich, aus dem wichtige Impulse für die Ekklesiologie hervorgegangen sind, wobei freilich die Diskrepanz zu der zunehmenden Gewichtslosigkeit dieses Themas gerade in der protestantischen Theologie unübersehbar wurde. Gerade das Kirchenverständnis bildet oft unüberwindlich erscheinende Schranken

für die Annäherung der Kirchen. Weiterarbeit an ihm ist deshalb unerläßlich.
Zugleich können Fragestellungen und Sichtweisen aus anderen kirchlichen Traditionen – nicht zuletzt aus denen der orthodoxen Kirchen des Ostens – dem
evangelischen Theologen zu einem neuen, reicheren Verständnis des biblischen
Zeugnisses von der Kirche helfen. Fragestellungen und Einsichten aus dem ökumenischen Gespräch über die Kirche sind von mir vielfach aufgenommen worden,
auch da, wo es nicht ausdrücklich vermerkt ist.

Die Widmung dieses Buches an meine verehrte Erlanger Kollegin Fairy von
Lilienfeld, die gelehrte Kennerin der Ostkirchen, soll den Dank für das zum
Ausdruck bringen, was ich von ihr über die ökumenischen Perspektiven der
Ekklesiologie gelernt habe.

I. Israels Sammlung zum Volk der Gottesherrschaft: Der vorösterliche Jesus

Literatur: J. *Becker*, Johannes der Täufer und Jesus von Nazareth, 1972 (BSt 63); C. *Breyten-bach*, Nachfolge und Zukunftserwartung nach Markus, 1984 (AThANT 71); O. *Cullmann*, Petrus, Zürich/Stuttgart ²1960; *M.N. Ebertz*, Das Charisma des Gekreuzigten, 1987 (WUNT 45); E. *Gräßer*, Jesus und das Heil Gottes, in: ders., Der Alte Bund im Neuen, 1985 (WUNT 35) 183–200; G. *Heinz*, Das Problem der Kirchenentstehung in der deutschen protestanti-schen Theologie des 20. Jahrhunderts, 1974 (TTS 4); M. *Hengel*, Nachfolge und Charisma, 1968 (BZNW 34); P. *Hoffmann*, Das Erbe Jesu und die Macht in der Kirche, Mainz 1991; J. *Jeremias*, Die Gleichnisse Jesu, Göttingen ⁷1965; *ders.*, Jesu Verheißung für die Völker, Göttingen ²1959; *ders.*, Neutestamentliche Theologie I, Gütersloh ²1973; *W.G. Kümmel*, Jesus und die Anfänge der Kirche, in: ders., Heilsgeschehen und Geschichte, Marburg 1965, 289–309; *ders.*, Kirchenbegriff und Geschichtsbewußtsein in der Urgemeinde und bei Jesus, Zürich 1943; *H.-W. Kuhn*, Nachfolge nach Ostern, in: Kirche, FS G. Bornkamm, hg. D. Lührmann/G. Strecker, Tübingen 1980, 105–132; O. *Linton*, Das Problem der Urkirche in der neueren Forschung, 1932 (UUÅ); G. *Lohfink*, Wie hat Jesus Gemeinde gewollt?, Freiburg 1982; *ders.*, Jesus und die Kirche, in: W. Kern (Hg.) Handbuch der Fundamental-theologie 3, Freiburg u.a. 1986, 49–96; H. *Merklein*, Jesu Botschaft von der Gottesherrschaft, 1983 (SBS 111); *ders.*, Erwägungen zur Überlieferungsgeschichte der neutestamentlichen Abendmahlstraditionen, in: ders., Studien zu Jesus und Paulus, 1987 (WUNT 43); K. *Müller* (Hg.), Die Aktion Jesu und die Re-Aktion der Kirche, Würzburg 1972; J. *Neusner*, Das pharisäische und talmudische Judentum, 1984 (TSAJ 4); H. *Patsch*, Abendmahl und histori-scher Jesus, 1972 (CThM A 1); E.P. *Sanders*, Jesus and Judaism, London 1985; *Schlier*, Ekklesiologie, in: MySal 4/1, 101–221; T. *Schmeller*, Brechungen. Urchristliche Wandercharis-matiker im Prisma soziologisch orientierter Exegese, 1989 (SBS 136); H. *Schürmann*, Gottes Reich – Jesu Geschick, Freiburg 1983; *ders.*, Der Jüngerkreis Jesu als Zeichen für Israel, in: ders., Ursprung und Gestalt, Düsseldorf 1970, 45–60; G. *Theißen*, Soziologie der Jesusbewegung, München ⁵1988; *ders.*, Wanderradikalismus, in: ders., Studien zur Soziologie des Urchristen-tums, Tübingen ³1989 (WUNT 19) 79–105; H. *Thyen*, Der irdische Jesus und die Kirche, in: Jesus Christus in Historie und Theologie, FS H. Conzelmann, hg. G. Strecker, Tübingen 1975, 127–141; M. *Trautmann*, Zeichenhafte Handlungen Jesu, 1980 (fzb 37); A. *Vögtle*, Jesus und die Kirche, in: Begegnung der Christen, FS O. Karrer, hg. M. Roesle/O. Cullmann, Stuttgart u.a. 1959, 54–81; H. *Weder*, Die Gleichnisse Jesu als Metaphern, ⁴1990 (FRLANT 120).

1. Das Verhältnis Jesu zur Kirche als Problem

Was hat die Kirche mit Jesus von Nazaret zu tun? Ist der Anspruch, der hinter ihrer geläufigen Selbstbezeichnung als *Kirche Jesu Christi* steckt, historisch und theolo-gisch begründet oder beruht er auf einem folgenschweren Mißverständnis? So fragen nicht nur heutige Kirchenkritiker, unter denen sich gleichermaßen Nichtchristen wie Christen finden, mit wachsendem Nachdruck. Auch für die neutesta-mentliche Wissenschaft handelt es sich hier um ein schwieriges, seit langem heftig diskutiertes Problem. So viel ist gewiß: glatte, einfache Lösungen gibt es dafür nicht. Eine historisch wie theologisch verantwortbare Lösung setzt die Bereitschaft vor-aus, sich auf differenzierte Beobachtungen und Überlegungen einzulassen.

1.1 Für traditionelles christliches Verständnis bestand hier freilich kein Problem. Ihm galt es vielmehr als sicher, daß Jesus selbst die Kirche gegründet, bzw. zumindest auf ihre Entstehung hingewirkt und sie bis in ihre konkreten Strukturen vorbereitet habe. Als zentraler Beleg dafür diente das Wort Jesu an Petrus (Mt 16,17–19), in dem er ausdrücklich von der Absicht sprach, *seine Kirche* zu erbauen. Hinzu kamen – um nur die wichtigsten Stellen zu nennen – die Berufung des Zwölferkreises, die verschiedenen Jüngerunterweisun-gen (z.B. Mt 10,1–42; Lk 22,28–38), deren Bezugnahme auf die spätere Situation der Kirche man als selbstverständlich unterstellte, sowie die Einsetzung der Sakramente Herrenmahl (Mk 14,22–25) und Taufe (Mt 28,18–20).

1.2 Die *kritische Forschung des ausgehenden 19. und frühen 20. Jahrhunderts* stellte die Verbindung zwischen Jesus und der Kirche nachhaltig in Frage, indem sie den Belegen, auf denen das traditionelle christliche Verständnis beruhte, ihre bislang für selbstverständlich gehaltene Beweiskraft nahm. Sie zeigte: jene Aussagen Jesu in den Evangelien, die von seiner kirchengründenden Absicht handelten, waren weithin Rückprojektionen aus der Situation der nachösterlichen Kirche in die Situation des vorösterlichen Jesus. So fiel Mt 16,17–19 durch den Nachweis der Nicht-Authentizität als Beleg für den kirchengründenden Willen Jesu aus (s. IV.7.1.1). Kaum weniger schwer wog der Umstand, daß das Johannesevangelium durch den Nachweis der Ungeschichtlichkeit seiner Jesusreden als Quelle für eine von Jesus selbst autorisierte Ekklesiologie entwertet wurde. Aber auch die direkte Rückführung der Sakramente Taufe und Herrenmahl auf Jesus wurde fraglich, nachdem die Religionsge-schichtliche Schule deren primäre Wurzeln in der religiösen Welt des Hellenismus ausfindig gemacht zu haben meinte.

Die wohl stärkste Wirkung ging jedoch von der Behauptung einer grundsätzlichen theolo-gischen Differenz zwischen Jesus und Paulus aus. So war für *W. Wrede* und *W. Heitmüller* Paulus der eigentliche Begründer des Urchristentums, derjenige, der – weitgehend im Geiste hellenistischer Religiosität – eine Erlösungslehre geschaffen habe, in deren Mittelpunkt der Tod Jesu stand, und der von da her den Gedanken der *Kirche* als der mit Christus durch die Sakramente mystisch verbundenen Glaubenden entwickelt habe[1]. Jesus, der hier ganz als den je einzelnen Menschen ansprechender Verkünder einer neuen, vertieften Sittlichkeit verstan-den wird, steht dazu kraft des seiner Botschaft eigentümlichen Individualismus im äußersten Gegensatz: „Bei Jesus zielt alles auf die Persönlichkeit des einzelnen", bei Paulus hingegen „ist die erste Frage, ob der Mensch Glied der Kirche ist"[2]. Man gestand zwar zu, daß Jesus eine rein spirituelle, vom Eindruck seiner Person und seiner sittlichen Kraft geprägte Gemein-schaft um sich gesammelt habe, doch stellte man jede Kontinuität zu der als Raum des gegenwärtigen Erlösungsgeschehens verstandenen paulinischen Kirche in Abrede.

---

[1] Vgl. *W. Wrede*, Paulus, in: K.-H. Rengstorf/U. Luck, (Hg.), Das Paulusbild in der neueren deutschen Forschung, Darmstadt ³1982 (WdF 24), 1–97.64f.

[2] *Wrede*, Paulus 87f.

1.3 Diese kritischen Thesen erfuhren von mehreren Seiten *Widerspruch*. Es überrascht keineswegs, daß das Lehramt der römisch-katholischen Kirche sie als typisch protestantische Verirrung verurteilte und ihnen gegenüber starr auf der traditionellen Sicht beharrte. In dem 1910 für alle Priester und Theologen verbindlichen Antimodernisteneid findet sich so der bekenntnishafte Satz: „Ich glaube, daß die Kirche . . . durch den wahren und historischen Christus selbst . . . unmittelbar und direkt eingesetzt und auf Petrus, den Ersten in der Hierarchie der Apostel, . . . erbaut wurde"[3].

Sehr viel wichtiger als dieser traditionalistische Protest war eine Gegenbewegung, die in den Zwischenkriegsjahren vorwiegend von protestantischen Forschern getragen wurde. Diese bemühten sich nämlich auf der Basis streng historisch-kritischer Methodik erneut um den Nachweis einer Verankerung der Kirche in der vorösterlichen Geschichte Jesu. *O. Linton*, selbst ein maßgeblicher Vertreter dieser Richtung[4], hat für sie den Begriff „neuer Consensus" geprägt, der freilich insofern nicht ganz glücklich ist, als er die Unterschiedlichkeit der Ausgangspunkte der betreffenden Exegeten eher verschleiert. Einige der damals vorgetragenen Thesen seien hier kurz erwähnt:

F. Kattenbusch stellte, ausgehend von der Selbstbezeichnung Jesu als Menschensohn, die apokalyptische Bedeutung dieses Prädikats nach Dan 7 in den Mittelpunkt: Der Menschensohn ist Urbild und Leitfigur des Volkes der „Heiligen des Höchsten", und von da her habe Jesus sich zunächst als den Endzeitkönig des durch Gottes Geist erneuerten Israel angesehen. Sodann jedoch, angesichts der sich verstärkenden Ablehnung durch dieses Volk, habe er sich ausschließlich seinem Jüngerkreis zugewandt, den er als „Rest" Israels verstand und im Sinne einer *kᵉnī̆štā'*, einer Sondersynagoge innerhalb des Volkes, zu organisieren begann[5].

K.L. Schmidt ging von einer sprachgeschichtlichen Analyse des Wortes *ekklesia* aus, um als dessen Wurzel im Bereich der palästinischen Urkirche ebenfalls den aram. Begriff *kᵉnī̆štā'* zu finden. Das von ihm für echt ausgegebene Jesuslogion Mt 16,18 wurde sodann als Indiz für die Stiftung einer Sondersynagoge durch Jesus gedeutet, die konkret aus dem von Petrus geleiteten Zwölferkreis bestanden habe und deren Aufgabe es gewesen sei, den *qᵉhal JHWH* darzustellen[6].

Sehr viel weiter griff *O. Cullmann* mit seiner kühnen heilsgeschichtlichen Konstruktion aus. Diese versucht Jesus als den Mittelpunkt des vom Alten Testament bezeugten, in der Erwählung Israels zum Gottesvolk begründeten Geschichtshandelns Gottes zu verstehen. Das von Gott stellvertretend zum Heil der Welt erwählte Volk Israel wurde im Laufe seiner Geschichte zu einem Rest reduziert, dessen schließlich letzter Repräsentant Jesus ist. Indem Jesus in Übernahme der Funktion des deuterojesajanischen Gottesknechtes durch sein stellvertretendes Sühneleiden das vollbrachte, wozu Gott das Volk Israel auserwählt hatte, wurde er zum Stammvater und Repräsentanten des neuen Gottesvolkes, der Kirche. Nach *Cullmann* ist mit dem Bewußtsein Jesu, der Messias Israels zu sein, bereits die Kirche

---

[3] *H. Denzinger-A. Schönmetzer*, Enchiridion Symbolorum, Freiburg ³⁶1976, Ann. 3540. Es verdient hervorgehoben zu werden, daß das II. Vatikanische Konzil diese Position erheblich korrigiert hat. Die *Dogmatische Konstitution über die Kirche* spricht nicht mehr von einer Gründung der Kirche durch den historischen Jesus, sondern nur davon, daß er (*scil.* der vorösterliche Jesus) „den Anfang seiner Kirche" machte, indem er „frohe Botschaft verkündigte" (Art. 5). Allerdings führt sie die (nach wie vor als Begründung des hierarchischen Amtes verstandene) Einsetzung der Apostel auf den vorösterlichen Jesus zurück (Art. 19).

[4] *Linton*, Urkirche.

[5] *F. Kattenbusch*, Der Quellort der Kirchenidee, in: Festgabe f. A. Harnack, Tübingen 1921, 143–172.

[6] *K.L. Schmidt*, Kirche 291f.

mitgesetzt, schließt doch „die jüdische Messiaserwartung die Vorstellung einer messianischen Gemeinde in sich und ist ohne sie geradezu undenkbar"[7]. *Wenn* Jesus von der *ekklesia* gesprochen hat, so hat er damit die messianische Gemeinde in diesem Sinne, den durch sein Sterben begründeten Rest Israels, gemeint. *Daß* Jesus aber von *seiner ekklesia* gesprochen hat, entnimmt *Cullmann* aus dem Logion Mt 16,17f, das er historisch mit der Abendmahlseinsetzung verbinden und von diesem Kontext her als Gründungswort des Gottesvolkes des neuen Bundes, der Kirche, verstehen möchte[8].

1.4 Dem „neuen Consensus" war freilich keine Wirkung auf Dauer beschieden. Er scheiterte, wenn man von den von seinen Vertretern z.T. vorausgesetzten exegetisch nicht verifizierbaren dogmatischen Konstruktionen absieht, an seinem entscheidenden exegetischen Schwachpunkt, nämlich an der zentralen Gewichtung von Mt 16,17–19. Heute ist der sekundäre Charakter dieses Logions nahezu allgemein anerkannt[9]. Es ist im Zusammenhang der Theologie des Matthäus, nicht aber in dem der Verkündigung Jesu zu behandeln (s. IV.7.1.1). Wir haben uns wohl definitiv damit abzufinden, daß die als authentisch geltende Jesusüberlieferung weder das Wort *ekklesia*, noch einen Hinweis auf ein unmittelbar kirchengründendes Handeln Jesu enthält.

1.5 Es könnte nach alledem den Anschein haben, daß das berühmte, unendlich häufig zitierte Wort des katholischen Modernisten *A. Loisy* aus dem Jahr 1903 auch heute noch die zutreffendste Antwort auf die Frage nach dem Verhältnis Jesu zur Kirche gibt: „Jésus annonçait le royaume, et c'est l'Église qui est venue" (Jesus hat die Königsherrschaft angekündigt, und was kam, war die Kirche)[10]. Dieses Wort bringt zutreffend zum Ausdruck, daß die Kirche nicht Thema der Verkündigung Jesu gewesen ist. Allerdings sollte man es auch nicht vorschnell als Bestätigung des radikalen Gegensatzes zwischen der Verkündigung Jesu und der frühkirchlichen Ekklesiologie im Sinne der protestantischen liberalen Theologie interpretieren. Zumindest *Loisy* selbst hat es nicht so verstanden. Er hat vielmehr damit auf die Tatsache verweisen wollen, daß die Reich-Gottes-Verkündigung Jesu am Anfang eines geschichtlichen Prozesses stand, der zur Entstehung der Kirche hinführte. So gesehen, umschreibt dieses Wort eine Aufgabe für die Exegese: Sie hat festzustellen, welcher Art dieser Prozeß war. Sie muß danach fragen, *ob sich in Botschaft und Wirken Jesu Faktoren und Impulse finden, die auf die Entstehung von Kirche hinführen* oder zumindest auf sie hin offen sind. Dabei hat sie grundsätzlich auch mit der Möglichkeit der faktischen Diskontinuität zu rechnen, damit also, daß die von der nachösterlichen Kirche behauptete Kontinuität zu Jesus auf einer Fiktion beruht. Der methodische Zweifel gehört zum Auftrag der Forschung. Aber die Behauptung radikaler Diskontinuität zwischen Jesus und der Kirche darf nicht den methodischen Ausgangspunkt bilden. Die Schwäche der protestantischen Forschung zur Zeit der Jahrhundertwende bestand darin, daß sie von der zu wenig

---

[7] *Cullmann*, Petrus 219.
[8] *Cullmann*, Petrus 221.
[9] Maßgeblich hierfür war *R. Bultmann*, Die Frage nach der Echtheit von Mt 16,17–19, ThBl 20 (1941) 265–279; wieder abgedruckt in: ders., Exegetica, Tübingen 1967, 255–277.
[10] *A. Loisy*, L'évangile et l'église, Paris ²1903, 155.

reflektierten Vorgabe eines Bruches zwischen Jesus und der Urgemeinde her argumentierte.

Ein sachgemäßerer Ansatzpunkt besteht hingegen in der Übertragung eines Denkmodells aus der neueren Christologie auf die Ekklesiologie. Wir sprechen von *impliziter Christologie* und tragen damit dem Umstand Rechnung, daß die Jesusüberlieferung kaum Anhaltspunkte für den Gebrauch christologischer Hoheitstitel durch den irdischen Jesus enthält, um gleichzeitig zu fragen, ob und in welcher Weise diese Überlieferung Ansatzpunkte, etwa in Verhaltensweisen und Aussagen Jesu, für die Entwicklung der späteren Christologie enthält. Analog wäre nach einer *impliziten Ekklesiologie* in der Jesusüberlieferung zu fragen. Für diese Fragestellung liefern uns die Vertreter des sogenannten „neuen Consensus" einen Gesichtspunkt, dessen Bedeutung sich kaum überschätzen läßt. Sie haben nämlich, wenn auch in unterschiedlicher Weise, einen unmittelbaren Bezug der Ansätze zur Kirchenbildung, die sie bei Jesus feststellen zu können meinten, auf das Selbstverständnis Israels als Heilsgemeinde aufgewiesen. Jesus darf nicht vom Judentum seiner Zeit abgekoppelt werden. Diese in der neutestamentlichen Wissenschaft allzuoft vernachlässigte fundamentale Einsicht ist gerade im Blick auf die ekklesiologische Thematik mit Nachdruck zur Geltung zu bringen. Sie hat nicht nur historische, sondern theologische Implikationen. Denn wenn bei Jesus und in der von ihm ausgehenden Bewegung Ansätze und Impulse, die auf die nachösterlich entstehende Kirche hinzielen, aufweisbar sein sollten, so steht zu erwarten, daß diese in Aufnahme von und in Auseinandersetzung mit Motiven der alttestamentlichjüdischen Gottesvolk-Thematik ihre Gestalt gewonnen haben. Die Frage: Wie bereitet sich in Botschaft und Wirken Jesu die Entstehung von Kirche vor? bleibt einseitig, wenn sie nicht ergänzt wird durch die andere Frage: Wie wird damit auf das Selbstverständnis des zeitgenössischen Judentums und seiner verschiedenen Gruppierungen eingegangen?

2. Israels Selbstverständnis als Gottesvolk

Denn ein für JHWH, deinen Gott, geheiligtes Volk bist du. Dich hat JHWH, dein Gott, erwählt, um ihm als Eigentumsvolk anzugehören unter allen Völkern, die auf dem Erdboden wohnen. Nicht weil ihr zahlreicher seid als alle Völker, hat sich JHWH zu euch herabgeneigt und euch erwählt, denn ihr seid das kleinste von allen Völkern, sondern weil JHWH euch liebte und weil er den Schwur hielt, den er euren Vätern geschworen hat, hat euch JHWH mit starker Hand herausgeführt und dich losgekauft aus dem Sklavenhaus, aus der Hand Pharaos, des Königs von Ägypten (Dtn 7,6–8).

2.1 Diese Sätze umreißen das *Selbstverständnis Israels in nachexilischer Zeit* als „Volk Gottes" und bringen zugleich die dafür *konstitutiven Komponenten* zum Ausdruck. Israel verdankt sich als Volk der erwählenden Zuwendung JHWHs, seines Gottes. Es gewann allein dadurch seine Existenz, daß dieser Gott es aus der ägyptischen Knechtschaft befreite, um es zu seinem Eigentumsvolk zu machen. Dadurch ist es „heiliges Volk" geworden, ein Volk, das in strenger Ausschließlichkeit diesem Gott zugehört und dessen Lebensformen und Verhaltensnormen dem Wesen und Willen dieses Gottes entsprechen sollen. Weil dieser Gott einer ist, darum soll ihm das eine, in Liebe und Gehorsam zu ihm geeinte Gottesvolk zugehören (Dtn 6,4f). Seine Identität erfährt und bewährt dieses Volk allein darin, daß es den ihm von Gott gesetzten „Bund" festhält, indem es der ihm darin auferlegten Verpflichtung gemäß lebt (Dtn 29), und das heißt, indem es sich an die ihm geschenkte heilvolle Ordnung des Gesetzes hält.

Dieses Selbstverständnis blieb im Verlauf der Geschichte des Volkes letztlich nicht an eine sich durchhaltende ethnische und staatliche Integrität gebunden. Das erweist sich bereits an der *Geschichte der Bezeichnung Israel*, die ursprünglich dem seit dem 8. Jh. verlorenen Nordreich zugehört hatte. Diese entwickelte sich in nachexilischer Zeit jenseits von allen politischen Differenzierungen zu einer religiösen Bezeichnung, die den Erwählten Gottes zukam (Jes 41,8; 44,4f). In einer Situation, die äußerlich gekennzeichnet war einerseits durch die Unterstellung des bleibenden Stammlandes Judäa unter wechselnde fremde Herrscher, andererseits durch die Existenz großer Teile des Volkes in der Diaspora, gelang es Israel, seine Identität zu wahren, indem es sich immer stärker als *Bekenntnisgemeinschaft* und als *kultische Heilsgemeinde* verstand. Glied Israels war, wer sich zur *Tora* bekannte und sich damit sichtbar von den Sitten und Lebensformen der übrigen Völker abgrenzte (Neh 3,8). Der Tora-Gehorsam manifestierte sich primär im Vollzug der Beschneidung, jenem Zeichen des Bundes, durch das Israel den Bund „bewahren" soll (Gen 17,10f), sowie im Halten des Sabbats, das immer mehr zu einem entscheidenden Bekenntnisakt wurde. Im Kultus fand Israel seine Mitte, indem es sich um das Jerusalemer Heiligtum, den Sitz seines Gottes, sammelte, das als Zentrum des Landes Israel und zugleich der Welt galt. Hier manifestierte sich zugleich zeichenhaft die Bindung an die von Gott geschenkte Heilsgabe des Landes.

2.2 Gerade diese religiöse Entschränkung des Israel-Verständnisses war es nun allerdings, die dazu nötigte, die Frage, *wer zu Israel gehörte*, immer wieder neu zu stellen. Mehrere z.T. einander widerstreitende Faktoren waren dabei im Spiel.

2.2.1 Auf der einen Seite ist eine *universale Perspektive* seit der Zeit der späteren Profetie, vor allem der Deutero- und Tritojesajas, deutlich vorhanden. Israel lernt sich verstehen als Zeuge Gottes vor allen Völkern. Es weiß sich als „heiliges Volk" und „Königreich von Priestern" (Ex 19,6), das eine Mittlerfunktion zwischen seinem Gott und den Völkern der Welt hat (Gen 12,3; Jes 19,24; 55,5). Menschen aus diesen Völkern dürfen jetzt schon hinzukommen und Glieder Israels werden, indem sie das Joch des Gesetzes auf sich nehmen und in die Kultordnung eintreten (Jes 56,3.6f; Est 9,27). Vor allem aber wird für die Zukunft die Sammlung aller Völker um Israel und Jerusalem als Mitte erwartet. Der profetische Gedanke der Völkerwallfahrt zum Zion, in Jes 2,1–5 erstmals ausgesprochen und in Jes 60–65 umfassend entfaltet, wurde Bestandteil apokalyptischer Zukunftserwartung: In der Endzeit wird das in Israel und vom Zion her aufstrahlende Heil auf alle Völker und Menschen ausgreifen. Gott will auch fremde, ja ehemals feindlich gesinnte Völker „mein Volk" nennen (Jes 19,25; Sach 2,15)[11].

---

[11] S. *W.H. Schmidt*, „Volk Gottes". Aspekte des Alten Testaments, Glaube und Lernen 2 (1987) 19–32.

2.2.2 Dieser universalen Perspektive tritt, weithin als deren negative Konsequenz, eine Tendenz zu einer *Unterscheidung innerhalb Israels* gegenüber. Ist das Kriterium der Zugehörigkeit zu Israel das Bekenntnis zur Tora und die Treue zum Bund Gottes, dann muß gefragt werden, ob diejenigen, die diesem Kriterium nicht entsprechen, noch zum Volk Gottes gehören. Die Überlieferung sieht den Ursprung dieser Frage in der Ankündigung JHWHs gegenüber Elija: „Siebentausend will ich in Israel übriglassen, die ihre Knie Baal nicht gebeugt haben" (1Kön 19,18). Der Gedanke, Gott werde aus dem vorfindlichen Volk den *Rest* derer aussondern, die das wahre Israel bilden und Träger des Heils sind, gewinnt in der profetischen Verkündigung immer festere Konturen (Am 5,15; 9,8f; Jes 1,9; 4,3; Sach 13,8), um sich schließlich mit dem Ausblick auf das kommende Gericht zu verbinden: „Doch dein Volk wird in jener Zeit gerettet, jeder, der im Buch verzeichnet ist" (Dan 12,1). Nur die also, die in Gottes Auswahl zum Leben Bestand haben, gelten hier als Gottes Volk.

2.2.3 Daneben ergibt sich, gewissermaßen querstehend zu den beiden genannten Perspektiven, in neutestamentlicher Zeit die Tendenz, eine Definition Israels als *ethnische und staatliche Einheit* zurückzugewinnen. Sie bereitet sich in der nachexilischen Epoche vor in einer neu auflebenden Erinnerung an die alte Organisationsform in den 12 Stämmen. Stammesverbände, die sogenannten „Vaterhäuser", werden gebildet, in deren Listen sich jeder eintragen lassen muß, der zum Volk hinzugehören will (Esr 2,59; Neh 7,5.7). Jeder Israelit zur Zeit Jesu konnte seinen Stammvater benennen und wußte um seine Stammeszugehörigkeit. Diese schon bei Esra und Nehemia erkennbare Tendenz verstärkte sich im Gefolge der großen hellenistischen Krise unter dem Seleukiden Antiochus IV. Epiphanes (175–164 v. Chr.). Hierher gehört vor allem der Versuch der Hasmonäer, staatliche Unabhängigkeit für Judäa zu gewinnen und ein Priesterkönigtum zu etablieren (1Makk 13–16). Um die Wende vom 2. zum 1. Jh. wurde durch hasmonäische Initiative die Rejudaisierung Galiläas durch die Einwanderung gesetzestreuer Juden systematisch betrieben. Das Ziel war dabei, das Land Israel in seinem ursprünglichen Umfang für das Volk Israel wieder zurückzugewinnen. Die Vorfahren Jesu, die sich dem Stamm Davids zurechneten (Röm 1,3; Mt 1,1), dürften damals nach Galiläa gelangt sein[12]. Diese Entwicklung wurde zwar sehr bald schon durch das Ende der Hasmonäerherrschaft und die Einbeziehung Palästinas in den Machtbereich des Imperium Romanum (63 v. Chr.) äußerlich abgebrochen, aber die Tendenz zur Identifikation von Volk, Land und Staat wirkte eher verstärkt weiter, vor allem in den national-religiösen zelotischen Gruppen, um schließlich zur Katastrophe von 70 n. Chr. zu führen.

3. Die religiösen Gruppierungen Israels

Das spannungsvolle Nebeneinander der genannten drei Perspektiven zur Zeit Jesu hatte zur Folge, daß die Frage: Wer gehört zu Israel? von höchster Aktualität war. Jede der damals existierenden religiösen Gruppierungen mußte sich ihr stellen.

3.1 Die bei weitem größte und einflußreichste dieser Gruppen waren die *Pharisäer*. Wenn Josephus (Bell 2,162) sie als *hairesis* bezeichnet, so ist dies deutsch keineswegs mit „Sekte" wiederzugeben, sondern eher mit „Religionspartei" (K. Schubert), denn es fehlen ihnen die für die Sekte typischen Züge der Abgrenzung

---

[12] S. *A. Alt*, Galiläische Probleme, in: ders., Kleine Schriften zur Geschichte des Volkes Israel II, München 1953, 363–435.

nach außen und des Elitebewußtseins. Bestimmend für ihr Selbstverständnis ist vielmehr die Absicht, Einfluß auf ganz Israel zu gewinnen und so eine religiöse Erneuerung des Gottesvolkes auszulösen. Dies ist mit Nachdruck zu betonen gegenüber der verbreiteten Ableitung der Bezeichnung „Pharisäer" (von hebr. $p^e r \bar{u} \check{s} \bar{\imath} m$ = die Ausgesonderten) im Sinne einer Absonderung vom übrigen Volk. Gemeint ist vielmehr eine Aussonderung für Gott im Sinne eines exklusiven Bestimmtseins durch seinen Willen und eine Absonderung von allem Widergöttlichen[13]. Die Pharisäer waren eine aus dem Widerstand gegen die Aushöhlung der traditionellen religiösen Ideale des Judentums durch das verweltlichte Priesterkönigtum hervorgegangene Laienbewegung, die sich aus allen Kreisen und Schichten der Bevölkerung zusammensetzte, vorwiegend jedoch aus Kaufleuten und Handwerkern. Lediglich ihre Führer waren Schriftgelehrte. Sie schlossen sich vorwiegend auf Ortsebene zu Genossenschaften ($\underline{h}ab\bar{u}r\bar{o}t$) zusammen, nicht um sich auf diese Weise abzuschirmen, sondern um die hier praktizierte Gestalt gesetzestreuen Lebens auf die Umwelt hin werbend ausstrahlen zu lassen. Diese Genossenschaften hatten die Form von Tischgemeinschaften mit gemeinsamen Mahlzeiten und festen Gebetszeiten (bBek 30b; pDem II,2; TDem II,2). Nach Abot I,1 sagten die „Männer der großen Versammlung" drei Dinge: „Seid vorsichtig in der Rechtsprechung, macht euch viele zu Schülern und errichtet einen Zaun um die Tora." Damit sind die bestimmenden Grundsätze der pharisäischen Bewegung formuliert: Es galt, allgemein praktikable Grundsätze in der Tora-Interpretation zu entwickeln und diese durch einen weitgestreuten Einfluß in allen Kreisen Israels durchzusetzen. Der „Zaun um die Tora" meint die Ausführungsbestimmungen zum biblisch fixierten Gesetz, die Halachot, die dazu dienen sollten, die Relevanz dieses Gesetzes für alle, auch die alltäglichsten, Lebensbereiche und -funktionen nachzuweisen und damit Möglichkeiten für den Toragehorsam aufzuzeigen. Dabei ging es letztlich um nichts anderes als darum, die Israel als Heilsgemeinde tragende Überlieferung in ihrer umfassenden, alles gestaltenden und durchdringenden Mächtigkeit neu sichtbar werden zu lassen und gegen die aushöhlende Kraft der hellenistisch-römischen Einheitskultur zur Geltung zu bringen. Dabei waren die Pharisäer keineswegs nur Rigoristen. Ihnen war es vielmehr um eine den tatsächlichen Gegebenheiten menschlichen Lebens nahe Gesetzesauslegung zu tun, die gerade deshalb als menschenfreundlich gelobt wurde und großen Einfluß gewann, während sie von sektiererisch-rigoristischen Strömungen als kompromißlerisch kritisiert wurde (4QpNah 1,2; CD 1,1–19). Sie hatten „die große Masse des Volkes auf ihrer Seite" (Josephus, Ant 13,298) und ihr Ziel war, dieses Volk in seiner Gesamtheit für den zukünftig erwarteten Anbruch der Königsherrschaft Gottes zuzurüsten. Sie hielten also an der Einheit des Volkes fest, wobei sie in ihrer Mehrheit Distanz hielten zu den Versuchen, diese Einheit ethnisch zu definieren und territorial ab- bzw. einzugrenzen. Ihr Bestreben war vielmehr die Ausweitung des Gottesvolkes durch missionarische Gewinnung von Nichtjuden (Mt 23,15). Definierte sich Israel für sie in dieser

---

[13] Hebr. $par\bar{u}\check{s}$ / $p^e r\bar{u}\check{s}\bar{\imath}m$ ist parallel zum Ausdruck „heilig" (Midr LevR. 24,4 zu Lev 19,2); vgl. C. *Thoma*, Der Pharisäismus, in: J. Maier/J. Schreiner (Hg.), Literatur und Religion des Frühjudentums, Würzburg/Gütersloh 1973, 254–272.264; *J. Neusner*, Judentum.

Weise als das den heilvollen Willen Gottes in der Tora in Liebe und Gehorsam realisierende, unter Gottes Heilssetzungen geeinte, über alle ethnischen und territorialen Schranken hinweg zusammengehörige Volk Gottes, so ist damit aber zugleich die Grenze des Gottesvolkes scharf umrissen. Sie liegt da, wo Menschen – mögen sie auch herkunftsmäßig Juden sein – sich dem Willen Gottes bewußt und vorsätzlich verweigern. Wer „mit erhobener Hand" sündigt, d.h. wer wissentlich der Tora ungehorsam ist, stellt sich nach pharisäischer Auffassung außerhalb des Heilsbereiches.

3.2 Die essenische *Gemeinschaft von Qumran* am Toten Meer war, ganz anders als die Pharisäer, eine Gruppe streng elitären Bewußtseins mit strikter Abgrenzung nach außen. Sie fällt damit soziologisch unter die Kategorie der Sekte. Wie die Pharisäer in der Zeit der hasmonäischen Theokratie des 2. vorchristl. Jh. entstanden und mit diesen einig im Willen zur strengen Bindung an Israels Tora, unterschieden sie sich von ihnen durch ihren Charakter als streng priesterliche Gemeinschaft, die als solche klar von den Laien getrennt war. In Opposition zu dem ihrer Überzeugung nach durch Untreue zum Gesetz und Unreinheit der Priester geschändeten Jerusalemer Heiligtum zogen sie sich in die Wüste zurück, um dort in streng geregeltem Gemeinschaftsleben der ihnen von ihrem Gründer, dem „Lehrer der Gerechtigkeit", übergebenen Auslegung der Tora sowie der rigorosen Verwirklichung des Ideals kultisch-ritueller Reinheit zu leben. Die Gemeinschaft bezeichnet sich selbst als das „Volk der Heiligen des Bundes" (1QM 10,10), und bereits darin kommt ihr Selbstverständnis als heiliger Rest Israels zum Ausdruck. Den Bund, den die große Masse des Volkes gebrochen hat, hat Gott durch die Sammlung der Gemeinschaft und im Blick auf sie von neuem aufgerichtet (1QM 13,7f). Darum ist das Heil streng an die Zugehörigkeit zu ihr gebunden. Der Eintritt erfolgt nach genauer Prüfung und nach einer einjährigen Vorbereitungszeit sowie einem zweijährigen Noviziat (1QS 6,13–23). Er bedeutet die Absonderung von allen Außenstehenden: „alle, die nicht zu seinem Bund gerechnet werden, die muß man absondern" (1QS 5,18). Kontakte, Gespräche und Mahlzeiten mit Nichtmitgliedern sind streng untersagt (1QS 5,14–17). Auf die Bedeutung der Struktur des Gemeinschaftslebens verweist die Selbstbezeichnung *jahad* = Einung (1QS 1,8.16; 1QH 4,24) bzw. „Einung des ewigen Bundes" (1QS 5,7–9). Alle Lebensvollzüge geschehen gemeinsam; sie sind konkrete Praktizierung der spezifischen Tora-Interpretation und haben darüber hinaus kultisch-rituelle Bezüge: „Gemeinschaftlich sollen sie essen, gemeinschaftlich sollen sie lobpreisen und gemeinschaftlich sollen sie beraten" (1QS 5,2–3). Vor allem das gemeinschaftliche Mahl hat kultisch-sakramentalen Charakter (1QS 6,4f).

Der für die strikte Absonderung der Qumran-Gemeinschaft und ihr Selbstverständnis als exklusive Heilsgemeinde bestimmende theologische Grundgedanke ist ein prädestinatianischer Dualismus, der sich mit einer apokalyptischen Naherwartung verbindet. Gott selbst hat zwei Geister gesetzt, die die Welt beherrschen, den Geist des Lichtes und den Geist der Finsternis (1QS 3,17). Er hat aber auch nach seinem Ratschluß Menschen dazu erwählt, „Söhne des Lichtes" zu sein. Mit deren Absonderung von den „Söhnen Belials" in der Einung des Bundes wird damit der Wille Gottes selbst nachvollzogen. Diese Einung ist Ort der heilvollen Gegenwart

Gottes in der Welt, „Stätte des Allerheiligsten", die „in ihren Fundamenten nicht wanken noch von ihrem Platz weichen" wird (1QS 8,8). Hier haben die Frommen ihren festen Standort gewonnen, der darum unverrückbar ist, weil Gott selbst ihn als beständig garantiert hat (1QH 18,28). In der gegenwärtigen Weltzeit ist die Gemeinde demnach Gottes Bollwerk gegen die Herrschaft Belials, die immer stärker an sie heranbrandet und sie in Bedrängnis bringt (1QS 1,18; 1QpHab 5,7f). Aber bereits für die nahe Zukunft erwartet sie ein sichtbares Eingreifen Gottes zur Vernichtung der Macht Belials und des Geistes der Finsternis, durch das die Bedrängnis gewendet und für die Söhne des Lichts die Heilszeit heraufgeführt wird.

3.3 Die *Sadduzäer* verkörperten, wie schon der Blick auf ihren geschichtlichen Ursprung verdeutlicht, sowohl gegenüber den Pharisäern, wie auch gegenüber der essenischen Gemeinschaft eine extrem gegensätzliche Position. Anders als jene beiden Gruppen, die aus dem Protest gegen die national-territoriale Restauration unter den Hasmonäern und insbesondere gegen deren Priesterkönigtum hervorgegangen waren, formierten sich die Sadduzäer aus jenen priesterlichen Kreisen, die die hasmonäische Dynastie ausdrücklich bejahten und unterstützten[14]. Sahen sie doch in dieser eine Garantin ihrer national-partikularistischen Ideale, in deren Mittelpunkt der Tempel mit seinem Kult gestanden haben dürfte. Der Name „Sadduzäer" dürfte auf die Ableitung von den Zadokiden, einem priesterlichen Geschlecht, verweisen. Und die Priesterschaft bildete auch den festen Kern der sich zu einer Religionspartei entwickelnden Gruppierung. Um diesen scharten sich Angehörige der „Vornehmsten und Wohlhabenden", vor allem wohl die Familien des Jerusalemer Stadtpatriziats (JosAnt 13,298; 18,17). Sie waren „die Partei des priesterlichen Hochadels"[15].

Unsere Informationen über die Sadduzäer sind spärlich, vor allem fehlen direkte Zeugnisse über ihre Theologie. Aber auch das Wenige, was wir über sie wissen, genügt, um die gängige Vorstellung in Frage zu stellen, nach der sie der hellenistischen Aufklärung zugeneigt hätten und in ihrem Verhalten lediglich von einem pragmatischen Interesse am Erhalt der Macht geleitet worden wären. Alles spricht vielmehr dafür, daß sie eine sehr genau umrissene theologische Vorstellung von Israel als Gottesvolk hatten. Diese war streng konservativ. Israel war für sie das um den Tempel und seinen Kult gescharte Volk, das eine klar definierbar ethnische Tradition hinter sich hatte und innerhalb fester nationaler Grenzen wohnte. Es ging ihnen um die *Einheit von Kult, Nation, Land und Geschichte.* So richtete sich ihr erbitterter Widerstand gegen den herkunftsmäßigen Nichtjuden Herodes und sein Geschlecht, weil dessen Anspruch, König Israels zu sein, dieser Einheitsforderung widersprach (vgl. Dtn 17,15). Der Gedanke einer Erneuerung Israels dürfte ihnen ferngelegen haben. In ihren Augen bestand die Aufgabe vielmehr darin, Israel in

---

[14] S. hierzu *A. Schalit,* König Herodes, Berlin 1969, 533; *G. Baumbach,* Der sadduzäische Konservativismus, in: J. Maier/J. Schreiner (Hg.), Religion und Literatur des Frühjudentums, Würzburg/Gütersloh 1973, 201–213.204.

[15] *O. Michel/O. Bauernfeind (Hg.),* Flavius Josephus, De Bello Judaico I, Darmstadt ²1963, 440, Anm. 89.

seinem gegebenen empirischen Bestand durch Stärkung der vorgegebenen institutionellen Strukturen zu erhalten. Insofern ließe sich ihre Position in etwa als „volkskirchlich" charakterisieren.

3.4 Nach Mt 3,7 werden sowohl Pharisäer als auch Sadduzäer von *Johannes dem Täufer* als „Otternbrut" bezeichnet. Damit dürfte historisch zutreffend festgehalten sein, daß der Täufer und seine Bewegung in kritischer Distanz zu allen Gruppierungen und Richtungen im damaligen Israel stand. Der Ort seines Wirkens war die Wüste (Mt 3,3), und darin glich er der Sekte von Qumran – aber er sonderte sich dort nicht mit einem kleinen Kreis Gleichgesinnter ab, sondern suchte mit seiner Botschaft viele Menschen zu erreichen. Wie jene lebte auch er in einer intensiven Naherwartung; er kündigte das endzeitliche Kommen Gottes zum Gericht als unmittelbar bevorstehend an (Mt 3,10–12) – aber der Gedanke eines Heiligen Restes fehlt in den wenigen uns überlieferten Worten seiner Botschaft, das Gericht gilt unterschiedslos allen. Tempel, Kult und Priester haben keinerlei Bedeutung, jeder Bezug auf Jerusalem als Heilsort erscheint konsequent ausgeblendet. Daß er in der Wüste wirkt, hat offensichtlich programmatische Bedeutung. Damit mag wohl auch, ähnlich wie bei der Gemeinschaft von Qumran, eine Absage an alle Erwartungen auf eine von Jerusalem ausgehende endzeitliche Vollendung Israels impliziert sein. Aber man wird darin schwerlich, wie das bereits die Kirchenväter wollten, eine gegen Israel gerichtete Spitze sehen dürfen[16]. Die Wüste symbolisiert nämlich nicht nur negativ die Distanz zu Jerusalem, sondern sie ist positive Anknüpfung an die Zeit der früheren Gemeinschaft Israels mit seinem Gott. Sie erinnert an Israels Exodus und Wüstenaufenthalt unter Mose. An Erwartungen, denen die Wüste als Stätte der Umkehr und des eschatologischen Neuanfangs für Israel galt, vor allem bei Deuterojesaja (Jes 40,3f; 41,18f; 43,19f; vgl. Hos 2,16), anknüpfend, erwartet der Täufer, daß Israel das Handeln seines Gottes in der Wüste erfahren werde. Dieses wird allerdings nicht heilvoll erwählendes und rettendes Handeln sein, sondern universales Gericht: Keiner in Israel wird dem „kommenden Zorn" entrinnen können (Mt 3,7). Weder die Zugehörigkeit zu einer bestimmten Gruppe, noch die Berufung auf Abstammung und Tradition begründen eine Vorzugsstellung:

Und meint nicht, ihr könntet bei euch sagen: ‚Wir haben ja Abraham zum Vater!' Ich sage euch nämlich, daß Gott aus diesen Steinen dem Abraham Kinder erwecken kann (Mt 3,9).

Die Zurückweisung aller Prärogativen Israels ist nun freilich keinesfalls im Sinne einer Negation des Gottesvolk-Gedankens zu verstehen. Mit diesem Gerichtswort spricht Johannes vielmehr die Glieder Israels auf ihre Verantwortung als Gottesvolk an und hält sie darin fest. Weil sie Gottes Volk sind, darum hatte Gott von ihnen Gehorsam erwartet, und weil sie gegenüber ihrem Auftrag versagt haben, darum trifft sie nun das Gericht. Israel hat die Abrahamskindschaft verspielt, trotzdem bleibt Gott aber bei seiner Absicht, Abraham und seinen Nachkommen die Treue zu halten. Nur wird er diese Treue denen entziehen, die ihrer nicht mehr würdig sind, und sei es auch, indem er sich aus den in der Wüste herumliegenden toten

---

[16] S. hierzu *U. Luz*, Das Evangelium nach Matthäus, 1 (Mt 1–7), ²1989 (EKK I/1) 144.

Steinen neue Kinder erweckte. Das absurde Bild bringt die Bundestreue Gottes zu Israel gerade in der scheinbaren Negation dialektisch auf die Spitze! Davon jedenfalls, daß für den Täufer Israel in die Reihe der Völker hineingestellt und seiner heilsgeschichtlichen Bedeutung entkleidet sei, kann keine Rede sein.

Dies schon darum nicht, weil die Ankündigung der Umkehrtaufe zur Vergebung der Sünden eben Israel und nur ihm gilt. Sie ist letzter Erweis der Treue Gottes zu seinem Volk, freilich in der Weise, daß sie dieses Volk sichtbar seinem Gericht unterstellt, um durch dieses Gericht hindurch eine Möglichkeit der Rettung zu weisen. Wer sich taufen läßt, erhält die letzte Chance zu einem neuen Lebenswandel, der die Früchte erbringt, die Gott von seinem Volk erwartet (Mt 3,10).

Die durch den Täufer ausgelöste Bewegung[17] war eine *eschatologische Bußbewegung* in Israel und für Israel. Die Frage, ob sie den Charakter einer Sondergruppe hatte, wird man jedoch verneinen müssen. Der Täufer entsprach in seinem Auftreten und seinem Erscheinungsbild den alten Profeten, die sich an das Volk in seiner Gesamtheit wandten. Vor allem aber hatte die Johannestaufe nicht Züge eines Initiationsritus, durch den eine Gruppenzugehörigkeit bewirkt bzw. manifest gemacht werden sollte, etwa im Unterschied zum (erst im 2. Jh. nachweisbaren) jüdischen Proselytentauchbad. Sie war vielmehr ein eschatologisches Sakrament, das den Täufling in einen proleptisch wirksamen Zusammenhang mit dem kommenden Gerichtshandeln Gottes brachte. Im übrigen ist es unwahrscheinlich, daß die glühende Naherwartung des Täufers überhaupt noch Raum gelassen hätte für die Entwicklung und Gestaltung einer solchen Gruppe.

Wir wissen lediglich, daß der Täufer einen Kreis von Jüngern um sich hatte (Mk 2,18par; 6,29par; Mt 11,1f), und wir haben Grund zu der Vermutung, daß auch Jesus zeitweilig zu diesem Jüngerkreis gehörte[18]. Dafür, daß der Täuferkreis sich als exklusiver Kreis innerhalb Israels verstanden oder gar besondere Heilsrelevanz beansprucht hätte, gibt es keinerlei Anzeichen. Die Bedeutung dieses Kreises dürfte zur Zeit des Täufers eher funktional gewesen sein, d.h. die Jünger des Johannes sind wohl als Multiplikatoren seiner Botschaft und möglicherweise auch als in seinem Auftrag Taufende tätig gewesen. Erst später, nach dem Tod des Täufers, entwickelten sie sich zu einer Sondergruppe, jenen Täufergemeinden, die durch die Zuschreibung einer besonderen Heilsfunktion ihres Meisters zusammengehalten worden sind.

4. Jesu Sendung zu ganz Israel

Versuchen wir nun, den Ort Jesu und der von ihm ausgehenden Bewegung innerhalb dieses Spektrums zeitgenössischer jüdischer Gruppierungen zu ermitteln!

---

[17] Zur Geschichte der Täuferbewegung s. *H. Lichtenberger*, Täufergemeinden und frühchristliche Täuferpolemik im letzten Drittel des 1. Jahrhunderts, ZThK 84 (1987) 36–57.

[18] S. hierzu *J. Murphy-O'Connor*, John the Baptist and Jesus: History and Hypotheses, NTS 36 (1990) 359–373.

4.1 Zunächst ist ganz *allgemein* festzustellen: Jesus wirkte ausschließlich unter jüdischen Menschen. Der geografische Bereich seines öffentlichen Auftretens läßt sich – wenn man vom Gang zum Todespassa nach Jerusalem absieht – ziemlich genau eingrenzen auf die jüdisch besiedelten Gebiete Galiläas. Orte mit vorwiegend hellenistisch-heidnischer Bevölkerung wie Sepphoris, und Tiberias, den Sitz der Hofhaltung des Königs Herodes Antipas, scheint er gemieden zu haben. Auch von einem öffentlichen Wirken in Samaria, dessen Bevölkerung in damaliger jüdischer Sicht als religiös häretisch galt, schweigen die synoptischen Quellen. Wenn das Johannesevangelium von einem Auftreten Jesu in Samaria erzählt (Joh 4), so ist dies als Rückprojektion urchristlicher Debatten um die Samaria-Mission zu beurteilen. Ähnlich dürfte es sich mit der Mk 7,24–30 berichteten Nordreise in das heidnische Gebiet um die Küstenstädte Tyrus und Sidon verhalten[19]. Selbst im unwahrscheinlichen Fall ihrer Historizität wäre sie nicht dem *Wirken* Jesu zuzuordnen, sondern als unfreiwilliger Aufenthalt zum Zweck des Ausweichens vor Anfeindungen in der galiläischen Heimat zu beurteilen. Denn von einem öffentlichen Auftreten Jesu dort schweigt das älteste Evangelium. Authentisch dürfte hingegen die Nachricht über den Abstecher Jesu nach Norden, in den Bereich der Philippus-Tetrarchie, sein (Mk 8,27): Demnach betrat Jesus die heidnisch besiedelte Stadt Kaisareia Philippi mit ihrem Pan-Heiligtum gerade nicht, sondern hielt sich im Bereich der zur Stadt gehörigen Dörfer auf, deren Bevölkerung vorwiegend jüdisch war.

Zwei Begegnungen Jesu mit Nichtjuden enthält die Überlieferung: mit der syrophönizischen Frau (Mk 7,24–30) und mit dem heidnischen Centurio (Mt 8,5–13 [Q]). Beide lassen, unbeschadet der schwer zu beantwortenden Frage nach ihrer Historizität, erkennen, daß die Zuwendung zu Heiden für Jesus keine Selbstverständlichkeit war, sondern aus dem Rahmen seines sonstigen Wirkens fiel. So wird die Syrophönizierin, die Jesus um die Heilung ihrer Tochter bittet, von ihm zunächst abgewiesen mit der bezeichnenden Begründung: „Laß zuerst die Kinder satt werden!" Damit ist zum Ausdruck gebracht, daß seine helfende Zuwendung eigentlich den *Kindern Israels* allein zugutekommen soll. Und die Bitte des Centurio, in sein heidnisches Haus zu kommen, um seinem kranken Knecht zu helfen, betrachtet Jesus – hierin ganz als frommer Jude gezeichnet – als eine Zumutung (Mt 8,7).

4.2 Es gibt hinreichende Indizien für eine intensive *Verbindung zwischen Jesus und dem Täufer.* Jesus dürfte vor der Aufnahme seines öffentlichen Wirkens für einige Zeit zum Schülerkreis des Täufers gehört haben (Joh 1,35–40); er und seine Jünger wurden später von außenstehenden Zeitgenossen mit dem Täuferkreis in Verbindung gebracht bzw. kritisch damit verglichen (Mk 2,18; 6,14; Mt 11,18f), was eine gewisse Nähe voraussetzt. Und in der Tat gibt es eine bleibende Gemeinsamkeit, die Jesu Verkündigung auch nach der äußeren Trennung vom Täufer mit dessen Botschaft verbindet: Es ist der unterschiedslos *an ganz Israel gerichtete Umkehrruf.*

Auch für Jesus ist Israel in seiner Gesamtheit in einem Zustand der Gottferne. Es hat gegenüber dem Anspruch Gottes versagt. Darum kann keine Gruppe innerhalb

---

[19] Vgl. *J. Gnilka*, Das Evangelium nach Markus, 1 (Mk 1–8,26), ³1989 (EKK II/1) 290f.

des Volkes und kein Einzelner versuchen, Heilsgewißheit auf die Zugehörigkeit zum Bereich der dem Gottesvolk geltenden heilsgeschichtlichen Setzungen zu gründen. Die Diskussion um Schuld und Strafe einzelner in Israel im Rahmen des Tun-Ergehen-Zusammenhangs, wie sie unter Jesu Zeitgenossen angesichts akuter Unglücksfälle geführt wurde, wird von ihm in Lk 13,1–5 abgewiesen: Man greift zu kurz, wenn man nach der Schuld der im Tempel Ermordeten und der in Schiloach beim Einsturz eines Gebäudes zu Tode Gekommenen fragt! Nach Jesus ist deren Schicksal vielmehr Warnung und Anklage für das ganze Volk: „Nein, ich sage euch, wenn ihr nicht umkehrt, werdet ihr alle genauso umkommen." Alle, ohne Unterschied, sind dem Gericht Gottes verfallen, weil sie alle Sünder sind. Allen gilt darum auch der Umkehrruf.

Zwar ist die Umkehrpredigt für Jesus, im Unterschied zum Täufer, keineswegs der zentrale Brennpunkt seiner Botschaft, doch ist an ihrem relativ großen Gewicht nicht zu zweifeln. Angesichts der andringenden Nähe des Gerichtes gibt es nur noch eine realistische Verhaltensweise: umzukehren, das Verhalten zu ändern und Gott die Ehre zu geben (Lk 16,1–8). Wie der Täufer, so ruft auch Jesus alle in Israel zur Umkehr, nicht nur die offenkundigen Sünder, die am Rande der Gesellschaft stehen, sondern auch die ihren Besitz als Zeichen des Segens Gottes mißverstehenden Reichen (Lk 12,16–21) und die auf ihre Treue zum Gesetz Gottes pochenden Frommen. Sie alle faßt Jesus unter der (vermutlich authentischen) Bezeichnung „dieses Geschlecht" zusammen (Mk 8,12; Lk 11,29 par Mt 12,39 [Q])[20], um damit den Standort zu umschreiben, den sie im Blick auf Gott und sein kommendes Gericht einnehmen. Sie sind, wie die ebenso bezeichnete Sintflut- oder Mosegeneration (Gen 7,1; Ps 95,10f), eine Solidargemeinschaft derer, die sich gegenseitig in ihrer Abschirmung vor dem Anspruch Gottes und ihrer Nichterkenntnis seiner Nähe bestärken. Nirgends läßt die Überlieferung erkennen, daß Jesus das Volk oder Teile davon als „Israel" angesprochen hätte, und das hat seinen guten Grund: Man hätte das als Bestätigung einer bleibenden, durch nichts zu gefährdenden Sonderstellung verstehen können. Und eben dies wollte Jesus anscheinend ausschließen.

4.3 Lediglich *in negativer Abgrenzung* nimmt Jesus auf die traditionelle Heilshoffnung Israels Bezug, nämlich in dem Gerichtswort Mt 8,11f par Lk 13,28f (Q), das ursprünglich etwa so gelautet haben dürfte:

Ich sage euch:
Viele werden vom Aufgang und vom Niedergang kommen und mit Abraham, Isaak und Jakob im Reich Gottes zu Tische liegen. Ihr aber werdet hinausgeworfen werden in die äußerste Finsternis[21].

---

[20] Die Rede von „diesem Geschlecht" tritt zwar erst in der Redaktion der Logienquelle gehäuft auf, dürfte jedoch traditionsgeschichtlich auf ein hinter Mk 8,12; Lk 12,29par stehendes Jesuslogion zurückführbar sein; vgl. *Merklein*, Botschaft 35.

[21] Zur Debatte um die Echtheit s. einerseits (negativ) *D. Zeller*, Das Logion Mt 8,11f/Lk 13,28f und das Motiv der „Völkerwallfahrt", BZ NF 15 (1971) 222–237; 16 (1972) 84–93; *Merklein*, Botschaft, 35; andererseits (positiv) *Lohfink*, Gemeinde 28f; *J. Gnilka*, Das Matthäusevangelium I, 1986 (HThK I/1), 305. Für Authentizität spricht vor allem die Nähe zur Täuferpredigt (Mt 3,9).

Dieses Logion schließt sich dem Gedanken der Völkerwallfahrt zum Zion an. Die Völker werden in der Endzeit kommen, um das Angebot des Heils zu empfangen. Dieses Heil wird die Gestalt des von Israel erwarteten Heils haben: Am Tisch der Patriarchen, der für Israel gedeckt ist, werden sie Platz nehmen. Die Vollendung ist dargestellt im Bild des eschatologischen Mahls aus Jes 25,6–8. Die Stammväter des Volkes sammeln das Volk um sich zur engsten, heilvollen Gemeinschaft. Aber – so die paradoxe Bildbrechung – zu diesem endzeitlich gesammelten Volk gehören gerade die nicht, die sich ihrer Zugehörigkeit zu ihm sicher waren. Gott kommt zum Ziel; er sammelt sich ein Volk zur Gemeinschaft der Vollendung. Aber die sich bisher für sein Volk hielten – werden die noch dabei sein? Die Entsprechung zur Täuferpredigt von dem Gott, der aus Steinen dem Erzvater Abraham Kinder erwecken kann und dazu des unbußfertigen Israel nicht bedarf, liegt auf der Hand. Ebensowenig wie der Täufer proklamiert Jesus hier einen grundsätzlichen Universalismus. Er spricht weder von den Weltvölkern noch gar von der Menschheit in toto, sondern bleibt auf der Linie der profetischen Hoffnung auf eine zukünftige Ergänzung und Erweiterung des einen Volkes durch Menschen aus anderen Völkern (Jes 19,19.25). Das kommende Heil trägt grundsätzlich die Merkmale der Vollendung *Israels*, auch und obwohl mit der Möglichkeit des Ausschlusses des gegenwärtigen empirischen Israel zu rechnen ist.

Aber auch der Unterschied zur Täuferpredigt zeichnet sich in Mt 8,11f ab: Jesus entwickelt eine Heilsperspektive jenseits des zu erwartenden Gerichts und läßt Gottes Handeln von ihr her motiviert sein. Darum geht es ihm in erster Linie, daß Gott sich in der Durchsetzung seines Zieles, sein Volk zu sammeln und in der Tischgemeinschaft der Patriarchen zu vollenden, auch durch Israels gegenwärtigen Ungehorsam nicht irre machen läßt. Die Herrschaft Gottes wird sich in der Weise verwirklichen, daß sie Gestalt gewinnt in einem ihr zugehörigen Volk. Indem Jesus so die Übermacht des Heilswillens Gottes proklamiert, koppelt er die Zukunftserwartung Israels von dem Schema des Tun-Ergehen-Zusammenhangs, an den sie für den Täufer gebunden war, ab. Aufgrund des gegenwärtigen Verhaltens des Volkes wäre in der Tat für alle nur Gottes Zorn und Gericht zu erwarten. Aber nach Jesus findet sich das „Unheilskollektiv" Israel jetzt einer durch den Heilswillen Gottes gesetzten neuen Wirklichkeit gegenüber[22].

4.4 Dieser Punkt unterscheidet Jesus auch von den Pharisäern. Und dies, obwohl zunächst eine breite Gemeinsamkeit mit ihnen zu konstatieren ist: Jesus ist mit ihnen einig in der Hoffnung auf eine zukünftige Erneuerung Israels, und er bringt diese ebenfalls in Verbindung mit der uneingeschränkten Durchsetzung des Willens Gottes. Aber während die Pharisäer sich diese Erneuerung in der Weise einer Wiederherstellung Israels als Heilssphäre denken, die durch eine Konzentration auf die Gesetzestreuen im Volk bei gleichzeitiger strikter Abgrenzung von den Sündern erfolgen soll, erwartet Jesus diese Erneuerung unmittelbar von Gott her, durch eine Manifestation seines Heilswillens. Das wird vor allem durch das Gleichnis Lk 15,4–7

---

[22] S. *Merklein*, Botschaft 35f.

par Mt 18,12–14 (Q) verdeutlicht, das in seiner auf Jesus zurückzuführenden Urform etwa folgendermaßen gelautet haben dürfte:

> Wer unter euch, der hundert Schafe hat und verliert davon eines, läßt nicht die neunundneunzig zurück in der Wüste und geht dem Verlorenen nach, bis daß er es findet?
> Und wenn er es findet, wahrlich ich sage euch, daß er sich über es mehr freut als über die neunundneunzig nicht verlorenen (Schafe).

Die Pointe des Gleichnisses hängt an der „metaphorischen Qualität" des Begriffs „Schaf"[23], der für damalige Hörer die Assoziation auf das Gottesvolk bzw. dessen Glieder nahelegte, sowie, in Verbindung damit, den Gedanken an den Hirten, als der vielfach Gott selbst (Ps 100,3; Ez 34,10f u.ö.) galt. Aber auch die religiösen Führer Israels konnten als Hirten bezeichnet werden (Ez 34,23ff; Jes 63,11; vgl. Mt 9,36). Jesus handelt hier also von einem spezifischen Aspekt des Verhältnisses Gottes zu Israel: Gott geht auch jenen Gliedern seines Volkes mit Beharrlichkeit nach, die sich „verirrt", d.h. von der großen Herde getrennt haben. Auch der Gedanke der relativen Unerheblichkeit des einen Schafes gegenüber der noch vorhandenen großen Herde der 99 Schafe kann ihn von seiner Initiative nicht abbringen. Denn was ihn treibt, ist der Wille, sich über das Wiedergefundene zu freuen. Es geht hier primär weder um das Verhalten Gottes zum einzelnen Sünder, noch um dessen Verhältnis zu den in der „Herde" gebliebenen „Gerechten", sondern darum, daß Gott sein Volk für sich reklamiert. Gott will sein Volk *ganz* haben. Darum sollen Jesu Hörer Gottes Absicht zur Kenntnis nehmen, auch die verlorenen Schafe Israels zu seiner Herde zurückzubringen, und zwar ohne Rücksicht auf ihre gegenwärtige Situation der Abwendung und Trennung[24]. Das solche Wiedereingliederung in das Gottesvolk bewirkende Geschehen ist *ausschließlich* das Handeln Gottes, das in der Freude des Wiederfindens kulminiert[25].

Jesus erklärte und begründete mit diesem Gleichnis sein eigenes Verhalten gegenüber den Zöllnern und Sündern, den Menschen also, die sich nach pharisäischem Verständnis außerhalb der heiligen Sphäre des Gottesvolkes gestellt hatten. Wenn er mit ihnen Tischgemeinschaft hielt (Mk 2,15), so war das weder Ausdruck seiner Hinneigung zu Randgruppen der Gesellschaft, noch gar seiner Solidarisierung mit ihnen[26]. Er beanspruchte damit vielmehr, den Willen Gottes zur endzeitlichen Sammlung seines Volkes zu vollstrecken und so der in Gottes Auftrag wirkende Hirte Israels zu sein, wobei die Anstößigkeit seines Verhaltens vor allem darin bestand, daß offensichtlich seitens der Zöllner und Sünder noch keine Vorgaben geleistet waren, die auf die Abkehr von der Sünde und die Bereitschaft, sich durch Erfüllung des Willens Gottes in das Gottesvolk neu zu integrieren, hätten schließen

---

[23] Vgl. hierzu und zum folgenden *Weder*, Gleichnisse 173f.

[24] Gut erfaßt hat diesen Skopus *Weder*, Gleichnisse 174: „Der Hörer wird . . . zum *Einverständnis* in die vom Gleichnis intendierte Einstellung zu den verlorenen Schafen Israels bewogen."

[25] Eine Auslegung, die die Umkehrbereitschaft des Sünders als weiteren Faktor direkt oder indirekt einträgt (so z.B. *Jeremias*, Gleichnisse 135), nähert das Gleichnis der pharisäischen Sicht an und nimmt ihm die für Jesus typische Zuspitzung.

[26] Letzteres unterstellt nur der pharisäische Protest (Mk 2,16; Lk 7,37), den das Logion vom Arzt und den Kranken (Mk 2,17) als unbegründet zurückweist.

lassen. Was diese Integration bewirkt, ist ausschließlich die Zuwendung Jesu zu ihnen, in der der Heilswille Gottes wirksam gegenwärtig ist und neue Gegebenheiten schafft.

Zudem läßt Jesus seine pharisäischen Gesprächspartner und Kritiker nicht im Zweifel darüber, daß es sich bei seiner Zuwendung zu den Zöllnern und Sündern keineswegs um einen Grenzfall, sondern vielmehr um Paradigmen des Normalfalls handelt. An ihnen wird deutlich, wie es in Wahrheit um alle Glieder Israels steht[27]. Auch die ihrem Selbstverständnis nach „Gerechten" sind auf die Zuwendung Gottes, deren einzige Voraussetzung Gottes Wille, sein Volk endzeitlich zu sammeln, ist, angewiesen. Auf sich selbst gestellt, wären sie nicht imstande, als Gottes Volk die Kontinuität zwischen dem vergangenen Heilshandeln Gottes an Israel und seinem erwarteten Vollendungshandeln zu wahren. Wie die Pharisäer, so weiß auch Jesus von einer Kontinuität Israels. Aber während jene die Voraussetzung dafür in etwas suchen, was die Frommen des Volkes durch ihre Standhaftigkeit, Konsequenz und Treue zu bewirken vermögen, sieht Jesus die Kontinuität allein im erwählenden, suchenden und vergebenden Handeln Gottes begründet. In dieser unterschiedlichen theologischen Bestimmung Israels dürfte die Wurzel der Kontroverse zwischen Jesus und den Pharisäern zu suchen sein.

5. Die Gottesherrschaft und das Volk Gottes

5.1 Die Ansage des erwählenden, suchenden und vergebenden Handelns Gottes für sein Volk findet ihre Bündelung in der Verkündigung Jesu von der *Herrschaft Gottes.* Eine völlig angemessene Übersetzung des von Jesus aller Wahrscheinlichkeit nach gebrauchten Begriffes *malkuta dªel* (griech. *basileia tou theou*)[28] ins Deutsche ist nicht möglich. Eine Wiedergabe mit „Reich Gottes" würde allzusehr räumlich-statische Vorstellungen nahelegen und so verwischen, daß es sich um einen dynamischen Begriff handelt, der nicht einen Bereich abgrenzen, sondern ein Geschehen beschreiben will. Ausgeklammert bleiben muß jedoch die sich für heutige Menschen bei der Wiedergabe durch „Gottesherrschaft" naheliegende Assoziation eines repressiven, Freiheit eliminierenden herrscherlichen Handelns von oben her.

Der Begriff „Gottesherrschaft" nimmt eine Vorstellung auf, die erst in nachexilischer Zeit entstanden ist und die in ihrem Ansatz stark von der Profetie Deutero- und Tritojesajas geprägt ist. Es geht in ihr um die endgültige sichtbare Durchsetzung der Königsherrschaft Gottes, die für die Zukunft erwartet wird. Zentral dafür ist vor allem Jes 52,7–10:
Wie lieblich sind auf den Bergen die Füße des Freudenboten, der Frieden verkündet, gute Botschaft bringt, Heil verkündet, zu Zion spricht: *Dein Gott ist König!*

---

[27] Vgl. *Goppelt,* Theologie 178.
[28] So *Jeremias,* Theologie 100; anders *G. Dalman,* Die Worte Jesu I, Leipzig ²1930 (Nachdr. Darmstadt 1965) 76f; *K.G. Kuhn,* ThWNT I 570f, nach denen Jesus, dem Sprachgebrauch seiner Zeit folgend, den Gebrauch des Gottesnamens vermeidend, von „Himmelsherrschaft" (*basileia ton ouranon*) gesprochen habe.

Horch, deine Wächter erheben die Stimme, jubeln zumal, denn Auge in Auge sehen sie,
wie JHWH heimkehrt zum Zion.
Brecht in Freude aus, jubelt zumal, Trümmer Jerusalems! JHWH tröstet sein Volk, erlöst
Jerusalem.
JHWH entblöst seinen heiligen Arm vor den Augen aller Völker, und alle Enden der Erde
sehen das Heil unseres Gottes.

Der Profet proklamiert, gleichsam als der dem kommenden Gott vorauseilende Herold,
dessen bevorstehenden Herrschaftsantritt, und zwar als ein vom Standpunkt Gottes aus
bereits in Kraft gesetztes, gültiges Geschehen. Zugleich nimmt er dessen Folgen in den Blick:
die Sammlung des zerstreuten Israel um Jerusalem und den Zion und das Sichtbarwerden der
Macht des Gottes Israels vor allen Völkern. Diese Hoffnung blieb ein in der nachexilischen
Profetie lebendiges Thema (vgl. Mi 2,12f; 4,6–8; Zef 3,14f; Sach 14,6–11; Jes 24,23). Sie
wurde besonders im Bannkreis der sich seit der großen Krise des frühen 2. vorchristlichen
Jahrhunderts verbreitenden apokalyptischen Spekulationen weiterentwickelt. Und zwar
verband sie sich hier mit der Vorstellung einer nahe bevorstehenden Äonenwende, auf die die
gegenwärtige Weltgeschichte in einer ständigen Steigerung der Bedrängnisse und Katastro-
phen zuläuft und die durch Gottes Handeln herbeigeführt wird. Mit ihr wird jedoch eine
neue, heilvolle Zukunft jenseits der bisherigen Geschichte (aber keineswegs in einem tran-
szendenten Jenseits) beginnen, die durch das sichtbare Herrschen Gottes über sein Volk und
damit über die ganze Welt gekennzeichnet sein wird (Dan 7,13f).

5.2 Es steht außer jedem Zweifel, daß sich für die Zeitgenossen Jesu mit dem
Begriff „Gottesherrschaft" ganz selbstverständlich der *Gedanke an Israel* verband.
Wo sonst sollte Gott zur Herrschaft kommen, wenn nicht in seinem Volk? Dabei
war zwar durchweg eine universale weltweite Durchsetzung der Gottesherrschaft
mit gedacht, aber eben nur als Auswirkung und Konsequenz der Herrschaft Gottes
über Israel. Nur dann, wenn Gott über Israel Herr ist, werden auch die übrigen
Völker seine Herrlichkeit sehen und seine Macht anerkennen (Sach 14,9). Die
nächstliegende Auswirkung der Gottesherrschaft auf die Weltvölker sah man jedoch darin, daß Israel von deren Joch befreit werden sollte (Zef 3,14f; Sach 14,16f;
Ps 22,28–30; Dan 2,34f.44; TestDan 5,10b-13; AssMos 10,1.7–10). Es gibt von
Deuterojesaja bis zur Apokalyptik keine Erwähnung des Themas „Gottesherrschaft" im jüdischen Schrifttum, in der diese nicht kontrapunktisch auf die Situation
des von den Völkern unterdrückten Israel bezogen wird[29].
 Wie aber steht es in dieser Hinsicht mit der Verkündigung Jesu? Hat er diesen für
die Zeitgenossen selbstverständlichen Bezug bei seinem Reden von der Gottesherrschaft ebenfalls vorausgesetzt oder hat er sie in einen neuen Bezugsrahmen gestellt?

5.2.1 Deutlich ist zunächst: Der Gedanke an eine politische Befreiung Israels,
d.h. konkret an eine Befreiung von der römischen Oberherrschaft, klingt bei Jesus
nirgends an. Es fehlt auch jeder Ansatz zu einer kritischen Gegenüberstellung von
Israel und den Heiden, in der letztere als die Feinde Gottes und ihre Niederringung
als Voraussetzung des Anbruchs der Gottesherrschaft gesehen wären. Vielmehr
steht das empirisch vorfindliche Israel letztlich nicht anders vor Gott da, als die

---

[29] S. hierzu *Merklein*, Botschaft 43; *Jeremias*, Theologie 102f.

Heiden, nämlich als abgefallen und der Umkehr bedürftig. Es ist aus dem Heilsbereich Gottes herausgefallen (vgl. Mt 8,11f).

5.2.2 Aber nun geht es Jesus darum, daß dieses unterschiedslos und total von Gott abgefallene Israel *in seiner Gesamtheit* zu dem Bereich werden soll, in dem sich Gottes im Anbruch befindliche Herrschaft durchsetzt.

Hier ist nun freilich auf die kritische Stimme von *E. Gräßer* zu hören, der, eine wichtige Traditionslinie protestantischer Theologie aufnehmend, jüngst an diesem Punkt seinen Widerspruch angemeldet hat[30]. Seine wichtigsten Argumente sind: 1. Die von Jesus angesagte Gottesherrschaft hat eine eminent individuierende Tendenz. Sie ist nicht eine apokalyptisch zu verstehende Weltstunde, die in geschichtlicher Kontinuität mit Geschichtsabläufen steht, sondern die dem Menschen gegebene Augenblicks- und Entscheidungszeit, in der es für den je einzelnen um ein Entweder-Oder geht. – 2. Jesus hält Abstand zum alttestamentlichen Heilsverständnis, das Gott, Volk und Land zusammendenkt. Ohne Israels Erwählung explizit zu bestreiten, hat Jesus doch den einzelnen im Blick, der durch die Zugehörigkeit zum auserwählten Volk nicht gesichert, sondern gefordert ist. – 3. Jesus entfaltet das Heil Gottes ohne Rückgriff auf den alttestamentlichen Bundesgedanken. Jer 31 spielt bei ihm keine Rolle. – Fazit: „Mit Jesu Heilsbotschaft findet eine völlige Umgewichtung vom Kollektiv auf den einzelnen statt. Die individuierende Tendenz ist überall mit Händen zu greifen. Die Präfiguration des alttestamentlich-jüdischen Gottesverhältnisses, konstituiert durch die Relation Jahwe/Volk . . ., verliert ihre normierende Kraft."[31]

Nun trifft es zweifellos zu, daß dem *Glauben* im Wirken Jesu eine zentrale Rolle zukommt, und ebenso, daß dieser Glaube eine personale Relation herstellt, in der die Entscheidung des je einzelnen gefordert ist. Die Gottesherrschaft, die Jesus ansagt, ist weder ein kausal mit bestimmten äußeren Ereignissen und Vorgängen, wie etwa der Befreiung Israels von der römischen Fremdherrschaft, verknüpfbares Geschehen, noch eine aus der bisherigen Geschichte Israels mit Gott und seiner Stellung zu ihm zu folgernde Konsequenz. Sie ist vielmehr ein auf die Zukunft Gottes verweisender eschatologischer Vorgang, der in der Gegenwart verborgen ist (Mk 4,13–32; Mt 13,33), und dessen sachliche Begründung einzig und allein darin liegt, daß Jesus ihn auf Grund seiner Sendung verantwortet. Weder die Geschichte Israels, noch sein gegenwärtiges Verhalten geben Anlaß zu der Erwartung, daß Gott in diesem Volk seine endzeitliche Herrschaft aufrichten werde. Diese Erwartung kann sich vielmehr lediglich auf die Zusage Jesu gründen, daß Gott durch ihn seinem Volk Heil zuwenden werde. An diesem Punkt besteht eine augenscheinliche Parallelität zwischen Jesus und dem Täufer. Beide binden die Unterstellung unter das Endzeitgeschehen an die Anerkennung ihrer spezifischen Sendung. Im Falle des Täufers geht es darum, daß man sich *durch ihn* taufen läßt[32], um sich für das bevorstehende Gericht Gottes zuzurüsten. Im Falle Jesu dagegen hängt alles daran, daß die ihm begegnenden Menschen dem von ihm zugesagten und verantworteten heilvollen Handeln Gottes an Israel recht geben. Nichts anderes als dies ist der *Glaube*, von dem die synoptische Jesusüberlieferung spricht (Mk 5,34; 10,52; Mt 8,13 [Q]).

---

[30] *E. Gräßer*, Jesus und das Heil Gottes. Bemerkungen zur sogenannten „Individualisierung des Heils", in: Jesus Christus in Historie und Theologie, FS H. Conzelmann, hg. G. Strecker, Tübingen 1975, 166–184 (= ders., Der Alte Bund im Neuen. Exegetische Studien zur Israelfrage im Neuen Testament, 1985 [WUNT 35] 183–200).

[31] *Gräßer*, Jesus 198.

[32] *Becker*, Täufer 40, spricht zu Recht von „eine(r) Art mittlerischer Rolle zwischen Gott und dem Israeliten", die dem Täufer eignet.

In gewissem Sinne steht dieser Glaube bei Jesus an jener Stelle, die für den Täufer die Taufe einnimmt[33]. Der Glaube ist eine Möglichkeit, die jeweils der einzelne in persönlicher Entscheidung ergreifen muß, nicht anders wie das Angebot der Johannestaufe auf solche Entscheidung zielte. Aber in beiden Fällen geht es in erster Linie um das Ergreifen einer von außen zukommenden Möglichkeit, die mit der Anerkennung der besonderen, von Gott gegebenen Vollmacht der dieses Angebot gewährenden und verantwortenden Gestalten steht und fällt. So wie es der Täufer ist, der die Taufe vollzieht, ist es Jesus, der Glauben zuspricht und ermöglicht[34]. Damit aber tritt er für Gott ein, in der Weise, daß er den Menschen mit dessen Heilsangebot konfrontiert und ihm die Möglichkeit erschließt, diesem Heilsangebot Recht zu geben. Umgekehrt spricht Jesus den Menschen, den er zum Glauben einlädt, nicht als isolierten Einzelnen an, sondern als einen, der Israel zugehört, wobei freilich die herkömmlichen menschlichen Kriterien solcher Zugehörigkeit, seien es Abstammung und Herkunft, sei es Gesetzestreue, überholt werden durch das von Gott gesetzte Kriterium, die ihm gehörenden Menschen zu suchen und für sich zu reklamieren. Das Wort Jesu an den heidnischen Centurio: „Solchen Glauben habe ich nicht einmal in Israel gefunden" (Lk 7,8 [Q])[35] besagt, daß für Jesus Glaube und Israel unmittelbar zusammengehörige Größen sind. Glaube wäre die von Israel zu erwartende, weil seinem Verhältnis zu Gott angemessene Verhaltensweise. Denn er ist der grundlegende Vollzug jener Umkehr, die den Eintritt in das vom Gott Israels ermöglichte und angebotene neue Gottesverhältnis eröffnet[36].

Von da her erweist sich die Engführung des Glaubens auf eine personale Relation zwischen Jesus und dem einzelnen Menschen als nicht angemessen. Sicher ereignet sich Glaube in solcher personalen Relation, aber diese weist über sich hinaus auf die Relation zwischen Gott und seinem Volk. Es ist Gottes endzeitliches Heilsangebot für Israel, das durch einen einzelnen, nämlich Jesus, ergeht und das jeweils durch einzelne, die sich dadurch als Glieder dieses Volkes angesprochen wissen, ergriffen wird.

Daß Jesus die theologische Relevanz der Volksgeschichte in Frage stellte, ist zwar, wie unsere bisherigen Beobachtungen ergaben, deutlich. Aber dies kann nicht Anlaß sein, den Bezug der Heilsbotschaft Jesu auf Israel zu bestreiten. Dasselbe gilt von der Beobachtung, daß Jesus nirgends auf den Bundesgedanken zurückgriff. Hier bewegt er sich nämlich ganz auf der Linie apokalyptischen Denkens, das durch ein gebrochenes Verhältnis zur vergangenen „Heilsgeschichte" Israels gekennzeichnet ist. Für die Apokalyptiker ist Israels Geschichte primär Unheilsgeschehen, Geschichte sich steigernder Gottferne und Verlorenheit. Nicht die Kontinuität vergangener heilvoller Setzungen Gottes in Israels Geschichte wird hier zum Grund der Hoffnung, sondern allein die Gewißheit, daß Gott den Unheilszusammenhang bisheriger Geschichte, in den Israel eingebunden war, in der Endzeit durch sein machtvolles Handeln in Gericht und Heil durchbrechen werde[37].

---

[33] Die Ursache für diese Verschiebung wird man historisch auf ein Berufungserlebnis des ehemaligen Täuferschülers, durch das ihm die Struktur der von ihm zu verkündigenden Gottesherrschaft und die unmittelbare Verknüpfung seiner Sendung mit dieser gewiß geworden ist, zurückführen dürfen.

[34] S. hierzu *J. Roloff*, Das Kerygma und der irdische Jesus, Göttingen ²1973, 152–171.

[35] So wohl der ursprüngliche Wortlaut in Q. Mt hat im Sinn seiner Deutung des Verhältnisses Jesu zu Israel das „nicht einmal in Israel" zu „bei niemandem in Israel" verändert; vgl. *S. Schulz*, Q. Die Spruchquelle der Evangelisten, Zürich 1972, 239; *A. Polag*, Die Christologie der Logienquelle, 1977 (WMANT 45) 158.

[36] Vgl. *Goppelt*, Christentum 40f; *Roloff*, Kerygma 155f.

[37] Vgl. *K. Müller*, Art. Apokalyptik/Apokalypsen III, TRE 3, 202–251.224–227.

5.3 Mit großer Wahrscheinlichkeit dokumentieren die drei ursprünglichen Selig-preisungen aus Q (Lk 6,20b.21)[38] die *Anrede Jesu an Israel in seiner Gesamtheit* als an das in Heillosigkeit und Not verstrickte Volk Gottes:

> Selig seid ihr Armen,
> denn euch gehört die Gottesherrschaft!
> Selig seid ihr, die ihr jetzt hungert,
> denn ihr sollt gesättigt werden!
> Selig seid ihr, die ihr jetzt weint,
> denn ihr sollt lachen!

Diese Seligpreisungen stehen der Gattung des apokalyptischen Makarismus nahe, insofern sie in ihren Nachsätzen auf die Folgen der in den Vordersätzen genannten gegenwärtigen Situationen bzw. Verhaltensweisen in der von Gott heraufzuführenden endzeitlichen Zukunft verweisen (vgl. Dan 12,12; PsSal 17,44; 18,6). Völlig unspezifisch für die Gattung ist jedoch, daß die Situationen und Verhaltensweisen der Vordersätze in keiner Weise als aktiv zu erbringende Voraus-setzungen verstanden werden können. Es geht hier nicht um Leistungen oder Tugenden, die für zukünftig zu erwartendes Heil qualifizieren, sondern um Merk-male einer äußerlich und innerlich verzweifelten Lage: Armen, Hungrigen und Weinenden wird bedingungslos das endzeitliche Heil zugesprochen.

Besonders wichtig ist dabei die Bezeichnung „arm" im ersten Makarismus. Damit dürfte nicht nur auf die äußere soziale Bedürftigkeit einer bestimmten Bevölkerungsgruppe hingewiesen sein. Eher wird man sie im Sinne einer umfassen-den Charakteristik der äußeren und inneren Notlage Israels zu verstehen haben. Darauf deutet jedenfalls der Umstand, daß Jes 61,1 für Jesus eine wichtige Rolle zur Beschreibung seiner Sendung gespielt hat:

> Der Geist JHWHs, des Herrn, ruht auf mir, denn JHWH hat mich gesalbt. Frohe Botschaft zu bringen den Armen hat er mich gesandt, zu heilen, die gebrochenen Herzens sind, zu verkünden den Gefangenen Befreiung und den Gebundenen Lösung der Bande . . . (Mt 11,5)[39].

Jes 61,1 steht exemplarisch für eine an Deutero- und Tritojesaja (Jes 41,17; 49,13; 66,2) anschließende Auslegungstradition, in der die „Armen" eine Kollektivbe-zeichnung für Israel waren, das sich seiner Not und Armut vor Gott bewußt ist und darin sein gerechtes Gericht anerkennt. Im Laufe der Entwicklung dieser Tradition konnte die Armut als exklusiv-elitäres Kennzeichen einer Gruppe, d.h. als Folge besonders verdienstlicher, von der großen Masse der Sünder isolierender Gesetzes-treue verstanden werden. So jedenfalls sah sich die Gemeinschaft von Qumran (4QpPs 37 2,10; 3,10; 1QpHab 12,3.6.10). Jesus hingegen gebrauchte den Begriff in dem durch Deutero- und Tritojesaja vorgegebenen ursprünglichen Sinn. Er will nicht eine elitäre Gruppe innerhalb Israels ansprechen, und er will erst recht nicht einen bestimmten Verhaltenskodex oder die Übernahme bestimmter äußerer Le-

---

[38] Zur Rekonstruktion vgl. *Schulz*, Q 76f; *Luz*, Matthäus 1–7, 200f.
[39] Vgl. *Jeremias*, Theologie 106f; *Goppelt*, Theologie 112f.

bensformen für die von ihm Angesprochenen verbindlich machen. Andernfalls müßte in der Seligpreisung der Armen explizit oder implizit eine Bedingungsstruktur aufweisbar sein. Davon ist jedoch nichts zu erkennen. Das heißt aber, daß in diesem Makarismus exemplarisch „die völlige Bedingungslosigkeit des Heilsangebotes zum Vorschein" kommt, „mit dem Gott in der Verkündigung Jesu die durch keinen Rekurs auf bisherige Heilstitel zu mildernde Gerichtsverlorenheit Israels überwindet."[40]

5.4 Wie groß die Bedeutung war, die Israel im Denken Jesu zukam, zeigt sich jedoch vor allem an der *Berufung des Zwölferkreises*. Das Bild der „Zwölf" büßte zwar schon bald in der Überlieferung seine Konturenschärfe ein; sie wurden einerseits mit den Jüngern und Nachfolgern Jesu schlechthin identifiziert, andererseits mit dem nachösterlichen Apostelkreis in eins gesetzt. Die in Mk 3,14–19 aufbewahrte Überlieferung läßt jedoch noch den ursprünglichen Sinn erkennen:

> Und er setzte Zwölf ein, daß sie mit ihm seien und daß er sie aussende, zu verkünden und Vollmacht zu haben, die Dämonen auszutreiben. Und er setzte die Zwölf ein. Und er übertrug dem Simon einen Namen: Petrus. Und Jakobus, den (Sohn) des Zebedäus, und Johannes, den Bruder des Jakobus. Und er übertrug ihnen einen Namen: Boanerges, das ist ‚Söhne des Donners'. Und Andreas und Philippus und Bartholomäus und Matthäus und Thomas und Jakobus, den (Sohn) des Alfäus, und Thaddäus und Simon, den Kananäer, und Judas Iskariot, der ihn ausgeliefert hat.

Es handelt sich hier um einen Akt der Einsetzung in eine bestimmte Funktion, analog dem, wie im Alten Testament Menschen zu Priestern oder in andere Ämter eingesetzt werden (1Sam 12,6; 1Kön 12,31; 13,33; 2Chr 2,18)[41]. Und zwar ist diese Funktion nicht die des „Jüngers"; das Wort „Jünger" bleibt in diesem Zusammenhang ausgespart; ebenso fehlt der Begriff „Nachfolgen", der sonst fester Terminus der Jüngerschaft ist. Zwar gehörten die „Zwölf" dem Kreis der Nachfolger Jesu an (vgl. Mk 1,16–20), doch dürfte dieser wesentlich weiter gewesen sein. Andererseits waren die „Zwölf" auch nicht die Kerngruppe des Nachfolger-Kreises; als solche treten nur die drei hier als Träger von Sondernamen Genannten, Petrus, Johannes und Jakobus in Erscheinung (Mk 5,37; 9,2; 14,33). Beachtung verdient ferner die doppelte Funktionsbeschreibung: Die Zwölf sollen „mit ihm sein" und sich zur Teilnahme an Verkündigung und Wirken Jesu aussenden lassen, wobei ersteres den stärkeren Akzent trägt[42]. Zumindest zu einem wesentlichen Teil bestand die Funktion der Zwölf demnach darin, gemeinsam mit Jesus in Erscheinung zu treten. Und hierbei kam zweifellos der auf Israel verweisenden Symbolzahl „12" entscheidendes Gewicht zu. Wenn die „Zwölf" gemeinsam mit Jesus auftraten, so wurde damit zeichenhaft der Wille Jesu, Israel zu sammeln und zu seiner von Gott gesetzten Vollendung zu bringen, zum Ausdruck gebracht. Zu bedenken ist dabei auch, daß damals das alte Zwölfstämmevolk längst nicht mehr bestand. Faktisch waren nach dem Untergang der Nordstämme nur noch zwei Stämme – Juda und Benjamin – übriggeblieben. Zu ihnen ließ sich allenfalls noch der Restbestand des Priesterstammes Levi rechnen. Mit dem Rückgriff auf die alte Zwölfzahl verdeutlichte Jesus, daß es

---

[40] *H. Merklein*, EWNT III 468f.

[41] S. *Gnilka*, Markus 1–8,26, 139.

[42] Die von *Gnilka*, Markus 1–8,26, 137, erwogene Möglichkeit, daß der zweite Finalsatz spätere Erweiterung zum Zweck einer Harmonisierung mit dem Aussendungsbericht Mk 6,7–13 sei, hat manches für sich, läßt sich jedoch nicht eindeutig entscheiden.

ihm keinesfalls um die Bewahrung des gegenwärtig noch vorhandenen Israel, sondern um die Neukonstituierung Israels in der von Gott geplanten Fülle und Ganzheit zu tun war. Er knüpfte damit an die in Israel verbreitete Hoffnung an, daß das Volk in der Endzeit wieder zu seiner Vollgestalt kommen werde. Die Zwölf bekamen dabei gewissermaßen die Bedeutung von Stammvätern des eschatologisch zu erneuernden Volks. Darauf dürfte auch der ursprüngliche Grundbestand des rätselhaften Q-Logions Mt 19,28 par Lk 22,30 zu beziehen sein, der davon spricht, daß die „Zwölf" auf „Thronen sitzen" und „die zwölf Stämme Israels" richten sollen[43]. Die Qumran-Gemeinschaft bietet hierfür eine überraschende Analogie. Ihre Regel bestimmt, daß im „Rat der Gemeinschaft", dem leitenden Gremium, „zwölf Männer und drei Priester" sein sollen. „Wenn dies in Israel geschieht", gilt es als Anzeichen für die hereinbrechende Vollendung (1QS 8,1–4)[44]. Hier wie auch bei Jesus ist die Zwölfzahl Hinweis auf die endzeitlich beginnende Sammlung des Zwölfstämmevolkes.

Freilich ist, in bezeichnendem Unterschied zu Qumran, der von Jesus eingesetzte Zwölferkreis keine elitär ausgesonderte Gruppe. Manche Anzeichen sprechen eher dafür, daß Jesus sich bemühte, Repräsentanten aller Kreise, Schichten und Richtungen des Volkes in ihm zusammenzubringen. So haben zwei seiner Glieder, Andreas und Philippus, rein griechische Namen, gehören demnach also der von hellenistischer Sprache und Kultur beeinflußten Schicht an, und dasselbe dürfte, trotz seines semitischen Namens, auch für Simon Petrus, den Bruder des Andreas, gelten. Und „Simon der Kananäer" wird Lk 6,15 vermutlich zutreffend übersetzt mit: „Simon, genannt der Zelot". Hier handelte es sich also um einen ursprünglich der politischen Umsturzbewegung der Zeloten Nahestehenden.

6. Die Sozialstruktur der Jesusanhängerschaft

Das Bild, das die Quellen von der Anhängerschaft Jesu vermitteln, ist keineswegs das einer in sich geschlossenen gesellschaftlichen Gruppe. Im Gegenteil: Sie erwekken eher den Eindruck des Nebeneinanders zweier ganz unterschiedlich strukturierter Kreise, die lediglich vermöge ihrer Ausrichtung auf Jesus als die gemeinsame Mitte in einem konzentrischen Zuordnungsverhältnis zueinander stehen[45].

6.1 Der *weitere Kreis* bestand aus den von Jesu Verkündigung angesprochenen und bewegten Menschen. Immer wieder erfahren wir von Begegnungen Einzelner mit Jesus, in deren Verlauf positive Veränderung von Lebenssituationen bewirkt wurde, sei es durch körperliche Heilung, sei es durch Sündenvergebung, und deren

---

[43] Zur Analyse vgl. *A. Vögtle*, Das Neue Testament und die Zukunft des Kosmos, Düsseldorf 1970, 156–166; *J. Gnilka*, Das Matthäusevangelium II, 1988 (HThK I/2) 170f. Die Mt-Fassung, die die „Zwölf", gemeinsam mit dem Menschensohn, als Richter über das ungläubige Israel im Weltgericht sehen will, ist auf alle Fälle redaktionell geprägt durch die israelkritische Tendenz des Evangelisten. Ursprünglich hatte *krinein* wohl nur die Bedeutung von „herrschen": die „Zwölf" als endzeitliche Regenten der Israel-Stämme (vgl. TestJud 25); s. hierzu *E. Schweizer*, Das Evangelium nach Matthäus, 1973 (NTD 2) 254.

[44] *H.-J. Klauck*, Die Auswahl der Zwölf (Mk 3,13–19), in: ders., Gemeinde – Amt – Sakrament, Würzburg 1989, 131–136.135.

[45] *Jeremias*, Theologie 164.

Spitze jeweils die Gewährung von Glauben, und das heißt, die Herstellung eines persönlichen Verhältnisses zu Jesus war. Es ist aber nun höchst auffällig, daß diese Begegnungen im Regelfall nicht in den Ruf in die Nachfolge und damit in die Entscheidung für einen dauernden persönlichen Anschluß an Jesus ausmünden. Fast könnte man den Eindruck gewinnen, als seien diese Widerfahrnisse punktuell und damit letztlich folgenlos geblieben, wären da nicht gelegentliche Hinweise auf die Existenz von Anhängern und Sympathisanten Jesu, die verstreut an verschiedenen Orten in Galiläa, aber auch in Judäa wohnend, ihn und den Kreis seiner Nachfolger materiell unterstützten. Hierher gehört etwa Josef von Arimatäa, vermutlich ein pharisäisches Mitglied des Synedriums. Wenn es von ihm heißt, daß er „die Gottesherrschaft erwartete" (Mk 15,43), so läßt dies schließen, daß er von der Verkündigung Jesu von der Gottesherrschaft berührt war. Anders ließe sich sein mutiger persönlicher Einsatz für die Bestattung des schmählich am Kreuz Hingerichteten nicht verstehen (Mk 15,42–47). Hierher gehört auch Lazarus mit seinen Schwestern, die, ortsfest in Betanien ansässig, Jesus bei seinem letzten Aufenthalt in Jerusalem Quartier gewähren (Joh 11,1), und schließlich sind auch die Frauen, die Jesus mit ihrem Vermögen „dienten", in diesem Zusammenhang zu nennen (Lk 8,3). Deutlich ist von allen diesen Menschen zunächst nur, daß sie eine persönliche Bindung an Jesus haben, daß sie und ihre Familien die Kunde von seiner Vollmacht weitertragen (Mk 5,19f) und daß sie die zukünftige sichtbare Vollendung der in Jesu Wirken verborgen gegenwärtigen Gottesherrschaft erwarten[46].

6.2 Den *engeren Kreis* bildeten die *Jünger*. Bei ihnen handelte es sich um eine fest umrissene Gruppe, die auf alle Fälle größer als der Zwölferkreis, aber doch numerisch begrenzt war[47]. Die Zugehörigkeit zu diesem Jüngerkreis wurde jeweils durch einen berufenden Akt Jesu begründet. Die synoptischen Berufungserzählungen halten die Erinnerung an die bezwingende Vollmacht fest, mit der Jesus an die von ihm auserwählten Menschen herantrat, um sie mit dem keinen Einspruch erlaubenden Befehlswort „Folge mir nach!" aus ihren nachbarschaftlichen, familiären und beruflichen Bindungen herauszurufen (Mk 1,16–20par; 2,14par). Das Verb „nachfolgen" (*akolouthein*) wird geradezu zu einem das besondere Verhältnis der Jünger zu Jesus umschreibenden Terminus (Mk 1,18; 6,1; 8,34; 9,38; 10,28.32.52 u.ö.).

In den Augen der Umwelt mag dieses Verhältnis dem von Gelehrtenschülern zu ihrem Lehrer entsprochen haben. Wer in das Lehrhaus eines Rabbi eintrat, um dort Tora zu lernen, folgte diesem Rabbi nach. Er trat in eine enge Lebensgemeinschaft mit ihm ein, leistete ihm praktische Dienste und begleitete ihn, um nicht nur aus seinen Worten zu lernen, sondern vor allem auch sein konkretes Verhalten in verschiedenen Situationen, das als angewandte Tora-Auslegung galt, zu beobachten und, umgekehrt, ihr Verhalten von ihm auf seine Tora-Gemäßheit hin überprüfen zu lassen. Von dieser Voraussetzung her sprechen die Gegner Jesu

---

[46] *R. Schnackenburg*, Gottes Herrschaft und Reich, Freiburg ⁴1965, 160, nennt sie „die Gemeinde der Reich-Gottes-Anwärter"; ähnlich *Jeremias*, Theologie 160; *Kertelge*, Gemeinde 47f.

[47] Die Lk 10,1 genannte Zahl „70" (bzw. in manchen Handschriften „72") ist eine missionstheologisch motivierte Symbolzahl, die auf die 70 bzw. 72 Völker in Gen 10 Bezug nimmt, und von daher ohne Geschichtswert; vgl. *P. Hoffmann*, Studien zur Theologie der Logienquelle,²1972 (NTA.NF 8) 251.

einerseits seine Jünger auf dessen Mahlgemeinschaft mit Sündern an und erwarten von ihnen eine Erklärung dieses Verhaltens im Lichte der Tora-Auslegung des Meisters (Mk 2,16), andererseits stellen sie Jesus wegen des unstatthaften Ährenraufens am Sabbat zur Rede, weil ihnen das als Reflex seiner laxen Interpretation des Sabbatgesetzes gilt.

Aber die Analogie zum schriftgelehrten Lehrer-Schüler-Verhältnis ist nur eine äußerliche. Jesus hat kein Lehrhaus gegründet. Während sonst die Lernwilligen beim Rabbi um die Aufnahme in die Lehrgemeinschaft nachsuchen mußten, um nach gründlicher Überprüfung als Schüler akzeptiert zu werden, ist es Jesus selbst, der sich seine Jünger sucht und sie *in die Nachfolge beruft*. Und statt sie in der Abgeschiedenheit eines Lehrhauses um sich zu versammeln, um sie in der Tora zu unterweisen, läßt er sie an seinem unsteten Wanderleben teilnehmen und macht sie zu seinen Mitarbeitern bei seinem Wirken für die Gottesherrschaft (Lk 10,1 par Mt 10,7 [Q]). Die einzige tragfähige Analogie dafür findet sich in der frühen charismatischen Profetie Israels. Elija berief den Elischa kraft seiner charismatischen Vollmacht unmittelbar von der Feldarbeit weg zur Teilnahme an seinem profetischen Auftrag und nötigte ihn damit zur Trennung von Beruf, Familie und Sippe (1Kön 19,19–21). Dieses alttestamentliche Modell hat sich dabei auf synoptische Nachfolgeszenen prägend ausgewirkt. Als charakteristisch erweist sich dabei immer wieder die Radikalität der durch den Nachfolgeruf bewirkten Trennung von der bisherigen normalen Lebensumwelt. Hatte Elija dem Elischa wenigstens noch erlaubt, seinem Vater und seiner Mutter den Abschiedskuß zu geben (1Kön 19,20), so versagt es Jesus dem prospektiven Nachfolger sogar, gegenüber seinem sterbenden Vater die selbstverständliche, überdies von der Tora gebotene Pietätspflicht der Sorge für die Bestattung zu erfüllen (Lk 9,59f par Mt 8,21f [Q]). Das ist eine deutliche Steigerung, für die es nur eine Erklärung gibt: Es ist die Dringlichkeit der auf den Gerufenen wartenden Aufgabe, die zur Preisgabe aller bisherigen Bindungen nötigt und dabei notfalls auch Verletzungen von Sitte und Pietät rechtfertigt. Im Blick auf die Nähe der Gottesherrschaft „ist keine Zeit mehr zu verlieren, darum muß die Nachfolge ohne Aufschub und unter Verzicht auf alle menschlichen Rücksichten und Bindungen erfolgen"[48].

Es handelt sich bei dem Ruf in die Nachfolge, wie vor allem *M. Hengel* überzeugend nachgewiesen hat, um die Beauftragung zur Teilnahme am Wirken Jesu für die nahe Gottesherrschaft und damit um den Eintritt in eine von der Gottesherrschaft geprägte *Lebens- und Schicksalsgemeinschaft* mit Jesus[49]. Jesus nimmt Menschen hinein in seinen Dienst, weil dieser Dienst nicht von ihm allein ausgeübt werden kann und soll. Das Bildwort, das in der ersten synoptischen Berufungsszene erscheint, charakterisiert den Auftrag paradigmatisch: „Auf! Mir nach! Ich will euch zu Menschenfischern machen" (Mk 1,17). Die Jünger sollen, wie das drastische Motivbild von den „Menschenfischern" besagt, Menschen für die Gottesherrschaft gewinnen, und das heißt, mitwirken bei der endzeitlichen Sammlung Israels. Der Jüngerkreis ist demnach *nicht das Ziel des Wirkens Jesu*, sondern dessen durch die Situation der Nähe der Gottesherrschaft bedingtes und auf diese Situation bezogenes *Werkzeug*. Er ist weder eine elitäre Sondergruppe in Israel, noch gar dessen endzeitlich bewahrter Rest, sondern die Schar derer, die mit der Sammlung Israels zum Gottesvolk der Endzeit beauftragt sind, wie ein Jesuslogion unter Aufnahme der alttestamentlichen Metapher von der Ernte Gottes, der kommenden Voll-

---

⁴⁸ *Hengel*, Nachfolge 16.
⁴⁹ *Hengel*, Nachfolge 98; vgl. *G. Schneider*, EWNT I 118–124.

endung Israels in Heil und Gericht (Jo 4,13; Jes 27,12; vgl. syrBar 70,2; 4Esr 4,39),
zum Ausdruck bringt:

> Die Ernte ist groß, aber der Arbeiter sind nur wenige. Bittet daher den Herrn der Ernte,
> Arbeiter in seine Ernte zu senden (Lk 10,2 par Mt 9,37f [Q]).

6.3 Darüber hinaus ist der Jüngerkreis *die erste und urbildhafte Gruppe von
Menschen, deren Zusammenleben unmittelbar von der Botschaft Jesu geprägt ist.* Der
vorösterliche Jüngerkreis tritt unübersehbar als *Sozialstruktur* in Erscheinung, die
durch eine Reihe von im folgenden genannten Merkmalen gekennzeichnet ist.

6.3.1 Die Jünger sind *auf Jesus als den einen maßgeblichen Lehrer ausgerichtet.* Die
Bindung an ihn ist es, die sie zugleich untereinander zu einer brüderlichen Gemeinschaft zusammenschließt: „Denn einer ist euer Lehrer, ihr alle aber seid Brüder"
(Mt 23,8b)[50]. Ist die Jüngergemeinschaft auch weder durch das Leitziel der schriftgelehrten Ausbildung, noch durch deren Methodik bestimmt, so ist doch die
Orientierung an Jesus als dem Lehrer ein sie kennzeichnender Zug. Seine Lehre
vermittelt nicht das Erbe einer bestimmten Auslegungstradition, sondern beansprucht, unmittelbare Erschließung des endzeitlichen Gotteswillens zu sein. Darum
ist Jesus nicht nur einer unter anderen, ebenfalls Autorität beanspruchenden Lehrern, sondern der einzige, an den allein es sich zu halten gilt. Wenn Jesus, wofür
einiges spricht, die Jünger wenigstens zeitweilig zu selbständiger Verkündigung
ausgesandt hat (Mk 6,7–13 par Lk 9,1–6), so dürfte er sie darauf auch durch gezielte
Einprägung seiner Worte vorbereitet haben. So ist bereits, wie *H. Schürmann* mit
Recht betonte, vorösterlich mit der Pflege der von Jesus ausgehenden Lehrtradition
im Jüngerkreis zu rechnen[51].

6.3.2 Die Jünger stehen mit Jesus in einer *Schicksalsgemeinschaft.* Sie teilen nicht
nur seine Heimatlosigkeit (Lk 9,58 par Mt 8,20 [Q]) und seinen Verzicht auf
familiäre Gemeinschaft, sondern müssen auch damit rechnen, dasselbe zu erleiden
wie Jesus, Verfolgung oder sogar Hinrichtung (Lk 14,27 par Mt 10,38 [Q]).

6.3.3 Die Jünger werden durch ihre Trennung von der natürlichen Lebens- und
Erwerbsgemeinschaft der Familie nicht zu isolierten Einzelgängern, sondern wachsen untereinander zu einer *neuen Familie* zusammen. So bezeichnet Jesus die
Angehörigen seines Jüngerkreises als seine Familie, und er begründet dies mit dem
gemeinsamen Bestimmtsein dieses Kreises durch den Willen Gottes: „Das hier ist
meine Mutter, und das sind meine Brüder! Denn wer den Willen Gottes tut, der ist
mir Bruder, Schwester und Mutter" (Mk 3,34f)[52].

---

[50] Auch wenn Mt 23,8b kein authentisches Jesuswort sein sollte, geht es auf alte Tradition zurück, wie
die Variante Joh 13,13 erweist. Es dürfte sich um eine im Jüngerkreis Jesu formulierte Regel handeln. Zur
Analyse s. *A.F. Zimmermann*, Die urchristlichen Lehrer, ²1988 (WUNT II 12) 185f.

[51] *H. Schürmann*, Die vorösterlichen Anfänge der Logientradition, in: ders., Traditionsgeschichtliche
Untersuchungen zu den synoptischen Evangelien, Düsseldorf 1968, 39–65. Über das Ziel hinaus schießt
wohl *R. Riesner*, Jesus als Lehrer, ³1988 (WUNT II 7), mit der Annahme, Jesus habe seinen Jüngern seine
Lehre wörtlich eingeprägt. Träfe dies zu, so sähe die synoptische Jesus-Überlieferung anders aus!

[52] Vgl. hierzu *Lohfink*, Jesus 55f.

6.3.4 Die Jüngergemeinschaft ist ein *herrschaftsfreier Bereich*. Das sonst die Strukturen menschlichen Zusammenlebens bestimmende Prinzip der mit Gewalt durchsetzbaren Herrschaft von Menschen über Menschen ist für die Gemeinschaft der Jesusjünger ausdrücklich außer Kraft gesetzt:

> Ihr wißt, daß die, welche die Völker zu beherrschen scheinen, sie unterdrücken, und ihre Großen die Gewalt gegen sie gebrauchen. Nicht so aber ist es unter euch. Sondern wer unter euch der Größte werden will, werde euer Diener. Und wer unter euch der Erste sein will, werde der Sklave von allen (Mk 10,42–44).

Nüchtern konstatiert dieses Logion zunächst, daß Gewalt das bestimmende Merkmal aller staatlichen und gesellschaftlichen Ordnung ist. Ihrer bedienen sich die Herrschenden und Mächtigen, um gegenüber den Beherrschten ihre Ziele durchzusetzen, wobei die sinngebende Leitvorstellung auf beiden Seiten der Wunsch nach Größe ist. Die bereits groß sind, können es nur bleiben, indem sie die Kleinen niederhalten. Herrschaft lebt davon, daß sie andere Menschen zu ihrem Objekt macht. Die Kleinen haben, wenn sie aus dieser entwürdigenden Position als Objekte der Herrschaft der Großen herauskommen wollen, keine anderere Wahl, als ebenfalls nach Herrschaft über andere zu streben und auf diese Weise groß zu werden. Diesem scheinbar unausweichlichen Mechanismus setzt aber nun das Logion ein konträres Strukturprinzip entgegen, das in der Jüngergemeinschaft gelten soll. Hier tritt an die Stelle der von oben nach unten mit Gewalt durchgesetzten Herrschaft das dienende Dasein füreinander. Das aber bedeutet eine völlige Umkehr der zwischenmenschlichen Perspektive. Wer dem andern als Diener begegnet, sieht ihn auf das hin an, was er braucht und was ihm hilft, er betrachtet ihn nicht als mögliches Objekt seiner Herrschaft, sondern als Partner, der ein Recht auf seine Hilfe und Zuwendung hat. Das Wort „Diener" (*ho diakonon*) hat in diesem Zusammenhang eine ganz spezifische Prägung. Es verweist zurück auf ein Bild, mit dem Jesus seine eigene Funktion und Sendung dargestellt hat: Es ist das Bild des Sklaven, der beim festlichen Mahl den Tischdienst versieht und der durch sein Tun die Mahlgemeinschaft erst möglich macht (vgl. Lk 12,37; 22,27; Joh 13,14)[53]. Jesus erscheint hier als derjenige, der durch sein Verhalten das Strukturprinzip von Herrschaft und Gewalt durchbricht, indem er an dessen Stelle das Prinzip des dienenden Daseins für andere setzt. Aber er bleibt in diesem seinem Dienen nicht allein. Aufgrund ihrer engen Gemeinschaft mit Jesus werden die Jünger in sein Verhalten mit hineingezogen, es erhält für sie prototypische Bedeutung. Diesen Zusammenhang verdeutlicht der Evangelist Markus, indem er dem Logion Mk 10,42–44 als Begründung das Wort von der dienenden Hingabe des Menschensohnes „für die Vielen" (Mk 10,45) hinzufügt.

Einen weiteren theologischen Begründungszusammenhang mag man in der neuen Rede von Gott sehen, die Jesus seinem Jüngerkreis ermöglicht und erlaubt

---

[53] Zur Bedeutung des *diakonia*-Motivs in der Jesusüberlieferung vgl. *J. Roloff*, Zur diakonischen Bedeutung von Gottesdienst und Herrenmahl, in: ders., Exegetische Verantwortung in der Kirche, Göttingen 1990, 201–218.

hat[54]. Die Jünger dürfen Gott, ganz gegen die damaligen religiösen Sprachgewohnheiten, mit dem familiären Wort *'abba'* anreden (Lk 11,2). Damit kommt zum Ausdruck, daß Gott für sie der unmittelbar Nahe und Vertraute ist, auf dessen Liebe und Fürsorge sie sich unbedingt verlassen dürfen (Lk 12,29–31 par Mt 6,31–33 [Q]). Zugleich aber folgert daraus, daß dieser nahe Gott und sein Wille zur alleinigen ihr Verhalten bestimmenden Autorität wird. Alle anderen menschlichen Väter samt den von ihnen ausgehenden Herrschaftsstrukturen und Autoritätsverhältnissen sind damit relativiert. Die Jünger sollen niemanden mehr auf Erden „Vater" nennen, „denn nur einer ist euer Vater: der im Himmel" (Mt 23,9). Wo Gott als der alleinige Vater anerkannt ist, da braucht es keine väterliche Autorität im herkömmlichen Sinne mehr, sondern da hat nur noch ein geschwisterliches Verhältnis der Jünger untereinander Raum, das vom Prinzip des dienenden Füreinanders bestimmt ist.

Nach alledem hatte der Jüngerkreis Jesu nicht nur eine klar konturierte Sozialstruktur. Darüber hinaus ergab sich vor allem aus dem letztgenannten Merkmal, daß diese in einem scharfen, programmatischen Kontrast zu allen geläufigen Sozialstrukturen stand. Mit gutem Recht hat *G. Lohfink* ihn deshalb als *Kontrastgesellschaft* bezeichnet[55].

6.4 Hier erhebt sich nun die grundsätzliche Frage, welche *Bedeutung dieser Sozialstruktur des engeren Jüngerkreises im Blick auf die nachösterlich entstehende Kirche* hat. Ja kann sie in diesem Zusammenhang überhaupt noch von Bedeutung sein, nachdem wir festgestellt haben, daß der engere Jüngerkreis von Jesus nicht als Sondergemeinschaft innerhalb Israels konstituiert worden ist, sondern Werkzeug im Dienst seiner Sendung für ganz Israel sein sollte? Wäre von daher nicht eher dem Faktum, daß der weitere Kreis der Anhänger und Sympathisanten Jesu in Israel ohne eine solche Sozialstruktur gewesen zu sein scheint, ekklesiologische Bedeutung beizumessen? Hier liegt ein Grundproblem der Ekklesiologie vor, das in der bisherigen Diskussion in seiner Tragweite nur unzureichend bedacht worden ist.

6.4.1 *L. Goppelt* hat dieses Problem wenigstens ansatzweise in den Blick genommen[56]. Gegen *J. Jeremias* und *W.G. Kümmel*, die die Überzeugung vertreten hatten, Jesus habe ganz Israel sammeln wollen und dabei Menschen den Anteil an der Gottesherrschaft zugesprochen, die er nicht in seine Nachfolge rief, betonte Goppelt: „Die synoptische Überlieferung weiß von keinem Anteil am Reich Gottes, der nicht durch den Anschluß an Jesu Person, sei es durch Nachfolge, sei es durch Glauben . . . vermittelt wäre." Aber er zieht aus dieser These nun keineswegs die naheliegende Folgerung, daß nur der Kreis der Nachfolgenden (der aufgrund des vorausgesetzten fließenden Übergangs von Glaube und Nachfolge relativ weit gezogen zu denken wäre) durch Jesus Anteil an der Gottesherrschaft erhalten habe. Vielmehr stellt er fest, Jesus habe weder das zu Gottes Königsherrschaft gehörende Gottesvolk sammeln, noch eine Gemeinde gründen wollen. Weder das eine noch das andere sei unter den

---

[54] Darauf hat *Lohfink*, Jesus 57–63, hingewiesen.

[55] *Lohfink*, Jesus 142. Zur theologischen Interpretation dieses Begriffes vgl. *R. Hütter*, Evangelische Ethik als kirchliches Zeugnis, 1993 (Evangelium und Ethik 1) 166–186.

[56] *Goppelt*, Theologie 256f.

Gegebenheiten der vorösterlichen Situation realisierbar gewesen, weil Anteil an der Gottesherrschaft an den „Anschluß an die Person Jesu", d.h. an die Nachfolge gebunden sei.
„Anschluß an seine Person aber ist während der Erdentage nur wenigen zeitweise und nur
ganz wenigen auf Dauer möglich. Daher sammelte Jesus in den Erdentagen keine Gemeinde,
der er . . . das eschatologische Heil zusagte." Es wird erst in der Zukunft möglich sein, dann
nämlich, wenn aufgrund des Heilsgeschehens von Kreuz und Auferstehung eine neue Weise
des persönlichen Anschlusses an Jesus gegeben sein wird[57]. Daraus aber ergibt sich: Jesu
Erdenwirken „weist sachlich über sich hinaus auf eine Zeit der Kirche und nicht auf das
sichtbare Hereinbrechen der Gottesherrschaft unmittelbar nach seinem Ende."

Dieser Lösungsversuch verdeutlicht gerade durch die Konsequenz seiner Durchführung
die theologische Aporie. Wie kann man beidem gerecht werden: einerseits der Weite, in der
Jesu Ruf an alle Menschen in Israel ergeht, andererseits der Gewichtung der Nachfolge, wie sie
im Bild, das die Evangelien vom Jüngerkreis Jesu zeichnen, zum Ausdruck kommt? *Goppelt*
sucht den Ausweg, indem er zwei problematische Entscheidungen trifft. Die eine besteht in
der unzulässigen Verengung des Begriffs „Nachfolge" auf den persönlichen Anschluß des je
einzelnen an Jesus, wodurch er letztlich spiritualisiert wird. Der Umstand, daß der Ruf in die
Nachfolge zugleich Einweisung in ein neues, von Jesu Weg, Schicksal und Auftrag geprägtes
Gemeinschaftsverhältnis war, bleibt völlig unberücksichtigt, und das heißt: die ekklesiologische Relevanz der Sozialstruktur der Jüngergemeinschaft wird nicht zur Kenntnis genommen. Ekklesiologisch relevant ist hier letztlich nur der Anschluß an die Person Jesu, und auch
dieser nur als Hinweis auf die neue Weise der Realisierung dieses Anschlusses, die erst nach
Ostern möglich sein wird. Damit ist die zweite Entscheidung genannt: Sie besteht in dem
Postulat, Jesus habe eine nachösterliche Zeit der Kirche vorausgesehen und sie vorbereitet.
Damit kehrt Goppelt zu der exegetisch fragwürdigen Position des „klassischen Consensus"
zurück.

6.4.2 Diesen Vorwurf kann man *G. Theißen* nicht machen. Sein Lösungsversuch für die
angezeigte Aporie ist von bestechender Klarheit: Für ihn sind die „Wandercharismatiker",
d.h. die Glieder des Jüngerkreises mit ihrer klar ausgeprägten Sozialstruktur, die eigentlichen
Träger und Repräsentanten der Jesusbewegung. Denn diese ist ihrem Wesen nach „eine
Bewegung vagabundierender Charismatiker". Die ortsfesten Sympathisantengruppen hingegen „blieben organisatorisch im Rahmen des Judentums. Sie verkörperten weniger deutlich
das Neue des Urchristentums, waren sie doch in die alten Verhältnisse durch mannigfaltige
Verpflichtungen und Bindungen verstrickt. Träger dessen, was sich später als Christentum
verselbständigte, waren vielmehr heimatlose Wandercharismatiker."[58] Theißen beurteilt die
nicht unmittelbar in der Nachfolge befindlichen Jesusanhänger als letztlich belanglose Randgruppe. Was ihn zu diesem Urteil berechtigt, ist seine Beschränkung auf soziologische
Kriterien. Denn nach diesen finden sich eben nur im Kreis der Nachfolgenden jene Gruppen-
merkmale der Jesusbewegung klar ausgeprägt, die sich auch nachösterlich zunächst als
bestimmend erweisen sollten. Aber letztlich erweist sich die Ausblendung theologischer
Kriterien als Gewaltakt, der auch den historischen Befund einseitig festlegt. Wenn Theißen
den ortsfesten Sympathisantenkreis einseitig als noch im Judentum verbleibend und darum
vom Neuen der Jesusbewegung mehr oder weniger deutlich abgesetzt charakterisiert, so läßt

---

[57] „Das Ziel von Jesu Wirken kann in der historischen Situation, solange er an Raum und Zeit
gebunden ist, nicht erreicht werden; denn es hat eschatologischen Charakter." (*Goppelt*, Theologie 257).
[58] *Theißen*, Soziologie 14f.

er die theologische Intention Jesu, Israel in seiner Gesamtheit als endzeitliches Gottesvolk zu sammeln, außer Betracht[59].

6.4.3 Vielleicht kann uns der Blick darauf, wie die Erinnerung an den vorösterlichen Jüngerkreis in den Evangelien aufgenommen und theologisch interpretiert wird, einen Hinweis für die Bewältigung der aufgezeigten Aporie geben. Weithin wird hier nämlich mit erstaunlicher Selbstverständlichkeit das Bild des Jüngerkreises auf die nachösterliche Kirche hin transparent gemacht. Das gilt bereits für Markus, der die Nachfolgevorstellung übernimmt und „sie zu einem Grundthema seines Buches" macht[60], indem er die rückhaltlose persönliche Bindung an Jesus, wie er sie an den vorösterlichen Jüngern wahrnimmt, als normgebendes Modell christlicher Existenz herausstellt. Und zwar legt er besonderes Gewicht auf die Schicksalsgemeinschaft der Nachfolgenden, die mit Jesus den Weg des leidenden Gehorsams gehen (Mk 8,27–10,52), sowie auf das neue, in der Nachfolge praktizierbare Verhalten (Mk 10,42–45). Dasselbe gilt in gesteigertem Maße für Matthäus, der die Gemeinde konsequent als die Schar der Jesus nachfolgenden, die heilvolle Kraft der Bindung an ihn durch ihr Verhalten bezeugenden Jünger darstellt (s. IV.4), aber auch für Johannes (s. XI.1.2). Lediglich bei Lukas kommt es infolge seiner historisierenden Darstellung zu keiner solchen unmittelbaren Transparenz. Aber auch er stellt zumindest eine Verbindung zwischen engerem Jüngerkreis und Kirche im Sinne eines Urbild-Abbild-Verhältnisses her (s. VI.6.2.3).

Dafür, daß es zu dieser identifizierenden Darstellung kam, wird man sicher zunächst eine historische Ursache benennen können. Es war eben in der Hauptsache der Kreis der vorösterlichen Jesusnachfolger, der nachösterlich die werdende Kirche prägte, und zwar nicht nur mit seinen Erinnerungen an Jesu Worte und Taten, sondern auch mit seiner Lebens- und Verhaltensweise. Das gilt nicht nur für jene Bewegung der profetisch-charismatischen „Wanderradikalen" in Palästina und Syrien, die die vorösterliche Struktur der Jesusnachfolge nachösterlich relativ ungebrochen weitergeführt zu haben scheinen[61], sondern auch für die Urgemeinde in Jerusalem, deren Kerngruppe neben den „Zwölf" ein weiterer Kreis galiläischer Jesusjünger gewesen sein dürfte.

Gewichtiger ist jedoch ein sachlicher Grund. Anteil am Heil konnte man auch nachösterlich nur gewinnen in der personhaften Gemeinschaft mit dem Gekreuzigten und Erhöhten, der kein anderer war als der irdische Jesus von Nazaret. Das war die niemals in Frage gestellte Grundvoraussetzung christlicher Existenz. Aber solche personhafte Gemeinschaft wurde offensichtlich nicht als nur geistig-emotionale Verbindung mit ihm, sondern, sehr viel konkreter, als eine sich auf alle Lebensbezüge auswirkende Relation verstanden. Aufgrund des Glaubens an Jesus

---

[59] Vgl. zur Kritik *Schmeller*, Brechungen 69: „Die seßhaften Adressaten der Verkündigung Jesu sind keineswegs nur potentielle Sympathisanten, sondern sie sind das potentielle Gottesvolk, über dem Gott seine Herrschaft aufrichtet, sie sind das Ziel der ganzen Bewegung."

[60] *Breytenbach*, Nachfolge 271.

[61] Vgl. *Theißen*, Soziologie 14–21.

zum Glied des Volkes Gottes berufen zu sein bedeutete, an der Sozialgestalt dieses Volkes teilzuhaben. Das einzige Modell solcher Sozialgestalt, das die älteste christliche Tradition bereithielt, war das der vorösterlichen Jüngergemeinschaft. So war dessen Übernahme, bei gleichzeitigem Versuch, es auf die neuen nachösterlichen Verhältnisse hin zu transformieren, der sich zunächst anbietende Weg.

Daß dieses Modell auch insofern als repräsentativ gelten konnte, als keineswegs nur ein kleiner Ausschnitt der vorösterlichen Jesusbewegung hinter ihm gestanden haben dürfte, wird man mit einiger Zuversicht sagen können. Denn auch der weitere Kreis der Jesusanhänger, der nicht direkt an der Nachfolge beteiligt war, war sicher weithin – wenn auch, den jeweiligen Situationen entsprechend, in unterschiedlichem Maße – von der Sozialstruktur der Nachfolgenden beeinflußt. Man wird ihn sich nicht einfach als Gruppe von bloßen Sympathieträgern, die auf Jesus hofften und mehr oder weniger passiv auf die sichtbare Vollendung der Gottesherrschaft warteten, vorzustellen haben. Das Ethos der Gottesherrschaft, für die es wie für einen Schatz im Acker oder eine besonders wertvolle Perle alles andere zurückzustellen und zu relativieren gilt (Mt 13,44–46), war auch für diesen weiteren Kreis verbindlich und führte darum notwendig zur Ausbildung entsprechender Verhaltensweisen und Strukturen. Eine ganze Reihe von ethischen Forderungen Jesu, hinter denen die Gottesherrschaft als Handlungsmotiv steht, ohne daß sie zugleich an die spezifischen Aufgaben des Jüngerkreises geknüpft wären, waren für alle, die sich zu dieser Gottesherrschaft bekannten, gültig, so die Forderungen des absoluten Gewaltverzichts (Mt 5,38–42)[62] und der konsequenten Wahrhaftigkeit der Rede (Mt 5,33–37), die Warnung vor dem Reichtum (Lk 16,13 par Mt 6,24 [Q]) sowie die Weisung, zwischenmenschliche Verhältnisse statt vom Prinzip der auf Gewalt gegründeten Herrschaft vom Prinzip des herrschaftsfreien Dienens zu gestalten (Mk 10,42–44)[63]. Gab es, was wahrscheinlich ist, Weisungen Jesu, die ausschließlich oder auch in besonderem Maße für den weiteren Anhängerkreis galten, so sind sie auch innerhalb dieses Kreises gelehrt und tradiert worden. Die Jünger waren also vermutlich nicht die ausschließlichen Träger der Jesusüberlieferung[64].

Die Jesusanhänger, die in ihren Familien und ihrem Beruf verblieben, haben auch dort versucht, das sich aus der Nähe der Gottesherrschaft ableitende neue zwischenmenschliche Verhältnis zu praktizieren, und dabei mag ihnen das Vaterunser mit seiner neuen Möglichkeit, zu Gott als dem nahen und einzigen Vater zu reden, geholfen haben, bisherige patriarchalische Strukturen in ihrer Ausrichtung von oben nach unten zu durchbrechen und so jene natürlich-schöpfungsmäßigen Le-

---

[62] Es ist durch nichts gerechtfertigt, wenn G. *Theißen*, Gewaltverzicht und Feindesliebe (Mt 5,38–48/Lk 2,27–38) und deren sozialgeschichtlicher Hintergrund, in: ders., Studien 160–197, Mt 5,43–48 auf die Wandercharismatiker bezogen denkt. Anders R. *Schnackenburg*, Die sittliche Botschaft des Neuen Testaments I, Freiburg 1986, 65. Zur grundsätzlichen Schwierigkeit, die durch Jesu Weisungen angeredete Gruppe zu bestimmen, vgl. *Schmeller*, Brechungen 69f.

[63] Zur Geltung von Mk 10,42–44 für den weiteren Anhängerkreis Jesu vgl. *Schmeller*, Brechungen 69; *Kuhn*, Nachfolge 128f.

[64] S. *Ebertz*, Charisma 103.

bensbereiche, die sie, anders als die Nachfolgenden, nicht um des Dienstes an der nahen Gottesherrschaft willen verlassen hatten, auf die dieser Gottesherrschaft angemessenen Formen zwischenmenschlichen Verhaltens hin zu öffnen. Auch Ehe, Familie und Erwerbsgemeinschaft konnten auf diese Weise Züge der Kontrastgesellschaft gewinnen. Es wäre einseitig und verkehrt, zu unterstellen, die von der Gottesherrschaft geprägte Sozialstruktur hätte sich nur in Distanz zu den bestehenden gesellschaftlichen Institutionen und Strukturen entwickeln können. Dem widerspricht schon die Hinwendung Jesu zu Israel in seiner Gesamtheit mit dem Ziel, es der Herrschaft Gottes zu unterstellen. Was im Großen hinsichtlich der Sozialstruktur Israel gilt, gilt auch im Blick auf die kleinen Sozialstrukturen, in denen sich die Jesusanhänger vorfanden. Aufschlußreich ist in diesem Zusammenhang Mk 5,18–20: Jesus verwehrt dem geheilten Besessenen den Wunsch, sich der Jüngergemeinschaft anzuschließen, und schickt ihn stattdessen in sein Haus und seine Alltagswelt zurück, um dort die widerfahrene Heilstat zu bezeugen. Hinter dieser Szene dürfte auch im Fall der Ungeschichtlichkeit frühe Reflexion über die Funktion und Bedeutung der ortsfesten Jesusanhänger stehen[65].

6.5 Halten wir also als *Ergebnis* fest: In der Jesusjüngerschaft bildeten sich aufgrund der Botschaft Jesu zwischenmenschliche Verhaltensweisen aus, die zu denen der Umwelt in markantem Kontrast standen. Diese verdichteten sich im unmittelbaren Jüngerkreis zu einer klar umrissenen Sozialstruktur, wurden jedoch auch im weiteren Kreis der ortsfesten Jesusanhänger je nach Maßgabe der gegebenen Situation praktiziert. Es gab in der Jesusbewegung kein Zwei-Stufen-Ethos in der Weise, daß die Nachfolgenden durch höhere sittliche Forderungen und Leistungen als die Jesusanhänger im eigentlichen und strengen Sinn hervorgehoben gewesen wären[66]. In beiden Fällen war das neue, zu bisherigem kontrastierende Verhalten nur Zeichen für die anbrechende Gottesherrschaft, nicht schon deren volle sichtbare Realisation. Allenfalls wird man sagen können, daß diese Zeichenhaftigkeit im Jüngerkreis ihre größte Dichte und stärkste Strahlkraft gewonnen hat. Die Schar der Anhänger Jesu war nicht nur ein Kreis innerlich von der Botschaft Jesu erfüllter Menschen, die still auf den sichtbaren zukünftigen Anbruch des Heils warteten, sondern sie waren leibhaft-geschichtlich von dieser Botschaft bestimmt und geprägt. Sie sollten nach dem Willen Jesu „zeichenhaft darstellen, was Israel werden soll."[67]

---

[65] Vgl. *Kuhn*, Nachfolge 109; *Schrage*, Ethik 55. Die Frage der Mission in der Dekapolis dürfte dagegen allenfalls am Rande auf die Gestaltung der Szene eingewirkt haben.

[66] Vgl. *Kuhn*, Nachfolge 124; *Schrage*, Ethik 51–53; *Schmeller*, Brechungen 70. Anders *Theißen*, Wanderradikalismus, in: ders., Studien 83ff.

[67] *Lohfink*, Jesus 46.

7. Die Krise Israels

Zur Herrschaft Gottes, die Jesus verkündigt, gehört das Volk Gottes. Darum will Jesus Israel sammeln und seine endzeitliche Erneuerung bewirken. Aber dieses Ziel läßt sich nur erreichen, wenn das Volk sich seiner Botschaft öffnet und ihn als den von Gott zu dieser Sammlung und Erneuerung Bevollmächtigten anerkennt. Jesus lädt im Namen Gottes unterschiedslos alle Glieder Israels ein. Aber nun hängt alles davon ab, ob diese Glieder Israels darauf durch *Glaube* und *Umkehr* reagieren, d.h., ob sie Jesus in seinem Anspruch, Vertreter des Heilsangebotes Gottes zu sein, bedingungslos Recht geben und ob sie diesem Angebot durch ein neues, dem endzeitlichen Volk Gottes gemäßes Verhalten entsprechen. Jesus fordert Israel zu einer Stellungnahme heraus, die für seine Zukunft als Volk Gottes von entscheidendem Gewicht ist.

7.1 In einer Reihe von *Gleichnissen* hat diese Herausforderung Jesu an Israel ihren Niederschlag gefunden. Bei unterschiedlicher Akzentsetzung im einzelnen hält sich als Konstante die an Israel ergehende Aufforderung durch, die gegenwärtige Entscheidungssituation zu erkennen und ihr gerecht zu werden.

7.1.1 Die Parabel vom ungerechten Haushalter (Lk 16,1–8) zeigt anhand eines in seiner Kraßheit bewußt provozierenden Beispiels die Notwendigkeit auf, in einer kritischen Lage, in der die Zukunft auf dem Spiel steht, entschlossen zu handeln und alles auf eine Karte zu setzen. Diese kritische Lage ist für Jesu Hörer die Nähe der Gottesherrschaft in seiner Verkündigung. Die alles entscheidende Frage ist, ob sie bereit sind, das zu tun, was jetzt an der Zeit ist, nämlich, sich durch ihr Ja zu Jesus auf die Zukunft Gottes einzustellen[68]. Steht hier der Zeitaspekt im Vordergrund, so will die Parabel von den anvertrauten Geldern (Mt 25,14–30; Lk 19,11–27 [Q]) den Aspekt des Anspruchs der Gottesherrschaft unterstreichen: Wie die beiden ersten Knechte dem Anspruch des ihnen übergebenen Kapitals dadurch gerecht werden, daß sie es Zinsen bringen lassen, so gilt es, die Gottesherrschaft zum Zuge kommen zu lassen, ihr die Möglichkeit zu geben, ihre Wirkung zu entfalten[69].

7.1.2 Den Charakter des Handelns Jesu als einer Einladung stellt die Parabel vom großen Gastmahl (Mt 22,1–10 par Lk 14,15–24 [Q]) heraus, wobei die zentrale Metapher des Gastmahles einen unmittelbaren Bezug auf Jesu Botschaft und Wirken andeutet. Jesus benutzt sie nämlich nicht nur, frühjüdischer Tradition entsprechend, als Hinweis auf das Freudenmahl am Ende der Tage (Mt 8,11)[70]. Seine Mahlgemeinschaft mit Pharisäern, Zöllnern und Sündern (Mk 2,17a; Lk 7,34) stellt sich als Hinweis auf dieses zukünftige Freudenmahl und zugleich als dessen Vorwegnahme dar. Die Hörer des Gleichnisses sollen sich in der Rolle derer erkennen, an die jetzt die Einladung Gottes ergeht. Und sie sollen wissen: dieses Mahl ist unaufschiebbar. Ihr Zögern, die Einladung anzunehmen, wird

---

[68] Gegenüber *Jeremias*, Gleichnisse 181, der den drohenden Aspekt dieser Parabel stark betont, dürfte *Weder*, Gleichnisse 264–267, im Recht sein, wenn er als ihre Pointe die Aufforderung sieht, angesichts der Gottesherrschaft die „eigene Zeit" besser zu verstehen und „in den Raum der Liebe, den Jesus mit seinem Wort und Werk eröffnet", einzutreten.

[69] Vgl. A. *Weiser*, Die Knechtsgleichnisse der synoptischen Evangelien, 1971 (StANT 29) 263; *Weder*, Gleichnisse 205f.

[70] S. Bill II 207; I 475f; F. *Hahn*, Das Gleichnis von der Einladung zum Festmahl, in: Verborum Veritas, FS G. Stählin, hg. O. Böcher/K. Haacker, Wuppertal 1970, 51–82.68; *Weder*, Gleichnisse 188.

unweigerlich bedeuten, daß sie sich selbst von der Teilnahme ausschließen. Das Festmahl selbst wird davon nicht gefährdet werden. Es ist bereitet und es wird stattfinden, notfalls auch ohne die Erstgeladenen (vgl. Mt 8,11f)[71]. Wer aber will ein Fest versäumen, zu dem er geladen ist? Allerdings setzt die Parabel eine Situation der Hörer voraus, in der die Annahme der Einladung durch diese gerade nicht mehr das Naheliegende und Selbstverständliche wäre, sondern nur noch aufgrund einer – durch die Parabel zu bewirkenden – Neubesinnung, gewissermaßen in letzter Minute, zustandekommen könnte. In der Parabel spiegelt sich die durch Jesu Verkündigung ausgelöste *Krise Israels*.

7.1.3 Noch dramatischer wird diese Krise in der Parabel von den bösen Winzern (Mk 12,1–12), die in ihrem Kern vermutlich authentisch sein dürfte[72], reflektiert. Jesus vergleicht seinen Auftrag gegenüber Israel mit dem des Sohnes des Weinbergbesitzers: Diesen hat sein Vater beauftragt, sein Recht, den ihm zustehenden Teil am Ertrag des Weinbergs, einzufordern, nachdem die rebellischen Winzer die bisher von ihm gesandten Knechte abgewiesen und mißhandelt hatten. Die Knechte vertreten erzählerisch die bisherigen Gesandten Gottes zu Israel, die Profeten. In ihre Reihe stellt sich Jesus hinsichtlich seiner Aufgabe, um sich zugleich durch die Bezeichnung „der Sohn" hinsichtlich seiner Vollmacht steigernd von ihnen abzuheben[73]: Er ist der letzte Bote Gottes, der Gott abschließend gegenüber seinem Volk vertritt. Die immanente Logik der Erzählung, die darin der tatsächlichen Geschichte Jesu entspricht, ließe erwarten, daß den „Sohn" das gleiche Geschick wie die vorher gesandten Knechte treffen werde. Dies umso mehr, als dies der traditionellen Vorstellung vom Profetengeschick in Israel entsprechen würde[74]. Und doch macht Jesus, indem er die Parabel erzählt, einen letzten Versuch, diese scheinbar unausweichliche Logik zu durchbrechen, indem er mit der abschließenden Frage: „Was wird der Herr des Weinbergs tun?" (V.9a) die Hörer an die Folge ihres Verhaltens, die Strafe Gottes, erinnert. Diese Folge zu bedenken könnte für die Hörer die letzte Chance sein, in der Krise zu bestehen. Die Tötung des Sohnes in der Parabel ist also nicht Profezeiung und Leidensweissagung, „sondern entspringt Jesu Einschätzung der

---

[71] Schwerlich wird man die Erst- und Zweitgeladenen auf verschiedene Gruppen in Israel, nämlich auf die Gerechten und Pharisäer einerseits bzw. die Zöllner und Sünder andererseits deuten dürfen. Das geht schon darum nicht an, weil Jesus seine Zuwendung zu den letzteren niemals mit der Abkehr der ersteren von ihm begründet. Es ergibt sich auch aus Erwägungen über die Hörersituation: Die Hörer sollen sich selbst eingeladen wissen, und das ist nur möglich, wenn sie sich mit den Erstgeladenen identifizieren. S. hierzu *Weder*, Gleichnisse 189.

[72] Die Bestreitung der Authentizität gründete sich (seit A. *Jülicher*, Die Gleichnisreden Jesu II, Tübingen ²1910, 402f) vor allem auf das Axiom, daß Jesu Gleichnisse keinerlei metaphorische Züge enthalten hätten; daneben wird auch die „heilsgeschichtliche Ausrichtung" (*Gnilka*, Markus 8,27–16,20, 147) ins Feld geführt. Aber der erste Einwand erwies sich als unbegründet, seit deutlich ist, daß Jesu Gleichnisse, ohne Allegorien zu sein, einzelne zentral die Bildhälfte bestimmende Metaphern enthalten. In Mk 12,1–9 ist die grundlegende Metaphorik durch die von der auszusagenden Sache her begründete Anlehnung an Jes 5,1ff vorgegeben. Eine allegorisierende Ausweitung dieser Metaphorik ist in der rekonstruierbaren Urfassung, die VV.1b-5a.6–9a umfaßt haben dürfte (*Weder*, Gleichnisse 153f), nicht erfolgt. In dieser kann auch von einer über das deuteronomistische Profetenmord-Motiv hinausgehenden heilsgeschichtlichen Anlage keine Rede sein; erst der (markinische?) V.5b geht in diese Richtung. Für Echtheit spricht u.a. der Umstand, daß die Gemeinde das Gleichnis erweitern mußte, um in ihm Raum für christologische und heilsgeschichtliche Aussagen zu schaffen (*Weder*, Gleichnisse 153 Anm. 34). Zur Plausibilität der Bildhälfte vgl. *M. Hengel*, Das Gleichnis von den Weingärtnern Mc 12,1–12 im Lichte der Zenonpapyri und der rabbinischen Gleichnisse, ZNW 59 (1968) 1–39. Für Echtheit ferner *R. Pesch*, Das Markusevangelium II, 1977 (HThK II/2) 221; *Weiser*, Knechtsgleichnisse 50–52.

[73] S. hierzu *Hengel*, Gleichnis 38; *Weder*, Gleichnisse 156.

[74] Vgl. *O.H. Steck*, Israel und das gewaltsame Geschick der Propheten, 1967 (WMANT 23) 272f.

Lage im Blick auf den Konflikt mit dem offiziellen Judentum"[75]. Die Parabel dürfte demnach von Jesus in einer Phase seines Wirkens gesprochen worden sein, in der sich dieser Konflikt in einer Weise zugespitzt hatte, die seine gewaltsame Tötung erwarten ließ. Sie verweist in die zeitliche Nähe des Jerusalemer Todespassa.

7.2 Dies alles impliziert, *daß es äußerlich im Verhältnis Jesu zu Israel eine Entwicklung gegeben hat* in der Weise, daß sein Heilsangebot zunehmend auf Ablehnung stieß und er sich in steigendem Maße Anfeindungen seitens der führenden Kreise ausgesetzt sah. Aber bedeutet es darüber hinaus eine grundsätzliche innere Veränderung dieses Verhältnisses?

Die Darstellung des Wirkens Jesu im Markusevangelium hat Anlaß zu dieser Vermutung gegeben. Am Anfang stand demnach der „galiläische Frühling" mit dem großen Zustrom des Volkes (Mk 2,2.13; 4,1f) und dem weitreichenden Echo auf seine Verkündigung (Mk 4,33; 6,32–44); dann erwacht Gegnerschaft (3,6), Erfolglosigkeit stellt sich ein, wie z.B. in seiner Vaterstadt Nazaret (6,1–6). Schließlich zieht sich Jesus mit seinem Jüngerkreis vom Volk zurück, um sich im wesentlichen nur noch der Belehrung der Jünger zu widmen (Mk 8,27–10,52), ehe er in der Gewißheit, Gott selbst habe über ihn das Todesschicksal verhängt (8,31; 9,31; 10,32–34), nach Jerusalem reist. Diese Darstellung mag, was Ausgangs- und Endsituation betrifft, zutreffend sein, insgesamt erweist sie sich jedoch als zu schematisch und zu sehr von der kerygmatischen Absicht, die Geschichte Jesu in kontinuierlicher Steigerung auf das Leiden zulaufen zu lassen, bestimmt, als daß man ihr direkten Geschichtswert zuschreiben dürfte[76]. Vor allem spricht alles dafür, daß der Rückzug Jesu vom Volk ein erzählerisches Postulat des Markus ist, das man im Zusammenhang mit seiner Geheimnistheorie sehen muß. *In Wahrheit dürfte Jesus bis zu seinem Tode durchweg öffentlich gewirkt und das Volk in seiner Gesamtheit angesprochen haben.* Einen Bruch in seiner Geschichte in der Weise, daß er das als erfolglos erkannte Wirken in Israel aufgegeben hätte, um sich stattdessen zur Gründung einer Sondergemeinschaft, deren Kernstock dann die Jünger gewesen wären, zu entschließen, hat es nicht gegeben[77]. Wohl aber gab es die kritische Zuspitzung des Verhältnisses zum Volk, und vor allem zu dessen Führern, und sie hatte wiederum zur Voraussetzung, daß Jesus sich dem Volk nicht entzog, sondern sein Wirken in ihm unbeirrt fortsetzte. Dies ist wohl auch der Hintergrund, vor dem Jesu Entschluß, mit seinen Jüngern zum Passa nach Jerusalem zu ziehen, zu verstehen ist.

---

[75] *Weder*, Gleichnisse 157; vgl. *Hengel*, Gleichnis 39; *Jeremias*, Gleichnisse 74f.

[76] Anders *F. Mußner*, Gab es eine „galiläische Krise"?, in: Orientierung an Jesus, FS J. Schmid, hg. P. Hoffmann u.a., Freiburg/Basel/Wien 1973, 238–252, der mit einer durch die galiläischen Mißerfolge ausgelösten „Umfunktionierung" des Jüngerkreises „zum Kern der kommenden Heilsgemeinde des Messias Jesus" rechnet. Doch dagegen *L. Oberlinner*, Todeserwartung und Todesgewißheit Jesu, 1980 (SBB 10) 79–109; *Merklein*, Botschaft 135.

[77] Einen solchen Bruch konstruiert *Kattenbusch*, Quellort 166, in psychologisierender Exegese: Jesus sei sich bei Cäsarea Philippi bewußt geworden, daß das Volk als ganzes ihn nicht begriff. Nur die Jüngergemeinde erwies durch das Petrusbekenntnis (Mt 16,13–17), daß sie ihn begriffen hatte. Das wurde für Jesus zum Anlaß, sie zum ‚Heiligen Rest' zu formieren. Vgl. *Heinz*, Kirchenentstehung 168–170.

7.3 Jesus zog nach Jerusalem, um dort *die abschließende Entscheidung der durch ihn ausgelösten Krise Israels* herbeizuführen. Er zog schwerlich hinauf mit der Absicht, dort seinen Tod zu provozieren[78], wohl aber im Bewußtsein, daß dieses Unternehmen mit einem Todesrisiko für ihn verbunden war. Jerusalem war, zumal am großen jährlichen Wallfahrtsfest des Passa, der Ort, an dem man erwarten konnte, ganz Israel, alle Gruppen und Schichten des Volkes, repräsentiert zu finden. Anscheinend wollte Jesus in Jerusalem ganz Israel in einer unübersehbaren Weise mit seinem Angebot konfrontieren und zur Stellungnahme herausfordern. Möglicherweise verband er damit die Hoffnung, Gott selbst werde sichtbar in das Geschehen eingreifen und ihn vor dem Volk als den ausweisen, dessen Anspruch, Gottes Sache zu vertreten, zu Recht bestand.

Deutlich ist, daß die sogenannte *Tempelreinigung* (Mk 11,15f par Mt 21,12f; Lk 19,45f) der Höhepunkt und zugleich der Wendepunkt des Auftretens Jesu in Jerusalem war[79]. Dabei ging es weder, wie Mk 11,17; Joh 2,16 zunächst vermuten lassen könnten, um die Wiederherstellung der durch den Handelsbetrieb beeinträchtigten Heiligkeit des Tempels, noch, wie die markinische Kommentierung des Vorgangs durch Jes 56,7 verstehen will, um eine Öffnung des Tempels für die Heiden und damit um eine vorlaufende Legitimation der Kirche aus „allen Völkern" durch Jesus. Vielmehr haben wir an einen symbolischen Akt Jesu zu denken, der sich in den Säulenkolonnaden des an sich nicht zum heiligen Bezirk gehörenden Heidenvorhofs abspielte, der jedoch, an die Zeichenhandlungen alttestamentlicher Profeten anknüpfend, die Stellung Jesu zum Tempel und – verbunden damit – das Urteil Gottes über den Tempel demonstrativ zum Ausdruck brachte. Die Attacke auf die für den reibungslosen Ablauf des Tempelbetriebs unentbehrlichen Geldwechsler und Opfertier-Verkäufer sollte zeigen: Der Kultus im Jerusalemer Heiligtum in seiner bisherigen Form ist an sein Ende gekommen. Und das wahrscheinlich im Zusammenhang damit gesprochene Tempellogion, das im Prozeß Jesu nicht von ungefähr eine Rolle spielen sollte (Mk 14,58; vgl. 15,29; Joh 2,19; vgl. Apg 6,14), dessen ursprünglicher Wortlaut sich jedoch nur noch ganz ungefähr rekonstruieren läßt[80], gab den Grund dafür an, indem es dem zu seinem Ende gekommenen alten Tempel einen endzeitlichen neuen Tempel gegenüberstellte. Vom Kommen eines neuen Tempels in der Endzeit als dem Ort unmittelbarer Gottesgegenwart bei seinem Volk hatte bereits die Vision Ezechiels (Ez 40–48) gehandelt, und für die Apokalyptik war dies ein wichtiger Hoffnungsinhalt (Hag 2,7–9; äthHen 90,28f; vgl. Tob 13,15f). Die Provokation Jesu dürfte darin bestanden haben, daß er, über diese allgemeine Ankündigung hinausgehend, das Kommen dieses endzeitlichen

---

[78] Anders die suggestive Konstruktion von *A. Schweitzer*, Geschichte der Leben-Jesu-Forschung, Tübingen ⁶1951: Jesus sei nach der „galiläischen Krise" nach Jerusalem hinaufgezogen, um dort zu sterben und dadurch das Kommen der Gottesherrschaft herbeizuzwingen. Sie beruht auf einer durch heutige methodische Einsichten widerlegten Quellenbenutzung.

[79] Zur Analyse von Mk 11,15f vgl. *Roloff*, Kerygma 90–98; *Trautmann*, Handlungen 78–131.

[80] Zur Analyse vgl. *Roloff*, Kerygma 104; *G. Theißen*, Die Tempelweissagung Jesu, in: ders., Studien 142–159.142f; *W. Kraus*, Der Tod Jesu als Heiligtumsweihe, 1991 (WMANT 66) 202–229.

Tempels mit seinem eigenen Auftreten in Verbindung brachte[81]. Das Jerusalemer Heiligtum mochte zwar zur Zeit Jesu dadurch an Bedeutung eingebüßt haben, daß sich im Zeichen des Aufblühens der pharisäischen Bewegung die religiöse Aktivität stärker auf die neue Institution der Synagoge verlegte. Dennoch galt er unverrückt als Stätte der Sammlung Israels und Ort der Gegenwart Gottes in seinem Volk. Jesus hat offensichtlich diese Funktionen des bisherigen Tempels nicht nur in Frage gestellt, er hat sie vielmehr für sich selbst in Anspruch genommen. Das lief auf die Herausforderung an Israel heraus, sein ganzes bisheriges Gottesverhältnis, für das der alte Tempel stand, auf das Heilsangebot Jesu auszurichten und von ihm her neu zu ordnen. Die durch Jesus ausgelöste Krise Israels erreichte hier ihren Höhepunkt.

Es ist keineswegs überraschend, daß diese Provokation die sadduzäische Tempelbehörde zum Eingreifen gegen Jesus bewog. Für die Priesteraristokratie war der Tempel ein höchst sensibler Bereich, nicht nur als ihre wirtschaftliche Existenzgrundlage, sondern weil in ihren Augen der Kult die theologische Basis Israels bildete[82]. So sorgte sie für Jesu Verhaftung und für seine Überstellung an die Römer, von denen sie gewiß sein konnte, daß sie ihr Interesse an der Aufrechterhaltung der tempelstaatlichen Ordnung teilen würden.

8. Die Lebenshingabe „für die Vielen"

Bei aller gebotenen Zurückhaltung gegenüber einer psychologisierenden Interpretation der Evangelienberichte legt sich die Vermutung nahe, daß der Fehlschlag der Aktion im Tempel für Jesus einen entscheidenden Wendepunkt darstellte. Nachdem es ihm nicht gelungen war, die maßgeblichen Führer des Volkes für sich zu gewinnen, mußte er sein Werben um Israel als gescheitert ansehen, und er mußte darüber hinaus mit einem gewaltsamen Vorgehen des Synedriums gegen ihn rechnen. Mochte Jesus schon seit langem das Sterben um seiner Sache willen als wahrscheinlich angesehen haben, so wurde es während der Jerusalemer Tage für ihn zur Gewißheit[83].

Diese Situation bildet den *geschichtlichen Bezugsrahmen* für das letzte Mahl Jesu mit seinen Jüngern in der Nacht vor seiner Hinrichtung. Die davon berichtenden Texte sind zwar in starkem Maße von der späteren gottesdienstlichen Praxis der Kirche sowie von theologischer Interpretation geprägt. Gattungsmäßig sind sie *Kultätiologien*, die nicht absichtslos vergangenes Geschehen referieren, sondern gegenwärtigen gottesdienstlichen Brauch – nämlich die Eucharistiefeier – durch deutende Erinnerung an das ihm zugrundeliegende vergangene Geschehen begrün-

---

[81] Daß Jesus sich nicht auf die bloße Ankündigung der Ablösung des alten durch einen neuen Tempel beschränkte, geht daraus hervor, daß sämtliche Varianten des Tempellogions die Tempelzerstörung bzw. die Entstehung des neuen Tempels – wenn auch in je unterschiedlicher Weise – in einen kausalen Zusammenhang mit Jesus bringen.

[82] Vgl. *Merklein*, Botschaft 134.

[83] Vgl. *A. Vögtle*, Todesankündigungen und Todesverständnis Jesu, in: K. Kertelge (Hg.), Der Tod Jesu. Deutungen im Neuen Testament, 1976 (QD 74) 51–113.79.

den wollen. So ist die Erinnerung durch auf die kirchliche Gegenwart bezogene liturgische und theologische Motive überlagert. Eine exakte Rekonstruktion des letzten Mahles und vor allem der von Jesus dabei gesprochenen Worte erweist sich deshalb als unmöglich. Trotzdem kann nicht nur die Tatsache, daß Jesus ein Abschiedsmahl mit den Jüngern gehalten hat, als historisch gesichert gelten. Auch der Ablauf des Mahles und der Inhalt der Worte Jesu bleiben wenigstens in groben Umrissen erkennbar.

Es ist hier nicht der Ort für eine umfassende historische Rekonstruktion[84]. Wir beschränken uns auf einige für unsere Thematik relevante Gesichtspunkte.

8.1 *Mahlteilnehmer sind die Jünger Jesu*, also Glieder des Kreises seiner Nachfolger. Mk 14,20 grenzt sogar ausdrücklich auf „die Zwölf" ein. Auch wenn diese Stelle markinische Redaktion sein sollte[85], macht der Umstand, daß der Verräter Judas im Umfeld des markinischen Passamahlberichts mehrfach als „einer der Zwölf" bezeichnet wird (Mk 14,10.20.43) sowie daß die Judas-Problematik gerade beim Mahl ihre Zuspitzung findet (Mk 14,18–21), wahrscheinlich, daß tatsächlich nur die „Zwölf" beim Mahl anwesend waren. Andernfalls hätten die Erzähler das Anstößige, das in der Teilnahme des Verräters am Mahl des engsten Kreises um Jesus lag, sicherlich weniger stark hervorgehoben[86]. Jesus hat seine Mahlzeiten, die im Zeichen der anbrechenden Gottesherrschaft standen, sonst durchweg im Kreise seiner weiteren Anhängerschaft gehalten, wobei gerade die Einbeziehung von Zöllnern und Sündern als ihr charakteristisches Merkmal galt (Mk 2,15; Mt 11,19). Warum also nun diese Begrenzung? Man wird sie schwerlich mit dem Passabrauch erklären können, wonach mindestens 10 Personen eine Passa-*ḥabūrah* umfassen sollte[87]. Sehr viel näher liegt die Annahme, *daß beim letzten Mahl die Zeichenfunktion der Zwölf als Repräsentanten und Stammväter des endzeitlich zu sammelnden Israel in Erscheinung getreten ist*[88].

8.2 Obwohl das letzte Mahl nach dem erzählerischen Rahmen, in den es die Synoptiker stellen, ein Passamahl war[89], wofür auch die historische Wahrschein-

---

[84] Vgl. hierzu *J. Jeremias*, Die Abendmahlsworte Jesu, Göttingen ⁴1967; *F. Hahn*, Zum Stand der Erforschung des urchristlichen Herrenmahls, in: ders., Exegetische Beiträge 542–552; *Patsch*, Abendmahl; *J. Roloff*, Neues Testament, Neukirchen-Vluyn ³1982, 211–227; *Merklein*, Erwägungen 157–180.

[85] So *Gnilka*, Markus 8,27–16,20, 235.

[86] Ein erster Versuch, das Anstößige abzumildern, ist in der – sicher schon vormarkinisch entstandenen – Szene der Verräterbezeichnung vor dem Mahl zu sehen. Noch weiter in diese Richtung geht Joh 13,21–30: der Verräter ist bereits vor dem Mahl ausgeschlossen. Vgl. *Patsch*, Abendmahl 149.

[87] So *Jeremias*, Abendmahlsworte 41f, unter Verweis auf TPes 4,3 und Midr Klglr 1,1. Doch dagegen *Patsch*, Abendmahl 310 Anm. 314.

[88] So auch *Patsch*, Abendmahl 149.

[89] Nach weitgehendem exegetischen Konsens fällt der eigentliche Mahlbericht Mk 14,22–25 entstehungsgeschichtlich und gattungsmäßig („Kultätiologie") aus der vormarkinischen Passionserzählung heraus. Möglicherweise hat er einen ursprünglich in der Passionserzählung enthaltenen Passamahlbericht verdrängt. Anders freilich *R. Pesch*, der in mehreren Veröffentlichungen (z.B. Das Markusevangelium II z.St.; Das Evangelium in Jerusalem: Mk 14,12–26 als ältestes Überlieferungsgut der Urgemeinde, in: P. Stuhlmacher (Hg.), Das Evangelium und die Evangelien, 1983 [WUNT 28] 113–156) die Zugehörigkeit von Mk 14,23–26 zum ältesten Passionsbericht und die größere Authentizität gegenüber 1Kor 11,23–26 nachzuweisen suchte.

lichkeit spricht, lassen die ätiologisch motivierten Mahlberichte Mk 14,22b-25 und
1Kor 11,23–26 davon nichts erkennen. Die in ihnen festgehaltenen Handlungen
und Worte Jesu sind ohne jeden Bezug auf Liturgie (Passahaggada) und spezifische
Mahlbestandteile (Mazzen, Bitterkräuter, Passalamm) der Passafeier[90]. *Die Berichte
beschränken sich auf das, was diesem Mahl seinen besonderen Charakter und seine
Bedeutung gab.* Das aber waren nicht die Passa-Motive. Dieses Besondere verband
sich mit Vorgängen, die im Grunde für den Ablauf jedes jüdischen Festmahls
konstitutiv waren, indem sie dessen Anfang und dessen Abschluß markierten. Das
die Hauptmahlzeit eröffnende Brotbrechen, das Jesus als der Hausvater und Gast-
geber vollzieht, wird von ihm mit einem Deutewort begleitet. Und ebenso begleitet
er den Segensbecher, der nach dem abschließenden Dankgebet (*berākāh*) unter den
Mahlteilnehmern die Runde macht, mit einem Deutewort, das sich mit einem
eschatologischen Ausblick verbindet.

8.3 Was aber ist der *Gegenstand der sogenannten Deuteworte*? Sicherlich nicht die
dargereichten „Elemente" Brot und Wein. Dagegen spricht schon der Umstand, daß
die ältere paulinische Fassung (1Kor 11,23ff) nicht Brot und Becherinhalt, sondern
Brot und Becher parallelisiert. Es geht vielmehr um die das Mahl eröffnenden und
beschließenden Handlungen, die als solche für das Mahl konstitutiv sind. Konstitutiven Charakter hat vor allem das Brotbrechen zu Anfang, durch das die Mahlgemeinschaft hergestellt wird. *Gegenstand der Deuteworte ist demnach die Mahlgemeinschaft
Jesu mit den Zwölfen, und zwar im Horizont des Todesschicksals Jesu.*

8.4 Das *eschatologische Wort* Mk 14,25, das zum Kern des authentischen Über-
lieferungsbestandes gehören dürfte[91], läßt erkennen, daß und in welchem Sinne für
Jesus sein Todesschicksal der Horizont des letzten Mahles war. Jesus kündigt sein
Ausscheiden aus der Mahlgemeinschaft an. Zugleich aber bekennt er sich zur
Hoffnung auf die Vollendung der Gottesherrschaft. Er läßt damit die Realität, auf
die alle seine bisherigen Gemeinschaftsmähler mit Gliedern des Gottesvolkes bezogen waren, unverrückt bestehen. Bisher hatte Jesus im Namen Gottes Mahlgemeinschaft gewährt, in der sich vorlaufend das kommende Mahl der Heilszeit realisierte.
Er hatte für sich die Vollmacht in Anspruch genommen, die Einladung Gottes allen
Gliedern seines Volkes zu überbringen. Nunmehr aber droht diese Vollmacht durch
seinen gewaltsamen Tod widerlegt zu werden. Das Mahl der Gottesherrschaft kann
nicht mehr zustandekommen, wenn der es vollmächtig Gewährende nicht mehr
anwesend ist. Indem nun Jesus seine Gewißheit ausspricht, den Becher „neu zu
trinken" in der hereinbrechenden Gottesherrschaft, impliziert er damit, daß die von
ihm bislang ermöglichte, die Gottesherrschaft vorwegnehmende Mahlgemeinschaft
durch seinen gewaltsamen Tod nicht aufgehoben wird, sondern eine Zukunft haben
soll.

8.5 Wie aber soll dies geschehen? Auf welcher Grundlage soll in Zukunft die
Einladung Gottes ergehen, wo soll die Legitimation für die Konstituierung von

---

[90] Anders freilich Lk 22,15–20, wo das Mahl in einen Passarahmen gestellt ist.
[91] Vgl. hierzu zuletzt *Merklein*, Erwägungen 172.

Mahlgemeinschaft im Zeichen der Gottesherrschaft zu finden sein, wenn Jesus nicht mehr leibhaft da ist? Auf diese Frage geben die *Deuteworte über Brot und Kelch* zunächst dadurch Antwort, daß sie auf die Lebenshingabe Jesu verweisen. Die gebrochene Mazze, deren Stücke er an die Zwölf verteilt, begleitet er mit den Worten: „Das ist mein Leib!" Und das besagt, sofern man den Wortsinn des aramäischen Wortes *gūfā'* (= Leib, Person, „ich") zugrundelegt[92]: Das bin ich selbst in meiner Person, die in den Tod geht! Und das Kreisen des *bᵉrākāh*-Bechers am Beschluß der Mahlzeit kommentiert er mit dem Hinweis auf sein „Blut", d.h. auf seine Lebenshingabe. Grund der weitergehenden Mahlgemeinschaft im Zeichen der Gottesherrschaft soll demnach von jetzt an Jesu Sterben sein, die von Gott gegen allen Anschein mit neuer, positiver Sinngebung versehene Selbsthingabe in den Tod.

8.6 Aufschluß über den inhaltlichen Bezug dieser Sinngebung ist von den *beiden Interpretamenten* zu erwarten, die in der Überlieferung mit den Deuteworten über Brot und Becher verbunden sind, nämlich dem *Bundes- und* dem *Sühnegedanken*, freilich nur unter der Voraussetzung, daß ihre Herkunft von Jesus wahrscheinlich gemacht werden kann. Der literarische Befund gibt hier bereits Rätsel auf: Die traditionsgeschichtlich ältere paulinische Fassung des Mahlberichts verbindet den Sühnegedanken mit dem Brotwort (1Kor 11,24b) und den Bundesgedanken mit dem Becherwort (1Kor 11,25), während die insgesamt jüngere markinische Version beide Interpretamente dem Becherwort zuordnet (Mk 14,24), das dadurch sprachlich und sachlich überfrachtet wirkt. Einiges könnte in der Tat für die Annahme sprechen, daß der paulinische Bericht auch in diesem Punkt das Ursprünglichere bewahrt hat, so vor allem die Erwägung, daß das zur Mahleröffnung gesprochene Brotwort ohne deutendes Interpretament für die Jünger unverständlich gewesen sein müßte, zumal das die Deutung nachliefernde Kelchwort vom Brotwort durch die ganze Mahlzeit getrennt war[93]. Dem steht jedoch die Schwierigkeit der Erklärung entgegen, wie es zu der Störung der ursprünglichen Ausgewogenheit des Verhältnisses von Brot- und Becherwort gekommen sein könnte[94]. Man wird deshalb doch eher mit der Möglichkeit rechnen, daß Mk 14,24 mit dem Ineinander zweier Interpretamente ein gegenüber 1Kor 11 älteres Überlieferungsstadium repräsentiert[95], – keineswegs jedoch deren Urgestalt: Denn gerade das sprachlich ungelenke Ineinander der beiden Interpretamente macht wahrscheinlich, daß eines von beiden sekundär eingetragen sein könnte, wobei die Frage nach der Ursprünglichkeit auch unabhängig von dieser literarischen Problematik besteht und durch diese lediglich zugespitzt wird.

8.6.1 Dabei unterliegt der *Bundesgedanke* aus inhaltlichen Gründen dem Verdacht, Ergebnis gemeindlicher Reflexion zu sein. Denn vom Bund schweigt die

---

[92] S. hierzu *E. Schweizer*, ThWNT VII 1056; *Hahn*, Stand der Erforschung, 558f.

[93] So *H. Schürmann*, Der Einsetzungsbericht Lk 22,19–20, 1955 (NTA XX/4); *Merklein*, Erwägungen 166.

[94] Der Erklärungsversuch von *Merklein*, Erwägungen 165, ist in keiner Weise überzeugend.

[95] So u.a. *F. Hahn*, Die alttestamentlichen Motive in der urchristlichen Abendmahlsüberlieferung, EvTh 27(1967) 337–374.341; *Patsch*, Abendmahl 76f.

Jesusüberlieferung durchweg; auch fehlt in ihr jeder Bezug auf Jer 31,31, jene prophetische Verheißung also, auf die das Bundes-Interpretament in seiner 1Kor 11,23 vorliegenden Fassung anspielt. In seiner vermutlich älteren Version Mk 14,24 dagegen bezieht es sich typologisch auf die Vorstellung vom Bundesopfer auf dem Sinai (Ex 24,8). Die Lebenshingabe Jesu wird hier als Opfer gedeutet, genauer: als überbietende Entsprechung jenes alttestamentlichen Blutritus, mit dem Gott seine Heilszusicherung an Israel besiegelte[96]. Damit aber wird letztlich die Mahlsituation, die durch das Motiv des Darreichens von Gaben an die Tischgenossen grundlegend bestimmt ist, durch eine ihr fremde theologische Metaphorik durchbrochen. Offensichtlich ist der Bundesgedanke nachträglich *ad vocem* „Blut" hier eingebracht worden[97].

8.6.2 Als ursprünglich dürfte sich jedoch das andere Interpretament erweisen, das den Tod Jesu als *sühnendes Sterben* deutet. Und zwar schon äußerlich dadurch, daß es sich der Mahlsituation nahtlos einfügt, insofern als es deren Grundrichtung des Darreichens von Gaben aufnimmt und vertieft. Es erklärt nämlich, wem seine – in den Gaben bildlich dargestellte – Lebenshingabe gilt und was sie bewirkt. Dabei dient die prophetische Aussage über das stellvertretende Sühneleiden des Gottesknechtes in Jes 53 als biblisches Modell, wie die den hebräischen Wortlaut von Jes 53,11 wörtlich aufnehmende Wendung „für die Vielen" (*lārabbīm*) erweist. Dieser Hebraismus ist in Mk 14,24 bewahrt, während 1Kor 11,24/Lk 22,20 ihn im Sinne liturgischer Applikation mit „für euch" wiedergibt. Die Möglichkeit, daß es sich hier um eine urchristliche Deutung durch den Eintrag eines Schriftbeweises handeln könnte, muß ausscheiden. Jes 53 wurde nämlich im zeitgenössischen Judentum, soweit sich erkennen läßt, nirgends als Aussage über das sühnende Leiden und Sterben einer messianischen Gestalt gelesen. Und auch die älteren Schichten der urchristlichen Überlieferung ziehen Jes 53 nicht als Schriftbeweis in *diesem* Sinn heran (vgl. Apg 8,32f)[98].

Wir haben es demnach hier mit einer innerhalb der Jesusüberlieferung *singulären Spitzenaussage* zu tun, von der man annehmen darf, sie habe sich für Jesus aufgrund eigenständigen kreativen Umgangs mit der Heiligen Schrift in der Situation seines unausweichlich erscheinenden Todes erschlossen[99]. Jesus sieht in seinem Sterben, das von den äußeren Umständen her unweigerlich als Scheitern seiner Sendung und als Rücknahme des Heilsangebotes Gottes – zumindest für jenen Teil des Volkes, das sich diesem Angebot versagt hat – gelten müßte, aufgrund seines Rückgriffs auf

---

[96] Vgl. *H. Hegermann*, EWNT I 721f.

[97] Vgl. *Patsch*, Abendmahl 227. *Merklein*, Erwägungen 173, weist darüber hinaus auf die Spannung zwischen dem Bundesmotiv von Mk 14,24 und dem Ausblick auf die zukünftige *basileia* in Mk 14,25 hin.

[98] Die beiden einzigen Ausnahmen sind Mk 10,45b (wo Abhängigkeit von der Herrenmahlstradition vorliegen dürfte) und der relativ späte Christushymnus 1Petr 2,21–25. Vgl. *J. Roloff*, Anfänge der soteriologischen Deutung des Todes Jesu, in: ders., Exegetische Verantwortung in der Kirche, Göttingen 1990, 122f; *Patsch*, Abendmahl 153–170; *M.-L. Gubler*, Die frühesten Deutungen des Todes Jesu, 1977 (OBO 15) 266–272.

[99] So *Patsch*, Abendmahl 224; *Merklein*, Botschaft 139.

(Deutero-)Jesaja die Ermöglichung dafür, daß dieses Heilsangebot weiter gelten kann. Er versteht seinen Tod als Sühne für diejenigen, die sich seinem Ruf zur Sammlung des Gottesvolkes verschlossen haben. Diese Ablehnung und Verschließung ist keineswegs ein kontingenter Vorgang, sondern in ihm verdichtet sich jener Sünde-Unheilszusammenhang, der für das Gottesverhältnis Israels bislang kennzeichnend war. Insofern bedeutet das sühnende Sterben Jesu, daß dieser Zusammenhang an einem entscheidenden Punkt aufgebrochen wird, so daß eine Erneuerung des Gottesverhältnisses möglich wird. Das Gericht Gottes, das seinem Volk und darüber hinaus der ganzen Welt gelten müßte, wird stellvertretend an dem Einen vollzogen, der im Namen Gottes den Gott Fernen die Nähe Gottes bedingungslos anbot.

Einiges hängt an der Beantwortung der Frage, wer mit den „Vielen" gemeint ist. Als sicher kann dabei zunächst gelten, daß das Wort, hebräischer Sprachlogik entsprechend, inkludierend zu verstehen ist. Es geht um die „viele einzelne umfassende Gesamtheit der dem Gerichte Gottes Verfallenen"[100]. Aber berechtigt das dazu, die Aussage im Sinne eines grundsätzlichen Universalismus zu deuten?

Erstaunlich einmütig haben sich die meisten neueren Ausleger für ein universalistisches Verständnis entschieden. So meint *J. Jeremias* aus dem philologischen Nachweis der Möglichkeit, das hebr. *rabbīm* auf Bereiche außerhalb Israels zu deuten, schließen zu können, daß Jesus mit seiner Aussage die Weltvölker außerhalb Israels im Blick gehabt haben müsse[101]. *H. Patsch* denkt – obwohl er den situativen Bezug auf den Zwölferkreis erkennt – an einen Bezug nicht nur auf Israel, sondern auf „die ganze Schöpfung Gottes"[102], und bei *L. Goppelt* könnte es fast den Anschein haben, als falle Israel nunmehr zugunsten der neuen universalen Perspektive aus der Heilsordnung heraus: „Durch das sühnende Sterben Jesu stellt Gott die ganze Menschheit in eine neue Beziehung zu sich, in den ‚neuen' Bund"[103].

Der frühjüdische Verstehenshorizont sowie – vor allem – der situative Kontext legen jedoch die folgende Deutung nahe: Die „Vielen", von denen Jesus spricht, sind die Gottlosen in Israel. Jesus meint die Führer des Volkes, die sich anschicken, ihn zu vernichten, sowie die durch sie repräsentierte Gesamtheit Israels[104]. Damit ist der universale Bezug keineswegs prinzipiell in Frage gestellt, sondern lediglich hinsichtlich seiner Zuordnung zu dem zentralen Bezug auf Israel bestimmt: *Entsprechend dem Gedanken der endzeitlichen Völkerwallfahrt (Mt 8,11f) bleibt das Heil für die Völker an die vorgängige Heilsverwirklichung in Israel gebunden.*

Jesus übereignet den Zwölfen als den Repräsentanten des endzeitlich zu vollendenden Israel den Ertrag seines Sterbens. Indem er sich für die Gesamtheit des Gottesvolkes sühnend in den Tod dahingibt, schafft er Grundlage und Rechtstitel

---

[100] *J. Jeremias*, ThWNT VI 545.

[101] *Jeremias*, ThWNT VI 540.545. Die dabei angezogenen Belege sind fragwürdig, weil sie sich entweder auf Stellen beziehen, die einen anderen Kontext haben (so ist äthHen 62,3.5 Interpretation von Jes 62,3.5), Menschen außerhalb Israels überhaupt nicht im Blick haben (so TestB 3,8) oder bereits ein inkludierendes christliches Verständnis aufgrund von Mk 14,24 voraussetzen (so Peschitta Jes 52,15 und 1Tim 2,6).

[102] *Patsch*, Abendmahl 224.

[103] *Goppelt*, Theologie 266; ähnlich auch *Roloff*, Anfänge 127f.

[104] So *Lohfink*, Gemeinde 36f; *Merklein*, Botschaft 140f.

dafür, daß die von ihm verantwortete Einladung Gottes zu heilvoller Gemeinschaft mit ihm auch weiterhin an alle Glieder des Gottesvolkes ergehen kann.

8.7 Aus unserer Interpretation der Herrenmahlsüberlieferung ergeben sich zwei *Folgerungen*, die für die Gesamtsicht der neutestamentlichen Ekklesiologie von erheblicher Tragweite sind.

8.7.1 *Das letzte Mahl Jesu ist die abschließende Bekräftigung und Radikalisierung des Heilsangebotes Jesu an Israel.* Mit ihm ersetzt Jesus weder die bisherige Einladung an Israel zur Tischgemeinschaft der Gottesherrschaft durch eine Einladung an die Weltvölker, noch bringt er gar seinen Willen zur Gründung einer neuen Heilsgemeinde zum Ausdruck. Einen heilsgeschichtlichen Einschnitt stellt das letzte Mahl nur insofern dar, als es, bedingt durch das Ausscheiden Jesu aus der bisherigen Tischgemeinschaft, den Übergang zu einer neuen Form der Tischgemeinschaft ermöglicht: Die Einladung Gottes ergeht weiter. War sie bislang durch Jesus in seiner geschichtlichen Gegenwart begründet und verantwortet gewesen, so wird in Zukunft sein sühnendes Eintreten vor Gott „für die Vielen" ihr bleibender Grund sein.

8.7.2 Damit wird dem Postulat, Jesus habe mit der Mahleinsetzung seine bisherige Naherwartung der Vollendung der Gottesherrschaft preisgegeben zugunsten der Erwartung einer „Zwischenzeit", in der die angekündigte neue Heilsgemeinde entstehen sollte[105], letztlich der Boden entzogen. *Die Erwartung einer nach dem Tode Jesu noch weitergehenden Einladung an Israel ist mit der Erwartung einer zeitlich nahen Vollendung der Gottesherrschaft, wie Jesus sie im eschatologischen Ausblick Mk 14,25 aussprach, durchaus vereinbar.* Anders verhielte es sich lediglich, wenn sich Jesus angesichts seines unausweichlichen Sterbens vor die Notwendigkeit gestellt gesehen hätte, in einem ganz auf Naherwartung hin entworfenen eschatologischen Vorstellungsgebäude Raum zu schaffen für eine neue heilsgeschichtliche Epoche, eine „Zeit der Kirche". Aber ein derartiges eschatologisches Vorstellungsgebäude hat für Jesus schwerlich bestanden.

---

[105] So *W.G. Kümmel*, Verheißung und Erfüllung, ³1956 (AThANT 6) 70; *Goppelt*, Theologie 264.

II. Zwischen Kontinuitätsbewußtsein
und Neuheitserfahrung:
Frühe nachösterliche Ansätze des Kirchenverständnisses

Literatur: G. *Barth*, Die Taufe in frühchristlicher Zeit, 1981 (Biblisch-theologische Studien 4);
K. *Berger*, Volksversammlung und Gemeinde Gottes, ZThK 73 (1976) 167–207; H. *v.*
Campenhausen, Die Nachfolge des Jakobus, in: ders., Aus der Frühzeit des Christentums,
Tübingen 1963, 135–151; O. *Cullmann*, Die Tauflehre des Neuen Testaments, 1958
(AThANT 12); M. *Hengel*, Jakobus der Herrenbruder – der erste „Papst"?, in: Glaube und
Eschatologie, FS W.G. Kümmel, hg. E. Gräßer/O. Merk, Tübingen 1985, 71–104; K. *Holl*,
Der Kirchenbegriff des Paulus in seinem Verhältnis zu dem der Urgemeinde, in: ders.,
Gesammelte Aufsätze zur Kirchengeschichte II. Der Osten, Tübingen 1928, 44–67; J.
Kremer, Pfingstbericht und Pfingstgeschehen, 1973 (SBS 63/64); G. *Kretschmar*, Die Ge-
schichte des Taufgottesdienstes in der Alten Kirche, in: K.F. Müller/W. Blankenburg (Hg.),
Leiturgia 5, Kassel 1970; 1–348; *ders.*, Himmelfahrt und Pfingsten, ZKG 66 (1954/55)
209–253; W. *Pratscher*, Der Herrenbruder Jakobus und die Jakobustradition, 1987 (FRLANT
139); W. *Schrage*, „Ekklesia" und „Synagoge", ZThK 60 (1963) 178–202.

1. Versuch einer Richtungsbestimmung

1.1 Es legt sich nahe, aus der Einsicht, daß der vorösterliche Jesus die Kirche nicht
gegründet hat, die Folgerung zu ziehen, der Ursprung und Anfang der Kirche sei in
der Auferstehung Jesu zu suchen. So wurde es für weite Kreise der neutestamentlichen Forschung der letzten Jahrzehnte nahezu zu einer Selbstverständlichkeit, die
Kirche als eine nachösterliche Schöpfung des Auferstandenen zu erklären. Als
repräsentativ kann das Urteil von G. *Bornkamm* gelten: „Die Gründung der Kirche
ist also nicht schon das Werk des irdischen Jesus, sondern des Auferstandenen"[1].

Diese These hat ihr begrenztes Wahrheitsmoment darin, daß sie dem sachlichen
Zusammenhang von Christologie und Ekklesiologie Rechnung zu tragen sucht.
Die Erscheinungen des Auferstandenen waren der Ermöglichungsgrund des Glaubens an Jesus. Ostern ist der Ansatzpunkt der expliziten Christologie. Kirche ist in
der Tat nur da, wo Menschen an Jesus von Nazaret als den von Gott eingesetzten
endzeitlichen Herrscher glauben und sich im Bekenntnis, der gemeinsamen Aus-

---

[1] G. *Bornkamm*, Jesus von Nazareth, 1956 (UB 19) 171. Ähnlich E. *Peterson*, Theologische Traktate,
München 1951, 409–429; H. *Schlier*, Die Entscheidung für die Heidenmission in der Urchristenheit, in:
ders., Die Zeit der Kirche, Freiburg 1958, 129–147; *Dahl*, Volk 176.278; v. *Campenhausen*, Amt 10–12.

sage dessen, wer Jesus für sie ist, zusammenfinden. Insofern gehören Christusglaube und Christusbekenntnis, wie sie an Ostern ihren Ursprung haben, zu den Voraussetzungen der Kirche. Trotzdem ist diese These sowohl historisch wie theologisch unhaltbar.

1.2 Ihr steht zunächst die Tatsache entgegen, daß die frühen Zeugnisse nirgends von einer Gründung bzw. einem Anfang der Kirche sprechen. Den Zeitpunkt des Entstehens des Glaubens an Jesus fixieren sie hingegen sehr genau. Er ist mit den ersten Auferstehungserscheinungen vor Simon Petrus und den Zwölfen (1Kor 15,5; vgl. Lk 24,34), die wahrscheinlich bereits zwei Tage nach dem Karfreitag, am ersten Tag der dem Todespassa folgenden Woche (Joh 20,19), erfolgten. Nicht nur, daß die Entstehung der Kirche damit nirgends verbunden wird – auch sonst schweigen sich die neutestamentlichen Zeugnisse darüber in überraschender Weise aus. Das gilt selbst von der lukanischen Pfingsterzählung (Apg 2), die zwar gern als Gründungsbericht in Anspruch genommen wird, aber bei genauerem Zusehen in dieser Hinsicht höchst ambivalent ist (vgl. VI.2.6)[2].

Dieses Schweigen über den Anfang der Kirche ist schwerlich nur zufällig. Eher kann es als Hinweis darauf gelten, daß die Entwicklung des Kirchenverständnisses nicht nur sachlich, sondern auch zeitlich der Entwicklung der Christologie nachgeordnet war. Sie verlief ungleich langsamer.

Was die Christologie anlangt, so haben sich deren Grunddaten erstaunlich rasch herausgebildet. Die entscheidende Phase dafür lag in den drei bis fünf Jahren, die Jesu Tod und Auferweckung von der Berufung des Paulus trennten. *M. Hengel* spricht zu Recht von einem „einzigartigen dynamisch-schöpferischen Impuls", der sich „in der christologischen Reflexion äußerte"[3], und er nennt als einen wesentlichen Grund dafür das Vorhandensein von Ansätzen zu einer expliziten Christologie bereits in der Verkündigung Jesu, die auf Entfaltung drängten.

Auch für die Ekklesiologie fehlt es, wie gezeigt, nicht an Ansätzen im Wirken und in der Verkündigung Jesu. Wenn die Entwicklung hier trotzdem anders verlief, so deshalb, weil an ihrem Anfang gerade *nicht die Erfahrung einer totalen Wende, sondern das Bemühen um das Durchhalten einer Kontinuität* gestanden hat. Die Auferstehungserscheinungen vermittelten den Zeugen die Gewißheit, daß nunmehr der große Umbruch der Zeiten begonnen habe und die neue Welt Gottes angebrochen sei. Die christologische Reflexion war der Versuch, diese Neuheitssituation im Blick auf Jesus, der in ihrem Mittelpunkt stand, gedanklich und begrifflich zu fassen, wobei die Ansätze in der Verkündigung Jesu geeignet waren, die Richtung vorzugeben. Das Kirchenverständnis der Anfangszeit war hingegen keineswegs innovativ. Die Gruppe der Jesusanhänger verstand sich zunächst nicht als eine durch das Ostergeschehen begründete neue Gemeinschaft. Was sie zusam-

---

[2] Vgl. hierzu *U. Luz*, Unterwegs zur Einheit: Gemeinschaft der Kirche im Neuen Testament, in: Link/ Luz/Vischer, Gemeinschaft 43–116.51.

[3] *M. Hengel*, Christologie und neutestamentliche Chronologie, in: Neues Testament und Geschichte, FS O. Cullmann, hg. H. Baltensweiler/B. Reicke, Zürich/Tübingen 1972, 43–68.64.

menführte, war vielmehr zunächst der Auftrag, die vorösterlich von Jesus begonnene endzeitliche Sammlung Israels weiterzuführen – dies freilich in einer neuen Situation, die dadurch geschaffen war, daß Jesus nunmehr durch Gottes Handeln als der messianische Herrscher Israels manifest geworden war. Zu dieser Kontinuität des Auftrags kam die Kontinuität der Struktur der vorösterlichen Lebens- und Dienstgemeinschaft mit Jesus. Die frühe nachösterliche Gestalt der Kirche ist weitgehend von dieser doppelten Kontinuität bestimmt[4].

1.3 Daß und inwiefern das Neue des Ostergeschehens aus dieser Gemeinschaft etwas Neues hat werden lassen, ist ihren Gliedern wohl erst allmählich bewußt geworden. Ostern ist nicht der Gründungstermin der Kirche, sondern die *Ermöglichung, Kirche zu entdecken*. Dies vollzog sich in einem allmählichen Klärungs- und Reflexionsprozeß, der, an Ostern einsetzend, während des gesamten im Neuen Testament dokumentierten Zeitraums andauert und der bezeichnenderweise seine größte Breite erst in der dritten christlichen Generation, d.h. in der Zeit zwischen 80 und 110, gewinnt. Um ihn voranzutreiben, bedürfte es einer Reihe verschiedenartiger Anstöße, die sowohl von außen wie auch von innen kamen. Vorgänge und Entwicklungen im Umfeld der Gemeinde verlangten nach Bewältigung, wobei vor allem der Umstand, daß die Juden in ihrer überwältigenden Mehrzahl sich dem Angebot der Sammlung um Jesus als dem messianischen Herrscher Israels widersetzten, eine entscheidende Rolle spielte. Später war es die Begegnung mit der hellenistisch geprägten nichtchristlichen Gesellschaft, die zum ekklesiologischen Problemfeld wurde. Dazu kamen innergemeindliche Konflikte sowie die Notwendigkeit, Formen für das Zusammenleben von Menschen, die verschiedenen Traditionskreisen entstammten, zu entwickeln.

Man kann wohl sagen, daß es Paulus war, der aufgrund seiner Erfahrungen als Apostel für die Heiden und als Gemeindegründer das theologische Gewicht des Themas „Kirche" als erster voll erkannte und dafür normsetzende Klärungen entwickelte. Die uns überlieferten Paulusbriefe entstammen freilich durchweg der letzten Phase des Wirkens des Apostels, also der Zeit zwischen seiner Trennung von der Gemeinde von Antiochia (ca. 49) und seinem Lebensausgang (ca. 60), und selbst in ihnen dokumentiert sich noch kein fertig abgerundetes Kirchenverständnis, sondern einer ein dynamischer Prozeß des Werdens eines solchen.

1.4 Aus diesen Erwägungen ergibt sich die Richtung für dieses Kapitel. Es geht in ihm nicht um die Gründung der Kirche, sondern um den Anfang ihrer Entdeckung. Es soll versucht werden, jene Ansätze und Vorstufen des Kirchenverständnisses zu ermitteln, die sich in der Anfangszeit des Christusglaubens, also innerhalb der knapp zwei Jahrzehnte zwischen der Auferweckung Jesu und den paulinischen Briefen, erkennen lassen.

---

[4] *Luz*, Unterwegs 50, macht auf die theologische Problematik des Versuchs, die Gestalt der Kirche ausschließlich aus dem Auferstehungsglauben abzuleiten, aufmerksam: in letzter Konsequenz droht „der Verlust einer gemeinsamen Wurzel in der Geschichte".

2. Die Ausgangssituation: die „Zwölf" in Jerusalem

Im Nebel der Überlieferung zeichnen sich immerhin die Konturen von zwei Ereignissen ab, die man mit gutem Grund als auslösende Faktoren für die Entstehung der Urgemeinde bezeichnen kann: es sind dies die *Neukonstitution des Zwölferkreises* und seine *Rückkehr nach Jerusalem.*

2.1 Unmittelbar nach der Katastrophe des Karfreitags hatten die Glieder des Jüngerkreises Jerusalem fluchtartig verlassen, um in das heimatliche Galiläa zurückzukehren. Dort erfolgten, vermutlich nur wenige Tage später, die ersten Erscheinungen des Auferstandenen[5]. Die alte palästinische Glaubensformel 1Kor 15,5 nennt deren Adressaten: „er erschien dem Kefas, dann den Zwölfen". Es ist deutlich, daß diese Erscheinungen nicht individuelle visionär-ekstatische Erlebnisse waren, die der religiösen Vergewisserung der bleibenden Lebendigkeit Jesu vor Gott dienten. Vielmehr erwies sich in ihnen Jesus als der durch Gottes Handeln zum endzeitlichen messianischen Herrscher Israels Eingesetzte. Von daher erklärt sich der Umstand, daß nicht nur 1Kor 15,5, sondern auch den alten Erscheinungsberichten der Evangelien (Mt 28,16–20; Lk 24,36–49; Joh 20,19–23), die von Erscheinungen des Auferstandenen vor dem Zwölferkreis handeln, das Motiv der Sendung und Beauftragung inhärent ist[6]. Es gehört zu den zentralen formbestimmenden Motiven der Ostertradition[7]. Inhalt des Auftrags ist die öffentliche Proklamation der Macht des Auferstandenen.

Von daher gewinnt aber auch die Nennung von *Petrus und den Zwölfen als der ersten Auferstehungszeugen ihr besonderes Gewicht.* Es handelt sich hier um die Erneuerung des spezifischen Auftrags, den die Zwölf bereits vorösterlich empfangen hatten, und der mit der symbolischen Repräsentation des Volkes Israel zusammenhing: Sie sollten Kristallisationspunkt eines erneuerten Israel werden, und zwar nunmehr unter dem Vorzeichen der erfolgten Einsetzung Jesu als endzeitlicher Herrscher über das Volk Gottes[8]. Mit ihrer Neukonstitution war ein Zeichen gesetzt für den Neuanfang Gottes mit Israel. Dieser Zusammenhang erschließt auch den Sinn der in ihrem Kern zweifellos alten Überlieferung von der Ergänzung des Zwölferkreises durch die Nachwahl des Matthias (Apg 1,15–26): Sollte der Kreis seine Bedeutung als Symbol des Gottesvolkes in seiner Gesamtheit behalten, so war es nötig, ihn nach dem Ausscheiden des Verräters Judas wieder zu vervollständigen[9].

---

[5] Vgl. hierzu und zum Folgenden *H. v. Campenhausen*, Der Ablauf der Osterereignisse und das leere Grab, ³1966 (SHAW.PH 2), 20; *U. Wilckens*, Auferstehung, Stuttgart 1970, 69f.

[6] Für 1Kor 15,5 ergibt sich das zumindest indirekt daraus, daß Paulus die ihm zuteilgewordene letzte Erscheinung des Auferstandenen, mit der er die Aufzählung sämtlicher ihm bekannter Erscheinungen beschließt, als Beauftragung mit dem Apostolat deutet (1Kor 15,8–11).

[7] Vgl. *H. Kasting*, Die Anfänge der urchristlichen Mission, 1969 (BEvTh 55) 52; *R. Bultmann*, Die Geschichte der synoptischen Tradition, ⁹1979 (FRLANT 29) 312f.

[8] Vgl. *Berger*, Art. Kirche II, 210.

[9] Vgl. *J. Roloff*, Die Apostelgeschichte, ²1988 (NTD 5) 29–36.

2.2 Bereits Jesus war nach *Jerusalem* hinaufgezogen, um dort ganz Israel zu erreichen und zur Entscheidung aufzurufen. Dasselbe wiederholte sich nun im Anschluß an die Ostererscheinungen. Wollten die Zwölf ihrem Auftrag an ganz Israel nachkommen, so konnten sie dies nur in Jerusalem, der Mitte und dem Sammlungsort des Gottesvolkes. Dies erklärt, daß sie, vermutlich begleitet von einer größeren Schar von Jesusjüngern, zum nächsten Wallfahrtsfest, dem 50 Tage nach Ostern stattfindenden Pfingstfest, wieder nach Jerusalem wanderten.

Mit der österlichen Neukonstitution des *Zwölferkreises* ist zugleich dessen Ausrichtung auf *Jerusalem* gegeben. Damit erklärt sich zumindest ein Stück weit die Tendenz der Überlieferung, die ersten Ostererscheinungen selbst, die historisch zweifellos nach Galiläa gehörten, nach Jerusalem zu verlagern (Lk 24,36–49; Apg 1,3–11; Joh 20,19–23). Darüberhinaus wird man von daher auch urteilen müssen, daß Lukas sachlich im Recht war, wenn er in der Apostelgeschichte allein Jerusalem als den Ort in den Blick nimmt, an dem die erste Gemeinde der Jesusanhänger öffentlich in Erscheinung trat. Es hat vermutlich auch in den Städten und Dörfern Galiläas Gruppen von Jesusanhängern gegeben, die sich an die Lehre des Lehrers von Nazaret hielten und sie getreulich weiter tradierten, ja die in ihm den von Gott durch das Wunder der Auferstehung bestätigten Herrn sahen. Aber diese Gruppen blieben ohne Einfluß auf das, was in *Jerusalem* durch den Zwölferkreis im Blick auf *ganz Israel* geschah, und darum konnte sie Lukas in seinem zweiten Werk, dessen Thema die missionarische Ausbreitung des Evangeliums ist, mit gutem Recht übergehen.

3. Pfingsten und die Ausgießung des Geistes Gottes

Mit der Neukonstitution des Zwölferkreises und dessen Rückkehr nach Jerusalem war ein weiteres Ereignis verknüpft, und zwar nicht nur zeitlich, sondern auch sachlich: die Erfahrung der Ausgießung des Geistes Gottes. Zwar verbietet sich angesichts der schwierigen Quellenlage eine geschichtliche Rekonstruktion der Vorgänge des ersten Pfingsten, aber auch hier sind immerhin die bestimmenden Konturen hinter den Übermalungen vor allem der lukanischen Pfingsterzählung (Apg 2) noch hinreichend erkennbar.

3.1 Wichtig ist zunächst der *biblische Hintergrund*.

Im Alten Testament, vor allem dessen späten profetischen Schriften, verbindet sich die Erwartung der kommenden endzeitlichen Erneuerung Israels eng mit der der Ausgießung des Gottesgeistes.

Grundlegend ist dabei Ezechiels großartige Vision vom Geist Gottes, der hineinfährt in ein Feld voller Totengebeine – ein drastisches Bild für das erstorbene Israel – und hier neues Leben erweckt (Ez 37). Das Thema dieser Vision ist die zukünftige Wiederherstellung des Gottesvolkes. Infolge der Geistausgießung wird diese nicht nur etwas Momentanes und Vorübergehendes sein; ihr wird vielmehr *bleibender Bestand* zugesichert: „Und ich werde mein Angesicht nicht mehr vor ihnen verbergen, weil ich meinen Geist über das Haus Israel ausgegossen habe" (Ez 39,29). In Jes 59,21 werden Bund und Geist in eine unmittelbare Beziehung zueinander gebracht:

Ich aber, ich schließe meinen Bund mit ihnen, spricht der Herr:
Mein Geist, der auf dir ruht,
und meine Worte, die ich in deinen Mund gelegt,
sollen aus deinem Munde nimmer weichen,
noch aus dem Munde deiner Kinder und deiner Kindeskinder.

Dabei geht es um nichts Geringeres als um die Setzung des *bleibenden, endgültigen Bundes Gottes mit seinem Volk.* In allen diesen Aussagen erfährt das grundlegende alttestamentliche Verständnis von Geist (*rūaḥ*) Gottes als Leben spendender und erhaltender Lufthauch und Atem eine spezifische heilsgeschichtliche Zuspitzung: Gottes Geist ist jene geschichtsmächtige Kraft, mit der Gott in Israel wirksam ist. Und zwar ist es primär *das Volk in seiner Gesamtheit,* das die Wirkung dieses Geistes erfährt. Aber es kann auch von der Auswirkung dieses Geistes auf einzelne in Israel die Rede sein, und zwar *in doppelter Weise.* Auf der einen Seite wird die sittliche Erneuerung des einzelnen durch den Geist erwartet, so Ez 36,26, wo, ähnlich wie Jes 59,21, Geist und Bund unmittelbar einander zugeordnet sind:

Und ich werde euch ein neues Herz geben
und einen neuen Geist in euer Inneres legen;
ich werde das steinerne Herz aus eurem Leibe nehmen
und euch ein fleischernes Herz geben.
Meinen Geist werde ich in euer Inneres legen
und machen, daß ihr in meinen Satzungen wandelt und meine Weisungen getreulich erfüllt.

Auf der anderen Seite kündigt das Joel-Buch eine Geistwirkung an, die sich an den einzelnen Gliedern des Volkes in profetisch-ekstatischen Phänomenen äußert:

Und nach diesem wird es geschehen,
daß ich meinen Geist ausgieße über alles Fleisch;
und eure Söhne und Töchter werden weissagen,
eure Greise werden Träume träumen, eure Jünglinge werden Gesichte sehen;
auch über Knechte und Mägde will ich in jenen Tagen meinen Geist ausgießen. (Joel 3,1f)

3.2 Vor diesem Hintergrund erschließt sich die Bedeutung der Erfahrung der Geistausgießung für die Anhängerschaft Jesu: sie wurde zum *Interpretament* der Neukonstituierung des Zwölferkreises. Die erneute Übertragung des Auftrags, Israel zu sammeln, erhielt ihre Sinndeutung durch den Empfang des Geistes, denn dieser war der *Erweis dafür, daß Gott selbst nunmehr bereits mit der endzeitlichen Erneuerung seines Volkes begonnen hatte.*
Besondere Beachtung verdient in diesem Zusammenhang der Umstand, daß nach Apg 2,33 (vgl. Lk 24,49) der auferstandene Christus den Geist ausgießt: „Nachdem er zur Rechten Gottes erhöht worden ist und die Verheißung des Heiligen Geistes vom Vater empfangen hat, hat er dies ausgegossen, was ihr seht und hört." Hierbei handelt es sich schwerlich um eine Konstruktion des Lukas, denn die gleiche Verbindung zwischen der Auferweckung bzw. Erhöhung Jesu und der Sendung des Geistes wird auch in einigen herkunftsmäßig weit auseinanderliegenden neutestamentlichen Texten herausgestellt. Hierzu gehört der johanneische Erscheinungsbericht Joh 20,22f, in dem der Auferstandene die Jünger nicht nur sammelt und beauftragt, sondern ihnen zugleich durch „Anblasen", d.h. durch direkte Übertragung des Lebensodems Gottes den Geist schenkt, daneben aber

auch Eph 4,7–12, sowie, zumindest als indirektes Zeugnis, 2Kor 3,17, wo Christus und der Geist nahezu in eins gesetzt werden.

Gemeinsam ist diesen Texten auch, daß sie, anders als die meisten der späteren Geistaussagen, den Geist nicht als individuelle Gabe für den einzelnen Christen verstehen, sondern als dessen *Empfänger die Kirche bzw. die Jünger in ihrer Gesamtheit* herausstellen. Ihnen dürfte eine gemeinsame, sehr alte Tradition zugrundeliegen, die den Geist als Wirkung des Ostergeschehens für die Jüngergemeinschaft und darüber hinaus für das ganze Gottesvolk verstand[10]. Diese Tradition verweist wiederum zurück auf eine besondere geschichtliche Erfahrung des Zwölferkreises, denn sie läßt sich weder aus dem Alten Testament, noch aus zeitgenössischen jüdischen Vorstellungen über den Geist ableiten. Nach diesen ist der Messias zwar Geistträger (Jes 11,1f), niemals jedoch Spender des Geistes.

3.3 In aller Kürze ist hier noch auf die Frage nach dem *geschichtlichen Hintergrund des lukanischen Pfingstberichtes* (Apg 2) einzugehen. Lukas gibt diesem Bericht zwar großes Gewicht im Rahmen des zweiten Teiles seines Geschichtswerks, nicht nur durch die Weise der Darstellung, sondern auch durch zahlreiche Rückverweise (Apg 10,47; 11,15–17; 15,8) und markiert durch Pfingsten den „Anfang" des apostolischen Wirkens[11]. Er macht es jedoch dem Leser schwer, das dahinter stehende Ereignis zu fassen. Allein schon die Darstellungsweise, die vielfältige, auf ganz unterschiedlichen Ebenen liegende Assoziationen freisetzt, um sich gleichzeitig der Möglichkeit konkreter Vorstellung zu verschließen, läßt erkennen, daß Apg 2,1–13 nicht als Wiedergabe eines einmaligen geschichtlichen Ereignisses verstanden werden kann. Literarisch konzipiert ist z.B. die dreifache Verwendung des Wortes „Zungen", das auf dessen Doppeldeutigkeit (griech. *glossa* kann auch „Sprache" heißen) beruht. So erscheint der Geist in Gestalt „feuriger Zungen" (Apg 2,3), es kommt zu einem Reden bzw. Hören in verschiedenen „Sprachen" (Apg 2,5–11), und schließlich ist in Apg 2,12 in Verbindung mit dem Zitat aus Joel 3,5 von unartikuliertem ekstatischem „Zungenreden", d.h. von Glossolalie, die Rede. Aber sogar die Gestalt des Sprachenwunders bleibt in sich unklar. Konnte man zunächst auf Grund von Apg 2,4 annehmen, es handle sich um die geistgewirkte Fähigkeit der Apostel, in verschiedenen fremden Sprachen zu *sprechen*, so legt Apg 2,8 eher die Vorstellung eines *Hörwunders* nahe: jeder hört die Apostel in seiner eigenen Sprache reden. Man wird urteilen müssen, daß diese Schilderung des Sprachen- bzw. Hörwunders, in Verbindung mit der Völkerliste (Apg 2,9–11), bereits auf die Erfahrungen einer frühen Phase der Mission unter Nichtjuden zurückgreift, um diese theologisch als Wirkungen des Heiligen Geistes zu deuten. Solche Mission wurde von der Urgemeinde in Jerusalem nicht betrieben, wohl jedoch von der Gemeinde in Antiochia. Dies führt zu der Annahme, daß Lukas den Grundbestand der Pfingstgeschichte aus der Tradition der Gemeinde von Antiochia übernommen hat. Dort hatte sie der Begründung der Heidenmission gedient. Der Hinweise auf die ekstatische Glossolalie (Apg 2,12f) hingegen dürfte lukanischer Interpretation entstammen[12].

3.4 Was ist aber nun konkret über die *Vorgänge an diesem „Pfingsttag"/Wochenfest* zu sagen?

3.4.1 Die Beobachtung des engen Zusammenhangs von Auferweckung Jesu und Sendung des Geistes in der Tradition könnte zunächst die Vermutung nahelegen, es habe eine durch

---

[10] Vgl. *Kretschmar*, Himmelfahrt 214f.
[11] *Kremer*, Pfingstbericht 213.
[12] Vgl. *Roloff*, Apostelgeschichte 37–40.

ihre Wirkungen besonders hervorgehobene *Erscheinung des Auferstandenen* stattgefunden. In der Tat hat man vielfach versucht, das Pfingstereignis mit der von Paulus erwähnten Erscheinung „vor 500 Brüdern" (1Kor 15,6) zu identifizieren. Doch das ist unwahrscheinlich, da nicht nur Apg 2,1–13 jede Andeutung einer Erscheinung des Auferstandenen vermissen läßt[13], sondern die älteren Überlieferungen durchweg die Erscheinungen des Auferstandenen von dem Empfang des Geistes trennen: Waren diese auf einen abgeschlossenen Kreis von Zeugen beschränkt (1Kor 9,1; 15,8), so war von jenem grundsätzlich kein Christ ausgeschlossen (Gal 3,2ff; 1Kor 12–14)[14].

3.4.2 Sehr viel näher liegt es, das geschichtliche Pfingstereignis in einen ursächlichen *Zusammenhang mit dem Wochenfest* in seinem zeitgenössischen jüdischen Verständnis zu bringen.

Ursprünglich war Pfingsten ein Erntefest, das man sieben Wochen nach Beginn der Weizenernte beging (Dtn 16,9f). Von dieser Datierung leitete sich auch der Name „Wochenfest" (*ḥag šabu'ōt*) ab. Festinhalt war die feierliche Darbringung von Erntegaben im Jerusalemer Heiligtum. Schon früh setzten priesterliche Kreise eine Bindung des Festtermins an das Passafest durch. So soll man nach Lev 23,15f „von dem Tage nach dem (dem Passa folgenden) Sabbat an zählen . . ., bis zum Tage nach dem siebenten Sabbat sollt ihr zählen, fünfzig Tage." Später verstärkte sich diese Bindung in formaler Hinsicht noch durch die pharisäische Terminberechnung, nach der als der hier erwähnte Sabbat der Passafesttag selbst galt[15]. Damit lag das Wochenfest regelmäßig auf dem fünfzigsten Tag nach dem Passa, was zur Folge hatte, daß es auf denselben Wochentag wie dieses fiel, sowie auch, daß es als Abschluß der sich über fünfzig Tage erstreckenden Passafestzeit galt. Die im hellenistischen Judentum entstandene griechische Bezeichnung *pentekoste* (= der fünfzigste [Tag nach dem Passa]; Tob 2,1; 2Makk 12,32) spiegelt diesen Sachverhalt.

Es fehlt nun allerdings nicht an Anzeichen dafür, daß dem Wochenfest im Verlauf einer im 2. Jh. v. Chr. einsetzenden Entwicklung neue theologische Bezüge zugewachsen sind, die den ursprünglichen Charakter des Erntefestes mehr und mehr überlagerten. Angesichts der Bedrohung der Identität des jüdischen Volkes durch den Hellenismus kam es in der makkabäischen Zeit zu einer Rückbesinnung auf die Vätertraditionen und im Zusammenhang damit zu Versuchen, heilsgeschichtlich bedeutsame Ereignisse der Frühzeit in den Festen stärker als bisher zu verankern. Vor allem das zwischen 145 und 140 v. Chr. in einer der asidäischen Bewegung nahestehenden priesterlichen Reformgruppe entstandene *Jubiläenbuch*, das wiederum eine erhebliche Wirkung auf die Gedankenwelt der wenig später entstandenen Sektengemeinschaft von Qumran ausübte[16], deutet das Wochenfest als Gedenktag der vergangenen Bundschließungen Gottes mit Israel, und zwar des Noahbundes (Jub 6,15–18), des Abrahambundes (Jub 6,19f; 14,10–20), sowie des Mosebundes vom Sinai

---

[13] Dies ließe sich vordergründig freilich aus dem lukanischen Theologumenon des Abschlusses der Erscheinungen mit der Himmelfahrt nach 40 Tagen erklären. Aber hätte Lukas eine Tradition gekannt, die von einer Christuserscheinung an Pfingsten handelte, so hätte er schwerlich Himmelfahrt und Pfingsten voneinander getrennt.

[14] *Kremer*, Pfingstbericht 234f; *C. Wolff*, Der erste Brief des Paulus an die Korinther, Zweiter Teil, 1982 (ThHK 7/II) 167. Anders *Wilckens*, Auferstehung 28.

[15] Vgl. Bill II 598.847ff; *Kretschmar*, Himmelfahrt 223f.

[16] S. hierzu *K. Berger*, Das Buch der Jubiläen, 1981 (JSHRZ II/3) 289–300.

(Jub 6,11), ohne damit freilich den alten agrarischen Festbezug völlig verdrängen zu wollen[17]. Ein formaler Ansatz für diese Neudeutung dürfte darin bestanden haben, daß sich die alte Bezeichnung ḥag šabu'ōt (= Wochenfest) durch Veränderung der Vokalisation auch als ḥag šᵉbu'ōt (Schwurfest) lesen ließ. Damit wurde ein Bezug auf jene Eidschwüre, mit denen Israel sich in der Vergangenheit Gottes Bundsetzungen unterstellt hatte, möglich[18]. Die Qumrangemeinschaft feierte ein jährliches Fest der Bundeserneuerung (1QS 1,8–2,18), das aufgrund seiner Datierung im dritten Monat des Jahres als spezifische Variante des gesamtisraelischen Wochenfestes angesehen werden muß[19]. Diese Entwicklung mündete schließlich in eine völlige Konzentration des Festes auf jenen dieser Bundesschlüsse aus, der für das Identitätsbewußtsein und Selbstverständnis Israels nach der Zerstörung des Tempels entscheidende Bedeutung gewann, den Mosebund vom Sinai, in dessen Mittelpunkt die Gabe der Tora stand. So wurde vom 2. nachchristlichen Jahrhundert an das jüdische Pfingstfest als Gedenktag an die Gesetzgebung vom Sinai begangen, und der biblische Bericht darüber, Ex 19, wurde zur Festperikope.

Dieses Endstadium der Entwicklung war im Todesjahr Jesu (30 n. Chr.) zwar noch längst nicht erreicht, wohl aber besteht guter Grund zu der Annahme, daß die Jünger Jesu zu jenen Kreisen gehörten, in denen sich die heilsgeschichtliche Deutung des Pfingstfestes als Erneuerung der Bundesverpflichtung Israels durchgesetzt hatte. Von daher nämlich läßt sich ihr Zug nach Jerusalem an Pfingsten plausibel machen. Zwar war dieses Fest kein großes Wallfahrtsfest – wir haben uns die Handhabung des Wallfahrtsgebotes zu Pfingsten in der breiten Masse des Volkes damals als ziemlich lax vorzustellen[20] –, wohl aber war mit der Anwesenheit von Gliedern jener Kreise des Volkes zu rechnen, die diese heilsgeschichtliche Deutung teilten[21]. An diese wollten sich die durch den Auferstandenen neu als Zwölferkreis konstituierten Jünger Jesu wenden, um sie als Gottesvolk der Endzeit zu sammeln. Daß dieses Angebot als Erfüllung von deren Hoffnung auf die endzeitliche Erneuerung des Gottesbundes mit seinem Volk verstanden werden würde, mußte ein naheliegender Gedanke sein.

---

[17] Vgl. Jub 6,17–23: „Deswegen ist angeordnet und aufgeschrieben auf den himmlischen Tafeln, daß sie das Fest der Wochen halten in diesem Monat, einmal im Jahr, zu erneuern den Bund in jedem Jahr und den Jahren. Und dieses ganze Fest wurde im Himmel gehalten vom Tage der Schöpfung an bis zu den Tagen Noahs, 26 Jubiläen und fünf Jahrwochen. Und Noah und seine Kinder beobachteten es . . . . Und Abraham allein beachtete es und Isaak und Jakob, seine Kinder, beachteten es bis zu deinen (scil. des Mose) Tagen. Und in deinen Tagen haben es die Kinder Israels vergessen, bis daß ich es ihnen erneuert habe bei diesem Berg. Und du (d.h. Mose) gebiete den Kindern Israels, und sie sollen beobachten dieses Fest in allen ihren Geschlechtern als Gebot für sich, einen Tag im Jahr! In diesem Monat sollen sie das Fest halten an ihm. Denn es ist das Fest der Eidschwüre. Und das Fest der ersten Früchte ist es. Doppelt und von zweierlei Art ist dieses Fest, gleichwie geschrieben ist und eingeritzt ist seinetwegen seine Agende." (*Berger*, Jubiläen 357f).

[18] Mit dieser Verbindung von *Bund* und *Eidschwur* wurde vermutlich bereits auf ältere Traditionen zurückgegriffen. So hat nach 2Chr 15,8–15 König Asa mit seinem Volk ,im dritten' Monat den Bund erneuert, wobei ganz Juda einen Eidschwur leistete (2Chr 15,14f); vgl. auch Neh 10,30. Hierzu *Kretschmar*, Himmelfahrt 227.

[19] Der Festinhalt war ganz auf die Belange der Sondergemeinschaft zugeschnitten: es ging um die feierliche Erneuerung der Zugehörigkeit zu ihr durch Eidschwur, Bundesverpflichtung und Sündenbekenntnis; vgl. *Kremer*, Pfingstbericht 16f, sowie die dort angegebene Literatur.

[20] Vgl. *J. Jeremias*, Jerusalem zur Zeit Jesu, Göttingen ³1962, 88; die Zurücksetzung von Pfingsten gegenüber dem Passa ergibt sich bereits aus der seltenen Erwähnung außerhalb der Tora (nur 2Chr 8,13; Tob 2,1; 2Makk 13,31–32) und der Übergehung im Festkalender Ez 45,21–25.

[21] Auf sie dürfte sich die Behauptung *Philos* beziehen, daß dieses Fest das größte sei (SpecLeg II 176) und unter großer Anteilnahme gefeiert werde (SpecLeg I 183); vgl. auch Josephus, Ant 14,337; 17,2564; Bell 2,42f.

3.4.3 So trat der Zwölferkreis am Pfingstfest in Jerusalem mit der Verkündigung von der Auferweckung Jesu und seiner Einsetzung durch Gott zum endzeitlichen Herrscher des Gottesvolkes erstmals vor eine breitere jüdische Öffentlichkeit. Dabei gewannen seine Glieder die Gewißheit der Gegenwart des für die Endzeit erwarteten Gottesgeistes. Daß es sich dabei um besondere ekstatische Erfahrungen handelte, ist angesichts der Bedeutung, die Joel 3,1–5 in Apg 2,17–21 gewinnt, wahrscheinlich, aber keineswegs sicher. Das Bewußtsein der Erfüllung der Geistverheißung könnte sich bereits aufgrund der Erfahrung eingestellt haben, daß es tatsächlich gelang, einen größeren Kreis von Menschen aus Israel für den Anschluß an den Zwölferkreis und den Glauben an Jesus zu gewinnen. Denn damit war nicht nur die erhoffte endzeitliche Erneuerung des Gottesbundes mit Israel als Realität erwiesen, sondern es war die Endzeit angebrochen, als deren eindeutiger Wesenszug eben die Ausgießung des Geistes Gottes *über das ganze Volk* galt.

3.4.4 Bildete so das jüdische Pfingstfest mit seiner Bundesthematik den Anlaß für die erste, prägende Geisterfahrung der Jünger Jesu, so ist damit zugleich auch der konkrete Entstehungsort des für das Kirchenverständnis so wichtigen Motivs des *neuen Bundes* gegeben. Die Gegenwart des Geistes Gottes bei den Jüngern galt für sie als Zeichen dafür, daß Gott nunmehr bereit war, seinen Bund mit seinem ganzen Volk zu erneuern (vgl. Jes 59,21) und ihn damit in den Horizont der Endzeit zu stellen. Möglicherweise erklärt sich von da aus auch der enge Zusammenhang von *Geist* und *Bund*, wie ihn Paulus in 2Kor 3,6 voraussetzt.

Auf alle Fälle aber galt das durch die Gegenwart des Geistes legitimierte *Bundesangebot für ganz Israel*. Das wird schon durch die Rolle, die der Zwölferkreis in diesem Zusammenhang spielte, eindeutig erwiesen. Der Geistempfang war nicht etwa ein Zeichen, das dem je einzelnen als Kriterium seiner Zugehörigkeit zu einer neu entstehenden Sondergemeinschaft zuteil geworden wäre[22]. Vielmehr erging das Angebot des Geistes grundsätzlich an das Gottesvolk in seiner Gesamtheit im Sinne der Erfüllung der ihm gegebenen Verheißung. Die Pfingstpredigt des Petrus, obwohl von Lukas formuliert, hat die Erinnerung daran in ihrer Abschlußwendung sachgemäß festgehalten: „Denn euch gilt die Verheißung und euren Kindern, sowie allen denen in der Ferne, soviele der Herr unser Gott hinzurufen wird." (Apg 2,37).

Die Bedeutung des ersten Jerusalemer Pfingsten hätte demnach also darin gelegen, daß sich an ihm für den Jüngerkreis die als unmittelbare Folge der Erhöhung Jesu erfahrene Gegenwart des endzeitlichen Gottesgeistes mit dem Motiv der Bundeserneuerung verband. Dabei dürfte das Bundesmotiv gewissermaßen die Funktion des Interpretamentes der Geisterfahrung gewonnen haben, insofern es deren heilsgeschichtliche Bedeutung im Blick auf Israel erschloß.

---

[22] Anders freilich *H. Kraft*, Die Entstehung des Christentums, Darmstadt ²1986, 213: die Geistausgießung habe „eine Grenze" gezogen „zwischen denen, die daran teilgenommen hatten, und denen, die nun noch hinzukamen."

3.4.5 *Weitergehende Rückschlüsse* auf die Vorgänge des Pfingsttages selbst und auf deren theologische Ausdeutung in der Urgemeinde sind angesichts der Brüchigkeit des Textmaterials kaum möglich. Daß es, ausgelöst durch die Verkündigung der Jünger, zu einer glossolalischen Massenekstase gekommen sei[23], ist eine Vermutung, die durch eine kritische Analyse von Apg 2 nicht bestätigt wird. Noch weniger kann das Sprachen- bzw. Hörwunder als geschichtlich gewertet werden. Es dürfte von Lukas, vielleicht auch schon von der antiochenischen Gemeinde, der er die Pfingsttradition verdankt, als theologischer Ausblick auf die Völkermission eingefügt worden sein, ist also bereits ein Stück rückprojizierter Wirkungsgeschichte[24]. Zurückhaltung dürfte auch gegenüber Versuchen geboten sein, aus den augenfälligen Anspielungen von Apg 2 auf die Sinai-Theophanie (Ex 19) auf eine frühe Deutung des Pfingstgeschehens als Entsprechung zum Sinai-Bund zu schließen[25]. Alles, was sich sagen läßt, ist, daß Lukas in Apg 2,2f Anspielungen auf die jüdische Sinai-Haggada, die in seiner Zeit, d.h. der Zeit nach der Tempelzerstörung, das jüdische Wochenfest mitbestimmten, aufgenommen hat[26]. Dabei dürfte es ihm jedoch lediglich darum gegangen sein, mittels dieses Traditionsmaterials den Theophanie-Charakter des Geschehens herauszuarbeiten. Daß er dabei keinen Bezug auf das jüdische Wochenfest und seine zeitgenössische Deutung im Auge hatte, ergibt sich schon daraus, daß das dafür entscheidende Bundesmotiv in seiner Darstellung überhaupt nicht erscheint[27].

Unwahrscheinlich ist von daher auch, daß wir in Apg 2 die Festlegende eines eigenständigen urchristlichen Jerusalemer Pfingstfestes aus der Zeit vor 70 finden können. Das Neue Testament liefert uns jedenfalls dafür keine Anhaltspunkte. 1Kor 16,8 und Apg 20,16 erwähnen Pfingsten lediglich als Termin des für Paulus und die Christen nach wie vor gültigen jüdischen Kalenders. Am nächsten liegt die Vermutung, daß dieses Fest von den Christen zunächst, nicht anders als es jüdischerseits üblich war, als Schlußfest des Passa angesehen wurde, wobei für sie freilich die Neudeutung des Passa als Tag der Auferweckung des Herrn maßgeblich war. In dieser ganzen 50–tägigen Festzeit ging es letztlich um die verschiedenen Aspekte eines und desselben Geschehens: des Gedächtnisses der Auferweckung des Herrn. Ihr gehörte die Erhöhung ebenso zu wie die Sendung des Geistes.

---

[23] So u.a. *E. Lohse*, Die Bedeutung des Pfingstberichtes im Rahmen des lukanischen Gesschichtswerkes, EvTh 13(1953) 422–436; *R. Pesch*, Die Apostelgeschichte, 1 (Apg 1–12), 1986 (EKK V/1) 100f; doch dagegen *Kretschmar*, Himmelfahrt 245 Anm. 165; *Kremer*, Pfingstbericht 263.

[24] Vgl. *I. Broer*, Der Geist und die Gemeinde, BiLe 13 (1972) 261–283.275.

[25] So allerdings *Kretschmar*, Himmelfahrt 245f, dessen Argumentation sich auf der problematischen These aufbaut, wonach die erst im 2. nachchristl. Jh. nachweisbare Verschiebung des Festinhaltes des jüdischen Pfingstfestes auf das Gedenken der Sinai-Gesetzgebung, die in der Wahl von Ex 19 als Festperikope ihren Ausdruck fand, bereits im 1. Jh. n. Chr. zumindest für bestimmte jüdische Kreise, denen die Urgemeinde nahestand, postuliert werden müsse; vorsichtiger: *Kremer*, Pfingstbericht 264.

[26] Hierzu gehören u.a. die Himmelsstimme, die feurigen Zungen und vor allem, das Hör- bzw. Sprachenwunder (vgl. Josephus, Ant 3,79f.90); vgl. *Pesch*, Apostelgeschichte 1–12, 102.

[27] Vgl. *Lohfink*, Die Himmelfahrt Jesu, 1971 (StANT 26) 143.

4. Identitätsbegründung durch die Taufe

Geschichtliche Entwicklungen verlaufen kaum jemals einlinig. Dies gilt auch für die Herausbildung des Selbstverständnisses der Kirche. Sicher haben die Jesusjünger in der frühen nachösterlichen Zeit ihren Auftrag in der endzeitlichen Sammlung ganz Israels als des Gottesvolkes gesehen. Damit blieben sie zunächst ganz in der Kontinuität zu ihrem vorösterlichen Auftrag. Insofern bedeutet das Pfingstereignis gerade keinen Bruch. Nur sehr bedingt läßt sich darum Pfingsten als *Geburtstag der Kirche* bezeichnen. Damit wird man nämlich nur schwerlich dem Selbstverständnis der damaligen Jesusjüngerschaft gerecht. Es hat freilich seine Berechtigung aus der Perspektive einer Rückschau, die das Pfingstgeschehen im Licht der mit ihm einsetzenden weiteren Entwicklung deutet.

Ausgehend von Pfingsten zeichnen sich nämlich Faktoren ab, die zwar als solche zunächst noch keine von Israel gesonderte Gruppenidentität begründeten, jedoch im weiteren Verlauf Ansatzpunkte für eine sich ausprägende Gruppenidentität boten. *Theologisch* erwies sich die *eschatologische Neuheitserfahrung aufgrund der Gegenwart des Geistes* als bestimmend. *Soziologisch* kam die Erfahrung einer immer stärker werdenden *Isolation der Jesusjüngerschaft in Israel* hinzu.

Was das letztere betrifft, so wurde schon bald nach Pfingsten unübersehbar, daß die Botschaft der Jesusanhänger nur einen verschwindend kleinen Prozentsatz der angesprochenen Juden erreichte. Die erhoffte Sammlung ganz Israels um den Zwölferkreis als seine Mitte blieb aus. Damit wurden die Jesusjünger in den Augen ihrer Umgebung zu einer unter vielen jüdischen Sondergruppen, einer *hairesis* (Apg 24,5.14; 26,5), vergleichbar den Johannesjüngern und der Sektengemeinschaft von Qumran. Hinzu kam, daß sie eine stark gruppenspezifische Lebensform ausbildeten, die sie von ihrer Umwelt unterschied, was mindestens zum Teil auf ihre mehrheitlich galiläische Herkunft und die schwierigen äußeren Umstände ihrer Existenz in Jerusalem zurückzuführen war.

Der Ort, an dem sich die theologische Neuheitserfahrung primär konkretisierte, war die *Taufe*. Sie gehörte von Anfang an zu den Grundgegebenheiten des Glaubens an Jesus. Nach Apg 2,38 erfolgten die ersten Taufen am Pfingsttag, und wir haben keinen Anlaß, diese Mitteilung in Zweifel zu ziehen. Jedenfalls läßt das Neue Testament jede Spur einer Diskussion über die Notwendigkeit der Taufe vermissen. Sie wird von Anfang an ganz selbstverständlich geübt. Das ist umso überraschender, als Jesus selbst weder getauft hat, noch Anweisungen von ihm hinsichtlich der Taufe überliefert waren[28]. Dafür, daß sie nachösterlich unter veränderten Vorzeichen wieder aufgenommen wurde, lassen sich mehrere Gründe benennen:

4.1 Ihre *Bedeutung als eschatologische Zeichenhandlung* war von Johannes dem Täufer her vorgegeben: Wer die Umkehr vollzog und sich taufen ließ, unterstellte sich dem im Anbruch befindlichen endzeitlichen Handeln Gottes an seinem Volk. Wenn

---

[28] Die Weisung des Auferstandenen Mt 28,18–20 muß in diesem Zusammenhang schon deshalb ausfallen, weil sie kein Wort des Irdischen, sondern das Ergebnis einer theologischen Reflexion in der Gemeinde des Matthäus ist (s. IV.1).

nun die Jünger die heilvolle Zuwendung Gottes denen zusagten, die sich um Jesus als den endzeitlichen Heilsbringer für dieses Volk sammelten, so mußte sich die Taufe als Zeichen der Unterstellung unter das Handeln Gottes fast notwendig anbieten[29].

4.2 Die Taufe stand ebenfalls von Johannes dem Täufer her bereits in einem *Zusammenhang mit dem Geist.* Wer sich von Johannes taufen ließ, bereitete sich damit auf das Kommen des „Stärkeren" vor, der mit Geist und Feuer taufen werde (Mk 3,11; Lk 3,16). Es lag für die Jesusjünger nahe, die endzeitliche Erfüllung der biblischen Verheißung der Ausgießung des Gottesgeistes für alle in Israel mit dem Zeichen der Taufe zu verbinden, zumal biblische Aussagen wie Jes 44,3 und Joel 3,1f das Kommen des Geistes mittels einer Wasser-Metaphorik ankündigten. Die Taufe wurde so zum sichtbaren Zeichen der Eingliederung in den vom Geist bestimmten Bereich gegenwärtigen Heils.

4.3 Auch die *Taufe Jesu* dürfte bei der Begründung der christlichen Taufe eine nicht unwesentliche Rolle gespielt haben. Zwar fehlen in den synoptischen Taufberichten (Mk 1,9–11 parr.) direkte Bezüge auf den kirchlichen Taufvollzug[30], doch machen motivliche Bezüge zur Tauftheologie einen solchen Zusammenhang wahrscheinlich. So wird Jesus durch die Taufe zum Geistträger (Mk 1,10), und gleichzeitig wird durch die Himmelsstimme seine Sohnschaft proklamiert (Mk 1,11). Ebenso verbindet sich in der christlichen Taufe die Geistverleihung mit der Einsetzung in den Status von Söhnen Gottes. So ist nach Paulus (Gal 4,5; Röm 8,15; vgl. Eph 1,5) die Verleihung der Sohnschaft die eigentliche, durch den Geist gewirkte Taufgabe. Dahinter steckt die Vorstellung, daß erst der Getaufte kraft der Wirkung des Heiligen Geistes Gott „Vater" nennen kann[31]. Die Tauferzählung stellt so *einerseits* heraus, daß Jesus durch sein Sich-taufen-lassen die Johannestaufe in Besitz genommen und zu ihrer eigentlichen, von Gott gesetzten Bedeutung gebracht hat. *Andererseits* gibt sie der Taufe Jesu einen typologischen Bezug auf das Leben der Glaubenden: So wie am Anfang des Weges Jesu die Taufe steht, steht sie auch am Anfang christlicher Existenz. Die Glaubenden stehen kraft ihrer Taufe in der Gemeinschaft Jesu; sie sind – wie die matthäische Version der Tauferzählung betont (Mt 3,15) – in gleicher Weise wie er selbst der Erfüllung der Forderung der göttlichen Gerechtigkeit unterstellt.

4.4 Beide Aspekte finden sich wieder in den die Taufe auf Jesus rückbeziehenden Formeln „im Namen Jesu Christi" (Apg 10,48; vgl 2,38) und „auf den Namen Jesu" (Apg 8,16; 1Kor 1,13.15; vgl. 1Kor 10,2; Mt 28,19). Die erste betont, daß Jesus die die Taufe begründende Autorität ist. Der Vollzug geschieht unter Berufung auf seine Vollmacht. War die Johannestaufe an die Vollmacht des Täufers als des von Gott mit ihrer Spendung Beauftragten gebunden, so rückt nunmehr Jesus in die

---

[29] Vgl. *Barth*, Taufe 43.

[30] Ein solcher Bezug liegt möglicherweise in dem *diekolyen* von Mt 3,14 vor, das an die übliche Frage nach dem Taufhindernis (Apg 8,37; 10,47; 11,17; psClem Hom XII/5,1; 11,2) erinnert; vgl. *Cullmann*, Tauflehre 65ff; *H. Thyen*, Studien zur Sündenvergebung, 1970 (FRLANT 96) 214 Anm. 2.

[31] Das Vaterunser war noch lange „das erste Gebet der Täuflinge in der Gemeinschaft der Kirche" (*Kretschmar*, Geschichte 16).

Stellung des die Taufe Verantwortenden, von Gott mit ihrer Spendung Beauftragten ein[32]. Weil er es ist, der das Kommen des endzeitlichen Geistes Gottes bewirkt, darum kann die Unterstellung unter die Macht dieses Geistes nur durch die „in seinem Namen" vollzogene Taufe erfolgen. Die zweite Formel bringt die *Übereignung an Jesus* zum Ausdruck. War im Alten Testament Israel durch die Ausrufung des Gottesnamens über ihm als Eigentumsvolk ausgewiesen (Dtn 28,10; Jes 43,7), so sind nunmehr die an Jesus Glaubenden durch die Nennung seines Namens der gegenwärtigen Herrschaft des Erhöhten eingegliedert (Jak 2,7).

5. Der neue Gottesdienst

Der zweite Ort, auf den sich die theologische Neuheitserfahrung der Jesusjüngerschaft brennpunktartig konzentrierte, und der darum auch soziologisch zum Ansatzpunkt für die Ausbildung einer eigenen Gruppenidentität wurde, war der *Gottesdienst*. Dies geht aus den Berichten der Apostelgeschichte über das gottesdienstliche Leben der Jerusalemer Urgemeinde hervor. So lesen wir im Sammelbericht Apg 2,46: „Täglich waren sie einmütig beisammen im Tempel, hausweise (d.h. in den verschiedenen Häusern) aber brachen sie Brot und genossen die Speise mit Jubel und Einfalt des Herzens." Und Apg 5,42 sagt von den Aposteln: „Tag für Tag lehrten sie unermüdlich im Tempel und in den einzelnen Häusern und verkündigten den Messias Jesus." Demnach gab es in der Anfangszeit *zwei verschiedene Weisen gottesdienstlicher Versammlung*, die sich nicht nur hinsichtlich ihrer Lokalität, sondern auch hinsichtlich ihrer Gestaltung erheblich unterschieden.

5.1 Die eine war die Teilnahme am *Tempelgottesdienst*, dem Gottesdienst ganz Israels. War Jerusalem die Mitte Israels und der Ort der erwarteten Sammlung des Gottesvolkes, so galt der Tempel wiederum als die Mitte Jerusalems. So war es selbstverständlich, daß die Gemeinde der Jesusanhänger ihre Präsenz in Jerusalem zugleich als Präsenz im Tempel aktualisierte. Man wird an den drei täglichen Gebetszeiten teilgenommen haben (Apg 3,1), und man wird vor allem die Chance, die sich durch das Zusammenkommen vieler jüdischer Menschen für die missionarische Verkündigung ergab, wahrgenommen haben (Apg 3,11–26)[33]. Zentral für den Tempelgottesdienst war freilich der mehrmalige tägliche Opfervollzug. Man wird die Frage, ob die Urgemeinde am Tempelopfer teilgenommen habe, nicht vorschnell verneinen dürfen. Die Ausgangslage war für sie eine völlig andere als für die Sondergemeinschaft von Qumran, die den Opferkult als illegitim boykottierte,

---

[32] Diese Deutung war bereits durch den Hinweis des Täufers auf das Kommen des „Stärkeren", der mit „Geist und Feuer" taufen werde (Mt 3,11; Lk 3,16) impliziert. Sie wird vor allem im Johannesevangelium weitergeführt, wo nach Aussagen wie Joh 3,22; 4,1f; 13,1–20; 19,34 Jesus zwar nicht im historischen, aber doch im theologischen Sinn als Spender und Gewährer der Taufe erscheint; vgl. *Kretschmar*, Geschichte 17f.

[33] Wenn, was wahrscheinlich ist, in Apg 5,42 die Zentralbegriffe chiastisch zu verbinden sind, dann ordnet Lukas dem Tempel das öffentliche missionarische Verkündigen (*euangelizesthai*), den einzelnen Häusern jedoch das Lehren zu; vgl. *Klauck*, Hausgemeinde 50.

weil sie die Tempelpriesterschaft für illegitim und unrein ansah (vgl. 1QM 2,1ff). Jesus hatte ein grundsätzlich positives Verhältnis zur jüdischen Opferfrömmigkeit gehabt (Mt 5,23; 23,18), zumindest ist von ihm kein direktes Verdikt des Opfers überliefert. Der einzige Grund, den Opferkult abzulehnen, könnte in der Einsicht bestanden haben, daß Jesu Tod das nunmehr einzig gültige, die bisherigen Opfer überbietende und aufhebende Opfer sei. Diese Einsicht ergab sich schon bald aus der theologischen Reflexion über das Herrenmahl, vor allem die Aussage der Stiftungsworte über die Lebenshingabe „für die Vielen" (Mk 14,24)[34]. Ob sie jedoch bereits für die Anfangszeit vorausgesetzt werden kann, ist eher fraglich, zumal einiges dafür spricht, daß bei den Mahlfeiern der ersten nachösterlichen Zeit die freudige Danksagung im Lichte der durch die Auferweckung Jesu erschlossenen Erfüllungssituation im Mittelpunkt gestanden hat. Verhielt es sich aber so, dann ist zu folgern: es war nicht von vornherein eine Infragestellung des Tempels und eine Kritik am dortigen Gottesdienst, die die Jesusjünger dazu bewogen hat, daneben eine eigene Form des Gottesdienstes zu entwickeln. Der primäre Grund dafür war vielmehr in der undiskutierten Einsicht gegeben, daß nach dem Willen Jesu die in der Nacht des Abschieds bleibend begründete Mahlgemeinschaft weiterzuführen sei.

5.2 Dies geschah in der Form von Versammlungen, die *hausweise* stattfanden, also in den Häusern von Gemeindegliedern. Dabei wird man als für die Frühzeit wichtigsten (und möglicherweise einzigen) Versammlungsort konkret das Haus der Maria, der Mutter des Johannes Markus (Apg 12,12) anzunehmen haben[35].

Daß solche *Hausversammlungen* im damaligen Jerusalemer Judentum keineswegs etwas Ungewöhnliches waren, wird klar, sobald man bedenkt, daß dies die Zeit des sprunghaften Wachstums der Synagogengemeinden war: Nach talmudischer Überlieferung (jMeg 73b) hätte es damals in Jerusalem 480 Synagogen gegeben. Auch wenn diese Zahl übertrieben sein dürfte, wird aus ihr die Bedeutung der neuen, hauptsächlich vom Pharisäismus geförderten Bewegung zur Sammlung kleiner Gruppen ersichtlich. Die Synagogen waren z.T. landsmannschaftlich gegliedert und in Häusern von wohlhabenderen Mitgliedern untergebracht. In ihnen fanden gottesdienstliche Versammlungen statt, die aus Unterweisung in Tora und Gebet bestanden. Äußerlich standen also die Hausversammlungen der Urgemeinde in Analogie zu solchen Synagogengottesdiensten. Umso auffälliger ist es, daß es keinen einzigen neutestamentlichen Beleg dafür gibt, daß man von einer christlichen Synagoge gesprochen hätte. Darin dokumentiert sich das Bewußtsein der inhaltlichen Andersartigkeit und Neuheit dieser Versammlungen.

5.3 Die *zentralen Merkmale dieser neuartigen Versammlungen* beschreibt der auf alter Tradition beruhende Sammelbericht Apg 2,42[36]: „Sie verharrten aber bei der *Lehre der Apostel* und bei der *Gemeinschaft*, dem *Brotbrechen* und den *Gebeten*".

---

[34] Das älteste faßbare Zeugnis dieser Interpretation ist die alte vorpaulinische Tradition Röm 3,25, für die sich palästinisch-judenchristliche Herkunft nahelegt; vgl. hierzu zuletzt *W. Kraus*, Der Tod Jesu als Heiligtumsweihe, 1991 (WMANT 66).

[35] S. hierzu *P. Stuhlmacher*, Der Brief an Philemon, ³1989 (EKK XVIII) 71; *Klauck*, Hausgemeinde 48f.

[36] Zur Analyse s. *Roloff*, Apostelgeschichte 65f.

5.3.1 Wie in der Synagoge, hatte auch hier die *Lehre* ihren Ort. Aber diese war nicht mehr die Tora samt deren Entfaltung und Weiterführung in der mündlichen Halacha, sondern die *Lehre der Apostel*, unter der wir uns die Weitergabe der Worte des irdischen Jesus, vor allem seiner ethischen Weisungen (vgl. 1Kor 7,10.25), sowie die Deutung seines Geschicks im Licht von Karfreitag und Ostern vorzustellen haben. Schon früh dürfte sich in diesem Zusammenhang eine ganz spezifische Weise der Schriftauslegung entwickelt haben, die darauf ausging, zu zeigen, wie sich im Handeln Gottes mit Jesus die Verheißungen der Schrift erfüllt haben. Ein Merkmal dieser Lehre ist, daß sie Kontinuität erfordert[37], sie wendet sich als postbaptismale Unterweisung an die Menschen, die sich in der Taufe einer verbindlichen Verpflichtung unterstellt haben. Von da her erklärt sich auch ihr enger Bezug zur *Gemeinschaft*: Diejenigen, die sich durch die Taufe in den Bereich der endzeitlichen Herrschaft des erhöhten Christus haben eingliedern lassen, stehen damit in einem besonderen Verhältnis zueinander[38]. Die Verbindlichkeit der Christusgemeinschaft zieht die Verbindlichkeit des Miteinanders in der Gemeinschaft der Getauften nach sich.

5.3.2 Ein zweites Merkmal ist das *Brotbrechen* (Apg 2,46; 20,7.11; 1Kor 10,16). Diese zweifellos alte Bezeichnung meint das Herrenmahl, wobei sie pars pro toto den zentralen Teil des Mahlgeschehens hervorhebt, durch den der Einbezug der Teilnehmer erfolgt. Alt sind wohl auch die den Gemeinschaftscharakter betonenden Bezeichnungen „Zusammenkommen" (*synerchesthai*: 1Kor 11,17f.20.33f; 14,23) und „Zusammensein" (*einai epi to auto*: Apg 2,44; 1Kor 11,20; 14,23). Jedenfalls zeigen diese profanen Wendungen, daß das Mahl zunächst nicht in Entsprechung oder Konkurrenz zu kultischen Akten gesehen worden ist. Es war vielmehr das der Jüngerschaft durch Jesus zugeeignete Mahl, durch das er ihre Gemeinschaft immer wieder neu begründete und ihr die Teilhabe am endzeitlichen Heil erschloß. In der Jerusalemer Frühzeit feierte man das Mahl „mit Jubel" (Apg 2,46), d.h. in eschatologischer Hochstimmung, die sich aus der Auferstehungserfahrung nährte. Die Gewißheit der bleibenden Mahlgemeinschaft mit dem Auferstandenen mündete dabei ein in die drängende Erwartung der nahe geglaubten eschatologischen Vollendung.

5.3.3 Diese Stimmung der Freude und Hoffnung fand unmittelbaren Ausdruck in den liturgischen Formen des äußeren Vollzugs, d.h. in den *Gebeten*. Ansatzpunkte für die Ausgestaltung boten die Gebete des jüdischen Festmahls, der Lobspruch (*berākāh*) über dem Brot zu seinem Beginn und das Dankgebet (*kidduš*) über dem Schlußbecher (1Kor 10,16). Hier liegen auch die Wurzeln für eine weitere pars-pro-toto-Bezeichnung des Mahles als *eucharistia* (Danksagung), die zwar explizit erst um die Wende zum 2.Jh. bezeugt ist (Did 9,1.5; Ign Eph 13,1; Phld 4; Sm 8,1), jedoch bereits älter sein dürfte. Als zentraler Bestandteil der Herrenmahlsfeier ist der aramäische Gebetsruf *māranā tā'* = „unser Herr, komm!" bezeugt (1Kor 16,22; vgl. 11,26; Offb 22,20). Mit ihm erfleht die Gemeinde das gegenwärtige Kommen des erhöhten Herrn zur Mahlgemeinschaft mit den Seinen und zugleich sein zukünftiges Kommen zum messianischen Vollendungsmahl, auf das ihre Mahlversammlung vorwegnehmend verweist. Im Umfeld des Mahles entwickelte sich also eine besondere Form christlichen *Gebetes*.

---

[37] Lukas deutet das durch die Wahl des Verbums „verharren" (*proskarterein*) an; vgl. *G. Schneider*, Die Apostelgeschichte, I, 1980 (HThK V/1) 286.

[38] Lukas veranschaulicht das vor allem anhand der Thematik der urgemeindlichen Gütergemeinschaft (Apg 4,36–5,11), wobei er allerdings den geschichtlichen Sachverhalt idealisierend überhöht; vgl. *Roloff*, Apostelgeschichte 89–91.

5.3.4 Offenbleiben muß die Frage nach der Häufigkeit der Mahlfeier in der Urgemeinde. Daß man sie täglich begangen hätte, wird sich aus Apg 2,46 schwerlich herauslesen lassen[39]. Wahrscheinlich fand sie allwöchentlich am „Herrentag", dem Auferstehungstag, statt (Apg 20,7).

5.4 Soweit sich erkennen läßt, bildeten die Mahlfeiern den zentralen Anlaß für die besonderen häuserweisen Versammlungen der Jesusjünger. Dafür, daß es Versammlungen ohne Mahl gegeben hätte, die ausschließlich der Unterweisung dienten, fehlt jeder Anhaltspunkt. Das bedeutet, daß die *Entsprechung zu jüdischen Synagogengemeinden allenfalls im soziologischen Vorfeld* besteht.

5.4.1 Ausgehend von der Ausrichtung der christlichen Mahlversammlungen auf einen festen Kreis von Gliedern, nämlich auf die Getauften, sowie von der zentralen Stellung des Mahles hat man auf Parallelen zu den Zusammenkünften pharisäischer Gruppen (ḥaburōt), die sich neben dem Gesetzesstudium zu karitativen Aufgaben verpflichtet hatten, verwiesen: Auch die Glieder dieser ḥaburōt unterstanden festen Verbindlichkeiten, und sie scheinen den Sabbatanbruch mit besonderen gemeinsamen Mahlzeiten begangen zu haben (bEr 85b; bPes 101b)[40]. Aber abgesehen davon hatte diese Mahlzeiten, nach dem Wenigen, was wir von ihnen wissen, keine für die Gemeinschaft konstitutive Bedeutung.

5.4.2 Die nächstliegende Parallele aus dem zeitgenössischen Judentum stellen die *Gemeinschaftsmähler der Qumran-Gemeinde* dar, denn auch sie waren auf eine Sondergruppe beschränkte kultische Mahlzeiten stark eschatologischen Charakters und hatten für das Selbstverständnis der Gruppe erhebliche Bedeutung[41]. Doch gerade angesichts dieser scheinbaren Nähe tritt die tiefe Differenz noch auffälliger hervor: Die Mähler der Sekte hatten priesterlichen Charakter, sie gaben der Trennung vom offiziellen Tempelkult sichtbaren Ausdruck. Eine solche Vorentscheidung stand jedoch hinter den urchristlichen Mahlversammlungen gerade nicht. Nicht weil sie den Tempelkult hätte ersetzen wollen, traf sich die Gruppe der Jesusgläubigen zu diesen Mahlversammlungen, sondern um damit der *Verbindlichkeit ihrer Zugehörigkeit zu Jesus* Rechnung zu tragen. Diese Zugehörigkeit war durch die Taufe begründet, sie gewann durch die Mahlfeier ihre Strukturierung: Die Glaubenden wurden in ihr immer wieder neu zusammengeführt zur Jüngergemeinschaft, in deren Existenz das Heil der anbrechenden Gottesherrschaft bereits jetzt manifest wurde, und zwar als Herausforderung und Angebot für ganz Israel.

5.5 Es unterliegt nach alledem keinem Zweifel, daß die Mahlgemeinschaft der entscheidende *Ansatzpunkt für die Ausbildung des spezifischen Selbstverständnisses und Identitätsbewußtseins der frühen Gemeinde* gewesen ist[42].

Freilich: dieses Identitätsbewußtsein war noch nicht Ausdruck einer Abgrenzung gegen Israel. Die Jerusalemer Mahlversammlungen fanden noch im Schatten des Tempels statt. Sicher war in diesem Nebeneinander eine Spannung gegeben, deren

---

[39] Das „täglich" von Apg 2,46 bezieht sich wohl nur auf die Versammlungen im Tempel, wobei es Lk wichtig ist, die permanente Präsenz der Urgemeinde im Tempel als dem ihr als Mitte Israels zukommenden Ort zum Ausdruck zu bringen.

[40] So *Jeremias*, Jerusalem 284f.

[41] S. hierzu *K.G. Kuhn*, The Lord's Supper and the Communal Meal at Qumran, in: K. Stendahl (Hg.), The Scrolls and the New Testament, London 1958, 65–93.259–265.

[42] Daß neuere Darstellungen der Urkirche wie *Venetz*, Kirche, und *Rebell*, Leben, diesen Faktor mit keinem Wort erwähnen, ist symptomatisch für den gegenwärtigen theologischen Bewußtseinsstand (nicht nur auf evangelischer Seite).

sich die Jünger gewiß waren, deren baldige eschatologische Auflösung sie jedoch erhofften. Schon bald stellten sich jedoch Faktoren ein, die aus dem Nebeneinander ein Gegeneinander werden ließen. Den Anstoß für diese Entwicklung dürfte die theologische Tempelkritik der hellenistischen Judenchristen des Stefanuskreises gegeben haben (Apg 6,14), die Motive der Polemik Jesu gegen Tempel und Tempelkult aufgriff und ins Grundsätzliche erhob.

6. Die Ausbildung eigener organisatorischer Strukturen

Jedes Miteinander von Menschen, das sich nicht der bloßen Spontaneität des Augenblicks verdankt, sondern auf Konstanz und Kontinuität hin angelegt ist, bedarf fester Strukturen. Aufgaben müssen verteilt, Verantwortungen müssen an Personen oder Personengruppen delegiert werden. Die intensive Erfahrung der Gegenwart des Geistes in der Anfangszeit mag die Einsicht in diese Notwendigkeit zunächst verzögert haben; aufhalten konnte sie sie auf die Dauer jedoch nicht. Wir wissen über die Entwicklung gemeindlicher Verfassung und Leitungsstrukturen in Jerusalem recht wenig. Es sind mehr oder weniger beiläufige Notizen der Apostelgeschichte und der paulinischen Briefe, auf die wir uns zu stützen haben. Und noch weniger wissen wir über die hinter dieser Entwicklung stehenden theologischen und praktischen Erwägungen. Hier sind wir weitgehend auf Rückschlüsse angewiesen. Immerhin lassen sich aufgrund des Materials zwei übergreifende Feststellungen treffen:

(1.) In den ersten knappen zwei Jahrzehnten bis zum Apostelkonzil (ca. 48) waren die Verhältnisse in einem raschen Wandel begriffen. Verschiedene Verfassungsmodelle folgten einander, existierten z.T. wohl auch nebeneinander. Man ist versucht, von einer *Experimentierphase* zu sprechen, in der man versuchte, auf wechselnde äußere Notwendigkeiten angemessen zu reagieren und zugleich dem noch im Fluß befindlichen eigenen gemeindlichen Selbstverständnis sachgemäßen Ausdruck zu verleihen.

(2.) Wenn sich diese Entwicklung auf einen gemeinsamen Nenner bringen läßt, so ist es der einer wachsenden institutionellen Eigenständigkeit gegenüber dem Judentum. Aus der eschatologischen Sammlungsbewegung in Israel wird die Kirche Jesu Christi.

Man kann zu einem sachgemäßen Verständnis der frühkirchlichen Verfassungsgeschichte nur dann kommen, wenn man der naheliegenden Versuchung, sie in die Raster neuzeitlicher konfessioneller Positionen zu pressen, widersteht. Diese nämlich erweisen sich als unangemessen. So hat man auf katholischer Seite immer wieder versucht, in der Urgemeinde Ansätze einer ungebrochen zur späteren hierarchischen Ämterordnung hinführenden organischen Entwicklung aufzuspüren und als das eigentlich Zentrale auszugeben. Evangelische Ausleger neigten dagegen vielfach dazu, hier eine Bestätigung ihres prinzipiell ämterkritischen Ansatzes zu finden, indem sie in der Urgemeinde das durch spätere Fehlentwicklungen überlagerte Ideal eines allein durch spontane Kommunikation bestimmten, von Ordnungsstrukturen freien menschlichen Miteinanders sehen wollten. Steht die katholische Betrachtungsweise in der Gefahr, die Fülle und Vielfalt der Erscheinungen zu nivellieren und die Ekklesiologie auf das Werden von Ordnungen und Strukturen zu reduzieren, so übersieht die protestantische Perspektive nur allzuleicht die prägende Bedeutung der charismatischen

Autorität einzelner Gestalten für die Entwicklung des urchristlichen Selbstverständnisses. *M. Hengel* kommt das Verdienst zu, am Beispiel des Herrenbruders Jakobus auf diesen Aspekt nachdrücklich hingewiesen zu haben[43].

6.1 In der frühen nachösterlichen Zeit bildeten *die Zwölf* die Mitte, um die sich die Gemeinde sammelte. Sie können, wenn überhaupt, dann nur sehr bedingt als Leitungsgremium gelten, waren sie doch von ihrer Entstehung und ihrem Auftrag her eher kerygmatisches Symbol für die von Jesus erstrebte Sammlung ganz Israels. In den Augen der Menschen, die sich an sie anschlossen, waren sie primär „Zeugen des Erhöhten, lebendige Vorzeichen des kommenden Reiches"[44] und Mitte des nunmehr in einem dynamischen Prozeß sich sichtbar darstellenden endzeitlichen Gottesvolkes, nicht jedoch die Leiter einer Sondergruppe. Sie waren keineswegs identisch mit dem erst später entstandenen Kreis der Apostel[45] und waren zunächst auch nicht als einzelne außerhalb Jerusalems missionarisch tätig, sondern wirkten durch ihr gemeinsames Zeugnis in der heiligen Stadt.

6.2 *Petrus* hatte nicht nur im Zwölferkreis als engster Vertrauter Jesu und als erster Auferstehungszeuge (1Kor 15,5) eine Vorrangstellung. Er trat auch selbständig in Erscheinung, und zwar sowohl als Sprecher der Gemeinde nach außen hin (Apg 3,1–10; 5,15) und gegenüber den jüdischen Autoritäten (Apg 3,11–26; 4,8–22) wie auch als der ihre inneren Belange Ordnende (Apg 5,1–11). In vergleichbarer, wenn auch ihm gegenüber deutlich zurückgesetzter Weise gilt dies auch von dem Zebedaiden Johannes und (vermutlich) auch von dessen Bruder Jakobus (Apg 12,2). Die Autorität des Petrus war nicht durch eine vorgängige Definition seiner Stellung, d.h. institutionell, legitimiert, sondern sie war, nach allem, was sich erkennen läßt, charismatischer Natur. Die Überlieferung zeichnet ihn als Verkündiger, der durch den Geist zu machtvollem Zeugnis befähigt wird (Apg 2,14), und als vollmächtigen Gemeindeleiter, durch dessen Wort der Geist selbst rettend wie auch richtend in das Leben der Gemeinde eingreift (Apg 5,1–11).

6.3 Das erste kirchliche Leitungsgremium im eigentlichen Sinn begegnet uns in dem Kreis der *hellenistischen Sieben* um Stefanus (Apg 6,5). Obwohl uns Lukas über Umstände und Hintergründe der Entstehung dieses Kreises nur sehr fragmentarisch unterrichtet, ist deren ungefähre Rekonstruktion möglich[46]. Es handelte sich bei den „Hellenisten" um griechischsprachige, aus der Diaspora zugezogene Juden, die sich dem Glauben an Jesus angeschlossen hatten, jedoch eigene Versammlungen abhielten. Dafür mögen in erster Linie sprachliche Gründe maßgeblich gewesen sein, aber wohl keineswegs ausschließlich: Auch gewisse theologische Differenzen scheint es gegeben zu haben, denn die „Hellenisten" standen, anders als die

---

[43] *Hengel*, Jakobus.

[44] *Schweizer*, Gemeinde 42.

[45] Zu dieser Gleichsetzung, die das Stereotypbild der „12 Apostel" entstehen ließ, kam es erst im vereinfachenden Rückblick der dritten Generation, vor allem im lukanischen Doppelwerk; vgl. *Roloff*, Apostelgeschichte 34–36.

[46] S. hierzu *J. Roloff*, Konflikte und Konfliktbewältigung nach der Apostelgeschichte, in: Der Treue Gottes trauen. FS G. Schneider, hg. H. Frankemölle/W. Radl, Freiburg u.a. 1991, 111–126.

aramäischsprachige Gemeinde, kritisch zum Tempelkult und nahmen auch Motive aus der Gesetzeskritik Jesu wieder auf. Offensichtlich waren diese Hellenisten nicht oder nicht hinreichend in das System der sozialen Versorgung und des finanziellen Ausgleichs, das sich in der aramäischsprachigen Gemeinde etabliert hatte, integriert: Dies dürfte das geschichtliche Wahrheitsmoment der lukanischen Darstellung sein, die von einem Konflikt über die Versorgung der hellenistischen Witwen spricht (Apg 6,1). Sie standen deshalb vor der Notwendigkeit, ein eigenes Versorgungssystem aufzubauen, so, wie es im Grunde jede Synagogengemeinde besaß[47]. Die von ihnen gewählte organisatorische Konstruktion blieb ganz im herkömmlichen jüdischen Rahmen. Das Siebenergremium entsprach nämlich der Leitungsstruktur örtlicher Synagogengemeinden, denen ein Gremium von sieben Ältesten vorstand[48], und seine Aufgabe war dazu ganz analog: Es hatte die Gemeinde nach außen hin zu vertreten und für den geregelten Ablauf ihres inneren Lebens zu sorgen. Um geistliche Funktionen im eigentlichen Sinn handelte es sich dabei also nicht. So machten die „Hellenisten" als erste die Erfahrung, daß administrative und soziale Belange die Schaffung von Ämtern erforderlich machen konnten. Sie sollte sich auch bald der aramäischsprachigen Gemeinde aufdrängen.

6.4 Schon bald transformierte und erweiterte sich der Zwölferkreis zum Kreis der *Apostel*. Als der Zebedaide Jakobus in der Agrippa-Verfolgung i.J. 44 das Martyrium erlitt (Apg 12,2), verzichtete man auf eine Nachwahl: die kerygmatische Zeichenkraft der Zwölfzahl spielte nun anscheinend keine Rolle mehr. Diese Transformation läßt auf einen grundlegenden Paradigmenwechsel schließen: Waren bislang die Naherwartung des Reiches und mit ihr die Sammlung und Vollendung ganz Israels die bestimmenden Faktoren, so werden es nunmehr die *Legitimation durch den auferstandenen Herrn* und der *Auftrag, missionarisch die Heilsgemeinde zu sammeln*.

6.4.1 Dabei scheinen in Jerusalem strenge *Kriterien für die Zugehörigkeit zum Apostelkreis* angewandt worden zu sein[49]. Nur wer „den Herrn gesehen" hat (1Kor 9,1), d.h. wer Zeuge einer Erscheinung des Auferstandenen war, kann als Apostel gelten. Die Erscheinungen des Auferstandenen hatten sich in einem relativ eng begrenzten Zeitraum vollzogen[50]; Paulus nennt seine Christophanie, die ihm etwa zwei Jahre nach der Ersterscheinung vor Petrus widerfuhr, ausdrücklich die letzte und bezeichnet sie – offenbar auch hinsichtlich des zeitlichen Abstandes von allen übrigen Erscheinungen – als Ausnahme (1Kor 15,8–11)[51]. Dabei wurde die Zeu-

---

[47] Einen anderen Rekonstruktionsversuch unternimmt *N. Walter*, Apostelgeschichte 6.1 und die Anfänge der Urgemeinde in Jerusalem, NTS 29 (1983) 370–393. Zur Kritik vgl. *Pesch*, Apostelgeschichte 1–12, 232 f.

[48] Vgl. Bill II 641.

[49] Im Unterschied zu Antiochia und dem syrischen Raum, wo die Bezeichnung „Apostel" in einem weiteren Sinn gebraucht wurde (vgl. Apg 14,4.14; 2Kor 12,11). Jeder von einer Gemeinde ausgesandte (Apg 13,2) Wandermissionar konnte sich hier Apostel nennen.

[50] Die 40 Tage, auf die sie Lukas terminiert, sind freilich eine spätere dogmatische Konstruktion.

[51] Bei 1Kor 15,6–8 handelt es sich um eine von Paulus vorgenommene, im einzelnen jedoch alte Traditionselemente enthaltende Ergänzung der vorgegebenen Glaubensformel 1Kor 15,3b-5; zur Analyse s. *Wolff*, 1.Korinther II 153–165.

genschaft in einem inhaltlich qualifizierten Sinn verstanden: Nicht schon das bloße Sehen des Auferstandenen, sondern der Empfang eines Auftrags durch ihn war entscheidend. Das kommt einerseits zum Ausdruck in der formalen Struktur jener Ostertraditionen, die von den Erscheinungen des Auferstandenen vor dem Jüngerkreis handeln: Diese münden jeweils aus in ein Auftragswort, das von der Sammlung und Leitung der Heilsgemeinde im Namen Jesu handelt (Mt 28,16–20; Lk 24,36–49; Apg 1,3–8; Joh 20,19–23). Andererseits verweist auch Paulus im Bericht von seiner Berufung Gal 1,15 f ausdrücklich auf den inhaltlichen Auftrag, der ihm darin zuteil geworden sei: „Als es aber dem gefiel, der mich vom Mutterleib her ausgesondert und mich durch seine Gnade berufen hat, mir seinen Sohn zu offenbaren, damit ich ihn unter den Heiden verkündete . . .“[52]

6.4.2 Die auf solche Weise Berufenen verstanden sich als vom Auferstandenen *personhaft beauftragte Sendboten*, die das von ihm ausgehende Heilsgeschehen öffentlich kundmachen sollten mit dem Ziel, dadurch die endzeitliche Heilsgemeinde zu sammeln. Das griechische Wort *apostolos* (= Apostel), das zum geprägten Terminus für diese Funktion wurde, ist eine christliche Sonderbildung[53], die vermutlich als Übersetzung der frühjüdischen Bezeichnung *šaliᵃh* entstanden ist. Diese wiederum verweist in den Zusammenhang von Rechtsvorstellungen, deren Wurzel im altsemitischen Botenrecht liegt (z.B. 1Sam 25,40; 2Sam 10,1ff) und die in rabbinischer Zeit ihre prägnanteste Formulierung in dem Grundsatz gefunden haben „Der Gesandte eines Menschen ist wie dieser selbst“ (Ber V,5). Das heißt: Der Beauftragte ist rechtlich und persönlich der Repräsentant seines Auftraggebers. Er ist durch die ihm erteilte Sendung berechtigt und verpflichtet, in selbständiger Entscheidung dessen Interessen zu vertreten. Die Sendung gilt nur in seiner Abwesenheit und erlischt im Augenblick der Rückkehr des Gesandten zu ihm.

6.4.3 Aufgrund der vorgegebenen Kriterien handelte es sich bei den in Jerusalem anerkannten Aposteln um einen *festen, abgeschlossenen Kreis*, dessen Glieder allgemein bekannt waren. Trotzdem ist es uns nicht mehr möglich, die ihm Zugehörigen vollständig zu benennen. Daß die „Zwölf“ zu den Aposteln zählten, hat aufgrund von 1Kor 15,5 („. . . und daß er Kefas erschien, sodann den Zwölfen“) alle Wahrscheinlichkeit für sich. Denn wenn Kefas/Petrus, der Sprecher des Zwölferkreises, aufgrund seiner Ostererscheinung als Apostel galt, so ist dasselbe von den übrigen Gliedern dieses Kreises anzunehmen. Sicher war auch der Herrnbruder Jakobus Apostel. Das geht aus der von Paulus vermutlich in absichtsvoller Analogie zu 1Kor 15,5 gestalteten formelhaften Wendung „dann erschien er Jakobus, dann allen

---

[52] Die „500 Brüder“ von 1Kor 15,6 werden von Paulus offenbar nicht zu den Aposteln gerechnet, denn bei ihnen fehlt das Moment der personalen Beauftragung durch den Auferstandenen. Als geschichtlichen Hintergrund der rätselhaften Bemerkung wird man am ehesten eine Christophanie vermuten können, die sich in Jerusalem vor der ganzen Schar der Jesusanhänger, die sich im Gefolge der Pfingstereignisse in Jerusalem gesammelt hatte, ereignete; vgl. *Wilckens*, Auferstehung 29; *Wolff*, 1. Korinther, II 167.

[53] Profangriechisch ist *apostolos* in religiöser Sprache nicht belegt. Das Wort kann bedeuten „Flottenexpedition“, „Befehlshaber einer Expedition“, „Begleitbrief“, „Lieferschein“, „Reisepaß“; vgl. *Roloff*, Art. Apostel 432.

Aposteln" (1Kor 15,7) hervor, die die in seiner Zeit für die Jerusalemer Gemeinde maßgeblichen Personen benennt (vgl. Gal 1,18) und damit zugleich die stattgefundene Verschiebung der Leitungsverhältnisse andeutet: Waren am Anfang die Zwölf und, als deren Exponent, Petrus die maßgeblichen Leute gewesen, so sind es nunmehr die sich um Jakobus als einen der Ihren scharenden Apostel[54].

6.4.4 Die Apostel waren, wie schon der Zwölferkreis, anfänglich noch vorwiegend in Jerusalem ansässig[55]. Ihr Selbstverständnis war demnach zunächst noch nicht durch den Gedanken einer weltweit ausgreifenden missionarischen Sendung bestimmt. Sie haben ihren Sendungsauftrag wohl darin gesehen, wie vorher schon der Zwölferkreis, die Heilsgemeinde in Jerusalem, dem Ort der zukünftig erwarteten Vollendung Israels, zu sammeln. Und doch vollzog sich mit der Transformation der Zwölf zu den Aposteln eine bedeutsame *Akzentverschiebung*: Der Gedanke der Neukonstituierung des Zwölfstämmevolkes Israel in seiner endzeitlichen Fülle tritt zurück hinter den der Schaffung einer durch den Auftrag Jesu ins Leben gerufenen, durch die von ihm ausgehende Heilsbotschaft geprägten *Gemeinde*.

6.4.5 Damit ist der Grund gelegt für das Verständnis dieser Gemeinde als einer eigenständigen *Gemeinschaft mit klar konturierten Grenzen*. Sind die Apostel nämlich die von Jesus Christus ausschließlich und mit dem Ende der Auferstehungserscheinungen abschließend legitimierten Träger der heilschaffenden Botschaft, so ist der geschichtliche Bereich, in dem diese Botschaft zu Gehör gebracht wird, damit in einzigartiger Weise hervorgehoben und ausgegrenzt. Wer „ausharrt beim Wort der Apostel" (Apg 2,42), wer sich ihnen anschließt und Glied der Gemeinde wird, steht damit in einem verbindlichen Zuordnungsverhältnis zu dem in Gottes Handeln an Christus bereits real gewordenen Heilsgeschehen. War der Zwölferkreis ein auf zukünftiges Heil vorausweisendes Hoffnungssymbol gewesen, so kommt im Apostolat der verbindliche Rückbezug auf das bereits erfolgte Heilshandeln Gottes und die Möglichkeit, sich seiner gegenwärtigen Geschichtsmächtigkeit zu unterstellen, zum Ausdruck.

6.4.6 Aus diesem Verständnis des Apostelamtes als Sendungsauftrag des Auferstandenen ergab sich auf längere Sicht eine Entwicklung, in deren Verlauf der *missionarische Auftrag* eine zentrale Bedeutung für das Selbstverständnis der Apostel erlangte. Motor dieser Entwicklung war zunächst Petrus, der als erstes Glied des Jerusalemer Apostelkreises in Judäa und den Küstengebieten missionarisch tätig war (Apg 9,32–43) und dabei sogar Menschen aus dem Kreis der sogenannten „Gottesfürchtigen", aus dem Heidentum kommende Sympathisanten der jüdischen Religion, die den formellen, mit der Beschneidung verbundenen Übertritt zum Judentum noch nicht vollzogen hatten, für die Gemeinde gewann (Apg 10). Im

---

[54] Obwohl das Neue Testament keinen ausführlichen Bericht von einer Berufungserscheinung des Auferstandenen vor Jakobus enthält, hat ein solcher existiert, wie aus dem Bericht des Hieronymus über das (verlorene) Hebräerevangelium (de vir. inl. 2) hervorgeht. S. *E. Hennecke/W. Schneemelcher*, Neutestamentliche Apokryphen I, Tübingen ⁵1987, 147.

[55] Nach Gal 1,17 konnte Paulus bei seinem ersten Jerusalembesuch, also um 35, erwarten, die Apostel dort zu finden; nach Gal 1,19 ist die Nichtanwesenheit eines Teiles von ihnen ein besonders hervorzuhebender Umstand.

weiterer Verlauf war es dann wohl der Einfluß des Paulus, durch den das Apostelamt seine eindeutig missionarische Ausrichtung gewann. In dem Maße, in dem sich
das Wirken der Apostel nach außen verlagerte, verringerte sich ihre Bedeutung für
die Leitung der Jerusalemer Gemeinde.

6.5 Jedenfalls ist für das Jerusalem der vierziger Jahre eine tiefgreifende *Veränderung der gemeindlichen Leitungsverhältnisse* zu konstatieren. Daß diese sich, wie schon
beim Übergang vom Zwölferkreis zu den Aposteln, unter teilweiser Kontinuität der
leitenden Personen vollzog, besagt wenig. Entscheidend ist vielmehr der Wechsel der
Funktionsbezeichnungen, weil in ihm eine Neuakzentuierung des die Leitungsfunktionen prägenden theologischen Verständnisses zum Ausdruck kommt.

6.5.1 Vermutlich im Zuge der Verfolgung der Urgemeinde durch Agrippa I., die
durch Kräfte einer nationalistischen jüdischen Restauration getragen war (Apg 12,1),
war Petrus genötigt, die Leitung der Gemeinde aufzugeben und wenigstens zeitweise
die Stadt zu verlassen. Der unmittelbare Grund dafür mag darin gelegen haben, daß
er sich in den Augen jüdischer Gesetzesrigoristen wegen seiner laxen Haltung
gegenüber dem Gesetz diskreditiert hatte und darum für die Gemeinde, die ihren Ort
im Judentum nicht preisgeben wollte, untragbar geworden war. An seine Stelle trat
nunmehr der Herrnbruder Jakobus (Apg 12,17)[56]. Wir begegnen ihm wieder im
Bericht des Paulus über das Apostelkonzil, allerdings bezeichnenderweise nicht als
Apostel, sondern als *primus inter pares* in einem *Dreiergremium*, zu dem neben ihm
auch noch Petrus und der Zebedaide Johannes gehörten und das die Doppelbezeich-
nung „die Angesehenen" (*hoi dokountes*) und „die Säulen" (*hoi styloi*) trägt (Gal
2,9)[57]. Mit der Metapher „Säulen" wird diesem Dreiergremium eine begründende
und tragende Funktion zugeschrieben[58], wobei vieles dafür spricht, daß dabei im
Hintergrund bereits die für die Ekklesiologie grundlegende Vorstellung von der
Heilsgemeinde als dem endzeitlichen Tempel Gottes steht (vgl. Offb 3,12). In Jerusalem, der Stadt des alten Tempels, hat bereits die Errichtung des neuen, endzeitlichen
Tempels Gottes begonnen. Dieser ist die Heilsgemeinde, die von den drei dazu von
Gott erwählten Männern begründet und getragen wird. Auf alle Fälle ist deutlich, daß
sich in der „Säulen"-Bezeichnung das Bewußtsein ausspricht, Mitte und bestimmende Autoritäten der Heilsgemeinde zu sein, sowie auch, daß diese Mitte ihren
selbstverständlichen und angestammten Ort nirgends anders als in Jerusalem habe[59].

6.5.2 Dieses „Säulen"-Amt war freilich nicht von langer Dauer. Gal 2,9 ist kaum
mehr als nur eine Momentaufnahme, die eine vorübergehende Phase einer auf die
Etablierung der alleinigen Autorität des *Jakobus* zulaufenden Entwicklung festhält.

---

[56] *Hengel*, Jakobus 91, beobachtet zutreffend, daß Lukas „trotz seines spürbaren Widerwillens die
überragende Bedeutung seiner Person nicht völlig verdrängen" kann.

[57] Wenn Lukas in seinem Bericht über das Apostelkonzil die Apostel auftreten läßt (Apg 15,6), so ist
dies ein Anachronismus, der mit seinem Interesse am apostolischen Ursprung der Jerusalemer Gemeinde
zusammenhängt.

[58] Ähnlich wird im Judentum Abraham „Säule der Welt" genannt (ExR 2[69a]); ferner heißt R. Jochanan
ben Zakkai „Leuchte Israels, rechte Säule"; s. Bill III 537.

[59] S. *Holl*, Kirchenbegriff 55–62; *Hengel*, Jakobus 89.

Schon bald nach dem Apostelkonzil dürfte Petrus, dessen Wirkensschwerpunkte schon vorher außerhalb Jerusalems gelegen hatten, die Stadt für immer verlassen haben, und auch die Spuren des Johannes verlieren sich. Jakobus blieb als die einzige maßgebliche Gestalt zurück. Paulus traf bei seinem letzten Jerusalembesuch (ca. 56) auf ihn als den autoritativen Leiter der Urgemeinde, der in einsamer Vollmacht Entscheidungen fällte (Apg 21,18). Die Frage, worauf sich diese seine Stellung gründete, ist nicht ganz leicht zu beantworten. Sicher spielte dabei seine Bevollmächtigung durch den Auferstandenen eine Rolle, d.h. der Umstand, daß er als Apostel bzw. als „Säule" galt. Aber man wird dieses Moment des Amtlich-Institutionellen nicht überschätzen dürfen. Ähnliches gilt hinsichtlich seiner leiblichen Verwandtschaft mit Jesus. Diese trug sicherlich dazu bei, sein Ansehen zu festigen, kommt als dessen alleiniger Grund jedoch nicht in Betracht[60]. Entscheidend war vielmehr seine charismatische Autorität, kraft derer es ihm nicht nur gelang, die unterschiedlichen Kräfte und Strömungen in der Jerusalemer Gemeinde zusammenzuhalten, sondern auch über Jerusalem hinaus einen weitreichenden Einfluß auszuüben[61]. Daß er mehr war als nur ein kluger Taktiker, der sich Mehrheitsverhältnissen anpaßte, geht aus seiner Rolle beim Apostelkonzil zweifelsfrei hervor (Gal 2,2.7). Und selbst Paulus, der weithin sein Antipode und Kontrahent war, konnte ihm widerwilligen Respekt nicht ganz versagen: In seinen Briefen fehlt jede Andeutung einer Polemik gegen Jakobus.

6.5.3 Neben Jakobus tritt auch noch ein Kreis von *Ältesten* in Erscheinung (Apg 15,2.4.22f; vgl. 21,18). Das ist eine gewisse Analogie zu der zeitlich früheren Entwicklung in der hellenistischen Gemeindegruppe, deren sieben leitende Männer wohl bereits ein Ältestengremium bildeten (vgl. 4.2). Die Ältestenverfassung legte sich im jüdischen Bereich nahe, wo es galt, bestimmte feste Formen gemeinschaftlicher Lebensgestaltung zu entwickeln. In der Synagoge war der Älteste der Repräsentant der Tradition, der seine Erfahrung mit dem Gesetz weitergab und so die Kontinuität des gemeindlichen Lebens zu bewahren half. Was dafür qualifizierte, war Reife und Bewährung im Leben. So waren es in der Regel Männer fortgeschrittenen Alters, die man dafür auswählte. In der Urgemeinde wird es kaum anders gewesen sein. Es waren bewährte und erprobte Christen, die als Gremium über bestimmte das Gemeindeleben betreffende Fragen zu entscheiden hatten und als einzelne je nach Bedarf Hilfe leisteten und administrative Dienste übernahmen. Auf alle Fälle stellen die Ältesten ein Element verfassungsmäßiger Ordnung dar.

Der mit charismatischer Autorität begabte Jakobus als geistlicher Leiter einer Ortskirche, umgeben von einem die administrativ-technischen Belange wahrnehmenden Gremium von Ältesten: dieses Bild der Jerusalemer Gemeindeordnung des

---

[60] Wir hören nichts von Rollen der anderen Brüder Jesu in der Urgemeinde. Als einziger weiterer Herrenverwandter tritt Symeon, ein Vetter Jesu, in Erscheinung, und zwar als Nachfolger des Jakobus (*Euseb*, HE 3,11; 3,32,2f; 4,22f). Zum Problem s. *v. Campenhausen*, Nachfolge; *Hengel*, Jakobus 102 Anm. 86.

[61] Unter den zahlreichen späteren Zeugnissen der charismatischen Autorität des Jakobus ragt vor allem der Martyriumsbericht des *Hegesipp* (bei Euseb, HE 2,23,4–24) hervor, in der der Herrnbruder als exemplarischer Gerechter und Asket erscheint; ferner *Epiphanius*, Panarion 29,4; 78,13f; s. hierzu *Hengel*, Jakobus 75–79.

Jahrzehnts zwischen 50 und 60 könnte in mancher Hinsicht als Vorwegnahme des wenige Jahrzehnte später sich allgemein durchsetzenden Modells des Monepiskopats gelten[62]. Zwar kann von einer direkt beides verbindenden historischen Entwicklungslinie keine Rede sein, wohl aber ist mit indirekten, manchen Brechungen unterworfenen Zusammenhängen zu rechnen[63].

7. Die Selbstbezeichnungen

7.1 Die älteste Selbstbezeichnung der Jerusalemer Jesusanhänger dürfte *Jünger (mathetai)* gewesen sein (Apg 6,1f.7; 9,26; vgl. 9,10.19). Das entsprach dem anfänglich gegebenen selbstverständlichen Bewußtsein der Kontinuität zum Kreis der vorösterlichen Jesusnachfolger. Maßgeblich dafür war nicht die direkte persönliche Kenntnis Jesu, sondern das Treueverhältnis zu ihm, das sich in der Verpflichtung gegenüber seiner Lehre und – wesentlicher noch – der Bindung an die von ihm geprägte Sozialstruktur erwies.

7.2 Ebenfalls sehr alt ist die im Neuen Testament ungemein häufige (Apg 10,23; 11,1.12.29 u.ö.; Röm 1,13; 7,1; 1Kor 1,1) Bezeichnung der Gemeindeglieder als *Brüder (adelfoi)*. In ihr kommt nicht die – gleichsam vertikale – Bindung an Jesus, sondern die Horizontale der Verbundenheit untereinander, die sich dem Engagement für die gleiche Sache verdankt, zum Ausdruck. Ähnlich geläufig war die Bruderbezeichnung in der Sektengemeinschaft von Qumran (1QS 6,22; 1QSa 1,18). Nur vereinzelt (Mt 28,10; Joh 20,17) schwingt das Moment eines engen familienähnlichen Verhältnisses dabei mit.

7.3 Sehr viel näher an den theologischen Ansatzpunkt des gemeindlichen Selbstverständnisses führt die Bezeichnung *die Heiligen (hoi hagioi)* heran, die zwar vorzugsweise bei Paulus begegnet (Röm 1,7; 1Kor 1,2; 2Kor 1,1 u.ö.; s. III.3.3), aber bereits älterem Jerusalemer Sprachgebrauch entstammen dürfte (Apg 9,13.32.41; 26,10; vgl. 2Kor 8,4; 9,1.12). „Heilig" ist nach alttestamentlichem Sprachgebrauch zunächst Gott selbst, und zwar hinsichtlich seiner Reinheit, Vollkommenheit und Geschiedenheit von allem Unreinen und Gewöhnlichen, sodann aber auch alles, was seiner Sphäre zugehört und dem alltäglichen Zugriff entzogen ist. In diesem Sinn können in späten alttestamentlichen Texten (Dan 7,21; Tob 8,15; 12,15; 1Makk 1,46) auch Gott zugehörige Menschen „heilig" genannt werden[64]; allerdings wird das Wort nur selten (Lev 19,2; 1Makk 1,49) auf ganz Israel angewandt[65]. Wenn die Jerusalemer Gemeinde sich „heilig" nennt, so bringt sie damit ihre uneingeschränkte Zugehörigkeit zur Sphäre Gottes, wie sie sich im Christusgesche-

---

[62] Es ist auch bereits in der Alten Kirche so gedeutet worden: Nach *Euseb*, HE 7,19,1 war Jakobus der erste Bischof von Jerusalem.

[63] So auch *Holl*, Kirchenbegriff 65–67; *Hengel*, Jakobus 103f.

[64] S. *H. Balz*, EWNT I 43f.

[65] Wenn die Sektengemeinschaft von Qumran sich als „Gemeinde der Heiligen" bezeichnet (1QS[b]1,5; vgl. 1QM 6,6; 1QS 5,18.20), so will sie damit ihren spezifisch priesterlichen Charakter betonen.

hen erschlossen hat, zum Ausdruck. Dies nicht im Sinn der Behauptung bereits erreichter Vollkommenheit, sondern der uneingeschränkten Verfügbarkeit für Gott und seine Sache. Gott hat in Christus begonnen, seine Herrschaft endzeitlich durchzusetzen, indem er die Heiligkeit seines Namens umfassend zur Geltung bringt (Mt 6,9); die Jüngergemeinschaft weiß sich als der Bereich, in dem er damit beginnt, und zugleich als das Werkzeug, dessen er sich dabei bedient.

7.4 Wohl seinen prägnantesten Ausdruck fand das Selbstverständnis der nachösterlichen Jüngergemeinschaft in der Bezeichnung *ekklesia tou theou = Kirche/Gemeinde Gottes*. Es ist kaum zufällig, daß sie wirkungsgeschichtlich die größte Bedeutung gewann.

7.4.1 *Hintergrund und Bedeutung* dieser Bezeichnung sind nicht ganz leicht aufzuhellen. Sicher ist zunächst nur, daß das griech. Wort *ekklesia* einen politischen Hintergrund hat: Mit ihm bezeichnete man die aus stimmberechtigten freien Männern bestehende Volksversammlung (vgl. Apg 19,39) und darüber hinaus jede öffentliche Versammlung. Diese Komponente mag zwar auch im frühesten christlichen Sprachgebrauch mitschwingen, doch wird hier das Wort aufgrund der griechischen Übersetzung eines dem apokalyptischen Judentum entstammenden hebräischen Terminus entstanden sein. Dieser lautete *qᵉhal 'el* und bezeichnete das endzeitliche Aufgebot Gottes, die Schar von Menschen, die Gott im Zusammenhang der eschatologischen Ereignisse in seinen Dienst beruft (1QM 4,10; 1QSa 1,25 [em])[66]. Denn an jenen Stellen, die ältesten christlichen Sprachgebrauch widerspiegeln (1Thess 2,14; Gal 1,13; 1Kor 1,2; 10,32; 11,22), erscheint die diesem apokalyptischen Terminus wörtlich entsprechende geschlossene terminologische Formulierung *ekklesia tou theou = Gemeinde Gottes*. Darin kommt zum Ausdruck, daß die Jüngergemeinschaft sich als das von Gott gesammelte und erwählte Aufgebot verstand, dazu bestimmt, Kristallisationspunkt des nun von ihm zu sammelnden endzeitlichen Israel zu werden[67].

Zwei andere Herleitungsversuche seien vor allem wegen ihrer weitreichenden theologischen Implikationen kurz erwähnt.

Nach *E. Schürer*[68], dessen Urteil sich die ältere Forschung weithin anschloß, bezeichnet *synagoge* im späteren Judentum die Gemeinde mehr nach der Seite ihrer „empirischen Wirklichkeit", d.h. als konkreten, an einem bestimmten Ort konstituierten Gemeindeverband, *ekklesia* dagegen mehr nach ihrer „idealen Bedeutung", d.h. als Gesamtgemeinde, und zwar unter dem dogmatischen Aspekt ihrer Stellung vor Gott und ihres heilsgeschichtlichen

---

[66] *K. Stendahl*, RGG III 1297–1304.1299; *P. Stuhlmacher*, Gerechtigkeit Gottes bei Paulus, 1965 (FRLANT 87) 210f; *J. Roloff*, EWNT I 1000.

[67] Anders die traditionelle Auffassung, die zuletzt eindrucksvoll vertreten wurde von *L. Rost*, ThWNT III 532 Anm. 90: Der christl. Begriff *ekklesia* sei der LXX entnommen, die ihn als Übersetzung des atl. *qāhāl = Versammlung, Aufgebot des Gottesvolkes* eingeführt habe. Doch solche direkte Übernahme aus dem AT ist unwahrscheinlich, weil die LXX *qāhāl* nicht nur mit *ekklesia*, sondern vorzugsweise mit *synagoge* übersetzt, einem Begriff, der als Bezeichnung der Heilsgemeinde bereits theologisch stark vorgeprägt war. Die Wiedergabe mit *synagoge* hätte von dieser Voraussetzung aus viel näher gelegen. Im übrigen fehlt im NT ein vom Begriff *ekklesia* ausgehender Schriftbeweis, was bei einem direkt dem AT entnommenen Begriff dieses Gewichts ungewöhnlich wäre.

[68] *E. Schürer*, Geschichte des jüdischen Volkes im Zeitalter Jesu Christi II, Leipzig ⁴1907, 504.

Ranges. Daran ist sicher richtig, daß im zwischentestamentarischen Schrifttum sowie in jüdischen Inschriften *synagoge* vorzugsweise im Sinne der jüdischen Einzelgemeinde, speziell auch des Synagogengebäudes, gebraucht wurde, wobei man die verschiedenen Synagogen nach Stiftern und Stadtteilen, Gewerbe oder Symbol zu benennen pflegte. Aber abgesehen davon, daß das Wort sehr wohl auch im Blick auf den jüdischen Gesamtverband Verwendung fand, läßt sich für den Begriff *ekklesia*, wo er ohne determinierenden Zusatz erscheint, eine solche theologisch aufgeladene Bedeutung keineswegs nachweisen. Es ist eher so, daß *ekklesia* gegenüber *synagoge* der allgemeinere, schwächer profilierte Begriff war[69]. Man wird Schürers Hypothese als das klassische Beispiel einer Rückprojektion von Distinktionen und Kategorien der späteren Theologiegeschichte zu beurteilen haben. In diesem Falle handelte es sich um den Versuch, die klassische protestantische Unterscheidung zwischen empirisch-sichtbarer und ideal-unsichtbarer Kirche bereits im Urchristentum zu verorten.

W. Schrage, der die Unhaltbarkeit dieses Versuches nachwies, legte seinerseits eine nicht minder problematische Hypothese vor[70]. Demnach habe die gesetzestreue aramäischsprachige Urgemeinde ihre Versammlungen, in Analogie zu denen jüdischer Gruppen, *synagoge* genannt. In polemischer Antithese dazu habe die Gruppe der Jerusalemer Hellenisten um Stefanus das dem profangriechisch-politischen Bereich entstammende Wort *ekklesia* als Selbstbezeichnung gewählt, um so ihre kritische Distanz zum jüdischen Gesetz zum Ausdruck zu bringen. Paulus sei ihnen darin gefolgt, um seinerseits diese polemische Stoßrichtung noch weiter auszubauen. Demnach wäre die Wahl des Begriffes *ekklesia* gerade nicht Ausdruck einer Kontinuität mit Israel, sondern, im Gegenteil, der Distanz und der Abgrenzung, wenn nicht gegenüber Israel als heilsgeschichtlicher Größe, so doch zumindest „gegenüber einer durch das Gesetz gekennzeichneten Vergangenheit"[71]. Aber auch hier handelt es sich um eine Rückprojektion späterer Frontstellungen, die von den Texten selbst nicht getragen wird. Sie scheitert schon allein daran, daß Paulus in 1Thess 2,14 auch die alten judäischen Gemeinden in die Bezeichnung „Versammlungen (*ekklesiai*) Gottes" einschließt. Ein gesetzeskritischer Unterton ist bei seinem Begriffsgebrauch nirgends zu bemerken. Das Wort *ekklesia* ist also „nicht im Gegensatz zum Judentum, sondern im Anschluß daran" verwendet worden[72].

7.4.2 Es ist für das Verständnis der *christlichen Weiterentwicklung* des Begriffs wichtig, sich seine *Doppelpoligkeit* klarzumachen.

Auf der einen Seite ist er von seinem traditionsgeschichtlichen Hintergrund her heilsgeschichtlich-eschatologisch bestimmt: Die *ekklesia* weiß sich als Gottes Aufgebot, als die von ihm gesammelte, in seinen Dienst gestellte Schar von Menschen. Sie verdankt sich ganz Gott und seinem Handeln. Er ist Initiator und Mitte dieser „Versammlung". Insofern ist sie das der Herrschaft Gottes unmittelbar zugehörige Volk[73]. Wie die Herrschaft Gottes ein einheitliches, unteilbares Geschehen ist, so kann auch die *ekklesia* nur eine sein. Und ebenso selbstverständlich gilt in dieser Perspektive auch, daß sie da ihre Mitte hat, wo der Anbruch dieses Geschehens erwartet wird, nämlich in Jerusalem. Von da her war es konsequent, wenn – wie es den Anschein hat – die Jerusalemer Gemeinde von der „Versammlung Gottes" nur in der Einzahl sprach (Apg 8,3; 9,31; 11,22.26; 12,1.5; vgl. 1Kor 15,9). Nach ihrer

---

[69] Vgl. *Schrage*, „Ekklesia" 189–194.

[70] *Schrage*, „Ekklesia" 195–198.

[71] *Schrage*, „Ekklesia" 199f.

[72] *Berger*, Art. Kirche II 214f.

[73] Die Zulassungsbedingungen zur Gottesherrschaft (1Kor 6,9f) und zur *ekklesia* (1Kor 5,11) sind identisch; vgl. *K. Berger*, Formgeschichte des Neuen Testaments, Heidelberg 1984, 182–184.

Sicht waren auch jene Gruppen von Jesusgläubigen, die sich außerhalb Jerusalems konstituierten, selbstverständliche Teile der einen „Versammlung Gottes".

Der andere Begriffspol ist durch die technische Bedeutung des griechischen Wortes *ekklesia = Volksversammlung* gegeben. Es gehört zum Wesen der *ekklesia*, daß sie sich konkret versammelt. In ihren gottesdienstlichen Zusammenkünften zeigt sie ihre Gestalt (Apg 2,42). So konnte *ekklesia* zum *nomen actionis* werden, das den Vorgang des gottesdienstlichen Zusammenkommens umschrieb (1Kor 14,4f.12.23). Und zwar war dies offensichtlich in griechischsprachigen Gemeinden der Fall. Allerdings blieb auch hier das Bewußtsein dafür lebendig, daß das, was die *ekklesia* konstituiert, nicht der punktuelle Vorgang des jeweiligen Zusammenkommens, sondern das endzeitliche Berufungshandeln Gottes ist. Man war sich dessen bewußt, daß die *ekklesia* auch außerhalb der konkreten gottesdienstlichen Versammlung vorhanden ist, ja daß sie eine durch Gott geschaffene und gestaltete Größe ist (1Kor 12,28).

Diese Doppelpoligkeit des Begriffs *ekklesia* sollte sich folgenreich auswirken in der Differenz zwischen dem Kirchenverständnis der Jerusalemer Urgemeinde und dem des Paulus. Paulus nämlich nahm den zweiten Pol zum Ausgangspunkt, indem er die *ekklesia* primär als die örtliche Versammlung der Glaubenden verstand. Freilich handelt es sich dabei – wie zu zeigen sein wird – nicht einfach um den Antagonismus zwischen einem partikularen und einem universalistischen Kirchenverständnis. Vielmehr hat Paulus den Gedanken der „Versammlung" von seinem Verständnis des gottesdienstlichen Geschehens her beim Wort genommen und ihn von seiner Christologie her gefüllt. So war es letztlich eine christologisch begründete Ekklesiologie, die er der stärker heilsgeschichtlich-eschatologisch motivierten Ekklesiologie der Jerusalemer gegenüberstellen wollte.

7.4.3 Gewissermaßen anhangsweise ist hier noch auf ein semantisches Problem einzugehen, das tiefliegende theologie- und frömmigkeitsgeschichtliche Wurzeln hat. Es gibt im Deutschen – im Unterschied zu den übrigen europäischen Sprachen – zwei Möglichkeiten der Wiedergabe von *ekklesia*, nämlich „Kirche" und „Gemeinde". Dabei faßt man herkömmlich unter „Kirche" vorwiegend die Aspekte der ortsübergreifenden Universalität, des Organisatorischen, Amtlichen (vgl. die heute beliebte Redeweise von der „Amtskirche") und Rechtlichen, während man unter „Gemeinde" die örtliche Gemeinschaft von Christen mit ihren konkreten und vielfältigen Lebensvollzügen versteht. Diese Unterscheidung, die vor allem im protestantischen Raum verbreitet ist, aber keineswegs auf ihn beschränkt bleibt, geht auf die Reformation zurück: *Luther* hielt das Wort „Kirche" für ein „blindes Wort" (WA 50,625,5) und übersetzte in seinem Neuen Testament *ekklesia* konsequent mit „Gemeinde". Doch konnte er damit auf die Dauer das Wort „Kirche" nicht gänzlich verdrängen, und dies hatte zur Folge, daß es zu dieser semantisch vom Neuen Testament her nicht begründbaren, sachlich überdies fragwürdigen Unterscheidung kam. Die Möglichkeit, auf ein anderes deutsches Wort auszuweichen, das die verschiedenen Aspekte von „Gemeinde" und „Kirche" verbinden könnte, besteht nicht; das von *K.L. Schmidt*[74] vorgeschlagene Wort „Versammlung" kommt wegen seiner Unschärfe nicht in Frage. Um der terminologischen Einheitlichkeit willen soll deshalb im folgenden *ekklesia* im Regelfall mit „Kirche" wiedergegeben werden. Nur da, wo es um konkrete örtliche Versammlungen und deren Binnenstruktur geht, soll von „Gemeinde" bzw. „Gemeinden" die Rede sein.

---

[74] *K.L. Schmidt*, ThWNT III 505.

III. Das „in Christus" gesammelte und erneuerte Volk Gottes: Paulus

Literatur: R. *Asting*, Die Heiligkeit im Urchristentum, 1930 (FRLANT 46); M. *Barth*, Jesus, Paulus und die Juden, Zürich 1967; J. *Becker*, Paulus, Tübingen 1989; S. *Ben-Chorin*, Paulus, München 1980; K. *Berger*, Abraham in den paulinischen Hauptbriefen, MThZ 17 (1966) 47–89; *ders.*, Volksversammlung und Gemeinde Gottes, ZThK 73 (1966) 167–207; H.D. *Betz*, Galatians, Philadelphia 1979; G. *Bornkamm*, Herrenmahl und Kirche bei Paulus, in: ders., Ges. Aufs. II, 1959 (BEvTh 28) 138–176; *ders.*, Zum Verständnis des Gottesdienstes bei Paulus, in: ders., Ges. Aufs. I, ⁵1966 (BEvTh 16) 113–132; U. *Brockhaus*, Charisma und Amt, Wuppertal 1972; G. *Delling*, Die Zueignung des Heils in der Taufe, Berlin 1961; N.A. *Dahl*, The Future of Israel, in: ders., Studies in Paul, Minneapolis 1977, 137–158; W.D. *Davies*, Paul and the People of Israel, NTS 24 (1978) 4–39; C. *Dietzfelbinger*, Die Berufung des Paulus als Ursprung seiner Theologie, 1985 (WMANT 58); J. *Eckert*, Die Kollekte des Paulus für Jerusalem, in: Kontinuität und Einheit, FS F. Mußner, hg. P.-G. Müller/W. Stenger, Freiburg u.a. 1981, 65–80; E. *Gräßer*, Zwei Heilswege?, in: ders., Der Alte Bund im Neuen, 1985 (WUNT 35) 212–230; H. *Greeven*, Propheten, Lehrer, Vorsteher bei Paulus, ZNW 44 (1952/53) 1–43; J. *Hainz*, Ekklesia, 1972 (BU 9); *ders.*, Koinonia, 1982 (BU 16); O. *Hofius*, Das Evangelium und Israel, ZThK 83 (1986) 297–324; *ders.*, Herrenmahl und Herrenmahlsparadosis, ZThK 85 (1988) 371–408; K. *Holl*, Der Kirchenbegriff des Paulus in seinem Verhältnis zu dem der Urgemeinde, in: ders., Gesammelte Aufsätze zur Kirchengeschichte II. Der Osten, Tübingen 1928, 44–67; B. *Holmberg*, Paul and Power, Philadelphia 1980; H. *Hübner*, Das Gesetz bei Paulus, ³1982 (FRLANT 119); E. *Käsemann*, Das theologische Problem des Motivs vom Leibe Christi, in: ders., Paulinische Perspektiven, Tübingen 1969, 178–215; *ders.*, Anliegen und Eigenart der paulinischen Abendmahlslehre, in: ders., Exegetische Versuche und Besinnungen I, Göttingen ⁴1965, 11–34; *ders.*, Leib und Leib Christi, 1933 (BHTh 9) 178–215; W. *Klaiber*, Rechtfertigung und Gemeinde, 1982 (FRLANT 127); B. *Klappert*, Traktat für Israel (Römer 9–11), in: M. Stöhr (Hg.) Jüdische Existenz und die Erneuerung der christlichen Theologie, 1981 (ACJD 11) 58–137; G. *Klein*, Präliminarien zum Thema „Paulus und die Juden", in: Rechtfertigung, FS E. Käsemann, hg. J. Friedrich u.a., Tübingen/Göttingen 1976, 229–243; D.-A. *Koch*, Die Schrift als Zeuge des Evangeliums, 1968 (BHTh 69); W.G. *Kümmel*, Die Probleme von Römer 9–11 in der gegenwärtigen Forschungslage, in: ders., Heilsgeschehen und Geschichte II, 1978 (MThSt 16) 245–260; P. *Lampe*, Die stadtrömischen Christen in den ersten beiden Jahrhunderten, ²1989 (WUNT 2/18); B. W. *Longenecker*, Different Answers to Different Issues, JSNT 36 (1989) 95–123; H.-M. *Lübking*, Paulus und Israel im Römerbrief, 1986 (EHS.T 260); G. *Lüdemann*, Paulus und das Judentum, 1983 (TEH 215); U. *Luz*, Das Geschichtsverständnis des Paulus, 1968 (BEvTh 49); O. *Merk*, Handeln aus Glauben, 1968 (MThSt 5); H. *Merklein*, Entstehung und Gehalt des paulinischen Leib-Christi-Gedankens, in: ders., Studien zu Jesus und Paulus, 1987 (WUNT 43) 319–344; *ders.*, Die Ekklesia Gottes, in: ders., Studien 296–318; Chr. *Müller*, Gottes Gerechtigkeit und Gottes Volk, 1964 (FRLANT 86); F. *Mußner*, Traktat über die Juden, München 1979; *ders.*, Dieses Geschlecht wird nicht vergehen, Freiburg u.a. 1991;

K.-W. Niebuhr, Heidenapostel aus Israel, 1992 (WUNT 62); *A. Oepke*, Leib Christi oder Volk Gottes bei Paulus, ThLZ 79 (1954) 363–368; *W.-H. Ollrog*, Paulus und seine Mitarbeiter, 1979 (WMANT 50); *P. von der Osten-Sacken*, Evangelium und Tora, 1987 (TB 77); *H. Räisänen*, Paul and the Law, ²1987 (WUNT 29); *R. Reck*, Kommunikation und Gemeindeaufbau, 1991 (SBB 22); *E. Reinmuth*, Geist und Gesetz, 1985 (ThA 44); *M. Rese*, Israel und Kirche in Römer 9, NTS 34 (1988) 208–217; *E.P. Sanders*, Paulus und das palästinische Judentum, 1985 (StUNT 17); *D. Sänger*, Rettung der Heiden und Erwählung Israels, KuD 32 (1986) 99–119; *E. Schweizer*, Die Kirche als Leib Christi in den paulinischen Homologumena, in: ders., Neotestamentica, Zürich/Stuttgart 1963, 272–292; *U. Schnelle*, Gerechtigkeit und Christusgegenwart, ²1986 (GTA 24); *R. Stuhlmann*, Das eschatologische Maß im Neuen Testament, 1983 (FRLANT 132); *N. Walter*, Zur Interpretation von Römer 9–11, ZThK 81 (1984) 172–195; *H.-F. Weiß*, „Volk Gottes" und „Leib Christi", ThLZ 102 (1977) 411–420; *K. Wengst*, Das Zusammenkommen der Gemeinde und ihr „Gottesdienst" nach Paulus, EvTh 23 (1973) 547–559; *U. Wilckens*, Zur Entwicklung des paulinischen Gesetzesverständnisses, NTS 28 (1982) 154–190; *M. Wolter*, Der Apostel und seine Gemeinden als Teilhaber am Leidensgeschick Jesu Christi, NTS 36 (1990) 535–557; *D. Zeller*, Juden und Heiden in der Mission des Paulus, ²1976 (fzb 1).

1. Die beiden Brennpunkte des paulinischen Kirchenverständnisses

1.1 „Natürlich setzt Paulus überall Gemeinden voraus, wie er sie unablässig gründet und in seinen Briefen anredet. Eine Theologie der Kirche zu schreiben, hat er jedoch seinen Nachfolgern und heutigen Interpreten überlassen." Dieses Urteil *E. Käsemanns*[1] mitsamt der sich daraus ergebenden Folgerung, „daß die thematische Behandlung des Kirchenbegriffs nicht paulinisch genannt werden darf", ist ernstzunehmen. Es ist eine Warnung davor, etwas abstrakt zu systematisieren, was nicht systematisierend gedacht worden ist.

In den Briefen des Paulus findet sich zwar eine Fülle von Äußerungen über die Kirche, aber diese stehen fast durchweg im Zusammenhang mit seinen Stellungnahmen zu aktuellen gemeindlichen Problemen, zu denen er durch die Situation der Empfängergemeinden herausgefordert war. Man hat bei Paulus stets das Verhältnis zwischen konkreten Sozialstrukturen und theologischer Theoriebildung im Auge zu behalten. Denn er war – was durch eine einseitige Fixierung auf seine Briefe leicht vergessen werden kann – Missionar und Mann der kirchlichen Praxis. Seine Briefe sind Teile seiner pastoralen Tätigkeit als Gemeindegründer und -leiter. Wenn er Gemeindeprobleme zu ordnen sucht, indem er Weisungen gibt und Vorschläge macht, so reagiert er damit zunächst auf ganz konkrete Situationen. Keinesfalls bildet die Situation nur den Anlaß, der Paulus die Möglichkeit gegeben hätte, ein Stück seiner vorgefertigten ekklesiologischen Theorie einzubringen[2]. In den meisten Fällen dürfte es sich eher umgekehrt verhalten: Die anstehenden Gemeindeprobleme nötigten ihn zu kritischer Reflexion und trieben ihn immer tiefer in

---

[1] *Käsemann*, Problem 205.
[2] Zu diesem Verhältnis von „secondary reaction" und „primary, concrete phenomena in the social world" vgl. *Holmberg*, Paul 202.

theologische Klärungsprozesse hinein. Daraus ergeben sich dann Stellungnahmen, die in Fragestellung, Sprache und gedanklichem Duktus so stark von der jeweiligen Situation bestimmt sind, daß ihnen ein gewisser punktueller Charakter anhaftet. Das ist in den übrigen Bereichen paulinischer Lehre kaum anders. Wir erführen kaum etwas von dem, was Paulus über das Herrenmahl gelehrt hat, wären da nicht bestimmte kritische Situationen in der korinthischen Gemeinde gewesen, die ihn zu einer – ebenfalls stark situationsbezogenen – Entfaltung seiner Abendmahlslehre herausgefordert hätten. Man darf also nicht schon aus seiner punktuell-situationsbezogenen Behandlung schließen, daß das Thema „Kirche" für Paulus nur eine Randfunktion gehabt hätte[3].

Und doch ist hier zumindest ein gradueller Unterschied festzustellen. Während im Bereich der großen paulinischen Lehrthemen – der Christologie, Soteriologie, Rechtfertigungslehre und Eschatologie – bestimmte gedankliche *Grundkonstanten* festliegen und auch in situationsbedingten Stellungnahmen deutlich durchschimmern, sind in der Ekklesiologie die Dinge noch stärker im Fluß. Es hat fast den Anschein, als sei sie erst in einem Entstehungsprozeß begriffen, zu dessen Zeugen wir als Leser der paulinischen Briefe werden. Zumindest sind die Grundkonstanten hier nicht klar erkennbar.

1.2 *Zwei Ansätze* scheinen nämlich auf den ersten Blick unverbunden nebeneinanderzustehen, die sich jeweils einem bildhaften Grundmotiv zuordnen lassen: „Volk Gottes" und „Leib Christi". Wir geben zur ersten Orientierung vorab eine *pauschale Charakteristik* beider.

1.2.1 Das Leib-Christi-Motiv hat als unmittelbaren Bezugsrahmen die *Christologie*. In seinem Licht erscheint die *Kirche als das Miteinander von Menschen, die durch ein besonders qualifiziertes Verhältnis zu Christus bestimmt sind*. Zugleich wird dabei vorausgesetzt, daß sich in diesem Verhältnis zu Christus das sich durch ihn vollziehende Heilsgeschehen auf die Entstehung und Gestaltung zwischenmenschlicher Gemeinschaft auswirkt, mit anderen Worten: auch die *Soteriologie* spielt hier mit hinein, und zwar in ihrer spezifisch paulinischen Zuspitzung als Botschaft von der *Rechtfertigung* des Sünders. Weil diese das Christusverhältnis allein durch den Glauben, der das Heil als den Sünder begnadigendes Handeln Gottes empfängt, bestimmt sein läßt, kann sie weitere Vorbedingungen und Voraussetzungen dafür nicht gelten lassen. Ihr ganzes Interesse konzentriert sich darauf, daß die jeweils in konkreter Situation gegebenen Möglichkeiten, zum Glauben zu kommen und aus diesem Glauben zu leben, wahrgenommen werden. Solche konkrete Situation aber ist gegeben in der örtlichen Versammlung der Christen. Somit scheint es in der Konsequenz paulinischer Rechtfertigungstheologie zu liegen, wenn das Leib-Christi-Motiv primär den gemeinschaftlichen Lebensvollzug solcher örtlicher Versammlungen jetzt und hier thematisiert, ohne die Dimension einer heilsgeschichtlichen Rückbindung zu berücksichtigen.

---

[3] Dieser Meinung ist *Käsemann*, Problem 205, aufgrund der Beobachtung, daß Paulus auf ekklesiologische Fragen nur in paränetischen Zusammenhängen eingehe (was allerdings so nicht zutrifft, wie schon der Galaterbrief zeigt).

1.2.2 Das Gottesvolk-Motiv führt dagegen in die Dimension der *Heilsgeschichte*. Es geht um die *Kontinuität des Handelns Gottes mit seinem Volk Israel in der Geschichte* sowie um die Frage, wie eine Anteilhabe der Gemeinschaft der an Jesus Glaubenden an Israels Heil möglich ist. Dieses Motiv war, wie wir sahen, für das Selbstverständnis der Jerusalemer Urgemeinde und des ganzen Judenchristentums maßgeblich. Es gab auch den Ausschlag für die besondere Stellung, die das Judenchristentum der Stadt Jerusalem beimaß. War die Kirche das erneuerte Gottesvolk, dann war Jerusalem dessen selbstverständliche Mitte.

1.2.3 Die Frage, welches der beiden Motive das für das paulinische Kirchenverständnis maßgebliche sei, wird seit längerem kontrovers diskutiert. Die beiden extremen Gegenpositionen werden durch *A. Oepke* und *E. Käsemann* markiert.

Oepke entschied sich für den Vorrang des Volk-Gottes-Motivs. Dieses repräsentiere die „heilsgeschichtlich-eschatologische" Grundlinie paulinischer Theologie und bilde das eigentliche Fundament der Ekklesiologie des Apostels, während die christologische Linie demgegenüber nur „Aufbau, Stockwerk" auf diesem Fundament sei[4]. Für diese Auffassung spricht, daß die heilsgeschichtliche Thematik in den Paulusbriefen einen weit größeren Raum einnimmt als die christologische Aussagenreihe und, vor allem, daß sie in Röm 9–11 eine argumentative lehrhafte Entfaltung erfährt, und zwar in einem unmittelbaren Zusammenhang mit der paulinischen Rechtfertigungsbotschaft.

Eben dies bestritt *Käsemann*. Er hält Röm 9–11 für die Folge einer Inkonsequenz im Denken des Paulus, die ihn am „Leitbild judenchristlicher Ekklesiologie festhalten" lasse, obwohl er in Wahrheit bereits zu einer streng christologischen Konzeption vorgedrungen sei, für die das Leib-Christi-Motiv repräsentativ sei[5]. Diese Sicht kann sich zunächst auf die Beobachtung berufen, daß Paulus da, wo er im paränetischen Zusammenhang von Leben und Gestalt der Kirche handelt, weder einen heilsgeschichtlichen Bezug einbringt, noch die Ebene der örtlichen Versammlung überschreitet. Paulus vermeidet es, die Kirche als „Volk Gottes" zu bezeichnen, und er ignoriert auch bei seinem Gebrauch des Begriffs *ekklesia* dessen ursprünglichen heilsgeschichtlichen (und damit zugleich gesamtkirchlichen) Bezug. Darüber hinaus stehen hinter *Käsemanns* Sicht zwei Vorentscheidungen von grundsätzlicher Bedeutung. Die eine besteht in der Annahme einer tiefgehenden Differenz zwischen Paulus und der Jerusalemer Gemeinde, die sich speziell im Kirchenverständnis ausgewirkt habe[6]. Damit steht *Käsemann* auf den Schultern von *Holl*. Die andere betrifft die grundsätzliche Unvereinbarkeit von Heilsgeschichte und Rechtfertigungsbotschaft: während diese das Heil an eine Voraussetzung, nämlich die Konstante der Heilsgeschichte, binde, mache jene alle Voraussetzungen im Bereich des Vorfindlichen zunichte. Neuere Arbeiten haben zwar versucht, die schroffe Alternative durch den Nachweis aufzulösen, daß beide Motive im Denken des Paulus keineswegs auseinanderfallen, sondern sachlich einander ergänzen. Unentschieden bleibt jedoch nach wie vor die Frage, welches von beiden Ausgangspunkt und tragendes Fundament sei. *W. Klaiber*[7] und *H.-F. Weiß*[8]

---

[4] *Oepke*, Leib Christi 365.

[5] *Käsemann*, Problem 190.

[6] Vgl. *Holl*, Kirchenbegriff 341.

[7] *Klaiber*, Rechtfertigung 101–104.

[8] *Weiß*, „Volk Gottes" 418, meint, „daß das Motiv vom ‚Leib Christi' dem paulinischen Verständnis von Kirche mehr entspricht als das traditionelle Motiv vom Gottesvolk, zumal Paulus ... dieses Motiv nirgends unmittelbar auf die christliche Gemeinde angewendet hat." Diese Meinung ist allerdings das Ergebnis einer fragwürdigen Exegese von Gal 6,16 (ebd. 415).

entscheiden sich für die Priorität des Leib-Christi-Motivs, während *H. Merklein* vorsichtig der Gottesvolk-Vorstellung einen gewissen Vorrang einräumt[9].

Fest steht als vorläufiger, wenn auch keineswegs befriedigender Ertrag dieser Debatte, daß das paulinische Kirchenverständnis nicht ein um einen einzigen Mittelpunkt angeordneter Kreis ist, sondern einer Ellipse mit zwei Brennpunkten gleicht. Will man die Gestalt einer solchen Ellipse erfassen, so muß man beide Brennpunkte genau bestimmen und vor allem ihr Verhältnis zueinander feststellen. Im folgenden sollen deshalb die beiden Grundmotive zunächst im Umfeld der ihnen zugehörigen Aussagen gesondert dargestellt und sodann nach ihrem Verhältnis zueinander befragt werden.

2. Die Taufe und das „Sein in Christus"

Wir wählen als Einstieg in den Bereich der christologisch orientierten Aussagen die Taufe. Am paulinischen Taufverständnis läßt sich das charakteristische Verhältnis von *Ekklesiologie* und *Christologie* am deutlichsten demonstrieren. Darüber hinaus läßt sich zeigen, daß der Horizont beider die *Eschatologie* ist.

2.1 Das Verständnis der Taufe als durch Christus ermöglichte Zueignung des endzeitlichen Heils und als Inbesitznahme durch Christus ist sicher bereits vorpaulinisch, ebenso die Formeln vom Taufen „im Namen Jesu" bzw. „auf den Namen Jesu". Paulus entwickelt dieses Verständnis in eine ganz bestimmte Richtung weiter. So ist für ihn die Taufe der Beginn einer unmittelbaren *personhaften Bindung an Christus*. In ihr werden Menschen verbunden „mit der Gleichgestalt seines Todes" und empfangen die Zusage der Verbindung mit „seiner Auferstehung" (Röm 6,5). Damit gewinnen sie Anteil am Weg und Geschick Jesu. Das ist freilich nicht im Sinn eines erlebnishaften Nachvollzugs von Tod und Auferstehung Jesu in der Weise, wie durch die Riten der Mysterienkulte Menschen zum Nacherleben des Schicksals der Kultgottheiten veranlaßt wurden, zu verstehen. Die tragende Voraussetzung dieser Vorstellung besteht vielmehr darin, daß das Sterben Jesu, und damit sein gesamtes Geschick, im Zeichen der Stellvertretung „für die Vielen" stand (Mk 14,24) und damit Auswirkungen „für uns" hat (1Kor 15, 3b-5). So ist der Tod, in dem Jesus die Macht der Sünde zerbrach, indem er sich ihr auslieferte, zugleich das Ende des Anspruchs dieser Sündenmacht auf die Getauften. Sie haben teil am Tod Christi als Sühnetod[10], indem dieser Tod für sie zur bestimmenden Wirklichkeit wird. Und dies gerade in der Weise, daß das Todesurteil, das die Sünde über sie gesprochen hatte, an ihnen nicht mehr vollstreckt wird. Der Tod Jesu betrifft sie, indem ihnen dadurch neuer Freiraum zum Leben, und zwar zu einem vom Christusgeschehen bestimmten Leben, eröffnet wird. Sie sind „tot für die Sünde, aber leben für Gott" (Röm 6,11).

Überall da, wo Paulus von einem „Sein mit Christus" spricht, meint er ein Leben, das durch die in der Taufe wirksam gewordene Verbindung mit Christus von den

---

9 *Merklein*, Entstehung.
10 Vgl. *U. Wilckens*, Der Brief an die Römer, 2 (Röm 6,6–11), ²1987 (EKK VI/2) 14.

alten Mächten Sünde und Tod frei geworden ist und dem grundlegend neue
Existenzbedingungen eröffnet worden sind. Der „alte Mensch", d.h. jener Mensch,
der als Teil der adamitischen Menschheit im unentwirrbaren Geflecht von Sünde
und Unheil gefangen war, ist mit Christus „mitgekreuzigt" worden, „so daß wir der
Sünde nicht mehr dienen" (Röm 6,6). Bestimmend und lebensgestaltend ist von
nun an nicht mehr die Sünde und mit ihr der Tod, sondern allein Gott mit seiner der
neuen Schöpfung entgegenführenden Macht. Christus hat durch seinen Tod nicht
nur sich selbst, sondern auch uns ganz der lebenschaffenden Macht Gottes ausgelie-
fert. Als Getaufte stehen wir *mit Christus* im Wirkbereich der neuen Schöpfung.

Aus dem Indikativ dieser in der Taufe wirkkräftig ergehenden Zusage ergibt sich
der *Imperativ*, der die Getauften auffordert, dieser nur im Glauben erkennbaren
neuen Wirklichkeit in ihrem Denken und Handeln Rechnung zu tragen und so „im
neuen Leben zu wandeln" (Röm 6,4). Diese neue Wirklichkeit aber ist nichts anderes als der Heilige Geist, wie ihn Paulus in Röm 8,1–4 beschreibt[11]. Der Imperativ ist
erforderlich, weil die neue Wirklichkeit, wie sie dem Glaubenden durch die Anteilhabe an Tod und Auferstehung Jesu erschlossen ist, im Widerspruch zur gegenwärtig sichtbaren und erfahrbaren Situation von Welt und Menschheit steht. Hier ist der
von Adam, dem alten Menschen, bestimmte Zusammenhang von Sünde, Unheil
und Tod weiterhin mächtig, und der Glaubende ist darum ständig der Versuchung
ausgesetzt, sich diesem Machtbereich anzupassen (Röm 6,12; 12,2) und sich den in
ihm geltenden Verhaltensnormen unterzuordnen. Allerdings steht der Glaubende
nun keineswegs als isolierter einzelner diesem Machtbereich gegenüber. Er ist in
seiner durch Christus geprägten neuen Existenz nicht geschichtlich ortlos geworden. Dem neuen Sein des Glaubens korrespondiert vielmehr ein neuer geschichtlicher Ort. Ihn umschreibt Paulus, wenn er von einem Sein *in Christus* spricht: „Betrachtet euch tot für die Sünde, aber lebend für Gott *in Christus Jesus*" (Röm 6,11).

Dieses neue Sein in Christus ist *eschatologisch bestimmt*: „Ist jemand in Christus,
so ist er neue Schöpfung. Das Alte ist vergangen, siehe, Neues ist geworden" (2Kor
5,17). Weil Christus durch seine Auferweckung zum Erstling der neuen Welt
Gottes geworden ist, darum haben die Glaubenden, die durch die Taufe mit
Christus verbunden sind, Anteil an dieser neuen Welt: Das „mit Christus" führt
deshalb unmittelbar weiter zu dem ungleich häufigeren „in Christus" (so in Röm
6,11 nach Röm 6,2–10 und in 2Kor 5,17 nach 2Kor 5,14f)[12]. Und zwar dient die
Formel „in Christus" durchweg dazu, den Ort der eschatologischen Zukunft in der
gegenwärtigen Erfahrung der Christen zu umreißen. Aufgrund ihrer Taufe sind die
Glaubenden „in Christus". Dieser Zusammenhang wird in Gal 3,26–28, einer
Schlüsselstelle paulinischer Ekklesiologie, zur Sprache gebracht:

> Ihr alle seid durch den Glauben Söhne Gottes in Christus Jesus. Denn alle, die ihr auf
> Christus getauft seid, habt Christus angezogen. Da gilt nicht mehr: Jude oder Grieche,
> nicht mehr: Sklave oder Freier, nicht mehr: Mann oder Frau, denn alle seid ihr Einer in
> Christus Jesus.

---

[11] Vgl. *Goppelt*, Theologie 431.
[12] Vgl. *Goppelt*, Theologie 433f.

2.2 Aber wie ist nun diese Wendung *„in Christus"* des näheren zu verstehen?

2.2.1 Darüber ist schon seit langem unter den Auslegern eine heftige Debatte im Gange, die nicht nur für die Sicht der Tauflehre, sondern auch der Ekklesiologie des Apostels von nicht unerheblichem Gewicht ist.

Deutlich ist zunächst: Der Gebrauch der Formel „in Christus" bei Paulus ist nicht ganz einheitlich. Sie kann rein formal verwendet werden, wobei sie das noch fehlende Adjektiv „christlich" ersetzt[13]. Daneben gibt es einige wenige Belege mit instrumentalem Sinn (Röm 3,24; 2Kor 5,19). Die wichtigsten Belege haben jedoch *räumlich-lokale Bedeutung* (Röm 6,11.23; 8,1f; 1Kor 1,2.4; 2Kor 5,17; Gal 3,28; 5,6; Phil 2,1.5); sie bezeichnen einen Bereich, in den Menschen durch die Taufe eingegliedert werden. Dies wurde zwar durch *F. Neugebauer* bestritten, der die Formel einheitlich als *Umstandsbestimmung* verstehen wollte: es gehe in ihr um das *Bestimmtsein vom Heilsgeschehen in Kreuz und Auferweckung Jesu*[14]. Doch diese These erwies sich als unhaltbar, weil sie religionsgeschichtliche Fragestellungen unberücksichtigt ließ und, vor allem, weil sie den Kontext paulinischer Aussagen, in dem die Formel erscheint, nicht ernst genug nahm. In diametralem Gegensatz dazu steht eine heute weit verbreitete These, die sich dadurch zunächst zu empfehlen scheint, daß sie den religionsgeschichtlichen Belangen Rechnung zu tragen versucht. Sie will, Ansätze der Religionsgeschichtlichen Schule zu Anfang unseres Jahrhunderts neu aufnehmend[15], die Wendung „in Christus" auf die hellenistische Vorstellung vom pneumatischen Riesenleib eines kosmischen Urmenschen zurückführen: Es gehe um die Eingliederung des Menschen in den räumlich gedachten pneumatischen Leib des Christus. Die Taufe sei ganz realistisch-massiv als Akt des Eintauchens in das „Element" Christus zu verstehen, durch den man Christus „anzieht" wie ein den ganzen Menschen umhüllendes Gewand (Gal 3,27; Röm 13,14), ja sich mit ihm ganz und wesenhaft vereinigt[16]. Zugleich sieht es so aus, als sei mit dieser Vorstellung auch der Hintergrund der Aussagen über den „Leib Christi" identifiziert: Paulus würde demnach die Kirche als einen geistdurchwirkten Raum denken, in den der Glaubende seinshaft eingegliedert wird.

Doch demgegenüber sind erhebliche Bedenken anzumelden: 1. Diese Sicht trägt dem Umstand nicht genügend Rechnung, daß Paulus das in der Taufe empfangene Heil auch mit einer Reihe von anderen Wendungen und Bildern aussagen kann, die der Wendung „in Christus" bedeutungsgleich sind. So spricht er vom „Christus in uns", „in euch", „in mir" (Röm 8,10; Gal 2,20), vom Sein „im Geist" (Röm 8,9), und vom Einwohnen des Geistes Gottes bzw. Christi „in uns" (Röm 8,9; 1Kor 3,16; 6,19)[17]. Diese Variationsbreite wäre kaum erklärbar, wenn Paulus gedanklich auf ein Verständnis des Heilsgeschehens in räumlich-seinshaften Kategorien festgelegt wäre. – 2. Paulus bringt in Phil 2,5 das hier zweifellos lokal-räumlich verstandene „in Christus" mit einer keineswegs seinshaften, sondern höchst dynamischen Sicht des Christusgeschehens zusammen: Es ist der *Weg* Christi in die Selbstpreisgabe der Erniedrigung, wie er im Christushymnus Phil 2,6–11 vorgezeichnet ist, der hier als gestaltendes Prinzip des „In-Christus-Seins" dargestellt ist. Das Sein in Christus erscheint an dieser Stelle als ein Bestimmtsein durch ein Geschehen. – 3. Was schließlich den häufig

---

[13] So Gal 1,22; 1Thess 2,14; vgl. *Merk*, Handeln 17.

[14] *F. Neugebauer*, In Christus. Eine Untersuchung zum paulinischen Glaubensverständnis, Göttingen 1961; ähnlich *H. Conzelmann*, Grundriß der Theologie des Neuen Testaments, München 1967, 232–235; *Merk*, Handeln 27.

[15] Bahnbrechend vor allem: *W. Heitmüller*, „Im Namen Jesu", 1903 (FRLANT 2).

[16] So z.B. *Schnelle*, Gerechtigkeit 109–112; *U. Borse*, Der Brief an die Galater, 1984 (RNT), 138.

[17] Vgl. *Merk*, Handeln 18.

postulierten Zusammenhang der Formel „in Christus" mit den Aussagen über den Christusleib in 1Kor 12 und Röm 12 betrifft, so wird er durch den Duktus von Gal 3,26–28 eher in
Frage gestellt als bestätigt. Denn dort geht es gerade nicht um das für die Aussagen vom
Christusleib zentrale Moment der quantitativen Einheit der vielen Glieder in dem einen Leib,
sondern um ein qualitatives Einssein, nämlich um „die allen gemeinsame, aber doch auch dem
je einzelnen zukommende Identität in Christus."[18]

2.2.2 Es trifft zu, daß Paulus in Gal 3,26–28 die Wirkung der Taufe als ein
Eingegliedertwerden in einen *räumlichen Bereich* darstellt, den er mit der Formel „in
Christus Jesus" umschreibt. Richtig ist wohl auch, daß er dabei auf Vorstellungen
zurückgreift, die ihm durch sein geistiges Milieu vorgegeben waren, ja es ist sogar
wahrscheinlich, daß er Teile einer älteren Tauftradition zitierend einfließen läßt[19].
Am ehesten darf man vermuten, daß er mit jener Vorstellung von der „Gesamtper-
sönlichkeit" operiert, die auch im Hintergrund der Adam-Christus-Typologie von
1Kor 15,20–28; Röm 5,11–21 steht: Danach gehören die Nachkommen mit ihrem
Stammvater in der Weise zusammen, daß sie von seinem Handeln und Schicksal
bestimmt sind und so als mit ihm identisch gelten[20]. Christus wäre dann hier als der
zweite Stammvater, der endzeitliche Adam, gesehen, der die geschichtliche Existenz und damit auch die Identität der ihm zugehörigen Menschen bestimmt. Und
um die in der Taufe erfolgte grundlegende Erneuerung ist es Paulus hier primär zu
tun, wie die bildhafte Wendung vom „Anziehen" Christi (V.27) erweist. Einem
Gewande gleich, verwandelt Christus den Menschen, der sich in ihn einhüllen läßt,
gemäß dem geläufigen Grundsatz: der Mensch ist, was er ‚trägt'. Auch dieses
Gewand-Bild ließe sich, für sich genommen, im Sinne einer seinshaften Verwandlung verstehen.

Allein, vom Kontext her ergibt sich eindeutig, daß Paulus die neue Identität des
Getauften nicht auf eine seinshafte Verwandlung, sondern auf die Gewährung einer
neuen Stellung durch Gott zurückführt. Sie, die vormals unter das Gesetz Verskla-
ven, sind jetzt Söhne Gottes (Gal 3,26), und zwar deshalb, weil Christus, der
„Sohn", ihnen kraft der Zugehörigkeit zu ihm diesen Status eingeräumt hat
(Gal 4,4f). Sie sind außerdem „Same Abrahams" (Gal 3,29), weil Christus, dem sie
zugehören, der wahre, der Verheißung gemäße Abrahamssame ist (Gal 3,16). Und
schließlich sind sie, die zuvor ihre Identität daraus bezogen, daß sie bestimmten
Gruppen, Schichten oder Geschlechtern zugehörten und sich dadurch von anderen
unterschieden, jetzt „einer in Christus Jesus" (Gal 3,28). Das heißt doch: durch das

---

[18] Vgl. *Merklein*, Entstehung 326.

[19] So *Betz*, Galatians 181–185; *Schnelle*, Gerechtigkeit 59–61. Konkret an Elemente antiochenischer
Tauftheologie denkt *Becker*, Paulus 110–112.

[20] Vgl. *E. Schweizer*, ThWNT VII 1069f; *E. Percy*, Der Leib Christi in den paulinischen Homologumena und Antilegomena, 1942 (LUA NF Avd. 1, Bd. 38,1) 40–44; *C. Wolff*, Der erste Brief des Paulus an
die Korinther. Zweiter Teil (ThHK VII/2) 179f. An die in den Mysterienkulten wie in der Gnosis geläufige
Vorstellung vom Allgott, der alles ist, in dem alle Unterschiede aufgehoben sind und der den ihm
Zugehörigen die Erfahrung umfassender Identität verschafft, möchte *Merklein*, Entstehung 326, denken;
vgl. auch *K.M. Fischer*, Tendenz und Absicht des Epheserbriefes, 1973 (FRLANT 111) 72–75. Dies
könnte sich aufgrund der Gewichtung des Identitätsmotivs in V.27f nahelegen. Doch dagegen sprechen
die pantheistischen Implikationen dieser Vorstellung.

In-Christus-Sein fallen alle bisherigen Unterschiede dahin; sie haben als das jeweilige Selbstverständnis und den geschichtlichen Ort des einzelnen bestimmende Faktoren ausgespielt. Jetzt, in der durch Glauben und Taufe neu geschaffenen Situation, ist die *Identität* jedes einzelnen übergreifend *durch Christus bestimmt*. Indem alle ihm zugehören, haben alle teil an seiner Identität, d.h. der einzige Faktor, der ihr Selbstverständnis prägt, ist die Zugehörigkeit zu ihm[21].

2.2.3 Das räumlich verstandene In-Christus-Sein kann demnach nicht aus der Vorstellung einer seinshaften Verwandlung der Getauften in Christus hinein erklärt werden. Es geht hier nicht um eine physische Identifikation mit Christus. Das bedeutet jedoch, *daß das In-Christus-Sein nur ekklesiologisch verstanden werden kann*. „In Christus" bezeichnet bei Paulus da, wo es im räumlichen Sinn gebraucht wird, jenen *geschichtlichen Bereich*, in dem Menschen ihre Christusbindung in konkreten Lebensbezügen verwirklichen und der durch das Miteinander von an Christus gebundenen Menschen gestaltet ist. „Die Formel ‚in Christus' impliziert eine Sozialstruktur."[22]

Und zwar ist diese *Sozialstruktur* für Paulus eine empirische Realität. Gal 3,28 ist als *Erfahrungsbericht* über das, was sich in den paulinischen Gemeinden tatsächlich vollzieht, zu lesen: Hier ist ein neues Miteinander von Menschen im Entstehen begriffen, das seine Struktur nicht mehr, wie in den üblichen Formen sozialen Lebens, von den Abgrenzungen und Unterscheidungen her bezieht, mit denen Menschen bislang ihre Identität bestimmt haben. Hier wirken sich nicht mehr die Verhältnisse von Über- und Unterlegenheit, von Herrschen und Beherrschtsein aus. Bestimmend ist nunmehr allein die Zugehörigkeit zu Christus. Weder spricht Paulus von utopischen Idealen oder wünschbaren ethischen Konsequenzen, noch will er bloß die Irrelevanz bestehender Unterschiede für den persönlichen Heilsstand des je einzelnen herausstellen[23]. Das wird schon ausgeschlossen durch das geradezu apodiktische Präsens der Formulierung: „es ist jetzt nicht mehr", durch die er die Realität des neuen Status proklamiert[24], sowie auch durch die drei Gegensatzpaare, die beispielhaft die Konsequenzen der durch die Taufe bewirkten Veränderung im religiösen (Jude und Grieche), sozialen (Sklave und Freier) und familiären (Mann und Frau) Bereich benennen. Die in Röm 6,4 als Imperativ formulierte Konsequenz der Taufe für den Christen – „so sollen auch wir in der neuen Lebenswirklichkeit wandeln" – erfährt hier im *Indikativ der Erfahrung* ihre inhaltliche Konkretion. Ort dieser Konkretion ist das Sein „in Christus", d.h. die Versammlung der Getauften in der Gemeinde.

---

[21] Mit *Merklein*, Entstehung 326 Anm. 34a, ist festzuhalten: es geht in Gal 3,28 nicht um die Identität des/der Christen *mit Christus*, sondern um die Identität *der Christen*, also um „das, was den Christen zum Christen macht".

[22] *Klaiber*, Rechtfertigung 103.

[23] Gal 3,28 darf nicht von der (in ihrem Sinn umstrittenen) Aussage 1Kor 7,20ff her interpretiert werden; vgl. *Thyen*, Problematik 152ff; *Klaiber*, Rechtfertigung 103.

[24] Die Wendung *ouk eni* steht für *ouk enestin* und bedeutet „es ist nicht mehr"; vgl. 1Kor 6,5; Kol 3,11; Jak 1,17; s. *Bauer-Aland*, Wörterbuch s.v.

Damit ist der Anspruch erhoben, daß die alten Ideale und utopischen Hoffnungen, die in der antiken Welt lebendig waren, im Miteinander der Getauften zur Realität geworden sind[25]. Das aber bedeutet, *daß die christliche Gemeinde der Ort einer wahrhaft revolutionären Veränderung aller Verhältnisse ist.* Auf sie wird hier der Sache nach das übertragen, was in Mk 10,42–44 im Blick auf den vorösterlichen Kreis der Jesusnachfolger gesagt war (s. I.6.4.3). Erweitert, wenn auch im Ansatz nicht verändert, ist gegenüber dort lediglich der Begründungszusammenhang. Wurde im synoptischen Jesuslogion die Möglichkeit der Jesusnachfolger, Kontrastgesellschaft zu sein, in der die Strukturen von Über- und Unterordnung außer Geltung gesetzt waren, mit der Nähe der Gottesherrschaft, wie sie im dienenden Verhalten Jesu anschaubar geworden war, begründet, so liegt in Gal 3,28 die Begründung darin, daß die im Christusgeschehen erfolgte *eschatologische Wende* sich durch den Heiligen Geist bereits jetzt einen Bereich geschaffen hat, in dem ihre Auswirkungen sichtbar und manifest werden, nämlich die Versammlung der Getauften. Daß auch Paulus diesen Bereich als durch das Verhalten und den Weg Jesu – nun freilich nicht mehr des Irdischen allein, sondern auch des Präexistenten und Erhöhten – geprägt sieht, geht aus Phil 2,5 deutlich genug hervor: Das Leben „in Christus", d.h. das Miteinander in der Gemeinde, untersteht demnach der durch den Sohn Gottes in seiner Selbstpreisgabe und dienenden Erniedrigung „bis zum Tod am Kreuz" (Phil 2,8) gesetzten Norm.

2.2.4 Natürlich kann man mit gutem Grund fragen, ob die paulinischen Gemeinden in ihrer empirischen Vorfindlichkeit wirklich dem entsprachen, was der Apostel in Gal 3,28 und Phil 2,5 als Realität proklamiert, und auch, ob er nicht selbst in manchen Äußerungen (z.B. 1Kor 7,20; 11,3–16; 14,33b-36[?]) dahinter zurückgeblieben ist. Es gibt jedoch keinen Anlaß, zu bezweifeln, daß in den Augen des Paulus die von ihm gegründeten Gemeinden tatsächlich Orte einer revolutionären Neugestaltung der zwischenmenschlichen Verhältnisse gewesen sind. Wie wichtig für ihn die soziale Wirklichkeit im Zusammenleben der Gemeinde war, belegt 1Kor 1,26–31, wo er emphatisch betont, daß die sozialen Unterschiede als Wertmaßstab in der Gemeinde überwunden sind, und von da her vor der Herausbildung neuer Ranggruppen warnt[26]. Man greift wohl nicht zu weit mit der Annahme, daß Paulus in alledem in starkem Maße von seinen konkreten missionarischen Erfahrungen her verstanden werden muß. Offensichtlich hat er als Folge seiner Verkündigung der Heilsbotschaft unter Heiden, vorab in den großen Metropolen der antiken Welt wie Korinth und Ephesus, erlebt, wie sich Menschen, die bislang in sehr unterschiedlichen Gruppen und gesellschaftlichen Strukturen gelebt hatten, angestoßen durch die eschatologische Neuheitserfahrung des Christusglaubens, zu völlig neuen Formen des Gemeinschaftslebens zusammenfanden.

Daß der Geist, die Gabe der Taufe, zur Initiation in einen geschichtlichen Bereich wurde, in dem ein neues Sozialverhalten möglich war, gehörte für Paulus zum „Erweis des Geistes und der Kraft" (1Kor 2,4) und wurde so zum empirischen

---

[25] Vgl. *Betz*, Galatians 190 (dort Belege aus der antiken Philosophie, v.a. *Plutarchus*, Alex 329 A-B).
[26] S. hierzu G. *Theißen*, Legitimation und Lebensunterhalt, in: ders., Studien 201–230.226f.

Ausgangspunkt seiner ekklesiologischen Reflexion. Jene Auswirkung des Christusgeschehens, die er in der Sammlung der Ortsgemeinde als Wunder Gottes wahrnahm, rückte darum in seinem Nachdenken über die Kirche gegenüber dem
heilsgeschichtlichen Aspekt stärker in den Vordergrund. Zumindest in diesem
thematischen Teilbereich erweist sich die Ekklesiologie des Paulus als im Schnitt-
punkt von Christologie und konkreter Erfahrung von Gemeinde stehend.

3. Die *ekklesia* als örtliche Versammlung „in Christus"

Vor diesem Hintergrund wird es verständlich, daß Paulus *die örtliche Versammlung
der Christen* erstmals *als theologisch relevante Größe* herausgestellt hat. Seinem
Einfluß ist es im wesentlichen zu verdanken, wenn sich die lokale Gemeinde schon
früh als die normale Form gemeinschaftlichen Lebens der Christen durchgesetzt
und bis in die Gegenwart hinein gehalten hat.

3.1 Semantisch kommt diese Bewertung darin zum Ausdruck, daß Paulus
nahezu durchweg das Wort *ekklesia* zur Bezeichnung der Versammlung der Christen an jeweils einem Ort verwendet. Es entspricht damit in etwa dem Inhalt des
deutschen Wortes „Gemeinde". So lautet die Adressatenangabe des ältesten erhalte-
nen Paulusbriefes: „. . . der Gemeinde (*ekklesia*) der Thessalonicher in Gott dem
Vater und dem Herrn Jesus Christus" (1Thess 1,1). Ganz entsprechend empfiehlt er
den römischen Christen „unsere Schwester Phöbe, Diakonin der Gemeinde in
Kenchreä" (Röm 16,1) . Besonders deutlich ist dieser örtliche Bezug da, wo das
Wort mit dem Namen einer bestimmten Provinz oder Landschaft verbunden wird,
um die dort lebenden Christen zu bezeichnen, so z.B. 1Thess 2,14: „Ihr wurdet
Nachahmer . . . der Gemeinden Gottes, die in Judäa sind in Christus Jesus" (vgl.
Gal 1,22; 1Kor 16,1.19a). Besonders deutlich ist in dieser Hinsicht die Adresse des
Galaterbriefes: „den Gemeinden von Galatien" (Gal 1,2), werden doch hier Christen in verschiedenen Orten innerhalb eines relativ eng begrenzten Gebietes von
Paulus in ihrer Gesamtheit angeredet und – wie das folgende zeigt – hinsichtlich
ihrer gemeinsamen Geschichte ebenso wie hinsichtlich ihrer Gegenwartsproblema-
tik als einheitliche Größe behandelt. Trotzdem sieht sie der Apostel vor seinem inneren Auge nicht als kirchliche Gesamtgröße, sondern als jeweils örtliche Versammlungen. Auch da wird der Singular durchgehalten, wo *ekklesia* allgemein und ohne
direkten Bezug auf eine bestimmte Gemeinde gebraucht wird. Statt in 1Kor 4,17 zu
sagen: „. . . wie ich überall in der *ekklesia* lehre", wählt er die Formulierung: „. . . wie
ich überall, in jeder *ekklesia*, lehre" (ähnlich auch 1Kor 7,17; 14,33; 2Kor 8,13).

3.2 Paulus kennt die alte Jerusalemer Selbstbezeichnung „Kirche Gottes" (*ekklesia tou theou*), und es hat den Anschein, als sei er sich ihres eschatologischen Klanges
und ihres heilsgeschichtlichen Bezuges auf das endzeitlich gesammelte Gottesvolk
durchaus bewußt. Aber auch sie wendet er auf Einzelgemeinden an, allerdings mit
einem der Näherbestimmung dienenden Zusatz. So spricht er die korinthischen
Christen an als „die Gemeinde Gottes, welche in Korinth ist" (1Kor 1,1; 2Kor 1,1),
und ähnlich erwähnt er „die Gemeinden Gottes, welche in Judäa sind" (1Thess

2,14), freilich nicht ohne den für sein Verständnis charakteristischen Zusatz „in Christus Jesus". Hier kommt zum Ausdruck, daß „Kirche/Gemeinde Gottes" etwas ist, was nicht ohne Rest in der jeweiligen örtlichen Versammlung aufgeht. Sie ist vielmehr eine übergreifende Größe, die sich in der jeweiligen örtlichen Versammlung darstellt. Die Ortsgemeinden repräsentieren die *ekklesia* Gottes, freilich nicht in der Weise, daß sie nur Ausschnitte aus einer übergreifenden empirisch gedachten Größe, einer ‚Gesamtkirche', wären, sondern so, daß in ihnen *das Wesen* der pneumatisch-christologischen Größe „*ekklesia* Gottes" gültig zum Ausdruck kommt. Jede einzelne Gemeinde ist in einem vollen Sinn *ekklesia* Gottes. Was sie als solche ausweist, ist nicht ihre Anteilhabe an einer „Gesamtkirche", sondern ihr Sich-Versammeln „in Christus", d.h. als Bereich des durch den Geist gegenwärtig wirksamen Christus[27].

3.3 Es gibt zwar eine Reihe von Stellen, an denen von *ekklesia* in der Einzahl und in allgemeinen Aussagen die Rede ist, so z.B. 1Kor 10,32: „Gebt Juden und Griechen und der *ekklesia* Gottes keinen Anstoß" (ähnlich 1Kor 6,4; 11,22; 12,28), doch ist keine von ihnen zwingend als gesamtkirchlich zu interpretieren. Es handelt sich vielmehr um generische Aussagen, die *allgemein* für die *ekklesia* gelten, d.h. an jedem Ort, wo sich eine Versammlung von Christen vorfindet. Anders verhält es sich mit Gal 1,13 und 1Kor 15,9, wo Paulus im Rückblick bekennt: „Ich habe die *ekklesia* Gottes verfolgt." Denn hier sind mit „ *ekklesia* Gottes" verschiedene hellenistisch-judenchristliche Gruppen in Jerusalem und seinem judäischen Umland gemeint. Und zwar handelt es sich offensichtlich um ein Zitat, das wiedergibt, was man in judenchristlichen Kreisen Palästinas über Paulus weiß und erzählt. Aufschlußreich, weil die Bewußtheit des paulinischen Wortgebrauchs erweisend, ist aber der Vergleich von Gal 1,13 mit Gal 1,22: „Ich war aber von Angesicht *den Gemeinden* Judäas unbekannt". Nunmehr transformiert Paulus den im Zitat referierten Sachverhalt in seine eigene Sichtweise: *ekklesia* ist für ihn eben nicht eine Größe „Gesamtkirche", der sich die verschiedenen verfolgten Gruppen subsumieren ließen, sondern er denkt an das Nebeneinander konkreter einzelner Gemeinden in Judäa. Paulus kennt also den palästinisch-judenchristlichen Gebrauch des Wortes *ekklesia* und ist sich dessen theologischer Bedeutung voll bewußt.

Man hat dies, vor allem protestantischerseits, gern mit kirchenpolitischen Beweggründen erklären wollen, etwa indem man ihm eine Abweisung eines mit rechtlichen Forderungen verbundenen Anspruchs der Jerusalemer Urgemeinde unterstellte, Repräsentantin der Gesamtkirche zu sein[28]. Doch das erweist sich als zweifelhaft aufgrund der Einsicht, daß der Begriff *ekklesia* Gottes für Jerusalem hauptsächlich eschatologisch-heilsgeschichtliche Bedeutung hatte. Es ging in ihm weniger um den Rechtsanspruch Jerusalems auf die Leitung einer Gesamtkirche als

---

[27] So *Hainz*, Ekklesia 238f, in Auseinandersetzung mit der u.a. von *Dahl*, Volk 248f; *O. Linton*, Das Problem der Urkirche in der neueren Forschung, 1932 (UUÅ) 141; *Schmidt*, ThWNT III 508f vertretenen älteren Auffassung, derzufolge die Einzelgemeinde Darstellung der Gesamtkirche sei.

[28] Repräsentativ für dieses Erklärungsmodell ist *Holl*, Kirchenbegriff 64, der in das Verhältnis des Paulus zu Jerusalem den Kampf Luthers gegen den Primatsanspruch Roms und des Papsttums hineinprojiziert.

um die Überzeugung, Mitte und Bezugsort der Sammlung des endzeitlichen Gottesvolkes zu sein[29]. Verhält es sich aber so, dann kommt man nicht um die Erklärung herum, daß bei Paulus für das Verständnis des Wortes *ekklesia* dieses eschatologisch-heilsgeschichtliche Moment, obwohl es ihm bekannt und vertraut war, nicht mehr zentral bestimmend ist. Es ist vielmehr überlagert durch die theologisch interpretierte Erfahrung des *Zusammenkommens* von Menschen unterschiedlicher Herkunft und Stellung in einem neuen, pneumatisch geprägten sozialen Lebenszusammenhang.

Paulus greift dabei anscheinend bewußt auf jene konkrete Grundbedeutung von *ekklesia* zurück, die sich im griechischen Sprachraum mit diesem Wort verband: die *Versammlung* des Volkes, die zu den Rechten der freien Bürger des Gemeinwesens, der *polis*, gehört und deren Möglichkeit zur Selbstdarstellung und zur Gestaltung des gemeinschaftlichen Lebens darstellt[30]. Aber er läßt diese Grundbedeutung nicht einfach stehen, sondern macht sie zum Gefäß für einen neuen Inhalt. Die *ekklesia* ist nicht etwa die nach demokratischen Prinzipien gestaltete Versammlung der an Christus Glaubenden, in der diese die Belange ihres Zusammenlebens regelten. Sie ist vielmehr die *Versammlung*, die sich „in Christus Jesus" vollzieht (1Thess 2,14; Gal 1,22). Das Sein der *ekklesia* Gottes ist darin begründet, daß sie „in Christus Jesus ist": das ist eine Anspielung darauf, daß sie durch das christologisch begründete Geschehen der Taufe zustandekommt (Gal 3,27f; vgl. 1Kor 1,2). Das heißt aber: sie ist die *gottesdienstliche Versammlung*[31].

Wie unmittelbar Paulus die *ekklesia* gedanklich mit dem spezifischen Zusammenkommen der an Christus Glaubenden zusammenbringt, wird in 1Kor 11,17f.20 deutlich:

> Indem ich euch so ermahne, lobe ich nicht, denn nicht zum Besseren, sondern zum Schlimmeren *kommt ihr zusammen*. Zunächst höre ich nämlich, daß, wenn ihr *zusammenkommt* in *Versammlung (ekklesia)*, Spaltungen unter euch sind, ja zum Teil glaube ich das sogar . . . Wenn ihr nun *zusammenkommt* eben zu diesem Zweck (d.h. um Versammlung zu sein)[32], so ist dies gar kein Herrenmahl-Essen (vgl. 1Kor 14,23).

Man versammelt sich also, um Versammlung (*ekklesia*) zu sein. Die *ekklesia* kommt durch die „*ekklesia-Versammlung*" zustande. Das ist im Deutschen wegen der Eindimensionalität des Begriffes „Versammlung" nicht mehr angemessen wiederzugeben. Die Pointe liegt nämlich in dem besonderen Charakter *dieser* Versammlung: in ihr findet das In-Christus-Sein der Getauften seinen sichtbaren

---

[29] Vgl. *Merklein*, Ekklesia 306.

[30] S. hierzu *Merklein*, Ekklesia 313f.

[31] Die gleichen Bezüge liegen da vor, wo Paulus die *ekklesia* (1Kor 1,2; 14,33; 2Kor 1,1; Phil 1,1; 1Thess 1,27) bzw. einzelne ihrer Glieder als „Heilige" bezeichnet. Wie schon in der ihm vorgegebenen judenchristlichen Tradition (s. II.7.3) gelten auch ihm die von Gott erwählten, seiner Sphäre zugehörigen Menschen als „heilig". Darüber hinaus betont Paulus aber mit diesem Prädikat besonders die durch das in der Taufe zugeeignete Sein in Christus bewirkte Verbundenheit der Christen untereinander (Röm 12,13; 15,25f; 2Kor 8,4; 9,1.12; Phlm 5); vgl. *Wolff*, 1.Korinther II 143; *C.D. Müller*, Die Erfahrung der Wirklichkeit, Gütersloh 1978, 11ff.

[32] Diese Übersetzung ergibt sich aus der Entsprechung zwischen 11,18 und 20; s. *Hainz*, Ekklesia 231.

Ausdruck. Die Schar der Getauften erweist sich als das, was sie aufgrund des Wirkens des Geistes ist, indem sie zusammenkommt.

3.4 Dabei ist freilich weder die Existenz von *ekklesia* auf den Akt des jeweiligen Sich-Versammelns beschränkt, noch ist die Zugehörigkeit zu ihr von der konkreten Teilnahme an diesem Akt abhängig. Die *ekklesia* besteht grundsätzlich auch außerhalb der gottesdienstlichen Versammlung; sie versammelt sich, um *Versammlung* zu sein (1Kor 14,23). Man könnte auch sagen: indem sie sich versammelt, tritt sie als *Gemeinde* in Erscheinung[33]. Den reichen Christen in Korinth, die bei der gemeinsamen Mahlzeit im Rahmen der gottesdienstlichen Versammlung die Ärmeren ausschließen, wirft Paulus Verachtung der „*ekklesia* Gottes" vor (1Kor 11,22). Verachtet wird die *ekklesia* Gottes durch ein Verhalten, das dem Sinn des Zusammenkommens zuwiderläuft, weil es bestehende Unterschiede – in diesem Fall solche sozialer Art – manifest werden läßt und so verhindert, daß das in Christus gegebene Einssein, das das Wesen der *ekklesia* ausmacht (Gal 3,28), in Erscheinung tritt[34].

3.5 *Zusammenfassend* läßt sich sagen: Paulus greift auf den profansprachlichen Bedeutungsgehalt des Wortes *ekklesia* zurück, um dadurch den christologischen Ansatz seines Kirchenverständnisses zum Ausdruck zu bringen und die Bedeutung der örtlichen gottesdienstlichen Versammlung herauszustellen. Aber sein Reden von *ekklesia* bleibt nicht an diesen Bedeutungsgehalt gebunden, sondern geht da über ihn hinaus, wo es die auszusagende Sache erfordert. Und zwar gibt es wesentlichen Komponenten des palästinisch-judenchristlichen Verständnisses Raum. Vor allem nimmt es dessen *eschatologischen Grundansatz* auf. Denn indem die *ekklesia* „in Christus" ist, ist sie der Bereich, der durch den Anbruch der endzeitlichen Neuschöpfung in Christus bestimmt ist. Durch die Gabe des Geistes hat Gott diese Menschen für sich in Besitz genommen und sie in den Dienst seines endzeitlichen Handelns gestellt.

Was jedoch bei Paulus gegenüber dem palästinisch-judenchristlichen Verständnis von *ekklesia* in den Hintergrund tritt, ist die *heilsgeschichtliche Komponente*. Das hängt zweifellos mit der Betonung des christologischen Bezugs zusammen, die wiederum im Kontext der Rechtfertigungslehre des Paulus zu sehen ist. Ist nämlich die im Glauben an Christus und in der Taufe auf seinen Namen begründete Zugehörigkeit zu Christus die Voraussetzung für die Zugehörigkeit zur *ekklesia*, so wird damit der Gedanke an eine sich in dieser Zugehörigkeit bekundende geschichtliche Kontinuität schwierig, zumindest jedoch bedarf er der Absicherung gegen Mißverständnisse. Hier stellte sich für Paulus ein grundlegendes theologisches Problem. Es wird zu zeigen sein, wie er damit zurecht kam.

---

[33] Vgl. *R. Bultmann*, Kirche und Lehre nach dem Neuen Testament, in: ders., Glauben und Verstehen 1, Tübingen ²1954, 153–187.164: „Die ‚Kirche' ist *die kultische Versammlung der Gemeinde* (vgl. 1Kor 11,18 . . .), in der der Herr (*kyrios*) gegenwärtig ist, wie der Geist (das *pneuma*) und die Gnadengaben (*charismata*) das dokumentieren."; *Hainz*, Ekklesia 231.
[34] Schön definiert *Merklein*, Ekklesia 315: „‚Ekklesia Gottes', eschatologische Heilsgemeinde, ist deshalb für Paulus überall dort, wo Getaufte, In-Christus-Seiende, sich in ‚Ekklesia' versammeln oder versammeln können, d.h. eine Gemeinschaft bilden, bzw . . . ‚in einen Leib hineingetauft sind'".

4. Der „Leib Christi"

Die Vorstellung, daß die Kirche *Leib Christi* ist, steht in einem engen Zusammenhang mit jener, die in der Formel „in Christus" ihren Ausdruck findet, ohne allerdings mit ihr deckungsgleich zu sein. Es handelt sich bei ihr vielmehr um eine weiterführende Konsequenz aus der sakramental begründeten Identitätsaussage „in Christus". Sie erscheint nur an drei Stellen in den echten Paulusbriefen, nämlich in der eucharistischen Aussage 1Kor 10,16f, im Gleichnis vom Leib und den Gliedern 1Kor 12,12–26 und als knapper, fast formelhafter Hinweis in paränetischem Kontext in Röm 12,5.

Wichtig für das Verständnis sind vor allem die beiden erstgenannten Texte. In ihnen werden nämlich jene *zwei Komponenten* erkennbar, die in der Vorstellung des Christusleibes zusammenwirken: der Gedanke der *sakramentalen Teilhabe* am eucharistischen Leib Christi und der Gedanke des *Organismus, in dem die Glieder zusammenwirken*.

4.1 „Leib Christi" als eucharistische Tischgemeinschaft (1Kor 10,16f)

In 1Kor 10,14–30 spricht sich Paulus gegen eine Teilnahme der korinthischen Christen an heidnischen kultischen Mahlzeiten aus, deren Unbedenklichkeit man wohl mit der immunisierenden Wirkung des Herrenmahls gegenüber dämonischen Einflüssen zu begründen suchte. Grundlage der Argumentation des Apostels ist die Überzeugung, daß jede kultische Mahlzeit die Teilnehmer in eine verpflichtende Gemeinschaft stellt – im Falle des Herrenmahls ist es die Gemeinschaft mit Christus, im Falle der nichtexistenten heidnischen Gottheiten die Gemeinschaft der sich hinter diesen verbergenden dämonischen Mächte (10,19f).

4.1.1 In 10,16f begründet Paulus diesen Gedanken in einem logischen Schlußverfahren, dessen Grundlage die der Gemeinde bekannte Herrenmahlstradition ist:

> Der Segensbecher, den wir segnen, ist der nicht die Gemeinschaft des Blutes Christi? Das Brot, das wir brechen, ist das nicht die Gemeinschaft des Leibes Christi? Weil es *ein* Brot ist, sind wir, die Vielen, *ein* Leib. Wir haben nämlich alle Anteil an dem *einen* Brot.

Das Brotwort steht anscheinend deshalb hinter dem Becherwort, weil es den für die Beweisführung maßgeblichen Begriff „Leib" enthält. Darüber hinaus dürfte auch das Wort „Gemeinschaft" (*koinonia*) von Paulus eingefügt worden sein, und zwar als Ausdeutung der vom traditionellen Brotwort („Dies ist mein Leib") vorausgesetzten Verbindung zwischen der Gabe – dem gesegneten Brot – und Christus, dem Geber, wobei diese Ausdeutung auf das anzusprechende Thema der Tischgemeinschaft hin erfolgt[35].

4.1.2 Der Gedanke, daß der Empfang des gesegneten Brotes beim Herrenmahl Teilhabe am „Leib" des Herrn ist, bildet die Voraussetzung für alles folgende. Dabei

---

[35] Vgl. *Käsemann*, Anliegen 28; *Hainz*, Koinonia 23f.

ist der „Leib Christi" verstanden als der Kreuzesleib, durch dessen Hingabe in den
Tod Christus für die „Vielen" Heil gewirkt hat. Aber während die korinthischen
Christen diese Teilhabe individualistisch im Sinne eines Heilsempfangs des je
einzelnen verstanden, zieht Paulus daraus in V.17a eine Konsequenz, die ihr
Gemeinschaftsleben betrifft: „Wir, die Vielen, sind *ein Leib*". Und in V.17b gibt er
die Begründung dafür, indem er auf das Essen aller Gemeindeglieder von dem *einen*
Brot, nämlich dem eucharistischen Brot, hinweist. Dadurch, daß die Glaubenden
jenes Brot essen, das ihnen Anteil am Leib Christi und damit am Heilsgeschehen
gibt, werden sie aus ihrem Status als isolierte einzelne herausgelöst und zu einem
neuen Ganzen verbunden. Indem Paulus auf dieses so entstehende neue Ganze dieselbe Bezeichnung wie für die Heilsgabe des Sakraments, nämlich „Leib", anwen-
det, macht er deutlich, daß dieser Vorgang selbst Heilsgabe des Sakraments ist.

4.1.3 Es ist zunächst wichtig zu sehen, daß Paulus keineswegs von einer vorgegebenen ekklesiologischen Leib-Vorstellung ausgeht, etwa in der Weise, daß man
durch das Essen und Trinken der Sakramentsgaben in seinshafter Weise Anteil an
der Pneuma-Gestalt des Erlösers bekäme und so in sie hinein verwandelt würde[36].
„Leib" erscheint vielmehr in zwei ganz unterschiedlichen Bedeutungsnuancen,
nämlich in V.16 soteriologisch-sakramental und erst in V.17a ekklesiologisch. Um
beides miteinander zu verbinden, bedarf es der – überdies sehr vorsichtig konstru-
ierten – Brücke von V.17b. Anscheinend ist sich Paulus dessen bewußt, hier einen
neuen, für seine Leser überraschenden Gedanken einzuführen[37].
Verhält es sich aber so, dann ist zu fragen, was ihn zu dieser Übertragung des
Begriffes „Leib" auf die Gemeinde bewogen hat. Wie sich aus dem Kontext ergibt,
waren *zwei Gründe* dafür maßgeblich:

4.1.3.1 Für Paulus verbindet sich mit dem Begriff „Leib" der Organismusgedanke. Er will ja, wie die Entgegensetzung „die Vielen" bzw. „alle" – „ein Brot"
bzw. „ein Leib" zeigt, darauf hinaus, daß die Glaubenden durch die Gabe des
Sakraments zu einer neuen Einheit zusammengeschlossen werden. Anders aber als
in dem sachlich verwandten Argument von Gal 3,27f sieht er hier diese Einheit nicht
als Überwindung der bisher das Miteinander prägenden Unterschiede durch die
neue Identität „in Christus", sondern als Ermöglichung eines von Christus her
gestalteten Miteinanders. So steht der Begriff „Leib" hier für die funktionale Einheit
des Organismus[38].

4.1.3.2 Paulus ist daran gelegen, dieses Miteinander als durch das Sakrament
vermittelte Heilsgabe herauszustellen. Bei der Realisierung dieses zweiten Anlie-
gens kann er sich auf ein zentrales Motiv der ältesten eucharistischen Tradition

---

[36] So allerdings *Käsemann*, Anliegen 12, der 1Kor 10,16f ganz „im Zeichen der Übernahme und
Abwandlung des gnostischen Mythos vom Urmensch-Erlöser" stehen sieht. Ähnlich *W.G. Kümmel*, in:
H. Lietzmann/W.G. Kümmel, An die Korinther I.II, ⁴1949 (HNT 9) 181f. Doch dagegen *Wolff*, 1.
Korinther II 54.
[37] Er sagt weder „wir sind der Leib Christi", noch (was sich von Gal 3,28 her nahelegen könnte) „wir
sind der eine Christus", sondern nur „wir sind ein Leib"; vgl. *Merklein*, Entstehung 334f.
[38] Dieser Aspekt legt sich schon aufgrund der übergreifenden Thematik von 1Kor 8–10 nahe; vgl.
Merklein, Entstehung 333.

stützen: die Lebenshingabe Jesu für die „Vielen" als Ermöglichung der Sammlung der Gott Fernen zur Teilhabe am Heil der Endzeit. Die Aussage, daß „die Vielen" *ein Leib* sind, ist eine deutliche Anspielung auf das Becherwort der Herrenmahls-überlieferung (vgl. Mk 14,24)[39]. Allerdings verändert sich der Sinn dieses Motivs durch den Kontext, in den Paulus es stellt, nicht unerheblich. In der ursprünglichen Mahltradition war es unmittelbar mit dem Gottesvolk-Gedanken verbunden gewesen: in der Heilszuwendung an die „Vielen" vollzieht sich die Sammlung des Gottesvolkes. War dabei zunächst an die Menschen am Rande Israels gedacht, so legte sich schon bald auf dem Hintergrund des Motivs der Völkerwallfahrt zum Zion die Ausweitung auf die Heiden nahe. Das eucharistische Becherwort ließ sich als Legitimation der Heidenmission verstehen, und in der Folge wurde der Einbezug von Heiden in die eucharistische Tischgemeinschaft zum sinnfälligen Zeichen für deren Zugehörigkeit zum Heilsvolk der Endzeit. Paulus kannte diesen Zusammenhang, und er war für ihn zweifellos beim Kampf um die Legitimation der gesetzesfreien Heidenmission von großer Bedeutung gewesen[40]. Umso beachtlicher ist es, daß er ihn hier unberücksichtigt läßt und stattdessen das Motiv der „Vielen" mit dem Leib-Gedanken in Verbindung bringt. Paulus denkt in 1Kor 10,17 nicht an die Eingliederung der *Heiden* in das *Volk Gottes*, sondern an die Zusammenführung der *voneinander getrennten Einzelnen* zu einem *organisch gegliederten Lebenszusammenhang*, einem *Leib*. Daß er damit primär die *örtliche Versammlung der Christen* meint und nicht etwa an die ideale Größe einer Gesamtkirche denkt, ergibt sich daraus zwangsläufig. Paulus hat jenen Bereich im Blick, wo sich solches organisch gegliederte Miteinander konkret realisiert und, vor allem, jenes Geschehen, aus dem es seinen Ursprung nimmt. Die örtliche Versammlung ist *Leib Christi*. Die Neuakzentuierung der Abendmahlsüberlieferung durch Paulus geht also ganz parallel zu jener des *ekklesia*-Begriffs. In beiden Fällen tritt der heilsgeschichtliche Bezug auf das Volk Gottes hinter den Bezug auf das aktuelle gegliederte Miteinander der Glaubenden in der Gemeinde zurück.

4.1.4 In 1Kor 10,17 tritt aber vor allem der *Ansatzpunkt dieser Sicht* klar in Erscheinung. *Die örtliche Gemeinde ist deshalb Leib Christi, weil sie im eucharistischen Mahl Anteil am Leib des Herrn erhält.* Sie ist konkret jene Versammlung, die durch die Tischgemeinschaft mit dem sich für sie in den Tod dahingebenden Jesus konstituiert wird.

4.2 Der paulinische koinonia-Begriff

Paulus führt in 1Kor 10,16 den Begriff *koinonia* ein. Wir müssen ihn zwar in Ermangelung einer geeigneteren Vokabel im Deutschen mit „Gemeinschaft" wie-

---

[39] Vgl. *J. Roloff*, Heil als Gemeinschaft, in: ders., Exegetische Verantwortung in der Kirche, Göttingen 1990, 171–200.191.

[40] Das geht aus Gal 2,11–21 hervor: Die Verweigerung der eucharistischen Tischgemeinschaft mit den Heidenchristen durch Petrus und Barnabas ist nach Paulus eine fundamentale Leugnung der Einheit der Heilsgemeinde.

dergeben, doch haben wir dabei die spezifische Bedeutung, die dieser Schlüsselbegriff im paulinischen Kontext gewinnt, genau zu beachten.

4.2.1 Die *ältere Forschung* ging zunächst mehr oder weniger vom modernen umgangssprachlichen Verständnis aus: Gemeinschaft war für sie das Ergebnis einer freien menschlichen Initiative, die *Solidarisierung* von Personen mit gleichen Interessen und gleichen Zielsetzungen. So wollte z.B. *E. v. Dobschütz* den paulinischen Begriff *koinonia* mit „Genossenschaft" wiedergeben[41], womit freilich der Bezug auf den unmittelbaren Kontext von 1Kor 10,16f, wo es um die reale Anteilhabe am Tisch der Dämonen geht, wie auch das spezifische Aussagegefälle von V.16 zu V.17 mißachtet war.

Einen wesentlichen Fortschritt demgegenüber bedeutete die Begriffsstudie von *H. Seesemann*, die mit Recht großen Einfluß auf die weitere Diskussion gewann[42]. Sie verhalf dem im paulinischen Text enthaltenen Aspekt der Anteilhabe zu seinem Recht, gewichtete ihn allerdings in problematischer Weise zu stark. Nach *Seesemann* geht es nämlich lediglich um die gemeinsame „Teilhabe" der Glaubenden an den Heilsgaben Christi, während deren Konkretion in der *Gemeinschaft* außer Betracht bleibt. Das führt dann zu der Konsequenz, daß jeder Zusammenhang zwischen *koinonia* und *ekklesia* für Paulus, und damit die Relevanz des *koinonia*-Begriffs für sein Kirchenverständnis, bestritten wird[43].

Dem steht ziemlich diametral die Deutung gegenüber, die *E. Käsemann* ausgehend von seinem Verständnis des „Leibes Christi" als pneumatischer Riesenleib des Urmensch-Erlösers entwickelt hat: Der Begriff *koinonia* lasse sich weder mit „Teilhabe", noch mit „Gemeinschaft" angemessen wiedergeben, denn er habe bei Paulus „die Aufgabe, das Verfallen an eine Machtsphäre zu umschreiben" und bringe „das Ergriffenwerden, die hinreißende Gewalt übergeordneter Mächte, zum Ausdruck"[44].

In jüngster Zeit gewinnt zu Recht die vor allem von *J. Hainz* vertretene Deutung an Boden, derzufolge das Spezifikum des paulinischen *koinonia*-Begriffs in der Verbindung der beiden Aspekte *Teilhabe* und *Gemeinschaft* liegt[45]. *Hainz* betont den Unterschied zwischen dem *Anteilhaben* von V.17b und der *koinonia* von V.16b: Das erstere ist die Voraussetzung für die letztere, die in V.17a als Ein-Leib-Sein, d.h. als funktionale Einheit, bestimmt wird. Er definiert sie als „Gemeinschaft durch Teilhabe"[46]. Doch das greift etwas zu kurz, zumindest im Blick auf die in 1Kor 10,16f vorliegende Bedeutungsnuance. Sachgemäßer wäre hier im Sinn des Paulus zu definieren: *koinonia* ist *Gemeinschaft, die durch die gemeinsame Teilhabe an etwas entsteht und bleibend bestimmt wird*[47].

---

[41] *E. v. Dobschütz*, Sakrament und Symbol im Urchristentum, ThStKr 78 (1905) 12ff.

[42] *H. Seesemann*, Der Begriff *KOINONIA* im Neuen Testament, 1933 (BZNW 14). In dieselbe Richtung wiesen bereits die Überlegungen von *C. Holsten*, Das Evangelium des Paulus I, Berlin 1880, 328.

[43] *H. Seesemann*, Koinonia 99; ähnlich *J. Y. Campbell*, Koinonia and its Cognates in the New Testament, JBL 51(1932) 352–380.

[44] *Käsemann*, Anliegen 25.

[45] *Hainz*, Koinonia 162–204; *ders.*, EWNT II 749–755. Ähnlich *Bornkamm*, Verständnis des Gottesdienstes 122.

[46] *Hainz*, Koinonia 173.

[47] *Hainz*, Koinonia 243f, übersieht, daß Paulus hier weder eine grundsätzliche Aussage über die Entstehung von Kirche machen, noch gar ein Antwort auf die für die heutige ökumenische Diskussion wichtige Frage nach dem Verhältnis von Abendmahlsgemeinschaft und Kirchengemeinschaft geben, sondern durch den Hinweis auf das, was die Kirche bleibend bestimmt, Weisungen begründen will. Die einseitige Fixierung auf die Entstehungsproblematik führt zu falschen Alternativen und unhaltbaren Differenzierungen, etwa in der Frage nach der Bedeutung der Taufe für die ekklesiale Gemeinschaft.

4.2.2 Das, woran die Glaubenden Anteil haben, ist zunächst vordergründig das *eine Brot*. Dabei mag konkret Bezug genommen sein auf den realen gottesdienstlichen Brauch, daß bei der Herrenmahlsfeier je ein einziger Brotfladen gebrochen und unter die Anwesenden verteilt wurde. Aber nicht der äußere Bildgehalt ist bestimmend; eine symbolische Handlung, in der Einheit lediglich *vorgestellt* wird, kann nicht Sachgrund für den real entstehenden Christusleib in seiner Einheit sein. Das *eine Brot* ist aber eben das eucharistische Brot, in dem Christus sich selbst und den Ertrag seines Wirkens mitteilt. So repräsentiert es gleichermaßen die *Einzigartigkeit* Christi (vgl. 1Kor 8,6) wie auch seine *Einheit stiftende Funktion*. Der Empfang dieses Brotes durch die Glaubenden bewirkt darum, daß diese in einer alle anderen Bindungen ausschließenden Weise mit Christus als dem *einzigen* Heilbringer verbunden und dadurch zugleich zu einer von dieser Christusbindung bestimmten Einheit untereinander zusammengeführt werden. So entsteht durch das Teilhaben am Brot „Leib Christi".

4.2.3 Paulus geht es dabei zunächst um die konkreten Konsequenzen für das Verhalten der korinthischen Christen in der Frage der heidnischen Kultmahlzeiten (1Kor 10,14f.19–22). Er zeigt: durch die *koinonia* des Herrenmahls ist eine *exklusive Verbindlichkeit* gesetzt. Die Frage ist nicht, wie weit die innere Standfestigkeit des einzelnen Christen gegenüber heidnischen Kulten geht und was er glaubt, sich ohne Gefährdung zumuten zu können. Die Frage ist auch erst recht nicht die nach der objektiven Realität der Kultgottheiten. Das maßgebliche Kriterium besteht vielmehr in der Exklusivität und Verbindlichkeit der Gemeinschaft am Tisch des Herrn: „Ihr könnt nicht den Becher des Herrn trinken und den Becher der Dämonen; ihr könnt nicht Anteil haben am Tisch des Herrn und am Tisch der Dämonen" (1Kor 10,21).

Auch durch die Anteilhabe am Kultmahl entsteht *koinonia* (1Kor 10,20). Mag die Gottheit, in deren Zeichen sie steht, auch nichtig sein (vgl. Röm 1,18–32), so ist doch diese *koinonia* höchst real, insofern als sie bestimmt ist von dem einzigen und wahren Gott feindlichen und darum dämonischen Kräften. Der Christ, der sich in solche *koinonia* begibt, mißachtet die *koinonia* des Leibes Christi; er vergeht sich gleichermaßen an Christus wie auch an den ihm Zugehörigen, den Schwestern und Brüdern in seiner Tischgemeinschaft (1Kor 8,12). Damit setzt Paulus als selbstverständlich voraus, daß die Christus-*koinonia* auch außerhalb der Herrenmahlsfeier Bestand hat und das Verhalten der ihr zugehörigen Menschen bestimmt. Die Anteilhabe an Christus und die dadurch bewirkte Gemeinschaft bleiben nicht auf den Augenblick des aktuellen Vollzugs des Brotbrechens und des Teilens des Bechers beschränkt; sie wirken vielmehr weiter, indem sie Lebensvollzüge und Gemeinschaftsverhalten prägen.

4.2.4 Wie *ekklesia* im Akt der Versammlung zustandekommt, zugleich aber auch über die konkrete Versammlung hinaus Realität ist, so entsteht auch *koinonia* im Vollzug des Herrenmahls, bleibt aber auch über diesen hinaus verbindliche Wirklichkeit. Die Analogie ist keineswegs zufällig. Man greift wohl kaum zu weit mit der Vermutung, daß *Paulus die Kirche vorwiegend vom Leitbild der eucharistischen Mahlgemeinschaft her sieht*. Kirche ist für ihn die *örtliche Versammlung als „Gemeinschaft des Leibes Christi"*.

4.3 koinonia als Sozialgestalt (1Kor 11,17–34)

Aus diesem Verständnis von *koinonia* ergeben sich Folgen für die Sozialgestalt der Gemeinde. Das wird anhand der Kritik deutlich, die Paulus an der korinthischen Herrenmahlspraxis in 1Kor 11,17–34 äußert.

4.3.1 Es geht dabei um *Fehlentwicklungen beim eucharistischen Gottesdienst,* die sich im Windschatten des stark individualistisch und sakramentalistisch geprägten Eucharistieverständnisses der Korinther ergeben hatten. Zwar achtete man das Herrenmahl hoch als pneumatische Speise, von der man erwartete, daß sie dem einzelnen göttliche Lebenskraft zuführt, doch fehlte es in der sich zum Mahl versammelnden Gemeinde an dem diesem Mahl gemäßen geschwisterlichen Verhalten. In Korinth wurde, allgemeinem urchristlichem Brauch folgend, das Herrenmahl im Rahmen einer Sättigungsmahlzeit gehalten. An deren Anfang stand das „Brotbrechen", „nach dem Essen" (V.25) wurde der „Segensbecher" dargereicht. Bestritten wurde das Sättigungsmahl durch von den Gemeindegliedern mitgebrachte Speisen. Anscheinend hatte sich in Korinth die Übung eingebürgert, daß jeder dabei nur seine eigenen Speisen verzehrte, was zur unvermeidlichen Folge hatte, daß die wohlhabenden Gemeindeglieder fröhlich und üppig schmausten, während die Armen dabei hungrig zusehen mußten: „Jeder nimmt sein eigenes Mahl ein beim Essen, und so hungert der eine, (während) der andere schwelgt" (V.21)[48]. Lediglich beim Empfang der Gaben des Sakraments bestand Gleichheit zwischen Reichen und Armen, und somit war für ein religiös-individualistisches Sakramentsverständnis alles in Ordnung: die Gabe des Herrn, auf die alles ankam, wurde ja niemandem vorenthalten.

4.3.2 Aber eben diese Unterscheidung ist für Paulus untragbar. Wenn beim gemeinsamen Mahl Reiche und Arme beisammen sind und doch nach sozialen Gruppen getrennt essen, so sind das in seinen Augen unerträgliche „Spaltungen" (V.18), die dem Wesen des Herrenmahls strikt zuwiderlaufen. Was dort geschieht, ist für ihn letztlich „überhaupt kein Herrenmahl mehr" (V.20). Wenn die Gemeinde die soziale Spaltung angesichts des Herrenmahls duldet, so empfängt sie das Sakrament „unangemessen" und vergeht sich am Leib und Blut des Herrn (V.27). Sie verkennt nämlich, *daß die Sakramentsgabe sich notwendig auf den sozialen Bereich auswirkt,* ja daß durch sie eine neue soziale Gegebenheit entsteht, nämlich der „Leib Christi". Das dürfte Paulus im Blick haben, wenn er den Vorwurf erhebt, es werde „der Leib nicht richtig beurteilt", d.h. in seiner Besonderheit erkannt

---

[48] Ich folge hier der Darstellung von *Hofius,* Herrenmahl, die vor allem deshalb überzeugt, weil sie ohne die mißliche Hypothese auskommt, eucharistische Brot- und Becherhandlung seien in Korinth, entgegen der in der von Paulus zitierten Herrenmahlsparadosis 1Kor 11,23–26 vorausgesetzten Geschehensfolge, erst nach Abschluß des Sättigungsmahls vorgenommen worden. Anders allerdings die inzwischen nahezu kanonisch gewordene Rekonstruktion durch *Bornkamm,* Herrenmahl: Die wohlhabenden Gemeindeglieder nahmen das Sättigungsmahl vorweg, d.h. sie begannen damit, ehe die Armen anwesend sein konnten, so daß diese – Taglöhner und Sklaven, die erst nach einem langen Arbeitstages zur Versammlung hinzustießen – nur noch kärgliche Reste vorfanden. So zuletzt u.a. *Wolff,* 1.Korinther II 86; *H.-J. Klauck,* 1.Korintherbrief, ²1987 (NEB 7) 81ff.

(V.29). Man verachtet den sich für uns dahingebenden Jesus, dessen Leib man im eucharistischen Brot empfängt, wenn man nicht erkennt, was diese Gabe bewirkt: die in ihrer Struktur durch die Selbsthingabe und das Dienen Jesu bestimmte Gemeinde.

4.3.3 Paulus geht sogar so weit, das Auftreten von Krankheiten und Todesfällen in der Gemeinde in einen ursächlichen Zusammenhang mit deren unwürdigen Sakramentsfeiern zu bringen. So unmittelbar und gewichtig ist nämlich die Auswirkung des Herrenmahls auf die Sozialgestalt der Gemeinde, daß da, wo man sich ihr widersetzt und man sie auszuschalten sucht, Krisenerscheinungen auftreten, die auch den leiblichen Bereich betreffen. Diese sind Hinweise darauf, „daß die Gemeinde überhaupt krank ist und dem Tod verfallen könnte"[49], und somit Zeichen des Gerichtes. Paulus war sicher weder der Meinung, daß die einzelnen von Krankheit oder Tod betroffenen Gemeindeglieder allein sich eines unwürdigen Verhaltens beim Herrenmahl schuldig gemacht hätten, noch gar, daß das richtige Verhalten gegenüber dem Sakrament vor Krankheit und Tod bewahren würde. Betroffen ist von diesen Erscheinungen vielmehr die Gemeinde in ihrer Gesamtheit. Sie soll sich durch solche die Störung ihres inneren Lebens anzeigenden Symptome warnen und zur Umkehr rufen lassen.

4.3.4 Solche Umkehr bedeutet zunächst: die Gemeinde soll ihren ganzen Gottesdienst so gestalten, daß *der vom Leib und vom Blut des Herrn ausgehende Sozialimpuls* in ihm wieder Raum gewinnt. Sie soll begreifen, daß das Sättigungsmahl, das zwischen den beiden Akten des Empfangens von Leib und Blut Christi steht, keine Sache der Beliebigkeit ist, sondern der Ort, an dem sich die durch die Teilhabe an den Heilsgaben begründete *koinonia* realisiert, und damit unmittelbarer Bestandteil des Gottesdienstes. Und zwar ist es speziell die dienende Selbsthingabe Jesu, die hier ihren Ausdruck finden muß. Paulus zitiert in diesem Zusammenhang die Herrenmahlsüberlieferung (VV.23–26), weil er das „für euch" als die für den gesamten Gottesdienst maßgebliche Norm herausstellen möchte. Dieses „für euch" ist es, „was alle Glieder der Gemeinde – auch über die sozialen Unterschiede hinweg – miteinander verbindet, aneinander weist und füreinander verantwortlich macht."[50] Dieses „für euch" hat als notwendige Konsequenz, daß die korinthischen Christen sich „gegenseitig annehmen" (V.33), d.h. miteinander ihre Speisen teilen, einander bewirten[51].

4.3.5 Aber Paulus will nicht nur, daß der vom Herrenmahl ausgehende Sozialimpuls innerhalb des Gottesdienstes zur Wirkung kommt. Er setzt vielmehr als selbstverständlich voraus, daß er sich auch im alltäglichen Miteinander der Christen bestimmend auswirkt. Was ganz allgemein von der gottesdienstlichen Versamm-

---

[49] *Wolff*, 1.Korinther II 95.

[50] *Hofius*, Herrenmahl 407.

[51] Daß es bei der Mahnung 1Kor 11,33 nicht um das Aufeinander Warten (d.h. um das Warten mit dem Beginn der Mahlzeit, bis alle Gemeindeglieder eingetroffen sind), sondern um das Einander Annehmen, d.h. um das ‚Christusprinzip' (vgl. Röm 14,1.3; 15,7) geht, hat *Hofius*, Herrenmahl 388f, mit überzeugenden lexikalischen Argumenten nachgewiesen.

lung gilt, nämlich daß durch sie die an Christus Glaubenden zur „Versammlung
Gottes", zur *ekklesia*, werden, das gilt erst recht von dem zentralen Geschehen
dieses Gottesdienstes: Die Glaubenden werden durch ihn zur *koinonia* des Christusleibes zusammengeführt, so daß sie „Leib Christi" sind. Der eucharistische
Gottesdienst ist der Bereich, in dem ein neues, von der Selbsthingabe Christi
bestimmtes Sozialverhalten als *reale Möglichkeit* erfahren und eingeübt wird, um
von da aus prägend in alle Lebensbezüge hineinzuwirken.

4.4 Der „Leib Christi" als lebendiger Organismus

Paulus hat den Leib-Christi-Gedanken zunächst als Deutung des Herrenmahlsge-
schehens entwickelt[52]. Es entspricht auch ganz dem eben angedeuteten Gefälle vom
Gottesdienst zum alltäglichen Miteinander der Christen, wenn er ihn in 1Kor
12,12–31 benutzt, um von ihm her grundsätzlich die Lebensvollzüge in der christlichen Gemeinde zu deuten. Dabei tritt das Organismus-Motiv, das bereits in 1Kor
10,17 als Komponente vorhanden war, beherrschend in den Vordergrund:

> Denn wie der Leib einer ist und doch viele Glieder hat, alle Glieder des Leibes aber, obwohl
> sie viele sind, ein Leib sind, so (steht es) auch (mit) Christus. Denn durch *einen* Geist
> wurden wir alle zu *einem* Leib getauft – seien wir Juden oder Griechen, Sklaven oder Freie
> – und wir wurden alle mit *einem* Geist getränkt. Denn auch der Leib besteht nicht nur aus
> *einem* Glied, sondern aus vielen (1Kor 12,12–14).

4.4.1 Vordergründig haben wir es hier mit einem *Vergleich* zu tun, der mit einer
in der damaligen Zeit allgemein geläufigen Vorstellung operiert. Besonders bekannt
war die Fabel vom Aufstand der Glieder gegen den Magen, die der Römer Mene-
nius Agrippa den aus Rom ausgezogenen Plebejern erzählt haben soll, um sie
erfolgreich zur Rückkehr zu bewegen (*Livius*, Ab urbe condita II 32f). Deren Pointe
liegt in der Einsicht der Glieder, daß sie verkümmern müssen, wenn sie der Magen
nicht ernährt, daß sie also wie jener Teile eines *Organismus* sind, denen eine
bestimmte Funktion innerhalb des Ganzen zugewiesen ist. Aber schon *Platon* hatte
die Einheit des Staates mit der des Leibes verglichen (Rep 462) und damit die
Voraussetzung dafür geschaffen, daß „Leib" als Metapher für den Staat und, ganz
allgemein, für eine gegliederte Gemeinschaft von Menschen Verbreitung fand[53].
Grundsätzlich ist eine Auswertung des Vergleichs nach zwei Richtungen möglich:
Er kann, wie in der Menenius-Agrippa-Sage, auf das Selbstverständnis des einzelnen abzielen, indem es ihn auf seine Funktion innerhalb einer übergeordneten
Größe verweist; er kann aber auch das Wesen der übergeordneten Gesamtgröße als
gegliederten, durch das Zusammenspiel vielfältiger Funktionen ermöglichten Organismus verständlich machen.

---

[52] Vgl. *Schweizer*, Homologumena, 287; *Goppelt*, Theologie 475f; *Conzelmann*, Grundriß 286–291.
[53] *Josephus* gebraucht die Metapher für das jüdische Volk: Bell 1,507; 2,264; 4,406 (alle Glieder sind
krank, wenn das wichtigste, nämlich Jerusalem, erkrankt ist). Zum Ganzen s. *Wolff*, 1.Korinther II
110–112.

Paulus hat eindeutig die erste dieser beiden Möglichkeiten im Blick. Er will sich mit Hilfe des Vergleichs gegen den pneumatischen Individualismus in der korinthischen Gemeinde wenden, in dessen Gefolge es zu einer einseitigen Hochschätzung als übernatürlich geltender pneumatischer Erscheinungen, besonders der Glossolalie, gekommen war (1Kor 12,1; 13,1; 14,1–5). Durch die Demonstration aufweisbarer Wirkungen des Geistes und die damit verbundenen Geltungsansprüche einzelner war die Einheit der Gemeinde gefährdet. Um diese zu retten, führt Paulus den Nachweis, *daß der Standort des einzelnen Christen sich einzig durch dessen Bezug auf das Ganze der Gemeinde bestimmen läßt.*

Seine Ausgangsbasis ist dabei die unteilbare *Einheit des Geistes.* Der Geist ist einer, weil auch der Herr einer ist und Gott einer ist (1Kor 12,4–6). So ist die *ekklesia* der geschichtliche Bereich, in dem sich durch den Geist das Heilshandeln Gottes in Christus erneuernd und einheitsstiftend auswirkt (vgl. Gal 3,27f). Und zwar ist der Kirche als ganzer der Geist gegeben. Pneumatische Phänomene, wie sie bei einzelnen Gemeindegliedern in Erscheinung treten mögen, sind nicht Endzweck in sich selbst, sondern *Charismen,* d.h. von Gott gnädig gewährte Zuteilungen aus der Fülle des der gesamten Kirche geschenkten Geistes (1Kor 12,11). Sie dürfen darum nicht isoliert nach ihrem äußeren Eindruck und nach dem Grad, in dem in ihnen Übernatürliches sich zu manifestieren scheint, beurteilt werden. Einziges Kriterium muß vielmehr ihr Bezug auf das Ganze sein. Dieser aber stellt sich gerade in der Vielfalt der Charismen dar, spiegeln sich doch darin Reichtum und Fülle der Lebensfunktionen des Ganzen.

4.4.2 Allein im Dienst dieses Gedankens steht nun das Bild vom Leib. Paulus vergleicht die Kirche in der eben genannten Hinsicht mit einem *Organismus,* und er entfaltet diesen Vergleich in der Folge ausführlich in der Form eines *Gleichnisses* (1Kor 12,14–26), das deutlich so konzipiert ist, daß es die Angeredeten einlädt, sich mit den unterschiedlichen Gliedern dieses Organismus zu identifizieren und von da her die ihnen jeweils gegebenen Charismen neu zu verstehen als gerade in ihrer Verschiedenheit notwendige Funktionen innerhalb des Ganzen der Gemeinde.

Keinesfalls legt Paulus jedoch die fertige Vorstellung von der Kirche *als* Christusleib zugrunde. Man darf hier nicht eine Identifikation der Kirche mit Christus herauslesen. Die Wendungen „so auch der Christus" und „wir wurden alle zu einem Leib getauft (1Kor 12,12b.13a), die man in dieser Weise hat verstehen wollen[54], geben das nicht her[55]. Paulus benennt hier vielmehr jene *Voraussetzung,* auf der sein Vergleich beruht: daß nämlich die Kirche der durch Christus vorgängig bestimmte Bereich ist. Sie entsteht nicht durch den Zusammenschluß von einzelnen, die sich zu gemeinsamem Handeln solidarisieren, sondern allein dadurch, daß Christus durch die Taufe Menschen zu einer neuen, durch den *einen* Geist bestimmten Einheit zusammenführt.

---

[54] So z.B. *Käsemann,* Leib 159–162; *Lietzmann/Kümmel,* An die Korinther I.II. 62f.187; *H. Conzelmann,* Der erste Brief an die Korinther, ²1981 (KEK V) 258.

[55] Hätte Paulus auf den „Leib Christi" als eine vorgegebene bekannte Größe verweisen wollen, so hätte er wohl formuliert: „so ist auch der Leib Christi einer und hat viele Glieder", bzw. „wir wurden alle in den Leib Christi hineingetauft".

4.4.3 Paulus greift dabei nahezu wörtlich auf den in Gal 3,27f entfalteten Gedanken über das Sein *„in Christus"* zurück[56], um ihn auf die korinthische Problemlage hin weiterzuentwickeln. Wichtig ist ihm dabei vor allem, daß die bisher trennenden Unterschiede ihre identitätsbestimmende Kraft verloren haben. Der Versuch der Gemeindeglieder, ihren Status als Christen von ihren jeweiligen Fähigkeiten bzw. den an ihnen aufweisbaren pneumatischen Phänomenen her zu begründen, ist dieser Situation nicht gemäß und darum verfehlt. Statt dessen kommt es für sie nunmehr darauf an, daß sie sich als eingebunden in die Vielfalt der Bezüge innerhalb des von Christus bestimmten Lebenszusammenhangs erkennen und die Funktion, die jedem einzelnen der Geist darin zuweist, als Dienst am Ganzen akzeptieren. Die überaus plastischen Bilder, mit denen Paulus in der Folge sein Gleichnis ausführt, wollen solche Erkenntnis und Akzeptanz bewirken. Auch die abschließend zusammenfassende Bemerkung: „Ihr seid Leib Christi und vom (einzelnen) Teil her Glieder" (V.17) führt (wie schon das Fehlen des bestimmten Artikels erweist) letztlich kaum über die Ebene des Vergleichs hinaus.

4.4.4 „Leib Christi" in 1Kor 12 ist also der Sache nach eine weiterführende Interpretation des In-Christus-Seins[57]. Was dieser Interpretation ihr besonderes Gewicht gibt und sie über die Ebene des bloßen Vergleichs erhebt, ist ihr Rückbezug auf das Herrenmahl. Sie dient dazu, die von dort her gewonnene Einsicht zu verbreitern und zu präzisieren, daß das Sein in Christus eine in der leibhaften Selbstpreisgabe Jesu für die Seinen geprägte *geschichtlich-leibhafte Wirklichkeit* ist. Es geht dabei jedoch weder (wie im deuteropaulinischen Epheserbrief; s. VIII.3.3) um eine seinshafte Qualität der Kirche, noch wird etwas über ihr Verhältnis zur Welt gesagt.

4.5 Taufe, Herrenmahl und Kirche

Paulus bringt einerseits die Taufe (Gal 3,26–28; 1Kor 12,13), andererseits aber auch das Herrenmahl (1Kor 10,16f; 11,17–33) in einen unmittelbaren Begründungszusammenhang mit der Kirche. Wir haben deshalb zu fragen: ist hier noch eine genauere Verhältnisbestimmung möglich?

4.5.1 Zur Beantwortung dieser Frage läßt sich zunächst darauf verweisen, daß Paulus zwischen Taufe und Herrenmahl *eine enge sachliche Entsprechung* herstellt. Zwar kennt er noch keine übergreifende Bezeichnung für beide (wie sie sich in dem sehr viel später entstandenen Begriff „Sakrament" ergeben sollte), doch parallelisiert er sie hinsichtlich ihrer Wirkung und ihres ekklesiologischen Bezugs.

---

[56] Nach *Merklein*, Entstehung 336f, wäre das Überlieferungsstück Gal 3,26–28 den Korinthern bekannt gewesen und wäre von ihnen, in Verkehrung der ursprünglichen paulinischen Intention als Parole zur Begründung ihres Dranges nach der Glossolalie als der alle bisherigen Unterschiede sprachlich überwindenden Sprache der neuen Welt Gottes angezogen worden: eine ansprechende, jedoch keineswegs zwingende Hypothese.

[57] Vgl. *Merklein*, Entstehung 339f; *Wolff*, 1.Korinther II 114.

4.5.1.1 In beiden nämlich setzt Gott jene leiblich-geschichtliche *Heilszuwendung*, mit der er einst Israel auf seiner Wüstenwanderung begleitete, fort (1Kor 10,1–4). Die „Wolke", die Israel begleitete, und das Schilfmeer, das Israel durchzog, sind Typen, prägende Urbilder der *Taufe*; darin, daß „alle" Glieder des Volkes damals „auf Mose getauft", wurden, erkennt Paulus eine Entsprechung zur Taufe aller Glieder der Gemeinde auf Christus. Und ebenso ist die Mannaspeisung Urbild der *Eucharistie*, „geistliche (d.h. geistgewirkte) Speise" wie jene. Durch Taufe und Eucharistie gleichermaßen hält Gott also die Kirche am Leben und erweist ihr seine Nähe.

4.5.1.2 Zugleich aber *verpflichtet* er die Kirche durch die Taufe wie durch das Herrenmahl zum Gehorsam. Es wäre, wie Paulus den korinthischen Christen entgegenhält und wie er am Beispiel Israels verdeutlicht, ein verhängnisvolles Mißverständnis, wollte man sie als Zuwendung pneumatischer Substanzen, die aller Gefährdung entheben und den Heilsbesitz garantieren, begreifen. Beide Heilszuwendungen fordern von ihren Empfängern ein Verhalten ein, das ihnen entspricht, nämlich die Zuwendung zu den Brüdern und Schwestern in der Gemeinde. Dieses Verhalten verweigern, hieße „Christus versuchen" und sein Gericht auf sich ziehen, denn mit dem Mißbrauch beider Gaben wäre auch deren Geber verkannt (1Kor 10,9).

4.5.2 Sind Taufe und Eucharistie hinsichtlich ihrer Ausrichtung auf die Kirche und ihrer Wirkung für die Kirche streng parallel, so besteht doch ein *Unterschied* hinsichtlich ihres geschichtlichen Ortes im Leben des einzelnen Christen. Er wird „zu dem einen Leib getauft" (1Kor 12,13); durch das einmalige Widerfahrnis der Taufe tritt er in den Lebenszusammenhang mit Christus ein, der in der Zugehörigkeit zur Gemeinde seine geschichtliche Gestalt erhält. Im Herrenmahl dagegen erfährt er immer neu die verbindliche lebensbestimmende Wirklichkeit des Ein-Leib-Seins der Vielen. Taufe und Eucharistie gehören so zwar unmittelbar zusammen und haben einen wechselseitigen Bezug, aber *ihre Reihenfolge ist unumkehrbar*. Die Taufe weist ein in die Gemeinschaft am Tisch des Herrn. Die Eucharistie aber ist das Mahl der Getauften, durch das die in der Taufe empfangene Heilsgabe immer neu aktualisiert wird.

5. Der endzeitliche Tempel und seine Erbauung

Mehrfach erscheinen bei Paulus kultische Motive sowie solche aus dem Bereich des Bauwesens, die sich als Teile eines zentralen ekklesiologischen Aussagekomplexes erweisen: die Kirche als Tempel, in dem der Geist Gottes wohnt.

5.1 Wir beginnen mit einer kurzen Sichtung der *Belege*.

5.1.1. Unter ihnen ragt 1Kor 3,5–17 hervor. Hier hat es zunächst den Anschein, als wäre nur rein metaphorisch von der Gemeinde als Gottes Ackerfeld und Bau die Rede: Paulus sieht sich, gemeinsam mit den anderen Missionaren, vorab mit Apollos, als einer jener Mitarbeiter Gottes, die darauf angewiesen sind, daß Gott etwas durch sie tut (V.7). Und doch unterscheidet sich seine Funktion als Apostel von der der übrigen: Er hat gepflanzt und das Fundament gelegt, die anderen begießen die Pflanzen und bauen auf dem Fundament weiter. Das endgültige Urteil über ihrer aller Werk fällt freilich erst im kommenden Gericht Gottes; hier wird sich erweisen, was Bestand hat (VV.13–15). Die Schlußwendung verläßt jedoch den Bereich des Gleichnishaften und zeigt, daß Paulus einen festen Vorstellungskomplex im Auge hat:

> Wißt ihr nicht, daß ihr Tempel Gottes seid und Gottes Geist in euch wohnt? Wenn jemand den Tempel Gottes verdirbt, so wird diesen Gott selbst verderben. Denn der Tempel Gottes ist heilig; der seid ihr (V.16f).

Entsprechendes läßt sich bei der (vermutlich auf ältere Tradition zurückgreifenden) Aussage von 2Kor 6,16 feststellen[58]. Auf die rhetorische Frage: „Wie verträgt sich der Tempel Gottes mit Götzen?" folgt hier eine Antwort, die über die Ebene des bloßen Vergleichs hinausführt: „Wir sind doch der Tempel des lebendigen Gottes". Diese wird durch einen Schriftbeweis unterstützt[59].

In Röm 15,20 schließlich bringt Paulus das Tempelbild in einer kürzelhaften Wendung ins Spiel: Er wolle dort, wo der Christusname bereits „genannt worden" sei, nicht missionieren, um nicht „auf einem fremden Fundament zu bauen". Dabei geht es, wie in 1Kor 3,5–10, um die spezifische apostolische Funktion der Grundlegung des Tempels.

5.1.2 Darüber hinaus greift Paulus mehrfach den Aspekt des *Weiterbauens* des auf dem Grundstein Christus errichteten Heiligtums (vgl. 1Kor 3,12) auf, indem er in *paränetischen Zusammenhängen* vom „Erbauen" spricht (1Kor 8,1.10; 10,23; 14,4.17; 1Thess 5,11). Unmittelbares Objekt solchen „Erbauens" ist stets der Nächste, sei es der Bruder bzw. die Schwester in der christlichen Gemeinde (1Kor 8,11), sei es der der Gemeinde noch fernstehende Mensch, der für Christus gewonnen werden soll (1Kor 9,19–23; 10,32). Es kann jedoch kein Zweifel daran sein, daß der sachliche Bezugspunkt solcher Aussagen stets die Kirche Gottes ist: Sie ist es letztlich, die dadurch „erbaut" wird, daß Menschen im Glauben gefestigt, für Christus gewonnen und in die Gemeinschaft der Glaubenden integriert werden[60].

5.1.3 Demselben thematischen Zusammenhang wird man auch eine Reihe von Stellen zuweisen können, die das ethische Verhalten und den Dienst der Christen am Mitmenschen in kultischer Terminologie beschreiben. So ist nach Röm 12,1 das

---

[58] Wegen der z.T. unpaulinischen Sprache und Terminologie ist die paulinische Autorschaft des Abschnitts 2Kor 6,14–7,1 berechtigten Zweifeln ausgesetzt. Daß es sich um den Einschub eines späteren Redaktors handelt, ist jedoch unwahrscheinlich, da sich ein Motiv für eine solche Interpolation nicht erkennen läßt. Mehr spricht dafür, daß Paulus selbst hier auf vorgeprägte Tradition, möglicherweise eine Taufunterweisung (vgl. *H.-J. Klauck*, 2.Korintherbrief, 1986 [NEB 8] 61) zurückgegriffen und diese überarbeitet hat. So *Klinzing*, Umdeutung 182, sowie zuletzt *C. Wolff*, Der zweite Brief des Paulus an die Korinther, 1989 (ThHK VIII) 146–149.

[59] Der Schriftbeweis kombiniert kühn die Zusage Gottes, unter seinem Volk zu wohnen (Lev 26,11), mit der aus Ez 37,27 übernommenen Ankündigung, daß der erneuerte Tempel „Wohnung Gottes" sein werde, und legt so den Gedanken nahe: Indem Gott unter seinem Volk wohnt, wird dieses zu seinem Tempel. S. hierzu *Klinzing*, Umdeutung 178f.

[60] Vgl. *P. Vielhauer*, Oikodome [1939], in: ders., Oikodome. Aufsätze zum NT 2, 1979 (TB 65) 1–168.71ff; *J. Pfammatter*, EWNT II 1211–1218.

„lebendige, heilige, Gott wohlgefällige Opfer der Leiber" der „vernünftige Gottes-dienst" der Christen, und nach Phil 2,17 wird Paulus selbst, wenn er um seiner Verkündigung willen sein Leben läßt, als Trankopfer ausgegossen[61].

5.2 Der Bildkomplex hat einen bedeutenden *traditionsgeschichtlichen Hinter-grund*. Zwar sind die eben erwähnten paulinischen Aussagen die ältesten uns bekannten Belege für eine Gleichsetzung der christlichen Gemeinde mit dem Tempel. Auf alle Fälle aber greifen sie, wie schon aus den erinnernden Ermahnun-gen 1Kor 3,16f; 6,19 hervorgeht, auf ältere Vorstellungen zurück, die in den paulinischen Gemeinden fester Bestand der Verkündigung gewesen sein dürften[62].

5.2.1 In den uns bekannten Zeugnissen aus dem vor- und nebenpaulinischen Urchristen-tum läßt sich zunächst eine kritische *Auseinandersetzung mit dem Tempel* aufweisen (vgl. Apg 6,14), die in der Stellungnahme Jesu zum Jerusalemer Heiligtum, dem sogenannten „Tempel-logion" (Mk 11,15f; 14,58 parr), ihren Ansatzpunkt hatte. Jesus hatte das Ende des bisherigen Tempels angekündigt und zugleich angedeutet, daß er selbst kraft seiner Sendung in die bisher vom Tempel wahrgenommene Funktion, Ort der Gottesbegegnung zu sein, eintrete. Das Tempellogion spricht in allen seinen Versionen diese christologische Implikation an; so deuten Mk 14,58 und Joh 2,20–22 den Gekreuzigten und Auferstandenen als den neuen eschatologischen Tempel. Ein Bezug auf die Kirche liegt hier jedoch nicht vor. Daß die Bezeichnung der Jerusalemer Gemeindeleiter als „Säulen" (Gal 2,9) die Vorstellung der Gemeinde als Tempel voraussetzt, ist von da her eher unwahrscheinlich.

5.2.2 Breit bezeugt ist im apokalyptisch geprägten Judentum die *Erwartung eines neuen, endzeitlichen Tempels* (äthHen 90,28f; Jub 1,17.29; Sib 3,290; Tob 14,5; 11QT 29,8–10)[63]. Sie hat ihre biblische Basis in der großen Vision Ezechiels von der Erneuerung des Tempels und seines Kults (Ez 40–48). Dieser neue Tempel wird zwar als Mitte eines erneuerten Jerusalem und eines endzeitlich gesammelten Israel gesehen, jedoch nicht mit letzterem identifiziert. Einzig die Qumrangemeinde kannte eine solche Identifikation. Die Sektenglieder waren der Meinung, „Heiligtum in Aaron" und „Haus der Wahrheit in Israel" zu sein (1QS 5,6) oder „Ort des Allerheiligsten für Aaron" (1QS 8,8; vgl. 11,8; 4QFlor 1,2f). Auch die für 1Kor 3,5–17 charakteristische Verschmelzung der Vorstellungen „Pflanzung", „Bau" und „Tempel" unter deutlicher Dominanz der Tempel-Vorstellung findet in Qumran ihre Entsprechung (1QS 8,4; 11,8)[64], und ähnliches gilt von der Vorstellung des Fundament-Legens: die Gemeinschaft wußte sich als „Fundament des heiligen Geistes in ewiger Wahrheit" (1QS 9,3) und als von Gott selbst geschaffenes „Fundament eines heiligen Gebäudes" (1QS 11,8)[65].

5.2.3 Durch die *Qumrantexte* ist der jüdische Hintergrund der paulinischen Tempeltradi-tion eindeutig erwiesen worden[66]. Allerdings bleibt der Gedanke einer direkten Übernahme

---

[61] Vgl. *Klaiber*, Rechtfertigung 40; *E. Käsemann*, Gottesdienst im Alltag der Welt, in: ders., Exegeti-sche Versuche und Besinnungen II, Göttingen 1964, 198–204.

[62] S. *Klinzing*, Umdeutung 211.

[63] S. *R.J. McKelvey*, The New Temple, 1969 (OTM 3); *E.P. Sanders*, Jesus and Judaism, London 1985, 296–305.

[64] S. *Klinzing*, Umdeutung 75.

[65] Der Umstand, daß die Selbstbezeichnung der Gemeinde als *sōd* (Kreis) zuweilen auch in der Bedeutung von *jasōd* (= Gründung, Fundament) erscheint (z.B. 1QS 8,5.10), weist in dieselbe Richtung; vgl. *Klinzing*, Umdeutung 51, Anm. 3.

[66] Vor ihrer Entdeckung war er von maßgeblichen Forschern bestritten worden. So hatte *Vielhauer*, Oikodome, eine Herleitung aus der stoischen Philosophie versucht.

aus Qumran[67] schwierig. Trotz der genannten motivlichen Berührungen sind nämlich die Unterschiede im Ansatz und in der Durchführung der Vorstellung auf beiden Seiten erheblich. Für die Sekte bildet eine grundsätzliche Bejahung des Kultes bei gleichzeitiger Verneinung der Legitimität des konkreten Jerusalemer Tempelbetriebes den Ausgangspunkt. Sie hat dem depravierten, durch illegitime Priester verunreinigten Tempel den Rücken gekehrt, um in der Wüste den wahren Kult weiterzuführen, was allerdings außerhalb Jerusalems nur in einer spiritualisierten Form möglich war. Wenn sie sich als der wahre, von Gott begründete endzeitliche Tempel verstand, so hatte dies primär mit ihrem priesterlich-kultischen Selbstverständnis zu tun. Ihr spiritualisierter Kult versteht sich als interimistische Notordnung, die unter der Hoffnung steht, daß der Kult in Jerusalem eine endzeitliche Wiederherstellung und Wiederaufnahme erfahren wird, darin aber zugleich als Fundamentlegung des erwarteten neuen Tempels. Trotz dieser eschatologischen Ausrichtung spielt der „dynamische" Aspekt eines Wachstums des Baues in Qumran keine erkennbare Rolle. Betont ist vielmehr die Solidität der „bewährten Steine", die den von Gott begründeten Tempelbau gegen alle Erschütterungen der Endzeit immun werden läßt (1QH 6,25–29).

5.2.4 Im Gegensatz dazu galt den *Christen* der Jerusalemer Tempelkult nicht als illegitim und korrumpiert, sondern als durch das Selbstopfer Jesu zu seiner abschließenden Erfüllung gekommen (Röm 3,25). Sie hatten darum keinen Anlaß, sich – im Gegenüber zu dem damals ja noch bestehenden Jerusalemer Heiligtum – als legitime Priesterschaft und somit als wahrer Tempel zu verstehen[68]. Zwar mögen sie formal den Gedanken, daß die Gemeinde der neue, endzeitliche Tempel Gottes sei, von der Qumrangemeinde übernommen haben. Aber sie füllten ihn mit einem neuen Inhalt, der ihrem spezifischen Selbstverständnis entsprach.

Die ältere, sicher judenchristliche Lehrtradition, an die Paulus in 1Kor 3,16f erinnert, verbindet das Tempelmotiv mit der Gegenwart des Heiligen Geistes. Sie besagt demnach: Tempel ist die Gemeinde in dem Sinne, daß sie der Ort des Wohnens Gottes ist. Sie ist jener Bereich, der der Macht des Geistes Gottes bleibend untersteht und von ihr als sein Eigentum reklamiert wird. Dies ist nicht bildlich-metaphorische, sondern eigentliche Rede. Es verhält sich nicht so, als sei die Kirche in einer bestimmten Weise – nämlich hinsichtlich der Gegenwart Gottes – mit dem Tempel vergleichbar. Vielmehr wird hier der Anspruch erhoben, daß das, was das Alte Testament vom Tempel sagt, nämlich, daß er der Ort des Wohnens Gottes unter seinem Volk sei, in der Kirche zu seiner abschließenden Erfüllung gelangt ist[69].

5.2.5 Damit erweist sich die von Paulus übernommene urchristliche Tempeltradition als sachlich eng verwandt mit dem paulinischen Aussagenkreis, der die Kirche als den Bereich des Seins „in Christus" deutet. Denn daß sie „in Christus" ist, heißt, daß sie von dem „Wohnen des Geistes" in ihr bestimmt ist[70]. Während die Aussage über das Sein „in Christus" die Kirche als Ort neuer, von Christus geschenkter Identität und Einheit deutet und während die Rede vom „Leib Christi" den gottesdienstlichen Ursprung solcher Identität und Einheit erklärt sowie deren

---

[67] So z.B. *Klinzing*, Umdeutung 167f; *W. Schrage*, Der erste Brief an die Korinther, 1 (1,1–6,11) 1991 (EKK VII/1) 288.

[68] S. *H. Lichtenberger*, Atonement and Sacrifice in the Qumran Community, in: W.S. Green (Hg.), Approaches to Ancient Judaism II, Ann Arbor 1980, 259–271.262ff.

[69] Vgl. *Klaiber*, Rechtfertigung 39.

[70] Wenn Paulus in Röm 8,9–11 vom „Wohnen des Geistes" in der Kirche spricht, setzt er offensichtlich die Tempeltradition, ohne sie direkt zu erwähnen, voraus; vgl. *H. Paulsen*, Überlieferung und Auslegung in Römer 8, 1974 (WMANT 43) 48–51.

geschichtliche Konkretion als *koinonia* darlegt, hat der Tempel-Gedanke eine andere Spitze. Er bringt die Ausschließlichkeit und Unteilbarkeit des Besitzanspruches Gottes auf die Kirche zum Ausdruck: Sie ist allein Gottes Eigentum und Wohnort. Darum ist sie heilig. Wer sich ihrer zu bemächtigen sucht, sie zum Mittel für die Verwirklichung eigener Interessen – und seien es selbst solche religiöser Art[71] – benutzt, schändet Gottes Wohnung und vergreift sich an Gottes Eigentum. Gott selbst hat diesen Bereich seinem heiligen Recht unterstellt. Er wird jeden, der sich an ihm vergreift, zurückweisen und zur Rechenschaft ziehen (1Kor 3,17)[72].

Daß hier bereits vorpaulinisch die Spitze des Tempelgedankens lag[73], erweist die traditionsbestimmte Aussage 2Kor 6,14–18. Denn sie hebt hervor: als Tempel Gottes untersteht die Kirche dem Ausschließlichkeitsanspruch Gottes. Es gilt die schroffe Alternative: entweder Christus oder Beliar, entweder Tempel des lebendigen Gottes oder Götzentempel (V.15f). Aufgrund dieser vorgegebenen Akzentuierung konnte Paulus den Tempelgedanken ohne Schwierigkeit auch auf den einzelnen Christen übertragen. Was von der Kirche insgesamt gilt, nämlich daß sie ausschließlich Gott zugehört und seinem Exklusivitätsanspruch untersteht, das gilt auch für jedes ihrer Glieder: Deshalb das Entweder-Oder der Zugehörigkeit des Leibes zur Dirne oder zum Geist Gottes (1Kor 6,16f). Es handelt sich hier also um eine sekundäre Individualisierung, die den ekklesiologisch konzipierten Tempelgedanken voraussetzt und von diesem abhängig ist[74].

5.2.6 Die *Kirchenzuchtmaßnahme*, die Paulus in 1Kor 5,1–8 zur Sprache bringt, läßt sich in gewisser Weise als praktische Konsequenz dieser Sicht verstehen. Ein Glied der korinthischen Gemeinde hatte sich eine schwere sexuelle Verfehlung zuschulden kommen lassen; wahrscheinlich handelte es sich um einen Mann, der in wilder Ehe mit seiner Stiefmutter lebte, was nicht nur nach dem alttestamentlichen Gesetz (Lev 18,8; Dtn 23,1 u.ö.), sondern auch nach zeitgenössischen heidnischen Moralvorstellungen (V.5) als Inzest galt. Paulus fordert von der Gemeinde, daß sie in einer Versammlung, bei der er selbst „mit dem Geiste" anwesend sein will, jenes Urteil ausspricht, das er selbst „als Abwesender" bereits vorlaufend „im Namen des Herrn Jesus" gefällt hat: der Frevler soll aus der Gemeinde ausgeschlossen und dem Satan übergeben werden. Was den Apostel zu dieser aus heutiger Sicht beispiellos rigorosen Stellungnahme veranlaßt, ist das Anliegen der Bewahrung der Gemeinde in ihrer Reinheit und Heiligkeit[75]. Sicher wird man differenzieren müssen: er erwartet keineswegs die dauernde Sündlosigkeit aller Glaubenden, sondern rechnet mit der Sünde als einer Realität, mit

---

[71] In 1Kor 3,17 dürfte Paulus mit den Verderbern des Heiligtums Gottes speziell die korinthischen Pneumatiker mit ihrer heilsegoistischen Spiritualität im Auge gehabt haben; vgl. *Schrage*, 1.Korinther 305f.

[72] Der alttestamentliche Gedanke an eine tabuartige Unberührbarkeit des Tempels (2Sam 6,6f) legt sich nahe; vgl. *R. Asting*, Heiligkeit 206; *Schrage*, 1.Korinther 306.

[73] Sie lag, anders als in Qumran, nicht in der polemischen Antithese gegen den (noch bestehenden) Jerusalemer Tempel.

[74] Vgl. *Reinmuth*, Geist 48–51. Die umgekehrte Sicht, wonach der Ansatz der Vorstellung vom Tempel als Wohnort Gottes individualistisch sei, auf hellenistischen Modellen beruhe und von Paulus erst sekundär mit dem Gemeindegedanken verbunden worden sei, vertreten *H. Wenschkewitz*, Die Spiritualisierung der Kultusbegriffe Tempel, Priester und Opfer im Neuen Testament, 1932 (Angelos Beih. 4) sowie neuerdings *Hainz*, Ekklesia 256–259; dagegen *Klinzing*, Umdeutung 182f.

[75] Vgl. *Goldhahn-Müller*, Grenze 130: Paulus denkt hier „konsequent *ekklesial*". S. zum Folgenden ferner *Hainz*, Ekklesia 54–58; *V.C. Pfitzner*, Purified Community – Purified Sinner, ABR 30 (1982) 34–55.

der die Kirche leben muß und deren Folgen zu überwinden sie zugleich auch die Kraft hat (Gal 6,1). Erst recht will er die Gemeinde nicht von Kontakten mit der Umwelt freihalten und sie in eine sektenhafte Gettoexistenz drängen. Nicht dulden kann er jedoch, daß die Klarheit und Eindeutigkeit des Zugehörens der Gemeinde zum Bereich des Geistes beeinträchtigt wird. Eben dies aber war hier der Fall: anscheinend hat der Frevler öffentlich, bewußt und provokativ gehandelt und die Gemeinde hat dies Verhalten geduldet, ohne überhaupt zu erkennen, daß damit etwas ihrem Wesen Zuwiderlaufendes geschah (V.2). Damit droht sie in die Verhaltensweisen der alten Weltzeit (vgl. Röm 1,29) und in die von Christus überwundene Sphäre der gottfeindlichen Mächte zurückzufallen. Angesichts dessen, was für sie auf dem Spiel steht, hängt alles davon ab, daß sie den „alten Sauerteig" ausfegt (V.7) und zu der ihrem Status entsprechenden Eindeutigkeit des Verhaltens zurückfindet. So zentral ist für Paulus die kirchliche Perspektive dieses Falles, daß darüber dessen individuelle Seite fast völlig zurücktritt. Zwar fehlt sie nicht ganz – Paulus rechnet mit der Möglichkeit einer endzeitlichen Rettung des Frevlers (V.5)[76] –, aber ihr wird ein Ort außerhalb der Kirche angewiesen. Eine pädagogische, auf Umkehr und Wiederaufnahme zielende Wirkung der Exkommunikation kommt nicht in den Blick[77].

5.3 Nun ist freilich Paulus bei seinem Umgang mit dem Tempelgedanken nicht nur dieser von der Tradition her vorgegebenen Hauptlinie gefolgt, sondern hat auch *neue Akzente* gesetzt, die die Spuren seiner eigenen theologischen Handschrift zeigen. Von ihnen soll nun noch die Rede sein.

5.3.1 Spezifisch paulinisch dürfte zum einen die Hervorhebung des Aktes der *Fundamentlegung durch den Apostel* und, damit zusammenhängend, die *Identifikation dieses Fundaments mit Christus* sein (1Kor 3,10f). Paulus unterscheidet streng zwischen seiner eigenen Funktion als Gemeindegründer und der der übrigen Missionare und Mitarbeiter. Alle sind sie zwar „Gottes Mitarbeiter", die an Gottes Pflanzung und Bau arbeiten; sie könnten von sich aus nichts tun und betreiben nicht ihre eigene, sondern Gottes Sache. Und doch hat die Arbeit des Paulus vor der der anderen einen *zeitlichen und sachlichen Vorrang*. Dieser wurzelt in seiner Berufung und Beauftragung zum Apostel[78]. Ihm obliegt es nämlich, das Fundament zu setzen und damit die Voraussetzung dafür zu schaffen, daß andere darauf weiterbauen können. Dieses Fundament ist mehr als bloßes Bild für den zeitlichen Anfang der Verkündigung bzw. den Akt der Gemeindegründung. Es bestimmt vielmehr Maße und Gestalt des Baues und schafft somit die Voraussetzung für das Weiterbauen der anderen Mitarbeiter. Dies ist denn auch das Kriterium, an dem deren Arbeit gemessen wird, ob sie wirklich ein Weiterbau auf dem gelegten Fundament war (V.10). Wehe aber dem, der versuchte, ein anderes Fundament zu legen und so den Bau zu verfälschen (V.11)!

---

[76] Anscheinend baut er dabei auf die Wirkung der Taufe, die durch die Exkommunikation, die gleichsam deren „Gegenstück" ist, nicht ungeschehen gemacht werden kann; vgl. *E. Käsemann*, Sätze Heiligen Rechtes im Neuen Testament, in: ders., Exegetische Versuche und Besinnungen II, Göttingen 1964, 69–82.73; *Schrage*, 1.Korinther 378.

[77] An diesem Punkt besteht trotz des gemeinsamen Interesses an der Wahrung der Heiligkeit der Gemeinde ein markanter Unterschied zur Disziplinarordnung von Qumran, die einen befristeten Ausschluß je nach der Schwere des Vergehens kennt (1QS 6,24–7,25).

[78] Vgl. *Roloff*, Apostolat 109f; *Ollrog*, Paulus 175f.

Diese Einmaligkeit und Unverzichtbarkeit des apostolischen Auftrags kommt auch in Röm 15,20 zum Ausdruck: Paulus darf nicht auf einem „fremden Fundament" weiterbauen; dies nicht etwa deshalb, weil es ein verkehrtes Fundament wäre, sondern weil einzig das Fundamentieren sein Auftrag ist. Ist an einem Ort das Fundament schon gelegt, so hat er, der Apostel, dort nichts mehr auszurichten[79]. Dieses Fundament ist die grundlegende Christusverkündigung. Sie ist durch den geschichtlichen Auftrag des Auferstandenen an die Person des Apostels gebunden (1Kor 9,1; 15,1–11). Diese Christusverkündigung ist nach Paulus weit mehr als die Übermittlung einer aus bestimmten Sätzen und Inhalten bestehenden Lehre. In solchem Falle wäre der Tradent nämlich auswechselbar. Sie ist vielmehr die Proklamation der Herrschaft des Gekreuzigten und Auferstandenen durch den dafür autorisierten Sendboten (2Kor 5,19). Es ist „sein" Evangelium, das an seine Person gebundene, durch seine Beauftragung legitimierte Christuszeugnis[80].

5.3.2 Der zweite spezifisch paulinische Akzent besteht in der *Dynamisierung* der Bau- bzw. Tempelvorstellung: Kirche wird „erbaut". So unveränderbar ihr Fundament ist, so sehr ihr von da her Anlage und Gestalt vorgegeben sind – es kommt darauf an, daß darauf weitergebaut wird. Die Kirche ist kein statisches, in sich abgeschlossenes Gefüge; sie ist vielmehr in einem stetigen Prozeß des Wachstums begriffen[81].

Wie ist aber nach Paulus dieses Wachstum konkret zu verstehen? Sicherlich nicht im Sinne des Wachstums theologischer Erkenntnis und der Entfaltung eines kirchlichen Lehrsystems[82], denn Paulus hat die Lehre hier nicht im Blick[83]. Ebenso verfehlt ist die häufig versuchte Deutung auf ein äußeres Wachstum. Die Baumaterialien in 1Kor 3,12 dürfen nicht auf die für die Kirche gewonnenen Menschen gedeutet werden[84]. Nimmt man alle „Erbauungs"-Aussagen zusammen, vor allem die in 1Kor 14, so legt sich folgende Antwort nahe: Die Kirche wird dadurch erbaut, daß die an Christus glaubenden Menschen dazu befähigt werden, als eine von der heilvollen Zuwendung Gottes geprägte Gemeinschaft in Erscheinung zu treten und die Herrschaft Jesu Christi vor der Welt und in Wort und Tat zu bezeugen. Der primäre Ort solcher „Erbauung" ist der Gottesdienst (1Kor 14,26–33). Die „Erbauung" der Kirche ist also nach Paulus letztlich nichts anderes als ihre ständig neu erfolgende Konstituierung als „Leib Christi".

---

[79] Vgl. *Ollrog*, Paulus 177.

[80] Vgl. *Roloff*, Apostolat 135–137.

[81] Hier zeigt sich eine signifikante Differenz zu Qumran, wo die entscheidende Pointe des Tempel-Bildes in der Unverrückbarkeit und Festigkeit der „Gründung" besteht. Die Sektengemeinschaft begreift sich als festes Gefüge aus „bewährten Steinen". Diese (d.h. die Sektenmitglieder) werden sich in den Krisen der Endzeit als unerschütterliche Mauer erweisen (1QH 6,25–29); vgl. *Roloff*, Apostolat 107.

[82] Der in der neueren katholischen Theologie einflußreiche Organismusgedanke *J.A. Möhlers*, der die Entwicklung kirchlicher Lehre als organischen Wachstumsprozeß verstehen möchte, findet hier keinen Anhalt.

[83] Anders *Vielhauer*, Oikodome 80; doch dagegen *Schrage*, 1.Korinther 298f.

[84] Dies versuchte allerdings *A. Schlatter*, Paulus der Bote Jesu, Stuttgart ²1956, 134: „Das Fundament des Baus ist der Christus, nicht eine Lehre von Christus. Somit sind auch die mit ihm verbundenen Stoffe nicht Lehren . . ., sondern die in die Gemeinde hineingestellten Menschen."

Eine weitere Folgerung läßt sich ziehen: Paulus ordnet den traditionellen Bild-komplex Bau/Tempel durch seine Interpretation und Anwendung primär, wenn auch keineswegs ausschließlich, dem christologischen Brennpunkt seines Kirchen-verständnisses zu.

6. Volk Gottes und Kirche

Wir wenden uns nunmehr dem *zweiten Brennpunkt* paulinischer Ekklesiologie zu: Kirche als Volk Gottes. Hier geht es vorwiegend um den Aspekt geschichtlich-heilsgeschichtlicher Kontinuität, und zwar sowohl im Verhältnis der Kirche zu Israel, wie auch im Verständnis der Kirche als einer Orte und Zeiten umspannenden Größe. Daß dieser Aspekt bei Paulus nicht fehlt, ist unbestritten. Die entscheidende Frage, auf die es uns hier ankommt, ist jedoch, ob und in welchem Sinn Paulus ihn mit dem christologischen Aspekt seiner Ekklesiologie verbindet.

6.1 Der Perspektivenwechsel gegenüber dem Judenchristentum

Zunächst ist bei Paulus gegenüber dem frühen palästinischen Judenchristentum vor und neben ihm eine tiefgreifende Veränderung der ekklesiologischen Perspektive zu konstatieren. Zum Verständnis dafür ist kurz auf seinen geschichtlichen Erfah-rungshintergrund zu verweisen.

6.1.1 Für die Jerusalemer Urgemeinde und wohl auch für die „Hellenisten" um Stefanus war die *ekklesia* ganz selbstverständlich das endzeitlich gesammelte und erneuerte Volk Israel. Das blieb so, auch als sich für Heiden der Zugang zur Kirche zu öffnen begann. Das Hinzukommen von Heiden mochte zwar als Vorgriff auf die endzeitlichen Wallfahrt der Völker zum Zion gelten; es blieb aber trotzdem die *Ausnahme*, die der besonderen Rechtfertigung bedurfte und bestimmten Bedingun-gen unterlag. Selbst wenn man in gemischten, aus Juden und ehemaligen Heiden bestehenden Gemeinden wie in Antiochia (Apg 11,19–24) auf die Beschneidung und die Einhaltung der Reinheitsbestimmungen der Tora verzichtete, wurde von den hinzugekommenen Heiden erwartet, daß sie zumindest ein Minimum von jüdischen Reinheitsvorschriften, vor allem die Speisegebote, einhielten.

6.1.2 Ganz anders Paulus. Für ihn war das Hinzukommen der Heiden zur Heilsgemeinde nicht mehr die besonderer Begründung bedürftige Ausnahme, sondern der Normalfall, denn er wußte sich aufgrund seiner Berufung von Gott selbst dazu gesandt, Jesus Christus „unter den Heidenvölkern zu verkündigen" (Gal 1,16), und zwar ohne die Tora. Grundlegend war dabei für ihn die theologische Einsicht geworden, daß durch das Christusgeschehen das Gesetz zu seinem Ende gekommen sei (Gal 3,10–14; Röm 10,4) und daß sich in der gegenwärtigen endzeitlichen Situation Christus und das Gesetz als einander ausschließende Grö-ßen gegenüberstehen. Nach seiner Überzeugung entfaltet das Evangelium *nur da*, wo Heiden ohne Bindung an Tora und jüdische Tradition zum Glauben an Christus kommen, seine volle Leuchtkraft. Der missionarische Erfolg der gesetzesfreien Evangeliumsverkündigung schien dies zu bestätigen: während die überwiegende Mehrheit des jüdischen Volkes sich dem Glauben an Christus verweigerte und die Mission unter den Juden schwere Rückschläge erlitt, gelang Paulus innerhalb weniger Jahre die Gründung heidenchristlicher Gemeinden in nahezu allen bedeutenden urbanen Zentren Griechenlands und Kleinasiens.

Wollte Paulus trotz dieser veränderten Perspektive den heilsgeschichtlichen Zusammenhang der Kirche mit Israel festhalten, so mußte er versuchen, diesen *mit der Priorität des gesetzesfreien Evangeliums zusammenzudenken.* Hier lag für ihn das Problem, das seine zusätzliche Schärfe dadurch gewann, daß es nicht auf der Ebene theologischer Theorie blieb, sondern sich ihm in seiner missionarischen Praxis in immer wieder neuen Schattierungen stellte: in der Diskussion und Kontroverse mit Juden, Judenchristen und Heidenchristen. Die Verschiedenartigkeit der Anlässe und Frontstellungen spiegelt sich in seinen Äußerungen. Und doch ergibt sich aus ihnen, jenseits aller situationsbedingten Nuancen, ein in sich stimmiges Gesamtbild.

6.1.3 Wir wissen insbesondere von einigen kritischen Situationen in der Geschichte des Paulus, die ihn mit dem Gottesvolk-Problem in aller Schärfe konfrontierten. Zu diesen gehört das *Apostelkonzil* (ca. 48), auf dem sich Paulus, gemeinsam mit Barnabas, als Delegat der gemischten Gemeinde von Antiochia, um die Anerkennung der gesetzesfreien Heidenchristen als vollgültige Glieder der Heilsgemeinde durch die Jerusalemer Urgemeinde bemühte. Hier wird sich, wenn wir dem Bericht des Paulus (Gal 2,1–10) glauben dürfen, bereits seine neue Perspektive ausgewirkt haben: Er trat den Jerusalemern um Jakobus nicht als Bittsteller, sondern im Bewußtsein entgegen, das Recht des Evangeliums voll auf seiner Seite zu haben. Der Umstand, daß die Antiochener sich um diese Anerkennung bemühten, läßt freilich darauf schließen, daß für ihr Selbstverständnis als Kirche die Verbindung mit Jerusalem von großer Bedeutung war[85], bedeutete sie doch den Eintritt in die heilsgeschichtliche Kontinuität mit dem Gottesvolk. Ob und inwieweit Paulus damals diese Sicht teilte, wissen wir freilich nicht. Er selbst schweigt zu diesem Punkt.

Eine weitere kritische Situation war der antiochenische Konflikt (Gal 2,11–21). Petrus hatte damals mit Rücksicht auf Jakobus und die Jerusalemer Judenchristen die (eucharistische) Tischgemeinschaft mit den unreinen Heidenchristen abgebrochen. Dahinter stand die Furcht, daß durch uneingeschränkte Tischgemeinschaft mit den Heiden die Verbindung mit dem Judentum abgeschnitten werden könnte. Petrus meinte diesen Bruch der heilsgeschichtlichen Kontinuität der Kirche mit Israel nicht verantworten zu können, und nicht nur Barnabas, sondern auch die Mehrheit der antiochenischen Judenchristen ist ihm darin gefolgt. Paulus hingegen setzte seine Prioritäten anders. Für ihn stand die „Wahrheit des Evangeliums" auf dem Spiel (V.14). Er entschied sich dafür, daß das gesetzesfreie Evangelium, das die durch das

---

[85] Die Jerusalemer Gemeinde befand sich damals, nach Hungersnot (Apg 11,27–30) und Verfolgung durch Herodes Agrippa, in einem Zustand ökonomischer Schwäche und reduzierter Wirkungsmöglichkeiten; für die ökonomisch potente Gemeinde in der weltläufigen Metropole Antiochia gab es deshalb keine äußeren Gründe für eine Rücksichtnahme auf die Interessen Jerusalems.

Gesetz befestigten Unterschiede zwischen Juden und Heiden „in Christus" aufhebt, im Leben der Kirche die einzig bestimmende Kraft bleiben müsse, und er war bereit, dafür notfalls auch einen Abbruch äußerer Kontinuität in Kauf zu nehmen.

Bei seiner missionarischen Arbeit geriet Paulus immer wieder in akute Konflikte mit Juden. Da er mit seiner Verkündigung in erster Linie die „Gottesfürchtigen", die am Rande des Judentums stehenden Heiden, zu erreichen suchte, ist es kein Wunder, daß er mit den Synagogengemeinden in einen religiösen Konkurrenz-kampf geriet und daß diese mit allen Mitteln versuchten, seinen Einfluß auf ihre eigene missionarische Zielgruppe auszuschalten (z.B. Apg 17,5; 18,12–17). Und ebensowenig überrascht es, daß Paulus sich in solchem Zusammenhang zu schroffer (1Thess 2,14–16), zuweilen maßloser (Phil 3,2) antijüdischer Polemik hinreißen ließ. Ungleich mehr jedoch machte ihm die in den von ihm gegründeten heiden-christlichen Gemeinden Galatiens aufkeimende Hinneigung zum jüdischen Gesetz zu schaffen, hinter der wohl die – von extremistischen judenchristlichen Gegenmis-sionaren genährte – Meinung stand, man müsse durch Beschneidung und Toraob-servanz in die äußere Kontinuität des Gottesvolkes Israel eintreten, um der endzeit-lichen Heilsgemeinde zuzugehören.

Einer wieder ganz anders gelagerten Problematik sah sich Paulus bei der Abfas-sung des Römerbriefes gegenüber. Hier galt es, die beiden heterogenen Gemeinde-flügel aus ehemaligen Juden und Heiden enger zusammenzuführen. Hauptadressat des großen heilsgeschichtlichen Diskurses über Israel in Röm 9–11 dürfte die heidenchristliche Gemeindemehrheit gewesen sein, die im stolzen Bewußtsein ihres Erwähltseins auf die angeblich verworfenen Juden verächtlich herabsah.

6.2 Die Kirche als Volk Gottes

6.2.1 Aus der diffizilen, durch vielfältige Mißverständnisse bedrohten Gesprächs-lage mag es sich ein Stück weit erklären, daß Paulus sich beim Gebrauch des Terminus „Volk Gottes" größte Zurückhaltung auferlegt. Er verwendet ihn aus-schließlich in alttestamentlichen Zitaten (Röm 9,25f = Hos 2,25; 2,1; Röm 10,21 = Jes 65,2; Röm 11,1f = Ps 93,14 [LXX]; Röm 15,10 = Dtn 32,43; 1Kor 10,7 = Ex 32,6; 2Kor 6,16 = Lev 26,12). Noch auffälliger ist, daß die überwiegende Mehrzahl dieser Stellen sich auf Israel bezieht, und zwar auf das Israel sowohl der Vergangen-heit als auch der Gegenwart. Nur in 2Kor 6,16 liegt ein Bezug auf die Gegenwart vor, aber diese Stelle gehört vermutlich einem vorpaulinischen Traditionsstück an und ist nicht Eigenformulierung des Paulus. Nirgends spricht er von der Zusam-mengehörigkeit von Juden und Heiden in dem durch die Evangeliumspredigt gesammelten einen Gottesvolk, und auch die später geläufige Rede vom „alten" und „neuen" Gottesvolk sucht man bei ihm vergebens.

6.2.2 Daß Paulus trotzdem einen *Zusammenhang zwischen Israel und der Kirche* voraussetzt, und worin dieser besteht, wird aus der Typologie 1Kor 10,1–13 ersichtlich. Wenn er hier auf Vorgänge des Exodusgeschehens zurückgreift, um den korinthischen Christen die verhängnisvollen Folgen eines leichtfertigen Umgangs mit jenen Heilsgaben vor Augen zu stellen, durch die Gott sein Volk begleitet und ihm Leben schenkt, so ist dabei Israels Geschichte mehr als nur ein Steinbruch für die Gewinnung passender, letztlich jedoch beliebig austauschbarer Beispiele. Die Gegenüberstellung von Kirche und Wüstenzeitgeneration Israels setzt nämlich nicht nur voraus, daß beide mit dem selben Gott zu tun haben, sondern – und das ist entscheidend – daß dieser Gott beiden gegenüber in derselben Weise handelt. Es geht um den Aufweis einer *Grundkonstante des Handelns Gottes* in bezug auf die ihm zugehörigen Menschen. Weil die Wüstenzeitgeneration Israels es mit dieser Grundkonstante in gleicher Weise zu tun hatte wie die Kirche jetzt, darum lassen sich aus der damaligen Erfahrung Israels Konsequenzen für die nunmehrige Problemlage in der korinthischen Gemeinde ziehen.

Es verdient Beachtung, daß Paulus gegenüber einer heidenchristlichen Gemeinde die Israeliten der Exoduszeit „unsere Väter" nennt (V.1). Er setzt damit ein Vater-Kinder-Verhältnis voraus, das nicht auf biologischer Erbfolge, sondern auf der Identität Gottes in seinem Handeln in der Geschichte beruht. Gott sammelt, errettet und geleitet Menschen mit seinen Heilsgaben, so daß sie sein Volk werden. So zu handeln, entspricht letztlich seinem Wesen: der Gott der Bibel ist immer der Gott, dem ein Volk zugehört, der Gott Israels. An diesen biblischen Grundgedanken, der, wie wir sahen (s.o. I.5), auch hinter Jesu Reden von der Gottesherrschaft stand, knüpft Paulus an, wenn er vom Israel der Vorzeit als „unseren Vätern" spricht. Darin, daß sich die Israeliten und die an Jesus Glaubenden demselben Handeln Gottes verdanken, ist ihre Zusammengehörigkeit begründet. Das aber heißt: sie sind beide *Volk Gottes.*

6.2.3 Der Gottesvolk-Gedanke, wie er in 1Kor 10,1–13 der Sache nach aufgenommen ist, markiert also die heilsgeschichtliche Verwurzelung der Kirche. Zugleich aber steht die Kirche nach Paulus am *Ende der Heilsgeschichte*; sie ist die Schar derer, „auf die das Ende der (Welt-)Zeiten gekommen ist" (V.11c). Das Handeln Gottes, das sie erfährt, ist nicht einfach Wiederholung des Früheren, sondern dessen abschließende Steigerung und Überbietung. Von ihm her erschließt sich umgekehrt für die Kirche der Sinn des Früheren; sie vermag das, was den „Vätern" damals in der Exoduszeit widerfuhr und was in der Heiligen Schrift aufgezeichnet ist, erst in seiner wahren Bedeutung zu begreifen: „aufgeschrieben wurde es aber zu unserer Warnung" (V.11b)[86]. Beides, die Einsicht, mit Israel durch das geschichtliche Handeln des sich selbst treu bleibenden Gottes verbunden zu sein, und die Überzeugung, im Zielpunkt dieses Handelns zu stehen, verbindet sich bei Paulus so in dem Anspruch, daß erst der Kirche das volle, abschließende Verstehen der Heiligen Schrift möglich sei, ja daß sie der eigentliche Adressat der Schrift ist.

6.2.4 Hier zeigt sich, wie dicht der Zusammenhang zwischen dem *Schriftverständnis* des Paulus und dem Verständnis der Kirche als Gottesvolk ist. Paulus hat, im Unterschied zu den heutigen Auslegern des Alten Testamentes, nicht die

---

[86] Vgl. *L. Goppelt*, Paulus und die Heilsgeschichte, in: ders., Christologie und Ethik, Göttingen 1968, 220–233.222f.

geringsten Skrupel, dieses als Besitz der Kirche zu reklamieren, ja er behauptet, daß es in ihrem Gebrauch erst sein Eigentliches sage (2Kor 3,12–18), sowie daß alles in ihr Gesagte für die Kirche gelte – freilich in einer vom Geist erschlossenen Weise (2Kor 3,12–18). Die hermeneutische Schwierigkeit, Aussagen, die ursprünglich in einer bestimmten vergangenen geschichtlichen Situation für Israel galten, auf die Kirche zu übertragen, empfindet Paulus nicht. Denn für ihn geht es bei der Auslegung eben nicht um eine Übertragung der Schriftaussage in einen fremden Bereich, sondern um die vom Geist gewirkte Erschließung jenes Bereiches, dem sie von Anfang an zugeordnet war.

6.3 Same Abrahams und neuer Bund

Deutlicher noch läßt sich an den Aussagen über die Kirche als „Same (= Nachkommenschaft) Abrahams" erkennen, wie Paulus den heilsgeschichtlichen Zusammenhang zwischen der Kirche und Israel bestimmt.

6.3.1 Nach traditionellem jüdischem Verständnis ist Abraham aufgrund der Verheißung Gottes, ihm zahllose Nachkommenschaft zu erwecken (Gen 15,5), der das Land gehören soll (Gen 15,7), zum Stammvater Israels und zum Ausgangspunkt seiner Geschichte geworden. Darüber hinaus gilt Abraham als der Vater der Frommen aus allen Völkern, als das Urbild aller sich dem Gott Israels zuwendenden Proselyten. Die ihm geltende Verheißung hat also einen universalen Horizont. Paulus bekräftigt das erste ausdrücklich (Röm 4,12), legt den Akzent jedoch auf das zweite, indem er Abraham als „Vater all derer, die in der Unbeschnittenheit glauben", d.h. der Heidenchristen, herausstellt (Röm 4,11). Was Abraham zum Empfang der Verheißung Gottes qualifiziert, ist nämlich weder seine Gesetzestreue, noch seine Beschneidung, sondern sein Glaube (Röm 4,3; Gal 3,6). Abraham „glaubte an den, der den Gottlosen rechtfertigt" (Röm 4,5)[87]. Damit stellte er sich ganz auf Gottes Zusage; er nahm Gott beim Wort, indem er sich bedingungslos auf seine Treue einließ. Sein Glaube war das einzige der Verheißung Gottes angemessene Verhalten. Nachkommen erhielt Abraham nicht aufgrund physischer Zeugungsfähigkeit, durch die eine normale Volksgenealogie entstanden wäre, sondern allein aufgrund des Glaubens an jenen Gott, der die Toten zum Leben erweckt. Abrahams Kinder sind die, die „aus Glauben leben" (Gal 3,9). *Identitätsmerkmal Israels* kann darum nicht die biologische Geschlechterfolge, sondern *nur der Glaube* sein.

6.3.2 Den auf Glauben beruhenden Bundschluß Gottes mit Abraham sieht Paulus weder als einen punktuellen Vorgang aus ferner Vergangenheit noch gar als zeit- und ortlose Veranschaulichung einer stets gültigen theologischen Wahrheit[88], sondern als *Anfang einer bis in die Gegenwart reichenden Geschichte des Glaubens.*

---

[87] Vgl. *Berger,* Abraham 66.
[88] S. *J. Roloff,* Abraham im Neuen Testament, in: ders., Exegetische Verantwortung in der Kirche, Göttingen 1990, 231–254.

Diese wurde zwar verdrängt und überlagert durch die vom Sinai ausgehende Geschichte des Gesetzes (Gal 3,19–22), nach dem Urteil des Paulus einer Unheilsgeschichte. Denn das Gesetz verleitete Israel dazu, seine Identität und die Kontinuität im Vorfindlichen und Machbaren zu suchen, nämlich in der äußeren Gesetzeserfüllung, in der Beschneidung sowie in der Wahrung der heiligen Institutionen Tempel und Sabbat (Röm 2), statt sich wie Abraham als glaubende Sünder ganz auf Gottes lebenschaffende Macht einzulassen (Röm 4,18). Trotzdem aber sieht Paulus in und unter dieser pervertierten Geschichte des Gesetzes die mit Abraham begonnene Geschichte des Glaubens weiter am Werk[89]: Es hat in Israel immer Menschen gegeben, die „in die Fußstapfen des Glaubens Abrahams" treten (Röm 4,12). Sie sind das eigentliche, wahre Israel (vgl. Röm 9,6). Ihre Geschichte bildet kein bruchloses Kontinuum, sie stellt sich nicht als organisch fortschreitende Entwicklung dar, die kraft ihrer besonderen Qualität die Nähe Gottes bezeugen könnte. Daß es sich um eine reale Geschichte handelt, erschließt sich nur dem Blick des Glaubens, der hinter den einzelnen Widerfahrnissen und Ereignissen die Identität und Treue des Handelns Gottes an seinem Volk zu sehen vermag.

6.3.3 Paulus rechnet mit diesem verborgenen Weiterwirken der Glaubensgeschichte Abrahams in Israel bis in seine Gegenwart hinein. Das ist wichtig, weil sich daraus erhebliche Konsequenzen für seine Sicht des Christusgeschehens ergeben. Christus hat, nach Paulus, durch sein Kommen in die Welt (Gal 4,4) und vor allem durch seinen Kreuzestod (Gal 3,13; Röm 7,1–6) die verderbenbringende Herrschaft des Gesetzes vernichtet. Er hat damit den Weg des Glaubens Abrahams sichtbar und abschließend als Heilsweg für alle Menschen eröffnet. Nun dürfen die Heiden hinzukommen; an ihnen erfüllt sich jener Universalismus, der den Horizont der Gottesverheißung an Abraham gebildet hatte (Gal 3,8.14). Doch dies geschieht eben nicht über Israel hinweg, so, als wäre mit dem Ende des Gesetzes auch der Anspruch Israels, Gottes Volk zu sein, widerlegt und als Anmaßung entlarvt. Es geschieht vielmehr *durch Israel hindurch*. Christus ist „geboren aus dem Samen Davids nach dem Fleisch" (Röm 1,3), und das heißt: in ihm erfüllen sich die messianischen Hoffnungen Israels; die Glaubensgeschichte Israels findet in ihm ihr Ziel. Und zwar erweist sich durch sein Erscheinen „im Fleisch", daß diese Glaubensgeschichte trotz ihrer Verborgenheit ihre sehr realen Spuren in der Welt hinterläßt[90]. Jesus ist und bleibt zu allererst der Messias Israels; er bestätigt Israels Geschichte als Gottes Volk, gerade indem er sie korrigiert und auf ihre wahre Mitte zurückführt. Im selben Sinn ist es zu verstehen, wenn Jesus in Gal 3,16 „Abrahams Same" genannt wird. Weil sich in ihm, dem Messias Israels, die Geschichte mit Gott gleichsam konzentriert, darum kann er der Segensbringer für die Völker sein (Gen 12,3)[91].

---

[89] Das geht u.a. daraus hervor, daß er in Röm 4,6f David mit dem Zitat aus Ps 31,1f (LXX) als zweiten Zeugen aus Israels Geschichte Abraham zur Seite treten läßt; vgl. *U. Wilckens*, Der Brief an die Römer, 1 (Röm 1–5), ²1987 (EKK VI/1) 263.

[90] Zu Röm 1,3f vgl. *M. Theobald*, „Dem Juden zuerst und auch dem Heiden", in: Kontinuität und Einheit, FS F. Mußner, hg. P.-G. Müller/W. Stenger, Freiburg u.a. 1981, 376–392.

[91] Vgl. *F. Mußner*, Der Galaterbrief, ²1974 (HThK IX) 238.

6.3.4 Auf diesem Hintergrund erschließt sich erst die volle Tragweite jenes Satzes, mit dem Paulus seine fundamentale Aussage über das in der Taufe zugeeignete neue Sein „in Christus" (Gal 3,26–28) beschließt: „Wenn ihr aber Christus zugehört, seid ihr folglich Same Abrahams, Erben gemäß der Verheißung" (Gal 3,29). Er besagt: durch Christus, den Samen Abrahams, werden die Heiden „Same Abrahams". Christus gehört der Geschichte Gottes mit Israel zu. Zugleich aber werden die Heiden durch die Taufe mit Christus verbunden; sie gewinnen durch ihn ihre neue Identität des *Seins in Christus*. Das bedeutet, daß die Heiden kraft ihrer Zugehörigkeit zu Christus in die Geschichte Gottes mit Israel hineingenommen werden und an ihr Anteil bekommen. Das *Sein in Christus* ist demnach ein *Sein mit Israel*. Gal 3,29 bildet so die theologische Klammer, die die scheinbar auseinanderliegenden beiden Brennpunkte der paulinischen Ekklesiologie eng zusammenbindet.

6.3.5 Der *Bund*, den Gott gegenüber Abraham gesetzt hat, bleibt, wie Paulus in Gal 3,15–18 ausdrücklich erklärt, in Kraft. Christus machte ihn durch sein Kommen nicht zunichte, sondern bekräftigte ihn und setzte ihn umfassend in Geltung. Die Rede von einem „neuen Bund" (1Kor 11,25; 2Kor 3,6) steht dazu nicht im Widerspruch, denn „neu" bedeutet hier, wie schon in Jer 31,31, keine Entgegensetzung zum Früheren oder auch nur dessen Außerkraftsetzung, sondern eine Überbietung. Der „neue Bund" hat eschatologische Qualität, er ist neu, weil vom endzeitlich wirkenden Geist bestimmt[92]. Aber er bleibt der Ausrichtung der den Vätern geschenkten Bundschlüsse treu, insofern er gnädige Setzung Gottes ist, die Gott seinem ganzen Volk gewährt. In der Tatsache der Bundsetzung erweist Gott das Wesen seines geschichtlichen Handelns mit dem ihm zugehörigen Menschen, seine schenkende Liebe. Dieses Handeln aber bleibt Israel zugewandt.

Von dieser Sicht findet sich bei Paulus lediglich eine, allerdings gewichtige, Ausnahme: der Mosebund am Sinai, dessen Gegenstand das Gesetz war. Ihn positiv zu würdigen ist Paulus von daher unmöglich. In Gal 4,24 kommt er einer völlig abwertenden Darstellung sehr nahe, während er in sich in 2Kor 3,6.14 darauf beschränkt, den Abstand zwischen dem alten Bund, dessen Diener Mose war, und dem neuen, dessen Diener der Apostel ist, in seiner ganzen Größe herauszustellen.

6.4 Israel und die Kirche

Von der Frage nach der heilsgeschichtlichen Zugehörigkeit der Kirche zum Volk Gottes, die Paulus positiv beantwortet, müssen wir jene andere, gleichsam gegenläufige Frage unterscheiden, die erstmals bei Paulus auftaucht: Gehören die Juden der Gegenwart, die sich dem Glauben an Jesus als seinen von Gott gesandten messianischen Herrscher verschlossen haben, noch zum Volk Gottes?

Gerade Paulus betont ja durch den schroffen Antagonismus zwischen Christus und dem Gesetz, daß das Kommen Christi die entscheidende Krise für Israel war.

---

[92] S. hierzu *N. Lohfink*, Der niemals gekündigte Bund, Freiburg u.a. 1989, 63; *C. Levin*, Die Verheißung des neuen Bundes in ihrem theologiegeschichtlichen Zusammenhang ausgelegt, 1985 (FRLANT 137); *Mußner*, Geschlecht 47–49.

Daraus, daß Israel in seiner Mehrheit Christus zugunsten des Gesetzes verworfen hat, ließe sich die Folgerung ziehen: Israel hat sein heilsgeschichtliches Erbe als Volk Gottes verspielt; an seine Stelle ist die Kirche getreten. Paulus kennt zwar diese Folgerung; er ringt mit ihr, um zuletzt doch in theologisch verantworteter Reflexion einen anderen Weg einzuschlagen. Er läßt sich also nicht zum Kronzeugen jener sogenannten *Enterbungs-* bzw. *Substitutionstheorie* machen, die zum kaum mehr reflektierten Allgemeinplatz der kirchlichen Dogmatik werden sollte.

6.4.1 Eine *erste Station dieses Ringens* stellt die schroff israelkritische Äußerung in 1 Thess 2,14–16 dar[93]. Paulus führt die sozialen Schikanen, denen die neugewonnene Gemeinde von Thessalonich in ihrer Umwelt ausgesetzt war, auf jüdische Intrigen zurück[94] und läßt sich von da her zu dem Urteil hinreißen, die Juden, „die sowohl den Herrn Jesus als auch die Profeten töteten und uns verfolgten, Gott nicht gefallen und allen Menschen entgegenstehen", seien die grundsätzlichen Gegner der Heilsbotschaft. So kommt er zu dem Schluß, sie machten „fortgesetzt das Maß ihrer Sünden voll" und zögen damit das Gericht Gottes auf sich. Auch wenn man in Rechnung stellt, daß Paulus hier mit dem Hinweis auf den Profetenmord ein traditionelles Motiv innerjüdischer Umkehrpredigt aufnimmt[95], läßt sich nicht bestreiten, daß er auch auf ein gängiges Klischee zeitgenössischer Judenfeindschaft zurückgreift, wenn er die Juden als Feinde aller Menschen bezeichnet[96]. Diese Vorwürfe gewinnen ohne Zweifel aus seinen bitteren Erfahrungen der Konflikte mit der Synagoge ihre aktuelle Spitze: Als Feinde aller Menschen haben sich in seiner Sicht die Juden dadurch erwiesen, daß sie die Heilsbotschaft, die allein den Menschen Rettung bringen kann, unterdrückt haben. Ja, sie haben durch ihre Anfeindungen den Apostel an die Seite der Profeten und Jesu selbst gestellt (vgl. Mk 12,1–12) und damit ungewollt die Legitimität seiner Botschaft bestätigt[97]. Paulus spricht aus der Situation eines erbitterten religiösen Konkurenzkampfes heraus, in dem sich Christen und Juden gegenseitig ihre Legitimation durch Gott absprachen. Diese verleitet ihn dazu, das Unrecht des Gegners in die Rechtfertigung der eigenen Position umzumünzen.

Aus dieser Situation heraus ist auch die abschließende Verurteilung der Juden zu verstehen: „Es ist aber das Gericht gänzlich über sie hereingebrochen!" (V.16). Die Schärfe dieser Gerichtsansage steht, was ihren entscheidenden Punkt betrifft, außer

---

[93] Vgl. hierzu O. *Michel*, Fragen zu 1 Thessalonicher 2,14–16, in: ders., Dienst am Wort, Neukirchen-Vluyn 1986, 202–210; *G.E. Okeke*, I Thessalonians 2.13–16, NTS 27 (1980/81) 127–136; *Lüdemann*, Paulus 22–27.

[94] Ob sachlich zu Recht, muß dahingestellt bleiben; vgl. *T. Holtz*, Der erste Brief an die Thessalonicher, ²1990 (EKK XIII) 96f.111: „Vielleicht stützt sich solche Beurteilung der Situation in Thessalonich nur auf eine Vermutung."

[95] Nach der Vermutung von *O.H. Steck*, Israel und das gewaltsame Geschick der Propheten, 1967 (WMANT 23) 274, nimmt Paulus in V.15 eine vorformulierte Tradition aus dem Bereich des hellenistischen Judenchristentums auf. Einige Ausleger beurteilen V.15f als nachpaulinische Glosse – doch das ist eher Wunschdenken.

[96] Dieser Vorwurf findet sich bei *Tacitus* (hist V 5: adversus omnes alios hostile gentium) sowie bereits in dem Brief des persischen Großkönigs Xerxes an seine Statthalter (Est 3,8: „abgesondert von und feindlich gegenüber allen Völkern").

[97] Vgl. *Holtz*, 1.Thessalonicher 111.

Diskussion[98]: Das Gericht über die Juden, welche in ihrer Feindschaft gegen die Christusbotschaft verharren, ist von Gott her bereits in Gang gesetzt und wird im Endgericht abschließend bestätigt werden[99]. Aber man wird Paulus nur gerecht, wenn man erkennt: hier handelt es sich nicht um das abgewogene Ergebnis theologischer Reflexion, sondern um eine von tiefer persönlicher Betroffenheit geprägte polemische Äußerung.

6.4.2 Ebenfalls einer polemischen Situation, nämlich dem Kampf gegen die judaisierenden Neigungen der galatischen Gemeinden, entstammt der komplexe und schwierige Abschnitt Gal 4,21–31. Paulus unternimmt es hier, von der Schrift her zu beweisen, daß die aufgrund der Christusbotschaft Glaubenden, die sich an Gottes Verheißung halten, Abrahams Söhne sind: Und zwar sind sie *die eigentlichen, legitimen Abrahamssöhne*, während die sich an das Gesetz haltenden Juden letztlich nur *illegitime Abrahamssöhne* sind, die außerhalb des Bereiches der göttlichen Verheißung stehen. Die biblische Grundlage bilden die Genesis-Erzählungen von den beiden Frauen Abrahams, Hagar, der Magd, und Sara, der Freien, sowie von deren zwei Söhnen Ismael und Isaak (Gen 16; 17; 21,9–21). Aus ihnen greift Paulus nur einige Motive heraus, um sie in einem bizarren Ineinander von Allegorie und Typologie auf die Gegenwart zu beziehen. Ausgangspunkt ist für ihn dabei das Gegeneinander von Knechtschaft unter dem Gesetz und Freiheit unter der Verheißung Gottes. So wird ihm die Magd Hagar zur Repräsentantin des Gesetzes, Sara hingegen als die Freie zum Urbild derer, die im Glauben unter der Verheißung Gottes leben. Das in der Genesis-Erzählung nicht enthaltene Gesetzesmotiv bringt Paulus durch einen problematischen allegorischen Trick ein: Hagar sei (in welcher Weise auch immer) mit dem Berg Sinai in Arabien, d.h. dem Berg des Gesetzes (V.25a), gleichzusetzen. Damit aber verbindet er, nicht ohne Anzüglichkeit, eine weitere Pointe, wenn er behauptet, Hagar, die Repräsentantin der Unfreiheit unter dem Gesetz, entspreche „dem jetzigen Jerusalem, das mit seinen Kindern in der Knechtschaft lebt" (V.25b), während Sara als die Repräsentantin der Freiheit des Glaubens zugleich „das obere Jerusalem, welches unsere Mutter ist", darstellt (V.27). Das Ganze mündet aus in einen doppelten Appell: die Galater sollen endgültig begreifen, daß ihr Platz nicht auf der Seite des Gesetzes, sondern auf der der Freiheit ist; sie sind „nicht Kinder der Magd, sondern der Freien" (V.31). Und sie sollen einsehen, daß Gott selbst den Befehl gegeben hat, Hagar, die Unfreie, samt ihrem Sohn zu verstoßen (V.30).

Wenn so die gesetzestreuen Juden mit Ismael, dem von Abraham auf Gottes Geheiß verstoßenen Sohn, gleichgesetzt werden, so läuft das in der Tat auf eine *Enterbung* der unter der Tora verharrenden Juden hinaus. Die legitimen Erben des Abrahambundes und damit die Vertreter des wahren Israel wären demnach nur die Freien, weil ohne Gesetz Glaubenden.

---

[98] Auch die Feststellung, daß Paulus nicht die Unabänderlichkeit des zukünftigen Vernichtungsgerichts im Auge habe, sondern für die Juden die Möglichkeit einer Umkehr im Angesicht des bereits begonnenen Gerichts offenlasse (*Holtz*, 1.Thessalonicher 111), bringt hier kaum Entlastung.

[99] S. hierzu *H.-H. Schade*, Apokalyptische Christologie bei Paulus, 1981 (GTA 18) 127f.

Diese Konsequenz wird unterstrichen durch die schroffe Leugnung jedes Bezugs zwischen dem „jetzigen" und dem „oberen Jerusalem". Gal 4,26 ist der älteste christliche Beleg für die Vorstellung eines oberen bzw. himmlischen Jerusalem (vgl. Hebr 12,22; Offb 21f). Dieses obere Jerusalem ist nicht unmittelbar mit der Kirche gleichzusetzen, aber es hat mit der Kirche zu tun. Es ist die Wirklichkeit des im Anbruch befindlichen eschatologischen Heils, auf das die Kirche verweist und das in ihr als pneumatische Wirklichkeit in die gegenwärtige Weltzeit hineinragt. Insofern ist es die „Mutter" der an Christus Glaubenden[100]. Aus dieser eschatologischen Erwartungsperspektive koppelt Paulus das jetzige Jerusalem aus. Die Mitte des Judentums und der Ort, auf den sich jüdische Endzeithoffnung konzentriert, hätte demnach aufgehört, heilige Stadt zu sein und wäre zum Ort derer geworden, die sich dem Heil Gottes verschließen (vgl. Offb 11,7f).

Jedenfalls läuft Gal 4,21–31 auf eine Unterscheidung innerhalb der irdisch-natürlichen Nachkommenschaft Abrahams hinaus. Demnach wären nur die an Christus Glaubenden in gültiger Weise Abrahams Nachkommen, und die Auseinandersetzung zwischen ihnen und jenen Juden, die unter dem Gesetz verharren, wäre der Kampf zwischen dem legitimen Gottesvolk und denen, die sich den Anspruch, Israel zu sein, illegitim anmaßen. Man wird wohl auch den Friedenswunsch an das „Israel Gottes", mit dem Paulus den Galaterbrief beschließt (Gal 6,16), schwerlich anders denn als Zusammenfassung dieser Generallinie des Briefes verstehen können: Das „Israel Gottes" ist die Kirche, die jenseits der Knechtschaft des Gesetzes steht und aus der in Christus gegebenen Freiheit lebt[101].

6.4.3 Doch die konsequente Enterbungstheorie des Galaterbriefes ist nicht das letzte Wort des Paulus zu diesem Thema. In seinem *Traktat über die Juden* in Röm 9–11[102] greift Paulus erneut auf den Gottesvolk-Gedanken zurück, kommt dabei aber zu überraschend neuen Ergebnissen. Denn nunmehr durchdenkt er ihn nicht von einer polemischen Situation her, sondern, der Leitthematik des Römerbriefs folgend, von der Frage nach der Gerechtigkeit Gottes her[103]. Unter dieser Leitthematik bringt er drei Partner ins Spiel: die Heidenchristen, die Judenchristen und sich selbst.

Die *Heidenchristen* sieht Paulus in der Gefahr, sich in hochmütigem Heilsegoismus als das alleinige Ziel des Erwählungshandelns Gottes anzusehen und auf das angeblich aus der Gnade Gottes herausgefallene Israel herabzublicken (11,17–

---

100 Wahrscheinlich will Paulus hier mit einem Seitenhieb eine Parole seiner judaistischen Gegner: „Jerusalem ist unser aller Mutter", treffen; so *H.-J. Holtzmann*, Lehrbuch der historisch-kritischen Einleitung in das Neue Testament, Freiburg ³1892, 219; *J. Eckert*, Die urchristliche Verkündigung im Streit zwischen Paulus und seinen Gegnern nach dem Galaterbrief, 1971 (BU 6) 217.

101 So mit *Luz*, Geschichtsverständnis 285; *Eckert*, Verkündigung 135; anders *Mußner*, Galaterbrief 417, der gegen den Augenschein des Galaterbriefes hier bereits die Perspektive von Röm 9–11 angekündigt sehen möchte.

102 S. hierzu v.a. *Hofius*, Evangelium; *Luz*, Geschichtsverständnis 268–300; *Mußner*, Traktat 52–67; *Gräßer*, Zwei Heilswege?; *Walter*, Römer 9–11; *P. v.d. Osten-Sacken*, Römer 9–11 als Schibbolet christlicher Theologie, in: ders., Evangelium und Tora, 294–314; *H. Räisänen*, Paul, God, and Israel: Romans 9–11 in Recent Research, in: The Social World of Formative Christianity and Judaism, FS H.C. Kee, hg. J. Neusner u.a., Philadelphia 1988, 178–206.

103 S. *Luz*, Geschichtsverständnis 286f.

24). Umgekehrt will er die *Judenchristen* vor einem überheblichen Pochen auf den angeblichen Vorrang gegenüber den Heidenchristen warnen, indem er ihnen vor Augen führt: auch Israel verdankt sich dem ständigen freien Erwählungshandeln Gottes (9,6–29). *Sich selbst* bringt Paulus kraft jener Doppelrolle ein, die ihm in der Geschichte Gottes mit seinem Volk zugewiesen ist: Er ist Jude, der sich zur bleibenden Zusammengehörigkeit mit seinen leiblichen Brüdern bekennt (9,3), und er ist Apostel Jesu Christi, von Gott beauftragter Träger der Heilsbotschaft (10,14–21). Mag sein unmittelbarer Auftrag auch den Heiden gelten (Röm 1,5), so weiß er sich dadurch indirekt auch in einer Verantwortung gegenüber den Juden stehend, gleichsam als Anwalt jener Treue Gottes, wie sie in seinem Evangelium zum Ausdruck kommt. So erklärt er sich bereit, wie einst Mose (Ex 32,30–32), sein Leiden und sein Leben Gott als Sühne für Israel darzubringen (9,3).

Gottes Gerechtigkeit, die Zusage seiner Gemeinschaftstreue, rettet jeden, der glaubt, „den Juden zuerst, aber auch den Griechen" (1,16). Diese Grundthese hatte Paulus an den Anfang des Römerbriefs gestellt. Aber nun ist diese Gerechtigkeit nicht erst mit Christus neu in die Welt gekommen; bereits vorher hatte Israel sie erfahren. Nur dann kann diese Gerechtigkeit als zuverlässig und unverbrüchlich gelten, wenn Gott seine Gemeinschaftstreue gegenüber diesem Volk erweist und die Zusagen, die er ihm gegeben hat, nicht zurücknimmt: „Es ist nicht so, daß Gottes Wort hinfällig geworden wäre" (9,6a). Diese zweite These steht in einer spannungsvollen Korrelation zur ersten von 1,16. Paulus unterstreicht sie dadurch, daß er jene Setzungen und Gaben, die die Juden von Gott empfangen haben, als bleibend und beständig bestätigt (V.4f). So bringt er die Spannung zwischen seinem rechtfertigungstheologischen Ansatz, der das Heil nur von der im Glauben vollzogenen Christusbindung abhängig machen kann, und seiner heilsgeschichtlichen Perspektive, die von der übergreifenden Kontinuität und Identität des Handelns Gottes ausgeht, auf den Punkt. In *drei Anläufen* sucht Paulus diese Spannung aufzulösen.

6.4.3.1 Der *erste Anlauf* (9,6b-29) bleibt weitgehend in den Bahnen der aus Gal 3 und Röm 4 bekannten Argumentation: „Nicht alle, die aus Israel stammen, sind Israel" (9,6b). Israel ist nicht eine durch Abstammung und natürliche Generationenfolge definierte Größe. Es ist vielmehr ein Volk, das sich einem ständigen gnädigen Erwählungshandeln Gottes verdankt. Innerhalb des empirischen Israel gab es stets Annahme und Verwerfung; hier stand stets Jakob neben Esau (VV.7–9). Das von Gott erwählte Israel war immer nur ein Teil des empirischen Israel, aber dieser Teil stand in der Sicht Gottes für das Ganze. So hat Gott gegenüber Israel immer seine Freiheit gewahrt, die sich allem menschlichen Nachrechnen entzieht (VV.14–23). Aber diese Freiheit ist nicht Willkür, da Gott sie von seinem Heilswillen und seiner Treue umgriffen sein läßt. Als Zeichen solcher Treue hat Gott in Israel einen „Rest" übriggelassen (VV.24–29; 11,1–10). Gemeint sind damit die Judenchristen. Ihre Existenz kann in den Augen des Paulus als Erweis dafür gelten, daß Gott seine Verheißungstreue gegenüber Israel bewährt hat.

6.4.3.2 Aber Paulus gibt sich mit dieser Antwort noch nicht zufrieden. In einem *zweiten Anlauf* (9,30–10,21) will er jeden Gedanken an eine Willkür Gottes ausschließen, indem er die Konstanz und Treue der Zuwendung Gottes zu Israel in seiner Geschichte herausstellt: Gott ist Israel nichts schuldig geblieben. Er hat ihm in der Verkündigung der Glaubensboten das Angebot des Glaubens, das um Christi willen ergeht, ganz nahe kommen lassen. In

Christus, nicht in der Tora, erfüllt sich endzeitlich die Verheißung der unmittelbaren Nähe des Wortes Gottes zum Mund und Herzen des Volkes (10,6–8; vgl. Dtn 30,12–14). Es ist allein Israels Schuld, wenn es den Weg des rettenden Glaubens an Christus verfehlt hat, um stattdessen am Weg des Gesetzes festzuhalten und so zu scheitern.

Doch inmitten dieser düsteren Perspektive (10,19–21) läßt Paulus – zunächst ganz verhalten – einen neuen Ton anklingen. Er deutet die Möglichkeit an, daß das Gericht, das Gott gegenwärtig über seinem Volk vollzieht, ein Läuterungsgericht sein könnte (V.19b), und geht damit ein kleines, aber gewichtiges Stück über 1Thess 2,16 hinaus[104]. Vor allem aber verweist er auf den Überschuß der Barmherzigkeit Gottes gegenüber dem Gericht: Gott wartet „den ganzen Tag mit ausgebreiteten Händen" auf sein ungehorsames Volk (V.21 = Jes 65,2 [LXX]).

6.4.3.3 Damit ist der *dritte und entscheidende Anlauf* (11,1–36) vorbereitet. In seinem Zentrum steht die These: Gott hat sein Volk nicht auf Dauer verstoßen! Noch einmal verweist Paulus darauf, daß Gott in Israel einen „Rest" übriggelassen habe (vgl. 9,27ff), aber nun wird ihm der Restgedanke zum Indiz für die bleibende Treue Gottes zu dem Volk, das er sich „vorher ausersehen" hat (11,2). Seine eigene Erwählung und Berufung zum Apostel ist Zeichen der Hoffnung, daß Gott darum in Israel einen Rest gelassen hat, weil er mit seinem Volk noch nicht am Ende ist (11,1b). Israel ist, indem es den Glauben verweigerte, nur gestolpert, aber es war dies kein Stolpern „zum Fall", kein Herausfallen aus seiner Erwählung, sondern nur eine vorübergehende Episode (V.11a).

Um diesen Gedanken zu begründen, entwirft Paulus ein großes Panorama der gegenwärtigen Heilsgeschichte, in dem Juden und Heiden von Gott bestimmte Funktionen zugewiesen worden sind. Den Ansatz dafür bietet das Motiv der *Völkerwallfahrt zum Zion*, das Paulus nun freilich gleichsam auf den Kopf stellt: „Vielmehr kam durch ihr Versagen das Heil zu den Heiden, um sie selbst eifersüchtig zu machen. Wenn aber schon ihr Versagen zum Reichtum der Welt und ihre Minderung zum Reichtum der Heiden geworden ist, wieviel mehr wird dann ihre Vollzahl bedeuten" (V.11bf). Durch seine Verweigerung des Glaubens hält Israel den Raum frei für die Sammlung der Heiden. Die Heiden sind gleichsam Okkupanten der für Israel im Heilsbereich vorgesehenen Plätze.

Aber nun erwartet Paulus für die nahe Zukunft, daß die Heiden, die aufgrund ihrer Christusgemeinschaft Glieder des Gottesvolkes geworden sind, das erfahrene Heil so zum Leuchten bringen, daß die Juden darin das wiedererkennen, was für sie Inhalt der Verheißung Gottes ist. Er ist zuversichtlich, daß die ehemaligen Heiden sich sichtbar als Gottes Volk, seine heilige Versammlung, als Empfänger seiner Heilsgüter erweisen, und daß sie so Israel „eifersüchtig machen" (V.11); das Lebenszeugnis der Kirche soll die Juden zum Glauben an Christus gewinnen – eine bis heute uneingelöste Erwartung.

6.4.3.4 Im Zusammenhang dieses heilsgeschichtlichen Panoramas erscheint auch das berühmte *Ölbaumgleichnis* (11,16b-24). Es knüpft an die Gleichsetzung Israels mit einem „üppigen Ölbaum von schöner Gestalt" (Jer 11,16) an. Mag die Durchführung des Bildes auch allen botanischen Gegebenheiten und gärtnerischen Praktiken widerstreiten[105], so ist

---

[104] Durch das Zitat aus Dtn 32,21 (LXX) in 10,19b erscheinen die Repressionen der Juden gegenüber den Christengemeinden als Symptome einer von Gott verhängten „Eifersucht", durch die der Weg zur Umkehr vorbereitet werden könnte (vgl. Dtn 32,35f); vgl. *P. Stuhlmacher*, Der Brief an die Römer, 1989 (NTD 6) 145f.

[105] Man pflanzt zu Veredelungszwecken edle Zweige auf einen wilden Baum – nicht umgekehrt. *Stuhlmacher*, Römer 152, verweist zwar auf die aus der Antike belegte Möglichkeit, alte Ölbäume durch das Einpflanzen wilder Zweige zu revitalisieren; trotzdem bleibt gerade der zentrale Zug, nämlich das Wiedereinsetzen der früher ausgeschnittenen Zweige, im Widerspruch zu jeder denkbaren Praxis.

sein Sinn doch klar: Indem die Heiden zum Glauben kommen, werden sie Teil des „Baumes"
Israel und empfangen ihre Kraft aus dessen von Gott selbst gepflanzter Wurzel, nämlich aus
Abraham und den Vätern des Glaubens[106]. Dabei geht es freilich nicht um eine Zugehörigkeit
zu Israel in physisch-naturhaftem Sinn, sondern um eine Hineinnahme in jene Geschichte
Gottes mit Israel, deren Grund gelegt wurde mit der Verheißung an die Väter und die allein
kraft der Treue Gottes eine Zukunft hat. Diese Geschichte ist von Abraham her eine
Geschichte des Glaubens (Gal 3,19; Röm 4,16). Die hinzugekommenen Heiden – im Bild der
eingepfropften Schößlinge dargestellt – werden, wenn sie ohne Glauben bleiben, dasselbe
Schicksal erfahren, wie die ungläubigen Juden: sie werden vom Gottesvolk getrennt. Die
eigentliche Pointe liegt aber wohl in der paradoxen Hoffnung, daß Gott die Möglichkeit habe,
ausgebrochene Zweige dem Baum Israel wieder einzupflanzen (V.24), wobei die Voraussetzung deutlich genug genannt ist und nicht unterschlagen werden darf: diese Zweige müssen
den Unglauben, der zu ihrer Entfernung geführt hatte, hinter sich gelassen haben.

6.4.3.5 Abschließend gibt Paulus dieser paradoxen Hoffnung noch deutlichere Gestalt: Er
enthüllt ein *Geheimnis*, nämlich jene Schau der Zukunft Israels, die ihm Gott selbst eröffnet
hat (11,25–36)[107]. War er bislang in den Grenzen deduzierenden, das Handeln Gottes von
der Schrift her deutenden theologischen Denkens geblieben, so überschreitet er nunmehr in
profetischer Rede diese Grenzen[108], um sich auf direkte göttliche Offenbarung zu berufen[109].
Der Inhalt des Geheimnisses ist Gottes Plan zur endzeitlichen Rettung *ganz Israels*: Die Zeit
der Verstockung Israels ist durch Gottes Ratschluß begrenzt; sie währt, bis die Vollzahl der
Heiden eingegangen sein wird: „Und so wird dann ganz Israel errettet werden" (V.26).
Sobald der Einzug der zum Glauben an Christus gekommenen Heiden in das Heil vollendet
ist, wird das Gottesvolk insgesamt des Heils teilhaftig werden, und zwar wie die Heiden,
nämlich allein aus Gnade, ausschließlich aufgrund der Gerechtigkeit Gottes, seiner sich
durchhaltenden Treue zu seinem Volk.

In seinem abschließenden Wort zur Sache erwartet Paulus also eine Rettung ganz
Israels. Diese wird insofern nicht in gleicher Weise vor sich gehen wie die Rettung
der Heiden, als sie nämlich nicht durch die missionarische Verkündigung des
Evangeliums erfolgen wird. In dieser Hinsicht mag man von einem *Sonderweg* der
Rettung Israels sprechen. Allerdings ist dieser Weg *kein Weg an Christus vorbei* und
am Glauben vorbei. Nach 11,26 wird diese Rettung nämlich durch das Auftreten
des „Retters", d.h. des Parusie-Christus, vom Gottesberg Zion her erfolgen. In ihm
wird Israel dann seinen Herrn erkennen, durch ihn die Vergebung seiner Sünden

---

[106] Daß die Wurzel mit Abraham und den Erzvätern gleichzusetzen sei, nehmen die meisten neueren
Ausleger (z.B. *Wilckens*, Römer 6–11, 246f; *D. Zeller*, Der Brief an die Römer, Regensburg 1984, 196;
Stuhlmacher, Römer 152; *Mußner*, Traktat 69f) mit Recht an. Von 11,28 her erweist sich diese Deutung als
zwingend. Anders *Walter*, Interpretation 180: die Wurzel sei Gott.

[107] Der Begriff „Geheimnis" (griech.: *mysterion*; hebr.: *rāz*) entstammt der Apokalyptik, wo er das
von Gott vorherbestimmte Geschehen der endzeitlichen Zukunft umschreibt, das jetzt menschlicher
Einsicht verborgen ist und erst beim Anbruch der Endereignisse allen offenbar werden soll (Dan 2,19–
30.47; 4,9 [Thdt]).

[108] Vgl. *U.B. Müller*, Prophetie und Predigt im Neuen Testament, 1975 (StNT 10) 229–232; *Wilckens*,
Römer 6–11, 254.

[109] Das hat ihm manche Kritik eingetragen: *Bultmann*, Theologie 484, sieht hier „Phantasie und
spekulierendes Denken" am Werk; *Räisänen*, Paul, God, and Israel 196, versucht eine psychologische
Erklärung: Paulus wolle sich angesichts des quälenden Problems der Verwerfung seiner Botschaft durch
Israel selbst beruhigen – auf Kosten der logischen Konsequenz seiner Theologie.

erfahren und der vollendeten Heilsgemeinde zugeführt werden. Gott selbst wird dabei durch seine Gnade das Wunder bewirken, daß Israel in Jesus seinen Messias wahrnimmt und allein von ihm sein Heil erwartet: nichts anderes als dies ist aber Glaube![110]

6.5 Die Kirche – das in Christus gesammelte und erneuerte Israel der Endzeit

6.5.1 Es hat sich gezeigt, daß die beiden Brennpunkte des paulinischen Kirchenverständnisses keineswegs beziehungslos nebeneinander stehen, sondern in einem konstruktiven Spannungsverhältnis einander zugeordnet sind.

Heilsgeschichtlich gesehen ist Kirche nach Paulus das Ziel jenes Handelns Gottes, durch das er Israel, sein Volk, ins Dasein rief und mit dem er ihm auf seinem Weg durch die Zeit unbeirrt seine Treue erwies. *Hinsichtlich ihrer aktuellen Entstehung* gesehen, ist Kirche die Gemeinschaft von Menschen, die durch die Heilsgaben Jesu Christi gesammelt und zu einem von der Gegenwart des Geistes bestimmten Miteinander zusammengeführt werden. Unter heilsgeschichtlichem Blickwinkel kann man nach Paulus nicht von einer Entstehung oder Gründung von Kirche sprechen; sie erweist sich vielmehr als die *Endphase der Geschichte Gottes mit Israel.* Aber diese Endphase setzt nicht das Vorige in linearer Kontinuität fort, sondern ist geprägt durch die Geschichte Jesu von Nazaret und das Handeln Gottes an Jesus. Jesus ist die große Krise Israels. Durch ihn kam es zu der Scheidung der den Heilsweg des Glaubens Akzeptierenden von den ihn Verweigernden – und ebenfalls durch ihn erfolgte die Öffnung des Gottesvolkes für das Hinzukommen der Heiden, in der sich Israels Funktion für die Völkerwelt erfüllte.

6.5.2 Beide Aspekte haben je auf ihre Weise das Wirken des Paulus bestimmt. Die starke Gewichtung des aktuellen Aspekts der Entstehung und Gestaltwerdung von Kirche als *ekklesia*-Versammlung hatte zur Folge, daß sich unter dem Einfluß des Paulus die *örtliche Gemeinde* als das maßgebliche Gestaltmodell von Kirche durchsetzte.

Aber auch der heilsgeschichtliche Aspekt erwies sich als starke Triebkraft in seinem Wirken. Hinter seinem rastlosen Einsatz als weltweiter Heidenmissionar stand die Überzeugung, daß das Hinzukommen der Heiden zum Volk Gottes das große Wunder der Endzeit sei. Er wußte sich kraft seiner Berufung zum Apostel für die Heidenvölker (Gal 1,16) als der Freudenbote von Jes 52,7, der unter allen Völkern den endgültigen Herrschaftsantritt des Gottes Israels ausruft. Und zwar hoffte er, daß als Folge seines missionarischen Auftrags an den Heiden zuletzt auch Israel, sein eigenes Volk, zum Glauben an Jesus als seinen Messias kommen werde.

---

[110] Vgl. hierzu *Mußner,* Geschlecht 33–37. Demgegenüber greift die Polemik bei *Gräßer,* Zwei Heilswege? 212–230, zu kurz. Abzuwehren ist allerdings das Fehlverständnis, wonach der „Sonderweg" Israels der Weg der Tora unter Absehung von Jesus sei (so *J.G. Gager,* The Origins of Anti-Semitism, New York 1983, 200f).

6.5.3 Von daher erzeigt sich auch das Verhältnis des Paulus zu Jerusalem und der dortigen Urgemeinde als sehr viel klarer und positiver, als es zunächst aufgrund der von vielfältigen polemischen und taktischen Erwägungen gefärbten expliziten Aussagen hierzu (Gal 1,17–20; 2,1–21) den Anschein haben mag. Gewiß war es ein spannungsvolles Verhältnis. Aber allen Bekundungen seiner Unabhängigkeit gegenüber Jerusalem und allem Pochen auf die Selbständigkeit seiner Gemeinden zum Trotz hat Paulus sich faktisch stets darum bemüht, die Verbindung zu Jerusalem nicht abreißen zu lassen.

Wichtigstes Indiz dafür ist die Kollekte für Jerusalem (Gal 2,10), die er nicht als lästige Verpflichtung, sondern mit starkem Engagement betrieben hat (2Kor 8,1–24; 9,1–15; Röm 15,25–29). Obwohl er sich dazu nicht direkt äußert, lassen die Indizien darauf schließen, daß in den Augen des Paulus das Verhältnis der Heidenchristen zur Jerusalemer Urgemeinde ein sichtbares Zeichen für deren Einbindung in das Gottesvolk und seine Heilsgeschichte war: Die gläubigen Heiden müssen mit dieser Gemeinde „als dem echten Ölbaum zugehörig in Verbindung bleiben"[111]. So hat er die Kollektenüberbringung, die er als große Solidaritätsdemonstration der Heidenkirche gestaltete (Apg 20,1–4), vermutlich als zeichenhafte Darstellung des beginnenden endzeitlichen Hinzuströmens der Fülle der Heiden (Röm 11,12) zum Zion verstanden[112], ja vielleicht sogar daran die Hoffnung auf eine die ungläubigen Juden eifersüchtig machende Wirkung (Röm 11,11) geknüpft.

Solche von der Spannung einer noch lebendigen Naherwartung genährten Erwartungen haben sich nicht erfüllt. Die große gesamtkirchliche Demonstration der Kollektenüberbringung endete als Fehlschlag (Apg 21) und führte in der Folge dazu, daß Paulus sein Leben verlor.

6.5.4 Die Entwicklung der Kirche nahm einen anderen, von Paulus nicht vorhergesehenen Verlauf. Der Zustrom der Heiden ging weiter. Unter ihnen wuchs eine Kirche heran, für die die Rückbindung an Israel keine Lebenswirklichkeit mehr war. Zum andern endete das Wachstum des Christusglaubens unter Israel schon bald, und die Katastrophe des Jahres 70 ließ die Judenchristen zu einer Randgruppe verkümmern. So kam es, daß die paulinische Ekklesiologie hinsichtlich ihrer Mitte, des spannungsvollen Bezugs von Christus und Israel, bereits in der dritten christlichen Generation kein Echo mehr fand. Es ist noch eine letzte, ferne Nachwirkung, wenn in altkirchlichen Mosaiken zwei allegorische Frauengestalten nebeneinander abgebildet werden: die Kirche aus den Juden und die Kirche aus den Heiden. In den Bildprogrammen des Mittelalters jedoch findet sich eine andere Konstellation, die das seither vorherrschende ekklesiologische Verständnis widerspiegelt: das Nebeneinander von Ekklesia und Synagoge, wobei die letztere zum Zeichen ihrer Blindheit und Verschlossenheit für das Heil einen Schleier vor den Augen trägt.

---

[111] *Lüdemann*, Paulus 39.
[112] S. hierzu *J. Roloff*, Die Apostelgeschichte, ²1988 (NTD 5) 296.

7. Die grundlegenden Normen kirchlicher Dienste und Funktionen

Fragen der Organisation und Leitung der Gemeinden spielen in den echten Paulus-briefen eine erstaunlich geringe Rolle. Wir wissen nicht, ob er bei der Gründung der Gemeinden für bestimmte feste Ordnungsstrukturen gesorgt hat. Nach Apg 14,23 hätte er bereits auf der von Antiochia ausgehenden ersten Missionsreise gemeinsam mit Barnabas in jeder Gemeinde Älteste eingesetzt. Doch das ist sicher ein stark vereinfachtes Bild, in dem die dritte christliche Generation die ihr vertraute Ämter-ordnung auf die Anfänge zurückprojiziert. Die einzige paulinische Gemeinde, in deren innere Verhältnisse wir einen etwas näheren Einblick haben, nämlich Korinth, vermittelt ein völlig anderes Bild. Hier scheint sich das gemeindliche Leben weitge-hend improvisiert abgespielt zu haben, feste Ämter und Dienste treten nicht in Erscheinung[113]. Diese korinthische Situation zu verallgemeinern und aus ihr zu schließen, Paulus habe das Ideal einer leitungs- und autoritätsfreien Gemeinde angestrebt, wäre jedoch vorschnell. Verschiedene Beobachtungen nötigen nämlich zu einer differenzierteren Sicht.

Zunächst ist fraglich, inwieweit die korinthische Gemeinde als für alle paulini-schen Gemeinden repräsentativ gelten kann. Der ausgeprägte Individualismus ihrer Glieder sowie deren Vorliebe für pneumatisch-ekstatische Phänomene lassen ver-muten, daß es sich hier eher um einen Ausnahmefall handelte. Sodann ist zu bedenken, daß das Nichtvorhandensein innergemeindlicher Leitungsautorität in einem ursächlichen Zusammenhang mit der von Paulus ausgeübten Leitungsautori-tät stand. Seine Briefe zeigen Anspruch und Bemühen, die volle Kontrolle über das Leben der Gemeinde auszuüben: Er beantwortet nicht nur Fragen der Lehre, sondern auch solche der Gemeindeleitung und -disziplin (1Kor 5,1–13; 6,1–11) sowie der gottesdienstlichen Ordnung (14,1–33)[114]. Die volle Entwicklung ge-meindlicher Leitungsstrukturen war erst nach der Ablösung vom Apostel nötig und möglich. Immerhin aber fehlt es nicht an Anzeichen dafür, daß sich in anderen Gemeinden die Entwicklung der inneren Ordnung bereits zu Lebzeiten des Apo-stels und unter seinen Augen sehr viel stetiger vollzogen hat (1Thess 5,12; Röm 12,6–8; 16,1f; Phil 1,1)[115].

Der wesentliche Beitrag des Paulus liegt im theologisch Grundsätzlichen. Er hat eine Reihe von Normen entwickelt, die zunächst im paulinischen Gemeindekreis, später aber auch darüber hinauswirkend, Struktur und Selbstverständnis kirchli-cher Funktionen und Dienste maßgeblich geprägt haben. Es sind dies: der *Rückbe-zug auf das Verhalten Jesu*, die *Orientierung am Evangelium*, die *Ausrichtung auf die Erbauung der Gemeinde* sowie die *Zuordnung zum Bereich des Pneumatischen*.

---

[113] Gewisse ordnende Elemente fehlen freilich auch hier nicht. So ist Stefanas, der Erstbekehrte Achaias, samt seinem „Haus" aufgrund seines Einsatzes für die Gemeinde eine von Paulus ausdrücklich gestützte Autorität (1Kor 16,15).

[114] Vgl. *Holmberg*, Paul 116: „And it is just this ,potential accessibility' of the apostle, the fact that he is still actively present and his authority fully accessible, that prevents the full (social, legal and theological) development of those beginnings of an office structure we observe in the Pauline letters."

[115] S. hierzu *Holmberg*, Paul 113, sowie die dort (Anm. 99) angeführte Literatur.

7.1 Der Rückbezug auf das Verhalten Jesu

Paulus bezeichnet seinen Apostolat häufig (2Kor 3,7–9; 4,1; 5,18; 6,3; vgl. Röm 11,13) als „Dienst" (diakonia)[116]. Aber auch andere gemeindliche Funktionen kennzeichnet er mit diesem Begriff (1Kor 12,5; 16,15; Röm 12,7). Dahinter steht, wie 2Kor 4,5 andeutet, christologische Reflexion: „Nicht uns selbst verkündigen wir, sondern Jesus Christus als den Herrn, uns aber als eure Knechte um Jesu willen."

Der irdische Jesus in seiner Knechtsgestalt prägt das Leben des Apostels und derer, die mit ihm in der Gemeinde tätig sind. Die Dienstnorm der Jünger Jesu (Mk 10,44) wird hier, wie die wörtlichen Anklänge erweisen, aufgenommen. Wie Jesus durch sein Verhalten das Strukturprinzip von Herrschaft und Gewalt durchbrochen hat, indem er an dessen Stelle das Prinzip des dienenden Daseins für andere setzte (s.o. I.6.3.4), so soll es auch der halten, der für die Gemeinde Verantwortung trägt. Denn dies entspricht dem Wesen der Kirche als der von der dienenden Selbsthingabe des Gekreuzigten geprägten koinonia. Das Herrschen von Menschen über Menschen hat in ihr keinen Raum[117].

Paulus setzt alles daran, daß sein Dienst als Apostel sich beständig von dieser Norm geprägt erweist, ja er versteht seinen Apostolat geradezu als die sichtbare Verkörperung dieser Norm. Er stellt sich der Gemeinde vor als der, in dem sie das Grundverhalten Jesu Christi erkennen und als ihre innere Struktur normierend ablesen kann. Dies nämlich ist gemeint, wenn er sie zur „Nachahmung" (mimesis) aufruft: „Werdet meine Nachahmer, wie ich Christi" (1Kor 11,1; vgl. 4,16). Die Gemeinde ist „unsere und des Herrn Nachahmer" (1Thess 1,6).

Dies bedeutet, daß eine ganze Kette des Vorbild- und Nachbild-Seins von Christus her über den Apostel hin auf die Gemeinde in Gang gesetzt wird. Es ist das Grundbild des dienenden Jesus, das der Apostel vertritt, um es, einem Prägestempel (typos) gleich, der Gemeinde aufzuprägen (Phil 3,17). Aufgeschlüsselt und zugleich umgesetzt in der heidnischen Umwelt vermittelbare sittliche Verhaltensweisen erscheint dieser Gedanke in der Mahnung des Apostels, das „Wahre, Angemessene und Gerechte" zu tun, das die Gemeinde „gelernt und empfangen und gehört und gesehen" hat im Apostel (Phil 4,8f). So ist der Apostel geradezu der Repräsentant der von Jesus Christus seiner Kirche eingestifteten Gestaltnorm[118].

---

[116] Vgl. zum folgenden J. Roloff, Zur diakonischen Dimension und Bedeutung von Gottesdienst und Herrenmahl, in: ders., Exegetische Verantwortung in der Kirche, Göttingen 1990, 201–218.

[117] Ein spezielles Problem bietet die Übersetzung von diakonia ins Deutsche, da das Wort „Dienst" zu abgeblaßt erscheint. Seit Luther hat sich die Wiedergabe durch „Amt" eingebürgert. Aber dieses Wort hat in der heutigen Sprache einen Bedeutungswandel erfahren: es bezeichnet eine eindeutig festgelegte und gesellschaftlich anerkannte Führungsstelle, die im Namen einer bestimmten Institution Hoheitsrechte ausübt und der dazu bestimmte Machtmittel zugeordnet sind (vgl. die heute beliebte Rede von der „Amtskirche").

[118] Zum Motiv der Nachahmung bei Paulus vgl. W. Michaelis, ThWNT IV 661–678, sowie zuletzt B. Fiore, The Function of Personal Example in the Socratic and Pastoral Epistles, 1986 (AnBib 105) 164–190 (ebd. 164f Anm. 2 weitere Literatur).

7.2 Die Orientierung am Evangelium

Die maßgebliche Größe, von der her Paulus seinen Apostolat und damit auch alle übrigen kirchlichen Dienste bestimmt sein läßt, ist das Evangelium. Im Präskript des Römerbriefs stellt er sich vor als „Knecht Jesu Christi, berufener Apostel, ausgesondert für das Evangelium Gottes" (Röm 1,1).

7.2.1 Apostel und Evangelium gehören demnach unmittelbar zusammen. Die Berufung zum Apostel durch den auferstandenen Herrn war zugleich alle anderen Tätigkeiten ausschließende Indienstnahme für das Evangelium. Gemeint ist damit natürlich in erster Linie der Auftrag zur Verkündigung der Botschaft von Jesus als dem von Gott zum endzeitlichen Herrscher eingesetzten Herrn (Röm 1,3f). Aber das Evangelium läßt sich keineswegs auf die bloße Information über bestimmte Ereignisse und Sachverhalte – das Handeln Gottes an Jesus und dessen heilvolle Folgen für Welt und Menschen – eingrenzen; es hat selbst Geschehenscharakter. Paulus versteht Evangelium in Weiterführung des großen Bildes von Jes 52,7 als den Ruf des Herolds, der den bereits erfolgten endzeitlichen Herrschaftsantritt Gottes öffentlich proklamiert und damit im rechtlichen Sinn für wirksam erklärt[119]. Indem Evangelium ausgerufen wird, setzt Gott seine Herrschaft durch und kommt zur Welt, und zwar im Wort des Apostels. Evangelium ist nach Paulus das sich worthaft ereignende endzeitliche Heilshandeln Gottes, durch das die vergangene Geschichte des Menschen Jesus von Nazaret als Gegenwart und Zukunft der Welt bestimmendes Geschehen auf Glauben hin in Kraft gesetzt wird[120]. Der Apostel versteht sich als Vollzugsorgan des Evangeliums. Dies (und nicht etwa eine Urheberschaft oder eine Verfügungsgewalt gegenüber dem Evangelium) ist mit der Rede von „meinem Evangelium" (Röm 2,16) gemeint. Gottes Tatwort im Evangelium konkretisiert sich im Mund des Apostels zur glaubenschaffenden Botschaft (Röm 10,17). Wenn der Apostel als Gesandter Christi bittet: „Laßt euch versöhnen mit Gott" (2Kor 5,20), dann bittet Gott selbst durch ihn.

7.2.2 Weil das Evangelium durch Jesu Tod und Auferweckung in Kraft gesetzt wurde, darum ist es für Paulus entscheidend wichtig, seinen Apostolat mit diesem geschichtlichen Ausgangspunkt verbunden zu wissen. Hier – und nicht etwa in kirchenpolitischer Taktik – ist der Grund dafür zu suchen, daß er sein Berufungswiderfahrnis, die Christophanie vor Damaskus, als die letzte und abschließende der Erscheinungen des Auferstandenen deutet (1Kor 15,9–11): Wie Petrus und die Glieder des Zwölferkreises durch den auferstandenen Herrn beauftragt und gesandt wurden, so auch er. Wie jene, so hat auch Paulus teil am Ursprung des Evangeliums. Offensichtlich ist diese Deutung, die den Apostolat des Paulus hinsichtlich seiner Autorität dem des Petrus nahezu gleichstellte, von den Jerusalemern akzeptiert worden. Sie war die Voraussetzung für deren Anerkennung der Authentizität des paulinischen Evangeliums für die Heiden (Gal 2,2).

---

[119] In Röm 10,15 zitiert er Jes 52,7 mit deutlichem Blick auf seine eigene Funktion.
[120] Vgl. *P. Stuhlmacher*, Das paulinische Evangelium I, 1968 (FRLANT 95) 287.

7.2.3 Paulus tritt seinen Gemeinden als bevollmächtigter Gesandter des Auferstandenen und Vollzugsorgan des Evangeliums gegenüber. Seine Aufgabe als Apostel ist es, *das Evangelium als die das Leben der Kirche bestimmende Norm zur Geltung zu bringen.* Dies geschieht, indem er die Grundstruktur des Evangeliums herausstellt, wie sie sich ihm in seiner eigenen existentiellen Erfahrung erwiesen hat. Dem Pharisäer, der ganz im Banne der Gesetzesgerechtigkeit stand, war der lebendige Christus begegnet und hatte sich ihm als das „Ende des Gesetzes" (Röm 10,4) erwiesen. Diese Erfahrung wurde durch die Berufung zum Apostel entprivatisiert zur normativen Explikation der Struktur des Evangeliums, wie Paulus sie zur Grundlage seiner Gemeinden machte.

Darüber hinaus ist aber auch die gesamte Lebensführung des Apostels Entfaltung und Erläuterung des Evangeliums, weil sie vom Auftrag des Auferstandenen umfaßt und gestaltet ist. Paulus verweist so die Korinther auf seine Leiden (2Kor 4,7–18), auf seine Schwachheit (2Kor 12,9f) und auf seine Geduld (2Kor 12,12). Er fordert die Gemeinden auf: „Werdet meine Nachahmer, so wie ich (Nachahmer) Christi (bin)" (1Kor 11,1; vgl. 4,16; Phil 3,17; 1Thess 1,6). In ihm, dem Apostel nämlich haben sie die im Weg Christi begründete Struktur des Evangeliums vor Augen, die letztlich nichts anderes ist als die Struktur des Kreuzes: Stärke in der Schwäche, Leben aus dem Tode. Ja letztlich beruht die ganze Apologie des Apostelamtes in 2Kor 2,14–7,4 auf der Voraussetzung der unmittelbaren Zusammengehörigkeit von Evangelium und apostolischer Existenz: Indem der Apostel sein eigenes Verhalten expliziert, wird die Struktur des Evangeliums in für die Kirche normgebender Weise sichtbar.

7.3 Die Ausrichtung auf die Erbauung der Gemeinde

Der Gedanke der Erbauung der Gemeinde ergibt sich unmittelbar als paränetische Konsequenz aus den beiden ekklesiologischen Leitbildern des endzeitlichen Tempels (s.o. III.5) und des Leibes Christi (s.o. III.4.4). Paulus hat ihn vermutlich in der Auseinandersetzung mit enthusiastischen Strömungen in seinen Gemeinden, vorab in Korinth, entwickelt. Er mußte sein ekklesiologisches Konzept der örtlichen Versammlung als Bereich der Verwirklichung der in Christus gründenden *koinonia* gegen ein Pneumatikertum durchsetzen, das nicht am Gedanken der Gemeinde orientiert war, sondern dem Leitgedanken der Realisierung des individuellen Heilsbesitzes folgte.

Diese Frontstellung wird besonders deutlich in der Kontroverse des 2. Korintherbriefs. Paulus muß sich hier in seiner Position als Apostel und Gemeindeleiter behaupten gegen eine Gruppe in die Gemeinde eingedrungener wandernder Pneumatiker – er nennt sie „Lügenapostel" (2Kor 11,13) –, die in kurzer Zeit die Mehrheit der Gemeinde auf ihre Seite gebracht und seinen Einfluß nahezu ausgeschaltet haben. In dieser Auseinandersetzung ging es, wenn auch nicht allein, um den Gemeindebezug pneumatischer Funktionen. Die Lügenapostel haben die Frage nach dem Gemeindebezug ihrer vom Geist gewirkten Fähigkeiten anscheinend nicht gestellt; ihr Interesse war es allein, solche Fähigkeiten selbst zu demonstrieren und bei anderen zu wecken. Indem sie ihre geistliche Potenz zur Schau stellten, gaben sie der in der Gemeinde bereits vorhandenen Neigung zum pneumatischen Individualismus neue Nahrung. So bestand Gefahr, daß die Gemeinde zu einem Haufen von miteinander in Konkurrenz um möglichst eindrucksvolle Erweise des Geistbesitzes stehenden Einzelnen würde.

Schon im 1. Korintherbrief erkennt Paulus diese Gefahr. Darum stellt er alle Vorgänge in der Gemeinde und alle sich auf die Wirkung des Geistes zurückgeführten Fähigkeiten unter das Kriterium der „Erbauung". Nicht diejenigen Fähigkeiten, die dem einzelnen Christen die höchste religiöse Befriedigung verschaffen und seine geistliche Potenz am eindrucksvollsten unter Beweis stellen, sind die größten, sondern diejenigen, die das Miteinander der Gemeinde und ihr inneres Wachstum fördern. Dieses Kriterium legt Paulus an die von den Korinthern hochgeschätzte Glossolalie, die ekstatische Rede in der gottesdienstlichen Versammlung, an, um zu einem recht kritischen Urteil zu kommen: Mag sie auch auf das Lob Gottes ausgerichtet sein (14,2), so bleibt sie, weil unverständlich, für die *ekklesia* ohne Nutzen. Der Zungenredner „erbaut" nur sich selbst (14,4), seine Rede dient allein seiner privaten geistlichen Befriedigung. Anders dagegen die profetische Rede, die den Willen Gottes für alle verständlich darlegt (14,3), aber auch das verständliche Gebet, in dem die Gemeinde sich wiederfinden kann, und der denkend vollzogene Lobpreis, in den sie einstimmen kann (14, 16f): durch diese Funktionen erhält die Gemeinde „Auferbauung" (V.26), das heißt, sie bewirken, daß ihr inneres Wesen konkrete Gestalt gewinnt und für alle – auch für Außenstehende (V.24f) – sichtbar wird.

Auch das Bild vom Leib Christi als Organismus (1Kor 12,12–31; s.o. III.4.4) veranschaulicht dieses Kriterium, indem es zeigt: die verschiedenen Befähigungen und Funktionen in der Gemeinde erhalten ihre Bedeutung erst durch ihre Zuordnung zueinander und damit durch ihren Bezug auf das Ganze. Deshalb ist die Frage nach dem Rang einzelner Befähigungen und Funktionen ebenso falsch gestellt wie die nach deren besonderer pneumatischer Qualität (1Kor 12,21ff).

Paulus hat nichts getan, um die Kirche auf eine bestimmte Ämterstruktur festzulegen. Der Gedanke einer heiligen, von Gott selbst verbindlich gemachten Ordnung liegt ihm noch fern. Er erkennt allerdings, daß eine Ordnung notwendig ist, nicht um ihrer selbst, sondern um der Erbauung der Gemeinde willen. Es muß in der Kirche Funktionen und Dienste geben, die dazu beitragen, ihre Lebensvollzüge in einen sinnvollen, geordneten Zusammenhang zu bringen. „Gott ist nicht ein Gott der Unordnung, sondern des Friedens" (1Kor 14,33); nur im friedlichen, durch das gemeinsame Ziel bestimmten Miteinander verschiedener Dienste kann die Kirche ihrem Auftrag entsprechen.

7.4 Die Zuordnung zum Bereich des Pneumatischen

7.4.1 Paulus bezeichnet in 1Kor 12 und Röm 12,3–8 die verschiedenen Befähigungen und Kräfte, die die Christen in das Leben der Kirche einbringen und mit denen sie an deren Erbauung teilnehmen, als *Charismen*. Er prägt dabei dem Begriff

Charisma einen ganz spezifischen Bedeutungsgehalt auf, der ihn zu einem unentbehrlichen Terminus theologischer Sprache machen sollte[121]. Im Gegenzug zu dem selbstbewußten Pochen der korinthischen Pneumatiker auf ihre Kräfte und Fähigkeiten, die sie „Geistwirkungen" (*pneumatika*) nannten (1Kor 12,1), bezeichnet Paulus diese Erscheinungen als „Gnadengaben" (*charismata*), um so deutlich zu machen, daß es sich hier um freie, unverfügbare Geschenke Gottes, um Erweise seiner Gnade (*charis*) handelte (vgl. 1Kor 4,7). Paulus bestreitet dabei keineswegs, daß der Heilige Geist in diesen Phänomenen wirkt; ihm liegt vielmehr daran, sie in einer bestimmten Richtung zu interpretieren, nämlich als Gaben, die dem einzelnen Christen zum Dienst an der Gemeinschaft und zur Erbauung der Kirche gegeben werden.

7.4.2 Grundlegend ist dabei die Einsicht in die *Einheit und Unteilbarkeit des Geistes*. Der Geist ist die endzeitliche lebenschaffende Macht Gottes, die die Kirche zum Raum der Herrschaft des Gekreuzigten und Auferstandenen werden läßt: „In *einem* Geist wurden wir alle in *einen* Leib hineingetauft . . . und alle mit *einem* Geist getränkt" (1Kor 12,13). Das Wirken des Geistes gilt der Kirche in ihrer Gesamtheit (Gal 3,3). Wenn der einzelne Christ in der Taufe den Geist empfängt, so bedeutet dies, daß er eingegliedert wird in die Kirche als den geschichtlichen Bereich, in welchem der Geist seine Wirkung entfaltet. Es gibt zwar verschiedene „Zuteilungen" von Charismen (1Kor 12,4), aber diese sind nichts weiter als geschichtliche Konkretisierungen und Ausfaltungen des einmalig und unüberbietbar bei der Taufe empfangenen Geistes, die Gott in seiner Gnade veranlaßt, je nach dem Maß dessen, was die Kirche in ihrer jeweiligen Situation nötig hat (1Kor 12,11).

In diesem Sinn betont Paulus die *Vielfalt und Verschiedenheit der zugeteilten Charismen* als Erweise dafür, daß Gott seine Kirche durch die Gegenwart seines Geistes begleitet. Keines dieser Charismen repräsentiert die Fülle des Geistes, jedes von ihnen ist auf einen Teilausschnitt gemeindlichen Lebens beschränkt. Sie alle sind ergänzungsbedürftig. Erst in ihrer Interaktion innerhalb des Ganzen des Christusleibes wird die Fülle des der Kirche gegebenen Geistes manifest.

7.4.3 Es gibt keine der „Erbauung" der Kirche dienende Funktion, die nicht Wirkung des in der Kirche gegenwärtigen Geistes wäre. Das ist der eigentliche Kern der paulinischen Charismenlehre, und hier lag auch ihre Provokation für die korinthischen Pneumatiker. Jede Befähigung, jede Tätigkeit, und wäre es auch die scheinbar profanste, wird zum Charisma, sofern sie erkennbar im Dienst der Gemeinde ausgeübt wird[122]. Eben dies will die Charismenliste 1Kor 12,28 verdeutlichen (vgl. Röm 12,7f). In ihr hat Paulus in vorsätzlich bunter Reihenfolge zahlreiche gemeindliche Dienste und Funktionen nebeneinandergestellt. Dabei nennt er

---

[121] Daß der Begriff paulinischer Prägung entstammt, geht u.a. daraus hervor, daß er neutestamentlich nur in paulinisch beeinflußten Schriften vorkommt (1Tim 4,14; 2Tim 1,6; 1Petr 4,10); vgl. *Brockhaus*, Charisma 189f.

[122] Freilich ist nicht schon jeder lebensgeschichtliche Ort und jede Fähigkeit bzw. Veranlagung ein Charisma; entscheidende Voraussetzung für das Charisma ist die Einbringung in den Dienst an der Gemeinde; so m.R. *Merk*, Handeln 110, Anm. 198, gegen die Ausweitung des Charisma-Begriffs aufgrund von 1Kor 7,17 bei *Käsemann*, Amt 114.

fest an bestimmte Personen gebundene Dienste – Apostel, Profeten und Lehrer – unmittelbar neben den Funktionen der Kassenführung und der allgemeinen gegenseitigen Hilfeleistung. Die von den Korinthern wegen ihres übernatürlichen Charakters so hochgeschätzte Glossolalie bildet das Schlußlicht der Reihe.

7.4.4 Man hat die paulinische Charismenlehre häufig im Sinne einer *charismatischen Gemeindeordnung* deuten wollen, die alles auf das freie Wirken des Geistes stelle und für feste, auf Dauer an bestimmte Personen gebundene Ämter keinen Raum lasse. Dabei ging man davon aus, daß Charisma und Amt konträre, einander ausschließende Begriffe seien. Doch dieses Verständnis hat an Paulus keinen Anhalt. Es ist vielmehr bedingt durch die Festlegungen, die der Charisma-Begriff durch *R. Sohm* und *M. Weber* erfahren hat.

7.4.4.1 *R. Sohm* deutete im 1892 erschienenen ersten Band seines „Kirchenrechts" die Anfangsgeschichte des Christentums von der These her: „Das Kirchenrecht steht mit dem Wesen der Kirche im Widerspruch"[123], und er veranschaulichte dies anhand der Entgegensetzung der „charismatischen Organisation" der frühen Christenheit und den rechtlichen Verfassungsformen der späteren katholischen Kirche. Geist und Recht bzw. Amt schließen sich nach Sohm gegenseitig aus[124]. Damit war die Antithese *Charisma gegen Institution* vorbereitet, die sich in der neueren protestantischen Forschung immer mehr verfestigte.

Sie erfuhr ihre einflußreiche Weiterentwicklung durch *K. Holl*, der den hierarchisch-rechtlichen Kirchenbegriff der Jerusalemer Urgemeinde und den pneumatischen des Paulus schroff einander gegenüberstellte[125]. *M. Weber* übernahm den Ansatz des Sohm'schen Verständnisses von Charisma, um von da aus den Begriff zu einem allgemeinen soziologischen Terminus auszubauen, der kaum noch Bezug zu seinem neutestamentlichen Ursprung hat[126]. Webers Charisma-Begriff setzt auf das Spontane, Übernatürliche und Überwältigende. Der Charismatiker ist die außergewöhnliche Persönlichkeit, die Menschen unmittelbar an sich zu binden vermag und dazu keiner Ordnung und Institution bedarf[127]. Damit entspricht Webers Typ des Charismatikers sehr viel eher dem Selbstverständnis des korinthischen Pneumatikers als dem paulinischen Verständnis.

7.4.4.2 Demgegenüber sollte deutlich sein: Paulus vertritt keine charismatische Gemeindeverfassung. Es geht ihm bei den Charismenlisten 1Kor 12,28 und Röm 12,6–8 lediglich um die Zusammenstellung von Beispielmaterial aus der Gemeindewirklichkeit, um die Fülle und den Reichtum der verschiedenen vom Geist ermöglichten Tätigkeiten und Befähigungen im Dienst der Gemeinde zu veranschauli-

---

[123] *R. Sohm*, Kirchenrecht I, Leipzig 1892, 1.

[124] Zur Kritik an Sohm s. *Linton*, Problem 50–58; *G. Heinz*, Das Problem der Kirchenentstehung in der deutschen protestantischen Theologie des 20. Jahrhunderts, Mainz 1974, 34f; *Brockhaus*, Charisma 15–20.

[125] *Holl*, Kirchenbegriff 54. *Brockhaus*, Charisma 7–46 nennt in einem instruktiven forschungsgeschichtlichen Überblick als Erben des Sohm/Holl'schen Ansatzes H. Lietzmann, H. v. Campenhausen, E. Käsemann und E. Schweizer.

[126] Vgl. *Holmberg*, Paul 148; *Kertelge*, Wirklichkeit 110.

[127] Vgl. die klassisch gewordene Definition: „Charisma soll eine als außeralltäglich ... geltende Qualität einer Persönlichkeit heißen, um derentwillen sie als mit übernatürlichen oder übermenschlichen oder mindestens spezifisch außeralltäglichen, nicht jedem andern zugänglichen Kräften oder Eigenschaften (begabt) oder als gottgesandt oder als vorbildlich und deshalb als ‚Führer' gewertet wird." (*M. Weber*, Wirtschaft und Gesellschaft I, hg. J. Winckelmann, Tübingen ⁵1976, 140).

chen. Die Charismen sind nicht nur als spontane Lebensäußerungen, die sich dem freien Walten des Geistes verdanken, gesehen; ihre Darstellung ist zumindest offen für die Entwicklung von permanenten Ämtern und rechtlichen Strukturen[128].

Das kommt schon darin zum Ausdruck, daß die Charismenliste in 1Kor 12,28 eröffnet wird durch die festen, personbezogenen Dienste der Apostel, Profeten und Lehrer, wobei diese noch zusätzlich durch die Zählung „erstens", „zweitens", „drittens" hervorgehoben werden. Paulus rechnet aufgrund der vom Geist gewirkten Befähigungen eben mit diesen besonderen Diensten, die man im Blick auf die weitere Entwicklung als Grundformen kirchlicher Ämter bezeichnen kann[129]. Die Charismen sind Wirkungen des Geistes; aber ihr pneumatischer Charakter besteht weder in ihrem übernatürlichen Wesen, noch in ihrer Spontaneität, sondern darin, daß sich in ihnen die Zuwendung Gottes zu seinem Volk konkretisiert. *Der Geist selbst setzt Recht, indem er bestimmte Funktionen als verbindlich herausstellt.*

7.4.5 Ein Moment der *Stetigkeit und Verläßlichkeit* ist damit gegeben. Die Charismen drängen auf Beständigkeit. Darauf kommt es an, daß Menschen nicht nur gelegentlich und zufällig ihre Befähigungen in den Dienst der Gemeinde stellen, sondern daß sie dies auf Dauer tun, so daß sie darauf ansprechbar sind[130]. Für den einzelnen gilt es, zu erkennen, was ihm „gegeben" ist (1Kor 12,7), und für die Gemeinde als ganze gilt es, dies Gegebene in Gebrauch zu nehmen und auf Dauer erkennbar zu halten.

8. Kirchliche Ämter bei Paulus

8.1 Ämter der Wortverkündigung: Apostel – Profeten – Lehrer

Drei für die Gemeinde besonders wichtige Charismen, die er im Unterschied zu den folgenden personal formuliert, stellt Paulus an den Anfang seiner Liste in 1Kor 12,28: Apostel, Profeten und Lehrer. Er setzt damit für sie eine relativ feste Personbindung voraus. Das berechtigt dazu, hier von *Ämtern* zu sprechen. Ein Amt liegt nämlich dann vor, wenn eine für Bestand und Aufbau der Kirche erforderliche Funktion durch einen festen Personenkreis mit einer gewissen Konstanz ausgeübt wird. Was diese drei Ämter verbindet, ist, neben ihrer Ausrichtung auf die örtliche *ekklesia*[131], ihr Wortbezug. Sie stehen im Dienst der Verkündigung.

---

[128] Vgl. *Luz*, Charisma 85: „Paulus ordnet also die Charismen der Institution Kirche zu, deren Grundtätigkeiten Verkündigung und Gemeinschaft sind."

[129] Vgl. *Kertelge*, Wirklichkeit 110; *H. Conzelmann*, ThWNT IX 396.

[130] So baut Paulus darauf, daß man in Korinth das „Haus des Stefanas" kennt (1Kor 16,15): hier ist der Ansatz einer verbindlichen Ordnung.

[131] *Harnack*, Entstehung 18f.155–173, hielt die Trias, veranlaßt durch die Voranstellung der Apostel, für gesamtkirchlich und konstruierte von daher einen Gegensatz zwischen übergemeindlich-charismatischen Ämtern und lokalen Ordnungsfunktionen, nämlich den Episkopen und Diakonen. Aber der Kontext wie der sonstige Gebrauch von *ekklesia* bei Paulus machen wahrscheinlich, daß Paulus von den drei Ämtern im Blick auf ihren konkreten Gemeindebezug spricht; vgl. *Hainz*, Ekklesia 152f.

8.1.1 Vom Ursprung des *Apostelamts* sowie von seiner spezifischen paulinischen Interpretation als Verkörperung der Norm des Evangeliums war bereits die Rede (s.o. III.3.7.2). So ist hier nur noch kurz auf seinen spezifischen Gemeindebezug einzugehen. Der Apostel wirkt zwar übergemeindlich vermöge seiner heilsgeschichtlichen Rolle, Herold und Zeuge des Evangeliums vor der ganzen Welt zu sein (2Kor 2,14; 5,20). Zugleich aber zielt seine Sendung auf die Entstehung von örtlichen Gemeinden. So zeichnet sich Paulus im Römerbrief-Präskript (Röm 1,1–7) in eine Bewegung ein, die vom Evangelium, dessen Inhalt Christus ist (VV.1–3), ausgeht und über den missionarischen Gesamtauftrag, „Glaubensgehorsam unter allen Heiden" (V.5) zu wecken, hinführt auf die konkrete Gemeinde, den „Berufenen Jesu Christi" (V.6). Der Apostel hat das Evangelium so zur Geltung zu bringen, daß dadurch *ekklesia* entsteht. Das einzige Kriterium dafür, daß er seinem Auftrag entspricht, ist die Existenz seiner Gemeinden. So nennt er die korinthische Gemeinde seinen „Empfehlungsbrief" (2Kor 3,2) und das „Siegel seines Apostolats . . . im Herrn" (1Kor 9,2; vgl. 2Kor 3,2).

Paulus hat als Gemeindeleiter die verschiedensten Funktionen in seiner Person vereinigt. Er hat sowohl als Profet (Röm 11,33; 1Kor 13,2) wie auch als Lehrer gewirkt (Phil 4,9; 1Thess 2,13); er hat die Paraklese in Zurechtweisung und werbender Heilsverkündigung geübt (Röm 12,1; 2Kor 10,1), und er hat für die innere Ordnung der Gemeinden Vorkehrungen getroffen (1Kor 11,34)[132]. Was seinen Dienst jedoch von allen übrigen unterscheidet, ist dies, daß er als Apostel die *Grundlegung* durch das Evangelium vollzieht (1Kor 3,6.10). Sein Wort–Dienst steht zeitlich und sachlich am Anfang und wirkt damit normsetzend.

Speziell für die paulinischen Gemeinden mit ihrer starken Bindung an den Apostel mußte der Abschied des Paulus von ihnen und sein Tod einen tiefgreifenden Einschnitt bedeuten (vgl. Apg 20,17–38). Die Frage, wie die normsetzende Funktion des Apostolats ohne die lebendige Gegenwart des Apostels weitergeführt werden konnte, bedurfte der Lösung. Bezeichnenderweise bestand diese nicht in einer Weiterführung des Apostelamtes. Dessen Zuordnung zum Ursprung des Heilsgeschehens schloß diese Möglichkeit aus. Das Apostelamt erlosch mit der ersten Generation. Im paulinischen Gemeindekreis bildete sich jedoch stattdessen das Bewußtsein der bleibenden Rückbindung der Kirche an Wort und Werk des Apostels aus (s. VII.2.1; VIII.6.2).

8.1.2 Über urchristliche *Profeten* wissen wir relativ wenig; 1Kor 12,28 ist der älteste literarische Beleg für ihre Existenz. Und doch müssen sie, nach allem, was sich erkennen läßt, in den ersten Jahrzehnten der Kirche eine sehr gewichtige Rolle gespielt haben. Die Anfänge des christlichen Profetentums weisen nach Palästina zurück[133]. Daß man dort die Bezeichnung „Profet" auf einen bestimmten Perso-

---

[132] Trotzdem wäre das Verständnis der übrigen gemeindlichen Ämter neben und nach Paulus als Ausgliederungen aus dem Apostelamt (so *Goppelt*, Apostolische Zeit 124; *Greeven*, Propheten 29) eine unberechtigte Systematisierung. Vgl. hierzu *Roloff*, Apostolat 136.

[133] S. hierzu G. *Dautzenberg*, Urchristliche Prophetie, 1975 (BWANT 104); *D. Aune*, Prophecy in Early Christianity, Grand Rapids 1983.

nenkreis anwandte, ist ein Umstand, der Beachtung verdient. Galt doch nach der Überzeugung des zeitgenössischen Judentums die Profetie als erloschen. Lediglich für die Endzeit erwartete man die Wiederkehr der Profeten der Vergangenheit, vorab des Elija (Mk 6,15; 9,12; 15,35f; Mt 11,14; Joh 1,21.25). Maßgeblich für die Namensübernahme war das urchristliche Bewußtsein, den für die Endzeit dem ganzen Gottesvolk verheissenen Geist zu haben (Apg 2,17f = Joel 3,1f), das sich durch ekstatische Erfahrungen bestätigt sah. Einiges könnte in der Tat darauf hindeuten, daß die frühen palästinisch-judenchristlichen Profeten (z.B. Agabus Apg 11,28) in erster Linie Ekstatiker waren. Mit Sicherheit läßt sich sagen, daß die Profeten das Zeugnis von Jesus in einer Weise abgelegt haben, die die gegenwärtige Gemeinde in ihrer Situation unmittelbar getroffen hat: „Das Zeugnis Jesu ist der Geist der Profetie" (Offb 19,10). Anscheinend ist dieses Zeugnis auf ganz unterschiedliche Weise vorgetragen worden: in ekstatischer Rede, in der Form der Vorschau auf künftige Geschehnisse, aber auch im Anschluß an vorgegebene Worte Jesu, die aktualisiert und auf die Gegenwart hin zugespitzt wurden.

Paulus jedenfalls rechnet die Profetie der für alle verständlichen, der Auferbauung der Gemeinde dienenden Rede zu, nicht aber der ekstatischen Glossolalie (1Kor 14,5). Zwar setzt er voraus, daß die Profeten in der gottesdienstlichen Versammlung aufgrund spontaner Eingebungen des Geistes Offenbarungen (1Kor 14,30) aussprechen, d.h. Kundgaben des bislang verborgenen Gotteswillens für die Gegenwart, doch dringt er zugleich darauf, daß solche Spontaneität in den Kontext gemeinschaftlicher verstehender Reflexion eingeordnet bleibt. So mahnt er, die Profeten sollten sich durch ihre Begeisterung nicht dazu hinreißen lassen, durcheinander zu reden: Einer soll nach dem andern zu Wort kommen, damit die Gemeinde „lernen und Zuspruch erfahren" kann (1Kor 14,31). Die übrigen Profeten sollen zuhören und das Gesagte kritisch von ihrer eigenen Glaubenserkenntnis her überprüfen (1Kor 14,29)[134], vermutlich, um so festzustellen, ob die profetischen Äußerungen „mit den Grundaussagen des christlichen Glaubens, wie sie vom Apostel vermittelt wurden, in Einklang stehen"[135]. Aus alledem läßt sich schließen, daß die Zahl der Profeten in Korinth ziemlich groß gewesen sein muß, was bei der pneumatischen Disposition der Gemeinde kaum überrascht.

8.1.3 Die *Lehrer* werden zwar in 1Kor 12,28 eigens genannt (vgl. Gal 6,6; Röm 12,7), doch wird man sie als Gruppe von den Profeten kaum scharf abgrenzen können. In Apg 13,1 wird für Antiochia das Auftreten von Profeten und Lehrern in gemeinsamer Funktion im Gottesdienst vorausgesetzt. Dort wie in den paulinischen Gemeinden dürfte es weitgehend derselbe Personenkreis gewesen sein, der

---

[134] Nach *Dautzenberg*, Prophetie 122–148, wären auch die dem Profeten offenbarten „Worte und Bilder", um verständlich zu werden, erst der weiteren Deutung bedürftig: die *diakrisis pneumaton* (1Kor 12,10; vgl.14,29) meine solche Erklärung, die das profetische Wort der Gemeinde zugänglich macht. Doch dem widerspricht schon der sonstige paulinische Sprachgebrauch von *diakrisis* = „(richtige) Beurteilung" (Röm 14,1; 1Kor 4,7; 6,5; 11,29.31). Zur Kritik vgl. *Müller*, Prophetie 27ff; *Wolff*, 1.Korinther II 104f.

[135] *Wolff*, 1.Korinther II 105.

für Profetie und Lehre zuständig war, wobei sich beides umso weniger unterscheiden ließ, je mehr das ekstatische Moment der Profetie zurücktrat. In der Profetie spricht der Erhöhte aufgrund seiner gegenwärtig im Geist ergehenden Offenbarung, in der Lehre spricht er durch die Interpretation des vorgegebenen Wortes der Schrift und des überlieferten Kerygmas[136]. Das Charisma des Lehrens setzt freilich in noch größerem Maße als die Profetie personelle Kontinuität voraus, und zwar aus praktischen Gründen: Um lehren zu können, mußte man, über die Kenntnis des Lesens und Schreibens hinaus, Kenntnisse der Schrift sowie der Jesusüberlieferung erworben haben und mit den Auslegungsregeln vertraut sein.

8.2 *Dienste der Gemeindeleitung: Episkopen und Diakone*

Im Philipperbrief, dem wahrscheinlich spätesten Paulusbrief (ca. 60), erscheinen bei den Adressaten „Episkopen und Diakone" (Phil 1,1). Wir erfahren nichts über ihre Funktionen und auch nichts darüber, ob die Entstehung dieser Ämter auf eine Initiative des Paulus zurückgeht oder ob es sich dabei um eine durch den Apostel lediglich tolerierte Eigeninitiative der Gemeinde handelt. Als sicher kann nur gelten, daß die Episkopen und Diakone mit Aufgaben der *örtlichen Gemeindeleitung* betraut waren.

8.2.1 Dies belegt nämlich die Bezeichnung *episkopos* (= Aufseher, Verwalter), die völlig profaner Herkunft ist und dem Bereich der Verwaltung und der Dienstleistungen entstammt[137]. Allerdings waren die Episkopen des Philipperbriefes sicherlich nicht nur gemeindliche Verwaltungsfunktionäre, die für die Kassenführung zuständig waren. In ihnen haben vielmehr die in 1Kor 12,28 genannten Charismen der *Unterstützung* und *Leitung* ihre personelle Institutionalisierung gefunden. Der Bereich der Gemeinde, der der Unterstützung und Leitung am meisten bedurfte, war der Gottesdienst. Hier konnte man sich nicht auf Dauer mit improvisierten Initiativen behelfen; Konstanz und feste Ordnung waren erforderlich. Die verschiedenen Hausgemeinden bedurften permanenter Versammlungsorte und einer Regelung des Vorsitzes beim eucharistischen Gottesdienst. Außerdem war die Koordination der verschiedenen Hausgemeinden nötig. So hat die Vermutung am meisten für sich, daß die Episkopen in Philippi die Vorsitzenden der dortigen Hausgemeinden waren[138]. Es handelte sich also um ein örtliches Leitungsamt mit geistlicher Qualität.

---

[136] Wie fließend der Übergang zwischen beidem sein konnte, kann man an der Johannesoffenbarung sehen, wo Gleichnisse und Worte Jesu unter der Leitung des Geistes zur gegenwärtigen Anrede und Willenskundgabe Jesu für die Gemeinde umgeprägt werden (z.B. Offb 3,20); s. hierzu *J. Roloff*, „Siehe, ich stehe vor der Tür und klopfe an", in: Vom Urchristentum zu Jesus, FS J. Gnilka, hg. H. Frankemölle/ K. Kertelge, Freiburg u.a. 1989, 452–466.

[137] S. hierzu *J. Roloff*, Der erste Brief an Timotheus, 1989 (EKK XV) 172f.

[138] So *E. Dassmann*, Hausgemeinde und Bischofsamt, in: Vivarium, FS Th. Klauser, 1984 (JAC.E 11) 83–97.90f; vgl. auch *Klauck*, Hausgemeinde 30–41.

8.2.2 Das Wort *diakonos* ist dagegen eine spezifisch christliche Bildung. Es setzt die konkrete Vorstellung des Aufwartungsdienstes bei Tisch voraus[139]. Prägend dafür dürfte die von der Jesusüberlieferung (Lk 22,27) ausgehende Interpretation des Wirkens Jesu als eines Dienes gewesen sein. Die Anwendung der Bezeichnung *diakonos* auf ein bestimmtes Amt liegt allerdings quer zum paulinischen Sprachgebrauch, demzufolge die zentralen kirchlichen Funktionen übergreifend als *diakonia* (= Dienst) bezeichnet werden, um so ihren theologischen Ansatz beim Dienen Jesu herauszustellen. Wir haben hier also einen in der Gemeinde entstandenen Terminus vor uns, der vermutlich an einem ganz konkreten Merkmal dieses Amtes Anhalt findet. Geht man von der zentralen Stellung des eucharistischen Gottesdienstes und von der Situation der Hausgemeinden aus, so drängt sich der Schluß auf: der Diakon ist derjenige, der den Tischdienst bei diesem Gottesdienst versieht. Er war vor allem für die Vorbereitung des eucharistischen Mahles sowie für die Einsammlung und Verwaltung der Gaben zuständig[140].

8.2.3 Den zeitlichen und sachlichen Vorrang in den paulinischen Gemeinden hatte die Entwicklung der wortbezogenen Ämter. Erst auf einer weiteren Entwicklungsstufe, die durch den Philipperbrief repräsentiert wird, traten gemeindliche Leitungsämter hinzu. In nachpaulinischer Zeit wird das so entstandene Nebeneinander von Wortverkündigung bzw. Lehre und Leitung durch das theologische Konzept *Leitung durch Lehre* überwunden werden.

---

[139] S. *Roloff*, 1.Timotheus 174.

[140] Aufschlußreich ist auch Apg 6,2, zumal Lukas hier seine eigene Gemeindesituation zurückprojiziert haben dürfte. Hier ist eine Trennung zwischen dem „Wortdienst" und dem „Tischdienst" (= der Armenversorgung) vorausgesetzt. Das läßt vermuten, daß bereits in Philippi die Diakone die von der eucharistischen gottesdienstlichen Versammlung ausgehende Armenversorgung wahrgenommen haben könnten.

IV. Jüngergemeinde in der Nachfolge Jesu:
Das Matthäusevangelium

Literatur: G. *Barth,* Auseinandersetzungen um die Kirchenzucht im Umkreis des Matthäusevangeliums, ZNW 69 (1978) 158–177; R. *Bohren,* Das Problem der Kirchenzucht im Neuen Testament, Zollikon-Zürich 1952; G. *Bornkamm,* Enderwartung und Kirche im Matthäusevangelium, in: G. Bornkamm/G. Barth/H.-J. Held, Überlieferung und Auslegung im Matthäusevangelium, 1960 (WMANT 1) 13–47; H. *Frankemölle,* Jahwe-Bund und Kirche Christi, 1974 (NTA.NF 10); H. *Gollinger,* Heil für die Heiden – Unheil für die Juden?, in: Israel und Kirche heute, FS E.L. Ehrlich, hg. M. Marcus/E.W. Stegemann/E. Zenger, Freiburg u.a. 1991, 201–211; *dies.,* „. . . und diese Lehre verbreitete sich bei den Juden bis heute", in: Salz der Erde – Licht der Welt, FS A. Vögtle, hg. L. Oberlinner/P. Fiedler, Stuttgart 1991, 357–374; F. *Hahn,* Die Petrusverheißung Mt 16,18f., in: K. Kertelge (Hg.), Das kirchliche Amt im Neuen Testament, 1977 (WdF 439) 543–653; P. *Hoffmann,* Der Petrus-Primat im Matthäusevangelium, in: Neues Testament und Kirche, FS R. Schnackenburg, hg. H. Merklein, Freiburg u.a. 1974, 94–114; J.D. *Kingsbury,* Matthew: Structure, Christology, Kingdom, Philadelphia 1975; *ders.,* Matthew as Story, Philadelphia 1986; U. *Luz,* Die Jünger im Matthäusevangelium, in: J. Lange (Hg.), Das Matthäusevangelium, 1980 (WdF 525) 377–414; L. *Oberlinner,* „. . . sie zweifelten aber" (Mt 28,17), in: Salz der Erde – Licht der Welt, FS A. Vögtle, hg. L. Oberlinner/P. Fiedler, Stuttgart 1991, 375–400; J. *Roloff,* Das Kirchenverständnis des Matthäus im Spiegel seiner Gleichnisse, NTS 38 (1992) 337–356; E. *Schweizer,* Matthäus und seine Gemeinde, 1974 (SBS 71); G. *Strecker,* Der Weg der Gerechtigkeit, 1962 (FRLANT 82); W. *Trilling,* Das wahre Israel, ³1964 (StANT 10); A. *Vögtle,* Zum Problem der Herkunft von Mt 16,17–19, in: Orientierung an Jesus, FS J. Schmid, hg. P. Hoffmann u.a., Freiburg 1973, 372–392.

1. Die Grundkomponenten des matthäischen Kirchenverständnisses

Kein anderes Evangelium ist so wie Matthäus „vom Kirchengedanken geprägt"[1]. Und zwar nicht nur in der Weise, daß ekklesiologische Motive und Gedanken in die Darstellung der Jesusgeschichte hinein verflochten wären, gewissermaßen als Ausblicke auf die nachösterliche Zukunft. Vielmehr erzählt Matthäus die Geschichte Jesu mit der Absicht, dadurch Wesen und Selbstverständnis der Kirche darzustellen[2]. Er blickt, anders als Markus, auf die Jesusgeschichte nicht zurück als auf eine vergangene Geschichte, die zwar für das Verständnis der Gegenwart von entscheidender Bedeutung ist, aber von dieser Gegenwart durch die Ereignisse von Kreuz

---

[1] *Bornkamm,* Enderwartung 35.
[2] So auch *Schweizer,* Matthäus 15: „Das Matthäusevangelium ist schon seinem Aufriß nach viel weniger Christologie als *Ekklesiologie.*" Ähnlich *Trilling,* Israel 58.

und Auferweckung Jesu getrennt ist; er will vielmehr diese Gegenwart verständlich machen, indem er aufzeigt, daß sie eingebettet ist in die Kontinuität des Handelns Gottes an seinem Volk, die alle von Menschen verursachte Diskontinuität überwölbt.

Dieses Kontinuitätsbewußtsein findet seinen augenfälligsten Ausdruck in der Schlußszene des Evangeliums (Mt 28,16–20), die das Ziel der bisherigen Erzählung darstellt und zugleich das nun beginnende Neue als deren unmittelbare Fortsetzung kenntlich macht. Das traditionelle Szenario der Gruppenerscheinungen des Auferstandenen (vgl. 1Kor 15,5; Lk 24,36–49; Joh 20,19–23) wird zum Rahmen für die abschließende Willenskundgabe Jesu, sein in die Zukunft weisendes Manifest umgestaltet. Auf einem Berg in Galiläa erscheint Jesus seinen Jüngern. Unberührt von deren zwiespältiger Reaktion, die vom huldigenden Niederfallen vor ihm bis zum Zweifel reicht[3], spricht er sein letztes Wort zu ihnen:

> Mir ist gegeben alle Vollmacht im Himmel und auf Erden.
> Geht darum und macht alle Völker zu Jüngern,
> tauft sie auf den Namen des Vaters und des Sohnes und des heiligen Geistes,
> und lehrt sie alles zu befolgen, was ich euch geboten habe.
> Und siehe, ich bin mit euch alle Tage bis zur Vollendung des Äons.

Dieses letzte Wort Jesu bringt in großer Dichte die für das Kirchenverständnis des Evangelisten maßgeblichen Gesichtspunkte zur Sprache.

1.1 In programmatischer Weise wird *Kontinuität* zu der vorher im Evangelium dargestellten Geschichte Jesu konstatiert. Diese zeigt sich an mehreren zentralen Punkten:

1.1.1 Der vorösterliche Jüngerkreis besteht fort, und zwar nunmehr in ausgeweiteter Form. Wie in den Erdentagen Jesu, so soll sich auch weiterhin Gewinnung für den Glauben dadurch vollziehen, daß Menschen *zu Jüngern gemacht* werden. Die Grundstruktur der Kirche bleibt die *Nachfolge*, und zwar samt allen mit ihr verbundenen Gefährdungen und Krisen: Auch angesichts des erhöhten Herrn gibt es im Jüngerkreis neben der Huldigung auch den Zweifel.

1.1.2 Auch weiterhin soll die Nachfolge in der unbedingten Bindung an die Weisungen des messianischen Lehrers Jesus bestehen; gefordert ist von den Nachfolgenden unbedingter Gehorsam gegenüber *allem, was er geboten hat.*

1.1.3 Wie bisher schon Gottes hilfreiche Nähe, sein Mit-Sein mit seinem Volk (1,23), sich in Jesus ereignete, so soll es auch in Zukunft sein: Jüngerschaft wird ermöglicht werden durch das *Mit-Sein* Jesu.

1.1.4 Auch die Proklamation der endzeitlichen Herrscherstellung Jesu, kraft derer ihm *alle Gewalt im Himmel und auf Erden* übertragen ist, bedeutet im Blick auf die Jünger keine Situationsveränderung. Es wird nunmehr lediglich entschränkt, was für sie bereits vorher erfahrbar war und den Grund ihrer Jüngerschaft bildete, nämlich seine unumschränkte *Vollmacht* und Gewalt (vgl. 9,6; 11,27).

---

[3] Zur Bedeutung des Zweifel-Motivs für die matthäische Ekklesiologie s. *Oberlinner*, „. . . sie zweifelten aber".

1.2 Auf dem Hintergrund dieser betonten Kontinuität tritt die *Diskontinuität* um so schroffer hervor. Sie betrifft nur einen – freilich höchst zentralen – Punkt: Der Erhöhte sendet seine Jünger zu „allen Weltvölkern", d.h. in die nichtjüdische Heidenwelt. Israel wird hier nicht mehr erwähnt. Dabei hatte – wie Matthäus betont – Jesu irdisches Wirken in ausschließlicher Beschränkung Israel, dem Volk Gottes, gegolten (15,21–28), und auch die Sendung seiner Jünger galt ausschließlich den „verlorenen Schafen des Hauses Israel" (10,5). War der Jüngerkreis bisher eine Größe in Israel und mit striktem Bezug auf Israel (19,28) gewesen, so soll er nun aus dem Volk Gottes heraustreten und seinen neuen Bezugsbereich unter den Heiden finden. Die scheinbare Diskontinuität zu begründen und aufzuzeigen, daß sie gegen allen Augenschein von einer grundlegenden Kontinuität des Handelns Gottes überwölbt wird, ist wohl das wichtigste Anliegen, das Matthäus mit seinen ekklesiologischen Gedanken verfolgt.

1.3 Bereits diese erste kurze Charakteristik ergibt: das Kirchenverständnis des Matthäus ist primär *heilsgeschichtlich* orientiert. Es knüpft damit an das palästinische Judenchristentum und dessen Grundverständnis der *ekklesia* als des endzeitlich gesammelten und vollendeten Gottesvolkes an, bringt jedoch diesen Ansatz mit dem grundsätzlich bejahten Faktum der Heidenmission in Einklang. Unverkennbar ist ferner die Orientierung am Bild der vorösterlichen Jüngerschaft und an der Vorstellung der *Nachfolge*.

2. Die äußere und innere Situation der matthäischen Gemeinde

2.1 Das Matthäusevangelium ist ein *judenchristliches* Buch. Das gilt nicht nur hinsichtlich der in ihm verarbeiteten Tradition, deren judenchristliche Herkunft heute in der Forschung außer Zweifel steht, sondern auch von seiner uns vorliegenden Endfassung. Diese dürfte in einer vorwiegend judenchristlichen Gemeinde entstanden sein; darauf verweist vor allem die positive Wertung des Gesetzes sowie die Sicht Jesu als dessen abschließendem Interpreten (5,21–48). Freilich ist diese Gemeinde bereits vom Synagogenverband getrennt. Die Wunden, die diese Trennung geschlagen hat, sind noch nicht vernarbt. Heftige Kontroversen mit räumlich benachbarten Synagogen sind das tägliche Brot dieser Gemeinde[4]. Man wird sie, ihrer griechischen Sprache wegen, irgendwo im nordpalästinisch-syrischen Raum suchen, vielleicht sogar in dessen weltstädtischer Metropole Antiochia. Sie bejaht die Heidenmission nicht nur grundsätzlich, sondern hat sich bereits aktiv in ihr engagiert. Allerdings mit einem wichtigen Unterschied gegenüber Paulus: Sie kann und will dabei das Gesetz nicht ausklammern; deshalb lehrt sie die Heiden das von Jesus abschließend interpretierte, auf den ursprünglichen Willen Gottes zurückgeführte Gesetz.

---

[4] Nach *Schweizer*, Matthäus 12, sieht diese Gemeinde „die jüdische Synagoge quer über der Straße stehen".

2.2 Die Gemeinde ist in sich *keineswegs einheitlich*. Es gibt in ihr noch eine enge judenchristliche Gruppe, die die Gesetzesauslegung der pharisäischen Schriftgelehrten nach wie vor als verbindlich akzeptiert und sich Heidenmission nur unter der Bedingung der vollen Übernahme der Tora vorstellen kann. Entsprechende Traditionen (z.B. 5,17–20; 23,2f), die anscheinend zu seiner Zeit noch lebendig sind, integriert der Evangelist in sein Buch, obwohl sie mit seiner eigenen Meinung nicht übereinstimmen (vgl. 16,11). Anscheinend erwartet er sich von diesem Verfahren einen Ausgleich der ihn belastenden Gegensätze. Der heutige Ausleger muß darum kritisch zwischen der eigenen Theologie des Matthäus und älteren judenchristlichen Traditionen unterscheiden.

Als ungleich akuter erweist sich eine andere innergemeindliche Spannung. Der bestimmende Teil der Gemeinde – in heutiger Terminologie: der Gemeindekern – ist unmittelbar aus einem Kreis wandernder Charismatiker hervorgegangen, der die Lebensform der vorösterlichen Jünger Jesu weiterführte. Er praktizierte weiterhin *Nachfolge* im radikalen Sinn: Armut und Besitzverzicht, Lösung aus Familie und gesellschaftlicher Ordnung, Bereitschaft zum Leiden um der Gottesherrschaft willen waren die hervorstechenden Kennzeichen. Diese Wandercharismatiker hatten ihre Aufgabe in der Mission an Israel gesehen. Daß zwischen ihnen und Petrus, der auf dem Apostelkonzil als Repräsentant der Israel-Mission in Erscheinung trat (Gal 2,8), Verbindungen bestanden, ist gut denkbar; jedenfalls würde sich von hier aus die hervorgehobene Stellung des Petrus in der matthäischen Tradition (16,18f) erklären[5].

In diesem Kreis wurde wahrscheinlich die *Logienquelle Q* zusammengestellt und tradiert; sie war missionarisches Handbuch und zugleich, wegen der in ihr enthaltenen Jüngerordnung (Mt 10,5–15), Dienstanweisung. Die große literarische Leistung des Matthäus besteht in der Einarbeitung der Logienquelle in die von Markus vorstrukturierte erzählende Jesusüberlieferung. In ihr spiegelt sich in gewissem Sinn die Integration der Wanderradikalen in eine seßhaft gewordene Gemeinde samt den damit verbundenen Problemen. Denn wenn die Jüngerüberlieferungen von Q in ihrer Radikalität das „normale" Leben einer Ortsgemeinde überfordern[6], so gilt dies erst recht von einer Gemeindegruppe, die diese radikalen Weisungen wörtlich befolgte. So ist im Matthäusevangelium durchgängig eine Spannung spürbar zwischen den „radikalen" Gemeindegliedern, die sich an die Regeln der Nachfolge in ihrem vollen Umfang gebunden wußten, und den übrigen – vermutlich der großen Mehrheit –, die den Glauben an Jesus mit einer „normalen" Lebensweise in der Gesellschaft in Einklang bringen mußten. Die „Radikalen" neigten anscheinend zur Überheblichkeit gegenüber den übrigen Gemeindegliedern, bis dahin, ihnen den vollen Status des Jünger-Seins abzusprechen.

Der Evangelist, der selbst grundsätzlich die Position der Radikalen teilt, vermutlich sogar selbst zu ihrem Kreis gehört, versucht hier auszugleichen. Als Basis dafür dient ihm das Jesuslogion Mt 10,42, das den Jüngern untersagt, den „Kleinen", die

[5] Vgl. *G. Theißen*, Lokalkolorit und Zeitgeschichte in den Evangelien, 1989 (NTOA 8) 234f.
[6] *Theißen*, Lokalkolorit 301.

an ihn glauben, Ärgernis zu geben (vgl. Mt 18,6–10). Hiervon ausgehend, sind die „Kleinen" ein immer wiederkehrendes Thema seines Evangeliums (10,42; 11,11; 18,6.14; vgl. 20,16). In gewisser Weise haben wir es mit einem Nachwirken der vorösterlichen Konstellation zwischen dem engeren Jüngerkreis Jesu und dem weiteren Kreis der seßhaft gebliebenen Jesusanhänger zu tun. Es ist das Seßhaftwerden der radikalen Jesusnachfolger, ihre Integration in eine Gemeinde, die daraus ein akutes Problem werden läßt.

2.3 Dieses Bild der Situation der matthäischen Gemeinde, das typische Züge der zweiten christlichen Generation trägt, bestätigt die Datierung des ersten Evangeliums, wie sie sich aus dem literarischen Befund ergibt[7]: Es dürfte zwischen 70 und 80 entstanden sein.

3. Die Kirche und Israel

„Wer vom Kirchenverständnis des Matthäus reden will, der muß mit Israel beginnen. Für Matthäus hängt Gottes Gottsein an seiner Treue zu Israel. Ein Gott, der nicht Israels Gott wäre, wie er im Alten Testament geschildert wird, wäre nicht mehr Gott. Gott ist daher auch in Jesus Israel treu geblieben."[8] Wie ein roter Faden durchzieht die Israel-Thematik das Matthäusevangelium. Es erzählt die Geschichte Jesu als die Erfüllung der Verheißung Gottes gegenüber seinem Volk. Gott sendet Jesus, um sein Heil in Israel abschließend zu verwirklichen; aber Israel verweigert sich diesem Heil.

3.1 Bereits die *Vorgeschichte* (Mt 1–2) entfaltet programmatisch diese Thematik. Sie betont: Jesus gehört ganz zu Israel. Er ist, wie der eröffnende Stammbaum (1,1–17) zeigt, ganz Abrahams und Davids Sohn, ja in der Zahl der dreimal 14 Generationen von Abraham bis Jesus (1,17) deutet sich Gottes auf Israels Vollendung zielende Absicht an: Jesus, der „Gesalbte" Israels, ist das Ziel dieser Generationen-Geschichte; in welchem Sinn, das zeigt die Deutung seines auf Gottes Geheiß zurückgeführten Namens an: $j^e h \bar{o} \check{s} u' a$ = JHWH schafft Rettung, und zwar wird Gott „sein Volk von seinen Sünden retten" (1,21). Mit dem Kommen Jesu erfüllt sich die profetische Zusage der Gegenwart Gottes bei seinem Volk (1,23 = Jes 7,14 [LXX]): Jesus ist der *immanu-'el* = „Gott mit uns". Aber dieses Volk empfängt ihn mit Feindschaft. „Ganz Jerusalem", die heilige Stadt, „erschrickt" bei der Kunde von der Geburt des „Königs der Juden" (2,2f). Die Schriftgelehrten kennen zwar die Schrift, die von der Geburt des wahren Königs und messianischen Hirten Israels in Betlehem zeugt (2,5f), und doch machen sie sich wider besseres Wissen zu Komplizen der Mordpläne des Herodes, der als fremdstämmiger Herrscher und Usurpator des Königtums galt. Bereits als Kind hat Jesus in seinem Volk keinen Raum; der wahre König Israels muß vor dem falschen nach Ägypten fliehen (2,13). Aber die Folgen

---

[7] Maßgebliches literarisches Indiz ist die Abhängigkeit vom um 70 entstandenen Markusevangelium; s. hierzu *W.G. Kümmel*, Einleitung in das Neue Testament, Heidelberg [21]1983, 89f.

[8] *Schweizer*, Matthäus 31.

sind für Israel furchtbar: Der Kindermord von Betlehem wird von Rahel, der Stammutter Israels, aus ihrem Grab heraus kommentiert, indem sie „klagt um ihre Kinder" (2,18), d.h. um das ganze Gottesvolk[9].

Den hellen Kontrapunkt zur Düsternis dieser Anfangsgeschichte bildet das Kommen der Magier aus dem Osten. Die Heiden sehen den Stern und „freuen sich sehr" über ihn (2,10); sie folgen ihm nach Betlehem und tun das, was Israel verweigert: sie huldigen dem König des Gottesvolkes. So erfüllt sich die Verheißung der Völkerwallfahrt zum Zion nach Jes 60,1 – allerdings mit einer bezeichnenden Differenz: die Heiden kommen nicht zu einem von Gott erneuerten Israel hinzu, angezogen von dessen weithin aufstrahlendem Glanz, ihr Kommen bildet vielmehr einen schroffen Kontrast zu dem die Nähe seines Gottes nicht erkennen wollenden Gottesvolk.

3.2 Matthäus betont, weit über Markus hinausgehend, die ausschließliche *Konzentration des Wirkens Jesu auf Israel.* So gibt er dem Beginn des Wirkens Jesu in Galiläa, dem Nordland, das Gewicht eines zentralen, das ganze Volk Gottes betreffenden Geschehens, indem er es als Erfüllung des Profetenwortes Jes 8,23–9,1 vom Aufleuchten des heilbringenden Lichtes Gottes für „das Volk, das in der Finsternis saß", deutet (4,12–17)[10]. Als der neue, Mose überbietende Interpret des Gotteswillens wendet sich Jesus in der Bergpredigt an das Volk (5,1). Seine Zeichen deutet der Evangelist, wieder mittels eines Erfüllungszitates, als die Wegnahme der Schwachheiten und Krankheiten „im Volk" (4,23) durch den Gottesknecht (8,17 = Jes 53,4).

Charakteristisch für das Verhältnis Jesu zu Israel ist vor allem der Beginn der Jüngeraussendungsszene (9,35–10,8). Hier wird Jesus zunächst gekennzeichnet als der messianische Hirt, der sich – anders als die in Ez 34,5 gegeißelten untreuen Hirten Israels – über das Volk erbarmt als über „Schafe, die keinen Hirten haben". Dem folgt unmittelbar, im Sinne der Realisierung dieses Hirtenamtes Jesu, die Übertragung der Vollmacht zum Heilen und Helfen an den Zwölferkreis (10,1–4). Der anschließende Sendungsbefehl verdeutlicht nochmals den Wirkbereich der Jünger: Nur zu den „verlorenen Schafen vom Hause Israel" sollen sie gehen (10,5f). Die Jünger sind demnach nicht *aus Israel,* sondern *für Israel* berufen; sie sind kein Heiliger Rest des Gottesvolkes, sondern die Werkzeuge Jesu bei seiner Sendung als Retter und Helfer dieses Volkes.

3.3 Dieser ungeteilten Zuwendung Jesu zu Israel steht die *Ablehnung Jesu durch Israel* gegenüber. Sie ist als eine dramatisch sich steigernde Entwicklung gezeichnet. Und doch ist es nicht das Bild einer totalen, ungeteilten Abwendung. Die Volksmenge erscheint oft als interessiert an Jesus und offen für seine Botschaft (4,25; 8,1.18.27 u.ö.). Der Widerstand gegen Jesus konzentriert sich auf die Führer des Volkes. Dabei sind die Pharisäer die unerbittlichen Gegner Jesu schlechthin. Ihr

---

[9] Vgl. *U. Luz,* Das Evangelium nach Matthäus, 1 (Mt 1–7), ³1992 (EKK I/1) 130: „Die Klage der Stammutter gewinnt so im Kontext des Matthäusevangeliums eine proleptische Tiefendimension."

[10] Ob Matthäus in der Bezeichnung „Galiläa der Heiden" aus dem Profetenzitat darüber hinaus auf eine zweite Beziehungsebene, „den Gang des Heils zu den Heiden" (so *Luz,* Mt 1–7, 171; vorsichtiger: *J. Gnilka,* Das Matthäusevangelium I, 1986 [HThK I/1] 97), verweisen will, erscheint mir eher fraglich.

negatives Bild als bösartige Heuchler, das sich der Kirche eingeprägt hat (z.B. 23,13–33), geht im wesentlichen auf Matthäus zurück; Erfahrungen der eigenen Gemeinde in der Auseinandersetzung mit der Synagoge mögen da mit eingeflossen sein.

Matthäus läßt die Feindschaft der führenden Kreise Zug um Zug auf das Volk übergreifen. Und doch zeichnet er das Kommen Jesu nach Jerusalem als Erfüllungsgeschehen: Eine „überaus große Volksmenge" (21,8)[11] ist es, die ihn beim Einzug begrüßt als den messianischen Davidssohn, der seine Stadt besucht. Er treibt nicht nur die Händler aus dem Tempel, sondern heilt dort, zum Zeichen des Anbruchs des messianischen Heils, Kranke (21,14). So erfüllt sich die eigentliche Bestimmung des Tempels, Ort des helfenden Mit-Seins Gottes bei seinem Volk zu sein (vgl. 1,23). Dem Lobpreis der Kinder, die in Jesus den messianischen Davidssohn erkennen, verweigern sich freilich wiederum die Führer des Volkes (21,15f).

Der Höhepunkt dieser Entwicklung ist in der Pilatus-Szene des Passionsberichtes (27,11–26) erreicht. Es hat den Anschein, als sei spätestens hier der Bruch zwischen Jesus und Israel in einer Totalität und Unwiderruflichkeit festgestellt, die keinerlei interpretatorischen Spielraum mehr offenläßt. Das Volk fordert die Kreuzigung seines Königs (V.23), und als der Heide Pilatus durch den symbolischen Akt des Händewaschens die von ihm beteuerte Schuldlosigkeit am Blut Jesu unterstreicht (V.24), nimmt es ausdrücklich die Verantwortung am Tod Jesu auf sich: „Da antwortete *das ganze Volk*: ‚Sein Blut über uns und unsere Kinder!'" (V.25). Der Sinn dieser Aussage, die als dogmatisches Konstrukt des Matthäus ohne Anhalt an den geschichtlichen Fakten beurteilt werden muß[12], ist eindeutig: Der geschichtliche Gesamtverband des jüdischen Volkes unterstellt sich, im Anschluß an eine alttestamentliche Rechtsformel (Jos 2,19; 1Sam 2,33; Jer 26,15), der Wirkung des Tun-Ergehen-Zusammenhangs; es erkennt ausdrücklich an, daß Gott das Blut Jesu, *im Falle, daß es unschuldig vergossenes Blut sein sollte*, durch sein Strafgericht von den Verantwortlichen und ihren Nachkommen einfordern wird[13]. Matthäus will den Vorgang zweifellos als eine „bedingte Selbstverfluchung"[14] Israels darstellen, deren Folgen sich bereits in der nächsten – nämlich seiner – Generation sichtbar eingestellt haben[15]. Zugleich will er aber damit doch wohl zum Ausdruck bringen,

---

[11] Nicht nur, wie Mk 11,8, „viele"!

[12] S. *K.H. Schelkle*, Die „Selbstverfluchung" Israels nach Matthäus 27,23–25, in: W.Eckert/N.P. Levinson/M. Stöhr (Hg.), Antijudaismus im Neuen Testament?, München 1967, 148–156; *Mußner*, Traktat 305–310.

[13] Vgl. *K. Koch*, Der Spruch „Sein Blut bleibe auf seinem Haupt" und die israelitische Auffassung vom vergossenen Blut, VT 12 (1962) 396–416.

[14] *G. Theißen*, Aporien im Umgang mit den Antijudaismen des Neuen Testaments, in: Die Hebräische Bibel und ihre zweifache Nachgeschichte, FS R. Rendtorff, hg. E. Blum u.a., Neukirchen-Vluyn 1990, 535–554.538; anders *Gollinger*, Heil 204, die hier nur die Übernahme der Verantwortung für den Tod Jesu finden will und ganz allgemein die matthäischen Antijudaismen – m.E. verharmlosend – zum bloßen Reflex einer „universalistische(n), pro-heidnische(n) Tendenz" erklärt.

[15] Vgl. *Frankemölle*, Jahwebund 204–211, der einen literarischen Bezug auf die Bundesformel Dtn 26,17f wahrscheinlich macht. Die unmittelbare geschichtliche Erfüllung von 27,25 dürfte Matthäus in der Zerstörung Jerusalems und des Tempels gesehen haben; s. dazu *K. Haacker*, „Sein Blut über uns". Erwägungen zu Matthäus 27,25, Kirche und Israel 1 (1986) 47–50.

daß *das zeitgenössische Israel* mit der Verwerfung Jesu sein Privileg als Gottes Eigentumsvolk vertan und den Bund Gottes aufgekündigt hat[16].

Das letzte Wort über Jesus sprechen die autorisierten Vertreter Israels angesichts des Kreuzes: „König Israels ist er" (27,42). Es ist die höhnische Verzerrung des dem Gottesvolk eigentlich angemessenen Bekenntnisses. Von da an spricht Matthäus weder von „Israel" noch vom „Volk", sondern – in Aufnahme der bei ihm sonst Fremden und Außenstehenden vorbehaltenen Bezeichnung (vgl. 2,2; 27,11.29.37) – von „Juden" (28,15)[17]. Das Mit-Sein Gottes mit seinem erwählten Volk in Jesus erweist sich also als die Krise, die dieses Volk nicht bestanden hat.

3.4 Bedeutet dies nun, daß Gott sich die *Kirche als sein neues Volk* erwählt hätte, um es in das Erbe Israels einzusetzen und es an dessen Stelle treten zu lassen? Lehrt Matthäus, wie häufig behauptet wurde, eine *Enterbung* bzw. *Substitution* Israels durch die Kirche? Hier ist größte Vorsicht des Urteils geboten. Mag sich diese Konsequenz auch aus dem Duktus seiner Darstellung nahelegen, so ist andererseits festzustellen, daß er selbst sie unausgesprochen läßt. Wir können an diesem Punkt nicht mehr wissen wollen als das, was dieser so überlegt formulierende Autor sagen will. Matthäus spricht weder von einem „neuen Bund" noch von einem „neuen Gottesvolk"[18]. Damit sind wir für die Bestimmung des Verhältnisses zwischen der Kirche und Israel auf jene Stellen angewiesen, die es eher indirekt umschreiben.

3.4.1 So gestaltet Matthäus die Begegnung Jesu mit dem heidnischen Centurio (8,5–13) aus zu einer Ankündigung des Hinzukommens der Heiden zum Heil, das mit dem Unglauben Israels in schroffem Kontrast steht[19]: Während „viele" kommen „von Osten und Westen und mit Abraham und Isaak und Jakob in der Himmelsherrschaft zu Tisch liegen" werden, werden „die Söhne des Reiches in die äußerste Finsternis hinausgestoßen werden" (8,11f). Die Israeliten verlieren ihr Erbe als geborene „Söhne des Reiches" und verfallen dem Gericht, und zwar deshalb, weil sie das Wort Jesu zurückgewiesen haben; die ursprünglich Fernen hingegen finden Einlaß in die Himmelsherrschaft. Das bleibt nun freilich ganz innerhalb des Rahmens der Vorstellung von der endzeitlichen Völkerwallfahrt, bis auf einen – freilich entscheidenden – Punkt: Die hinzukommenden „Vielen" scharen sich nicht mehr um das endzeitlich errettete Israel als Mitte. Die Mitte bleibt leer! Gottes geschichtliches Heilshandeln

---

[16] Man wird aus dieser schwierigen Stelle also nicht eine grundsätzliche, für alle Zukunft geltende Verwerfung Israels herauslesen dürfen. Dabei ist allerdings zu bedenken, daß sich für Matthäus die Frage nach den zukünftigen Generationen Israels schwerlich gestellt haben dürfte.

[17] *Gollinger*, „. . . und diese Lehre", verweist auf das Fehlen des Artikels in 28,15 und schließt daraus wohl zu Recht auf das Fehlen einer generalisierenden Tendenz in dieser letzten Aussage des Matthäus über das jüdische Volk. Ihre weitergehende These, 28,15 wolle Israels Unglauben auf ein „kriminelles Konstrukt der Führer vergangener Zeit" zurückführen, durch das verhindert worden sei, daß dem Volk die Wahrheit vom Ostermorgen bekannt werden konnte (372f), ist m.E. verfehlt, weil sie den Unglauben Israels einseitig als Unkenntnis des Auferstehungszeugnisses deutet, während er für Matthäus wesentlich im Ungehorsam gegenüber Jesu Interpretation des Willens Gottes seinen Grund hat.

[18] Wo er die Kirche als „Volk" bezeichnet, wählt er nicht das Wort *laos*, sondern das sonst für die Heiden gebräuchliche *ethnos* (21,43; 28,19).

[19] Er erreicht diese Kontrastwirkung, indem er das Lob des Heiden, der den Glauben „in Israel" überbietet (Lk 7,9 [Q]) zum Gegensatz des Unglaubens Israels umstilisiert („Bei niemandem habe ich solchen Glauben in Israel gefunden") und mit dem verschärft formulierten Drohwort Lk 13,28 kombiniert.

erreicht sein Ziel mit den Weltvölkern, selbst wenn Israel aus ihm herausfällt. Nicht daß die „Vielen" das Heil *anstelle* des ungläubigen Israel erhalten, sondern daß sie es *trotz des Unglaubens* Israels erhalten, ist die Pointe.

3.4.2 Die beiden Zusätze, die Matthäus in das *Winzergleichnis* (21,33–46) einbringt, geben ebenfalls Auskunft über seine Sicht der Heilsgeschichte. Der Ankündigung der Dahingabe des Weinbergs an „andere" Winzer (Mk 12,9) fügt er hinzu: „welche ihm die Früchte zu ihrer Zeit bringen" (V.41b), und er verdeutlicht diesen Gedanken durch den Jesus in den Mund gelegten Schlußsatz: „Deshalb sage ich euch: Weggenommen wird die Herrschaft Gottes von euch und einem Volk gegeben werden, das seine Früchte bringt" (V.43).

Das von Jes 5 entlehnte Bild vom Weinberg Gottes erfährt dabei eine bezeichnende Abwandlung: Der Weinberg ist nicht das Gottesvolk, sondern die Herrschaft Gottes, die Gott einem bestimmten Volk anvertraut, und zwar mit dem Ziel des Fruchtbringens, d.h. des Gehorsams. Die bösen Winzer sind nach Matthäus nicht etwa nur die Führer Israels, sie stehen vielmehr für ganz Israel[20]. Ihm wird die Gottesherrschaft entzogen, und zwar darum, weil es den Gott geschuldeten Gehorsam nicht erbracht hat. Die Tötung des „Sohnes" war nicht der letzte Grund für diesen Entzug; sie war eher das abschließende Symptom für etwas heilsgeschichtlich sehr viel weiter Zurückreichendes, nämlich für den dauerhaften Ungehorsam Israels. An der Geschichte Jesu mit Israel wird endgültig deutlich, daß dieses Volk sich dem Auftrag, der Sache Gottes zu dienen, versagt hat. Damit diese seine Sache zum Ziel kommt, legt Gott nun diesen Auftrag in andere Hände. Sehr bewußt vermeidet Matthäus freilich für die neuen Empfänger dieses Auftrags jenes Wort, mit dem er sonst Israel bezeichnet[21]. Diese übernehmen zwar Israels Auftrag an der Gottesherrschaft, sie sind jedoch nicht etwa das „neue Israel".

3.4.3 In verschärfter Form wird die Botschaft dieses Gleichnisses durch den ersten Teil des ihm unmittelbar folgenden *Gleichnisses vom königlichen Hochzeitsmahl* (22,1–9) wiederholt. Matthäus gestaltet ihn zu einer die gesamte Geschichte Israels bis in die unmittelbare Gegenwart ausdeutenden heilsgeschichtlichen Allegorie aus: Israel war von Gott geladen zur Teilnahme an der Herrschaft Gottes, die sich in der messianischen Heilszeit vollendet. Diese nämlich wird mit dem Bild des Hochzeitsfestes für den Königssohn umschrieben. Die verschiedenen Einladungen verweisen auf die vielfältigen Akte der werbenden Zuwendung Gottes zu seinem Volk in Vergangenheit und Gegenwart[22]. Sie alle hat Israel abgelehnt. Jetzt ist die Geduld des Einladenden darum erschöpft: er wendet sich mit einer Strafaktion gegen das ungehorsame Volk. In unmittelbarer theologischer Deutung der Zeitgeschichte läßt Matthäus die topische Darstellung des Gerichtes (vgl. Ri 1,8; 2Sam 12,26; 1Makk 5,28) transparent werden für die Katastrophe Jerusalems im Jahr 70 (V.7). Nicht hierin jedoch, sondern im tatsächlichen Zustandekommen der königlichen Hochzeitsfeier trotz aller Wi-

---

[20] Das gilt, obwohl auf der Erzählebene die in V.43 Angeredeten die „Hohenpriester und Ältesten des Volkes" sind (vgl. V.23): die Opposition von „Ihr" in V.43 ist nämlich das andere „Volk".

[21] Vgl. Anm. 18.

[22] Die erste der beiden Aussendungen von Knechten (V.3) auf die vorösterliche Jüngeraussendung (vgl. Mt 10) zu beziehen (so *F. Hahn*, Das Gleichnis von der Einladung zum Festmahl, in: Verborum Veritas, FS G. Stählin, hg. O. Böcher/K. Haacker, Wuppertal 1970, 51–82.79f; *H. Weder*, Die Gleichnisse Jesu als Metaphern, ⁴1990 [FRLANT 120] 191) empfiehlt sich schon darum nicht, weil Matthäus auf der ekklesiologischen Ebene zwischen vorösterlicher und nachösterlicher Situation nicht unterscheidet. Aufgrund der Parallelität zum vorhergehenden Winzergleichnis wird man eher auch hier an die alttestamentlichen Profeten zu denken haben; die zweite Aussendung (V.4) bezieht sich dagegen eindeutig auf die Boten Jesu (vgl. *A. Weiser*, Die Knechtsgleichnisse der synoptischen Evangelien, 1971 [StANT 29] 69).

derstände liegt die Pointe des ersten Gleichnisteils (VV.8–10): Obwohl die Erstgeladenen sich als „nicht würdig" erwiesen haben, wird Gottes großes Fest der Gottesherrschaft gefeiert. Die weit draußen an den „Straßenenden" – ein deutliches Bild für die Heiden (vgl. 21,43) – werden hereingeholt, so daß der Hochzeitssaal „angefüllt wird mit Gästen" (V.10 b).

3.4.4 Die in 21,43 und 22,10 angedeutete Wende hin zu den Heiden sieht Matthäus konkret vollzogen in dem Manifest des Auferstandenen (28,18–20). Hier beginnt insofern eine neue Geschichte, als der Auferstandene den Jüngern das, was ihnen der Irdische ausdrücklich untersagt hatte, nämlich sich den Heiden missionarisch zuzuwenden (10,5b), ausdrücklich gebietet. Hatte sich bisher die Sendung Jesu und seiner Jünger auf das Gottesvolk Israel beschränkt, so erfährt sie jetzt eine Entschränkung zu weltweiter Universalität. Allein unter diesem Gesichtspunkt ist es berechtigt, von einer *heilsgeschichtlichen Wende* zu sprechen[23]. Zugleich jedoch gilt es zu sehen, daß diese keinen Bruch in der Kontinuität des Handelns Gottes bedeutet, sondern daß es Matthäus entscheidend gerade um den Aufweis solcher Kontinuität zu tun ist. Die Jüngergemeinschaft bleibt bestehen. Auch der Inhalt ihres bisherigen Auftrags, Jesu Willen und Gebot zu lehren, wird vom Auferstandenen ausdrücklich bestätigt. Ja es bleibt sogar die Gemeinschaft Jesu mit den Jüngern: Der Zusage seines „Mit-Seins" bis zum Ende der Weltzeiten entspricht das Offenbleiben der Szene nach hinten. Der Evangelist vermeidet es, von einem Abschied Jesu von seinen Jüngern zu sprechen. Was die Situation gegenüber allem bisherigen verändert, ist zum einen die Einsetzung Jesu in die Stellung des endzeitlichen Weltherrschers, zum andern eben der Auftrag an die Jünger, „zu allen Weltvölkern" hinzugehen. Und zwar erfährt das zweite seine Begründung durch das erste: Es ist die universale Herrschaft Jesu, die durch den universalen Sendungsauftrag irdisch manifest werden soll. Diese universale Herrschaft und deren Bedeutung für die Heiden war ja bereits in der Magierszene der Vorgeschichte (2,1–12) andeutend zum Ausdruck gebracht worden. Freilich: Israel, das Gottesvolk, wird hier nicht mehr erwähnt. Weder wird der bisherige Missionsauftrag an Israel erneuert (10,5) noch wird aufgrund des bisherigen Ungehorsams des Gottesvolkes eine weitere Mission an ihm untersagt. Zweifellos handelt es sich hier um eine *programmatische Leerstelle*. Auf dem Hintergrund des gesamten Evangeliums kann sie wohl nur als Andeutung eines Bruches unter Verzicht auf jede weitergehende Systematisierung verstanden werden.

3.5 Sicher sagen läßt sich wohl nur so viel: Auch nach Matthäus bedeutet der Bruch zwischen Israel und Jesus *keine totale Diskontinuität zwischen Israel und Kirche*. Er will die Geschichte der Zuwendung Gottes zu seinem Volk in Jesus nicht als Geschichte eines Scheiterns erzählen, durch das ein neues, nunmehr den Heiden geltendes Handeln Gottes ermöglicht wurde[24]. Darum ist diese Geschichte keine des völligen Scheiterns, weil im Gottesvolk die Jüngergemeinschaft entstanden ist als die Schar derer, die Jesu Wort gehört und bewahrt haben und nun im Glauben Frucht bringen (13,23). Diese Jünger sind Teil Israels und bleiben bezogen auf Israel (19,28), indem sie Jesus als den messianischen Herrscher des Gottesvolkes erkennen (16,16). Durch ihre Existenz bezeugen sie die bleibende Treue Gottes zu seinen Verheißungen, und damit ermöglichen sie es den nun hinzukommenden

[23] Ähnlich *Goppelt*, Christentum 181, der von der „heilsgeschichtliche(n) Ablösung Israels" spricht.
[24] Zu kurz greifen Erklärungsversuche, die in der Darstellung der ausschließlichen Zuwendung des vorösterlichen Jesus an Israel (10,5) den Niederschlag gemeindlicher Debatten um die Israelmission (z.B. *Bultmann*, Tradition 176) oder auch Versuche der Apologie Jesu (so *Goppelt*, Christentum 40.184) sehen wollen.

Heiden, sich ebenfalls auf diese Treue einzulassen. In ihrem Glaubens- und Gehorsamszeugnis kam es zu einem sichtbaren Aufleuchten des Heils Gottes in Israel, das nun wiederum zum werbenden, Hoffnung gebenden Zeichen für die Heiden werden konnte. Matthäus liegt, soweit sich erkennen läßt, der Gedanke einer Kirche aus Juden und Heiden ebenso fern wie die Vorstellung, die wir bei Lukas finden, wonach Judenchristen und Heidenchristen zwei konzentrische Kreise bilden. Für ihn ist die Kirche die aufgrund des in Israel aufleuchtenden Heils gesammelte Jüngergemeinschaft. Sie ist nicht das durch die Heiden erweiterte Israel, sondern etwas Neues, das in seiner ausgreifenden Weite den mit der Weltherrschaft des Erhöhten gesetzten neuen Gegebenheiten entspricht und in dem sich das auf die ganze Welt zielende Heilshandeln Gottes zeichenhaft abbildet. Aber im geschichtlichen Anschluß dieser Kirche an Israel kommt zugleich die Treue Gottes zu seinen Verheißungen zum Ausdruck.

3.6 Hat Matthäus darüber hinausgehend eine heilvolle Zukunftserwartung für Israel, oder denkt er sich das ganze Volk unwiderruflich dem Gericht verfallen? Sicher ist: die besondere Zuwendung Gottes zu Israel als seinem Volk ist mit der Verwerfung Jesu unwiderruflich an ihr Ende gekommen. Mt 10,5b gilt nicht mehr in der nachösterlichen Situation[25], in ihr ist vielmehr die missionarische Verkündigung an „alle Völker" an der Zeit. Matthäus denkt, anders als Paulus (Röm 11,25f), nicht an ein endgültiges Eingehen ganz Israels in das Heil. Aber ist Israel darum von Gott ganz abgeschrieben? Ist das Strafgericht über Jerusalem (22,7) Bild für die Totalverurteilung im kommenden Gericht oder ist es doch nur ein einmaliges Geschehen, das zukünftiges Heil nicht ausschließt? Zumindest dürfte die Möglichkeit einer Judenmission offengelassen sein, die sich freilich nicht mehr als vorrangig gegenüber der Heidenmission, sondern als gleichzeitig mit und parallel zu dieser verlaufende versteht (vgl. 10,23). Hinzu kommt, daß Matthäus nur von einer *Berufung* der Heiden, nicht aber von einer bereits vollzogenen *Erwählung* weiß (22,14). Steht die endgültige Erwählung aber noch aus, so wird es sich mit einer endgültigen Verwerfung schwerlich anders verhalten.

4. Kirche als Jüngerschaft

4.1 Leitvorstellung des Kirchenverständnisses des Matthäus ist die *Jüngerschaft.* „Macht zu Jüngern alle Völker" (28,19), so lautet die abschließende Weisung des Erhöhten. „Jünger" (*mathetai*) ist zwar vordergründig zunächst die Bezeichnung des Nachfolgerkreises des irdischen Jesus, doch es zeigt sich, daß der Evangelist damit zugleich den Kreis der nachösterlichen Jesusanhänger kennzeichnen will. Die Konstanz dieser Bezeichnung verweist nicht nur auf eine *geschichtliche Kontinuität*, die die vorösterliche Jesusjüngerschaft über den Kreis judenchristlicher wandernder Charismatiker der frühen nachösterlichen Zeit mit der matthäischen Kirche verbin-

---

[25] So mit *U. Luz*, Das Evangelium nach Matthäus, 2 (Mt 8–17), 1990 (EKK I/2) 92f; *Trilling*, Israel 138ff; gegen *Frankemölle*, Jahwebund 121; *Gnilka*, Matthäusevangelium I 362f.

det. Sie ist vielmehr auch *Ausdruck einer inhaltlichen Programmatik*. Matthäus will die Struktur des vorösterlichen Jüngerkreises so weit wie möglich als Norm für seine Kirche verbindlich machen. Das gibt seiner Ekklesiologie jenen Charakter kompromißloser Radikalität, der sie wirkungsgeschichtlich zum Leitmodell späterer radikaler Gruppen und Strömungen werden ließ.

Die Existenzform des Jüngers ist die *Nachfolge*. Matthäus hat die Vorstellung der Jesus-Nachfolge aus ihrem ursprünglichen vorösterlichen Bezugsrahmen gelöst und ihre Bedeutung als Leitvorstellung christlicher Frömmigkeitsgeschichte begründet[26]. Im Unterschied zu Späteren verzichtet er jedoch auf jegliche Spiritualisierung. Nach Matthäus ist Nachfolge die ausschließliche und dauernde *personhafte Bindung an Jesus*, die im *Lernen und Lehren seiner Worte*, in der *gemeinschaftlichen Realisierung der von ihm gesetzten Lebensnorm* sowie im *dienenden Einsatz für die Gottesherrschaft* ihren sichtbaren Ausdruck findet.

Der Ruf zum Glauben ist immer zugleich Ruf in die Nachfolge. Es ist der Erhöhte selbst, von dem dieser Ruf ausgeht. In Abgrenzung gegenüber der Institution des jüdischen Lehrhauses wird betont: man kann sich nicht in eigener Initiative um ein Schülerverhältnis zu Jesus bewerben, sondern muß sich von ihm berufen lassen[27]. Es genügt auch nicht der einmalige Akt solcher Berufung, vielmehr kommt alles darauf an, daß der Erhöhte ständig die Glieder der Gemeinde zu neuer Nachfolge auffordert (8,21f). Die Zusage des Mit-Seins Jesu (28,20) schafft die Voraussetzung dafür. Matthäus bringt dieses Mit-Sein Jesu in keinen Zusammenhang mit dem Heiligen Geist, wie denn überhaupt die Geistvorstellung bei ihm für das Kirchenverständnis keine erkennbare Rolle spielt. Vielmehr denkt er an eine unmittelbare dynamische Gegenwart Jesu, der kraft seiner Einsetzung in die Stellung des endzeitlichen Weltherrschers zur „Rechten Gottes" sitzt (22,44; vgl. 26,64) und darum gleichsam Vollzugsorgan des den Menschen und der Welt zugewandten Handelns Gottes ist. Wie JHWH selbst mit seinem Volke zog und es begleitete, so ist nun Jesus mit seinen Jüngern. In diesem Sinn ist wohl auch die Zusage zu deuten: „Denn wo zwei oder drei versammelt sind in meinem Namen, dort bin ich in ihrer Mitte" (18,20).

Jesus ist mit denen, die sich unter Berufung auf ihn zusammenfinden zum Gebet, aber auch zu gemeinsamem Handeln; er gibt ihnen Weisung und begleitet sie[28]. Sie dürfen auf seine Gegenwart vertrauen und sich in allen Anfeindungen und Gefährdungen bei ihm geborgen wissen: Dies bringt die Erzählung von der Sturmstillung (8,23–27) anschaulich zum Ausdruck. Zugleich macht das Bild von den Jüngern im

---

[26] Im Neuen Testament begegnet „Nachfolge" in ähnlichem Bedeutungszusammenhang sonst nur noch im Johannesevangelium und in der Offenbarung.

[27] Bei der Wiedergabe der Nachfolgeperikopen aus Q (vgl. Lk 9,57–62) in 8,18–22 läßt Matthäus die dritte (Lk 9,61f) weg, da sie von einer Bewerbung um Aufnahme in die Nachfolge handelt; vgl. *Frankemölle*, Jahwebund 88.

[28] 18,20 gilt weithin als Nachbildung eines rabbinischen Spruches: „Aber wenn zwei zusammensitzen und sich mit Toraworten beschäftigen, so ist die Schekhina (= Gottes Gegenwart) unter ihnen" (Abot III 2). Demnach ginge es hier nur um die Gegenwart Jesu in seinem Wort. Aber abgesehen von der ungewissen zeitlichen Entstehung dieses Wortes sind die Unterschiede beträchtlich; vgl. *Frankemölle*, Jahwebund 34; *J. Gnilka*, Das Matthäusevangelium II, 1988 (HThK I/2) 136.

Boot auf dem sturmgepeitschten See auch deutlich, daß die Nachfolge gefährlich ist. Wer dem Ruf Jesu folgt, muß damit rechnen, in Auseinandersetzungen und Krisen zu geraten. Nicht das Vertrauen auf eigene Kraft und Standhaftigkeit, sondern allein die Gewißheit des rettenden Mit-Seins Jesu ist die realistische Voraussetzung für den Eintritt in die Nachfolge[29].

4.2 Jüngerschaft bedeutet, in einem bleibenden *Schülerverhältnis* zu Jesus, dem messianischen Lehrer, zu stehen. Anders als die jüdischen Schriftgelehrten lehrt Jesus „als einer, der Vollmacht hat" (7,29). Das heißt: er steht nicht in der Reihe der Tradenten und Ausleger der Halacha, die ihren Ausgang von der Tora des Mose nimmt. Er greift vielmehr hinter die geschriebene Tora zurück auf den ursprünglichen Willen Gottes (5,21–48). Weil seine Gesetzesauslegung Offenbarungsgeschehen ist, darum steht sein Wort überbietend neben dem des Mose, des bislang maßgeblichen Lehrers Israels. Der Einmaligkeit dieses Wortes entspricht es, daß Jesus nicht als Urheber einer neuen Lehrtradition, innerhalb derer die Schüler jeweils wieder zu Lehrern aufrücken, gelten kann: „Ihr sollt euch nicht Rabbi nennen lassen: Einer nämlich ist euer Lehrer, ihr alle aber seid Brüder" (23,8f). Jesus gegenüber bleibt man im Schülerverhältnis. Nur von ihm allein kann man lernen; er allein ist die maßgebliche Lehrautorität für die Jüngergemeinschaft. Zugleich ist vorausgesetzt, daß es innerhalb dieser Jüngergemeinschaft keiner vermittelnder Instanzen für diese Lehre bedarf. Jeder, der ihr zugehört, kann Jesu Lehre hören und verstehen. So erscheinen die Jünger durchweg als die Jesus Nahen, die ihn verstehen: dies freilich nicht aufgrund unmittelbarer Intuition, sondern aufgrund der eindringlichen Zuwendung des lehrenden Jesus zu ihnen (13,51; 16,12; 17,13)[30]. Umso wichtiger ist freilich die Vermittlungsfunktion, die die Jünger gegenüber den Außenstehenden wahrnehmen. Wenn Jesus zu Beginn der Bergpredigt angesichts der großen Volksmenge zunächst die Jünger belehrt (5,1f), so ist damit der Auftrag an die Jünger angedeutet, durch ihr Zeugnis dem Volk die Lehre Jesu zu erschließen (vgl. 9,36–10,1).

4.3 Die Jünger stehen mit Jesus in einer engen *Weg- und Schicksalsgemeinschaft*, die ihren Grund darin hat, daß beide gleichermaßen den Willen Gottes in vollkommener Weise auf sich nehmen. In diesem Sinn spricht Jesus bei seiner Taufe, in seinem ersten Wort im Evangelium, davon, daß „*wir* alle Gerechtigkeit erfüllen müssen" (3,15)[31]. Die ganze Gemeinde ist in das Lebenszeugnis, das Jesus für die Gerechtigkeit Gottes ablegt, mit eingeschlossen. Die Nachfolgenden müssen bereit sein, wie Jesus, der keinen Platz hat, wo er sein Haupt hinlegen könnte, die Heimatlosigkeit einer Wanderexistenz auf sich zu nehmen (8,20). Verzicht auf Ehe und Familie „um der Himmelsherrschaft willen" kann von ihnen gefordert werden (19,12). Vor allem aber sind sie in die Gemeinschaft mit dem Leiden Jesu gerufen, da

---

[29] Vgl. *G. Bornkamm*, Die Sturmstillung im Matthäusevangelium, in: G. Bornkamm/G. Barth/ H.-J. Held, Überlieferung und Auslegung im Matthäusevangelium, ²1961 (WMANT 1) 48–53.

[30] Zur Aufhebung des markinischen Jüngerunverständnisses vgl. *G. Barth*, Das Gesetzesverständnis des Evangelisten Matthäus, in: Überlieferung und Auslegung 99ff, sowie die Präzisierung bei *Luz*, Jünger 382f.

[31] Vgl. *Schweizer*, Matthäus 60f; *Frankemölle*, Jahwebund 94f.

das ihnen aufgetragene Zeugnis notwendig Widerstand und Feindschaft provozieren wird. Wenn Matthäus bereits am Ende der Jüngeraussendungsrede (10,38) das Wort vom Kreuztragen des Jüngers in der Nachfolge Jesu erstmals bringt (vgl. 16,24 par Mk 8,34), so reflektiert dies sicherlich die akute Erfahrung, die seine Kirche in Verfolgungen durch ihre jüdische Umgebung gemacht hat. So entspricht dem Mit-Sein Jesu mit den Jüngern das Teilhaben der Jünger am Schicksal Jesu, das in der gegenwärtigen irdischen Situation nur die Gestalt der Leidensgemeinschaft haben kann. Dies bringt die zweimalige betonte Bemerkung in der Getsemani-Geschichte, daß die Jünger „mit Jesus" wachen sollen (26,38.40), zum Ausdruck[32]. Erst für die zukünftige Heilsvollendung ist ihnen eine andere Form der Gemeinschaft mit Jesus in Aussicht gestellt: Jesus wird im kommenden Reich „mit ihnen" trinken (26,29).

5. Kirche als „das Volk, das Frucht bringt"

5.1 Aus alledem ergibt sich bereits: das Lehren der Jünger kann nicht auf das bloße Wortzeugnis beschränkt bleiben. Lehre und Lebenspraxis, Wort und Tatzeugnis gehen bei Matthäus so unmittelbar ineinander über, daß sich jeder Versuch einer Unterscheidung verbietet. Wie Jesus selbst das Gesetz und die Profeten nicht nur dadurch „erfüllt", daß er den dahinterstehenden ursprünglichen Gotteswillen proklamiert, sondern vor allem dadurch, daß er ihn durch seinen Gehorsam in die Tat umsetzt (5,20)[33], so können auch die Jünger die Lehre Jesu allein dadurch glaubwürdig zur Geltung bringen, daß sie sie tun. Eben hierin unterscheiden sie sich von den Schriftgelehrten und Pharisäern, denen der matthäische Jesus vorwirft, daß sie das eindeutige Zentrum des Gotteswillens im Gesetz, nämlich das Liebesgebot, zwar kennen, sich aber seiner Erfüllung entziehen (23,25f).

5.1.1 Allein durch das Tun des Willens Jesu erweisen sich die Christen als das, was sie sind, nämlich als seine Jünger! Dies ist die Botschaft des Eingangsteils der Bergpredigt (5,13–20), der das Wesen der Jüngerschaft mit den Bildern vom Salz der Erde, vom Licht der Welt und von der Stadt auf dem Berge beschreibt. Salz, das keine Salzkraft hätte, ein Licht, das man unter einem Eimer verbergen würde, eine hochgelegene Stadt, die niemand sehen könnte: solchen Paradoxien gleich wäre eine Jüngergemeinschaft, die ihren Glauben nur für sich selbst leben würde unter Verzicht auf die Möglichkeit, durch ihr Tatzeugnis in die Welt hineinzuwirken. Sie würde das, was sie faktisch *ist*, nicht sein wollen. Gerade in dem, was sie sichtbar für die Welt tut, erweist sie ihre Realität. Eine Kirche, die sich auf die bloße Weitergabe des Wortes im inneren Kreise beschränkte und im übrigen ein weltförmiges Leben praktizierte, hätte nach Matthäus ihr eigenes Wesen preisgegeben[34]. Zugleich verweisen diese Bilder in ihrem

---

[32] Vgl. *Schweizer*, Matthäus 61.

[33] Zu diesem Doppelsinn von „erfüllen" s. *U. Luz*, Die Erfüllung des Gesetzes bei Matthäus (5,17–20), ZThK 75 (1978) 398–435.414f.

[34] S. hierzu *D. Bonhoeffer*, Nachfolge, München 1989 (DBW 4) 113: „Gemeinde Jesu, die unsichtbare Gemeinde sein will, ist keine nachfolgende Gemeinde mehr". Bonhoeffer verweist in diesem Zusammenhang auf den Kontrast dieser Sicht zu einer „sogenannte(n) reformatorische(n) Theologie", die unter Berufung auf die theologia crucis einer Unsichtbarkeit der Kirche „in Gestalt von totalem Aufgehen in Weltförmigkeit" das Wort redet.

positiven Gehalt auf das, was die Jüngergemeinde der Welt schuldig ist: sie soll, wie Salz, die Welt als Würze durchdringen und so erträglich machen; sie soll, wie Licht, den Orientierungslosen Weg und Richtung weisen; sie soll, wie eine hochgelegene Stadt, weithin sichtbarer Mittelpunkt und Zufluchtsort sein[35]. So wird sie zum werbenden, Hoffnung erweckenden Zeichen für die Nähe der Gottesherrschaft: „So soll euer Licht vor den Menschen leuchten, so daß sie eure guten Werke sehen und euren Vater in den Himmeln preisen" (5,16).

Die Kirche wird durch ihr Tatzeugnis zum Anwalt der Ehre Gottes gegenüber der Welt[36]. Der Gedanke an die Gefahr der Werkgerechtigkeit bedrängt Matthäus dabei nicht; für ihn ist selbstverständlich, daß die Jünger ihr Tun als eine ihnen durch Jesus erschlossene neue Möglichkeit verstehen. Sie leben aus der Heilszusage Gottes an die, die von sich aus arm und schwach sind und nichts vorweisen können (5,3ff), und erfahren die Realität dieser Heilszusage, indem sie Gottes Willen, wie ihn Jesus gelehrt hat, tun.

5.1.2 Zweifellos hat Matthäus die radikalen Weisungen der *Bergpredigt* (5,21–48) nicht nur für erfüllbar gehalten, sondern sie als verbindliche, reale Verhaltensregeln für alle Glieder der Gemeinde verstanden wissen wollen. Der Gedanke, daß sie nur für einen kleinen Kreis von Vollkommenen gelten sollten, wäre ihm vermutlich ebenso absurd erschienen wie jener, daß sie lediglich dazu dienten, den Menschen angesichts ihrer Unerfüllbarkeit von seiner bleibenden Sündhaftigkeit zu überführen und ihm so sein Angewiesensein auf die Gnade zu demonstrieren. Durch ihr Tun verwirklichen die Jünger jene Gerechtigkeit, die „besser ist als die der Schriftgelehrten und Pharisäer" (5,20). Jene bessere Gerechtigkeit ist mit dem Kommen Jesu im Gottesvolk sichtbar in Erscheinung getreten. Sie hat in Jesus ihr Leitbild und ihren Ermöglichungsgrund (3,15)[37]. Während Paulus die im Christusgeschehen in Erscheinung tretende Gerechtigkeit als Gottes heilvolle *Macht* versteht, die dem Menschen als Geschenk zuteil wird (Röm 1,17; 3,21–26), ist für Matthäus Gerechtigkeit primär jenes *menschliche Verhalten*, das Gott in seinem Bund seinem Volk geboten hat. Indem es Gerechtigkeit tut, entspricht das Gottesvolk der Bundsetzung seines Gottes[38]. Insofern ist die Gerechtigkeit Zeichen für die Nähe der Himmelsherrschaft, als sich *darin, daß sie geschieht*, jene heilvolle Ordnung Gottes ankündigt, die in der Endzeit Raum greifen soll und nach der jene Menschen „hungern und dürsten", die der Zukunft Gottes entgegenharren (5,6). Die eschatologische Dimension der Kirche, ihre Zugehörigkeit zur Himmelsherrschaft, manifestiert sich vor der Welt *sichtbar* in ihrem Tun des Gotteswillens.

5.2 So zieht sich als Leitmotiv die *Mahnung vor einem falsch verstandenen Christsein*, das sich am Umgang mit dem Wort Jesu genügen läßt, durch das Evangelium. Weder das Bekenntnis zu Jesus als dem „Herrn" (7,21) noch das profetische Reden und das charismatische Heilen in seinem Namen (7,22) machen den wahren Jünger. Als solcher erweist sich allein, wer Jesu Worte hört und tut (7,21.24). Nur ihn wird der Herr bei seiner Wiederkunft kennen (7,23; 25,41).

---

[35] Man überdeutet das Bildwort 5,14 allerdings, wenn man aus ihm eine Anspielung auf die Kirche als das neue Jerusalem und die Völkerwallfahrt zum Zion herausliest. Wäre an Jerusalem gedacht, so müßte bei „Stadt" der bestimmte Artikel stehen; gegen *Gnilka*, Matthäusevangelium I 135f; *J. Ernst*, Matthäus. Ein theologisches Portrait, Düsseldorf 1989, 76.

[36] Vgl. *Luz*, Mt 1–7, 225.

[37] Jesus läßt sich taufen, „damit alle Gerechtigkeit erfüllt würde": darin, daß Jesus sich der Johannestaufe unterzieht, wird seine Sendung, „alle Gerechtigkeit zu erfüllen", d.h. den Willen Gottes uneingeschränkt und in vollem Umfang zu verwirklichen, manifest; s. hierzu *Luz*, Mt 1–7, 154f.

[38] So zuletzt *A. Sand*, Das Gesetz und die Propheten, 1974 (BU 11) 202; *R.A. Guelich*, The Sermon on the Mount, Waco 1982, 87; *Frankemölle*, Jahwebund 280–286; *Luz*, Mt 1–7, 210f.

Denn dies ist das entscheidende Kriterium des Jüngers, daß er „Frucht bringt"
(7,16–20). Die Deutung des Verzugs der Parusie durch Matthäus weist in dieselbe
Richtung: Die vier Gleichnisse vom nächtlichen Einbrecher (24,42–44), vom guten
und bösen Knecht (24,45–51), von den wartenden Jungfrauen (25,1–13) und von
den anvertrauten Geldern (25,14–30) beschreiben die Zeit der Kirche als vom Herrn
gnädig gewährte Zeit für das Fruchtbringen, die es sinnvoll in Gebrauch zu nehmen
gilt[39]. Erst am Ende dieser gewährten Zeit, im Endgericht, wird die endgültige
Entscheidung über die Zugehörigkeit zur Himmelsherrschaft fallen, und zwar allein
aufgrund des geleisteten tätigen Gehorsams (25,31–46).

Deshalb wendet sich Matthäus auch nachdrücklich gegen ein heilsgeschichtliches
Besitzstandsdenken, das die Stellung der Kirche als Erbin des ungehorsamen Israel
als unverrückbare Gegebenheit festschreiben möchte. Gott hat zwar der Kirche
seinen Weinberg übergeben, aber er hat daran die Erwartung geknüpft, daß sie das
Volk sein werde, „das Frucht bringt" für die Gottesherrschaft (21,43). Sie wird, wie
bislang Israel, von Gott daran gemessen werden, ob sie diese Erwartung erfüllt. Die
beiden anderen Parabeln, mit denen Matthäus das Winzergleichnis einrahmt, ver-
stärken diesen Gedanken. So veranschaulicht die vorangestellte Parabel von den
beiden ungleichen Söhnen (21,28–32) am Beispiel des zweiten Sohnes das Ungenü-
gen des bloßen „Herr, Herr-Sagens" und appelliert an die noch zögernden Mitglieder der Gemeinde, jetzt Gottes Willen zu tun[40]. Die nachfolgende Gastmahlspara-
bel aber erweitert Matthäus um einen vermutlich von ihm selbst geschaffenen
zweiten Teil (22,11–14), der gegenüber dem heilsgeschichtlich orientierten ersten
Teil als Korrektiv wirkt. Den von Gott zu seinem Fest geladenen Heiden wird nun
gesagt: Sie sind zwar berufen, denn sie haben die Einladung als gnädiges Geschenk
erhalten, aber ob sie auch zu den Auserwählten, die am Fest Gottes tatsächlich
teilnehmen werden, gehören, ist noch offen. Alles kommt darauf an, daß sie sich
würdig erweisen durch ein „hochzeitliches Gewand" – zweifellos ein Bild für die
Werke des Gehorsams.

Die Kirche hat die Berufung im Rücken, aber sie hat das Auserwähltwerden noch
vor sich. Sie ist zwar auf die Gottesherrschaft *hingeordnet*: sie geht der Gottesherrschaft entgegen, bereitet deren Kommen vor und ist der Raum, in dem deren Kräfte
bereits zeichenhaft wirksam werden. Aber in ihr ist die Gottesherrschaft noch nicht
verwirklicht.

5.3 In der Dringlichkeit, mit der Matthäus zum Fruchtbringen auffordert, spiegeln sich vermutlich konkrete Gemeindeverhältnisse. Es gibt anscheinend laxe
Namenschristen in dieser Kirche, deren Verhalten in einem schroffen Kontrast zu
dem des von rigoroser Nachfolgefrömmigkeit geprägten Gemeindekerns steht.

---

[39] S. hierzu *Roloff*, Kirchenverständnis 350–353.

[40] Ich setze dabei mit *Nestle/Aland*, Novum Testamentum Graece[26] und der revidierten Luther-Bibel
von 1984 die Fassung des Gleichnisses voraus, in der der Neinsager, der dann hingeht, um etwas zu tun,
an erster Stelle steht. Die umgekehrte Reihenfolge, die sich bereits in wichtigen alten Handschriften
findet, ist Folge einer sekundären heilsgeschichtlichen Allegorisierung (der Jasager, der den Gehorsam
schuldig bleibt = Israel; der Neinsager, der dann doch im Weinberg arbeitet = die Heiden). S. hierzu
Gnilka, Matthäusevangelium II 218f.

Matthäus findet sich nicht mit diesem Nebeneinander zweier Gemeindegruppen ab; das Konzept einer sich in zwei konzentrische Kreise aufgliedernden Kirche bzw. eines zweistufigen Christentums steht für ihn nicht zur Debatte. Er will die Kluft dadurch überwinden, daß er die laxen Gemeindeglieder für die Teilhabe am radikalen Gehorsam gewinnt. Zugleich aber bestimmt er die Radikalen zur Rücksichtnahme auf die „Kleinen" (18,10–14). Sie sollen alles daransetzen, um zu verhindern, daß einer von diesen „Kleinen" verlorengeht. Sie sollen begreifen: auch die zuletzt in den „Weinberg Gottes" Berufenen, die nur kurze Zeit gearbeitet und wenig geleistet haben, stehen vor Gott gleich da wie diejenigen, die „des Tages Last und Hitze getragen" haben (20,12); vor ihm sind die „Letzten" den „Ersten" gleich und erhalten den gleichen Lohn wie diese (20,16). Die Kirche ist der Bereich, in dem die allen geltende schenkende Güte Gottes der alleinige Bewertungsmaßstab im gegenseitigen Verhältnis ist. Dabei setzt Matthäus allerdings voraus, daß auch die „Kleinen", die zuletzt Gekommenen nach ihren bescheidenen Kräften und gemäß dem Maß ihres Glaubens in Gottes „Weinberg" auch tatsächlich gearbeitet und so dazu beigetragen haben, daß die Kirche das Volk ist, das für Gott Frucht bringt.

6. Die Kirche als *corpus permixtum*

Mit der Betonung der Sichtbarkeit der Kirche und der zeichenhaften Bedeutung ihres radikalen Gehorsams für die Menschen (5,13–16) scheint zunächst ein anderer Zug des matthäischen Kirchenbildes kaum vereinbar zu sein: der Verzicht auf die Herstellung einer reinen, vollkommenen Gemeinde. Aber Matthäus hält diese seine Ekklesiologie kennzeichnende Spannung durch.

Die Berufung von Menschen in die Jüngergemeinde wird als ein Handeln Gottes in programmatischer Wahllosigkeit dargestellt: „Und jene Knechte zogen aus auf die Straßen und brachten alle zusammen, die sie fanden, Böse und Gute" (22,10). Gott verzichtet auf eine Vorauswahl geeignet erscheinender Menschen. So kommen „Böse und Gute" in der Kirche zusammen. Und zwar bleibt dieses Miteinander nicht nur auf die anfängliche Berufungssituation beschränkt. Natürlich erwartet Matthäus, daß die „Bösen" durch das Heilsangebot verändert und daß sie als begnadigte Sünder zu Jüngern werden, die im Gehorsam „Früchte bringen". Aber die Kirche bleibt während ihres Weges durch die gegenwärtige Weltzeit ein unscheidbares Ineinander von Bösen und Guten. Das bringen die beiden Gleichnisse vom Unkraut unter dem Weizen (13,24–30) und vom Schleppnetz (13,47–50) zum Ausdruck. Die große Scheidung hat sich Gott für sein Gericht am Ende dieser Weltzeit vorbehalten.

Es ist deutlich: die Leidenschaft, mit der Paulus darum kämpft, daß die Kirche ihrem Wesen als „Tempel des lebendigen Gottes" (2Kor 6,16; vgl. 1Kor 3,16) dadurch Rechnung trägt, daß sie ihre vom Heiligen Geist geschaffene Reinheit und Heiligkeit bewahrt und „den Bösen aus ihrer Mitte" entfernt (1Kor 5,13), findet hier keine Entsprechung. Der Grund für diese Differenz ist darin zu suchen, daß Matthäus die Kirche *nicht von ihrem Sein als Bereich der pneumatischen Gegenwart der endzeitlichen Heilswirklichkeit, sondern von ihrem Auftrag in der Welt her denkt.*

Die Kirche ist kein eigener Raum, der sich von der Welt unterscheidet; in ihr gibt es „Böse und Gute", wie es auch in der Welt „Böse und Gute" gibt (5,45)[41]. Die Deutung des Unkrautgleichnisses (13,36–43) setzt den Acker, auf dem gutes Korn und giftiges Unkraut unscheidbar nebeneinander wachsen, mit der Welt gleich (V.38): In sie hinein hat der „Menschensohn" die „Söhne des Reiches" gesät. Zugleich aber wird diese Welt als das „Reich" eben dieses Menschensohnes bestimmt. Er ist der zum Weltherrscher eingesetzte Gesalbte des Gottesvolkes, der jetzt, in der Gegenwart, den Auftrag gibt, „alle Völker zu Jüngern" zu machen (28,18f), und der dereinst, beim kommenden Gericht, seine Gerichtsengel aussenden wird (13,43). Zutreffend stellt *A. Vögtle* fest, daß bei Matthäus „nicht nur die Kirche, sondern auch die Welt als Corpus mixtum verstanden" ist[42]. Dies gilt jedoch nicht nur im Sinn einer Entsprechung, sondern auch einer Überschneidung beider. Die Kirche ist in der Welt und Teil der Welt. Sichtbar und unterscheidbar wird sie allein durch ihre Vollmacht und ihren Auftrag[43]. Sie gewinnt Gestalt als die Jüngergemeinschaft, die gesandt ist, um das Herrschaftsrecht des erhöhten Weltherrschers in seinem Herrschaftsbereich, der Welt, zu proklamieren und zur Geltung zu bringen. Diese Jüngergemeinschaft ist dazu da, Sachwalterin seiner liebenden Hinwendung zur Welt, kraft derer er sich mit den Notleidenden und Bedrängten solidarisiert, zu sein: Was die Jünger einem „seiner geringsten Brüder" getan haben, das haben sie ihm selbst getan (25,40)[44]. Sie ist das Werkzeug, dessen sich der Erhöhte bedient, um seiner Herrschaft Raum zu schaffen in der Welt. Aber dieses Werkzeug ist, weil selbst Teil der Welt, unvollkommen wie diese. Darüber, ob und inwieweit es seiner Funktion gerecht geworden ist, wird erst in jenem Gericht des Menschensohnes die Entscheidung fallen, dem die Welt und mit ihr die Kirche entgegengeht.

So läßt sich mit einem gewissen Recht von einem *funktionalen Kirchenverständnis* bei Matthäus sprechen. Kirche ist allein da, wo sie durch ihre Funktion auf die Welt hin sichtbar wird. Aber sie kann sich selbst nicht von ihrer Sichtbarkeit, von ihren Aktivitäten und Werken her beschreiben und definieren (7,22). Der Gerichtsgedanke schlägt ihr „jede Möglichkeit, ihr Kirchesein selbst zu beurteilen, aus der Hand"[45]. Ob sie tatsächlich jenes Volk ist, „das seine Frucht bringt", steht dahin.

---

[41] Vgl. *Strecker*, Weg 218; *A. Vögtle*, Die Einladung zum großen Gastmahl und zum königlichen Hochzeitsmahl, in: ders., Das Evangelium und die Evangelien, Düsseldorf 1971, 171–218.214f.

[42] *Vögtle*, Einladung 214.

[43] Vgl. hierzu und zum folgenden *Luz*, Mt 8–17, 159.

[44] Der große Gerichtsdialog 25,31–48 will nicht über die Kriterien, nach denen das Gericht über alle nichtchristlichen Menschen vollzogen werden soll, belehren (gegen *J. Friedrich*, Gott im Bruder, 1977 [CThM A 7] 254), sondern das für alle Menschen – Juden, Christen und Heiden – Gültige herausstellen (vgl. *E. Schweizer*, Das Evangelium nach Matthäus, 1973 [NTD 2] 313; *Gnilka*, Matthäusevangelium II 371). Und zwar liefert er im Kontext den Deutehorizont, vor dem die an die Jünger gerichteten Endzeitgleichnisse 24,42–25,30 gelesen werden wollen: Darin, daß die Glieder der Kirche nach denselben Kriterien wie „alle Völker" gerichtet werden sollen, besteht die besondere Pointe!

[45] *Luz*, Mt 8–17, 160.

7. Petrus als Garant der die Kirche tragenden Tradition

Eine Gestalt der Anfangszeit wird als Bezugsfigur und Orientierungsgröße für die Kirche des Matthäus besonders herausgestellt: Simon Petrus. Das ist keineswegs ein singulärer Vorgang. In fast allen Schriften und Schriftengruppen der zweiten und dritten christlichen Generation fungiert jeweils eine bestimmte apostolische Gestalt als normgebende Größe für die eigene kirchliche Identität. So bezieht sich die johanneische Literatur, auf den „Lieblingsjünger", das lukanische Geschichtswerk und die Deuteropaulinen stellen Paulus in den Mittelpunkt und der Jakobusbrief wählt den Herrnbruder Jakobus als maßgebliche Autorität, wobei freilich solche Rückbindungen im einzelnen recht unterschiedlich strukturiert sind.

Matthäus unternimmt in 16,17–19 eine Bestimmung der Autorität des Petrus. Diese mit Recht vieldiskutierte Passage steht an hervorgehobener Stelle innerhalb des Evangeliums und trägt alle Merkmale theologisch reflektierter Komposition. Formal ist sie eine Erweiterung des Dialogs zwischen Jesus und seinen Jüngern bei Cäsarea Philippi, der bei Markus in das Bekenntnis des Petrus: „Du bist der Gesalbte" sowie in das Schweigegebot Jesu ausmündet (Mk 8,27–30; vgl. Lk 9,18–21). Zwischen das im Sinne der gemeindlichen Christologie erweiterte Bekenntnis („Du bist der Gesalbte, der Sohn des lebendigen Gottes") und das Schweigegebot fügt Matthäus eine Antwort Jesu an Petrus ein:

> Selig bist du, Simon Barjona, denn nicht Fleisch und Blut haben dir das offenbart, sondern mein Vater in den Himmeln!
> Und ich aber sage dir: Du bist Petrus (= Stein), und auf diesem »Gestein« werde ich meine Kirche bauen,
> und die Tore der Unterwelt werden sie nicht überwältigen.
> Ich werde dir die Schlüssel des Himmelreichs geben,
> und was du auf Erden bindest, wird im Himmel gebunden sein,
> und was du auf Erden lösest, wird im Himmel gelöst sein.

7.1 Die neuere Forschung hat zwar längst nicht alle Probleme dieses Textes lösen können; aber immerhin zeichnet sich in einigen wichtigen Punkten ein breiter, die traditionellen Konfessionsgrenzen überschreitender Konsens ab[46].

7.1.1 Über *Herkunft* und *traditionsgeschichtlichen Hintergrund* läßt sich nach heutigem exegetischem Erkenntnisstand folgendes sagen:

7.1.1.1 Mt 16,17–19 war ursprünglich weder Teil der Cäsarea-Philippi-Perikope, noch gehört er der alten Jesusüberlieferung an. Sprachliche Indizien verweisen auf eine Herkunft aus dem frühen hellenistischen Judenchristentum. Gestaltung wie Einfügung in die Vorlage Mk 8,27–30 sind das Werk des Matthäus.

7.1.1.2 In sich ist der Abschnitt keineswegs einheitlich, wie aus der mangelnden formalen Kohärenz und aus dem abrupten Wechsel der Bilder und Vorstellungsfelder ersichtlich ist.

---

[46] Vgl. hierzu vor allem *A. Vögtle*, Messiasbekenntnis und Petrusverheißung, in: ders., Evangelium 137–170; *Hoffmann*, Petrus-Primat; *C. Kähler*, Zur Form- und Traditionsgeschichte von Mt 16,17–19, NTS 23 (1976/77) 36–58; *Hahn*, Petrusverheißung; *Gnilka*, Matthäusevangelium II 46–70; *Luz*, Mt 8–17, 450–483 (dort 450–452 weitere Literatur!).

V.17 ist ein Makarismus, der unmittelbar auf das Bekenntnis V.16b rückbezogen ist. Eine Einführungsformel (V.18a) leitet über zu einer Gruppe von drei ähnlich aufgebauten Logien, die jeweils mit einer Zusage an Petrus beginnen. Das erste (V.18b) handelt vom *Bau der ekklesia*, das zweite (V.19a) von der Übergabe der Schlüssel der Himmelsherrschaft, das dritte (V.19bc) von der Vollmacht zum Binden und Lösen.

7.1.1.3 Auf alte Tradition dürfte vor allem das Bau-Logion (V.18b) zurückgehen. Es enthält ein (sowohl aramäisch wie griechisch mögliches) Wortspiel, das freilich im Deutschen nicht nachahmbar ist: *petros* heißt „Stein", *petra* hingegen „Fels"[47]. Dabei geht es um einen Akt der Namensverleihung bei gleichzeitiger Namensdeutung: Der Jünger Simon soll „Stein" heißen, weil er die Funktion eines Felsens haben soll. Vielfach hat man diese Namensverleihung auf einen (nicht überlieferten) Bericht von der Ersterscheinung des Auferstandenen vor Simon (vgl 1Kor 15,5; Lk 24,34) zurückführen wollen, doch das ist unwahrscheinlich. Die Wendung „meine *ekklesia*" sowie die Bau-Metapher sprechen für eine spätere Entstehung des Logions, während der Name „Kefas/Petros" dem Jünger bereits durch den vorösterlichen Jesus beigelegt worden sein dürfte. Wir haben es vermutlich mit einer Interpretation des Petrus-Namens durch gemeindliche Kreise in den palästinischen Küstengebieten und in Syrien, den Hauptwirkungs-feldern des Petrus, zu tun, die rückschauend die Bedeutung dieses Jüngers auf den Begriff bringt, indem sie das Wortspiel um den Namen mit der geläufigen Metaphorik „Kirche" = „Haus" bzw. „Tempel" (vgl. 1Kor 3,16) kombiniert.

7.1.1.4 Traditionell ist auch das Logion vom Binden und Lösen (V.19bc), und zwar dürfte es, wie aus der Variante Joh 20,23 hervorgeht, ursprünglich seinen Ort in einem Bericht von einer Gruppenerscheinung des Auferstandenen gehabt haben, wo es die dem gesamten Jüngerkreis erteilte Vollmacht zur Sündenvergebung umschrieb. In Mt 18,18 ist eine (vermut-lich gegenüber 16,19 ältere) Fassung des Logions in der Pluralform bewahrt, in der „Binden und Lösen" disziplinarrechtliche Bedeutung hat. 16,19 differiert gegenüber 18,18 nicht nur durch den Singular, sondern vor allem durch das hier vorauszusetzende Verständnis von „Binden und Lösen" im Sinne von Lehrvollmacht, die erklärt, was nach Gottes Willen verboten und erlaubt ist. Es geht hier nicht um Kirchenzucht, sondern um autoritative Interpretation der normativen Überlieferung. Petrus erscheint so als positives Gegenbild jener pharisäischen Schriftgelehrten, die heuchlerisch die Himmelsherrschaft durch ihre Gesetzes-auslegung „vor den Menschen" verschließen (23,13). Mit großer Wahrscheinlichkeit war es Matthäus selbst, der das Logion auf diesen literarischen Bezug hin gestaltet hat. Das Schlüssel-wort (V.19a), das diesen Bezug auf 23,13 absichert, dürfte, ebenso wie die einleitende Seligpreisung (V.17), frei vom Evangelisten gestaltet sein.

7.1.2 Wie läßt sich nun aus Mt 16,17–19 die *Bedeutung des Petrus für Matthäus* genauer bestimmen?
Zunächst ist Petrus derjenige, der als erster Jesus als den Gesalbten und Gottes-sohn bekennt und der damit zum *Urbild des bekennenden Jüngers* wird. Sodann erscheint er als der, der die Lehre Jesu, seine abschließende Auslegung des Willens Gottes, weitergibt und damit für andere den Zugang zur Gottesherrschaft eröffnet, er ist der *Prototyp des christlichen Lehrers*. Beides ist nicht voneinander zu trennen. Denn Jesus bekennen kann nur, wer seine Lehre kennt und tut (7,21–23), und umgekehrt erschließt sich Jesu Lehre nur dem, der im Bekennen an ihn gebunden

---

[47] Das aramäische Äquivalent beider Worte ist *kēphā'*. Zum sprachlichen Hintergrund vgl. *P. Lampe*, Das Spiel mit dem Petrusnamen – Matt. XVI.18, NTS 25 (1979) 227–245.

ist. Eben diese personhafte Bindung an Jesus ist es ja, die den Jünger vom jüdischen Schriftgelehrten unterscheidet! Matthäus sieht in Petrus zunächst wohl den Gewährsmann der Überlieferung von Jesus, die in sein Evangelium eingegangen ist. In diesem Sinn will er sein Buch als ein „petrinisches" verstanden wissen[48]. Aber es geht ihm um mehr als den formalen Nachweis der Zuverlässigkeit der Überlieferung: Der die Kirche tragende Grundstein ist *nicht die von Petrus überlieferte Lehre, sondern der Jünger selbst.* Seiner Nähe zu Jesus, seiner bewährten Jüngerschaft, die sich im Bekennen manifestiert, verdankt die Gemeinde jene Kenntnis des Willens Jesu, die den Zugang zur Gottesherrschaft aufschließt. Zugespitzt gesagt: in der Petrusgestalt „konkretisiert sich, was für Matthäus zur bleibenden Eigenart der Kirche gehören muß: ihre Bindung an Jesus"[49]. Individuelles und Typisches liegen hier unmittelbar ineinander. Petrus repräsentiert das Urbild des wahren Jüngers, der Jesus im Gehorsam nachfolgt (14,28; 19,27) und sich an seinem Wort ausrichtet (15,15; 18,21). Damit steht er zugleich in geschichtlich einmaliger Weise prägend am Ausgangspunkt christlicher Jüngerexistenz.

7.2 Die Ausgestaltung, die das *Bild von der Kirche als Bau* in diesem Zusammenhang erfährt, bringt die Eigenart der matthäischen Ekklesiologie besonders sprechend zum Ausdruck. Die naheliegende, von Paulus (1Kor 3,16) und der paulinischen Tradition (Eph 2,20) in den Mittelpunkt gerückte Assoziation auf den heiligen Bau des Tempels wird von Matthäus nicht aufgegriffen[50]. Seine Deutung bleibt ganz in der Nähe des kleinen Gleichnisses 7,24–27: Die *ekklesia* ist ein festgegründetes und darum standfestes Haus. Ein sakrales Verständnis, das sie zum heiligen, ausgegrenzten Bereich des Einwohnens Gottes machen würde, liegt ihm fern.

Petrus ist der Grundstein des zu errichtenden Baues[51]. In der paulinischen Bildvariante (1Kor 3,16) dagegen ist Christus das vom Apostel gelegte Fundament, auf dem die übrigen Missionare und Mitarbeiter weiterbauen und so den heiligen Tempel errichten, in dem Gott selbst Wohnung nimmt; auch die deuteropaulinische Version (Eph 2,20; 4,11–13), die mit Mt 16,18 darin übereinzukommen scheint, daß sie die Apostel als Fundament darstellt, betont die Bedeutung des Weiterbauens durch kirchliche Funktionsträger. Bei Matthäus liegt alles Gewicht auf dem Han-

---

[48] Vgl. hierzu *Kähler*, Traditionsgeschichte, der die Entsprechung von V.17 zu den Seligpreisungen von Offenbarungstradenten im zeitgenössischen Judentum betont (z.B. JosAs 16,14: „Selig bist du, Asenet, denn Gottes unaussprechliche Geheimnisse sind dir enthüllt!").

[49] *Hoffmann*, Petrus-Primat 110.

[50] Im Anschluß an die faszinierende Deutung von *J. Jeremias*, Golgotha, 1926 (Angelos Beih. 1) 68–77, wollte man in dem Felsen eine Anspielung auf den Grundstein des Jerusalemer Tempels sehen, der im Allerheiligsten aus dem Boden ragte, um so eine Verbindung zu den alten Zionsüberlieferungen zu schlagen (Jes 28,14–22). Doch dagegen ist stets von einem „Stein" (Joma 5,2), nicht jedoch von einem „Fels" die Rede. Auch der als Parallele gern herangezogene Qumran-Beleg 1QH 6,26 stützt diese Deutung nicht, denn er spricht lediglich von einem „Fundament" (*sôd*), auf dem die Gemeinde erbaut sei, nicht jedoch von einem Felsen; vgl. hierzu *Klinzing*, Umdeutung 205f; *Luz*, Mt 8–17, 462f.

[51] In der späteren rabbinischen Überlieferung gibt es die Vorstellung, daß Abraham der Fundament-Fels sei, auf dem Gott die Welt erbaut habe (Jelammedenu in Jalqut 1 766 = Bill I 733). Aber hier geht es um den Bau der Welt (vgl. ExR 2 [69a] = Bill III 537), nicht um den der Gemeinde. Eine Typologie „Abraham–Petrus" liegt demnach schwerlich vor.

deln Christi. Er allein ist der Bauende, von ihm geht alle Initiative aus. Dabei ist konkret an seinen Sendungsauftrag und seine Verheißung des Mit-Seins zu denken (28,19f). Die *ekklesia* ist sein Werk und sein Geschöpf; in diesem Sinne eines genitivus auctoris kann er von „meiner Kirche" sprechen. Die Zusage, daß diese *ekklesia* sich stärker erweisen werde als die Todesmächte, hat ihren ausschließlichen Grund in seiner Vollmacht, die Gott selbst ihm als dem endzeitlichen Weltherrscher gegeben hat. Demgegenüber erscheint die Petrus zugewiesene Funktion als vergleichsweise bescheiden: Als das Fundament ist er dazu da, daß die *ekklesia* einen Anhalt hat. Er bildet den konkreten geschichtlichen Ausgangspunkt, an dem sie bleiben muß, um sich nicht ins Unbestimmte und Unverbindliche zu verlieren. Weder scheint für Matthäus der Apostolat des Petrus in diesem Zusammenhang eine Rolle zu spielen, noch ist die Frage der konkreten Gestaltung kirchlicher Ämter und Leitungsstrukturen dabei im Blick, von der Begründung eines „Petrusamtes" ganz zu schweigen. *Petrus bleibt der anfängliche Jünger*, der durch sein Zeugnis und seinen Dienst die Kirche in die für sie bleibend verbindliche Grundstruktur der Jüngerschaft Jesu einweist und sie so auf den Weg bringt, der der kommenden Gottesherrschaft entgegenführt.

7.3 Ein der Intention des Matthäus treu bleibender kirchlicher „Petrusdienst" wäre – wie hier nur angedeutet werden kann – einzig denkbar in Gestalt eines Dienstes, der, im Anschluß an den Jünger Petrus, die Existenzweise der Jüngerschaft als Grundform christlichen Lebens der ganzen Christenheit glaubwürdig vor Augen stellte[52].

8. Die innere Ordnung der Kirche

Die Kirche des Matthäus hat eine ungleich lockerere Binnenstruktur als die Kirche des Paulus. Ihr Selbstverständnis ist wesentlich bestimmt durch den Auftrag, den sie empfangen hat, und durch das Ziel, dem sie entgegengeht. Das, was sie gegenwärtig ist, spielt demgegenüber eine vergleichsweise geringe Rolle. Dem korrespondiert der soziologische Befund. Als bestimmend erweist sich in dieser Kirche noch immer die Lebensform wandernder Charismatiker mit ihrem radikalen Nachfolge-Ethos. Zwar sind örtliche Gemeinden bereits vorhanden, aber deren Struktur ist noch wenig ausgeprägt. Ein Ausgleich zwischen beiden Lebensformen ist im Gange, sein Abschluß scheint jedoch noch nicht in Sicht zu sein. Wenn Matthäus in 16,18 das Wort *ekklesia* in gesamtkirchlicher Ausrichtung gebraucht, so entspricht das seinem eigenen Denkansatz. Daneben kann er es aber in 18,17 auf die örtliche Versammlung der Christen im Bereich anwenden, ohne sich dabei einer Spannung bewußt zu sein. Denn diese lokale *ekklesia* war gewiß nach Selbstverständnis und Struktur mit einer paulinischen Gemeinde kaum vergleichbar.

---

[52] Eine instruktive Darstellung der heutigen ökumenischen Diskussion über das Petrusamt und ihrer Problematik gibt die „Dokumentation zum lutherisch-katholischen Dialog über den päpstlichen Primat" (in den USA), in: R. Brown/K.P. Donfried (Hg.), Der Petrus der Bibel, Stuttgart 1976, 149–186.

8.1 Die Kirche des Matthäus weiß sich als eine *Gemeinschaft der „Brüder"*, die zusammengeführt ist durch die Bindung an Christus, den einen Lehrer (23,8b). Diese Bindung wird hergestellt durch die Taufe (28,19). Durch sie ergeht der verbindliche Ruf in die Nachfolge, dem der Berufene mit seinem Bekenntnis antwortet (16,16). Ist so die Christusbindung das zentrale und konstitutive Moment, so bleibt sie doch nicht die einzige bestimmende Kraft. Aus ihr heraus entwickelt sich vielmehr eine wechselseitige Bindung der Gemeindeglieder aneinander[53]. Auch die matthäische Kirche hat eine Communio-Struktur, die freilich sehr viel schwächer ausgeprägt erscheint als die der paulinischen Kirche. Theologisch begründet ist sie von der durch Jesus erschlossenen Erfahrung des Verhaltens Gottes her.

So wird aus der Erfahrung der suchenden, dem Sünder nachgehenden Liebe Gottes die Notwendigkeit der geschwisterlichen Sorge füreinander gefolgert. Matthäus deutet das Gleichnis vom Suchen und Wiederfinden des verlorenen Schafs als von Gott selbst durch Jesus in Kraft gesetztes Modell für das Verhalten der Gemeindeglieder zueinander: „So ist es nicht der Wille vor eurem Vater in den Himmeln, daß eines von diesen Kleinen verlorengeht" (18,14).

Weil Gott selbst das Verlorene und Verirrte sucht, darum ist es nicht nur Aufgabe der Gemeinde, ihren verirrten Gliedern nachzugehen. Sie hat vor allem auch die „Kleinen", die am Rande stehen und hinter den Erwartungsnormen der Jüngerschaft noch zurückbleiben, voll zu akzeptieren und muß der naheliegenden Versuchung, auf sie herabzublicken, widerstehen (18,10). Die stärkeren Gemeindeglieder tragen Verantwortung gegenüber den schwächeren. Nur wenn die Gemeinde sich als eine Gemeinschaft begreift, in der niemand aufgegeben wird, entspricht sie dem Willen Gottes.

8.2 Besonders hervorgehoben wird die Bedeutung der Erfahrung der *Sündenvergebung* für die Communio-Struktur. Wir haben es hier mit einem Vorzugsthema des Matthäus zu tun. Jesus ist derjenige, der sein Volk von seinen Sünden erlösen wird (1,21). Die Kirche ist die Gemeinschaft derer, denen die Vollmacht zur Sündenvergebung gegeben ist (9,8). Sie bittet um diese Vergebung im Gebet, das ihr Jesus geschenkt hat (6,12), wobei ihr bewußt wird, daß sich Gottes Vergebung nicht isolieren läßt, sondern Folgen für das Verhältnis der Gemeindeglieder untereinander hat (6,14). Der Ort, an dem die Vergebung zur lebendigen Erfahrung wird, ist das eucharistische Mahl: Nur Matthäus hat in seiner Fassung des Becherwortes den expliziten Hinweis auf die Sündenvergebung (26,28)! Indem er an das Ende der Gemeinderegel Mt 18 das Gleichnis vom unbarmherzigen Sklaven (18,21–35) stellt, macht er unmißverständlich klar, daß die von Gott empfangene Vergebung die das Miteinander in der Gemeinde bestimmende Kraft ist: Der, dem eine unendlich große Schuld erlassen worden ist, kann nicht unbarmherzig von anderen eine

---

[53] *Trilling*, Israel 121, spricht von einer „dreifachen Struktur" des matthäischen Kirchenbildes: „der Vater im Himmel, der Erhörung schenkt, Christus in der Mitte und Gemeinschaft seiner Gläubigen und die durch das Bekenntnis zum ihm geeinte Gemeinde". Das wäre m.E. zu ergänzen durch ein viertes Strukturelement: die durch Gottes Handeln bewirkte Bindung der Gemeindeglieder aneinander.

vergleichsweise kleine Schuld einfordern. Empfangene Vergebung muß weiterwirken in andern gewährter Vergebung.

8.3 Dies schließt nun freilich *Kirchenzuchtmaßnahmen* keineswegs aus, wie die Disziplinarregel 18,15–17 zeigt. Dort ist für den Fall der Verfehlung eines Gemeindegliedes gegen grundlegende, in der Gemeinde geltende Normen ein dreistufiges Verfahren vorgesehen: Zunächst ein Gespräch mit einem andern Gemeindeglied unter vier Augen; sodann, im Fall der Unbußfertigkeit, ein weiteres Gespräch unter Zuziehung von einem oder zwei Zeugen. Bringt auch dies keine Wendung, so ist die Vollversammlung der Gemeinde (*ekklesia*) mit dem Fall zu befassen. Wird die Zurechtweisung auch in dieser dritten Instanz abgelehnt, so wird die Exkommunikation beschlossen: „er sei dir wie der Heide und der Zöllner". Diese rigorose Regel, die deutliche Merkmale halachischen Stils trägt und sich bis in Einzelheiten hinein mit der Disziplinarpraxis der Sektengemeinschaft von Qumran berührt[54], hat Matthäus wohl aus der Tradition eines älteren, streng am Gesetz orientierten Judenchristentums übernommen[55]. Er hat allerdings ihren Rigorismus dadurch etwas abgemildert, daß er sie in den von der Vergebungsthematik bestimmten Kontext von Kapitel 18 stellte. Schwerlich hat er sie jedoch in ihrer Substanz in Frage stellen wollen[56].

Für Matthäus steht weder die Sicht der Kirche als *corpus permixtum*, noch die Dominanz des Vergebungsprinzips im Widerspruch zur Notwendigkeit von Kirchenzucht. Er weiß zwar, daß in der Kirche wie in der Welt Böse und Gute unscheidbar bis zur Scheidung im kommenden Gericht beisammen sind; doch er weiß auch von der notwendigen Eindeutigkeit und Sichtbarkeit des Verhaltenszeugnisses der Kirche gegenüber der Welt (5,13–16). Zwar ist die Kirche von einem Zustand der Vollkommenheit noch ärgerlich weit entfernt (13,41f), und das zukünftige Gericht wird mitten durch sie hindurchgehen. Aber die Sichtbarkeit der Gemeinde verlangt, daß sie der sichtbar und eklatant in ihren Reihen hervortretenden Sünde Widerstand entgegensetzt. Eine durch Laxheit des Gehorsams, Mißachtung der Lehre Jesu und innere Kontroversen paralysierte Kirche könnte nicht mehr die ihr Licht weithin ausstrahlende „Stadt auf dem Berge" sein; sie müßte zur abgedunkelten Stadt werden. Nicht zuletzt läßt auch das Verständnis der Kirche als geschwisterlicher Gemeinschaft, die durch die Treue zu der von Jesus, dem einen Lehrer, gesetzten Norm verbunden ist, Sanktionen gegen den Normenübertreter unumgänglich werden.

---

[54] Vgl. 1QS 5,25–6,1; CD 9,2–4; ferner 1QS 2,25–3,12; 6,24–7,25; 8,16–9,2. Hierzu: *C.-H. Hunzinger*, Beobachtungen zur Entwicklung der Disziplinarordnung der Gemeinde von Qumran, in: H. Bardtke (Hg.), Qumran-Probleme, 1963 (SSA 42) 231–247; *J. Gnilka*, Die Kirche des Matthäus und die Gemeinde von Qumran, BZ.NF 7(1963) 43–63.55–57; *Goldhahn-Müller*, Grenze 179–185.

[55] Vgl. *Trilling*, Israel 116; *Goldhahn-Müller*, Grenze 172.

[56] Mit dieser Möglichkeit rechnen u.a. *Bohren*, Kirchenzucht 56, sowie vor allem *Barth*, Auseinandersetzungen: Der Widerspruch zwischen 13,24–30.36–43 und 18,15–17 sei Niederschlag einer heftigen Diskussion um die Kirchenzucht in Syrien-Palästina, wobei der eigene Standpunkt des Matthäus durch die Gleichnisse in Kp. 13 gekennzeichnet sei. Dies dürfte exegetisches Wunschdenken sein; s. hierzu zuletzt: *Goldhahn-Müller*, Grenze 164–170.

Entscheidend ist allerdings, daß Matthäus solche Maßnahmen der Kirchenzucht unter das Vorzeichen der möglichen Vergebung stellt. Weil die Kirche sich im Besitz der sündenvergebenden Macht ihres Herrn weiß, darum darf sie die sichtbare Sünde nicht tolerieren, sondern muß sie überwinden. Vergeben werden kann nur dem Sünder, der seine Sünde erkennt und die Umkehr vollzieht. Die Disziplinarordnung 18,15–17 hat das Ziel, zu solcher Umkehr zu führen, damit die der ganzen Gemeinde anvertraute Vollmacht zur Sündenvergebung (18,18) zur Wirkung kommen kann. Exkommunikation ist nur äußerste Möglichkeit und ultima ratio. Die vordringliche Aufgabe ist jedoch die Rückgewinnung des verirrten Bruders (18,12–14). Aber selbst da, wo zu dieser äußersten Möglichkeit gegriffen werden muß, soll sie im Zeichen der Liebe und Vergebungsbereitschaft stehen (18,21f).

9. Ämter und Dienste

9.1 Institutionelle Strukturen auf örtlicher Ebene waren in der Kirche des Matthäus noch kaum ausgebildet. So überrascht es nicht, daß gemeindliche Ämter in seinem Evangelium nicht vorkommen. Nach 18,17 ist die *Gemeindeversammlung* die örtliche Instanz mit höchster Autorität. Von einer Mitwirkung oder gar Leitung durch einen Amtsträger ist nicht die Rede. Die einzigen an bestimmte Personen gebundenen Dienste, die Matthäus zu kennen scheint, sind Profeten (7,22) und christliche Schriftgelehrte (13,52).

9.2 Den *Profeten* gegenüber zeigt er kritische Distanz. Es handelt sich hier anscheinend um wandernde Charismatiker, die zwar durch ihr ekstatisches Auftreten Eindruck machen, aber nicht die wahre Lehre Jesu verbreiten. So schärft Matthäus die Notwendigkeit ein, zwischen rechten und falschen Profeten zu unterscheiden (7,15). Wenige Jahrzehnte später bezeugt die ebenfalls aus dem syrischen Raum stammende Didache die Existenz solcher Wandercharismatiker, die sie als „Apostel und Profeten" bezeichnet (Did 11,3–7), und deutet zugleich die Notwendigkeit des Übergangs zu ortsstabilen Ämtern an: Wo es keine Profeten mehr gibt, da soll man Bischöfe und Diakone einsetzen (Did 15,1). Dieses Stadium ist in der Kirche des Matthäus noch nicht erreicht.

9.3 Positiv beurteilt wird hingegen das Amt des christlichen *Schriftgelehrten*. Manches spricht dafür, daß Matthäus selbst ein solcher Schriftgelehrter war. Dann hätte er sich in 13,52 ein kleines Denkmal gesetzt und zugleich sein Buch als Paradigma solchen Schriftgelehrtentums gekennzeichnet: „Deshalb ist jeder Schriftgelehrte, der belehrt ist in der Himmelsherrschaft, gleich einem Hausvater, der aus seinem Schatz Altes und Neues austeilt".

V. Die Kirche als Zeugin
der endzeitlichen Königsherrschaft Gottes:
Die Offenbarung des Johannes

Literatur: K. *Aland*, Das Verhältnis von Kirche und Staat in der Frühzeit, ANRW II 23.1, 1979, 60–246; O. *Böcher*, Israel und die Kirche in der Johannesapokalypse, in: ders., Kirche in Zeit und Endzeit, NeukirchenVluyn 1983, 28–57; D. *Georgi*, Die Visionen vom himmlischen Jerusalem in Apk 21 und 22, in: Kirche, FS G. Bornkamm, 351–372; H. *Gollinger*, Das „große Zeichen", BiKi 39 (1984) 66–75; M. *Karrer*, Die Johannesoffenbarung als Brief, 1986 (FRLANT 140); G. *Kretschmar*, Die Offenbarung des Johannes, 1985 (CThM 9); J. *Roloff*, Neuschöpfung in der Offenbarung des Johannes, JBTh 5 (1990) 119–138; A. *Satake*, Die Gemeindeordnung in der Johannesapokalypse, 1966 (WMANT 21); L. *Thompson*, The Book of Revelation, New York/Oxford 1990; C. *Wolff*, Die Gemeinde des Christus in der Apokalypse des Johannes, NTS 27 (1981) 186–197; A. *Yarbro Collins*, The Apocalypse, Wilmington 1980.

1. Die geschichtliche Hintergrundsituation

1.1 Wenn man in der Vergangenheit das letzte Buch der Bibel fast durchweg der Gruppe der johanneischen Schriften zurechnete, so war dies eine Nachwirkung der traditionellen kirchlichen Verfasserzuschreibung. Aber nicht nur diese hat sich als unhaltbar erwiesen, sondern darüber hinaus gewann die Einsicht immer mehr an Boden, daß die Johannesoffenbarung sich in Sprache und theologischem Denken so stark von den johanneischen Schriften (Johannesevangelium und -briefe) unterscheidet, daß eine Herkunft aus einem gemeinsamen theologischen und kirchlichen Milieu ausgeschlossen ist[1]. Hingegen gibt es gute Gründe, die Offenbarung sehr viel näher als bisher üblich an das Matthäusevangelium heranzurücken. Beide Schriften entstammen nämlich einem palästinisch-syrischen Judenchristentum, das sich der gesetzesfreien Heidenmission grundsätzlich geöffnet hat. Wie Matthäus, so scheint auch der Verfasser der Offenbarung, der Profet Johannes, seine Wurzeln in der Wanderradikalenbewegung gehabt zu haben, wie vor allem aus seiner Betonung des Nachfolgemotivs (Offb 14,4) hervorgeht. Vergleichbar ist ferner der Rigorismus

---

[1] Auch dem Gedanken der Herkunft der Offenbarung aus der johanneischen Schule ist der Abschied zu geben; vgl. E. *Schüssler Fiorenza*, The Quest for the Johannine School: The Apocalypse and the Fourth Gospel, NTS 23 (1977) 402–427. Demgegenüber kann der neuerdings unternommene Versuch von J.-W. *Taeger*, Johannesapokalypse und johanneischer Kreis, 1989 (BZNW 51), die Offenbarung durch den Nachweis von Entsprechungen in der Bildersprache wieder näher an das Johannesevangelium heranzurücken, nicht überzeugen.

seiner ethischen Forderung. Wie Matthäus, so schärft auch der Apokalyptiker unablässig die Forderung des vollkommenen Tuns der von Gott bzw. Jesus befohlenen „Werke" ein (2,26; 14,13 u.ö.) und betont: das kommende Gericht nach den Werken wird gerade auch an den zum Heil Berufenen ergehen (2,5.22f; 3,2.15)[2].

1.2 Freilich ist die kirchliche Situation, auf die die Offenbarung Bezug nimmt, sehr viel differenzierter als die des Matthäus, und das schlägt sich in ihrem Kirchenverständnis nieder. Vor allem *drei Faktoren* sind hier vorab in Rechnung zu stellen.

1.2.1 Kann man Matthäus noch zur zweiten christlichen Generation rechnen, so gehört die Offenbarung der *dritten Generation* an. Sie ist relativ eindeutig auf die Zeit zwischen 90 und 95 n. Chr., d.h. auf die letzten Regierungsjahre des Kaisers Domitian, in denen Kleinasien zum Zentrum des religiösen Kaiserkults wurde, datierbar[3]. Sie hat sich deshalb mit den für das kirchliche Leben der dritten Generation typischen kirchlichen Erscheinungen auseinanderzusetzen, nämlich dem Verblassen der anfänglichen Neuheitserfahrung des christlichen Glaubens und dem Abgleiten in religiöse Routine und weltförmiges Leben. So ruft sie Gemeinden, die „die erste Liebe verlassen" haben, aus der „Höhe" ihres anfänglichen Glaubens „gefallen" sind (2,4f) und die frühere Entschiedenheit ihres Gehorsams mit Lauheit vertauscht haben (3,15), zur Umkehr und zu kompromißlosem Gehorsam.

1.2.2 Der Verfasser und seine Adressaten gehören keineswegs demselben kirchlichen Milieu an. Er dürfte unter jenen palästinischen Judenchristen gewesen sein, die nach der Katastrophe des jüdischen Krieges (70 n. Chr.) in die Provinz Asien einwanderten (vgl. *Euseb*, HE 3,37 und 39), und dort einen neuen Wirkungskreis in den von Paulus und paulinischer Tradition geprägten Gemeinden fanden. Sein Buch ist ein Zirkularschreiben, das sich an sieben Gemeinden in der Metropole Ephesus und ihrem Hinterland wendet (2,1–3,22). Es verrät nicht nur genaue Kenntnisse der Gemeindeverhältnisse, sondern auch eine weitgehende Vertrautheit mit der paulinischen Theologie[4] und darüber hinaus dem von hellenistischen Einflüssen geprägten Denken der kleinasiatischen Christen. Der Verfasser will weder die paulinisch-heidenchristlichen Gemeinden für seine judenchristliche Position gewinnen noch wendet er sich an eine kleine judenchristlich gesinnte Sondergruppe innerhalb der Gemeinden[5]. Er führt vielmehr im vollen Bewußtsein seiner auch für diese Gemeinden geltenden profetischen Autorität ein offenes Gespräch mit ihnen in ihrer Gesamtheit, in dem er versucht, so weit als möglich auf ihre Voraussetzungen einzugehen. So erfolgt hier ein Brückenschlag zwischen zwei Traditionskreisen, der sich besonders in einer *ökumenisch zu nennenden Erweiterung des Kirchenverständnisses* auswirkt.

---

[2] Vgl. *Karrer*, Johannesoffenbarung 276–278.

[3] Zur Datierung vgl. die altkirchlichen Nachrichten bei *Irenäus*, adv. haer. 5,30,3 und *Euseb*, HE 3,18,1; 5,8,6. Hierzu *J. Roloff*, Die Offenbarung des Johannes, [2]1987 (ZBK.NT 18) 16–21.

[4] So finden sich z.B. in 1,4f deutliche Bezugnahmen auf die Form der paulinischen Briefeingänge, die, zusammen mit anderen Beobachtungen, darauf hindeuten, daß Johannes sich an der von Paulus geprägten Form des Apostelbriefes orientiert hat; s. hierzu *Karrer*, Johannesoffenbarung 82f.

[5] So allerdings *Satake*, Gemeindeordnung 194.

1.3 Der Profet Johannes erkannte als erster neutestamentlicher Schriftsteller das Problem des Verhältnisses der Kirche zum römischen Imperium und seiner Gesellschaft in seiner vollen theologischen Tragweite. Es war dies ein typisches Problem der dritten christlichen Generation. In dem Maße nämlich, in dem die Gemeinden ihre eigenen religiösen Lebensformen fest etablierten, wurden sie sich ihrer Minderheitensituation bewußt. Hinzu kam, daß sie, mit wachsendem Abstand von den Synagogengemeinden, für ihre Umwelt als eine eigenständige gesellschaftliche und religiöse Gruppe erkennbar wurden. Akut war das Problem geworden durch die Krisensituation, wie sie für die christlichen Gemeinden in der Provinz Asien durch den Versuch der römischen staatlichen Behörden, den Kaiserkult im Osten des Reiches durchzusetzen, entstanden war. Diese bildet denn auch den unmittelbaren äußeren Anlaß für das briefliche Gespräch des Profeten Johannes mit diesen Gemeinden. Johannes schrieb sein Buch auf der Felseninsel Patmos in der Ägäis, wohin er anscheinend aufgrund einer bereits zeitlich vorausliegenden kritischen Stellungnahme zum Kaiserkult verbannt worden war (1,9). Mit seinem nunmehrigen Rundschreiben an die sieben Gemeinden verfolgt er das Ziel, die Gemeinden von der theologischen Notwendigkeit eines kompromißlosen Widerstandes gegen die Forderungen der staatlichen Macht zu überzeugen. Er versucht zu zeigen: was in dieser Situation auf dem Spiel steht, ist nicht weniger als die Identität der Kirche, die darin besteht, daß sie *Zeugin der endzeitlichen Königsherrschaft Jesu Christi über Welt und Geschichte* ist. Das theologische Instrumentarium, das ihm zur Klarheit und Radikalität dieser Sicht verhilft, war ihm durch die Gedankenwelt der jüdischen Apokalyptik an die Hand gegeben.

2. Der christologische Ansatz

2.1 Bereits die den Ausgangspunkt des Buches bildende Beauftragungsvision (1,9–20) bringt den christologischen Ansatz des Kirchenverständnisses in einem eindrucksvollen Bild zum Ausdruck. Der Profet Johannes schaut den erhöhten Christus als einen, „der einem Menschensohn glich", bekleidet mit Gewand und Gürtel des Priesters, inmitten eines Kreises von sieben goldenen Leuchtern stehen (1,12). In seiner Rechten hält er „sieben Sterne" und aus seinem Mund geht „ein zweischneidiges scharfes Schwert hervor" (1,16). Christus selbst gibt die Deutung des Geschauten: „die sieben Sterne sind die Engel der sieben Gemeinden, und die sieben Leuchter sind die sieben Gemeinden" (1,20).

Der erhöhte Christus steht demnach in der Mitte seiner Gemeinden. Deren Siebenzahl entspricht nicht etwa nur zufällig der Zahl der in den Sendschreiben angesprochenen Gemeinden; sie hat vielmehr einen Symbolwert. Die „Sieben" ist die Zahl, in der das göttliche Schöpfungswerk zu seiner Fülle und Vollendung kommt (Gen 2,2). So repräsentieren die sieben Gemeinden *die Kirche in ihrer von Gott gewollten Gesamtheit*, und zwar aufgrund ihrer gemeinsamen Zuordnung zu Christus. Jede dieser Gemeinden ist als örtliche Versammlung *ekklesia* im vollen Sinne und wird in den einzelnen Sendschreiben jeweils als solche angesprochen (2,1.8.12 u.ö.). Das liegt ganz auf der Linie des paulinischen Kirchenverständnisses. Das Bild will aber in erster

Linie verdeutlichen: was die örtliche Versammlung zur *ekklesia* macht, ist allein ihre Zugehörigkeit zum erhöhten Christus, kraft derer sie zugleich mit allen übrigen *ekklesiai* zu dessen Herrschaftsbereich zusammengeschlossen wird.

Eine Berührung mit Matthäus wird man darin sehen können, daß auch für die Offenbarung die Gegenwart Jesu, sein „Mit-Sein" (Mt 28,20), die Kirche konstituiert. Dieses Gegenwärtigsein Jesu vollzieht sich, wie das Bild des aus seinem Mund hervorgehenden Schwertes zeigt, in seinem Wort. Sehr viel stärker als bei Matthäus ist jedoch das Moment der Herrschaft hervorgehoben: die in der erhobenen Rechten gehaltenen Sterne sind ein von antiken Herrscherdarstellungen her geläufiges Symbol der Weltherrschaft. So will die Deutung der Sterne auf die Engel der sieben Gemeinden letztlich besagen: der Herr der Kirche ist kein anderer als der endzeitliche Herrscher über Welt und Geschichte. In seiner Herrschaft über die Kirche gewinnt seine sonst noch verborgene Herrschaft über die Weltmächte bereits in der Gegenwart sichtbar Gestalt.

2.2 Die Herrschaft Christi über die Welt wie auch seine Herrschaft über die Kirche gründen sich gleichermaßen auf das *Kreuzesgeschehen*. Das verdeutlicht die christologische Schlüsselszene der Thronsaalvision in 5,1–14. Das Lamm, das die Todeswunde trägt, erscheint auf dem himmlischen Herrscherthron und empfängt „aus der Rechten dessen, der auf dem Thron sitzt", die siebenfach versiegelte Buchrolle, die den endzeitlichen Geschichtsplan Gottes enthält. Es allein ist „würdig", die Siegel zu lösen, die Urkunde zu öffnen und damit den Geschichtsplan Gottes in Kraft zu setzen und zur Vollendung zu bringen. Die den Gottesthron umgebenden himmlischen Wesen benennen in dem Lobgesang, mit dem sie diesen Akt der Herrschaftsübergabe kommentieren, die Begründung dafür:

> Würdig bist du,
> das Buch zu empfangen und seine Siegel zu öffnen!
> Denn du wurdest geschlachtet und hast für Gott erkauft mit deinem Blut
> aus jedem Stamm und jeder Sprache und jedem Volk und jeder Nation
> und hast sie für unseren Gott zur Königsherrschaft und zu Priestern gemacht,
> und sie werden herrschen auf der Erde (VV.9b-10).

Durch die Lebenshingabe Jesu wurden Menschen aus allen Völkern und gesellschaftlichen Bereichen für Gott aus der Macht der Sünde und dem Bereich der Feindschaft gegen Gott herausgelöst und zu einer neuen, heilvollen Gemeinschaft zusammengebracht. Hierin liegt der Ursprung der Kirche.

Die Offenbarung betont somit kaum weniger stark als Paulus den heilvollen Charakter der Christusherrschaft über die Kirche und verweist auf die Realität gegenwärtiger Heilserfahrung. Das ist gegenüber dem verbreiteten Mißverständnis, wonach sie ausschließlich auf eine zukünftige Heilsverwirklichung hin orientiert sei, nachdrücklich zu betonen. Die Zukunftshoffnung gründet sich vielmehr in dem, was durch Christus bereits geschehen ist und in der Kirche als lebendige Heilswirklichkeit erfahrbar wird, daß nämlich Jesus „uns liebt und uns von unseren Sünden erlöst hat durch sein Blut und uns zur Königsherrschaft gemacht hat und zu Priestern für Gott, seinen Vater" (1,5b-6a)[6].

---

[6] S. hierzu *Karrer*, Johannesoffenbarung 110–117 (zu 1,5b-6a), sowie 307: Johannes „will das präsentische Heilsbewußtsein nicht aufgeben oder auch nur in seinem Kern antasten, das für ihn durch Jesu Heilstaten unumstößlich und unantastbar begründet ist und deshalb im Leben der Christen in dieser für sie vorfindlichen Welt gelten muß."

Wie Paulus, so versteht auch die Offenbarung das Kreuzesgeschehen als einen Herrschafts-
wechsel, wobei sie den neuen Status, den die Christen dadurch erreicht haben, besonders
hervorhebt. Die Kirche ist „Königsherrschaft (*basileia*)", d.h. Herrschaftsbereich des erhöhten Christus, und ihre Glieder sind Priester, die Anteil an der priesterlichen Würde Jesu (vgl.
Ex 19,6) und damit zugleich, wie Jesus, unmittelbaren Zugang zu Gott haben, seiner Sphäre
der Reinheit und Heiligkeit zugehören[7].

2.3 Seine *Herrschaft* über die Kirche übt der Erhöhte in der Gegenwart *durch sein
Wort* aus, das nicht in unverbindlicher Distanz bleibt, sondern die Gemeinden in
ihren jeweiligen konkreten Lebenssituationen tröstend, wegweisend und mahnend
aufsucht. Vorausgesetzt ist dabei, daß die gemeindliche Profetie gleichsam als
Trägerorgan dieses Wortes in Funktion tritt. So sind die sieben Sendschreiben
formal als Briefe Jesu Christi an die Gemeinden stilisiert, die auf seinen Befehl hin
durch den Profeten Johannes aufgezeichnet und übermittelt worden sind (1,11;
2,1). Die Unmittelbarkeit der Kommunikation Jesu mit seinen Gemeinden bleibt
von dem Umstand unberührt, daß als Adressaten der Sendschreiben die „Engel"
der Gemeinden genannt werden. Anknüpfend an die dem damaligen Judentum
geläufige Vorstellung, wonach jeder einzelne, aber auch jedes Volk einen Schutzen-
gel hat, der zugleich himmlischer Doppelgänger und Repräsentant ist, wird hier
vorausgesetzt, daß auch jede *ekklesia* im Himmel einen Engel hat, der ihre Sache
vertritt[8]. Man wird die Anrede an den Engel wohl am ehesten als Hinweis darauf zu
verstehen haben, daß die angesprochenen Lebensvorgänge der Gemeinden kein
belangloses, weil der gegenwärtigen, vergehenden Welt zugehöriges Geschehen
sind, sondern vielmehr in einem unmittelbaren Zusammenhang mit der „im Himmel" bereits präsenten Wirklichkeit des anbrechenden Heils Gottes stehen und
dieser gegenüber verantwortet werden müssen.

2.4 Die Verheißungen und Mahnungen sprechen die Gemeinden auf das an, was
sie bereits von Christus empfangen haben und durch ihn sind[9]. Sie setzen also deren
lebendige Verbindung mit ihm voraus. Der tot war und lebendig wurde (2,8), stellt
der Gemeinde von Smyrna den Kranz des Lebens und die Errettung vor dem
„zweiten Tod" in Aussicht (2,10f); der den Schlüssel Davids in Händen hat (3,7),
hat der Gemeinde von Philadelphia eine „geöffnete Tür" gegeben (3,8); der zuver-
lässige, echte Zeuge (3,14) tadelt die laue Gemeinde von Laodizea, die es an
Stetigkeit und Zuverlässigkeit des Zeugnisses hat fehlen lassen (3,15). Darauf
kommt es an, daß die Gemeinden die Situation des durch Tod und Auferweckung
Jesu begründeten neuen Seins realisieren.
Der Rückbezug auf die *Taufe* spielt in diesem Zusammenhang eine Rolle. Er ist in
die Symbolik des weißen Gewandes, das von Christus bereitgestellt (3,18) und in

---

[7] Vgl. *Wolff*, Gemeinde 189f.

[8] Abzuweisen ist die vielfach versuchte innerweltliche Deutung des Engels als eines menschlichen
Boten, der das Sendschreiben der Gemeinde überbringt (so zuletzt *H. Kraft*, Die Offenbarung des
Johannes, 1974 [HNT 16a] 51f). Zur Engelproblematik s. *Karrer*, Johannesoffenbarung 169–186, der hier
versteckte Polemik gegen die in den kleinasiatischen Gemeinden virulente Tendenz einer häretischen
Engelverehrung (vgl. Kol 2,18) erkennen will.

[9] Vgl. *Wolff*, Gemeinde 190.

seinem Blut gereinigt wird (7,14) gefaßt. Von noch größerer Bedeutung ist jedoch die Erfahrung der Gegenwart des Herrn im *eucharistischen Gottesdienst*. Gottesdienstliche Thematik durchzieht das gesamte Buch, angefangen bei der Vision des Erhöhten am „Herrntag", dem Tag der gemeindlichen Gottesdienstversammlung (1,10), bis hin zu dem es beschließenden Gebetsruf „Komm, Herr Jesu" (22,20), der den *māranā' tā'*-Ruf der Herrenmahlsliturgie (1Kor 16,22) wiedergibt. Das gegenwärtige Kommen des Herrn in der von ihm gewährten Mahlgemeinschaft ist dabei als vergewissernder Ausblick auf sein zukünftiges Kommen verstanden. Er steht *jetzt* vor der Tür seiner Gemeinde und klopft an (3,20). Wenn die Gemeinde ihm öffnet, indem sie seinem Ruf zur Buße und Umkehr Folge leistet, so darf sie dessen sicher sein, daß er in ihrer Mitte sein wird, um mit ihr das Mahl zu halten und so seine Gemeinschaft mit ihr zu erneuern[10].

2.5 Gerade angesichts der Größe dessen, was der Kirche gegeben ist, ist die Gefahr, es zu verlieren, umso bedrohlicher. So wird mit der realen Möglichkeit gerechnet, daß ganze Gemeinden, die sich dem Umkehrruf ihres Herrn verweigern und ihm den geforderten Gehorsam versagen, *aus dem Bereich des Heils herausfallen*. Christus kann den „Leuchter" der Gemeinde, die die ihr zugewiesene Funktion nicht erfüllt, von seiner Stelle stoßen (2,5), so daß sie sichtbar und endgültig aus dem durch Christus als Mitte bestimmten Kreis der weltweiten Heilsgemeinde ausscheidet.

3. Der Ort der Kirche im Endgeschehen

3.1 Diese Christusbindung der Kirche wird in den weiteren Horizont der *Herrschaft Gottes über Welt und Geschichte* eingezeichnet. Hierin ist die charakteristische Eigenart der Ekklesiologie der Offenbarung begründet. Der Ansatzpunkt ihres Denkens liegt beim Königtum Gottes, und zwar im Sinne seines Herrschens über Welt und Geschichte. Im Himmel ist Gott bereits König. Dort ist – wie der erste Teil der Thronsaalvision (Kp. 4) verdeutlicht – seine Herrschaft unangefochten, dort wird ihm im immerwährenden Gottesdienst der vollendeten Gemeinde der dankbare Lobpreis seiner Geschöpfe dargebracht (4,11). Anders steht es jedoch im irdischen Bereich. Hier versuchen gottfeindliche Mächte, Gott die Herrschaft streitig zu machen und den Gang der Geschichte eigenmächtig zu gestalten.

Die Offenbarung deutet das Christusgeschehen zentral als Antwort auf die Frage, ob und wie Gott seine Herrschaft auch auf der Erde durchzusetzen vermag. Sie zeigt: Gott hat die Erde nicht sich selbst überlassen, er hat die Gestaltung ihrer Geschichte nicht aus seiner Hand gegeben. Er hat vielmehr Jesus, dem „geschlachteten Lamm" (5,12; vgl. 5,6.9), die Vollmacht übergeben, seinen Geschichtsplan auf der Erde so zu vollstrecken, daß dort seine Herrschaft endgültig in Kraft gesetzt wird (5,6–14). Jesus ist das Vollzugsorgan der endzeitlichen Herrschaft

---

[10] S. hierzu *J. Roloff*, „Siehe, ich stehe vor der Tür und klopfe an", in: Vom Urchristentum zu Jesus, FS J. Gnilka, hg. H. Frankemölle/K. Kertelge, Freiburg u.a. 1989, 452–466.

Gottes über die ihm gehörende Erde und ihre Geschichte, und insofern kann die Offenbarung ihn, obwohl sie seine Unterordnung unter den Vater nachdrücklich vertritt[11], als „Herrscher über die Könige der Erde" (1,5) bezeichnen. Was jetzt und in nahe vorausliegender Zukunft an der Welt geschehen wird, ist die unmittelbare Folge dessen, was bereits durch die Erscheinung Jesu in der Welt, seine Selbsthingabe am Kreuz, geschehen ist. Die Offenbarung teilt zwar mit der jüdischen Apokalyptik, deren Bildersprache sie weithin spricht, die Botschaft, daß Gott der Herr von Welt und Geschichte bleibt, aber sie begründet diese Botschaft nicht durch den spekulativen Aufweis der geheimen, von Gott gesetzten Ordnung des zukünftigen Geschichtsablaufs, sondern durch den Rückverweis auf den bereits in der Vergangenheit erfolgten Eingriff Gottes in die Welt und ihre Geschichte. Sie nimmt ihren Ausgangspunkt bei der Gewißheit: In Erscheinung und Geschick Jesu ist eine Konfrontation der Welt mit der Herrschaft Gottes erfolgt, die nicht ohne Folgen für den weiteren Verlauf der Geschichte bleiben kann und die darum definitiven Charakter hat.

3.2 Daraus folgt, daß der *Widerstreit* zwischen der Botschaft von der Geschichtsmächtigkeit und Verheißungstreue Gottes einerseits und der negativen Wirklichkeitserfahrung der Heilsgemeinde andererseits nicht vorschnell – etwa durch eine Verstärkung der Naherwartung – aufgelöst wird. Zwar wird das Kommen des Herrn dringlich erwartet und erbeten (22,17), doch ist der Standort, den der Profet Johannes für sich in Anspruch nimmt und auf den er die Gemeinden verweist, nicht unmittelbar vor der Wende der Zeiten, sondern zwischen der Erhöhung des Gekreuzigten zum Weltherrscher und seiner Wiederkunft[12]. Anders als in jüdischen Apokalypsen (syrBar 83–85; 4Esr 7,1–16) wird die Spannung auch nicht durch den Hinweis auf die Sünden des Gottesvolkes erklärt. Johannes versteht diese Spannung vielmehr ausschließlich als Folge des Christusgeschehens. Die Kirche ist für ihn jener Bereich der gegenwärtigen geschichtlichen Wirklichkeit, der bereits von der Herrschaft Christi geprägt ist. Sie ist die große Schar aus allen Völkern und Nationen, in der die Herrschaft Gottes bereits jetzt Raum hat. Diese Kirche steht nun nicht nur inmitten einer Welt und Gesellschaft, die sich dem Herrschaftsanspruch Gottes entzieht und ihm heftigen Widerstand entgegensetzt. Sie ist – und hier liegt die eigentliche Spitze – *die geschichtliche Größe, durch die gegenwärtig die Konfrontation der Welt mit der Herrschaft des Gekreuzigten erfolgt.* Für sie als Zeugin dieser Herrschaft kann es keine neutrale Koexistenz mit den politischen und gesellschaftlichen Kräften in der Welt geben. Durch ihre Existenz in der Welt bewirkt sie, daß der Widerstand der gottfeindlichen Mächte gegen den lebendigen Gott in ein neues, akutes Stadium eintritt und sich in Feindschaft gegen sie entlädt. So ist die Kirche in einen Kampf verwickelt, in dem sie innerweltlich ange-

---

[11] Diese Unterordnung zeigt sich besonders in 20,11–15 (vgl. 3,5): das endgültige Gericht als Abschluß des alten Weltlaufes wird von Gott allein ausgeführt. S. hierzu *T. Holtz*, Die Christologie der Apokalypse des Johannes, ²1971 (TU 85) 183ff.

[12] So *Kretschmar*, Offenbarung 27f, der aus der Zerdehnung der Endereignisse „in immer neuen Bildern" wohl mit Recht auf eine kritische Auseinandersetzung mit bereits traditionell vorgegebenen apokalyptischen Anschauungen und Spekulationen schließt.

sichts der Ungleichheit der Kräfte nur unterliegen kann. Die einzige Waffe, die ihr zur Verfügung steht, ist – paradox genug – das leidende Zeugnis. Was sie im Leiden standhalten läßt, ist die Gewißheit des im Himmel bereits errungenen Sieges Jesu Christi. Der Ort, den Gott der Kirche in der Welt angewiesen hat, ist das Kreuz.

3.3 Von besonderem Gewicht ist die im Mittelpunkt des Buches stehende dramatische Szene 12,1–17. Sie ist nämlich letztlich nichts anderes als eine in grelle mythologische Bilder gekleidete *ekklesiologische Allegorie*[13]. In ihr geht es um eine Ortsbestimmung der Kirche in dem eben angedeuteten Sinn.

3.3.1 Ihr *Inhalt* sei hier kurz dargestellt: „Im Himmel" erscheint eine Frau, die von den Strahlen der Sonne wie von einem Gewand eingehüllt ist; unter ihren Füßen hat sie den Mond, und zwölf Sterne umgeben, einem Diadem gleich, ihr Haupt (V.1). Diese Frau ist Bild der endzeitlichen Heilsgemeinde. Die Zwölfzahl der Sterne (vgl. Gen 37,9), die für das heilige Zwölfstämmevolk in seiner Fülle und Vollendung steht, deutet an, daß sie Erbin der Verheißungen Israels ist. Die Frau ist schwanger und schickt sich an, ein Kind zu gebären – den Messias. Die Geburt erfolgt im Zeichen äußerster Bedrohung: vor der Frau steht ein feuerroter Drache, Inbegriff der gottfeindlichen, satanischen Macht, der bereit ist, das Neugeborene zu verschlingen (V.3f). Aber der Widersacher Gottes hat über das messianische Kind keine Macht. Gott bewirkt eine wunderbare Rettung, und zwar auf doppelte Weise: einerseits wird das Kind in den Himmel entrückt, „zu Gott und seinem Thron" (V.5); andererseits aber wird der Drache bei seinem Versuch, in den Himmel einzudringen, durch den Erzengel Michael überwältigt und auf die Erde gestürzt. Eine Himmelsstimme kommentiert dieses Geschehen mit einem Hymnus, der einerseits den Anbruch der Herrschaft Gottes *im Himmel* proklamiert (V.10), andererseits jedoch in einem Weheruf *der Erde* ankündigt, daß sie der Bereich des Widerstandes der satanischen Macht sein werde: auf sie nämlich ist der Teufel hinabgestiegen „und hat großen Zorn, weil er weiß, daß er nur noch kurze Frist hat" (V.12). Dieser Zorn des auf die Erde gestürzten Widersachers Gottes richtet sich, wie wir im Schlußteil der Szene erfahren, auf „die Frau, die das männliche Kind geboren hatte". Sie nämlich ist auf der Erde, während ihr Kind, unangreifbar für den Widersacher, seinen Ort im Himmel hat. Die Frau vermag zwar in die Wüste zu fliehen, aber auch dort verfolgt sie der Drache und beschließt, „Krieg zu führen mit ihren weiteren Kindern, die die Gebote Gottes halten und das Zeugnis Jesu haben" (V.17).

3.3.2 Die *Deutung* hat von der Aufteilung des Geschehens zwischen Himmel und Erde auszugehen, denn hier liegt die zentrale Pointe. Der Mythos vom Himmelskampf und Satanssturz (vgl. Jes 14,13–15; Ez 28,11–19) wird herangezogen, um zu zeigen: im „Himmel", also in jenem Bereich, wo Jesus Christus bereits als Herr über Welt und Geschichte proklamiert ist, hat die widergöttliche Macht jetzt keinen Raum mehr. Auf der Erde jedoch ist sie noch präsent, und hier entfaltet der Widerstand der Gegner Gottes noch einmal seine volle Kraft. Eben dort, *auf der Erde, ist jetzt aber auch der Ort der Kirche.* Sie gehört zwar als Heilsgemeinde des Messias unmittelbar mit diesem zusammen: dies wird anhand des aus alttestament-

---

[13] Zum mythologischen Hintergrund von Offb 12 s. *A. Vögtle*, Mythos und Botschaft in Apokalypse 12, in: Tradition und Glaube, FS K.G. Kuhn, hg. G. Jeremias/H.-W. Kuhn/H. Stegemann, Göttingen 1971, 395–415; *Gollinger*, Das „große Zeichen".

lich-jüdischer Tradition übernommenen Bildes von der Geburt des Messias von der Tochter Zion (Jes 1,8; Jer 4,31; vgl. 4Esr 9,38) zum Ausdruck gebracht[14]. Und doch sind die wesenhaft Zusammengehörigen jetzt in der Weise getrennt, daß der Messias im Himmel, dem Bereich der durchgesetzten Herrschaft Gottes, ist, während die Heilsgemeinde auf der Erde, dem Bereich der Herrschaftsanmaßung des im Himmel schon entmachteten Widersachers Gottes bleibt. Hier ist sie dessen „Zorn", der letztlich ihrem erhöhten Herrn selbst gilt, ausgesetzt.

3.3.3 Übrigens bleibt diese Unterscheidung zwischen dem Ort Jesu im Himmel und dem Ort der Kirche auf der Erde streng auf den Aspekt der Herrschaft Gottes und ihrer Durchsetzung beschränkt; es geht dabei letztlich um die Unterscheidung zwischen dem „Schon" und dem „Noch nicht". Unberührt bleibt davon jedoch die wesenhafte Zusammengehörigkeit der Kirche mit ihrem Herrn, die in der Offenbarung mehrfach stark betont wird. So ist bereits die gegenwärtige kämpfende und leidende Kirche die Schar der 144000, die sich auf dem Zion, dem heiligen Ort der Gegenwart Gottes, um das „Lamm" sammelt (14,1). Und in einem sachlich verwandten Bild erfahren wir davon, daß ein Engel diese Schar der 144000, die „Knechte unseres Gottes", mit dem „Siegel des lebendigen Gottes" – mit ihm dürfte die Taufe gemeint sein[15] – versiegelt habe: eine Zusage der Bewahrung der Kirche in dem über die gottferne Menschheit hereinbrechenden Gericht Gottes. Bewahrt werden wird die Kirche auf ihre zukünftige Vollendung hin (7,9–17; 21,9–22,5). Dann nämlich wird ihr ein neuer Ort angewiesen: sie soll nach Gottes Plan Teil und Mitte der endzeitlichen neuen Schöpfung sein (s.u. 6.).

3.3.4 Besondere Bedeutung kommt dem fast bizarr anmutenden erzählerischen Zug der Unterscheidung zwischen der Frau selbst und ihren „weiteren Kindern" zu: während die auf der Erde befindliche Frau auf wunderbare Weise dem vernichtenden Zugriff des Drachen entzogen wird – sie wird in die Wüste entrückt und die Erde kommt ihr zu Hilfe (VV.14–16) – bereitet der Drache scheinbar ungehindert den Vernichtungsfeldzug gegen die Kinder vor (V.17). Das läuft auf eine *Unterscheidung zwischen dem Geschick der Kirche und dem ihrer einzelnen Glieder* hinaus[16]. Die Kirche in ihrer Gesamtheit ist, unbeschadet ihrer gegenwärtigen Situation irdischer Bedrängnis, dem „Himmel", der Welt Gottes, zugehörig. Sie ist eine Größe des Heilsgeschehens. Als solche hat sie die Zusage der Bewahrung. Diese bezieht sich jedoch nicht auf das innerweltliche Schicksal ihrer einzelnen Glieder. Diese haben damit zu rechnen, daß sie im Widerstand gegen die widergöttliche Macht äußerlich unterliegen, ja sie müssen der physischen Vernichtung gewärtig sein (13,9f).

In dieser Hinsicht stellt 11,3–13 eine düstere Prognose: die beiden Zeugen – zeichenhafte Darstellungen des profetischen Dienstes der Kirche – unterliegen im

---

[14] Zur Breite und Variabilität des jüdischen Vorstellungshintergrundes s. *Böcher*, Israel 40–47.

[15] S. *Roloff*, Offenbarung 89.

[16] Zumindest teilweise läßt sich diese Unterscheidung wohl auch auf verarbeitetes judenchristliches Traditionsmaterial zurückführen, das möglicherweise mit der Errettung der Frau in der Wüste auf den Exodus der Jerusalemer Judenchristen nach Pella 66 n. Chr. anspielte (vgl. *Euseb*, HE 3,5,2f) und mit den „übrigen Kindern" die in die endzeitlichen Anfechtungen hineingezogenen Christen in aller Welt meinte; so *Kretschmar*, Offenbarung 40.

Kampf gegen den Widersacher Gottes. Ihre Leichname liegen geschändet und unbestattet auf den Straßen der „großen Stadt", während die Weltbewohner in einen wilden Triumphtaumel ausbrechen (11,7–10). Dem Tier aus dem Abgrund, das sich der Drache als seinen innerweltlichen Gehilfen erweckt (13,1–3), wird „erlaubt, mit den Heiligen zu kämpfen und sie zu besiegen" (13,7). Grundsätzlich muß also jeder Christ damit rechnen, daß das ihm aufgetragene Zeugnis für Jesus zugleich die Hingabe des Lebens abverlangt.

Im vollen Bewußtsein dieser Konsequenz sollen die Glaubenden ihre Treue bewähren. So wird der erste Blutzeuge der Gemeinde in Pergamon, Antipas, ausdrücklich erwähnt, und zwar mit dem selben Titel, den Jesus selbst trägt (1,5): „der treue Zeuge" (2,13). An seinem Verhalten soll sich die Gemeinde orientieren. Das Martyrium ist kein Ausweis besonderer christlicher Existenz, der den einzelnen aus der großen Schar der Gemeinde heraushebt, es begründet keinen Anspruch vor Gott; es ist vielmehr Sache der ganzen Gemeinde: als Situationsbestimmung, gemeinsam zu tragendes Geschick und glaubenstärkendes Leitbild. Auch hier erweist sich, *daß das Denken der Offenbarung nicht am christlichen Individuum, sondern an der Gemeinde orientiert ist*[17]. So bleibt denn auch die Zukunftshoffnung der Blutzeugen ganz in die Heilserwartung der gesamten Kirche eingebunden. Der Seher schaut in der fünften Siegelvision (6,9–11) am Fuße des Altars im himmlischen Heiligtum „die Seelen derer, die geschlachtet worden waren um des Wortes Gottes und des Zeugnisses willen, das sie hatten", und er hört ihren lauten Ruf, mit dem sie von Gott fordern, er möge ihnen endlich Recht schaffen. Aber ihre Bitte bleibt zunächst unerfüllt. Eine individuelle Heilsverwirklichung, die der Vollendung der gesamten Kirche vorausginge, wird ihnen nicht zuteil. Sie werden vielmehr verwiesen auf die zukünftige Manifestation des der ganzen Kirche geltenden Rettungshandelns Gottes.

4. Die Kirche als das vollendete Israel

4.1 Der Verfasser der Offenbarung ist palästinischer Judenchrist; seine gesamte Sprach- und Bildwelt ist alttestamentlich-jüdischen Ursprungs[18]. So überrascht es, daß er der Problematik des Verhältnisses der Kirche zum Judentum keinerlei Beachtung schenkt. Weder fragt er nach dem Verhältnis des den Glauben an Jesus verweigernden Israel zur Kirche, noch bemüht er sich um eine theologische Begründung für das Hinzukommen der Heiden.

Dieses erstaunliche Desinteresse liegt freilich auf einer anderen Ebene als die im Heidenchristentum der dritten Generation weit verbreitete Israel-Vergessenheit (s. IX.2.2). Man wird es am ehesten in einen ursächlichen Zusammenhang mit dem apokalyptischen Denkansatz des Buches bringen können. Apokalyptisches Geschichtsdenken zeigt sich im allgemeinen wenig interessiert an der vergangenen

---

[17] Vgl. *Schweizer*, Gemeinde 120.

[18] Dies zeigt der eindrucksvolle, wenn auch einseitige (weil die hellenistische Komponente ausklammernde) Überblick bei *Böcher*, Israel 33–49.

Heilsgeschichte. Es legt alles Gewicht auf die Deutung der gegenwärtigen und zukünftigen geschichtlichen Konstellationen und Kontroversen und stellt die Bedeutung der jetzt anstehenden Entscheidungen für die Zukunft heraus. Zwar ist die Offenbarung, wie gezeigt, mit dem gesamten Urchristentum darin einig, daß sie den Angelpunkt des Heilsgeschehens in dem bereits in der Vergangenheit erfolgten Handeln Gottes erkennt. Aber dieser Angelpunkt ist für sie ausschließlich das Christusgeschehen in Jesu Kreuz, Auferweckung und Erhöhung zum Weltherrscher. Weiter geht ihr Blick nicht zurück; er umfaßt weder das Erdenwirken Jesu noch die vergangene Geschichte Israels mit seinem Gott. Es ist schwerlich reiner Zufall, daß die Offenbarung keinen einzigen alttestamentlichen Schriftbeweis enthält. Nirgends bemüht sie sich um den Nachweis, daß sich im Christusgeschehen die Zusage Gottes an sein Volk erfüllt; die Kategorien von Verheißung und Erfüllung bleiben ausgeblendet. Dabei ist der Schriftgebrauch von äußerster Dichte. Aber er ist nicht argumentativ, sondern illustrativ. Die Schrift ist das mit der Selbstverständlichkeit angestammten Besitzrechts gebrauchte Medium, von dem her die Offenbarung spricht und denkt.

4.2 Dies läßt vermuten, daß eine *ungebrochene Kontinuität zwischen Kirche und Israel* stillschweigend vorausgesetzt ist. Unter den diese Vermutung stützenden Beobachtungen hat die *Übertragung biblischer Bilder und Symbole* auf die Kirche besonderes Gewicht.

4.2.1 So ist die Kirche die *Tochter Zion*, das Gottesvolk, aus dem der Messias hervorgeht (12,1). Dies soll anhand des charakteristisch abgewandelten Mythos von der Frau und dem himmlischen Kind anschaulich gemacht werden. Die Darstellung der Heilsgemeinde als Frau, die auf das alttestamentliche Symbol der „Tochter Zion" (Jes 1,8; Jer 4,31; vgl. 4Esr 9,38) zurückgreift, wird auch sonst noch in verschiedenen Varianten aufgenommen (19,9; 21,2.9; 22,17) und kontrapunktiert (17,3–5). Daraus, daß diese Frau als Mutter des messianischen Kindes erscheint, läßt sich allerdings weder ihre Identifikation mit dem alttestamentlichen Gottesvolk noch mit den Judenchristen[19] erschließen, zumal dieser Zug im weiteren Fortgang unausgewertet bleibt. Für den Apokalyptiker ist die himmlische Frau vielmehr das endzeitliche Gottesvolk in seiner Gesamtheit[20], dessen heilsgeschichtliche Kontinuität mit Israel er aber immerhin voraussetzt.

4.2.2 Die Kirche ist ferner das Allerheiligste des Tempels, der Wohnort Gottes in seinem Volk (11,1); sie sammelt sich auf dem Zion, dem geheiligten Mittelpunkt Israels (14,1); sie blickt aus auf die heilvolle Zukunft, in der sie das „neue Lied" des Mose und der Exodusgemeinde am Schilfmeer, das zugleich das „Lied des Lammes" ist, singen wird (15,2f) und in der sie in der Gestalt des „neuen Jerusalem" die Mitte der erneuerten Schöpfung sein wird (21,2). Eine hervorgehobene Rolle spielt dabei die Zwölfzahl als Zahl der heiligen Ordnung Israels. Sie wird nunmehr

---

[19] So, als Vermutung: *Kretschmar*, Offenbarung 40.
[20] Darauf deutet der Kranz der zwölf Sterne (V.1): die Zwölfzahl als Zahl des Zwölfstämmevolkes (vgl. Gen 37,9) ist in der Offb immer Symbol der Kirche (7,5; 21,12.14.16.21; 22,2); s. hierzu *U.B. Müller*, Die Offenbarung des Johannes, 1984 (ÖTK 19) 233.

ganz zur Zahl der Kirche. Das neue Jerusalem wird zwölf Tore haben, auf denen die Namen der zwölf Stämme Israels geschrieben stehen (21,11–13).

4.2.3 Ihre größte Dichte erreicht die Übertragung der Israel-Symbole auf die Kirche in der Vision von der *Versiegelung der Erwählten* in 7,1–8. Wenn deren Zahl mit 144000 angegeben wird, so liegt dem ein bedeutungsvolles Zahlenspiel zugrunde. Es handelt sich um die Quadratzahl des heiligen Zwölfstämmevolkes Israel, die dessen Vollendung anzeigen soll. Diese wird multipliziert mit 1000, der Zahl der unüberschaubar großen Menge. Und zwar setzt sich die Schar der Erwählten zusammen aus 12000 aus jedem einzelnen Stamm Israels, d.h., jeder Stamm repräsentiert bereits die Vollzahl Israels[21]. Damit wird zum Ausdruck gebracht, daß es sich um das Gottesvolk in seiner endzeitlichen Fülle handelt. Auch hier berechtigt nichts zu dem Schluß, es seien lediglich die Judenchristen gemeint[22]. Von der naheliegenden Möglichkeit, das Völkerwallfahrt-Motiv einzubringen und so das Hinzukommen der Heiden zum Gottesvolk anzudeuten, macht die Offenbarung keinen Gebrauch. Pointiert gesagt: jenes Zwölfstämmevolk, von dem sie spricht, hat seinen Ursprung ausschließlich in dem *einen* zentralen Heilshandeln Gottes in Jesus Christus. Wichtig ist allein, daß Jesus die Schar der ihm Zugehörigen mit seinem Blut „aus jedem Stamm und jeder Sprache und jedem Volk und jeder Nation erkauft hat" (5,9; vgl. 14,4). In diesem Geschehen ist letztlich alles vorige Erwählungshandeln Gottes aufgehoben und beschlossen.

So ist denn auch nirgends vom „Volk Gottes" die Rede. Überhaupt meidet die Offenbarung den Terminus „Volk Gottes". Hier ist auch nicht mehr von dem einen Gottesvolk die Rede[23]. Der Begriff „Volk" wird lediglich gebraucht, um die *Herkunft* derer anzudeuten, die nun zur Heilsgemeinde zusammengeführt werden (5,1; 14,6) – bezeichnenderweise vorwiegend im Plural (7,9; 10,11; 13,7). Auf einen Vorzug Israels unter diesen Völkern und Nationen wird nirgends abgehoben. Abgelöst von diesem einen zentralen Berufungshandeln Gottes vermag die Offenbarung anscheinend von einer Berufung und Erwählung Israels nicht zu sprechen.

4.3 Auf diesem Hintergrund sind jene zwei extremen Aussagen zu verstehen, in denen außerhalb des Christusglaubens stehenden Juden jede Beziehung zur Heilsgemeinde abgesprochen wird. So werden die Glieder der Synagoge in Smyrna bezeichnet als „die sich Juden nennen und es nicht sind, sondern eine Synagoge des Satans" (2,9), und ähnlich heißt es von den Juden von Philadelphia, sie seien „Leute aus der Synagoge des Satans, die sich als Juden bezeichnen, es aber nicht sind, sondern lügen – siehe, ich werde sie dazu bringen, daß sie kommen und vor deinen Füßen anbeten und daß sie erkennen, daß ich dich geliebt habe"(3,9).

Die Schroffheit dieser Aussagen wird für heutige Leser vielleicht ein Stück weit verständlicher aufgrund der Vermutung, daß sie ein Reflex von bitteren Erfahrungen ist, die die christlichen Gemeinden in ihrem Verhältnis zu Synagogengemeinden

---

[21] Ein Unterschied zwischen den 144000 von 7,1–8 und der ungezählten Schar aus allen Nationen in 7,9–17 läßt sich von daher schwerlich konstruieren; beide Aussagen wollen jeweils das Ganze der Kirche in seiner überwältigenden Größe beschreiben; vgl. *Kretschmar*, Offenbarung 37.

[22] So allerdings *Kraft*, Offenbarung 126f; doch dagegen *Schnackenburg*, Kirche 102f; *Böcher*, Israel 38f.

[23] Das signalisiert u.a. der Plural *laoi* in 21,3.

gemacht hatten[24]; der sachliche Anstoß bleibt. Letztlich läuft das darauf hinaus, daß die Identität der Juden als Juden bestritten wird. Im Urteil der Offenbarung sind die Juden nicht mehr das, was sie zu sein beanspruchen, nämlich Glieder des Gottesvolkes. Hier läßt sich nichts beschönigen: das läuft in der Tat auf eine Enterbung Israels hinaus. Eine Hoffnung für die endzeitliche Sammlung Israels, wie Paulus sie in Röm 11 ausspricht, wird man dabei schwerlich entdecken können. Lediglich davon ist die Rede, daß der Widerstand der Juden gegen die Herrschaft Jesu Christi, wie der aller übrigen Feinde Gottes und seiner Heilsgemeinde, am Ende gebrochen werden wird, so daß sie erkennen, daß die an Christus Glaubenden das von Jesus erwählte Volk Gottes sind (2,9b).

4.4 Die Offenbarung bleibt auch darin dieser rigorosen Linie treu, daß sie die Stadt *Jerusalem* in ihrer Bedeutung als Mitte Israels und Ort der endzeitlichen Sammlung des Gottesvolkes bewußt ignoriert. Wo von der empirischen Stadt Jerusalem die Rede ist (11,2.8), wird ihr Name nicht genannt. So spricht sie umschreibend von der „großen Stadt, die geistlich Sodom und Ägypten heißt, wo ihr Herr gekreuzigt wurde" (11,8). Erkennt man, daß die „große Stadt" sonst durchweg als Bezeichnung für Rom, den Sitz der Widersacher Gottes, dient, so wird deutlich: Mit der Kreuzigung Jesu ist das empirische Jerusalem zum Ort des Widerstandes gegen Gott geworden; es hat damit Anteil am Wesen der „großen Stadt" Rom und wird deren Geschick teilen (18,1–20). Name und Bezeichnung „Jerusalem" bleiben allein der vollendeten Heilsgemeinde vorbehalten (21,2.10). Sie allein ist heilige Stadt, Ort der Gegenwart Gottes unter seinem Volk.

5. Heilsgemeinde und Unheilsgemeinschaft

5.1 Die Kirche hat in der Offenbarung ein *negatives Gegenbild*: das Römische Weltreich. Ihr als dem Bereich der Herrschaft Gottes und der heilvollen Gemeinschaft von Menschen wird das Imperium als der Bereich des eigenmächtig seine Herrschaft durchsetzenden Menschen und der Unheilsgemeinschaft gegenübergestellt. Dabei wird erkennbar: dieses Imperium ist in seiner Gestalt und seinen Lebensvollzügen die *dämonisch verzerrte Parodie* der von der Christusgemeinschaft bestimmten Lebenswirklichkeit der Kirche.

5.1.1 So wird in der großen Visionsszene 13,1–18 die Entstehung des Weltreiches in einer höchst beziehungsreichen Weise als unmittelbare Fortsetzung der ekklesiologischen Allegorie von 12,1–18 dargestellt: Für seinen Krieg gegen die „übrigen Kinder der Frau" erschafft sich der „Drache" sein Werkzeug, indem er aus dem Meer ein „Tier" aufsteigen läßt, dem er „seine Macht, seinen Thron und seine große Gewalt" übergibt.

---

[24] S. hierzu die hilfreichen Erwägungen von *G. Theißen*, Aporien im Umgang mit den Antijudaismen des Neuen Testaments, in: Die hebräische Bibel und ihre zweifache Nachgeschichte, FS R. Rendtorff, hg. E. Blum u.a., Neukirchen-Vluyn 1990, 535–554. Theißen verweist u.a. auf die Notwendigkeit der „historische(n) Relativierung antijüdischer Aussagen" (542).

Das Material für diese Vision lieferte zum einen die apokalyptische Tradition vom endzeitlich auftretenden Widersacher Gottes, dem *Antichrist* (Dan 9,27; 11,31; 12,11; Mk 13,6.22; 2Thess 2,3f; 1Joh 2,18.22; 4,3; 2Joh 7), zum andern die Vier-Weltreiche-Vision Dan 7,2–27. Die vier Tiere aus Dan 7, die dort vier aufeinanderfolgende Weltreiche symbolisierten, sind aber hier zu einem einzigen verschmolzen, denn es geht nicht mehr, wie dort, um die Abbildung einer Abfolge geschichtlicher Vorgänge, sondern um die vertiefende Interpretation der gegenwärtigen Situation, die durch die weltweite Herrschaft Roms gekennzeichnet ist. Besonders sprechend sind die Bezüge auf die Vision von der himmlischen Einsetzung des „Lammes" in die Weltherrschaft (Kp. 5): Wie dort dem Lamm durch Gott (5,7), so wird hier dem Tier durch den Drachen Macht übertragen (V.2); wie das Lamm Herrscher ist über Menschen aus allen Stämmen, Sprachen und Nationen (5,9), so herrscht auch das Tier über Stämme, Völker, Sprachen und Nationen (V.7); wie die himmlischen Wesen dem Lamm in einem Hymnus huldigen (5,12), so fallen alle Erdbewohner vor dem Tier huldigend nieder und singen ihm – in einer Art dämonischer Liturgie- einen Lobgesang (V.4); wie das Lamm das Mal seiner Schlachtung trägt (5,6), so hat das Tier eine Todeswunde, die geheilt ist (V.3).

5.1.2 Das Weltreich wird – ohne daß das Wort selbst hier fällt – als der *Antichrist*, die endzeitliche Gegengröße zu Christus und seiner Kirche, gekennzeichnet. Besonders deutlich sind die Anspielungen auf den Kaiserkult, der bis in Einzelheiten hinein als Parodie des kirchlichen Gottesdienstes dargestellt wird. So verkörpert ein weiteres Tier, das aus der Erde aufsteigt und mit propagandistischer Rede sowie mit Zeichen und Wundern die Erdbewohner zur Anbetung des „ersten Tieres" verführt (VV.11–14), die Priesterschaft an den offiziellen Reichsheiligtümern, und zwar mit deutlichem Seitenblick auf das Wirken christlicher Profeten und Verkündiger (vgl. 11,5f). Das Herrschaftszeichen, das dieses zweite Tier allen Menschen auf Hand und Stirn macht, soll wohl auf das Gegenbild der Versiegelung durch die Taufe (7,3f; 9,4) verweisen[25].

Nach dem Urteil der Offenbarung hat das Imperium durch die Einführung des Kaiserkultes den Erweis dafür erbracht, daß es seinem Wesen nach *Gegenkirche* ist. Nicht nur darum geht es nämlich, daß ein einzelner Mensch, nämlich der Cäsar, jene Verehrung beansprucht, die Gott allein gebührt. Weil der Cäsar vielmehr der Repräsentant des Staates und seiner Gesellschaft schlechthin ist, ist seine Vergöttlichung letztlich Ausdruck dafür, daß sich dieser Staat totalitär als Selbstzweck feiert und daß seine Gesellschaft ein Machtbewußtsein entfaltet, das keine Grenzen kennt und sich durch nichts in Frage stellen läßt. Im Kaiserkult gewinnt der Anspruch des Menschen auf eigenmächtige Durchsetzung seiner Herrschaft über die ganze Welt seine das gesellschaftliche Leben verbindlich prägende – und das heißt: seine religiöse – Gestalt.

5.2 Diese zugespitzte Sicht ist sicherlich ein Stück weit durch die aktuelle Entstehungssituation bedingt. Die kritische Lage, die für die Kirche durch die behördliche Forcierung des Kaiserkultes entstanden war, verlangte eine theologische Bewältigung. Hier liegt das Recht der zeitgeschichtlichen Interpretation. Trotzdem wäre es wohl zu einfach, wollte man diese Sicht nur als zeitgeschichtlich bedingte überhitzte Reaktion werten. Zur Vorsicht mahnt nämlich die historische Feststellung, daß von einer umfassenden und allgemeinen behördlich

---

[25] Zur näheren Begründung s. *Roloff*, Offenbarung 142f.

organisierten Verfolgung der kleinasiatischen Christengemeinden zur Abfassungszeit der
Offenbarung keine Rede sein konnte. Es war lediglich zu einzelnen lokalen Pressionen und
Übergriffen gekommen, aufgrund derer der Profet Johannes eine kritische Zuspitzung der
Lage für die allernächste Zukunft erwartete[26].

Theoretisch wäre auch eine ganz andere theologische Beurteilung der negativen Erfahrungen mit der staatlichen Macht denkbar gewesen. Das Neue Testament enthält eine Reihe
geeigneter Deutungsmuster: so die mehr oder weniger punktuell bleibende Einweisung
einzelner Christen in die existentielle Leidensgemeinschaft mit ihrem gekreuzigten Herrn
(vgl. 2Tim 2,11), den Aufweis der Möglichkeit, durch geduldiges Ertragen der staatlichen
Ungerechtigkeit missionarisches Zeugnis für Christus abzulegen (1Petr 2,18), oder auch die
Betonung der wesenhaften Fremdlingschaft der Glaubenden in der Welt (1Petr 2,11). Solche
Deutungsmuster konnten sich, vor allem im Wirkungsbereich paulinischer Theologie, mit
der Überzeugung verbinden, daß auch der heidnische Staat und seine Gesellschaft, trotz aller
punktuellen Übergriffe gegen die christliche Gemeinde, ein grundsätzlich für die Ausbreitung
des Evangeliums offener Bereich sei, von dem aufgrund seiner rechtlichen Verfassung zumindest erwartet werden dürfe, daß er den christlichen Gemeinden Raum zu freier Entfaltung
gewähren werde (Röm 13; 1Tim 2,1–4; 1Petr 2,13–17).

Die Offenbarung entscheidet sich jedoch für ein scharf ausgeprägtes geschichtstheologisch-
apokalyptisches Deutungsmuster, das die gegebene Wirklichkeit als Kampf zwischen der
Herrschaft Gottes und den sich zum letzten Widerstand gegen Gott aufbäumenden satanischen Mächten versteht. Dabei ist es letztlich ihr in bestimmten alttestamentlich-jüdischen
Traditionen verwurzeltes Geschichtsbild, das es ihr ermöglicht, zeitgenössische Vorgänge
und Erfahrungen als Anzeichen der eskalierenden Auseinandersetzung zwischen Gott und
seinem Widersacher zu verstehen[27]. Letztlich sind die zeitgeschichtlichen Ereignisse nur die
Folie, die für Grundsätzliches und Allgemeingültiges transparent gemacht wird. Solche
Transparenz stellt sich ein, wenn das römische Imperium als Paradigma für ein menschliches
Gemeinwesen erscheint, das für sich unumschränkte, totale Herrschaft beansprucht und
damit der Durchsetzung der Herrschaft Gottes widersteht[28]. Damit soll schwerlich eine
allgemeingültige christliche Deutung des Staates (die als solche natürlich in unauflöslichem
Widerspruch zu Röm 13 stehen müßte) entwickelt werden[29]. Wir haben es vielmehr mit
einer profetischen Tiefenschau zu tun, die den Blick für Möglichkeiten und Tendenzen
schärft, die grundsätzlich in Staat und Gesellschaft, ja ganz allgemein in jedem institutionalisierten Miteinander von Menschen angelegt sind[30].

Mit eben solcher profetischer Tiefenschau hängt es auch zusammen, wenn das gottfeindliche Imperium als negatives Gegenbild der Kirche gezeichnet wird. Natürlich soll damit weder
eine Entsprechung in Verfassung und Sozialstruktur auf beiden Seiten noch gar eine vorsätzli-

---

[26] Vgl. die zurückhaltende Analyse des zeitgeschichtlichen Hintergrundes bei *Aland*, Verhältnis 215ff;
ähnlich *Müller*, Offenbarung 41f.

[27] Vgl. *Karrer*, Johannesoffenbarung 192: „Ihr theologisches Gewicht erhält diese Situationsbeurtei-
lung durch den Apk-Autor damit, daß er hinter ihr den Satan, die widergöttliche Macht schlechthin, tätig
sieht".

[28] Dies kommt u.a. darin zum Ausdruck, daß das Tier aus dem Meer (13,1–3) als die Zusammenfassung aller bisherigen Weltreiche dargestellt wird.

[29] Zum Verhältnis von Offb 13 zu Röm 13 s. *Schrage*, Ethik 342–347; *Roloff*, Offenbarung 145–147.

[30] Ein eindrucksvolles Beispiel dafür, wie die Geschichtsschau der Offenbarung den theologischen
Blick für aktuelle politische Vorgänge zu schärfen vermag, bietet der 1936 in der Festschrift zum 50. Ge-
burtstag von Karl Barth erschienene Aufsatz von *H. Schlier*, Vom Antichrist (zuletzt in: *H. Schlier*, Die
Zeit der Kirche, Freiburg ²1958, 16–29).

che Nachahmung der Kirche durch das Imperium behauptet werden. Vielmehr geht es um einen grundsätzlichen Gegensatz im Wesen beider, der in der Zugehörigkeit zu unterschiedlichen Herrschaftsbereichen seinen Grund hat. Seit dem Herrschaftsantritt Jesu im Himmel gilt, daß überall da, wo Menschen, Staaten und Gesellschaften absolute Machtansprüche erheben, das, was nur Gott und Christus zugehört, okkupiert und mißbraucht wird. Solche Anmaßung der Gott gehörenden Macht führt notwendig zur Ausbildung von Lebensformen und Sozialstrukturen, die im Gegensatz zur Gestalt des gemeinschaftlichen Lebens im Herrschaftsbereich Jesu Christi stehen. Wo gemeinschaftliches Leben seine Gestalt nicht aus der Gemeinschaft mit Jesus Christus und aus der Anerkennung seiner Herrschaft empfängt, bleibt es durch den Widerspruch gegen ihn und seine Herrschaft bestimmt, und damit durch die bloße Negativität, die freilich als solche indirekt und unfreiwillig die Abhängigkeit von ihm zum Ausdruck bringt. Selbst die Rituale und äußeren Formen, mit denen der widergöttliche Staat sich selbst und seine unbegrenzte Macht feiert, sind nichts Eigenes, sondern verzerrte Nachbildungen jenes Gottesdienstes, mit dem die Heilsgemeinde die Herrschaft des Gekreuzigten preist (13,3b-4).

5.3 Besonders augenfällig wird der geheime *Bezug der Unheilsgemeinschaft auf die Heilsgemeinde* in der Korrespondenz der Symbolsprache der Visionenreihe vom Gericht an der gottfeindlichen großen Stadt (17,1–19,10) mit jener der Schlußvision von der endzeitlichen Gottesstadt (21,9–22,5). Zwei Städte sind es, die gegenbildlich einander gegenübergestellt werden, Bereiche also, in denen sich menschliches Leben in gegliederter Gemeinschaft vollzieht. Jede von ihnen hat einen Namen, der ihr Wesen verrät. Die „große Stadt" (17,5; vgl. 11,8.13; 14,20; 18,2), deren realer Name nicht fällt, deren Identität mit der Reichsmetropole Rom aber durch den Hinweis auf die „sieben Hügel" hinreichend deutlich wird (17,9), erhält einen Namen, der ihr Wesen kennzeichnen soll: sie ist „Babylon", der prototypische Ort der Fremdlingschaft des Gottesvolkes. Die himmlische Stadt hingegen trägt jenen Namen, mit dem sich biblisch die heilvolle Gegenwart Gottes inmitten seines Volkes verbindet; sie heißt „Jerusalem" (21,10). Zugleich erscheint jede der beiden Städte im Bild einer Frauengestalt: Rom/Babylon wird von einer Hure verkörpert, die auf einem Ungeheuer reitet und die alle Zeichen luxuriöser Üppigkeit und übermütig-selbstgewisser Laszivität an sich trägt (17,3–5)[31]. In biblischer Sprache steht dieses Bild für Götzendienst und Abfall vom lebendigen Gott (Hos 2,4–21 u.ö.). Die Himmelsstadt hingegen hat die Gestalt einer reinen Braut; sie ist die „Tochter Zion" (s.o. 3.3.2), die „Frau des Lammes" (21,9): die Gemeinschaft der Kirche mit Jesus, die sie bewahrt und in allen Kämpfen bewährt hat, wird in der Endzeit ihre abschließende Erfüllung finden.

6. Die Heilsgemeinde als Stadt

Das zentrale ekklesiologische Bild der Offenbarung ist das der endzeitlichen Gottesstadt, des vom Himmel auf die Erde herabsteigenden neuen Jerusalem. Es wird in

---

[31] In der Gestaltung dieses Bildes mag sich das Motiv der *dea Roma*, der Stadtgöttin, mit dem gemeinorientalischen der auf einem Tier reitenden Göttin verbunden haben.

der zweiteiligen Schlußvision, der längsten und detailreichsten Vision des gesamten Buches (21,1–22,5), entfaltet. Es ist – wie schon die intensive Wirkungsgeschichte erweist – ein unmittelbar zum Leser sprechendes Bild. Seine volle theologische Tiefenschärfe erschließt sich jedoch erst, wenn man seine traditionsgeschichtlichen Hintergründe und kompositorischen Voraussetzungen berücksichtigt[32].

6.1 Wir sahen bereits: die Gottesstadt ist das *Gegenbild* zu der gottlosen „großen Stadt", dem Ausstrahlungszentrum des weltweiten Widerstandes gegen die Herrschaft Jesu Christi. Das gegenbildliche Verhältnis beider Städte findet seine letzte Steigerung in der Korrelation des Endes der einen mit dem Anfang der anderen. Erst nachdem Rom/Babylon durch das göttliche Zornesgericht vernichtet worden ist (18,1–24), tritt das neue Jerusalem vom Himmel her sichtbar in Erscheinung. Und zwar steigt es vom Himmel, dem Ort Gottes, herab auf eine erneuerte Erde (21,1f). Diese ist neue Schöpfung in der Weise, daß in ihr das Wesen des göttlichen Schöpfungshandelns, das von der gottfeindlichen „großen Stadt", die „die Erde verdorben" hat (11,18; 19,19), unkenntlich gemacht worden war, abschließend und endgültig in Erscheinung tritt.

6.2 Die Gottesstadt heißt Jerusalem. Nicht nur mit diesem Namen, sondern auch mit einer Reihe weiterer Motive der Vision – so dem Herabkommen der Stadt vom Himmel (21,2), der erneuerten Gegenwart Gottes in ihr (21,22) und dem Hinzuströmen der Heidenvölker zu ihr (21,24) – greift die Offenbarung die auf Jerusalem zentrierten Heils- und Vollendungserwartungen des zeitgenössischen Judentums auf: Jerusalem als Mitte des Endgeschehens, die Völkerwallfahrt der Heiden zum Zion, auch jenen apokalyptischen Gedanken, der nach der Katastrophe des Jahres 70 stark an Boden gewonnen hatte, wonach Gott im Himmel bereits ein neues Jerusalem bereitgestellt habe, um es an die Stelle des alten, zerstörten zu setzen[33]. Und doch geht es hier nicht einfach um eine Erneuerung solcher Vorstellungen[34]. Denn abgesehen davon, daß der Vision jeder kosmologische Realismus fremd ist[35], spricht die deutliche Distanzierung vom empirischen irdischen Jerusalem dagegen (s.o. 4.4). Nachdem dieses Teil der gottfeindlichen Welt geworden ist, ja den Namen der „großen Stadt" des Widersachers Gottes trägt, hat weder die Heilsgemeinde von ihm etwas zu erwarten, noch kann es irdischer Anknüpfungspunkt für die endzeitliche Neuschöpfung sein.

6.3 Ein wesentlicher Grund für den Rückgriff auf das Jerusalem-Symbol dürfte vielmehr darin zu suchen sein, daß es bereits eine geprägte christliche Tradition gab, die die Kirche und das himmlische Jerusalem miteinander verband. Sie wird greifbar in Gal 4,21–31, wo Paulus das gegenwärtige und das himmlische Jerusalem in scharfer Antithese gegeneinanderstellt:

---

[32] Vgl. dazu meinen detaillierten Analyse-Versuch: *Roloff*, Neuschöpfung.

[33] Vgl. äthHen 53,6; 90,29ff; 4Esr 7,26; 8,52; 10,27ff.50ff; 13,26.

[34] Anders freilich *Böcher*, Israel 47ff: die Offenbarung erwarte „ein neues Jerusalem als Hauptstadt eines neuen Staates Israel". Dies sei eine „an die Hoffnungen gewisser Sekten des 19. und 20. Jahrhunderts" erinnernde „Naivität", deren „ekklesiologische Konsequenz doch imponierend" sei: „Es gibt nur *ein* Israel, zu dem sowohl der Messias als auch die Christen gehören (Apk 12,17), und für dieses Volk ist nur *eine* Hauptstadt denkbar: Jerusalem."

[35] S. hierzu *Roloff*, Neuschöpfung 122–129.

nur das letztere sei „Mutter" der an Christus Glaubenden (s. III.6.4.2). Ähnlich wird in Hebr 12,18–24 die himmlische Gottesstadt antithetisch dem (Israels Kult symbolisierenden) Sinai gegenübergestellt. Es sollte deutlich sein, daß die Offenbarung eben an diesen christlichen Gebrauch des Jerusalem-Symbols anknüpft, indem sie zeigt: nur die vollendete Heilsgemeinde ist Jerusalem, heilige Stadt; allein in ihr erfüllt sich der von Gott gemeinte Sinn dieser Bezeichnungen.

Das *Jerusalem-Bild* ist für den Profeten Johannes bereits von dieser christlichen Tradition her ein ekklesiologisches Bild. Und zwar haftet sein besonderes Interesse an der darin enthaltenen Komponente des *urbanen, gegliederten und gestalteten Gemeinwesens,* der *polis.* So zeichnet er in der Schlußvision das neue Jerusalem als einen sinnvoll gegliederten Lebenszusammenhang, bestehend aus einem Miteinander von Menschen, das von der Erfahrung des Heils geprägt ist und daraus seine konkreten Lebensstrukturen entwickelt. Betont sind durchweg die Züge, die auf den freien, vertrauensvollen Umgang der Bewohner miteinander hindeuten: Die Mauern dienen dem Schmuck, nicht mehr der Verteidigung (21,12), Tag und Nacht stehen die Tore offen und ermöglichen freie Kommunikation (21,24f), alles ist in klares Licht getaucht (22,5).

Die Impulse für solche Interpretation gewinnt der Verfasser primär aus dem Alten Testament. Er greift auf Jes 60–66 sowie Ez 40–48 zurück, wobei er diese von Jerusalem und dem Tempel handelnden Texte mit der selbstverständlichen Vorgabe liest, daß Jerusalem Bild der vollendeten christlichen Gemeinde sei[36]. Es ist keineswegs ausgeschlossen, daß er daneben auch von zeitgenössischen philosophischen Spekulationen über die Gestalt des idealen Gemeinwesens, der *polis,* beeinflußt war[37].

6.4 Ein Zug dieser Auffüllung des Bildes vom Alten Testament her erweist sich als besonders bedeutsam. Der Verfasser bleibt in vielen Einzelheiten eng an der Vision Ezechiels, die den nachexilischen Tempel beschreibt (Ez 40–48), prägt jedoch zugleich deren Bezug um, indem er sie auf die Stadt überträgt. So sind die vom Deuteengel vermessenen Mauern und Tore nicht mehr, wie bei Ezechiel, die der Tempelanlage, sondern die der Stadt (21,15; vgl. Ez 40,3–5); die dort vom Opferaltar ausgesagte quadratische Struktur ist nunmehr der Stadt eigen (21,16; vgl. Ez 43,16); die erneuerte Tempelquelle Ezechiels, die sich, ohne die Stadt zu berühren, in das Kidrontal ergießt (Ez 47,1–12), wird zum erneuerten Paradiesesstrom, der durch die Mitte der Stadt fließt (22,2f). Die Aussage von den zwölf nach den Stämmen Israels benannten Stadttoren, die sich bei Ezechiel in einem vermutlich redaktionellen Nachtrag zur Tempelvision findet (Ez 48,30–35), wird nicht nur voll integriert (21,12f)[38], sondern durch die folgende Ergänzung zum Schwer-

---

[36] Vgl. *Roloff,* Neuschöpfung 134–137.

[37] Auf diesen Zusammenhang hat *Georgi,* Visionen, aufmerksam gemacht. Allerdings geht Georgi zu weit, wenn er in 21,9–22,5 das bis in die Einzelheiten genau gezeichnete Bild einer idealen hellenistischen *polis* wiederfinden will, die als „offene, demokratische Stadt" allein „durch ihre Bevölkerung definiert" sei (368).

[38] *W. Zimmerli,* Ezechiel 25–48, ²1979 (BK.AT XIII/2) 1236ff, sieht in der sekundären Anfügung von Ez 48,30–35 ein Symptom für die unaufgearbeitete theologische Spannung zwischen priesterlicher Tempeltheologie und Gottesstadt-Tradition: im letzten Satz dieses Anhangs („Und der Name der Stadt heißt von nun an: JHWH ist dort") erweise sich, „wie sich die alte Tradition von der Gottesstadt wieder mit Macht Recht verschafft gegen den priesterlichen Tempel-Reformentwurf, der durch die Trennung von Stadt und Tempel der Stadt viel von ihrer Würde geraubt hatte" (1239). Von da her läßt sich Offb 21,9–22,5 als die abschließende theologische Aufarbeitung dieser Spannung verstehen.

punkt des Ganzen aufgewertet: „Und die Mauer der Stadt hat zwölf Grundsteine, und auf ihnen (stehen) die zwölf Namen der zwölf Apostel des Lammes" (21,14). Mit dieser Aussage greift der Verfasser auf die urchristliche Tradition von der *ekklesia* als dem endzeitlichen Tempel Gottes (1Kor 3,16; 2Kor 6,16; 1Tim 3,15), dessen Fundament die Apostel gelegt haben (1Kor 3,10; Mt 16,18; Eph 2,20; s. III.5.3.1; IV.7.1.2; VII.3.4), zurück, um sie zusammen mit den Tempelaussagen Ezechiels in seine Neuinterpretation einzubringen. Die Apostel bilden hier nicht mehr den Grundstein des endzeitlichen Tempels; sie sind stattdessen die Fundamente der die endzeitliche Stadt umgebenden Mauer, jenes Bauwerks also, das die Gestalt der Stadt umreißt und bestimmt.

6.5 Die *Pointe dieser Neuinterpretation* ist deutlich: Die Merkmale und Funktionen des Tempels sind auf die Stadt als ganze übergegangen. War bislang der Tempel der Ort des Wohnens Gottes, so soll dies nunmehr die Stadt sein. Einen Tempel als abgegrenzten sakralen Bereich gibt es in ihr nicht mehr, „denn der Herr, Gott, der Allherrscher, ist ihr Tempel und das Lamm" (21,22). Die ganze *polis* ist von der unmittelbaren Gegenwart Gottes durchdrungener und geheiligter Bereich. Der Verfasser will damit das paulinisch-urchristliche Verständnis der *ekklesia* als Ort der Gegenwart Gottes nicht korrigieren, sondern interpretieren, wobei sich seine Intention unmittelbar mit der der paulinischen Aussagen von der Kirche als dem von Christus geprägten Lebensraum (Gal 3,28; s. III.2) berührt. Ihm ist die *polis*-Struktur der Heilsgemeinde wichtig. Er will ein statisches Mißverständnis der Gegenwart Gottes in der Kirche ausschließen, indem er zeigt: diese Gegenwart wirkt sich auf alle Lebensbezüge in ihr ordnend, gestaltend und prägend aus. Das neue, unmittelbare Gottesverhältnis hat neue, offene und freiheitliche Strukturen menschlichen Gemeinschaftslebens zur Folge. Ist die *polis*-Struktur der „großen Stadt" von deren Feindschaft gegen Gott geprägt, so gewinnt die Heilsgemeinde ihre Struktur von ihrer Gottes- und Christusgemeinschaft her. Darin ist sie, nicht anders als jene, eine *politische Größe*.

Im Grunde erfahren damit die Bezeichnungen der Kirche als „Königsherrschaft" und „Priester für Gott" (1,5) ihre inhaltliche Füllung. „Königsherrschaft" ist die Kirche als von Gottes Herrschen gegliederter und bestimmter Bereich menschlichen Zusammenlebens, als *polis*. Sie schart sich nicht mehr um den Ort der Gegenwart Gottes und der kultischen Heilsvermittlung, sondern ist selbst der Ort solcher Heilsgegenwart. Damit wird der Ansatz urchristlicher Tempelkritik, die in der Erfahrung der unmittelbaren Gegenwart Gottes in Jesus gründete (Mk 14,58; s. I.7.3), konsequent zu Ende gedacht.

6.6 Natürlich stellt sich bei alledem die grundsätzliche Frage, inwieweit die zukunftsbezogene Vision vom neuen Jerusalem für das Verständnis der *gegenwärtigen Kirche* herangezogen werden kann. Wird in ihr nicht eine der zukünftigen Neuschöpfung Gottes zugeordnete Form heilvollen menschlichen Miteinanders dargestellt, die von der gegenwärtigen Wirklichkeit, auch der Kirche, unterschieden werden muß? Demgegenüber ist zu bedenken, daß nach der Offenbarung die Zukunft Gottes jetzt schon die Kirche heilvoll prägende Wirklichkeit ist. Diese Wirklichkeit ist in der Gegenwart zwar in vieler Hinsicht verborgen und gefährdet, aber sie ist vorhanden und bildet den Lebensgrund der Kirche. In der Zukunft wird sie dann, nach dem Wegfall aller Widerstände und nach dem Ende der Bedrohung durch die gottfeindlichen Mächte, offen hervortreten.

Die sachliche Korrespondenz zwischen dem Anfangs- und dem Schlußbild der Offenbarung will beachtet sein: derselbe Christus, dessen heilvolle Gegenwart inmitten der Gottesstadt für die Zeit der Heilsvollendung angekündigt wird (21,22), steht jetzt schon als lebendig und gegenwärtig inmitten des Kranzes seiner sieben Gemeinden (2,1); die Gemeinschaft mit ihm soll sich – wie die Sendschreiben zeigen – bereits in der Gegenwart als die das Leben dieser Gemeinden gestaltende Kraft auswirken. Der Profet Johannes ist kein Schwärmer. Er tritt energisch allen Neigungen entgegen, Heilsbesitz und Heilsvollendung unterschiedslos in die Gegenwart zu ziehen. Gerade die Spannung zwischen dem „Schon" und dem „Noch nicht" bleibt für ihn wesentlich. Die gegenwärtige Kirche trägt noch nicht die Züge der *ecclesia triumphans* (12,12). Trotzdem ist sie für ihn „Königsherrschaft", und das bedeutet, daß die Struktur der von Jesu Nähe her gestalteten *polis* in ihr bereits prägend wirkt. In dieser ihrer *polis*-Gestalt ist die Kirche kritische Kraft, Zeichen und Hinweis auf Gottes Ziel mit der Welt.

7. Verfassung und Ordnung der Kirche

Da sich die Offenbarung zu dieser Thematik nicht direkt äußert, genügen hierzu einige kurze Bemerkungen.

7.1 Auffällig ist zunächst, daß der profetische Verfasser, obwohl er sein Rundschreiben an kleinasiatische Gemeinden des paulinischen Missionsgebietes richtet, in denen es im letzten Jahrzehnt des 1. Jahrhunderts zweifellos feste gemeindeleitende Ämter gab – Episkopen und Diakone, daneben wohl auch teilweise Älteste (s. VIII.6.1) – diese *Amtsträger nicht erwähnt*. Die sieben Sendschreiben sind an die „Engel" der Gemeinden adressiert (s.o. 2.3.) und wollen die Gemeinden in ihrer Gesamtheit ansprechen. Daraus auf eine grundsätzliche Ablehnung gemeindeleitender Ämter schließen zu wollen[39], ginge wohl zu weit. Allenfalls läßt sich sagen, daß er diesen Ämtern als etwas ihm Fremdem distanziert gegenübersteht. Erwähnung finden lediglich zwei Ämter, die *Apostel* und die *Profeten*. Sie werden jedoch auf ganz unterschiedlichen Ebenen angesiedelt[40].

---

[39] So allerdings *Satake*, Gemeindeordnung 18. Die dem zugrundeliegende These Satakes ist, daß der Profet Johannes als Exponent konventikelhafter Sondergemeinden schreibt, die „nur Propheten als Dienstträger" kannten (194). Doch demgegenüber erweist schon die ständige Bezugnahme auf paulinische Traditionen, den dialogischen Bezug der Offenbarung auf vorwiegend paulinisch geprägte Gemeinden.

[40] Aus der mehrfachen Erwähnung der „24 Ältesten", die den himmlischen Gottesthron umgeben (4,4.10; 5,5f.8.11 u.ö.) kann man schwerlich Schlüsse auf ein vorausgesetztes gemeindliches Ältestenamt ziehen. Es handelt sich hier um Glieder jener Ratsversammlung Gottes, von der bereits das Alte Testament weiß (1Kön 22,19ff; Jes 6,1ff), wobei die Zahl „24" auf die Zahl der Tagesstunden anspielen dürfte. Ein Urbild-Abbild-Verhältnis zur irdischen Gemeinde ist hier ebensowenig wie für die übrigen Erscheinungen im himmlischen Bereich vorausgesetzt.

7.2 Die „zwölf *Apostel* des Lammes" erscheinen als die Fundamentsteine, die die Mauer des neuen Jerusalem tragen (21,14). Sie sind als solche Größen der Vergangenheit, die in den Zusammenhang der Grundlegung der Kirche gehören. Der Verfasser teilt damit die im Neuen Testament nur noch bei Lukas belegte Vorstellung von den „zwölf Aposteln", die den Apostolat faktisch auf den vorösterlichen Zwölferkreis eingrenzt und damit Paulus sowie die weiteren Apostel neben ihm (s. II.6.4) ausklammert. Darüber, wie er sie gedanklich füllt, gibt er freilich keine Auskunft. Am nächsten liegt die Vermutung, daß sich die Vorstellung unter dem Einfluß des Jesuslogions Mt 19,28 im palästinischen Judenchristentum entwickelt hat. In diesem Falle wären die „zwölf Apostel" als die Stammväter des endzeitlich erneuerten Gottesvolkes verstanden worden – eine Sicht, die ganz der Bedeutung der Zahl „Zwölf" als ekklesiologischem Symbol in der Offenbarung entspräche (7,5–8; 12,1; 21,12.21; 22,2). Das paulinische Konzept des Apostels als Bote des Evangeliums, Gesandter Christi und Gemeindegründer scheint hingegen nicht im Blickfeld zu sein, und damit auch nicht die sich aus diesem Konzept ergebende Frage nach der Kontinuität des Evangeliums nach dem Ende der Apostel.

7.3 Lebendige, vom Verfasser selbst repräsentierte Wirklichkeit ist hingegen das christliche Profetentum. Johannes spricht zu den Gemeinden als Profet. Aber was ihm die Legitimation dazu gibt, ist nicht die Autorität eines an seiner Person haftenden Amtes, sondern der Inhalt seines profetischen Zeugnisses. Er schreibt in der selbstverständlichen Gewißheit, daß sich dieses Zeugnis durch seinen Inhalt als authentisch legitimieren werde: „Denn das Zeugnis Jesu ist der Geist der profetischen Rede" (19,10). Was der Botschaft des Profeten Gehör verschafft, ist allein der Umstand, daß Christus selbst durch sie zu Wort kommt, der als zur Gemeinde Redender der „Geist" ist (2,1.7). Es ist wahrscheinlich, daß der Profet Johannes zu einer Gruppe wandernder profetischer Charismatiker gehört, aber diese wird man sich nicht in Gestalt einer eigenen Gemeinde oder gar eines exklusiven Konventikels vorzustellen haben. Es fehlt nämlich jedes Anzeichen dafür, daß die sieben Gemeinden, an die er sich wendet, außerhalb seines regulären Wirkungskreises lägen. Im Gegenteil: daraus, daß er ganz selbstverständlich bei ihnen Gehör für seine Botschaft erwartet – er rechnet mit deren gottesdienstlicher Verlesung (1,3) –, ist zu schließen, daß er sein profetisches Wirken als gesamtkirchlich ausgerichtet verstanden hat. Umgekehrt läßt sich daraus aber auch ersehen, daß zu jener Zeit die Profetie in den paulinischen Gemeinden noch nicht völlig an Einfluß verloren hatte[41], auch wenn der Prozeß ihrer Zurückdrängung damals bereits im Gange gewesen sein dürfte.

---

[41] Unbegründet ist jedoch die Vermutung von *Schweizer*, Gemeinde 121, wonach in der Sicht des Johannes alle Gemeindeglieder „mindestens potentiell" Profeten seien.

VI. Das Gottesvolk auf seinem Weg durch die Geschichte: Das lukanische Doppelwerk

Literatur: F. Bovon, Aktuelle Linien lukanischer Forschung, in: ders., Lukas in neuer Sicht, Neukirchen-Vluyn 1985, 9–43; *ders.*, Israel, die Kirche und die Völker im lukanischen Doppelwerk, ebd., 120–138; *I. Broer*, Der Geist und die Gemeinde, BiLe 13 (1972) 261–283; *R.E. Brown*, The Birth of the Messiah, Garden City 1977; *C. Burchard*, Der dreizehnte Zeuge, 1970 (FRLANT 103); *ders.*, Paulus in der Apostelgeschichte, ThLZ 100 (1975) 881–895; *H. Conzelmann*, Die Mitte der Zeit, ⁶1977 (BHTh 17); *W. Eltester*, Israel im lukanischen Werk und die Nazarethperikope, in: W. Eltester u.a. (Hg.), Jesus in Nazareth, 1972 (BZNW 40) 46–147; *H. Flender*, Die Kirche in den Lukas-Schriften als Frage an ihre heutige Gestalt, in: G. Braumann (Hg.), Das Lukas-Evangelium, 1974 (WdF 280) 261–286; *J. Jervell*, Das gespaltene Israel und die Heidenvölker, StTh 19 (1965) 68–96; *ders.*, Luke and the People of God, Minneapolis 1972; *ders.*, Paul in the Acts of the Apostles, in: ders., The Unknown Paul, Minneapolis 1984, 68–76; *ders.*, The Mighty Minority, ebd., 26–51; *G. Lohfink*, Die Sammlung Israels, 1975 (StANT 39); *R. Maddox*, The Purpose of Luke-Acts, 1982 (FRLANT 126); *J. Roloff*, Die Paulus-Darstellung des Lukas, in: ders., Exegetische Verantwortung in der Kirche, Göttingen 1990, 255–278.

1. Ortsbestimmung

1.1 Lukas ist der einzige Evangelist, der seinem Evangelium eine Fortsetzung an die Seite stellt. Jenes zweite Buch, die sogenannte Apostelgeschichte[1], beschreibt, wie aufgrund einer Weisung des Auferstandenen und unter der Leitung des Heiligen Geistes das Zeugnis von Jesus „bis zu den Enden der Erde" ausgebreitet wird (Apg 1,8) und so die Kirche weltweit Gestalt gewinnt. Schon die äußere Anlage dieses frühesten christlichen Geschichtswerks als zweiteiliges Doppelwerk ist bedeutsam: die literarische Kontinuität des fortlaufenden Erzählungsganges spiegelt die Überzeugung der grundlegenden Einheit der erzählten Geschichte wider – und um die Darstellung von Geschichte ist es Lukas in erster Linie zu tun. Sein Evangelium ist in ungleich geringerem Maße als die drei übrigen kanonischen Evangelien von der Absicht geprägt, die Berichte vom Wirken und Geschick Jesu von Nazaret einem auf die gegenwärtige Situation der glaubenden Gemeinde bezogenen kerygmatischen Verstehen zu öffnen, obwohl man ihm diese Absicht keineswegs völlig absprechen kann. Er webt vielmehr diese Berichte so zusammen, daß das Bild eines

---

[1] Die Überschrift „Taten der Apostel" ist erst im 2. Jh. hinzugefügt worden und trifft die Intention des Verfassers nur zum Teil; vgl. *J. Roloff*, Die Apostelgeschichte, ²1988 (NTD 5) 1f.

in sich geschlossenen, in der Vergangenheit liegenden Geschehenszusammenhangs entsteht. Aber – und das ist entscheidend – dieser Geschehenszusammenhang ist für ihn nicht abgeschlossen. Er ist vielmehr zugleich Anfang und bestimmende Triebkraft einer Geschichte, die unmittelbar bis in die Gegenwart des Lukas hineinreicht. Lukas will zu zeigen: die Kirche, wie sie sich durch das Zeugnis der Boten Jesu entwickelt hat, steht in einer *vom Handeln Gottes bestimmten Kontinuität* zur Geschichte Jesu.

Diese *heilsgeschichtliche Sicht* erweist sich als prägend für seine Geschichtsdarstellung. Das gilt zunächst hinsichtlich des Gesamtcharakters seines Werkes: die alttestamentlichen Erzählungsbücher mit ihrer heilsgeschichtlich-kerygmatischen Geschichtsdarstellung haben hier offensichtlich Pate gestanden. Das gilt aber auch für Einzelheiten der erzählerischen Gestaltung. So wählt er aus dem ihm verfügbaren Material im wesentlichen nur jene Ereignisse und Episoden aus, die der von ihm vorausgesetzten Linie heilsgeschichtlicher Kontinuität zu entsprechen scheinen, während er anderes, dazu quer liegendes übergeht.

1.2 Lukas ist der größte Erzähler des Neuen Testaments. Aber das Erzählen ist für ihn nicht Selbstzweck, sondern steht im Dienst der Theologie, und damit auch seines Bildes der Kirche: Was das Wesen der Kirche ist, woher sie kommt und welches Ziel Gott mit ihr verfolgt, das sagt Lukas nicht in definitorischen theologischen Sätzen aus, sondern läßt es dadurch anschaulich werden, daß er jene von Gott gewirkte Geschichte, die zum Werden und zur Gestalt der Kirche geführt hat, nacherzählt. In alledem ist er kein naiver, sondern ein in hohem Maße reflektierender Erzähler. Vieles, was sich zunächst als aus spontaner Freude am farbigen Erzählen geboren ausnimmt, gibt sich bei genauerer Hinsicht als Ergebnis bewußter theologischer Reflexion zu erkennen. Will der Ausleger die theologische Intention des Lukas erfassen, so ist er auf eine systematische Analyse der Erzählungen angewiesen. Die Schwierigkeit liegt nun freilich in dem großen erzählerischen Reichtum des Doppelwerks. Denn nicht jedes Detail, nicht jedes Motiv kann als repräsentativ für die theologische Absicht des Lukas beim Wort genommen werden. Vieles davon ist einfach aus älterer Überlieferung, als deren treuer Sachwalter Lukas sich weiß (Lk 1,1f), übernommen. Um der Gefahr der Überinterpretation zu entgehen, sollte man für die Erhebung der theologischen Sicht des Lukas nur solche Erzählvorgänge und Motive heranziehen, die sich eindeutig als von seiner Sprache und Kompositionstechnik geprägt erweisen.

1.3 Darin, daß Lukas von der Kirche handelt, indem er Geschichte darstellt, manifestiert sich eine für seine Ekklesiologie grundlegende Entscheidung: Er sieht *die Kirche als in einem unmittelbaren Zusammenhang mit Welt und Geschichte stehend.* Sein Werk ist das erste Stück christlicher Literatur, das nach Form und Darstellungsweise den Anschluß an die zeitgenössische Weltliteratur sucht. Vor allem ist der Einfluß der großen antiken Geschichtsschreiber unverkennbar[2]. Sicher will er sich in erster Linie an christliche Leser – und nicht an eine weitere nichtchristliche Öffentlichkeit – wenden. Aber er will den Christen zu verstehen geben, daß

---

[2] S. hierzu *E. Plümacher*, Lukas als hellenistischer Schriftsteller, 1972 (StUNT 9).

die Heilsbotschaft sich grundsätzlich an die Öffentlichkeit der Welt richtet und daß die von ihr in Gang gesetzte Geschichte ein Faktor ist, mit dem diese Öffentlichkeit zu rechnen hat.

1.4 Das Interesse am Aufweis einer die Kirche seiner Zeit mit der Geschichte Jesu verbindenden geschichtlichen Kontinuität ist umgekehrt auch kennzeichnend für den geschichtlichen Standort des Lukas und seiner Kirche in der *dritten christlichen Generation*. Eine genauere Herkunftsbestimmung erweist sich freilich als schwierig. Auf Antiochia als Abfassungsort könnten die relativ gute Kenntnis palästinischer Geografie wie auch die reiche Verarbeitung antiochenischer Gemeindetraditionen deuten. An Ephesus und den kleinasiatischen Raum ließe sich aufgrund der Vertrautheit mit paulinischen Überlieferungen denken. Die m.E. gewichtigsten Argumente sprechen jedoch für eine Herkunft aus Rom. In einer auffälligen Weise verbindet sich nämlich im lukanischen Doppelwerk ein großes Interesse an Paulus, dem Heidenapostel, mit judenchristlichen Überlieferungen. Und zwar hat es den Anschein, als sei die ältere diese Gemeinde prägende Tradition die judenchristliche gewesen, und als sei deren Verbindung mit paulinischen Motiven und Gedanken erst in einer zweiten Entwicklungsphase erfolgt. Das deutet auf eine ursprünglich judenchristliche Gemeinde, die durch das Hinzukommen einer starken paulinisch-heidenchristlichen Gruppe zu einem Ausgleich beider Traditionen genötigt war. Eben dies war die Situation der römischen Gemeinde in der zweiten Hälfte des 1. Jahrhunderts[3]. Eine Entstehung um 90 n. Chr. ist wahrscheinlich.

2. Die Kirche als von Gott erneuertes und vollendetes Israel

Lukas beschreibt die Entstehung der Kirche als einen *Prozeß*, der sich im Verlauf einer durch Gottes Handeln bestimmten geschichtlichen Entwicklung vollzieht. Zugleich verdeutlicht er die sich durchhaltende *Kontinuität Israels als des Volkes Gottes*. In beidem kommt der heilsgeschichtliche Ansatz seines Kirchenverständnisses zum Tragen.

2.1 Die Kontinuität Israels erweist sich bereits in der Vorgeschichte des Lukasevangeliums (Lk 1–2) als leitmotivisches Thema.

2.1.1 Wie in der matthäischen Vorgeschichte (Mt 1,21.23) wird auch hier *das Kommen Jesu als des Retters zu seinem Volk* dargestellt. So verheißt der Engel Maria, das von ihr geborene Kind werde der Messias Israels sein:

Dieser wird groß sein und ein Sohn des Höchsten heißen,
und ihm wird Gott den Thron Davids, seines Vaters geben,
und er wird König sein über das Haus Jakob in Ewigkeit,
und seiner Königsherrschaft wird kein Ende sein (Lk 1,32f).

---

[3] Vgl. hierzu P. *Lampe*, Die stadtrömischen Christen in den ersten beiden Jahrhunderten, ²1989 (WUNT 2/18) 53–78.

Aber während bei Matthäus dieses Kommen für das Volk Gottes verborgen bleibt und als einzige sichtbare Reaktion die Feindschaft seiner Herrschaft auf den Plan ruft, wird es nach Lukas für das Volk wahrnehmbar; es ist eingebettet in eine Aura dankbarer Freude und jubelnder Gewißheit über erfahrenes Heil. So singt Maria in ihrem Lobgesang:

> Er nahm sich Israels, seines Knechtes an,
> zu gedenken seines Erbarmens,
> wie er zu unseren Vätern gesagt hat,
> Abraham und seinem Samen in Ewigkeit (Lk 1,54f).

Und der Priester Zacharias preist den „Gott Israels" dafür, daß er „sein Volk besucht" und ein Zeichen seiner Macht „erweckt hat im Hause Davids" (Lk 1,68f). Gott macht bei der Setzung dieses Zeichens sogar den politischen Weltherrscher, den Imperator Augustus, zu seinem unwissenden Werkzeug[4]: durch dessen Dekret nämlich kommt es dazu, daß der messianische Herrscher Israels in Betlehem, der Davidsstadt, zur Welt kommt (Lk 2,4). Die ihn als erste finden und erkennen, sind Hirten, schlichte, fromme Leute, Vertreter des echten, unverdorbenen Israel[5].

Der Weg des Kindes führt alsbald nach *Jerusalem*, zur Darstellung im Tempel (Lk 2,22–24): Der Ort Jesu ist von Anfang an in der Mitte Israels, an dessen heiliger Stätte. Hier ist das Haus seines Vaters, das damit auch sein Haus ist (Lk 2,49). Wieder sind es Repräsentanten des echten, frommen Israel, Simeon und Hanna, die ihn dort begrüßen. Der (vermutlich von Lukas eingefügte[6]) Hymnus des greisen Simeon kennzeichnet das Geschehen als Wendepunkt in Israels Geschichte. Die Zeit der Verheißung wird nun von der Zeit der Erfüllung abgelöst:

> Meine Augen haben dein Heil gesehen,
> das du bereitet hast vor allen Völkern,
> Licht zur Offenbarung für die Völker
> und Herrlichkeit deines Volkes Israel (Lk 2,30–32).

In seiner Sprache und seinen Motiven lehnt sich dieser Hymnus eng an deuterojesajanische Aussagen (Jes 52,9f; vgl. 42,6; 46,13; 49,6) an. Er bewegt sich im Bereich der Vorstellung der endzeitlichen Völkerwallfahrt zum Zion. Grundlegend bleibt für ihn, daß die Erfüllung der Heilserwartung ihren Ausgang in Israel nimmt. In Israel, dem Volk Gottes, leuchtet das – als „Licht" begriffene – Heil auf. Was dort geschieht, kann nicht verborgen bleiben. Vielmehr strahlt die Herrlichkeit Gottes von Israel aus, bis alle Völker ihrer gewahr werden (V.31). Dies aber wird eine doppelte Folge haben: *die Heiden* werden das Heil Gottes, den Messias,

---

[4] Ähnlich werden sich später die Vertreter der römischen Staatsmacht als unwissende Werkzeuge des Planes Gottes erweisen (Apg 23,16–20; 25,1–12); vgl. *Roloff*, Apostelgeschichte 331.

[5] Die rabbinischen Texte kennen zwar einige kritische Äußerungen über die Hirten (Bill II 113f), doch können diese die positive Wertung der Hirten in der biblischen Literatur nicht beeinträchtigen. Israel verstand sich „im Unterschied zu seinen Nachbarn, die Stadtbewohner oder seßhafte Bauern sind, als Hirtenvolk". Gott bzw. der Messias konnten im Bild des Hirten dargestellt werden. (*F. Bovon*, Das Evangelium nach Lukas [Lk 1,1–9,40], 1989 [EKK III/1] 122f). Das gängige Klischee von den Hirten als fragwürdigen Gestalten bedarf dringend einer Korrektur.

[6] So *Lohfink*, Sammlung 29; *Bovon*, Lk 1,1–9,40, 138; *Brown*, Birth 455f.

erkennen (V.32a), und *das Volk Israel* wird eben dadurch verherrlicht[7]. Die Universalität jenes Heils, das durch die Geburt des Messias bewirkt wird, wird hier also mit Entschiedenheit herausgestellt, aber es bleibt *eine durch Israel, das Gottesvolk, vermittelte Universalität.*

2.1.2 Diese positive Sicht Israels erfährt nun freilich alsbald eine Einschränkung in einer prophetischen Ankündigung, die gleichfalls durch den Mund Simeons ergeht: Das neugeborene Messiaskind ist „zum Fall und Aufstehen vieler in Israel gelegt und zu einem Zeichen des Widerspruches", ja selbst durch die Seele Marias, seiner Mutter, wird „ein Schwert dringen" (Lk 2,34.35a). Nicht das ganze Volk Israel wird sich im Glauben Jesus zuwenden; zumindest ein Teil wird durch ihn zum Widerspruch herausgefordert werden. Jesus wird also auch hier als die *Krise Israels* gesehen; durch ihn wird es zu einer Spaltung innerhalb Israels kommen. Die an ihn Glaubenden werden aufstehen, sie werden von Gott als Glieder des Volkes Gottes anerkannt werden, während die ihm den Glauben Versagenden fallen – und das heißt doch wohl: aus Israel herausfallen – werden. Im Unterschied zu Matthäus betrifft diese Krise jedoch nicht Israel in seiner Gesamtheit; sie hat *partiellen Charakter.*

Besondere Beachtung verdient die Weise, in der *Maria, die Mutter Jesu*, in dieses Bild eingefügt wird. Das Wort von dem ihre Seele durchdringenden Schwert (2,35a) fügt sich nämlich unmittelbar in den Zusammenhang des Orakels Simeons über die Krise Israels ein. Von Ez 14,17 her ist das „Schwert" als göttliches Werkzeug zur Erprobung und Scheidung des Volkes zu verstehen[8]. Solcher Erprobung und Scheidung, wie sie durch Jesus auf ganz Israel zukommt, wird auch Jesu Mutter ausgesetzt sein[9]. Auch an ihr wird es sich erweisen, daß Jesus „zum Fallen und Aufstehen vieler in Israel gelegt" ist. Ja an ihr, die den unmittelbaren Punkt der menschlichen Verbindung Jesu mit seinem Volk darstellt, muß sich das notwendigerweise zu allererst erweisen. Freilich, bereits unmittelbar vorher war angedeutet, wie Maria dieser Erprobung und Scheidung standhalten wird: sie ist diejenige, die die Worte, die Gott in der Geschichte Jesu und durch ihn zu seinem Volk spricht, bewahrt und in ihrem Herzen bewegt (2,19). Ganz auf dieser Linie liegt auch Lk 8,21. Zwar setzt Jesus hier allen Ansprüchen auf Nähe zu ihm, die sich aus bloßer

---

[7] Vgl. *Lohfink*, Sammlung 29: Die Aussage über die Heiden in V.32a wird in V.32b „sofort wieder auf Israel zurückgebogen". Grundsätzlich anders, nämlich im Sinn eines Israel und die Heiden gleichberechtigt nebeneinanderstellenden Universalismus, deutet *Brown*, Birth 440.459f: In der Bezeichnung *laoi* (V.31) seien Israel und die aus den Heiden kommenden Glaubenden als die beiden „Völker" Gottes subsumiert, und in V.32 sei *doxan* als Apposition zu *apokalypsin* zu verstehen, d.h., es gehe hier um die Offenbarung, die gleichermaßen Israel wie den Heiden zuteil werde, um sie so zu dem neuen Gottesvolk der Kirche zusammenzuführen. Gegen diese Auslegung spricht, (1.) daß Lukas sonst nirgends die Heiden als *laos* bzw. *laoi* Gottes bezeichnet; (2.) daß *doxa* sachlich kein Parallelbegriff zu *apokalypsis* ist, beide Wendungen in V.32 sind vielmehr als Appositionen auf „dein Heil" (V.31) zurückzubeziehen; und schließlich (3.) die Unvereinbarkeit mit Apg 15,14.

[8] In ähnlicher Bedeutung begegnet das Bild auch in OrSib 3,316; vgl. *J.A. Fitzmyer*, The Gospel According to Luke I–IX, 1981 (AncB 28) 430.

[9] Verfehlt, weil durch die sonstige lukanische Darstellung Marias nicht gedeckt, sind Deutungen auf innere Zweifel und Konflikte Marias bzw. auf ihr bevorstehende Leiden und Schmerzen; so zuletzt wieder *Bovon*, Lk 1,1–9,40, 147f; doch dagegen *Brown*, Birth 462f.

blutsmäßiger und familiärer Verbindung ergeben, das Kriterium wahrer Zugehörigkeit zu ihm entgegen: „meine Mutter und meine Brüder sind die das Wort Gottes hören und tun". Doch gibt Lukas zu verstehen, daß Maria eben dieses Kriterium erfüllt. Als Hörerin des Wortes Gottes darf sie zu Recht Jesu Mutter genannt werden. Und im gleichen Sinn korrigiert Jesus die Seligpreisung des „Schoßes", der ihn „getragen", und der „Brüste", die ihn „gesäugt" haben, so, daß sie tatsächlich auf seine Mutter zutrifft: „Vielmehr sind selig, die das Wort Gottes hören und bewahren" (Lk 11,28).

2.2 Von daher ist auch ein Seitenblick auf die *Bedeutung Marias im lukanischen Werk* zu werfen. Lukas handelt von der Mutter Jesu schwerlich bloß aus biografischem Interesse, sondern hat ein theologisches Anliegen im Blick. Ihn interessieren weder ihr Innenleben noch die Tragik ihres Mutterschicksals, sondern allein ihr Verhältnis zum Wort Gottes, das in Jesus ergeht[10]. Damit ist sie jedoch nicht nur Urbild des glaubenden Menschen schlechthin. Wichtig ist vielmehr, daß sie zu Israel gehört und als Glied Israels den Weg Jesu im Glauben mitgeht bis zu der Stunde, in der durch das Kommen des Geistes die Schar der Jünger als Mitte des endzeitlich vollendeten Gottesvolks öffentlich ausgewiesen wird. Lukas läßt sie in Erscheinung treten in der Gemeinschaft der „Zwölf", die nach der Himmelfahrt auf die Erfüllung der Geistverheißung warten (Apg 1,14). Ohne Zweifel hat Maria für Lukas eine *ekklesiologische Bedeutung*. Aber wie läßt sich diese genauer bestimmen? Maria ist nicht einfachhin die Personifikation des Gottesvolkes, die „Tochter Zion"[11]. Wohl aber macht er in ihrer Gestalt und ihrem Geschick jenes Israel anschaubar, das der durch Jesu Kommen ausgelösten Krise standgehalten hat. Weil es in Israel Menschen wie Maria gab, darum konnte das im Volk Gottes aufscheinende Heil den Völkern zu Gesicht kommen, und darum auch konnte dieses Heil „Herrlichkeit für Israel" bewirken. So steht Maria für jenes Israel, das durch sein Hören des Wortes Gottes und sein Glauben *Israel geblieben ist, indem es zur Kirche wurde*. Maria ist für Lukas Repräsentantin der Kontinuität der Kirche mit Israel.

2.3 Im weiteren Fortgang des Evangeliums bestätigt sich die programmatische Bedeutung der Vorgeschichte, insbesondere von 2,30–32.34–35, für das lukanische Verständnis des Verhältnisses Jesu zu Israel und damit für die lukanische Ekklesiologie[12]. Lukas will zeigen, daß Jesus mit seiner Verkündigung *ganz Israel erreicht* hat, daß in diesem von Jesus erreichten Israel ein *Prozeß der Scheidung* einsetzte, sowie daß trotz dieser Scheidung *seine Botschaft in Israel nicht ohne positives Echo blieb*.

---

[10] Ähnlich *Fitzymer*, Luke I–IX, 430: „In the Lucan context the figure grows out of the idea of Jesus' role causing the fall and the rise of many in Israel. Mary, as part of Israel, will be affected too."

[11] Dies haben einige Forscher aus 1,28.30f aufgrund eines postulierten Rückbezugs auf Zef 3,14–17 herauslesen wollen; so v.a. *P. Benoit*, „Et toi-même, un glaive te transpercera l'âme" (Luc 2,35), in: ders., Exégèse et Théologie III, Paris 1968, 216–227; ders., L'Annonciation, ebd. 197–215; doch dagegen *Brown*, Birth 320–327.

[12] Abzuweisen sind demgegenüber alle Versuche, die israelfreundliche Ekklesiologie der Vorgeschichte nur auf dort verarbeitete judenchristliche Überlieferungen zurückzuführen und sie mehr oder weniger stark vom Corpus des Evangeliums abzukoppeln. S. hierzu *Lohfink*, Sammlung 33.

2.3.1 Schon der Bericht vom ersten öffentlichen Auftreten Jesu (Lk 4,16–30) gibt dieser Sicht Ausdruck[13]. Jesus deutet seine Sendung als Erfüllung der Profetie von Jes 61,1f: Mit seinem Kommen ist die Verheißung des „Gnadenjahrs des Herrn" erfüllt, das „Heute" der Heilszeit wird für die Menschen, die seine Worte hören und seine Taten sehen, erfahrbar (4,21). Das Echo der Zuhörer darauf ist zunächst positiv; sie stimmen Jesus zu und staunen über die „Worte der Gnade", die er spricht (vgl. 4,15).

Dieses Bild wird zwar durch die unmittelbar folgende scharfe Kontroverse (4,23–30) eingeschränkt, aber keineswegs grundsätzlich zurückgenommen, ist deren Gegenstand doch nicht das Verhältnis Jesu zu Israel, sondern zu den Heiden. Der Widerstand der Bewohner Nazarets richtet sich nämlich gegen eine Ausweitung des Bereiches der Wirksamkeit des Heils über Israels Grenzen hinaus und nimmt damit den anfänglichen Protest der Jerusalemer Gemeinde gegen die Heidenmission des Petrus (Apg 11,1f) vorweg. Israel versagt Jesus keineswegs den Glauben; der heidnische Centurio von Kafarnaum, der Jesus im Glauben begegnet, wird von Lukas nicht als positives Gegenbild zum ungläubigen Israel (vgl. Mt 8,10) dargestellt, sondern als einer, dessen Glaube den in Israel vorhandenen Glauben noch übertrifft: „Nicht einmal in Israel habe ich solchen Glauben gefunden" (Lk 7,9). So wird denn auch wiederholt die positive Einstellung des Volkes zu Jesus betont (4,42; 8,40; 13,17; 19,48)[14]. Negativ zu ihm stehen lediglich die Führer des Volkes, nämlich die Schriftgelehrten, Pharisäer, Hohenpriester und Ältesten. Lukas vertieft deutlich die Kluft zwischen ihnen und dem Volk hinsichtlich der Beurteilung Jesu (7,30; 13,17; 19,47f; 20,1.6 u.ö.).

2.3.2 Das *Winzergleichnis* (Lk 20,9–19) gibt Lukas so wieder, daß sein Bezug auf das ganze Volk von vornherein ausgeschlossen ist. Fast legt sich der Eindruck einer Verständigung Jesu mit dem Volk im Urteil über dessen Anführer nahe. Jesus erzählt nämlich das Gleichnis dem „Volk" (20,9), um zugleich zu betonen, daß es sich auf die „Schriftgelehrten und Priester" beziehe (20,19). Demnach ist das Ziel seiner Erzählung die Aufklärung des Volkes über die Pläne seiner Anführer und deren Folgen. Und eben dieses Ziel wird erreicht. Wenn das Volk mit dem erschreckten Ausruf: „Dies soll nicht geschehen!" (20,16) reagiert, so signalisiert es damit, daß es Jesus verstanden hat und die Konsequenzen des Fehlverhaltens seiner Führer verurteilt.

2.3.3 Dem entspricht auch, daß der *Weg Jesu nach Jerusalem* als Erfüllungsgeschehen geschildert ist. Der verheißene endzeitliche Herrscher Israels kommt in die heilige Stadt Israels und wird dort vom Volk Gottes empfangen. Der gesamte Reisebericht (9,51–19,10) steht im Zeichen dieses Erfüllungsgeschehens. Die verlorenen Glieder Israels werden von Jesus gesucht und gesammelt (15,1–32), den „Söhnen Abrahams" wird durch seine vergebende Zuwendung Heil zuteil (19,9). Das „ganze Volk" Jerusalems drängt sich um Jesus, um ihn zu hören (19,38). Die wenigen Pharisäer und Glieder des Volkes, die den Jubel dämpfen wollen, müssen sich von Jesus sagen lassen: „Selbst wenn diese schweigen, so schreien die Steine laut" (19,40; vgl. Hab 2,11). Stadt und Tempel erkennen in Jesus also den, auf dessen Kommen ihre Existenz ausgerichtet ist. Das eigentliche Ziel Jesu in Jerusalem ist der Tempel. Ihn macht er zum Ort seiner Lehre (20,1.9; 21,37) und führt ihn so seiner zentralen

---

[13] Hinsichtlich der schwierigen Quellenfrage ist die wahrscheinlichste Auskunft, daß Lukas eine (möglicherweise aus Q stammende) erweiterte Fassung der Nazaret-Perikope (Mk 6,1–6a), die bereits die israelkritischen Worte und den Tötungsversuch VV.23–30 enthielt, als Vorlage hatte; vgl. *H. Schürmann*, Das Lukasevangelium I, 1969 (HThK III/1) 225–244; *Bovon*, Lk 1,1–9,40, 207f; *Lohfink*, Sammlung 45. Anders *U. Busse*, Das Nazareth-Manifest, 1978 (SBS 91) 113.

[14] Dabei geht Lukas deutlich über die im Grundansatz schon positive Sicht des Markus hinaus. Vgl. vor allem die positiven Korrekturen in 5,1.15; 6,18; 15,1; 19,48; vgl. *Lohfink*, Sammlung 40f.

Bestimmung zu. Das Volk hängt dort begeistert an seinen Lippen, sehr zum Mißfallen der führenden Kreise (19,47f).

2.3.4 Der Gesinnungsumschwung des Volkes in der *Passionsgeschichte* wirkt darum umso heftiger. Nicht weniger als dreimal fordert die Volksmenge von Pilatus die Kreuzigung Jesu (23,21.23), und wir erfahren ausdrücklich: indem der römische Prokurator sich zu diesem Urteil entschloß, gab er damit Jesus „ihrem Willen (d.h. dem der Volksmenge) preis" (23,25)[15]. Lukas stellt hier die Schuld des Volkes am Tode Jesu klar heraus. Auf eben diese Schuld wird es dann auch in den nachösterlichen Petruspredigten angesprochen (Apg 2,23; 10,39; 13,28). Aber er folgert aus ihr *nicht ein prinzipielles und unwiderrufliches Nein des gesamten Volkes Israel zu Jesus.* Es ist für ihn eher ein Verhalten momentaner Verblendung, das durch Umkehr überwunden werden kann (Apg 2,38; 3,19; 5,31; 10,43) und das tatsächlich von einem großen Teil Israels überwunden worden ist[16]. Dem entspricht, daß Lukas die Szene von der Verfluchung des Feigenbaums, in der Versagen und Verwerfung Israels ihren bildhaften Ausdruck fanden (Mk 11,12–14.20f par Mt 21,18f), nicht in sein Evangelium aufnahm.

2.3.5 In Jesu Verwerfung durch das Volk und in seinem Tod erfährt zwar die durch Jesus ausgelöste Krise Israels ihre äußerste Zuspitzung. Aber diese Krise entspricht dem Willen Gottes; sie ist nicht Ende, sondern Anfang, weil sie die endgültige *Voraussetzung für die endzeitliche Sammlung Israels* schafft. Gott selbst hatte es nach dem Zeugnis der Schrift so gesetzt, daß der Messias zuerst getötet werden und von den Toten auferstehen mußte (24,26f): dies hält der Auferstandene den Jüngern von Emmaus entgegen, die das vermeintliche Scheitern der Hoffnung auf die Erlösung Israels betrauern (24,21). Und wenn er am Schluß des Evangeliums ankündigt, daß nunmehr „auf seinen Namen Umkehr und Sündenvergebung allen Völkern verkündigt werden" solle (24,47), so will dies nicht als Korrektur der Hoffnung auf die Erlösung Israels, sondern als deren Erweiterung verstanden werden. Hier deutet sich die Erfüllung der universalistischen Perspektive von 2,29–32 an und damit das Thema des zweiten Teils des lukanischen Doppelwerkes.

Durch das gesamte Evangelium bleibt es also bei der in der Vorgeschichte aufgewiesenen *grundsätzlichen Offenheit Israels* auf seine von Gott beabsichtigte Sammlung zur endzeitlichen Heilsgemeinde hin.

2.4 Lukas stellt – wiederum im Unterschied zu Matthäus – die vorösterliche Jüngerschaft Jesu nicht als Urbild der Kirche dar. Dies gilt, obwohl er die Einsetzung des Zwölferkreises mit großem Gewicht versieht (6,12–16): Nach nächtlicher Zwiesprache mit Gott im Gebet wählt Jesus die „Zwölf", „die er auch Apostel nannte", aus seinem weiteren Jüngerkreis aus. Doch ist dies als ein proleptischer Akt zu verstehen, der eine spätere Entwicklung dadurch vorbereitet, daß er Kontinuität sichert. Jesus gründet hier noch nicht die Kirche, er blickt vielmehr auf die zukünftige Sammlung des Gottesvolkes aus[17]. Auch bei Lukas haben die „Zwölf" ihre Funktion als Stammväter des endzeitlichen Zwölfstämmevolkes, auch wenn diese

---

[15] *Goppelt*, Christentum 230, meint, Lukas lasse „fast die Juden als Henker Jesu erscheinen, aber nicht nur um ihre Schuld herauszustellen, sondern auch um die Römer zu entlasten". So überzogen ersteres ist, so zutreffend sind die beiden zur Begründung genannten Faktoren.

[16] Dem entspricht, daß Lukas von keiner Verspottung des Gekreuzigten durch das Volk berichtet (23,35); vielmehr kehrt das Volk, das die Kreuzigung gesehen hat, still nach Hause zurück, indem es sich an die Brust schlägt (23,48); vgl. *Lohfink*, Sammlung 43.

[17] Vgl. *Lohfink*, Sammlung 93–99; *Bovon*, Lk 1,1–9,40, 282f.

ohne besondere Betonung bleibt (22,30); in erster Linie sind sie jedoch die Garanten der Kontinuität der Überlieferung von Jesus (s.u. 5.).

2.5 Erst durch den Tod und die Auferweckung Jesu hat Gott die Voraussetzung für die Sammlung des weltweiten Gottesvolkes geschaffen. Diese ist das Thema der *Apostelgeschichte*, wie Lukas es durch die Abschiedsworte des von den Zwölfen scheidenden Jesus formulieren werden läßt (Apg 1,7f). Auf die Frage, ob er „zu dieser Zeit das Reich für Israel wiederherstellen" werde, erhalten die Jünger die Antwort:

> Es ist nicht eure Sache, die Zeiten und Stunden zu wissen, die der Vater in seiner Herrschermacht bestimmt hat. Jedoch sollt ihr dadurch Kraft empfangen, daß der heilige Geist auf euch kommen wird, und ihr sollt meine Zeugen sein in Jerusalem, in ganz Judäa und Samaria und bis zu den Enden der Erde.

Die Erwartung der Jünger auf eine Sammlung Israels durch Jesus wird nicht zurückgewiesen, sondern durch zwei Korrekturen den neuen Gegebenheiten angepaßt: Es wird (1.) nicht mehr Jesus selbst sein, sondern der Heilige Geist, der diese Sammlung dadurch bewirkt, daß er die Jünger zum Zeugnis von Jesus befähigt; und (2.) wird dieses Zeugnis nicht auf Israel beschränkt bleiben, sondern ausgreifen bis zu den „Enden der Erde".

Diese Wendung nimmt Jes 49,6 auf (vgl. Apg 13,47) und verweist zugleich zurück auf Lk 2,31f: die profetische Ankündigung des greisen Simeon soll nun zur Wirklichkeit werden. Die endzeitliche Sammlung des Gottesvolkes soll nicht an den Grenzen Israels halt machen, sondern auch die Heiden mit einbegreifen. Zurückgewiesen wird in erster Linie die Naherwartung, darüber hinaus aber wohl auch die politische, stark auf Israel bezogene Erwartung der Jünger. Ihr Auftrag steht nicht unter dem Zwang eines den Ablauf der Endzeitereignisse bestimmenden apokalyptischen „Fahrplans". Stattdessen wird ihnen *Zeit gegeben* für ihr Zeugnis unter Israel und den Weltvölkern. Lukas weiß von der Bedeutung seiner Gegenwart als der *Zeit der Kirche*.

2.5.1 Diese ist freilich keineswegs eine von der Zeit Jesu abgehobene eigene heilsgeschichtliche Periode, sondern die Weiterführung der mit dem Kommen Jesu angebrochenen Epoche der Ausrufung der Heilsbotschaft, des von Gott gnädig gewährten „Heute" der erfüllten Verheißungen (Lk 4,21). Das ist gegenüber *H. Conzelmann* zu betonen, dessen Drei-Perioden-Schema die Diskussion über Lukas lange beherrscht hat[18]. Conzelmann unterscheidet eine Zeit der Verheißung, die bis zu Johannes dem Täufer reichte (Lk 16,16), eine Zeit Jesu, die „Mitte der Zeit", und eine mit der Himmelfahrt beginnende „Zeit der Kirche", die an die Stelle der in ungreifbare Ferne gerückten Parusieerwartung getreten sei. Neuere Untersuchungen haben jedoch gezeigt: Lukas kennt nur *eine* Epochenwende, nämlich die von der Zeit der Verheißung zur Zeit der Erfüllung[19]. Die Zeit des Erdenwirkens Jesu ist von der Zeit der Kirche nicht durch einen Einschnitt getrennt. Vielmehr stellt Lukas die grundlegende Zusammengehörigkeit beider durch den Verweis auf *kontinuitätsstiftende Faktoren*

---

[18] *Conzelmann*, Mitte 172–174.

[19] S. hierzu *W.C. Robinson*, Der Weg des Herrn, 1964 (ThF 36); *W.G. Kümmel*, Lukas in der Anklage der heutigen Theologie, in: ders., Heilsgeschehen und Geschichte 2, 1978 (MThSt 16) 87–100; *O. Merk*, Das Reich Gottes in den lukanischen Schriften, in: Jesus und Paulus, FS. W.G. Kümmel, hg. E.E. Ellis/ E. Gräßer, Göttingen 1975, 201–220; *Bovon*, Linien 20–23.

heraus: *Jerusalem*, die Mitte Israels, bleibt der zentrale Ort des Geschehens; dort finden die Ostererscheinungen ebenso statt wie die 40–tägige Unterweisung der Zwölf, die Ergänzung des Zwölferkreises, die Himmelfahrt und das Pfingstwunder[20]. Neben die Kontinuität des Ortes tritt die der Zeugen: *die Zwölf*, die nun in den Mittelpunkt des Geschehens treten, sind diejenigen, die von Anfang des Wirkens Jesu an bei ihm waren und so Zeugen seiner Worte und Taten geworden sind (Apg 1,21f; 10,37.39; 13,31)[21]. Zwar ist auch für Lukas, nicht anders als für Paulus, die Entstehung der Kirche aus Juden und Heiden eine *Folge des von Gott in Kreuz und Auferweckung Jesu gewirkten Heilsgeschehens*. Zugleich aber ist sie in seinen Augen das *Ziel, auf das die gesamte irdische Geschichte Jesu hinläuft*. Hat Jesus während seines Erdenwirkens die Sammlung des Gottesvolkes noch nicht durchgeführt, weil die entscheidende Voraussetzung dafür noch ausstand, so hat er sie doch in die Wege geleitet und im Verborgenen vorbereitet, so daß sie nach dem Kommen des Geistes durch seine Zeugen öffentlich erfolgen konnte.

2.5.2 Das Werden der Kirche tritt für Lukas weder direkt noch indirekt an die Stelle der *Parusieerwartung*. Er rechnet sehr wohl mit der Parusie, und zwar nicht erst in unbestimmter zeitlicher Ferne. Vielmehr ist er davon überzeugt, daß sie eintreten werde, sobald das Ziel der Jesusgeschichte, die Sammlung des Heilsvolkes, erreicht ist. Daß der Umkehrruf der Zeugen Jesu gehört wird und so die Verheißung der Schrift Erfüllung findet, ist die Vorbedingung dafür, daß „Zeiten der Erquickung kommen vom Angesicht des Herrn her und er euch den vorherbestimmten Gesalbten, Jesus, sende, den der Himmel aufnehmen muß bis zu den Zeiten der Herstellung alles dessen, wovon Gott durch den Mund seiner heiligen Profeten von Uranfang her geredet hat" (Apg 3,20f). Den Zeugen ist für ihren Auftrag Zeit gegeben, aber wie dieser Auftrag begrenzt ist, so ist auch die für ihn angesetzte Zeit nicht grenzenlos. Sobald die in Lk 2,30f zusammenfassend artikulierte profetische Verheißung durch die Sammlung eines Gottesvolkes aus Juden und Heiden erfüllt ist, ist das Ziel erreicht, das Gott der Jesusgeschichte gesetzt hat. Das aber ist mit der Ankunft des Paulus in der Welthauptstadt Rom und seiner dortigen Verkündigung der Fall. Der Schluß der Apostelgeschichte mit der „ungehinderten" Predigt des Paulus in Rom (Apg 28,31) ist nicht der zufällige Abbruch einer sich in unbegrenzte Zukunft fortsetzenden Geschichte, sondern ein echter Abschluß: Das in Apg 1,8 angekündigte Ziel ist erreicht, dem Eintritt der Parusie steht nun – zumindest grundsätzlich – nichts mehr im Wege. Ob Lukas tatsächlich für seine Gegenwart die Parusie erwartet hat, muß dahingestellt bleiben. Er dürfte für die Zukunft zwar einen kräftigen Aufschwung der Heidenmission erhofft haben (s. 2.9), schwerlich jedoch hat er an eine Durchdringung des ganzen römischen Imperiums mit dem Christentum im Sinne einer eigenständigen Phase des Heilsplans Gottes gedacht[22].

2.6 Welche Bedeutung hat das von ihm so ausführlich berichtete *Pfingstgeschehen* (Apg 2; s. II.3) für Lukas? Es ist keineswegs der Geburtstag der Kirche, sofern man darunter einen völligen Neuanfang und die Entstehung einer bislang nicht vorhandenen Größe begreift. Er will vielmehr in Apg 2 das *öffentliche In-Erscheinung-Treten des endzeitlich gesammelten Gottesvolkes* als die sichtbare Bekundung der

---

[20] Lukas unterschlägt die Jüngerflucht nach Galiläa ebenso wie die dortigen Erscheinungen des Auferstandenen.

[21] Vgl. *G. Lohfink*, Die Himmelfahrt Jesu, 1971 (StANT 26) 271: „Das ganze 1. Kapitel der Apostelgeschichte (ist) nichts anderes als ein kunstvolles Gefüge von Kontinuitätssymbolen."

[22] *Burchard*, Zeuge 181, formuliert doch wohl zu einseitig pointiert: „Gewiß ist noch Zeit, aber . . . (Lukas) beschreibt sie nicht und hat sich keine Mühe gegeben, ihre Züge in der Zeit Jesu und der Zeugen anzulegen und anzudeuten. Es ist die Zeit des Bewahrens und der Geduld."

Tatsache darstellen, daß die Geschichte Jesu sich nunmehr anschickt, ihr Ziel zu erreichen[23]. Zugleich weist das Kommen des Geistes das Geschehen als *Erfüllung alttestamentlicher Verheißung* aus. In der kleinen Schar der Jünger Jesu, die furchtlos vor der versammelten Menge in allen Sprachen „die großen Taten Gottes" verkündigen (Apg 2,11), erweist sich das von den Profeten (Joel 3,1–5; vgl. Jes 32,14f; Ez 36,26) für die Endzeit für ganz Israel angekündigte erneuerte Gottesverhältnis mit seiner unmittelbaren Nähe zu Gott als verwirklicht.

Aber dieses erneuerte Gottesverhältnis kann, wenn es wirklich Erfüllung der Verheißung auf Erneuerung ganz Israels sein soll, nicht auf den kleinen Kreis der Jünger Jesu beschränkt bleiben. Es greift aus nach dem *gesamten Gottesvolk* und, darüber hinaus, auf die jetzt noch außerhalb Israels stehenden *Heiden*. Die Apostelgeschichte beschreibt deshalb den mit Pfingsten einsetzenden Prozeß der sichtbaren Sammlung des Gottesvolkes als ein Geschehen, das in zwei Phasen, denen beiden Erfüllungscharakter eignet, abläuft: der *Sammlung Israels* folgt die *Sammlung der Heiden*.

2.6.1 Die *Sammlung Israels* erfolgt in *Jerusalem*. Sie setzt ein mit der Pfingstpredigt des Petrus (Apg 2,14–41). In ihr wird dem ganzen Volk die Möglichkeit der Umkehr eröffnet. Diese besteht in der Einsicht, daß Gott das Unheilshandeln des Volkes, das zur Kreuzigung Jesu führte, durch sein Eingreifen zum Heil gewendet hat, indem er Jesus von den Toten auferweckte und zum messianischen Herrscher Israels in der Nachfolge Davids einsetzte (2,23–34). Dieses Umkehrangebot wird angenommen: Es führt zu einer Massenbekehrung von 3000 Menschen (2,41).

Sie bleibt nicht die einzige. Vielmehr berichtet Lukas von einer dichten Folge solcher Massenbekehrungen in der Anfangszeit der Jerusalemer Urgemeinde (Apg 4,4; 5,14; 6,1.7). Ihn motiviert dazu nicht etwa eine naive Freude an großen Zahlen, die ihm den Blick auf die ungleich bescheideneren realen Gegebenheiten verstellt hätte. Er will vielmehr zeigen: damals hat sich tatsächlich die verheißene endzeitliche Sammlung und Erneuerung des Gottesvolkes vollzogen! Es waren nicht nur einige wenige Menschen aus Israel, die sich zur Gemeinde Jesu sammelten, sondern es war *Israel in seiner Gesamtheit*, das mit dem Umkehrruf konfrontiert wurde und ihm, wenn schon nicht als ganzes, so doch in wesentlichen Teilen Folge leistete. Lukas unterschlägt nicht, daß die apostolische Verkündigung auch auf Ablehnung stieß, aber diese beschränkt sich, wie schon die Feindschaft gegen Jesus im Lukasevangelium, auf die Gruppe der Führer des Volkes (Apg 3,17; 4,5f.23; 5,17.21 u.ö.)[24]. So steht die Jerusalemer Urgemeinde am Ende ihrer Gründungsphase (Apg 6) als *eine Größe* da, *die die Erfüllung der Verheißung der Erneuerung Israels gültig repräsentiert*. Lukas will zeigen: Israel ist tatsächlich durch das Zeugnis der Apostel von Jesus gesammelt worden. *Die Kirche ist das zu seiner heilsgeschichtlichen Bestimmung gekommene Israel.* Lukas deutet das dadurch an, daß er erstmals gegen Ende

---

[23] Dieser Aspekt der (zunächst nur jüdischen) Öffentlichkeit kommt vor allem in der sog. Völkerliste Apg 2,5–11, die die Herkunftsgebiete der anwesenden Diasporajuden benennt, zum Tragen; vgl. *Roloff*, Apostelgeschichte 43–46.

[24] Vgl. *Lohfink*, Sammlung 50.

dieser ersten Sammlungsphase das bisher von ihm vermiedene Wort „Kirche" (*ekklesia*) verwendet (Apg 5,11)[25].

Zwar haben Teile des Volkes – vor allem seine Führer – dem Umkehrangebot das Gehör versagt, um in ihrer alten Feindschaft gegen Jesus zu verharren. Aber sie repräsentieren von nun an nicht mehr Israel. Weil sie an Jesus als dem von Gott ausgewiesenen Messias Israels zu Fall gekommen sind (vgl. Lk 2,34), sind sie auch aus Israel als heilsgeschichtlicher Größe herausgefallen – sie werden zum Judentum[26]. Lukas will dieses qualitative Urteil durch die vordergründig seine Darstellung bestimmende quantitative Sicht veranschaulichen.

Mit der Sammlung der Kirche in Jerusalem erreicht die für das ganze lukanische Doppelwerk charakteristische *Zentrierung auf Jerusalem* ihren Höhepunkt. Was für Jerusalem stets gegolten hatte, nämlich daß es die Mitte und der Ort des Zusammenkommens Israels war, das gilt jetzt erst recht. Das erneuerte Gottesvolk hat in der heiligen Stadt den ihm von Gott zugewiesenen Ort und seine Mitte. Vor allem aber bahnt sich damit die Erfüllung der Verheißung an. Die Geschichte Jesu, die ganz auf Jerusalem hin ausgerichtet gewesen war (vgl. Lk 9,51), ist nunmehr mit der Existenz der Heilsgemeinde in der heiligen Stadt sichtbar zum Ziel gekommen. Entsprechendes gilt vom *Tempel*: Seine Inbesitznahme durch den dort verkündigenden Jesus (Lk 19,45–48) setzt sich dadurch fort, daß die Gemeinde ihn ebenfalls als den ihr zugehörigen Ort in Besitz nimmt. Sie tut das mit ihrem Gebet (Apg 4,2) und ihrer Verkündigung, so daß er geradezu als die Mitte aller ihre Lebensvollzüge dargestellt werden kann (2,46; 5,42). Die so gezeichnete Erfüllungssituation für Jerusalem und den Tempel will freilich im Licht des weiteren Erzählungsfortgangs verstanden werden, in dem Lukas verdeutlichen wird: diese Erfüllungssituation wird vom Fortgang des heilsgeschichtlichen Handelns Gottes überholt werden, das Gottesvolk wird über seine bisherige Mitte, Jerusalem und den Tempel, hinausgeführt werden.

2.6.2 Erst nachdem die erste Phase der Sammlung des Gottesvolkes zu einem sichtbaren Abschluß gekommen ist, setzt die *zweite Phase* ein, *das Hinzukommen der Heiden*. Ihr ist der weitaus größere Teil der Apostelgeschichte, beginnend mit 6,1, gewidmet. Schritt für Schritt wird die Ausbreitung des Evangeliums in immer weiteren Bereichen geschildert: Zunächst erfaßt die Mission der „Hellenisten", des Kreises um Stefanus (s. II.6.3), die Samaritaner, die infolge ihres Abfalls vom Jerusalemer Kult zwar als häretisch galten, aber noch in einer, wenn auch gebroche-

---

[25] Vordergründig ist *ekklesia* in 5,11 zunächst die *örtliche Versammlung* (vgl. 8,1.3; 11,22.26; 13,1; 14,27); zugleich will Lukas hier aber wohl *ekklesia* als Wesensaussage verstanden wissen. Generell ist die Begriffsverwendung in der Apostelgeschichte durch eine große Variationsbreite gekennzeichnet. Sie reicht von der Aufnahme ältesten judenchristlichen Sprachgebrauchs (absolutes *he ekklesia* = die Jerusalemer Urgemeinde: 12,1.5; 18,22) über *ekklesia* als örtliche Versammlung bis zur übergreifenden Bezeichnung der Christen innerhalb eines bestimmten geographischen Bereiches (9,31: „die *ekklesia* in ganz Judäa, Galiläa und Samarien") und zur generalisierenden theologischen Wesensaussage (20,28; vgl. 7,38). Dabei scheint sich im Fortgang der Apostelgeschichte eine planmäßige Erweiterung von der Einzelgemeinde zur Gesamtkirche abzuzeichnen; vgl. *Lohfink*, Sammlung 56f; vgl. auch *Roloff*, EWNT I 1005–1007.

[26] Vgl. *Conzelmann*, Mitte 135; *Lohfink*, Sammlung 55; *Eltester*, Israel 114–126.

nen, Beziehung zum Judentum standen (8,1.4)[27]. Der nächste Schritt ist die Taufe des Kornelius in Cäsarea durch Petrus (10,1–11,18). Hier handelt es sich um einen unbeschnittenen Heiden, der jedoch dem Kreis der sogenannten „Gottesfürchtigen", d.h. der Gesetz und jüdische Lebensweise wenigstens teilweise befolgenden heidnischen Sympathisanten des Judentums, angehörte. Schließlich kommt es in Antiochia (11,20) und, von dort ausgehend, durch das räumlich weit ausgreifende Wirken des Paulus zu einer Mission an dem Judentum fernstehenden heidnischen Menschen.

2.6.3 Auch bei der Darstellung dieser zweiten Phase verliert Lukas die Juden niemals aus dem Blick. Aber sie erscheinen in einem anderen Licht. Nicht nur, daß Massenbekehrungen wie in Apg 1–5 nun nicht mehr vorkommen – eine Kette von Berichten von Anfeindungen, Ausschreitungen gegen die Zeugen Jesu und regelrechten Verfolgungen durch die Juden durchzieht seinen Bericht, einsetzend mit der Tötung des Stefanus (6,8–8,1a). Und zwar ist das ganze Volk, nicht nur seine Anführer, daran beteiligt. Lukas betont, daß Paulus sich an jedem Ort seiner Mission mit seiner Verkündigung zuerst an die Juden gewandt habe, indem er in den Synagogen predigte (9,19b-23; 13,13–41; 14,1f; 17,1–4; 18,4–6), aber der missionarische Erfolg unter den Juden bleibt dort aus, abgesehen von bescheidenen Ausnahmen (13,43; 17,4). Abweisung und feindseliger Widerstand von ihrer Seite veranlassen ihn zur Hinwendung zu den Heiden, bei denen er ein dazu konträres Verhalten vorfindet: „Als die Heiden" (in Lystra) von seinem Entschluß hörten, von nun an ihnen statt den Juden zu predigen, „freuten sie sich und priesen das Wort des Herrn. Und alle, denen das ewige Leben galt, kamen zum Glauben" (13,48). Es ist Gott selbst, der, in Verfolgung seines heilsgeschichtlichen Planes, „den Heiden die Tür des Glaubens geöffnet hat" (14,27). Sie sind sein „Volk", das er für sich ausersehen hat und zu dessen Sammlung er seine Boten beauftragt hat (18,10). Die Juden hingegen erscheinen in dieser Phase als dem Gericht Gottes unterstellt. Und zwar ist es die Sammlung der Heiden zur Kirche, in der sich das Gericht über Israel manifestiert (13,40)[28].

Diese Konstellation findet in großer Schärfe am Schluß des lukanischen Werkes ihren nochmaligen Ausdruck. In seiner Begegnung mit den Juden Roms hält Paulus deren ungläubiger Mehrheit den Verstockungsbefehl Gottes an Jesaja (Jes 6,9f) als Zitat entgegen. Dieses letzte Wort des Paulus (Apg 28,26f) ist zugleich das letzte Wort des Lukas über das sich dem Glauben an Jesus verschließende Israel. Eine Hoffnung auf eine zukünftige Wende zum Glauben läßt sich daraus schwerlich

---

[27] Die Bekehrung des äthiopischen Kämmerers (8,26–40) war in den Augen des Lukas kaum ein programmatischer weiterer Schritt über die Grenze des Judentums hinaus, zumal manches dafür spricht, daß er im Kämmerer einen Proselyten – und nicht einen Verschnittenen und damit am Übertritt zum Judentum gehinderten (Dtn 23,2) sah; vgl. *R. Pesch*, Die Apostelgeschichte, 1 (Apg 1–12), 1986 (EKK V/1) 288f.

[28] Das große und staunenswerte „Werk Gottes", das Paulus (im Zitat aus Hab 1,5) in der Lystra-Rede seinen jüdischen Zuhörern im Ton der Drohung ankündigt (13,41), meint die Heidenmission und damit das Geschehen, in dem Gott die Kirche schafft; vgl. *Jervell*, Israel 88f; *H. Schlier*, Die Kirche in den lukanischen Schriften, in: MySal IV/1, 1972, 116–135.117.

herauslesen. Zukunft wird allein der Mission an den Heiden gegeben: „Sie werden hören" (V.28).

2.7 Als *programmatische Zusammenfassung* der lukanischen Sicht des Werdens der Kirche kann der erste Teil der Jakobusrede auf dem Apostelkonzil (Apg 15, 14–18) gelten. Jakobus verweist hier zunächst auf den Heilsplan Gottes, „aus den Heiden ein Volk für seinen Namen zu gewinnen" (V.14), und er beschreibt dessen Durchführung mit einem charakteristisch abgewandelten Profetenzitat (Am 9,11f)[29]:

> Danach will ich mich umwenden
> und die verfallene Hütte Davids wieder aufbauen,
> und ich will ihre Trümmer wieder aufbauen
> und sie aufrichten,
> damit auch die übrigen Menschen den Herrn suchen
> und alle Heiden, über die mein Name ausgerufen ist,
> spricht der Herr, der dies kundtut von Ewigkeit her!

Demnach ist die Aufrichtung der verfallenen Hütte Davids, d.h. die Erneuerung Israels, die Vorbedingung für das weitergehende Ziel Gottes, auch die Heiden um sich zu sammeln. Seinem Denken in geschichtlichen Abläufen gemäß, sieht Lukas hier ein Nacheinander ausgesprochen, dessen Verlauf er in seiner Darstellung konkret ausführt. Demnach muß erst die Sammlung Israels geschehen. Dann kann die Heidenmission erfolgen. *In beidem zusammen aber vollzieht sich das Werden von Kirche nach dem Willen Gottes.*

2.8 Aber wie läßt sich von da her im Sinne des Lukas das *Verhältnis der Kirche zu Israel und zu den Heiden* bestimmen?

2.8.1 Nach *E. Schweizer* ist die Kirche beiden gegenüber etwas grundlegend Neues, das er mit dem von den Kirchenvätern geprägten Begriff *tertium genus* (= „drittes Geschlecht") kennzeichnet. Sie besteht aus jenen Menschen, die Gott sich aus Juden und Heiden erwählt hat[30]. Doch dem widerspricht der Nachdruck, mit dem Lukas die von Jesus vorbereitete und von den Aposteln durchgeführte *Sammlung Israels zur Kirche* vor Augen führt. Auch die Geschehensabfolge von Apg 15,16–18 ist hier nicht berücksichtigt.

2.8.2 Von einem konträren Ausgangspunkt her entwickelt *J. Jervell* eine These, die zu ähnlichen Resultaten führt. Anders als *Schweizer*, der Lukas eine eindeutig heidenchristliche Perspektive unterstellt, bringt *Jervell*, grundsätzlich zu Recht, eine judenchristliche Komponente im theologischen Denken des Lukas in Ansatz. Diese wirke sich vor allem in seiner Ekklesiologie dahingehend aus, daß er nur die judenchristliche Kirche als das wahre Israel ansehe. Auch nach *Jervell* ist die Sammlung der zum Glauben an Jesus gekommenen Juden die Voraussetzung für die Heidenmission. Hinter dieser stehe zwar die Einsicht, daß Gott den Heiden, nicht anders als den Juden, das Heil und die Gabe des Heiligen Geistes zuwenden wolle (10,44ff; 11,17), doch vollziehe sich mit ihr nicht auch die Eingliederung in Israel: Es gebe für Lukas vielmehr *nur ein Israel*, nämlich das jüdische Volk. Dessen umkehrwilliger Teil

---

[29] Der Schriftbeweis 15,15b–18 dürfte bereits für das Selbstverständnis der Jerusalemer Urgemeinde eine Rolle gespielt haben und wurde von Lukas aus der Tradition übernommen; vgl. *Roloff*, Apostelgeschichte 232.

[30] *Schweizer*, Gemeinde 55–57.

bilde den Kern der apostolischen Kirche[31]. In dieser Kirche werden die gläubigen Heiden Israel angegliedert und erhalten Anteil an dessen Verheißungen, aber sie werden nicht Teil Israels. Daneben besteht nach wie vor das ungläubige Israel. – Das läuft, wie bei *Schweizer*, auf ein Verständnis der Kirche als einer *neuen, mit Israel nicht identischen Größe* hinaus. Dazu kommt als weitere, sich aus der starken Gewichtung der Judenchristen als Kern der Kirche ergebende Folgerung, daß *innerhalb der Kirche zwei verschiedene Völker*, nämlich Judenchristen und Heidenchristen, relativ unverbunden nebeneinander zu stehen kommen, so daß hier also gewissermaßen das synagogale Verhältnis von Juden und Gottesfürchtigen sein kirchliches Gegenstück findet. – Zur Kritik ist auch hier wieder auf 15,14–18 zu verweisen: zwar ist hier von einem *Volk aus den Heiden* die Rede (V.14), aber dieses tritt gerade nicht neben ein *Volk aus den Juden*, sondern es tritt in das wiederaufgerichtete Israel ein, mit der Folge, daß dieses seine von Gott gesetzte endzeitliche Fülle erreicht[32]. Auch *Jervells* Konstruktion eines doppelten Israelbegriffs wird der Intention des Lukas nicht gerecht.

2.8.3 Demgegenüber ist festzuhalten: *für Lukas ist die Kirche auch nach dem Hinzukommen der Heiden das endzeitlich gesammelte und vollendete Israel*. In ihr stehen nicht Judenchristen und Heidenchristen als *zwei Gottesvölker* nebeneinander, sondern sie ist das *eine Volk Gottes*, in dessen Existenz sich die Verheißungen Gottes für Israel erfüllt haben und in dem Gottes Geschichte mit Israel ihre Weiterführung und Vollendung erfährt. Und zwar ist das, was sie zum Volk Gottes macht, nicht etwa die aufweisbare leiblich-geschichtliche Kontinuität mit Israel, sondern das erwählende und rettende Handeln Gottes. Im Blick auf *die Heiden* und die noch weitergehende Aufgabe der Mission an ihnen läßt Christus den Paulus in einer nächtlichen Vision wissen: „ich habe *ein großes Volk* in dieser Stadt" (18,10)[33]. Das erwählende und rettende Handeln Gottes an den Heiden durch Christus bleibt aber in Übereinstimmung mit seinem bisherigen Handeln in der Geschichte. Deshalb steht die Erfüllung der Israel gegebenen Verheißung am Anfang des Werdens der Kirche.

2.9 Diese Erfüllung steht am Anfang, aber sie markiert keineswegs den Abschluß des Werdens der Kirche. Das ist die Botschaft des Schlußteils der Apostelgeschichte (19,21–28,31), der sich darum als für die lukanische Ekklesiologie sehr bedeutsam erweist[34]. Eine einschneidende Veränderung im erzählerischen Richtungssinn ist hier zu beobachten. War bislang Jerusalem der durch das Wirken Jesu und der Apostel hervorgehobene Heilsort, so erscheinen sowohl die heilige Stadt wie auch der Tempel nunmehr in anderer Beleuchtung: nicht mehr als Orte des Heils, sondern des Unheils. Paulus droht in Jerusalem, wohin er zur Überbringung der Kollekte reist, Gefangenschaft und Tod (21,10–14); im Tempel wird er Opfer einer Intrige und entgeht nur mit knapper Not der Lynchjustiz der Juden (21,27–36). Ja selbst die Jerusalemer Gemeinde bildet keinen dieses düstere Bild aufhellenden

---

[31] *Jervell*, Luke 68.

[32] Zur Kritik an Jervell vgl. *Eltester*, Israel 122f; *Lohfink*, Sammlung 59f; *Maddox*, Purpose 41f.

[33] Die implizite Bezeichnung der zu bekehrenden Heiden als *Volk Christi* ist im Sinne von 20,28 zu deuten: Christus ist es, der durch seine Selbsthingabe die Heiden für Gott erwirbt; s. hierzu *Lohfink*, Sammlung 58.

[34] S. hierzu *Roloff*, Apostelgeschichte 288f.

Kontrast: Lukas läßt sie nach der Darstellung ihres problematischen Verhältnisses zu Paulus (21,18–25) von der Bildfläche verschwinden. Immer leuchtender tritt hingegen Rom als das Ziel des Paulus hervor (19,21; 23,11). Und zwar wird deutlich: Paulus hat sich dieses Ziel nicht eigenmächtig gesucht. Es ist vielmehr der erhöhte Christus selbst, der es ihm in einer nächtlichen Vision weist und ihm die Gewißheit gibt, Gott selbst werde ihn, den bevollmächtigten Träger des Evangeliums, dorthin führen (23,11). Widerstände, die von den Jerusalemer Juden ausgehen (25,1–3) verbinden sich mit den Widerständen von Naturmächten (27,1–28,10), wollen Paulus am Erreichen seines Zieles hindern, doch vergeblich. Indem Paulus am Ende doch nach Rom gelangt, gewinnt der Leser die Gewißheit, daß damit Gottes eigene Sache zum Ziel gekommen ist: Die Ankündigung des Auferstandenen von 1,8 ist dadurch erfüllt, daß Gott durch die Verkündigung des Paulus, des Zeugen Jesu, der Kirche ihren neuen Ort zuweist. Rom, die Mitte des Imperiums, ist zugleich die Mitte der heidnischen Welt. Gott selbst stellt die Kirche in die heidnische Welt hinein. Dort, unter den Heiden, hat sie nach Gottes Plan ihren Auftrag für die noch ausstehende Zukunft bis zur Parusie, die Heiden zum Volk Gottes zu sammeln. So klingt das Geschichtswerk mit einem energischen *Plädoyer für die theologische Legitimität des Heidenchristentums* aus.

Man darf annehmen, daß Lukas damit einer akuten Identitätskrise in seiner Kirche begegnen wollte, die sich aus dem Innewerden des Abstandes zu den Anfängen ergab. Konkret mag diese Krise durch den judenchristlichen Gemeindeteil ausgelöst worden sein[35]. Dieser sah sich nicht nur numerisch immer stärker durch die Heidenchristen zurückgedrängt, sondern erfuhr auch, daß das Gesetz als prägende Kraft des Lebens in den eigenen Reihen an Bedeutung verlor, und bemängelte wohl auch, daß die von ihm als primäre Aufgabe angesehene Mission unter den Juden gegenüber der Heidenmission fast völlig in den Hintergrund trat[36]. Lukas sucht diese Krise zu bewältigen, nicht etwa, indem er pauschal die bleibende Relevanz judenchristlicher Positionen für die Gegenwart herausstellt, sondern indem er auf den Weg zurückblickt, den Gott die Kirche geführt hat. Er zeigt: trotz

---

[35] Anders *J. Jervell*, The Law in Luke-Acts, HThR 64 (1971) 21–36.34; *W. Stegemann*, Zwischen Synagoge und Obrigkeit, 1991 (FRLANT 152): Auslösend seien Auseinandersetzungen zwischen Synagoge und Gemeinde; Lukas reagiere auf Vorwürfe des Judentums, wobei die jüdischen Kreise der Kirche Apostasie bzw. Eingriffe in ihre staatlich geschützten religiösen Rechte vorgeworfen hätten. Stegemann denkt dabei sogar an Prozesse vor heidnischen Behörden. Doch dagegen m.R. *M. Klinghardt*, Gesetz und Volk Gottes, 1988 (WUNT 2/32) 7 Anm. 18: Dem widerspricht, daß die lukanische Argumentation strikt innerkirchlich orientiert ist.

[36] Ähnlich, in Abänderung seiner früheren These (vgl. vorige Anm.): *Jervell*, Minority 38–43. Ansprechend ist vor allem *Jervells* Vermutung, Lukas wolle durch die Betonung der Treue des Paulus zum Judentum den gegen ihn erhobenen Vorwurf judenchristlicher Kreise, er habe die Distanz der Kirche zum Judentum verursacht, entkräften. Hingegen sehe ich keinen Anlaß für seine (jüngst von *Klinghardt*, Gesetz, weiter ausgebaute) Behauptung, Lukas wolle die bleibende Bedeutung des Gesetzes für die Kirche herausstellen. Einen akuten Kontroverspunkt zwischen Juden- und Heidenchristen dürfte hingegen der Stellenwert der Judenmission gebildet haben. Apg 28,23–28 soll doch wohl gegen mögliche judenchristliche Einwände zeigen: der Weg des Paulus (und damit des Evangeliums) nach Rom konnte nicht als Auftrag zur dortigen Judenmission verstanden werden; worum es dort nach dem Willen Gottes geht, ist die Heidenmission.

äußerer Differenz zu den Anfängen besteht eine durch Gottes geschichtliches Handeln gestiftete Kontinuität, die sich selbst da noch durchhält, wo sie über die äußere Erfüllung der alttestamentlichen Verheißung hinausführt. Die Identität der Kirche hängt nicht daran, daß sie äußerlich im Bereich des Judentums bleibt und ihre Mitte in Jerusalem festhält; sie ist und bleibt vielmehr darum das endzeitlich vollendete Israel, weil sie von der am Anfang ihres geschichtlichen Weges stehenden Erfüllung der Verheißungen Israels herkommt, diese also bereits im Rücken hat. Eine nostalgische Rückwendung nach Jerusalem ist also jetzt ebensowenig mehr an der Zeit[37] wie eine Rückkehr zum Gesetz (Apg 13,38f).

2.10 *Zusammenfassend* läßt sich sagen: Lukas erweist sich als Vertreter einer heilsgeschichtlichen Ekklesiologie, in deren Zentrum der Gottesvolk-Gedanke steht. Er knüpft damit an das Kirchenverständnis des frühen palästinischen Judenchristentums an und versucht, es auf die Gegebenheiten einer zunehmend heidenchristlichen Kirche der dritten Generation hin neu zu interpretieren.

Dabei ergeben sich auch Gemeinsamkeiten mit Paulus, so vor allem in der Betonung des heilsgeschichtlichen Vorrangs Israels (Röm 1,16) und der Erfüllung der ihm gegebenen Verheißungen (Röm 9,6a), dem Verständnis der Heidenchristen als in das Gottesvolk eingepflanzt und als Teilhaber an dessen Verheißungen (Röm 11,17) sowie der These: „nicht alle aus Israel sind Israel" (Röm 9,6b).

Keine Entsprechung finden hingegen bei Lukas die Motive des In-Christus-Seins und des „Leibes" bzw. „Tempels", wie überhaupt die christologische Komponente der Ekklesiologie bei ihm ausfällt. Man wird schon darum Lukas theologisch nicht zu nahe an Paulus heranrücken dürfen.

Vor allem aber fehlt jedes Anzeichen dafür, daß Lukas die heilsgeschichtliche Hoffnungsperspektive des Paulus im Blick auf Israel (Röm 11) geteilt hätte. Nirgends deutet sich der Gedanke an eine bleibende Zuordnung der den Glauben an Jesus verweigernden Juden zum Heilsplan Gottes an.

Überhaupt zeichnet sich im Blick auf die Israel-Problematik ein zunächst widersprüchlich erscheinender Sachverhalt ab. Zwar ist Lukas unter den neutestamentlichen Schriftstellern der dritten Generation zweifellos derjenige, der das stärkste Interesse an Israel zeigt. Das Verhältnis der Kirche zu Israel hat sich geradezu als die Leitfrage erwiesen, von der her er seine Ekklesiologie entwickelt. Lukas teilt damit nicht die sich speziell im Heidenchristentum der dritten Generation verbreitende Israelvergessenheit. Faktisch jedoch läuft seine Position auf eine radikale Negation einer weiteren Zugehörigkeit der außerhalb der Kirche verharrenden Juden zu Israel hinaus[38]. Lukas lehrt zwar nicht eine *Substitution* Israels durch die Kirche, wohl aber einen prozeßhaft sich vollziehenden *Selbstausschluß großer Teile des jüdischen Volkes aus dem Gottesvolk.*

---

[37] Auch darin, daß Lukas die Katastrophe Jerusalems (70 n. Chr.) betont als Strafgericht Gottes über die inzwischen zum Hort des den Glauben verweigernden Judentums gewordene Stadt darstellt (Lk 21,20–24), verdeutlicht er: Jerusalem ist für die Kirche nicht mehr die heilige Stadt; die dort eingetretene Erfüllungssituation hatte nur punktuell-zeichenhaften Charakter.

[38] Zum Problem vgl. *H. Räisänen*, The Redemption of Israel, in: P. Luomanen (Hg.), Luke-Acts. Scandinavian Perspectives, 1991 (Publications of the Finnish Exegetical Society 54), 94–114.110.

3. Kirche unter der Leitung des Geistes

Hinsichtlich des Gewichts, das Lukas dem Geist zumißt, kommt ihm unter allen neutestamentlichen Autoren nur Paulus gleich[39]. Auch sachlich gibt es im Geistverständnis beider eine Reihe fundamentaler Übereinstimmungen. Für Lukas ist, nicht anders als für Paulus, die Sendung des Geistes die Voraussetzung für die Entstehung von Kirche und die deren Existenz bestimmende endzeitliche Wirklichkeit. Auch für ihn ist der Zusammenhang des Geistes mit Jesus Christus grundlegend. Ebenso ist er darin mit Paulus einig, daß zwar jeder einzelne Christ den Geist empfangen hat, nämlich in der Taufe, daß aber diese Gabe ihm nicht nur als isoliertem einzelnen gilt, sondern ihn in den übergreifenden Zusammenhang der Kirche einfügt. Dennoch zeichnen sich innerhalb dieses gemeinsamen Verständnisrahmens einige nicht unwesentliche Neuakzentuierungen ab. Diese betreffen vor allem *das Verhältnis des Geistes zu Jesus, seine Wirkung auf den einzelnen Christen sowie seine Funktion für das Ganze der Kirche.*

3.1 Lukas stellt den irdischen *Jesus* betont *als Geistträger* dar. Von seiner Zeugung an ist sein Dasein bestimmt von der Gegenwart des Geistes (Lk 1,35; 2,25). Sein ganzes Wirken ist ein Handeln „im heiligen Geist" (Lk 4,1); er besitzt den Geist und verfügt über ihn, und das unterscheidet ihn von allen andern Menschen, auch seinen Jüngern[40]. Erst bei seinem Abschied stellt er den Jüngern den Empfang des Geistes in Aussicht: Anstelle der von den Jüngern erhofften weiteren leiblichen Gegenwart Jesu (Apg 1,6) soll der Geist kommen und sie dazu befähigen, *seine Zeugen zu sein* (Apg 1,8). Dieses Versprechen erfüllt der „zur Rechten Gottes erhöhte" Jesus: Er empfängt den Geist, gemäß der ergangenen Zusage, von Gott, um ihn auf die Jüngergemeinschaft an Pfingsten auszugießen (Apg 2,33).

Die Gegenwart des Geistes in der Welt, die vorösterlich in der Erscheinung Jesu gegeben war, setzt sich in der Jüngergemeinschaft und damit in der Kirche fort, allerdings in einer veränderten Weise: ist es doch nunmehr Jesus, der durch den Geist zu den Jüngern spricht und in ihnen wirkt. So bestätigt der Geist *einerseits* das Zeugnis der Jünger von der irdischen Geschichte Jesu, zu der nach lukanischem Verständnis auch die Auferstehung gehört (Apg 5,31f); *andererseits* läßt sie der Geist die Weisung Jesu erfahren, die ihr gegenwärtiges Handeln bestimmen soll (Lk 12,12; 21,15; Apg 10,14.19), es ist der „Geist Jesu", der zu ihnen spricht (Apg 16,7). Das Wirken des Geistes in der Kirche ist also *durch Jesus ein für allemal inhaltlich bestimmt.* Das bedeutet, daß die Kirche nicht frei über den Geist verfügt, sondern durch sein Wirken der von Jesus gesetzten Norm unterstellt wird. Die Gegenwart des Geistes in der Kirche kann, so gesehen, geradezu als *Ersatz für die leibliche Gegenwart des Geistträgers Jesus* gelten. Der für Paulus entscheidende Gesichts-

---

[39] Grundlegend ist nach wie vor *H. v. Baer*, Der Heilige Geist in den Lukasschriften, 1926 (BWANT 39); neuere wichtige Arbeiten zur lukanischen Pneumatologie sind: *G.W.H. Lampe*, The Holy Spirit in the Writings of St. Luke, in: D.E. Nineham (Hg.), Studies in the Gospels. Essays in Memory of R.H. Lightfoot, Oxford 1955, 159–200; *E. Schweizer*, ThWNT VI, 401–413; *J.H.E. Hull*, The Holy Spirit in the Acts of the Apostles, London 1967.

[40] Vgl. *Schweizer*, ThWNT VI 403.

punkt, daß durch das Wirken des Geistes das Heilsgeschehen von Kreuz und Auferweckung Jesu zu einer das Leben der Glaubenden erneuernden Macht wird, spielt für Lukas hingegen keine erkennbare Rolle. Nicht daß der Geist in die Sphäre des Heilsgeschehens eingliedert, sondern daß er das Zeugnis von Jesus ermöglicht und seinen Willen vergegenwärtigt, steht für ihn im Mittelpunkt.

3.2 Der *einzelne Christ* erhält in der Taufe die Gabe des Heiligen Geistes. Diese nicht nur paulinische, sondern gemeinchristliche Überzeugung teilt auch Lukas (Apg 2,38). Auch die scheinbaren Ausnahmen (Apg 8,15–17; 10,44–48; 19,2–7) wollen letztlich die Gültigkeit dieser Regel nur bestätigen[41]. Von dieser für ihn selbstverständlichen Verbindung von Taufe und Geist her setzt er voraus, daß alle Glieder der Kirche als Getaufte auch die Gabe des Geistes empfangen haben (9,31; 13,52). Doch bleibt dies seltsam unbetont. Nirgends kommt zum Ausdruck, daß der Geist dem einzelnen Christen Anteil verleiht an den Kräften der „in Christus" gesetzten endzeitlichen Heilswirklichkeit und ihn befähigt, diese Kräfte in den Lebensvollzügen der Gemeinde so einzubringen, daß in ihr eine neue, von Christus geprägte Sozialstruktur Gestalt gewinnt (vgl. Gal 3,26–29). Weder der paulinische Gedanke des vom Geist bestimmten Seins „in Christus" noch die paulinische Charismenlehre (1Kor 12) finden bei Lukas eine Entsprechung.

Seine Schilderung des idealen Lebens der Urgemeinde betont zwar, daß sich um die Mitte des gemeinsamen Gottesdienstes eine neue, durch Geschwisterlichkeit, Eintracht und Bereitschaft zum Besitzverzicht gekennzeichnete Sozialgestalt entwickelt (2,42–47; 4,32–35), doch sie kommt bezeichnenderweise ohne jede Erwähnung des Geistes aus[42]. Nur einer einzigen Gabe des Geistes gilt das Interesse des Lukas, nämlich der *profetischen Rede*, und das heißt: *der Verkündigung des Wortes* und dem *Zeugnis von Jesus*[43]. Wo immer geisterfüllte einzelne auftreten, sind es die Verkündiger. Das beginnt am Pfingsttag, an dem der Geist den Zwölfen die Fähigkeit zur Verkündigung in allen Weltsprachen schenkt (2,4). Petrus predigt „erfüllt vom Heiligen Geist" (4,8). In seinem und der übrigen Apostel Zeugnis von Jesus legt der Heilige Geist selbst Zeugnis ab (5,32). Er ist zugleich Triebkraft und Kriterium ihres Zeugnisses[44]. Stefanus ist „ein Mann voll Glauben und heiligem Geist" (6,5), und das gleiche Prädikat erhalten alle Glieder der hellenistischen Gruppe der „Sieben" (6,3; 7,55), die von Lukas in der Folge als Verkündiger dargestellt werden. Auch Barnabas (11,24) und Paulus (13,9) werden so bezeichnet, und zwar jeweils in Zusammenhängen, in denen es um ihre Vollmacht zur Verkündigung geht. So bestätigt sich auch unter diesem Aspekt die enge Zuordnung

---

[41] Die Taufe der Samaritaner durch Philippus (Apg 8,15–17) wird, nicht anders als die der Johannesjünger in Ephesus (Apg 19,2–7), als irreguläre Ausnahme dargestellt, deren Defekt erst durch die Gabe des Geistes (Apg 8,17; 19,6) geheilt wird. Umgekehrt ist es Gott, der durch die Gabe des Geistes an die „Gottesfürchtigen" in Cäsarea (Apg 10,44) ein Faktum schafft, durch das er den zögernden Petrus zum Vollzug der Taufe (10,45–48) nötigt.

[42] Vgl. *Schweizer*, ThWNT VI 407; *J. Kremer*, EWNT III 288.

[43] Das wird besonders deutlich in 2,18, wo Lukas das von der endzeitlichen Ausgießung des Gottesgeistes auf alle Glieder des Gottesvolkes handelnde Zitat aus Joel 3,1–5 interpretierend ergänzt: „und sie werden profetisch reden".

[44] Vgl. *Roloff*, Apostelgeschichte 104.

von Geist und Wort bei Lukas. *Die Gabe des Geistes an einzelne ist für ihn primär die von Gott geschenkte Fähigkeit, jenes Wort des Zeugnisses von Jesus zu verkündigen, durch das die Kirche wächst und das sie auf ihrem Weg durch die Geschichte leitet.*

3.3 Auffallend häufig ist von der *Funktion des Geistes bei der Bestimmung des Weges der Kirche* die Rede. Vor allem an kritischen Wendepunkten, in Situationen, wo Entscheidungen gefordert sind, tritt der Geist in Aktion, um die dem Plan Gottes gemäße Richtung zu weisen und Fehlentwicklungen zu verhindern. Mögen es auch jeweils zunächst Einzelne sein, die diese Wirkung des Geistes erfahren, so geht es dabei doch jeweils um eine *Richtungsweisung für die gesamte Kirche.* So nötigen Interventionen des Geistes Philippus (8,29) und Simon Petrus (10,19; 11,12) dazu, Nichtjuden durch die Taufe in die Heilsgemeinde aufzunehmen und damit die bisher gültigen Grenzen des Gottesvolkes zu überschreiten. Paulus und Barnabas werden aufgrund einer Weisung des Geistes von der Gemeinde in Antiochia ausgesandt zur Heidenmission (13,2), und ihr missionarischer Erfolg führt sie zu der für die ganze Kirche wegweisenden Einsicht, daß Gott „den Heiden die Tür des Glaubens geöffnet hat" (14,27).

Eben dieser Einsicht verleiht Jakobus Ausdruck, wenn er die Kundgabe der Entscheidung des Apostelkonzils, Heidenchristen als gleichberechtigte Glieder des Gottesvolkes anzuerkennen, mit den Worten „der Heilige Geist und wir haben beschlossen" (15,28) einleitet; der Beschluß der „Kirchenleitung" in Jerusalem ist damit als Nachvollzug der bereits manifest gewordenen Entscheidung des Heiligen Geistes ausgewiesen. Vollends aber ist es Paulus, dessen missionarischer Weg bis in alle Einzelheiten hinein durch Weisungen des Geistes bestimmt wird: Der Geist hindert ihn zunächst an der geplanten Mission in der Provinz Asia (16,6), um ihn sodann durch ein nächtliches Traumgesicht nach Griechenland zu senden (16,9f). Der Geist zeichnet ihm auch seinen Weg nach Jerusalem – und damit in Gefangenschaft und Leiden – vor (19,21; 20,22; 21,11). Vor allem aber wird sein Plan, nach Rom zu reisen, auf die Einwirkung des Geistes zurückgeführt (19,21). Aber auch die Gemeinden, die Paulus gegründet hat, bleiben unter der Führung des Geistes: beim Abschied aus seinem Missionsgebiet verweist er die Gemeindeältesten auf ihre Verantwortung für „die Herde, in der euch der Heilige Geist zu Aufsehern (Episkopen) eingesetzt hat, um die Kirche Gottes zu weiden" (20,28).

Die Funktion des Geistes ist es demnach, die Kirche für ihre Aufgabe bis zum Ende zuzurüsten und ihr die Richtung für ihre Sendung und ihren Dienst zu weisen. Durch ihn hält Gott die Kirche auf dem rechten, von ihm bestimmten Kurs auf ihrem Weg durch die noch ausstehende Geschichte[45].

---

[45] Es ist demgegenüber zu undifferenziert, wenn *G. Schneider*, Die Apostelgeschichte I, 1980 (HThK V/1) 260 von „einer ausgesprochen ekklesiologischen Ausrichtung der lukanischen Geistes-Auffassung" spricht.

4. Die Entdeckung der Dimension der Geschichte

Es ist wohl in erster Linie dieses Verständnis des Geistes gewesen, das Lukas die Möglichkeit für die Entdeckung der *positiven Relevanz der Dimension der Geschichte für die Ekklesiologie* eröffnet hat. Die Frage nach der Geschichte war für die dritte christliche Generation unabweisbar geworden. Sie war zwar durch das Zurücktreten der Naherwartung grundsätzlich gestellt, erfuhr jedoch ihre akute Zuspitzung durch die Erfahrung des zunehmenden Abstands von den heilsrelevanten Ereignissen des Christusgeschehens und vom apostolischen Zeugnis der Anfangszeit: wie konnte die Kontinuität der Kirche zu diesen Anfängen und damit ihre Identität bewahrt werden? Lukas beantwortet diese Frage, indem er zeigt: die bislang noch weitergehende Geschichte stellt die Identität der Kirche nicht nur nicht in Frage; sie ist – im Gegenteil – die ihr von Gott gegebene Möglichkeit, diese Identität im vollen Umfang zu entfalten.

4.1 Die zurückliegende Zeit seit der Erscheinung Jesu kann von da her als eine *Periode permanenter Veränderungen* wahrgenommen werden. Weil die Führung und Richtungsweisung des Geistes die Identität der Kirche garantiert, darum ist der Verzicht auf den Nachweis der Kontinuität äußerer Identitätsmerkmale möglich. Ja der Hinweis auf äußere Brüche, Gestaltwandlungen und Neuorientierungen kann nun sogar dazu dienen, die Größe jenes „Werkes" herauszustellen, das Gott wirkt „in euren Tagen, ein Werk, das ihr nicht glauben würdet, wenn man es euch erzählte" (Apg 13,41).

4.1.1 So erzählt Lukas als einziger Evangelist das *Erdenwirken Jesu* konsequent als vergangenes, von der Gegenwart abständiges Geschehen. Ansätze zu solcher Erzählweise bieten zwar auch die übrigen kanonischen Evangelien[46], doch werden diese von der theologisch begründeten Tendenz überwölbt, die Kirche und ihre gegenwärtigen Erfahrungen schon in die Geschichte Jesu mit einzuzeichnen. Für Lukas sind – anders als für Matthäus und Johannes – die Jünger der Erdentage Jesu noch nicht Repräsentanten der Kirche. Jesus bereitet sie lediglich auf ihre kommenden Aufgaben in der Kirche vor, indem er sie zu Zeugen seines Handelns und zu Trägern seiner Worte macht (Lk 12,22–59)[47]. In einer Abschiedsrede macht er sogar die Differenz zwischen der bisherigen Situation der Jünger und ihrem zukünftigen Auftrag zum Thema (Lk 22,14–38)[48]: Waren sie bislang als Boten Jesu ohne Geld, Ausrüstung und Waffen ausgezogen, so werden sie bei dem Auftrag, der jetzt auf sie zukommt, alles dessen sehr wohl bedürfen. Der Stil der charismatischen Wandermission, den z.B. Matthäus nach wie vor trotz aller Schwierigkeiten für seine Kirche als verbindlich festhalten möchte (s. IV.1.2.2) wird so von Lukas unter Hinweis auf die Differenz der Zeiten und Situationen für abgetan erklärt.

4.1.2 Ähnlich löst Lukas die *Gesetzesproblematik*, wenn er durch den Mund des Paulus feststellen läßt: durch Jesus wird dem Gottesvolk jetzt die Vergebung der Sünden verkündigt; „von allem, wovon ihr durch das Gesetz des Mose nicht

---

[46] S. hierzu *J. Roloff*, Das Kerygma und der irdische Jesus, Göttingen ²1973.
[47] S. hierzu *Roloff*, Apostolat 178–184.
[48] S. hierzu *Conzelmann*, Mitte 75.

gerechfertigt werden konntet, wird durch diesen jeder Glaubende gerechtfertigt"
(Apg 13,38f). Das Gesetz erscheint hier als eine dahinten liegende Größe, die sich
zudem als ineffektiv erwiesen hat (Apg 15,10). Weil Jesus gekommen ist und mit
ihm die Möglichkeit einer umfassenden Sündenvergebung für alle, darum ist das
Gesetz schlicht überlebt, es ist jetzt nicht mehr an der Zeit. Daß einzelne Gesetzes-
bestimmungen noch in der Kirche eine Rolle spielen können, um das Zusammenleben von Judenchristen und Heidenchristen zu erleichtern (Apg 15,19f.28f), gesteht
Lukas gern zu, ohne darin jedoch eine für alle Zeiten geltende Regelung zu sehen.
Grundsätzlich ist in seinen Augen das Gesetz kein aktuelles theologisches Problem
mehr. Die Frage nach dem Verhältnis von Gottesvolk und Gesetz hat für ihn die
bedrängende Kraft, die sie für Paulus hatte, längst verloren.

4.1.3 Der einschneidendste Situationswechsel, durch den der Heilige Geist die
Kirche hindurchgeführt hat, war der *Übergang von Jerusalem nach Rom*, aus der
durch die vergangene Heilsgeschichte bestätigten Mitte des Gottesvolkes in die
Mitte des heidnischen Weltreiches. Manches spricht, wie schon gezeigt, dafür, daß
Lukas hierin zugleich das Ziel und Ende des Weges der Kirche durch die Geschichte
gesehen hat. Denn schwerlich hat er die Geschichte als einen nach vorne unbegrenzt
sich erstreckenden Bereich begriffen.

4.2 Unbeschadet dessen hat er jedoch durch seine positive Sicht der vergangenen
Geschichte die Weichen dafür gestellt, daß seine Kirche auch ihren *gegenwärtigen geschichtlichen Ort positiv wahrnehmen* konnte. Dieser Ort ist durch die politische und
gesellschaftliche Macht des Imperium Romanum bestimmt. War der Weg der Kirche
ein unter der Führung des Geistes zurückgelegter Weg durch die Geschichte, dann
hatte Gott selbst ihr einen Ort in der Geschichte zugewiesen, und dann war zugleich
die gegenwärtige Existenz der Kirche ein Erweis der überlegenen Geschichtsmächtigkeit Gottes. Eine sich so verstehende Kirche brauchte ihren Ort nicht mehr außerhalb
der Geschichte zu suchen; sie konnte sich vielmehr in der Zuversicht auf die
Gegenwart des Geistes als in der Geschichte wirksame Kraft verstehen. Ganz in
diesem Sinne betont denn auch Lukas: die Geschichte Jesu „ist ja nicht etwa in einem
Winkel geschehen" (Apg 26,26). Und der Auftrag Jesu zum Zeugnis „bis an die
Enden der Erde" (Apg 1,8) bedeutet eben nicht, daß dieses Zeugnis am äußersten
Rande der Welt erfolgt, sondern daß es die Weltmetropole Rom erreicht (Apg
28,30f). Gott selbst hat für die Kirche, wie Lukas anhand des bisherigen Geschichts-
verlaufs zu zeigen versucht, Raum geschaffen im politischen und gesellschaftlichen
Gefüge der Welt. Es besteht kein Anlaß für die politischen Mächte, den – ohnehin
vergeblichen, weil gegen Gottes Geschichtsplan gerichteten – Versuch zu unternehmen, sie aus diesem Raum zu verdrängen. Angemessen ist es vielmehr, ihr die Möglichkeit zu geben, ihre Botschaft „ungehindert" zu verkünden (Apg 28,31).

4.2.1 Schwerlich hat Lukas die Möglichkeit einer Allianz der Kirche mit dem
Imperium im Auge, und ebenso dürfte ihm das Motiv eines religiösen Universalismus fern liegen[49]. Immerhin aber redet er einer vertrauensvollen Öffnung

---

[49] Dies gilt erst recht von dem Gedanken, daß „die Weltdimension der Mission und dadurch der
Kirche ein religiöses Gegenstück zum politischen Universalismus Roms" sein könnte, den *Bovon*, Israel

gegenüber dem Imperium und seinen politischen und gesellschaftlichen Kräften das Wort[50]. Damit trifft er eine grundsätzlich andere Entscheidung als die Johannesoffenbarung, die von einem wesenhaften Gegensatz zwischen Kirche und heidnischer Gesellschaft ausgeht. Seine Sicht kommt der der Pastoralbriefe (s. VIII.4) nahe, ohne mit ihr deckungsgleich zu sein.

4.2.2 Solche Bereitschaft, sich der Führung des Geistes auf dem Weg durch die Geschichte anzuvertrauen, birgt freilich nicht unerhebliche Gefahren in sich. Sie kann zu einer selbstsicheren Akzeptanz der geschichtlich gewordenen Gestalt der Kirche und damit zu einem *ekklesiologischen Triumphalismus* führen. Wenn die bestehende Kirche als das Resultat des Wirkens des Geistes gesehen wird, so werden damit alle kritischen Rückfragen hinsichtlich des geschichtlichen Weges, der zu diesem Resultat geführt hat, zugunsten einer Sicht dieses Weges als völlig geradlinig und eindeutig abgeschnitten: Der Geist war ja stets präsent, um der Kirche das Richtige zu zeigen! Daß Lukas von dieser Gefahr nicht unberührt ist, erweist die verharmlosende Darstellung von Krisensituationen und Konflikten (z.B. Apg 6,1–6; 11,1–18; 15,1–21); diese dienen lediglich als Auslöser für die von der Kirche zu gewinnende Erkenntnis des ihr durch den Heiligen Geist vorgezeichneten Weges[51]. Dieses triumphalistische Bild findet nur in den – allerdings betonten – leidenstheologischen Zügen (z.B. Apg 14,22; 21,10–14) ein gewisses Gegengewicht.

Eine noch größere Gefahr wäre die Verwechslung der die Richtung weisenden Stimme des Heiligen Geistes mit anderen Stimmen. Ihr gegenüber kann Lukas freilich eine wirkungsvolle Sicherung vorweisen, nämlich die *Rückbindung des Geistes an das verkündigte Wort Gottes, das im Zeugnis von Jesus seine bestimmende Mitte hat*. Und zwar sieht er dem Wort Gottes zwei Größen dienend zugeordnet, nämlich Tradition und Amt.

5. Die Tradition und die „zwölf Apostel"

Die Tradition ist für Lukas von erheblichem Gewicht: Es ist nötig, über die Worte, in denen man unterrichtet worden ist, „sicher Bescheid zu wissen" (Lk 1,4). Das hat wiederum zur Voraussetzung, daß sie „uns die, welche von Anfang an Augenzeugen und Diener des Wortes waren, überliefert haben" (1,2). Lukas weiß von der Notwendigkeit, die für die Wortverkündigung entscheidende Jesusüberlieferung gegenüber aller drohenden Verfälschung durch den Nachweis ihrer Herkunft abzusichern. Diesem Anliegen trägt primär er mit dem von ihm entworfenen Bild der „zwölf Apostel" Rechnung.

123, freilich in einer durch den Universalismus der Septuaginta geläuterten Gestalt, bei Lukas finden möchte.

[50] Grundsätzlich richtig beobachtet *Bovon*, Israel 129, daß Lukas damit das Selbstverständnis der „Sekte" hinter sich läßt. Allerdings ist die Übertragung der von E. Troeltsch geprägten religionssoziologischen Kategorien „Kirche" und „Sekte" auf die urchristliche Situation problematisch.

[51] S. hierzu *J. Roloff*, Konflikte und Konfliktlösungen nach der Apostelgeschichte, in: Der Treue Gottes trauen, FS G. Schneider, hg. C. Bussmann/W. Radl, Freiburg u.a. 1991, 111–126.

Dieses Bild arbeitet mit einer *zweifachen historischen Konstruktion*: es reduziert zum einen den vorösterlichen Jüngerkreis faktisch auf die „Zwölf" – dessen übrige Glieder bleiben weitgehend ausgeblendet –, und es identifiziert diese „Zwölf" mit dem nachösterlichen Kreis der Apostel; Jesus selbst hat sie nach lukanischer Darstellung bereits zu Aposteln eingesetzt (Lk 6,12–16).

Lukas war gewiß nicht der erste, der die „Zwölf" mit den Aposteln identifizierte. Spuren in anderen neutestamentlichen Schriften (Mk 6,30; Mt 10,2; Offb 21,14) geben Anlaß zu der Vermutung, daß diese Identifikation bereits im palästinischen Judenchristentum vor 70 vorgenommen worden ist. Lukas hat sie jedoch konsequent ausgebaut und damit den Grund zu ihrer breiten Wirkungsgeschichte gelegt. Sein theologisches Ziel war dabei die *Abwehr falscher Traditionen* über Jesus. Zwar sind auch für ihn die entscheidenden Kriterien des Apostolats die *Zeugenschaft der Auferstehung* (vgl. 1Kor 9,1; 15,6ff) und die damit verbundene *Betrauung mit dem Evangelium* (vgl. Gal 1,16). Aber er engt beides ein: Zeugenschaft der Auferstehung war nur in dem begrenzten Zeitraum der „40 Tage" zwischen Ostern und Himmelfahrt möglich (Apg 1,3), und das Evangelium ist für ihn primär durch seinen Inhalt, die Überlieferung von Jesu Worten und Taten, definiert[52]. Durch die Zeugenschaft der Auferstehung wird somit die Zeugenschaft der Geschichte Jesu abschließend bestätigt und in Kraft gesetzt (Apg 1,22)[53]. Mit dieser Eingrenzung wollte Lukas gegen die zu seiner Zeit bereits akute Gefahr einer Unterwanderung der authentischen Jesus-Tradition einen Damm aufrichten. Der gegen Ende des 1. Jhs. sich in den christlichen Gemeinden ausbreitende Gnostizismus berief sich nämlich mit Vorliebe auf geheime Offenbarungen des Auferstandenen, die in seinem Auftrag von dazu berufenen Männern aufgezeichnet worden seien.

Die „zwölf Apostel" sind es denn auch, die die Jesusüberlieferung nachösterlich in die missionarische Wortverkündigung einbringen (Apg 2,22f; 4,10) und zur Grundlage der Jerusalemer Gemeinde machen: „sie blieben bei der Lehre der Apostel" (Apg 2,42). Durch ihre Entlastung vom Dienst der Armenfürsorge werden sie ganz für ihren eigentlichen Dienst freigestellt, nämlich für „Gebet und Dienst des Wortes" (Apg 6,4), womit im Sinn des Lukas zugleich ein Modell für die Gestaltung späterer gemeindeleitender Dienste gesetzt ist.

Nun wird man freilich den sich in dieser Konstruktion artikulierenden Traditionsgedanken nicht plakativ vereinfachen dürfen. Die „zwölf Apostel" sind für Lukas weder nur Träger und Reproduzenten historischer Fakten über den irdischen Jesus, noch läßt sich aus der Rückdatierung des Apostolats in die vorösterliche Zeit

---

[52] Vgl. hierzu besonders die Definition der Funktion der Apostel (Apg 1,22), die Lukas in die alter Tradition entstammende Erzählung von der Ergänzung des Zwölferkreises durch die Nachwahl des Matthias (Apg 1,15–26) eingeschoben hat: „Es muß einer von jenen Männern, die mit uns zusammen waren während der ganzen Zeit, da der Herr bei uns ein- und ausging, angefangen von der Taufe des Johannes bis zu dem Tage, da er von uns hinweggenommen worden ist, mit uns zusammen Zeuge der Auferstehung werden." S. hierzu *Roloff*, Apostelgeschichte 29–34.

[53] Dementsprechend läßt Lukas den Auferstandenen während der „40 Tage" noch einmal „vom Reiche Gottes" sprechen (Apg 1,3): es handelt sich um die abschließende Übergabe der maßgeblichen Tradition!

schließen, daß für ihn das Moment der Berufung durch den Auferstandenen unwesentlich wäre. Sowohl aus Lk 24,47 wie aus Apg 1,8 geht vielmehr hervor, daß die Begegnung mit dem Auferstandenen für die Zwölf die entscheidende Wende ist: Waren sie vorher nur passive Gefäße für die Aufnahme von Jesu Lehre, so werden sie nunmehr zu „Zeugen", die aus verstehender Einsicht die empfangene Überlieferung zu deuten und auf die werdende Kirche hin anzuwenden vermögen. Jetzt erst erschließt sich ihnen nämlich Jesu Weg und Geschick als Erfüllung der „Schrift" und damit des göttlichen Heilsplanes (Lk 24,13–27.44–48). Die „zwölf Apostel" sind also für Lukas Zeugen der von Ostern her als Heilsgeschehen erschlossenen und durch die Geistsendung an Pfingsten für die Kirche in Geltung gesetzten Jesusüberlieferung.

Eine einschneidende Folge war dabei in Kauf zu nehmen: der Ausschluß des Paulus aus dem Apostelkreis. Paulus kann für Lukas kein Apostel sein, weil er, als erst nachösterlich Berufener (Apg 9,1–19), als Ursprungstradent der Jesusüberlieferung nicht in Frage kam. Lukas zeichnet Paulus als einen heilsgeschichtlich den „zwölf Aposteln" nachgeordneten Zeugen, der von deren Tradition abhängig ist und diese Tradition in Abstimmung mit ihnen (Apg 9,28) vertritt[54], der jedoch durch sein Wirken faktisch einen Ausgleich für diese zurückgesetzte Stellung zu schaffen vermag.

6. Gemeindeleitende Ämter

Lukas gehört, zusammen mit den Verfassern der Deuteropaulinen und des 1. Petrusbriefes, zu jenen neutestamentlichen Schriftstellern der dritten Generation, die die Bedeutung gemeindeleitender Ämter für die Kirche nachdrücklich herausstellen. Daß sie entweder dem paulinischen Traditionskreis unmittelbar zugehören oder ihm doch zumindest nahestehen, ist gewiß kein bloßer Zufall. Vielmehr wirkt hierin der paulinische Ansatz weiter. Das kommt schon darin zum Ausdruck, daß sie alle – mit Ausnahme des 1. Petrusbriefes – die Gestalt des Paulus in einen ursächlichen Zusammenhang mit der Entstehung der gemeindeleitenden Ämter bringen.

Allerdings gilt das Interesse des Lukas ausschließlich dem Nachweis, daß es von Anfang an in der Kirche leitende Ämter gegeben hat, sowie dem Aufweis der diese prägenden theologischen Strukturelemente. Er will jedoch nicht ein bestimmtes Verfassungsmodell als der Kirche von Anfang an eingestiftet für alle Zeiten verbindlich machen und noch weniger will er im Bestand einer festen Ämterordnung die Voraussetzung für die Legitimität der kirchlichen Verkündigung sehen.

6.1 Diese heute von evangelischen und katholischen Forschern gleichermaßen geteilte Einsicht ist ein Ertrag der heftigen Debatte um den lukanischen „Frühkatholizismus" während der letzten vier Jahrzehnte. Diese war vor allem durch die pointierte These von

---

[54] Die scheinbaren Ausnahmen Apg 14,4.14 sind vermutlich Rudimente des Sprachgebrauchs einer vorlukanischen (antiochenischen?) Quelle; vgl. *Roloff*, Art. Apostel 443; *Burchard*, Zeuge 173f.

E. Käsemann ausgelöst worden, Lukas habe als erster „die frühkatholische Traditions- und Legitimitätstheorie propagiert", indem er die Kirche auf „das heilige Amt und die heilige Tradition des Urapostolates" gegründet sein lasse und in diesen die Garanten für das Wirken des Geistes sehe[55]. Dementsprechend habe er auch die Einheit der Kirche als „durch das auf apostolischer Sukzession beruhende kirchliche Lehramt garantiert" verstehen wollen[56]. *G. Klein* führte diesen Ansatz weiter, indem er nachzuweisen versuchte, daß Lukas eine juridisch begründete Linie der *Amtsnachfolge von den zwölf Aposteln über Paulus bis hin zu den gemeindlichen Amtsträgern* konstruiert habe[57]. Doch handelt es sich hierbei, wie neuere Untersuchungen ergaben, um ein an die Texte herangetragenes Postulat, das in ihnen selbst keinen Anhalt hat[58]. Gerade die entscheidenden Scharniere für eine juridische Sukzessionstheorie fehlen nämlich. Zwar könnte man Lk 6,13 zur Not als Einsetzung der Zwölf in ihr Amt durch Jesus verstehen, doch wird in der Folge weder von einer Amtseinsetzung des Paulus durch die Zwölf, noch von einer Übertragung seines Amtes auf die Gemeindeleiter berichtet[59]. Darüber hinaus ist deutlich: Lukas beschreibt unterschiedliche Ämter, die in verschiedenen Phasen der vom Geist gesteuerten Entwicklung der Kirche ihren Ort haben. Wichtig ist ihm lediglich, daß diese Ämter der von Jesus gesetzten Grundnorm des Dienens entsprechen und daß sie sich als die der jeweiligen geschichtlichen Situation angemessenen Werkzeuge des Geistes zur Leitung der Kirche erweisen. Darin manifestiert sich für ihn die Kontinuität der Kirche. Diese Ämter sind da, weil und wenn die Kirche sie nötig hat. Über den juridisch gesicherten Zusammenhang zwischen ihnen zerbricht er sich dagegen nicht den Kopf[60].

6.2 Die *zwölf Apostel* sind, wie gezeigt, als Traditionsträger unerlässliche Bindeglieder im Übergang von Jesus zur Kirche. Haben sie aber darüber hinaus auch für deren Ordnung und Verfassung eine Bedeutung?

6.2.1 Ihre Funktion als Übermittler der für die Verkündigung maßgeblichen Tradition ist in dem Augenblick erfüllt, in dem die Kirche in Jerusalem den Geist empfangen und sich sichtbar konstituiert hat. Entsprechendes gilt auch hinsichtlich ihrer Funktion, durch ihr gemeinsames Zeugnis von Jesus die Umkehrwilligen in Israel zum vollendeten Gottesvolk zu sammeln (Apg 2,32; 3,15; 5,32). Auch für Lukas gelten die „Zwölf" nämlich als Stammväter des endzeitlichen Israel (vgl. Lk 22,30). Weil die Kirche des Anfangs in Jerusalem für Lukas das vollendete Israel ist, darum hat mit ihrer sichtbaren Konstitution die Funktion der „zwölf Apostel" als geschlossenes Gremium ihr geschichtliches Ziel erreicht[61].

---

[55] *Käsemann*, Amt 132.

[56] *E. Käsemann*, Die Johannesjünger in Ephesus, in: ders., Exegetische Versuche und Besinnungen I, Göttingen 1960, 158–168.165. Ähnlich *S. Schulz*, Die Mitte der Schrift, Stuttgart 1976, 137.

[57] *G. Klein*, Die Zwölf Apostel, 1961 (FRLANT 77).

[58] Vgl. hierzu und zum Folgenden: *Roloff*, Apostolat 227–235; *H. Schürmann*, Das Testament des Paulus für die Kirche. Apg 20,18–25, in: ders., Traditionsgeschichtliche Untersuchungen zu den snyoptischen Evangelien, Düsseldorf 1968, 310–340; *H.-J. Michel*, Die Abschiedsrede des Paulus an die Kirche, Apg 20,17–38, 1973 (StANT 35).

[59] Die Notiz über die Einsetzung von Ältesten in den Missionsgemeinden durch Paulus und Barnabas (!) Apg 14,23 kann hierfür schon deshalb nicht in Anspruch genommen werden, weil Barnabas und Paulus selbst keine Ältesten sind. Hier wird lediglich in völlig ungrundsätzlicher Weise die historische Erinnerung daran, daß die paulinische Mission auf die Errichtung örtlicher Gemeinden zielte (s.o. III.3), wiedergegeben. Apg 20,32 muß als Beleg völlig ausfallen: hier handelt es sich nicht um eine Übergabe des Geistes an die Ältesten durch den scheidenden Paulus, sondern um deren Unterstellung unter die Macht des Geistes.

[60] S. hierzu *Bovon*, Linien 32.

6.2.2 Eine weitere Funktion, für die allerdings die Zwölfzahl keine spezifische Bedeutung mehr hat, bleibt noch eine Weile erhalten: „die Apostel" wirken von Jerusalem, ihrem Amtssitz (Apg 8,1), aus als *Koordinierungsinstanz für die Anfänge der Heidenmission.* Dadurch wird die *Einheit* der sich nun weiter ausbreitenden Kirche sichergestellt. Wenn Petrus und Johannes als Delegaten der Apostel in Jerusalem nach Samaria kommen, um dort die Taufe der Samaritaner durch die Spendung des Geistes zu „ergänzen" (Apg 8,14–17), so wird damit die Zugehörigkeit der Getauften zum Gottesvolk ausdrücklich festgestellt, und Entsprechendes gilt auch für die Anerkennung der Taufe des „Gottesfürchtigen" Kornelius durch die Jerusalemer Apostel (Apg 11,18). Höhepunkt und Abschluß dieser Entwicklung ist die endgültige Anerkennung der Heidenchristen als Glieder der *einen* Kirche auf dem Apostelkonzil (Apg 15). Hier läßt Lukas letztmalig die „Apostel" in Erscheinung treten (Apg 15,2.4.6.22f). Fortan erwähnt er sie nicht mehr: sie haben ihre geschichtliche Rolle für die Einheit der Kirche erfüllt[62]. Dafür, daß Lukas das gesamtkirchliche Wirken der Apostel in Jerusalem als maßgebliches Modell einer zentralistischen Kirchenleitung gesehen hätte, fehlt demnach jeder Anhaltspunkt.

6.2.3 Er hat die Apostel jedoch in einer anderen Hinsicht als *normgebendes Modell* dargestellt. Sie sind für ihn, über ihre jeweils auf konkrete geschichtliche Situationen bezogenen Funktionen hinaus, *prototypische Repräsentanten des für die gemeindlichen Amtsträger maßgeblichen Verhaltens.* In der lukanischen Abschiedsrede Jesu erscheint das Jesuslogion vom Dienen und Machtverzicht der Jünger (Mk 10,43f), die „„Grundregel' Jesu für die Jüngergemeinschaft" (R. Schnackenburg) in einer veränderten Gestalt als Regel für die gemeindlichen Amtsträger:

> Ihr aber nicht so, sondern der Größte bei euch soll wie der Jüngste werden, und der Leitende wie der Dienende. Nicht etwa der zu Tisch Liegende? Denn wer ist größer: der zu Tisch Liegende oder der Dienende? Ich aber bin in eurer Mitte wie der Dienende (Lk 22,26f).

Hier schimmern aktuelle Gemeindeverhältnisse durch; es ist vorausgesetzt, daß es einen „Größten" gibt, nämlich den „Leitenden" (*hegoumenos*; vgl. Apg 15,22; Hebr 13,7.17.24)[63]. Der unmittelbare Bezug auf die Eucharistie läßt vermuten, daß dabei konkret an den *episkopos* gedacht ist, der den Vorsitz in der gottesdienstlichen Mahlversammlung führt. Er wird angewiesen, sein Amt nicht als Mittel zur Ausübung von Herrschaft zu mißbrauchen, sondern es als Dienst an der Gemeinde zu verstehen. Durch Jesu Verhalten des dienenden Daseins für andere ist ihm eine

---

[61] So ist es schwerlich Zufall, wenn in Apg 6,2 die Zwölf als Gremium letztmalig erwähnt werden.

[62] Die Feststellung ist nicht ganz unwichtig, daß die Funktion der Apostel als Einheitssymbol bereits vor der heilsgeschichtlichen Ablösung der Kirche von Jerusalem zu ihrem Ende kommt. Lukas sieht demnach zwischen beidem keinen ursächlichen Zusammenhang. Bei seinem letzten Besuch in Jerusalem ist das Verhältnis des Paulus zur Jerusalemer Gemeinde und Jakobus, deren Leiter, als ein partnerschaftliches, nicht jedoch als das des Untergebenen zur „Kirchenleitung" dargestellt (Apg 21,15–26).

[63] Der Unterschied zu Mk 10,43 ist deutlich: dort geht es um das, was der Jünger tun muß, um – nach dem Maßstab Gottes – groß zu *werden*, hier hingegen um eine Regel für die, die in der Gemeinde schon *groß sind*, d.h. eine leitende Funktion haben.

verbindliche Norm für seine Amtsführung vorgegeben. Indem Jesus nun diese für die späteren kirchlichen Amtsträger zentrale Regel den Aposteln übergibt, spricht er nicht nur sie selbst als zukünftige Gemeindeleiter an, sondern auch alle jene, die ihnen weiterhin in diesem Dienst folgen werden.

Ähnlich werden eine Reihe von Weisungen Jesu an den Apostelkreis transparent gemacht für die zukünftigen gemeindeleitenden Dienste. So erfahren wir ausdrücklich, daß die eschatologischen Gleichnisse, die vom Verhalten von *Sklaven* bzw. *Verwaltern* in einem *Hauswesen* handeln (Lk 12,35–48), nicht „zu allen“, sondern nur zu den zwölf Aposteln gesagt sind (Lk 12,41). Und in der Tat hat Lukas diese Gleichnisse als Amtsträgerparänese gestaltet[64]. Unter dem Bild der Sklaven und Verwalter erscheinen die Gemeindeleiter, die sich, gemäß dem sie prägenden Sklavendienst Jesu, als Sklaven verstehen sollen. Sie werden angewiesen, über das „Hauswesen Gottes“, die Kirche (vgl. Tit 1,7) nicht nach eigener Machtvollkommenheit zu herrschen, sondern ihr in Verantwortung gegenüber dem wiederkommenden Herrn zu dienen (Lk 12,35–38.42–48). Würden sie sich zu Herrschern über die Gemeinde aufwerfen, so wären sie damit aus ihrer Bestimmung, das Dienen Jesu nachzuvollziehen und weiterzuführen, herausgefallen. „Sklave“ Jesu Christi zu sein impliziert, seinen Willen und Auftrag gegenüber der Kirche zur Geltung zu bringen und so statt der knechtenden Herrschaft von Menschen über Menschen die befreiende Herrschaft dessen zu proklamieren, der sich selbst zum Diener aller gemacht hat. Ähnlich zieht Lukas das Gleichnis Lk 17,7–10 heran, um die Gemeindeleiter darauf hinzuweisen, daß sie durch ihren Dienst keinen Anspruch gegenüber Gott erwerben: auch bei höchstem, selbstverzehrendem Einsatz haben sie nur das getan, was sie dem sie zum Dienst berufendem Herrn „schuldig“ waren (Lk 17,10).

Der Gedanke einer *Sukzession des Dienens* zeichnet sich hier ab. Jesus, der urbildhaft Dienende, weist die Apostel an, seinen Sklavendienst gegenüber der Gemeinde weiterzuführen, und er setzt damit zugleich die verbindliche Norm, der die zukünftigen Gemeindeleiter unterstehen und an der sie gemessen werden sollen.

6.3 Neben den „zwölf Aposteln“, keineswegs jedoch unter ihnen, steht *Paulus*. Lukas kann ihn zwar, gemäß seinen Kriterien für den Apostolat, nicht unter die Apostel rechnen. Und ebensowenig kann er ihm das gleiche Verhältnis zur Tradition zuweisen wie jenen. Nach Lukas ist Paulus bei seiner Verkündigung von der normativen Tradition abhängig, die die Apostel als die anfänglichen Tradenten in die Kirche eingebracht haben[65]. Allein, dieses Manko fällt kaum ins Gewicht gegenüber der hervorgehobenen Stellung, die Paulus aufgrund seiner *einmaligen*

---

[64] S. *J. Roloff*, Themen und Traditionen urchristlicher Amtsträgerparänese, in: Neues Testament und Ethik, FS R. Schnackenburg, hg. H. Merklein, Freiburg 1989, 507–526; *A. Weiser*, Die Knechtsgleichnisse in den synoptischen Evangelien, 1971 (StANT 29) 220–225.

[65] Er unterstreicht diese Abhängigkeit, indem er Paulus unmittelbar nach seiner Bekehrung nach Jerusalem reisen und dort engen Kontakt zu den Aposteln gewinnen läßt (Apg 9,28): der Leser soll an Traditionsübergabe und Einweisung in die Verkündigungstätigkeit denken; vgl. *Roloff*, Apostelgeschichte 156f.

heilsgeschichtlichen Funktion gewinnt[66]. Paulus wird durch den Mund des erhöhten Herrn gekennzeichnet als „ein erwähltes Gefäß, meinen Namen zu tragen vor Heiden, Könige und den Söhnen Israels" (Apg 9,15). Er ist als der große *Zeuge* dazu bestimmt, „sein Christsein vor der heidnischen und jüdischen Öffentlichkeit" zu „bekennen"[67]. Er untersteht dem direkten Auftrag Jesu, das, was er von ihm „geschaut" hat und von ihm „noch zu schauen bekommen wird", als *Jesu Diener und Zeuge* öffentlich zu verkündigen (26,16). Sein Zeugnis wendet sich zwar gleichermaßen an *Juden und Heiden* (26,20), wird jedoch infolge der Ablehnung durch die Juden nur von der Heidenwelt aufgenommen. In seiner Heidenmission erweist sich Paulus als das auserwählte Werkzeug, durch das Gott sein staunenswertes Werk (Apg 13,41) tut. Lukas stellt Paulus, nicht ohne Verkürzung der historischen Sachverhalte, als alleinige Triebkraft und ausschließlichen Repräsentanten der Heidenmission – zumindest in der Zeit nach dem Apostelkonzil – dar. Besonders deutlich wird dies, wenn er den Übergang des Evangeliums von Jerusalem nach Rom und damit die Eröffnung eines neuen (des letzten?) Abschnitts der Entwicklung der Kirche *in Paulus und seinem Weg personifiziert* sein läßt.

Nimmt man hinzu, daß die Apostel – wie schon erwähnt – mit dem Beginn der großen Epoche der paulinischen Heidenmission (Apg 15) von der Bildfläche verschwinden, so wird vollends deutlich: Paulus ist, nicht anders als die „zwölf Apostel" es vor ihm waren, *Repräsentant einer bestimmten Phase* der Gestaltwerdung der Kirche. Gleichen Ranges und Gewichtes steht er neben den Aposteln. Was ihn mit jenen verbindet, ist nicht eine bestimmte juridisch verrechenbare Weise der Ämterabfolge, sondern das unverfügbare Wirken des Heiligen Geistes, der sich jeweils die Werkzeuge sucht, deren er in einer bestimmten geschichtlichen Situation bedarf. Schon von daher ist nicht zu erwarten, daß Lukas eine direkte, juridisch gesicherte Weitergabe des Amtes des Paulus in Betracht ziehen könnte.

6.4 Dieser Eindruck wird bestätigt durch die Abschiedsrede des Paulus an die ephesinischen Ältesten (Apg 20,17–38)[68]. Sie ist die einzige Stelle im lukanischen Werk, an der die *gemeindlichen Amtsträger der nachpaulinischen Zeit* in den Blick kommen und sich somit eine Perspektive auf die von Lukas vorausgesetzte gemeindliche Verfassung eröffnet[69]. Mit ihr wird zugleich die Frage kirchlicher Kontinuität, wie sie sich im Übergang der Generationen speziell im Blick auf die gemeindliche Verfassung stellt, thematisiert: Paulus nimmt von seinem Missionsgebiet endgültig Abschied; die von ihm gegründeten und bislang geleiteten Gemeinden müssen fortan ohne ihn leben (VV.36–38). Deshalb weist Paulus deren Leiter in die

---

[66] Zum lukanischen Paulus-Bild vgl. *Burchard*, Paulus; *ders.*, Zeuge; *K. Löning*, Die Saulustradition in der Apostelgeschichte, 1973 (NTA.NF 9); *V. Stolle*, Der Zeuge als Angeklagter. Untersuchungen zum Paulusbild des Lukas, 1973 (BWANT 102); *Jervell*, Paul; *Roloff*, Paulus-Darstellung.

[67] *A. Weiser*, Die Apostelgeschichte. Kapitel 1–12, 1981 (ÖTK 5/1), 226.

[68] Vgl. zum Folgenden die schöne Analyse bei *Vögtle/Oberlinner*, Anpassung 66–91.

[69] Nach *W. Schmithals*, Apg 20,17–38 und das Problem einer „Paulusquelle", in: Der Treue Gottes trauen, FS G. Schneider, hg. C. Bussmann/W. Radl, Freiburg u.a. 1991, 306–321, stammt die vorlukanische Miletrede vom Verfasser der Pastoralbriefe. Doch gegen diese These sprechen die nicht unerheblichen sprachlichen und theologischen Unterschiede.

vor ihnen liegenden Aufgaben ein. In dem so entstehenden Bild von *Wesen und Auftrag des gemeindeleitenden Dienstes* treten die folgenden vier Züge hervor:

6.4.1 Dieser Dienst ist bestimmt und umgriffen von der *Initiative des Heiligen Geistes*. Die Ältesten werden daran erinnert, daß der Geist sie bereits „zu Episkopen eingesetzt" und ihnen den Auftrag, „die Kirche Gottes zu weiden", verliehen hat (V.28). Zugleich befiehlt Paulus sie „Gott und dem Wort seiner Gnade, das die Macht hat, aufzubauen und das Erbteil unter allen Geheiligten zu verleihen" (V.32). Es ist Gott allein, der durch den Geist die Kontinuität der Kirche schafft. Sein Werkzeug dafür ist das Amt. Dieses garantiert nicht die Wirksamkeit des Geistes, es ist vielmehr selbst im Wort der gegenwärtigen Macht des Geistes unterstellt. Denn das Wort Gottes allein ist mächtig, die Kirche zu „erbauen" (vgl. 1Kor 3,9–16; Eph 4,12). Dabei bedient sich das Wort Gottes der Tradition in gleicher Weise, wie es sich des Amtes bedient. Der lukanische Paulus übergibt darum – anders als der der Pastoralbriefe (s.u. VIII.6.2.1) – den ihm folgenden Amtsträgern nicht das Wort als festes Lehrdepositum. Hierin erweist sich Lukas als entschiedener Vertreter einer *Theologie des Wortes*[70].

6.4.2 Die Amtsträger stehen in einem *unmittelbaren Verpflichtungsverhältnis zu Gott*. Sie sind eingesetzt, um „die Kirche Gottes zu weiden", die er sich durch die Lebenshingabe Jesu „als Eigentum erworben hat"[71], und das heißt: sie handeln im Auftrag und in der Weise Gottes, des eigentlichen Hirten seines Volkes, an der Kirche, die jetzt sein Volk ist[72]. Ihm sind sie Verantwortung schuldig, von seinem Willen her wird ihr Auftrag inhaltlich bestimmt. Daraus folgt aber auch, daß dieser *Hirtendienst* eine Setzung Gottes ist, die – unbeschadet des Wechsels der Zeiten und Situationen – bleibend gültig ist. Den Gemeinden steht die Entscheidung darüber nicht frei, ob sie einen Hirtendienst einrichten möchten. Dieser Dienst ist vielmehr notwendig und darum *für die Kirche konstitutiv*.

6.4.3 Hinsichtlich ihrer konkreten *Amtsführung* werden die Gemeindeleiter auf das *Vorbild des Paulus* verwiesen[73]. Und zwar stellt sich Paulus als der *nach der Weise Jesu Dienende* dar: Er hat für sich selbst auf Macht und Herrschaft verzichtet, um sich stattdessen mit ganzer Hingabe für die Gemeinde und jedes einzelne ihrer Glieder einzusetzen, und er ist dabei auch dem Leiden nicht ausgewichen (VV.28–31). Eine thematische Rückbindung an die Jüngerparänese Jesu (Lk 12,35–48; 17,7–

---

[70] Zu Recht betont *Michel*, Abschiedsrede 99, die Nähe zu Paulus an diesem Punkt. S. auch *C.-P. März*, Das Wort Gottes bei Lukas, 1974 (EThS 11) 57–60.

[71] Dies ist der Sinn der seltsamen Breviloquenz, die wohl durch die Übernahme einer älteren Formel bedingt ist, in der, unter Rückgriff auf Jes 43,21 (LXX), von der Kirche als dem „Volk, das er (= Christus) durch sein eigenes Blut erworben hat", die Rede war (vgl. 1Petr 2,9). So *Lohfink*, Sammlung 90f.

[72] Gott erscheint im Alten Testament vielfach als der *Hirte Israels* (Ps 23; Jes 40,11; Ez 34,11–22). Zum traditionsgeschichtlichen Hintergrund, insbesondere dem Zusammenhang des Hirtenbildes mit den Begriffen *episkopein/episkopos* in den Qumran-Schriften, s. *L. Goppelt*, Der Erste Petrusbrief, 1978 (KEK XII/1) 325.

[73] *Flender*, Kirche 281, reißt mit der Behauptung, daß „der ganze Abschnitt nicht auf das *Amt*, sondern auf die *Person* des Paulus abgestellt" sei, auseinander, was wesenhaft zusammengehört: das Amt konkretisiert sich in vom Dienen Jesu geprägten Personen, denn es ist gerade nicht ein juridisch definierbares Prinzip.

10) wird hier in vielfacher Weise vorgenommen[74]. Darin kommt zum Ausdruck, daß das Grundgesetz des gegenseitigen Dienens auch für die Gemeindeleiter der nachapostolischen Kirche die verbindliche Grundnorm ihrer Amtsführung bleibt. Das Amt bleibt „in Funktion und Selbstverständnis sehr eng an der Person und Funktion Jesu von Nazaret orientiert"[75].

6.4.4 Das Amt steht im Dienst der *Einheit der Kirche*. Es ist gewiß kein Zufall, wenn im Zusammenhang mit dem Dienstauftrag für die Gemeindeleiter der Begriff *ekklesia* erstmals in eindeutig *universalkirchlichem Sinn* gebraucht wird: Es geht in Apg 20,28 um die Gesamtheit des Gottesvolkes und um das, was sein Wesen begründet[76]. Die *ekklesia* ist hier *die ganze Gott aufgrund des Heilswerks Christi zugehörige Herde*. Der Auftrag zum Weiden der Herde wird zwar jeweils durch die Hirten in der konkreten örtlichen Versammlung wahrgenommen, aber darin, daß dies überall nach demselben, vom Dienen Jesu geprägten Grundmuster geschieht, wird die Einheit der Kirche sichtbar. Paulus lebt dieses Grundmuster vor und macht es durch sein Vorbild wie auch durch seine Mahnungen für die Gemeinden verbindlich; das ist sein Dienst für die *Katholizität der Kirche*, die „freilich nicht in einer führenden Hierarchie besteht, sondern in einem dynamischen Dienst für die Einzelgemeinden"[77]. Apg 20,17-38 bringt diesen Aspekt der Katholizität keineswegs neu ein. Lukas hatte ihn bereits vorher in seiner Paulusdarstellung mehrfach verdeutlicht: Wenn Paulus „in jeder Gemeinde" Älteste einsetzt (14,23), durch seelsorgerlichen Zuspruch den Glauben stärkt (14,22) und an die Orte, wo er früher missionarisch tätig war, zurückkehrt, um „nach den Brüdern zu sehen", „wie es ihnen geht" (15,36), so setzt er damit ein Modell gesamtkirchlicher *episkopaler* Verantwortung und Fürsorge[78], dem er zweifellos auch über die Zeit des Paulus hinaus Geltung beimißt.

6.5 Das starke Interesse an der theologischen Grundstruktur der gemeindlichen Dienste wird überraschenderweise nicht durch ein entsprechendes Engagement für eine bestimmte Form kirchlicher Verfassung flankiert. Was diese betrifft, so läßt sich mit Sicherheit kaum mehr sagen, als daß Lukas lokalgemeindliche Ämter kennt und als selbstverständlich voraussetzt. Zu vermuten steht ferner, daß seine Kirche von der alten palästinischen Ältestenverfassung (vgl. Apg 14,23) herkommt und im Begriff ist, diese durch Verbindung mit der in den paulinischen Gemeinden beheimateten Episkopen- und Diakonenverfassung umzugestalten. Der lukanische Paulus spricht nämlich die „Ältesten" von Ephesus auf ihr Amt als „Episkopen" an und deutet es dementsprechend als *Aufseher*- bzw. *Hirtendienst* an der „Kirche Gottes" (Apg 20,28): die bisherigen „Ältesten" sollen ihr Amt neu als Episkopendienst verstehen! Von Diakonen hingegen schweigt Lukas. Allenfalls läßt sich aus seiner Stilisierung der „hellenistischen Sieben" zu Beauftragten für die gemeindliche Armenfürsorge und

---

[74] Zum Rückbezug von V.31 auf Lk 12,37 vgl. *Roloff*, Themen 524f.
[75] *F. Prast*, Presbyter und Evangelium in nachapostolischer Zeit, 1979 (fzb 29) 437.
[76] S.o. Anm. 25.
[77] *Bovon*, Israel 136.
[78] Das Vb. *episkeptesthai* (= [in fürsorgender Absicht] besuchen) gehört zum selben Wortstamm wie *episkopos*.

den „Tischdienst", sowie aus dessen Parallelisierung zum „Wortdienst" der gemeindeleitenden Apostel (Apg 6,4) schließen, daß er das Diakonenamt kannte und
darum die vergangene urgemeindliche Situation auf dessen spätere Entstehung hin
transparent machen wollte. Ähnlich gibt es Grund für die Vermutung, daß er in Apg
6,6 und 20,28 auf die ihm bekannte *Ordination* anspielt[79].

Das Amtsverständnis des Lukas berührt sich in mancher Hinsicht mit dem der
Deuteropaulinen. Ob man es, wie häufig versucht, allzu nahe an das der Pastoralbriefe heranrücken darf, ist hingegen zu bezweifeln, weil bei Lukas die spezifisch
institutionellen Momente keine und die Rückbindung des Amtes an Paulus nur eine
vergleichsweise geringe Rolle spielen. Ungleich größer dürfte, trotz aller Differenzen im einzelnen, die Nähe zu den echten Paulusbriefen sein.

---

[79] Apg 20,28 erweist sich aufgrund enger motivlicher Berührungen mit 1Tim 4,14; 2Tim 1,6 als Teil
einer Ordinationsanamnese; s. hierzu *J. Roloff*, Der erste Brief an Timotheus, 1988 (EKK XV) 263.

VII. Die apostolische Kirche als Heilsbereich: Kolosser- und Epheserbrief

Literatur: R. Deichgräber, Gotteshymnus und Christushymnus in der frühen Christenheit, 1967 (StUNT 5); *K.M. Fischer*, Tendenz und Absicht des Epheserbriefes, 1977 (FRLANT 111); *J. Gnilka*, Das Kirchenmodell des Epheserbriefes, BZ NF 15(1971) 161–184; *B. Klappert*, Miterben der Verheißung, in: M. Marcus u.a. (Hg.), Israel und Kirche heute, FS E.L. Ehrlich, Freiburg u.a. 1991, 72–109; *A. Lindemann*, Die Aufhebung der Zeit, 1975 (StNT 12); *H. Löwe*, Bekenntnis, Apostelamt und Kirche im Kolosserbrief, in: Kirche, FS G. Bornkamm, 299–314; *E. Lohse*, Christusherrschaft und Kirche im Kolosserbrief, in: ders., Die Einheit des Neuen Testaments, Göttingen 1973, 262–275; *H. Merklein*, Christus und die Kirche, 1973 (SBS 66); *ders.*, Das kirchliche Amt nach dem Epheserbrief, 1973 (StANT 33); *F. Mußner*, Christus, das All und die Kirche, 1955 (TThSt 5); *H. Schlier*, Christus und die Kirche im Epheserbrief, 1930 (BHTh 6); *E. Schweizer*, Die Kirche als Leib Christi in den paulinischen Antilegomena, in: ders., Neotestamentica, Zürich/Stuttgart 1963, 293–316; *P. Stuhlmacher*, „Er ist unser Friede" (Eph 2,14), in: ders., Versöhnung, Gesetz und Gerechtigkeit, Göttingen 1981, 224–245.

1. Die Kirche als Thema der deuteropaulinischen Briefe

Ganz allgemein läßt sich feststellen: in der deuteropaulinischen Briefliteratur nimmt das Thema *Kirche* eine zentrale Stellung ein und wird mit beachtlicher denkerischer Intensität behandelt. Wir haben es mit einer Gruppe von Briefen zu tun, die durch ihre literarische Gestalt und durch ihren Inhalt den Eindruck erwecken wollen, von Paulus selbst verfaßt zu sein, in Wahrheit jedoch – wie die kritische Exegese mit einem hohen Grad von Sicherheit nachweisen konnte – im Verlauf von etwa vier Jahrzehnten nach dem Tode des großen Heidenapostels in einem Kreis entstanden sind, der sich die Bewahrung seines theologischen und kirchlichen Erbes zur Aufgabe gemacht hatte. Diese „Paulusschule"[1] dürfte in der Provinz Asien, in deren Metropole Ephesus Paulus lange und intensiv gewirkt hatte (Apg 19; 1Kor 16,8f), zu lokalisieren sein. Sie bedient sich des stilistischen Mittels pseudonymer Briefe, um den Apostel in die von seiner Tradition geprägten Gemeinden noch einmal hineinsprechen und zu den in der Zeit der zweiten und dritten Generation entstandenen Problemen Stellung nehmen zu lassen[2]. Die echten Paulusbriefe bilden dafür

---

[1] Der Begriff „Paulusschule" begegnet m.W. erstmals bei *H.-J. Holtzmann*, Die Pastoralbriefe, Leipzig 1880, 117; s. hierzu *J. Roloff*, Der erste Brief an Timotheus, 1988 (EKK XV) 38.43f.

[2] Zum Problem der frühchristlichen Pseudepigraphie s. *N. Brox*, Falsche Verfasserangaben, 1975 (SBS 79).

weithin die Ausgangsbasis. Viele der in ihnen enthaltenen theologischen Gedanken, Begriffe und Bilder erfahren eine Weiterentwicklung und Aktualisierung, was im Einzelfall nicht ohne erhebliche Verschiebungen und Brüche abgeht.

Diese Paulusschule war in sich keineswegs einheitlich, und das gleiche gilt von ihrer Ekklesiologie. Wir haben zwei in mancher Hinsicht recht unterschiedliche Richtungen zu unterscheiden. Der einen entstammen *Kolosser- und Epheserbrief.* Für sie ist neben der Neigung zur spekulativen Entfaltung theologischer Gedanken die Betonung gegenwärtig erfahrener Heilswirklichkeit kennzeichnend. Die andere fand ihren literarischen Reflex in den drei sogenannten *Pastoralbriefen* (1. und 2. Timotheusbrief; Titusbrief). Diese sind von einem betont nüchternen Pragmatismus, der sich von allen theologischen Höhenflügen fernhält. Ihr Hauptinteresse gilt der Konsolidierung der auf Paulus zurückgeführten kirchlichen Tradition und Ordnung[3]. Beide Richtungen haben gemeinsam, daß sie sich um eine Rückbindung der Kirche an Paulus als den für den angesprochenen kirchlichen Bereich maßgeblichen Apostel bemühen. Damit legen sie den Grund für den Gedanken der *apostolischen Kirche.*

Kolosser- und Epheserbrief, die wir zunächst behandeln wollen, stehen nicht nur theologisch, sondern auch literarisch in einem engen Verhältnis zueinander. Dem Verfasser des Epheserbriefs hat der Kolosserbrief als literarische Vorlage gedient, die er ausbaute und erweiterte. Literarisch verhalten sie sich zueinander wie die *Skizze* zum *fertigen Entwurf.* Der Sache nach haben wir es mit *zwei Phasen* eines theologischen *Interpretationsprozesses* zu tun. Zwischen beiden ist ein gewisser zeitlicher Abstand anzunehmen. Der Kolosserbrief ist nicht allzulang nach dem Tod des Paulus, also etwa in den Jahren nach 60, anzusetzen; er gehört in die zweite christliche Generation[4]. Der Epheserbrief hingegen ist der dritten Generation zuzurechnen; er mag um 90 entstanden sein[5].

2. Die Konzeption des Kolosserbriefes

Das Kirchenverständnis des Kolosserbriefes erhält sein spezifisches Profil durch zwei Faktoren: zum einen durch die *Rückbindung der Kirche an den Apostel,* zum andern durch ihre *universale Begründung von der Weltherrschaft Christi her.*

---

[3] Der ebenfalls pseudepigraphische 2. Thessalonicherbrief stammt hingegen nicht aus dem paulinischen Schulkreis, sondern ist vermutlich in unmittelbarer zeitlicher Nähe zum 1.Thessalonicherbrief und als direkter Kommentar zu diesem entstanden; vgl. *W. Trilling,* Der zweite Brief an die Thessalonicher, 1980 (EKK XIV) 27f. Er kann, da er für unser Thema kaum etwas austrägt, im folgenden unberücksichtigt bleiben.

[4] S. hierzu *H.-M. Schenke/K.M. Fischer,* Einleitung in die Schriften des Neuen Testaments I, Gütersloh 1978,167f. *E. Schweizer,* Der Brief an die Kolosser, ²1980 (EKK XII) 26f, stellte die Möglichkeit einer Abfassung durch Paulusschüler noch zu Lebzeiten des (gefangenen) Apostels zur Diskussion; doch vgl. die deutlich distanziertere Stellungnahme zu dieser Möglichkeit bei *Schweizer,* Theologische Einleitung 86f.

[5] So *R. Schnackenburg,* Der Brief an die Epheser, 1982 (EKK X) 30.

2.1 Apostel und Kirche

2.1.1 Die besondere Gewichtung des apostolischen Amtes kommt bereits in jenen Aussagen zum Ausdruck, die – unter den Voraussetzungen der fiktiven Briefsituation – das persönliche Verhältnis des Paulus zur Gemeinde von Kolossae beschreiben.

„Paulus" schreibt an eine weder von ihm selbst gegründete, noch bislang mit ihm in direktem persönlichen Kontakt stehende Gemeinde. Ihr Missionar und Gründer Epaphras (1,7; 4,12) gehörte allerdings dem paulinischen Schülerkreis zu. Zu der Gemeindeentstehung war es anscheinend im Zuge der von der Provinzmetropole Ephesus ausgehenden, unter den Augen des Paulus begonnenen und von seinen Schülern getragenen Umlandmission gekommen[6]. Wenn „Paulus" sich nun brieflich an diese Gemeinde wendet, um mit selbstverständlicher Autorität in ihre inneren Angelegenheiten mahnend und zurechtweisend einzugreifen, handelt er – so wird dem Leser zu verstehen gegeben – als verantwortlicher Oberhirte seines Missionsgebietes. Wir erfahren auch, daß dies keineswegs etwas Neues und Ungewöhnliches ist, denn – so wird betont – bereits der bisherige Weg der Gemeinde hatte sich unter seiner Aufsicht vollzogen: Epaphras war dort als sein Stellvertreter und Delegat tätig gewesen, er war „an unserer Statt ein treuer Diener Christi"[7] (1,7). Im Apostelschüler ist im Grunde die Gemeinde dem Apostel selbst begegnet. Und wenn „Paulus" die Lehre des Epaphras ausdrücklich gutheißt, so ist damit das Verständnis des Gemeindeleiters als des vom Apostel Beauftragten und für sein Amt in Pflicht Genommenen zumindest vorbereitet[8].

Überhaupt ist zwischen Paulus und der ihm unbekannten Gemeinde eine permanente gegenseitige Beziehung vorausgesetzt. Der Apostel begleitet die Gemeinde ständig mit seinem Gebet (1,9); diese wiederum nimmt rege an seinem Werk und Schicksal Anteil. Als selbstverständlich gilt, daß sie von seinen persönlichen Belangen erfährt (4,7f), wobei konkret an seine Leiden und seine Gefangenschaft (1,24) zu denken ist. Dabei geht es um mehr als bloße persönliche Anteilnahme; die Gemeinde bedarf solcher Information zur Stärkung ihres Glaubens[9]. Paulus ist für sie zu einem Leitbild geworden, durch das sich für sie die Wirkung des Evangeliums konkretisiert. Die Erzählung über den Apostel beginnt in die für die Kirche maßgebliche Heilsbotschaft hineinzuwachsen. Die ersten Ansätze zu einer Kanonisierung des Paulus – und zwar nicht nur seiner Schriften, sondern auch des Bildes seines Lebens – zeichnen sich ab. Der Weg zu einer christlichen Hagiographie ist von hier aus nicht mehr weit.

---

[6] Vgl. *W.-H. Ollrog*, Paulus und seine Mitarbeiter, 1979 (WMANT 50) 242.

[7] Die von wichtigen alten Zeugen (u.a. p⁴⁶, ℵ *, A, B, D*) bezeugte Lesart *hemon* ist zweifellos die schwierigere und ursprünglichere; so u.a. *Schweizer*, Kolosser 38; *J. Gnilka*, Der Kolosserbrief, 1980 (HThK X/1) 37.

[8] Ganz ähnlich zeichnen die Pastoralbriefe den gemeindlichen Amtsträger in das Bild des vom weiterziehenden Apostel (zunächst zeitweise) als Stellvertreter zurückgelassenen Apostelschülers ein (1Tim 1,3; 3,15); s. hierzu *Roloff*, 1.Timotheus 62f.

[9] In 4,7 erscheint das Vb. *gnorizein*, das sonst durchweg für die Kundgabe des Evangeliums gebraucht wird; vgl. *Gnilka*, Kolosserbrief 234.

2.1.2 Dieses so charakterisierte Verhältnis zwischen Apostel und Gemeinde bleibt weder auf diesen Einzelfall, noch auf den Bereich paulinischer Gemeinden beschränkt. Der Brief stellt es vielmehr als ein *Paradigma* dar, anhand dessen die *Bedeutung des Apostels für die gesamte weltweite Kirche aus den Heiden* anschaubar wird. Daran anknüpfend, daß der geschichtliche Paulus seine Berufung als Sendung durch den auferstandenen Herrn zu den Heiden verstand (Gal 1,16; Röm 1,5), wird nunmehr diese Berufung als die Offenbarung eines Geheimnisses verstanden, „das seit Äonen und seit Geschlechtern verborgen war" (Kol 1,26). In ihr hat Gott seinen ewigen Heilsratschluß, den er „unter den Heidenvölkern" zur Geltung bringen wollte, kundgetan: „Christus unter euch, die Hoffnung auf Herrlichkeit" (1,27). Paulus ist dazu berufen, dieses Geheimnis öffentlich zu machen; sein „Amt" ist es, den Heilsratschluß Gottes unter den Heiden zu vollstrecken und so „das Wort Gottes zu vollenden". Indem er die Kirche aus den Heiden sammelt, führt er das Wort Gottes dem ihm gesetzten abschließenden Ziel entgegen (1,25). Dieses ist ein universales: dem Apostel obliegt die weltweite Proklamation, die sich – wie betont wird – „an jeden Menschen" richtet (1,28)[10].

2.1.3 Damit verschiebt sich die Sicht des apostolischen Auftrags deutlich vom traditionellen heilsgeschichtlichen Aspekt hin zu einem universalistischen Aspekt. Nicht mehr darum scheint es hier zu gehen, daß Paulus dazu berufen ist, den Heiden den Zugang zum Volk Gottes, dessen Sammlung durch Jesus begonnen hatte, zu eröffnen. Er ist stattdessen das exklusive Organ, durch das Gott seinen uranfänglichen universalen Heilsratschluß vollzieht. So wird denn auch die Frage der Kontinuität der Kirche mit Israel mit keinem Wort erwähnt, und ebenso fehlt das Gottesvolk-Motiv völlig.

Aus dieser exklusiven Stellung des Paulus erklärt sich auch der *faktische Monapostolat* des Kolosserbriefes, der sonst nur noch in den Pastoralbriefen eine Entsprechung hat. Paulus kommt als der einzige Apostel in den Blick; die Existenz anderer Apostel neben ihm wird nicht einmal erwähnt. Hierin artikuliert sich letztlich das Selbstverständnis des nachpaulinischen Heidenchristentums der zweiten und dritten Generation. Dieses begreift sich als das exklusive Ziel des Heilsplanes Gottes, und ihm gilt von daher Paulus, der durch Gottes Heilsplan autorisierte Wegbereiter zu diesem Ziel, als der Apostel schlechthin.

2.1.4 Speziell dem *Leiden des Apostels* wird im Zusammenhang des Heilsratschlusses Gottes, dessen Organ er ist, eine Bedeutung für die Kirche zugeschrieben:

> Jetzt freue ich mich in meinen Leiden für euch und fülle aus in meinem Fleisch, was den Drangsalen Christi noch mangelt, für seinen Leib, das ist die Kirche, deren Diener ich geworden bin nach dem Amtsauftrag Gottes, der mir für euch zuteilgeworden ist, um das Wort Gottes zu vollenden (1,24.25a).

---

[10] 1,28 nimmt die Terminologie an den ganzen Weltkreis gerichteter kaiserlicher Proklamationen auf. Ähnlich wurde in einem Text des 1. Jhs. n. Chr. „allen Menschen die ersehnte Herrschaft des Kaisers Gaius Germanicus Augustus verkündet" (*katangelletai*); s. *Gnilka*, Kolosserbrief 103.

Das Problem dieser Aussage besteht vor allem darin, daß hier ein unmittelbarer Zusammenhang zwischen dem Leiden Christi und dem des Apostels hergestellt wird. Wie ist das zu verstehen?

Deutlich ist zunächst: mit den Drangsalen Christi sind weder Leiden um Christi willen noch solche, die im Zeichen Christi erfahren werden, sondern die realen Leiden des irdischen Jesus, gipfelnd in seinem Kreuzestod, gemeint[11]. Gute Gründe sprechen dafür, hinter der Rede vom Ausfüllen des Mangels an Drangsalen nicht die apokalyptische Vorstellung eines vorherbestimmten Maßes von Endzeitdrangsalen zu suchen[12]; es geht vielmehr um das Ausfüllen eines bestehenden Mangels bzw. um eine Ergänzung[13]. *Zu den Leiden Christi kommen die Leiden des Apostels hinzu*: Beide sind notwendig, damit der Heilsratschluß Gottes gegenüber den Heiden realisiert werden kann. Selbstverständlich ist dabei dem Leiden des Apostels keine sühnende Bedeutung zugeschrieben, kraft derer es mit dem Leiden Christi gleichwertig würde. Wenn gesagt wird, daß Paulus *für den Christusleib der Kirche* leidet, so meint dies, daß sein Leiden *zugunsten der Kirche* geschieht. Sein missionarisches Leidenszeugnis ist die nötige Voraussetzung für die Entstehung der weltweiten Kirche.

So werden hier die Drangsale Christi und die Leiden des Apostels unter dem Aspekt ihrer Notwendigkeit für die Entstehung der Heidenkirche nebeneinandergestellt. Dabei ist der paulinische Gedanke aufgenommen, daß der Apostel in seiner ganzen Erscheinungsweise vom Leiden Christi geprägt ist (Gal 6,17) und daß gerade in seiner Schwachheit und in seinem berufsbedingten Leiden das Bild Christi für die Gemeinden anschaubar wird (2Kor 4,10–17; 5,20)[14].

Von da her ist auch die im Neuen Testament singuläre Bezeichnung des Paulus als „Diener (*diakonos*) der Kirche" (Kol 1,25) zu verstehen: In ihm begegnet die Kirche dem personhaften Zeugnis der von Jesus ausgehenden dienenden Selbstpreisgabe, von der sie lebt und die auch ihr eigenes Zeugnis bestimmt. Durch seine Mission, die – kraft ihres Bezuges auf den gekreuzigten Christus – nur leidendes Zeugnis sein kann, bewirkt der Apostel die Entstehung von Kirche unter den Heiden. Zugleich übernimmt er damit den *Amtsauftrag*, der ihm nach Gottes *Heilsplan* zukam (V.25)[15].

Paulus, dem einen, für die weltweite Kirche aus den Heiden maßgeblichen Apostel, wird so eine zentrale Stelle innerhalb des Heilsgeschehens zugewiesen. Die Kirche, die hier ihr Selbstverständnis artikuliert, weiß sich als apostolische Kirche, weil sie paulinische Kirche ist.

---

[11] Dies hat die sorgfältige Untersuchung von *J. Kremer*, Was an den Leiden Christi noch mangelt, 1956 (BBB 12), gezeigt. Abzuweisen sind hingegen die ekklesiale Deutung auf die „Christusbedrängnisse" der *Kirche*, d.h. ihre Leiden um Christi willen bzw. in Entsprechung zu Christus (so zuletzt *Schweizer*, Kolosser 83f) sowie die mystische Deutung, die an ein identifikatorisches Miterleben der Leiden Christi durch die Christen denkt (so *J. Schneider*, Die Passionsmystik des Paulus, 1929 [UNT 15] 31ff).

[12] So *E. Lohse*, Die Briefe an die Kolosser und an Philemon, 1968 (KEK IX/2) 113; *Löwe*, Bekenntnis 313. Mit einer Modifikation des traditionellen Motivs des eschatologischen Maßes rechnet *R. Stuhlmann*, Das eschatologische Maß im Neuen Testament, 1983 (FRLANT 132) 99–101.

[13] S. *Schweizer*, Kolosser 85; *U. Wilckens*, ThWNT VIII 598 Anm. 34.

[14] Diese Interpretation wird durch Eph 3,13 gestützt, wo der missionarische Dienst des Apostels ebenfalls als ein Erleiden von „Drangsalen für euch" beschrieben ist.

[15] Der Begriff *oikonomia* meint den von Gott her ergangenen Amtsauftrag (vgl. 1Kor 4,1; Tit 1,7); dabei mag jedoch die Nebenbedeutung „Plan", „Heilsabsicht" mitschwingen; vgl. *J. Reumann*, OIKONOMIA-Terms in Paul in Comparison with Lucan Heilsgeschichte, NTS 13 (1966/67) 147–167.163.

2.2 Leib Christi und universale Weltherrschaft Christi

2.2.1 Wenn der Kolosserbrief das paulinische Leib-Christi-Motiv mit dem Gedanken der Weltherrschaft Christi verbindet und es damit charakteristisch umprägt, so ist dies zunächst von einem akuten *polemischen Anlaß* her zu begreifen. Er bezieht Stellung gegen die kolossische „Philosophie" (2,8), eine Irrlehre, die sich aus der Vermischung christlicher Motive mit Gedanken aus dem Bereich naturhaft-mythischer Religiosität ergab und deren Grundzug die Weltangst war. Der Kosmos wurde als ein Ineinander konkurrierender, den Menschen bedrohender Mächte verstanden. Der einzige Weg, sich in ihr zu behaupten, ist für den Menschen die religiöse Verehrung dieser Mächte, der „Weltelemente" (2,8.20). Auch die Engel gelten als mit diesen Mächten im Bunde stehend und sind darum durch Verehrung zu besänftigen (2,18). Rettung kann nur die Befreiung aus dem Bereich dieser heillosen Konflikte bringen; sie wird durch Askese angestrebt (2,16–23), die den Aufstieg in die obere Welt und damit zu Christus bewirken soll[16].

Dieser Irrlehre setzt der Briefverfasser als zentrale Widerlegung den aus liturgischer Tradition entstammenden Christushymnus (1,15–20) entgegen. Zugleich will er ihn durch kommentierende Zusätze vor Fehlinterpretationen bewahren. Dieser Hymnus preist Christus als den präexistenten Schöpfungsmittler, durch den und auf den hin „alles geschaffen" worden ist, und zugleich als den Anfang der neuen Schöpfung, durch den und auf den hin die Versöhnung der Welt erfolgt ist. Wenn alle Mächte Christus unterstehen, so ist damit für die ihm zugehörigen Menschen die Weltangst gegenstandslos geworden. Auch die Kolosser müssen von da her einsehen, daß die von ihnen gefürchteten Weltelemente keine eigene Mächtigkeit haben. Kritisch steht der Verfasser freilich der durch den Hymnus vertretenen *kosmischen Christologie* gegenüber, derzufolge der gesamte Kosmos ein riesiger Leib ist, dessen „Haupt" Christus darstellt:

> Und er ist vor allem,
> und alles findet in ihm seinen Zusammenhalt,
> und er ist das Haupt des Leibes (1,17f).

Deshalb fügt der Verfasser als korrigierenden Zusatz, der die Dinge in seinem Sinn zurechtrücken soll, an die Wendung „das Haupt des Leibes" die Worte „der Kirche" an. Auch für ihn ist Christus das „Haupt" der Welt. Aber er ist es nicht in einem naturhaft-kosmischen Sinn, der es erlaubte, alles Seiende als von seiner Kraft durchwaltet und geordnet zu begreifen. Er ist „Haupt" lediglich darin, daß er als Schöpfungsmittler und Erlöser das Woher und das Wohin der Welt bestimmt. Aber weil seine Herrschaft in ihr noch nicht sichtbar durchgesetzt ist, darum kann sie nicht sein „Leib" sein. *Leib Christi ist in der gegenwärtigen Weltsituation allein die Kirche.* Sie nämlich ist der Bereich, in dem Christi Stellung als Herr über alle Mächte anerkannt und durchgesetzt ist. Allein in ihr hat sich die von dem Haupt ausge-

---

[16] Trotz einzelner gnostisierender Motive handelt es sich bei der kolossischen Philosophie nicht um ein gnostisches System; vgl. *Schweizer*, Kolosser 100–104.

hende Kraft zusammenfügend und gestaltend ausgewirkt, und zwar in der Weise, daß die sich Christus im Glauben zuwendenden Menschen von ihm mit Leben erfüllt wurden (2,19)[17].

2.2.2 So erscheint hier die Metapher „Leib Christi" in einem gegenüber 1Kor 12,12–26 völlig veränderten Bezugsfeld, nämlich dem der *kosmischen Leibvorstellung*. Damit hat sich auch ihre Zielrichtung verändert. Der auf das sinnvoll geordnete Ineinander der verschiedenen Charismen abhebende Organismusgedanke spielt keine erkennbare Rolle mehr, und auch daran, daß die einzelnen Christen Glieder des Christusleibes sind, ist nicht gedacht, denn von „Gliedern" des Leibes ist nicht mehr die Rede[18]. Eine gewisse Berührung besteht allenfalls mit den paulinischen Aussagen, die von der Eingliederung der *Vielen* in den *einen* Leib durch das eucharistische Mahl (1Kor 10,17) und vom Hineingetauftwerden in den *einen* Leib (1Kor 12,13) sprechen. Aber auch sie bleibt begrenzt, denn den Sätzen aus dem 1.Korintherbrief fehlt die kosmische Ausrichtung, während die Aussagen des Kolosserbriefes den Gedanken der Einheit aus den Vielen vermissen lassen[19].

2.2.3 Beherrschend tritt hingegen das *Verhältnis zwischen dem Haupt und dem ihm zugehörigen Leib* in den Vordergrund. Christus, der zum Himmel erhöhte Herr, ist das Haupt, die auf Erden befindliche Kirche hingegen ist der Leib. Irdisches ist mit Himmlischem verbunden. Aber diese Verbindung wird nicht auf das vorgängige naturhaft-kosmische Geschehen der Versöhnung des Kosmos mit Gott durch die Auferstehung und Erhöhung Christi zurückgeführt, wie das der Hymnus 1,15–20 in seiner ursprünglichen Form nahelegt; sie kommt vielmehr durch die geschichtliche Heilstat Jesu sowie durch deren existentielle Bedeutung für die Geschichte des je einzelnen Menschen zustande. Zum einen gilt: „er hat Frieden gestiftet durch das Blut seines Kreuzes" (1,20b)[20]; er hat die gegen die Menschen zeugende Schuldschrift beseitigt, „indem er sie ans Kreuz annagelte" (2,14). Zum anderen aber wird – unter deutlicher Aufnahme von Röm 6,4 – gesagt: Ihr wurdet mit ihm „begraben in der Taufe, in der ihr auch mit auferweckt wurdet durch den Glauben an die Macht Gottes, der ihn von den Toten erweckt hat" (2,12). Durch Glauben und Taufe wird der Leib Christi auf Erden konstituiert. Auch die bleibende Zugehörigkeit zu ihm ist kein naturhaft gegebenes Faktum; sie hängt vielmehr daran, daß man „im Glauben gegründet und fest bleibt" und sich nicht wegbewegen läßt „von der Hoffnung des Evangeliums" (1,23; vgl. 2,5.7).

2.2.4 Der so durch die geschichtliche Zueignung des Heilsgeschehens in Glaube und Taufe konstituierte Christusleib ist der *Bereich, innerhalb dessen bereits jetzt auf der Erde die Weltherrschaft Jesu Christi als Wirklichkeit erfahrbar ist*. Die Kirche ist der

---

[17] Vgl. *Schweizer*, Kolosser 70.

[18] 3,5 meint die „Glieder" des Menschen, nicht die des Christusleibes! Es ist von daher abwegig, wenn *Löwe*, Bekenntnis 311, dem Autor des Kolosserbriefes die Behauptung unterschieben will, „daß der Leib des Erlösers aus den Gliedern der Kirche gebildet wird".

[19] Vgl. *E. Lohse*, Christusherrschaft 264f.

[20] Hier handelt es sich, nach 1,18b, um den zweiten präzisierend kommentierenden Zusatz des Briefverfassers zum Hymnus; vgl. *Schweizer*, Kolosser 53.

Ort der gegenwärtigen Herrschaft des Erhöhten. Ihr hat Gott der Vater Anteil geschenkt am Erbteil der Heiligen im Licht und sie herausgerissen aus der Gewalt der Finsternis und in die Herrschaft seines Sohnes versetzt (1,12f). Sie ist durch Christus, „in dem die ganze Fülle des Gottseins leiblich ist", „erfüllt worden", sie hat von ihm her alles empfangen, was zur Teilhabe am Heil erforderlich ist (2,9f). Während die Vertreter der Irrlehre in ihrem Bemühen, sich gegenüber den Mächten des Kosmos zu sichern, nach schattenhaften Trugbildern haschen, wird im Leib Christi der Sieg über die Mächte bereits als Wirklichkeit erfahren, denn das eschato-logische Heil ist hier bereits eine die Gegenwart bestimmende Kraft. Wer ihm zugehört, der hat schon jetzt Anteil an den „kommenden Dingen" (2,17). Die Grenze zwischen Himmel und Erde ist für ihn durchlässig geworden.

Das bedeutet keinesfalls, daß die Kirche ihren geschichtlichen Standort auf der Erde leugnen oder in enthusiastischer Weise überspringen könnte. Sie ist vielmehr daran gewiesen, bereits jetzt und hier die Kräfte der kommenden, noch im Himmel verborgenen Christusherrschaft wirksam werden zu lassen. Das, „was oben ist", sollen die Christen suchen, auf das „Obere" sollen sie ihr Denken ausrichten; und zwar ist dieser obere, himmlische Bereich durch das Sitzen Christi zur Rechten Gottes, durch seine Stellung als Weltherrscher also, charakterisiert (3,1f). Christi Weltherrschaft ist freilich noch verborgen „in Gott", und das gleiche gilt auch von dem Auferstehungsleben der Christen (3,3). Das apokalyptische Denkschema, wonach die zukünftigen Heilsgüter bereits im Himmel verborgen vorhanden sind, um in der Endzeit von dort auf die erneuerte Erde herabzukommen, klingt an. Aber trotz seiner Verborgenheit und Unverfügbarkeit bleibt dieses Obere bzw. Zukünf-tige nicht in Distanz zur gegenwärtigen Welt; es ist vielmehr das Kraftzentrum, von dem her das Leben und Verhalten der Christen in dieser Welt seine Gestalt empfängt. Die Herrschaft Christi liefert den Maßstab, von dem aus sie die Welt sachgemäß beurteilen können, und sie setzt vor allem die Norm für ihr Verhalten untereinander.

So wird die Kirche zu dem *Bereich*, in dem die verborgen-zukünftige Herrschaft des erhöhten Christus über die Welt bereits zeichenhaft Gestalt gewinnen kann, und damit zu einem Stück vorlaufend veränderter, befreiter und versöhnter Welt. In diesem Sinn erfährt die paulinische Aussage von der Aufhebung der bisher identi-tätsbestimmenden Unterschiede „in Christus" (Gal 3,28) eine aktualisierende Neu-deutung: in der Kirche ist „nicht mehr Grieche und Jude, Beschneidung und Unbeschnittenheit, Barbar, Skythe, Sklave, Freier, sondern (nur) Christus, (der) alles in allem (ist)" (3,11)[21].

2.2.5 Ein markanter Unterschied zu Paulus ist jedoch an einer anderen Stelle zu konstatieren: Der Apostel hätte kaum von einem *Wachstum der Kirche* reden

---

[21] Anders als Paulus (s. III.2) spricht der Kolosserbrief jedoch nicht vom Geist, der das vom Christusgeschehen bestimmte Sein „in Christus" zur gegenwärtigen endzeitlichen Lebenswirklichkeit der Glaubenden werden läßt. An die Stelle des Geistes tritt für ihn der erhöhte Christus als das Haupt, das mit seinem Leib, der irdischen Kirche, untrennbar verbunden ist. Aber die Substanz der Aussage verändert sich dadurch nicht.

können – zumindest nicht im Zusammenhang mit ihrem Verständnis als „Leib"[22].
Eben dies aber tut der Kolosserbrief. Und zwar spricht er, Einzelzüge des Leib-
Bildes ausdeutend, von einem Wachstum, das durch das „Haupt" gesteuert wird,
„von dem her der ganze Leib durch die Gelenke und Bänder versorgt und zusammengehalten" wird[23]. Dieses ist „göttliches Wachstum", weil es dem Heilsplan
Gottes entspricht und dem von ihm gesetzten Ziel entgegenführt (2,19). Spätestens
hier wird deutlich, daß die Kirche zwar für den Kolosserbrief keine naturhaft-
kosmische Größe ist, daß er aber doch zwischen ihr und dem Kosmos einen
Zusammenhang sieht. Was beide miteinander verklammert, ist die Königsherrschaft des erhöhten Christus. Ist sie im Blick auf den Kosmos noch verborgen, nur
für die Augen des Glaubens erkennbar, so ist sie in der Kirche schon sich realisierende Wirklichkeit. Die Kirche ist der Bereich der gegenwärtigen Herrschaft Christi[24]. Indem der jetzt schon dem himmlischen „Haupt" Christus zugehörige „Leib"
wächst, bahnt sich die sichtbare Durchsetzung der Herrschaft dieses Hauptes über
den ganzen Kosmos an. Dies gilt, obwohl die fundamentale Differenz zwischen
Kirche und Kosmos nicht in Frage gestellt wird. Der Kolosserbrief hat keinen
kosmischen Kirchenbegriff. Das Wachstum der Kirche ist – entgegen einem möglichen Mißverständnis des Wachstumsbildes in 2,19 – kein naturhaft-physischer
Prozeß. Es vollzieht sich vielmehr in der Weise, daß durch das Wort der Verkündigung und die Sakramente Menschen zum Glauben überführt[25], zum gottesdienstlichen Lobpreis gesammelt (3,16) und in den aktiven Gehorsam gegenüber Christus
eingewiesen werden. Weil diesem Geschehen eine unmittelbare Wirkung auf das
Ganze der Welt zugeschrieben wird, läßt sich allenfalls von einem *kosmischen Bezug*
der Ekklesiologie des Kolosserbriefes sprechen.

Von daher wird die Emphase, mit der die Heidenmission des Paulus als die
abschließende Realisierung des uranfänglichen göttlichen Heilsplans dargestellt
ist, – und zugleich ein Stück weit auch das Desinteresse am Verhältnis Israels zur
Kirche – verständlich. Die Heiden stehen hier für das Ganze der Welt. Mit ihrer
Gewinnung für die Kirche öffnet sich für den Verfasser des Briefes die Perspektive
auf die endgültige sichtbare Durchsetzung der Herrschaft Christi über die ganze
Welt. Zugespitzt gesagt: *der kosmische Bezug der Ekklesiologie hat bei ihm den
heilsgeschichtlichen verdrängt*. Die Frage nach dem Verhältnis der Kirche zum
Kosmos ist an die Stelle der Frage nach ihrem Verhältnis zum Gottesvolk getreten.

2.2.6 Eine überraschende Parallele ergibt sich zwischen dem Kolosserbrief und der Johannesoffenbarung hinsichtlich der starken Gewichtung der Weltherrschaft des erhöhten Christus. Hier wie dort gilt die sichtbare Durchsetzung dieser Herrschaft über alle Bereiche der
Welt als das Ziel, das noch aussteht; hier wie dort wird die Kirche als der Bereich gesehen, in
dem die Herrschaft Christi bereits gegenwärtig manifest ist (s.o. V.2). Zwar kommen beide

---

[22] Vgl. *Schweizer*, Kolosser 125f: „Auch bei Paulus ist der Leib Christi der Herrschafts- und Segensbe-
reich,ä in den hinein die Menschen berufen werden, also die Kirche; doch wächst streng genommen nicht
er, sondern höchstens die Zahl der in ihn hineingerufenen Menschen."

[23] Nach *M. Dibelius/H. Greeven*, An die Kolosser, 1953 (HNT 12) 36; *Lohse*, Christusherrschaft 265f,
wäre hier nicht die Kirche, sondern der Kosmos gemeint. Doch dagegen *Schweizer*, Kolosser 125.

[24] Vgl. *Lohse*, Christusherrschaft 267.

[25] Vgl. *Gnilka*, Kolosserbrief 152f.

von unterschiedlichen Denkansätzen her: während die Offenbarung traditionellem jüdisch-heilsgeschichtlichem Denken verpflichtet ist, zeigt der Kolosserbrief eine deutliche Neigung zur Gedankenwelt kosmologischer Spekulationen. Doch kann dies die zentrale Gemeinsamkeit in der Sache nicht in Frage stellen. Ein markanter Unterschied besteht lediglich darin, daß die Offenbarung das Verhältnis zwischen der Kirche und der gottfeindlichen Welt als einen unheilbaren Konflikt versteht und mit dessen Steigerung auf das Ende hin rechnet, während der Kolosserbrief mit einem „göttlichen Wachstum" der Kirche, d.h. mit ihrer organischen Entwicklung auf das Ziel der Durchsetzung der Christusherrschaft hin rechnet. Während die Offenbarung vom Bruch zwischen Kirche und Welt her denkt, hält der Kolosserbrief ein grundsätzlich positives Verhältnis zwischen beiden für möglich.

2.3 Eine praktische Folge aus der kosmischen Öffnung des Kirchengedankens ist die Sicht der Kirche als einer *ganzheitlichen, weltweiten Größe*. Die Existenz einzelner, jeweils am Ort versammelter Gemeinden wird vorausgesetzt: das ist selbstverständlich übernommenes paulinisches Erbe, das keiner weiteren Begründung mehr bedarf. Besonders erwähnt werden die – vermutlich in Hierapolis zu suchende[26] – Hausgemeinde der Nympha (4,15) sowie die Gesamtgemeinde in Laodizea (4,16). Aus der Bezeichnung beider als *ekklesia* läßt sich schließen, daß der Brief mit der Existenz unterschiedlicher Versammlungsformen rechnet und diese gleichermaßen als Kirche Gottes anerkennt. Zugleich setzt er intensive Kontakte zwischen den einzelnen Gemeinden voraus: Apostelbriefe sollen ausgetauscht (4,16), Grüße und Informationen über interne Vorgänge sollen übermittelt werden (4,10–14). Ein gesamtkirchliches Bewußtsein ist im Werden begriffen, ohne daß es dafür einer institutionellen Ordnung oder gesamtkirchlicher Ämter bedürfte[27]. Während Paulus die *ekklesia* primär von der örtlichen Versammlung und ihrer Christus-*koinonia* her denkt, begreift sie der Kolosserbrief von ihrer Bindung an Christus, den Herrn über das All, her, und will ihr ihren Auftrag bewußt machen, das Christusgeschehen vor der ganzen Welt zu bezeugen.

3. Entfaltungen und Modifikationen im Epheserbrief

3.1 Die veränderte Ausgangssituation

3.1.1 Der Epheserbrief ist seinem Inhalt nach ein *theologischer Traktat über die Kirche*. Man ist versucht, von einer kopernikanischen Wende zu sprechen: Stand im Mittelpunkt der echten Paulusbriefe stets das Christusereignis und wurde die Kirche in ihrem Bezug zu diesem gesehen, so nimmt diese deuteropaulinische Schrift die Kirche zum Ausgangspunkt, um das Christusereignis von ihr her zu interpretie-

---

[26] S. hierzu *Klauck*, Hausgemeinde 44ff.

[27] Man wird allerdings aus der Nichterwähnung von gemeindlichen Ämtern kaum auf deren völliges Fehlen schließen dürfen (gegen *Lohse*, Christusherrschaft 274). Immerhin handelt es sich bei dem in 4,17 erwähnten Archippos um den Träger einer *diakonia*, d.h. eines personengebundenen Dienstes, und zwar wohl um einen in mehreren Gemeinden tätigen Lehrer.

ren[28]. Damit ist eine Wirkungsgeschichte angestoßen, die in direkter Linie zu den altkirchlichen Glaubensbekenntnissen führt, in denen die Kirche als eigenständiger Glaubensinhalt thematisiert ist.

3.1.2 Formal präsentiert sich der Brief als apostolisches Rundschreiben: die in den ältesten Handschriften fehlende Adressenangabe „in Ephesus" (1,1) erweist sich als spätere Zufügung[29], und jeder Bezug auf konkrete Gemeindeverhältnisse wie auch auf akute Kontroversen und Spannungen bleibt ausgeklammert. Sein Verfasser wollte anscheinend mit ihm eine größere Zahl von in paulinischer Lehrtradition stehenden Gemeinden in der Provinz Asien ansprechen, um ihr kirchliches Zusammengehörigkeitsbewußtsein zu stärken und sie dazu zu bringen, sich als Teile der *einen, ortsübergreifenden und universalen Kirche* zu verstehen. Ausschließlich für diese bleibt der Begriff *ekklesia* reserviert, seine Anwendung auf die örtliche Versammlung der Christen wird konsequent vermieden. Daß damit einer Tendenz zur selbstgenügsamen Isolation einzelner Gemeinden, wenn nicht gar zur Beschreitung von Sonderwegen, entgegengewirkt werden sollte, liegt auf der Hand. Hier spiegelt sich die Situation zur Zeit des Übergangs von der zweiten zur dritten Generation: Paulus und seine Mitarbeiter hatten durch ihr persönliches Wirken eine enge Verbindung zwischen den Gemeinden sichergestellt. Nach dem Tode des Apostels und dem allmählichen Ausscheiden der Gründungsgeneration lockerte sich das Zusammengehörigkeitsbewußtsein. Der im Namen und unter der Autorität des Paulus verfaßte apostolische Rundbrief will nun dieser Entwicklung gegensteuern, indem er jene Anordnungen, die der Apostel selbst hinsichtlich der Zusammengehörigkeit der Gemeinden zu geben unterlassen hatte, gleichsam nachliefert.

3.1.3 An einem einzigen Punkt gibt es einen indirekten Hinweis auf einen aktuellen Situationsbezug. Es ist zugleich jener Punkt, an dem die ekklesiologischen Ausführungen des Briefes ihre größte Dichte gewinnen: das Verhältnis zwischen Heidenchristen und Judenchristen (2,11–18). Daraus kann man schließen, daß der Brief in eine Situation hineinspricht, die durch das wachsende Selbstbewußtsein des Heidenchristentums und die Verdrängung der judenchristlichen Minderheit an den Rand der Gemeinden gekennzeichnet war. Die Tendenz, die jüdischen Ursprünge der Kirche zu vergessen und das Heidenchristentum als das eigentliche Ziel der Wege Gottes zu verstehen, war in den paulinischen Gemeinden vorhanden. Der Kolosserbrief (vgl. Kol 1,24–29) ist ein deutliches Zeugnis dafür. Sie dürfte sich im Gefolge des jüdischen Krieges, der Zerstörung Jerusalems und seines Tempels, weiter verstärkt haben. Der vermutlich zwischen 80 und 90 entstandene Epheserbrief tritt dieser Tendenz entgegen, indem er unter Rückgriff auf paulinische Gedanken die Verwurzelung der Kirche in Israel wieder ins Bewußtsein ruft. Er versucht an diesem entscheidenden Punkt eine *Korrektur des Kolosserbriefes*, dessen ekklesiologischen Ansatz er sonst weiterführend aufnimmt.

3.1.4 Die beiden zentralen Aspekte des Kirchenverständnisses des Kolosserbriefes finden sich auch hier wieder, nämlich die Rückbindung der Kirche an den Apostel sowie ihre Begründung in der Universalität der Weltherrschaft Christi. So

---

[28] Vgl. *Merklein*, Christus 81.
[29] S. hierzu *Schnackenburg*, Epheser 37–39; *F. Mußner*, Der Brief an die Epheser, 1982 (ÖTK 10) 35f; anders *J. Gnilka*, Der Epheserbrief, ²1977 (HThK X/2) 5–7; *Lindemann*, Aufhebung 238f: „Ephesus" sei fiktive Adresse des pseudonymen Autors.

wird zunächst zu fragen sein, wie diese Aspekte aufgenommen und weitergeführt werden.

3.2 Der Apostel und die Apostolizität der Kirche

3.2.1 Wiederum erscheint Paulus als integraler Bestandteil des auf die Gewinnung der Heiden abzielenden Heilsplanes Gottes. Das geht aus der großen Paulusanamnese Eph 3,1–13 hervor, deren literarische Vorlage Kol 1,24–29 gewesen sein dürfte. Wie schon dort, so ist auch hier das Damaskuswiderfahrnis als der Akt der Enthüllung eines bislang verborgenen Geheimnisses gedeutet, dessen Inhalt die Gewährung des Heils für die Heiden ist. Durch Paulus wird dieses Geheimnis nicht nur veröffentlicht und zu weltweiter Wirkung gebracht; er hat – wie ausdrücklich betont wird – „Einsicht in das Christusmysterium", und davon können sich die Leser seiner Briefe überzeugen (3,4). Er ist also der maßgebliche Offenbarungsträger für die Kirche. Aber nicht nur für sie; denn dadurch, daß er das „Geheimnis" gemäß dem Heilsplan Gottes zur Durchführung bringt und den Heiden die Heilsbotschaft verkündigt, bewirkt er, daß „jetzt den Mächten und Gewalten in den himmlischen Bereichen durch die Kirche die vielfältige Weisheit Gottes kundwerde" (3,10). Sein Amt gewinnt so eine nahezu kosmische Dimension.

3.2.2 Als gegenläufig dazu mag auf den ersten Blick das Bemühen des Epheserbriefes erscheinen, *den faktischen Monapostolat des Paulus abzumildern*: auch als Empfänger der Offenbarung des göttlichen „Geheimnisses" steht Paulus nicht allein, sondern ist einer unter Gottes „heiligen Aposteln und Profeten im Geist" (3,5). So gehört er zu den „Aposteln und Profeten", die das Fundament des heiligen Gottesbaus der Kirche tragen (2,20). Indem die Kirche sich auf Paulus gründet, bezieht sie sich zugleich auf alle Apostel. Diese Betonung des Gesamtapostolischen hängt zweifellos mit einer anderen wichtigen Akzentsetzung zusammen: Erschien im Kolosserbrief die Heidenkirche allein als Inhalt des „Geheimnisses" und Ziel des Heilsplans Gottes (Kol 1,27), so geht nunmehr der Blick auf die Kirche aus Juden und Heiden (Eph 3,6). Paulus ist darum nicht mehr der eine Bote Gottes, der das Evangelium universal, „für alle Menschen" ausrichtet (Kol 1,28), sondern er ist unter der Mehrzahl von Boten derjenige, der den spezifischen Auftrag hat, „den Heiden zu verkündigen" (Eph 3,8) und sie so zu „Mitteilhabern an der Verheißung in Christus Jesus" zu machen (3,6). Apostel- und Kirchenverständnis werden so aus einer einseitig paulinischen Engführung herausgelöst und gewinnen an Katholizität.

3.2.3 Davon unberührt bleibt die besondere *Bedeutung des Paulus für seine Gemeinden* als Repräsentant des Evangeliums. Man weiß von seiner Geschichte (6,21), ja die Heilsbotschaft ist untrennbar mit ihr verwoben (3,8); man erinnert sich an sein Zeugnis in Leiden und Gefangenschaft (3,13; 6,20); und man ist sich dessen bewußt, wie viel die Kirche seiner Fürbitte verdankt: Das Bild des für die Kirche betenden Apostels (1,15–19) scheint hier größeres Gewicht zu gewinnen als das des für sie leidenden Apostels[30].

---

[30] Der Spitzensatz Kol 1,24 hat im Epheserbrief keine Entsprechung.

3.3 Christusleib und Christusherrschaft

3.3.1 Ausgangspunkt für die Entfaltung der zentralen Metapher von der Kirche als *Leib Christi* ist, nicht anders wie im Kolosserbrief, der Gedanke der *Weltherrschaft Christi*. Christus, der kraft seiner Auferweckung zur Stellung des himmlischen Herrschers Erhöhte, ist das „Haupt", die Kirche ist sein „Leib", der Bereich, in dem seine Herrschaft jetzt schon gegenwärtig und erfahrbar ist:

> und alles hat er unterworfen unter seine Füße, und gab ihn als alles überragendes Haupt der Kirche, welche ist sein Leib, die Fülle dessen, der alles in allem erfüllt (1,22f)[31].

Für das Weltganze ist mit dem Christusgeschehen die „Fülle der Zeiten" angebrochen, Himmel und Erde, die bislang voneinander getrennten Bereiche, werden durch Christus zu neuer Einheit zusammengeführt (1,10). Die Gott und seiner Herrschaft widerstreitenden Mächte und Gewalten sind entmächtigt; alle Bereiche der Welt sind Christus unterstellt, sie haben in ihm das „alles überragende Haupt". Zugleich aber hat Gott den, der Haupt über alles ist, *auch der Kirche als Haupt gegeben*.

Damit ist nicht nur eine Personalunion der Herrschaft über Welt und Kirche als zwei im übrigen beziehungslos nebeneinanderstehenden Bereichen ausgesagt, vielmehr ist eine unmittelbare Zuordnung beider vorausgesetzt. Denn die Kirche lebt in der Welt, sie ringt dort mit den gottfeindlichen Gewalten (6,12f) vor allem aber hat sie den Auftrag, in der Welt zu wachsen (2,21) und die Botschaft von der Christusherrschaft universal in ihr zu verbreiten (3,9f).

Man kann mit *R. Schnackenburg* das Verhältnis von Kirche und Welt im Bild zweier konzentrischer Kreise darstellen: der innere ist die Kirche, der äußere der Kosmos; beide haben Christus als Zentrum und werden von ihm regiert[32]. Die Grenze zwischen beiden ist nicht fest, sondern dynamisch. Der innere Bereich ist nämlich in einem Wachstum begriffen; die Kirche soll sich ausweiten, um zuletzt den ganzen Bereich des Kosmos auszufüllen. Die in ihr wirksame Form der Christusherrschaft, deren Kennzeichen die Liebe und die Überwindung trennender Grenzen zur Einheit hin sind (4,12–15), soll zuletzt alle Bereiche durchdringen und verwandeln. Herrschaft Christi kann nicht nur im Niederhalten von gottfeindlichen Mächten und Gewalten bestehen; weil sie Herrschaft des Gekreuzigten ist, darum kommt ihr eigentliches Wesen erst dort zum Zug, wo sie als verwandelnde Macht der sich selbst preisgebenden Liebe erkennbar wird. Eben dies aber geschieht in der Kirche.

3.3.2 Sehr viel direkter als im Kolosserbrief wird die Kirche als *Bereich der Gegenwart des Christusheils* dargestellt. Hier stellt sich die Frage, ob es sich noch um eine quantitative oder schon um eine qualitative Differenz handelt. Die Unterscheidung zwischen dem „oberen" Bereich, in dem Christus, das „Haupt" ist, und dem unteren, in dem die Kirche sich befindet (Kol 3,1), hat hier nämlich ebensowenig

---

[31] Vielfach hat man in 1,20–23 – analog zu Kol 1,15–20 – einen vom Verfasser überarbeiteten Christushymnus erkennen wollen (so u.a. *M. Dibelius/H. Greeven*, An die Kolosser, Epheser, an Philemon, 1953 (HNT 12) 64; *Deichgräber*, Gotteshymnus 161–165), doch dies wird weder durch formale noch durch inhaltliche Indizien hinreichend gestützt.

[32] *Schnackenburg*, Epheser 83.

Raum wie der Gedanke der Verborgenheit christlichen Lebens „mit Christus in Gott" (Kol 3,3). Alles Gewicht liegt vielmehr darauf, daß die Kirche *bereits jetzt* die ganze „Fülle" Christi, des Allherrschers, in sich faßt (Eph 1,23; 3,19). Sie hat aufgrund der Auferweckung Jesu *schon jetzt* Teil an der himmlischen Wirklichkeit; Gott hat ihre Glieder „zusammen mit Christus lebendig gemacht" (2,5); er hat uns „mitauferweckt und im Himmel miteingesetzt in Christus Jesus" (2,6). Der Ort gegenwärtigen christlichen Lebens und damit auch des Lebens der Kirche ist nicht mehr durch das „Begrabenwerden mit Christus" in der Taufe bestimmt (Röm 6,4.8; vgl. Kol 3,3), sondern durch die Auferweckung mit ihm. Daß die Anspielung auf paulinische Tauftheologie in 2,6 das „Sterben mit Christus" unerwähnt läßt, ist symptomatisch für den vollzogenen Positionswechsel. Die Kirche ist hier ein Stück himmlische Wirklichkeit, das in die bestehende alte Welt verändernd und erneuernd hineinwirkt. Sie ist – wie unter Aufnahme biblischer Schöpfungsterminologie gesagt wird – der „eine neue Mensch", den Christus geschaffen hat (2,15), um in ihm Versöhnung zu gewähren und Frieden zu stiften[33]. In ihr ist die neue Schöpfung schon Gegenwart.

In alledem spricht sich ein die paulinische Spannung zwischen dem „Schon" und dem „Noch nicht" durchbrechendes präsentisches Heilsbewußtsein aus, das in der Kirche seinen konkreten Bezugspunkt findet. Die Gefahr eines schwärmerischen ekklesiologischen Triumphalismus liegt nahe. Trotzdem wird man sagen können, daß ihr der Verfasser des Epheserbriefes nicht erlegen ist. Er läßt auch Gesichtspunkte und Motive zu Wort kommen, die dieser Gefahr gegensteuern. So weiß er von der Lebendigkeit widergöttlicher Mächte, mit denen die Kirche zu kämpfen hat (3,10) und die ihre ganze Kraft herausfordern (6,10–17). Wichtiger aber noch ist, daß er das Kreuz als tragenden Grund der Kirche nicht vergessen hat. Er betont: durch das Kreuzesgeschehen ist die Kirche geschaffen worden (2,14–16). Sie nämlich ist der „eine neue Mensch", den Christus „in sich" erschaffen und mit Gott „durch das Kreuz" versöhnt hat[34]. Indem Christus für die Schuld von Juden und Heiden durch sein Sterben Sühne bewirkte, wurde eine neue, nicht mehr von Feindschaft und Trennung gefährdete Gemeinschaft zwischen Gott und den Menschen möglich, und damit auch eine neue Weise des Miteinanders unter den Menschen (2,14–18)[35].

3.3.3 Wenn der Epheserbrief die Kirche als eine *eigenständige Größe im Heilsgeschehen* darstellt, so ist damit in der Tat eine *neue Qualität* der ekklesiologischen

---

[33] *Merklein*, Christus 90, betont zu Recht: „Christus ist nicht nur Mittler der Kirchen-Schöpfung, sondern Erschaffer der Kirche selbst". Zu beachten ist sein Hinweis, daß durch die Formulierung, Christus habe „*in sich*" den einen neuen Menschen geschaffen, die naheliegende Gefahr, „daß die Kirche nun als selbständige Größe neben Christus erscheinen könnte", gebannt ist (ebd. 91).

[34] Traditionsgeschichtlich ist diese Aussage – eine der schwierigsten Stellen des Epheserbriefes – wohl durch die Kombination der Tradition von Christus als dem Schöpfungsmittler (Kol 1,16f) mit der hellenistisch-jüdischen Vorstellung vom Kosmos als „großer Mensch" bzw. „größter Leib" (*E. Schweizer*, ThWNT VII 1051f) sowie dem genuin paulinischen Gedanken der in Christus und vom Kreuz her entstandenen neuen Schöpfung (2Kor 5,17; Gal 6,15) zu erklären; vgl. *Merklein*, Christus 88–95.

[35] Vgl. hierzu *Stuhlmacher*, „Er ist unser Friede" 238f.

Aussage erreicht. Es ist sicher mehr als bloßer Überschwang bildhafter Rede, wenn die Kirche als handelndes Subjekt, als unmittelbares partnerschaftliches Gegenüber zu Christus und als Mittlerin des Heils erscheint.

Am markantesten ist dies in der *Ehe-Paraklese* (5,22–33) der Fall. Hier werden die Aussagen des traditionellen Haustafel-Schemas über das Verhältnis von Mann und Frau zum Anlaß einer theologischen Reflexion über das Verhältnis Christus – Kirche genommen. Die Begründung dafür liefert bezeichnenderweise das Schriftzitat aus Gen 2,24: „und es werden die zwei ein einziges Fleisch sein" (V.31). In dieser ursprünglich vom Verhältnis von Mann und Frau in der Ehe handelnden Aussage findet der Verfasser einen profetischen Tiefensinn: „Dieses Geheimnis ist groß, *ich aber* beziehe es auf Christus und die Kirche" (V.32). Er sieht in ihr die enge Gemeinschaft zwischen Christus und der Kirche als *seinem Leib* ausgesprochen, und das erlaubt es ihm, Zug um Zug das Verhältnis der Ehepartner zueinander ekklesiologisch auszudeuten. Nun ist zwar das Bild von der Heilsgemeinde als der Braut Gottes bzw. des Messias traditionell[36] und im Urchristentum weit verbreitet (Mk 2,19f; 2Kor 11,2; Offb 19,7; 21,2.9); hier jedoch gewinnt es eine völlig neue Gewichtung. Es ist nicht mehr eschatologischer Ausblick auf die Endzeit, sondern *Beschreibung gegenwärtiger Wirklichkeit*. Die Kirche ist die reale Partnerin Christi; auf sie bezieht sich sein Handeln – und nicht etwa auf die einzelnen Glaubenden. Ihr galt seine Liebe, und für sie hat er sich dahingegeben; sie hat er geheiligt und durch die Taufe gereinigt; sie sollte nach seinem Willen „heilig" und „makellos" sein. Man wird diese in der Vergangenheitsform gehaltenen Aussagen, in deren Mittelpunkt die Hingabeformel (V.25b: „er hat sich für sie dahingegeben") steht, als Rückverweise auf das Kreuzesgeschehen, und das heißt zugleich: als Entfaltung von 2,15f, wo von der Erschaffung der Kirche durch den sterbenden Christus die Rede war, verstehen können. Daneben ist aber auch noch das gegenwärtige Handeln Christi an der Kirche im Blick, wenn gesagt wird, daß er sie „nährt" und „pflegt" (V.29). In alledem wird die Kirche als ausschließliche Adressatin des Heilswerks Jesu Christi in Vergangenheit und Gegenwart dargestellt. So jedenfalls dürfte die programmatische Formulierung: „er ist der Retter des Leibes" (V.23) zu verstehen sein. Über der starken Gewichtung des Verhaltens Christi zur Kirche tritt das Verhalten der Kirche zu Christus fast völlig in den Hintergrund: Es wird lediglich gesagt, daß die Kirche sich Christus „unterordnen" soll, „wie auch die Frauen ihren Männern in jeder Hinsicht" (V.24).

3.3.4 Gerade diese letzte Bemerkung stellt freilich klar, daß auch für den Epheserbrief die Christologie das unverrückbare sachliche Zentrum ist. Von einem Zurücktreten der Christologie hinter die Ekklesiologie kann keine Rede sein[37]. Die Kirche ist weder eine präexistente, Christus gleichgeordnete Größe, noch ist sie mit Christus identisch. Sie ist vielmehr der Ertrag seines Erlösungshandelns und der Bereich seines gegenwärtigen Wirkens im Geist.

---

[36] Zu den alttestamentlichen Wurzeln vgl. einerseits Hos 2; Jes 54,6; Ez 16,7f (Israel als zur Treue verpflichtete Ehepartnerin Gottes); andererseits Jes 62,5 (die messianische Heilszeit als Hochzeit).

[37] Gegen *E. Käsemann*, Das theologische Problem des Motivs vom Leibe Christi, in: ders., Paulinische Perspektiven, Tübingen 1969, 178–210.209.

Das Neue der Sicht des Epheserbriefes besteht darin, daß *die Kirche* in dieser Gewichtung *zwischen Christus und die Glaubenden* tritt. Entsteht bei Paulus Kirche dadurch, daß Christus Menschen auf Glauben hin durch seine Heilsgaben beschenkt und sie dadurch zu Gliedern und Teilhabern der Heilsgemeinde macht, so entsteht sie nach dem Epheserbrief dadurch, daß Christus einen durch seine Person und sein Heilswerk bestimmten *Bereich* schafft und Menschen im Glauben den Eintritt in diesen Bereich ermöglicht. Das Heil wird nämlich den Menschen dadurch zuteil, daß sie durch die Taufe „mit Christus lebendig gemacht" und in den im Himmel begründeten Lebenszusammenhang „in Christus", und das heißt: in die Kirche, hineingenommen werden (2,5f)[38]. Indem betont wird, daß dies allein aus Gnade (2,5) und durch Glauben (2,8) geschieht, wird zwar der Anschluß an die paulinische Rechtfertigungslehre gesucht, aber nur unvollkommen erreicht. Denn der paulinische Gedanke, daß die in Christus offenbare Gerechtigkeit Gottes in der Taufe dem Sünder auf Glauben hin zugewandt wird und daß *erst dadurch* die neue, heilvolle Gemeinschaft derer, die „eins in Christus Jesus" sind, entsteht (Gal 3,26–29) hat hier keinen Platz. Stattdessen ist der Glaube die Bereitschaft, den in der Taufe eröffneten Zugang zum Heilsbereich der Kirche als unverdientes Geschenk der Gnade Gottes anzunehmen, sich den darin wirksamen Heilskräften anzuvertrauen und „gegründet in Christus Jesus" die „guten Werke" zu tun, „die Gott vorher bereitet hat, daß wir in ihnen unser Leben führen" (2,10). Die Rechtfertigung hat damit aufgehört, *Voraussetzung* der Kirche zu sein; sie ist stattdessen zu deren *Auswirkung* geworden. Bleibt im Epheserbrief die Vorrangstellung der Christologie gegenüber der Ekklesiologie gewahrt, so ist doch gegenüber Paulus eine Rangvertauschung zwischen dieser und der Soteriologie zu konstatieren: In der Zugehörigkeit zur Kirche wird das Heil empfangen und bewahrt. *Die Ekklesiologie ist zur Voraussetzung der Soteriologie geworden*[39].

3.3.5 Diese Konzeption ist nicht ohne *Problematik*. Vor allem im Blick auf ihre möglichen Konsequenzen lassen sich kritische Fragen stellen. Läuft die Sicht der Kirche als der für das Heil relevanten Größe nicht darauf hinaus, daß die Kirche zu einer das Heil verwaltenden und zuteilenden Institution wird? Reicht die betonte Rückbindung der Kirche an Christus aus, um zu verhindern, daß faktisch der Glaube an die Kirche als Trägerin und Vermittlerin des Heils an die Stelle des Glaubens an Christus tritt? Muß sich nicht aus der betonten Nähe der Kirche zu Christus und ihrer – zumindest ansatzweisen- Verortung im Himmel ihre Sündlosigkeit, ja Unfehlbarkeit ergeben? Immerhin ist ja im Brief nur von einem Kampf der einzelnen Christen mit widergöttlichen Mächten (6,10–17), nicht jedoch von einem Kampf der ganzen Kirche die Rede.

Nun sollte man freilich dem Brief keine Konsequenzen aus seiner Wirkungsgeschichte unterstellen, die er selbst so nicht zieht. Letztlich kann man seinen Aussagen über die Kirche nur gerecht werden, wenn man erkennt, daß wir es hier nicht

---

[38] Zu dieser Deutung von 2,5f als Aufnahme in die Kirchengemeinschaft s. *P. Stuhlmacher*, Gerechtigkeit Gottes bei Paulus, 1965 (FRLANT 87) 216f; *Merklein*, Christus 64. Vgl. auch *Schnackenburg*, Epheser 95: Es geht um die „Einbeziehung in die große göttliche Heilsaktion, die über Christus (1,20f) und die Kirche (1,22b-23) auf uns zuläuft und uns ‚in Christus Jesus' mitumfängt".

[39] Vgl. *Merklein*, Christus 81.

mit einem dogmatischen Entwurf zu tun haben, der als ideologischer Unterbau für eine Kirchenordnung gedacht wäre. Es handelt sich vielmehr um ein in die Sprache hymnischen Lobpreises gekleidetes himmlisches Wesensbild der Kirche, das primär Antwort sein will auf ein ganz bestimmtes *pastorales Anliegen*. Es soll gezeigt werden, daß inmitten der sichtbar von Konflikten zwischen Menschen und Mächten bedrohten, durch Feindschaft und Friedlosigkeit gefährdeten gegenwärtigen Lebenswirklichkeit jener Bereich schon heilvolle Gegenwart ist, in dem die Macht des Gekreuzigten sich als wirksam erweist. In der Kirche finden die Heimatlosen, unter Feindschaft und Entfremdung Leidenden Heimat und Geborgenheit. Als Glieder der Kirche werden sie hineingenommen in jenen Prozeß der Durchsetzung des Heils, der von Christus ausgehend zuletzt die ganze Welt umfassen soll (1,10). Damit gewinnt ihr Leben Anteil an der großen Perspektive Gottes auf die Zukunft der Welt; es wird hingeordnet auf die zukünftige sichtbare Durchsetzung seines Willens in der Erneuerung seiner Schöpfung.

3.4 Die Kirche als heiliger Tempel (Eph 2,19–22)

Neu gegenüber dem Kolosserbrief ist die Aufnahme des traditionellen ekklesiologischen Bildes vom *Haus* bzw. dem *Tempel Gottes*. In ihr findet das eben erwähnte pastorale Anliegen seinen markanten Ausdruck:

> So seid ihr nun nicht mehr Fremde und Beisassen,
> sondern ihr seid Mitbürger der Heiligen und Hausgenossen Gottes,
> aufgebaut auf dem Fundament der Apostel und Profeten;
> der Eckstein ist Christus Jesus selbst,
> in welchem der ganze Bau zu einem heiligen Tempel im Herrn wächst,
> in welchem auch ihr mitaufgebaut werdet
> zu einer Wohnung Gottes im Geist (2,19–22).

3.4.1 Der Grundgehalt des Bildes ist ähnlich wie bei Paulus (1Kor 3,9–17): die Kirche ist der von Gott auf festem Fundament errichtete Bau, und als solcher ist sie sein heiliger Tempel, der endzeitliche Ort seiner Gegenwart im Geist. Ganz entsprechend Mt 16,18 und Offb 21,14 wird die Sichtweise der dritten Generation dadurch eingebracht, daß die maßgeblichen Zeugen der Anfangszeit – Apostel und Profeten – als das den Bau tragende Fundament dargestellt werden. Damit wird der Bedeutung der Tradition für die Kirche Rechnung getragen. Freilich wird diese Aussage alsbald im paulinischen Sinn (1Kor 3,11) präzisiert und gegen das Mißverständnis geschützt, als sei die Kirche ein auf Menschen sich gründender Bau: der Grund- und Eckstein des Fundaments, der die Maße des Baues bestimmt und allen übrigen Steinen des Fundaments ihren Ort zuweist, ist Christus selbst. Das Zeugnis der Apostel und Profeten hat nur darum, weil es Christuszeugnis ist, Kraft und Wirkung[40].

---

[40] Kontrovers diskutiert wird, ob Christus der *Fundamentstein* oder der *Gewölbe-* (bzw. *Portalbogen-*) *Schlußstein* ist. *J. Jeremias*, ThWNT I 792f, war aufgrund philologischer und archäologischer Belege für die letztere Deutung eingetreten; ihm folgten u.a. *P. Vielhauer*, Oikodome. Aufsätze zum Neuen Testament 2, 1979 (TB 65) 126; *Dibelius/Greeven*, Epheser 71f; *Gnilka*, Epheserbrief 158; *Roloff*, Apostolat 110f; *Vögtle/Oberlinner*, Anpassung, 143f. Demgegenüber haben *Merklein*, Amt 44–152; *Schnackenburg*, Ephe-

3.4.2 Als eigenständig und weiterführend erweist sich die Ausgestaltung des Bildes zu einer Aussage über *das Verhältnis der Gläubigen zur Kirche und ihre Teilhabe an deren Leben*. In dieser Funktion ergänzt es das Leib-Christi-Bild gleichsam als dessen gegenläufiges Korrelat. Während letzteres seinen Ausgangspunkt *oben*, bei Christus als dem Haupt nimmt, um von da her die Zugehörigkeit der Kirche zu Christus zu beschreiben, setzt dieses *unten* ein, indem es das Wachstum der Kirche auf ihr Ziel hin zum Thema hat (vgl. Kol 2,19). Dabei erscheint die Kirche zu allererst als *bergendes Gemeinwesen*. Wer in sie aufgenommen wird, tritt heraus aus der bisherigen Heimatlosigkeit und Unbehaustheit, um Bürgerrecht in der Familie Gottes zu gewinnen. Mit den „Heiligen und Hausgenossen Gottes" sind weder die Israeliten, noch die Judenchristen gemeint, sondern die Engel als Repräsentanten der himmlischen Gemeinde (vgl. 1,18)[41]. Der Gedanke der Kirche als gegliedertes Gemeinwesen (*politeia*), das von Gott als seinem Mittelpunkt aus Gestalt und Struktur gewinnt, berührt sich mit der Johannesoffenbarung (Offb 7,1–8; 14,1–4; 21,2f). Gleiches gilt von der Vorstellung der Gemeinschaft der Gläubigen mit den Wesen des himmlischen Bereichs um Gott, in der sich gottesdienstliche Erfahrungen widerspiegeln dürften.

3.4.3 Der zentrale Gedanke des Bildes ist aber nun der des *dynamischen Wachstums*. Die Kirche befindet sich in einem von Christus, dem „Eckstein", bestimmten und gesteuerten Wachstumsprozeß, und an ihm haben die einzelnen Glieder teil. Sie als die einzelnen Steine bilden nicht nur die sichtbare Struktur des heiligen Tempels, sondern sie werden „miterbaut"; das Wachstum des Ganzen betrifft auch sie. Es ist für sie gleichermaßen Herausforderung wie Grund der Hoffnung: Diesem Bau zuzugehören, der zugleich Baustelle ist, bedeutet teilzuhaben an dem großen Werk Jesu Christi, dem die Zukunft gehört. Die Frage, ob dieses Wachstum intensiv, als Festigung im Glauben, oder extensiv, als numerisches Wachstum, gemeint sei, ist gegenstandslos, weil sie eine falsche Alternative aufrichtet. Gemeint ist wohl beides: wenn die Kirche ganz von der „Fülle" Christi „erfüllt" ist (1,23), wird sie auch missionarisch wirksam der Welt Christus als den bezeugen, der bereits ihr Herrscher ist.

---

ser 124; *Mußner*, Epheser 93f; *Kitzberger*, Bau 315, m.E. überzeugende Argumente für die erste (traditionelle) Deutung beigebracht: der alttestamentliche locus classicus Jes 28,16, der hier zweifellos mit im Blick ist, meint mit *akrogoniaios* den Eckstein des Fundaments. Vor allem aber: Christus als der zuletzt dem Bau eingefügte Schlußstein paßt gerade nicht zu dem hier betonten Bildmoment des durch Christus bestimmten Wachstums.

[41] Dies wird vor allem durch die Parallelen in der Qumrangemeinde sichergestellt: auch diese wußte sich als geistlicher Tempel in Gemeinschaft mit den Himmelswesen (1QS 11,6f; 9,7f; 1QH 3,22; CD 20,8; 1QM 12,2.4.7; 1QSa 2,8f); vgl. *Klinzing*, Umdeutung 185–187; *Mußner*, Epheser 90f. Dazu jetzt A.M. *Schwemer*, Gott als König und seine Königsherrschaft in den Sabbatliedern aus Qumran, in: M. Hengel/A.M. Schwemer (Hg.), Königsherrschaft Gottes und himmlischer Kult im Judentum, im Urchristentum und in der hellenistischen Welt, 1991 (WUNT 55) 45–118; H. *Seidel*, Lobgesänge im Himmel und auf Erden, in: A. Meinhold/ U. Lux (Hg.), Gottesvolk, Berlin 1991, 114–124.

3.5 Israel, die Heiden und die Kirche (Eph 2,11–18)

3.5.1 Die Vermutung daß wir in 2,11–18 den aktuellen Bezugspunkt, auf den hin der Brief seine ekklesiologischen Aussagen entwirft, zu suchen haben (s. 3.1.3), wird durch eine weitere Beobachtung bestätigt. Wir sahen, daß der Brief die ekklesiologische Konzeption des Kolosserbriefs weitgehend übernimmt und weiterentwickelt. 2,11–18 stellt die einzige Ausnahme von dieser Regel dar! Hier nämlich findet sich ein gezielter Widerspruch zum Kolosserbrief. Das vom Gottesvolk-Gedanken ausgehende *heilsgeschichtliche Deutungsmuster*, das im Kolosserbrief völlig vom christologischen Deutungsmuster der Leib-Christi-Vorstellung verdrängt war, wird hier wieder zu seinem Recht gebracht. Der Verfasser versucht nichts geringeres, als dieses heilsgesschichtliche Deutungsmuster, Paulus folgend, mit dem christologischen zu verbinden. Wir werden zu fragen haben, ob und inwieweit ihm das gelingt.

3.5.2 Die Adressaten sind die Heidenchristen. Sie sollen an die große Wende, die sich an ihnen durch die Eingliederung in die Kirche vollzogen hat, erinnert und auf deren Konsequenzen hingewiesen werden. Dies geschieht anhand der Gegenüberstellung von „einst" und „jetzt"; wobei schon diese Zeitangaben erkennen lassen, daß der Verfasser die bisherige kosmisch-vertikale Ausrichtung seiner Gedanken nunmehr durch eine horizontal-heilsgeschichtliche ergänzen will[42]. Der Rückblick faßt die vergangene Situation ins Auge. Diese war durch eine in letzte Tiefen reichende Scheidung zwischen Heiden und Juden gekennzeichnet. Nicht nur, daß die Heiden durch das äußere Zeichen der Beschneidung von Israel getrennt waren[43] (V.11) – sie hatten vor allem an dessen Privilegien keinen Anteil, waren sie doch „ohne Christus, ausgeschlossen vom Gemeinwesen (*politeia*) Israels und Fremdlinge gegenüber den Bundsetzungen der Verheißung, ohne Hoffnung und ohne Gott in der Welt" (VV.12–13).

3.5.3 Es hat zunächst den Anschein, als sähe der Verfasser die Situation der Heiden konsequent aus der Perspektive Israels. Er läßt sie nämlich durch einen Mangel bestimmt sein: den Heiden fehlen die Israel gegebenen Privilegien. Dabei handelt es sich um einen tatsächlichen Mangel. Daß nämlich Israels Privilegien für den Verfasser nicht anders wie für Paulus (Röm 9,4–6) Realitäten sind, erweist sich schon daran, daß er (wie Paulus in Röm 9–11) den Ehrentitel „Israel" gebraucht, der die besondere Stellung des jüdischen Volkes vor Gott umschreibt. Israel als *politeia*, d.h. als konkretes geschichtliches „Gemeinwesen"[44], hatte die Hoffnung auf den messianischen Heilsbringer, die in Christus ihre Erfüllung fand; es hatte ferner die

---

[42] Vgl. *Mußner*, Epheser 70; s. ferner zum Schema „einst"-„jetzt": *P. Tachau*, „Einst" und „Jetzt" im Neuen Testament, 1972 (FRLANT 105).

[43] Indem der Verfasser von „Heiden im Fleisch" und einer „sogenannten, am Fleisch mit Händen gemachten Beschneidung" spricht, gibt er zu verstehen, daß es sich dabei um keine letztgültigen, sondern nur um vorläufige, inzwischen überwundene Unterscheidungskriterien handelt; anders freilich *Mußner*, Epheser 70.

[44] Zur Bedeutung von *politeia* im Blick auf das Judentum s. *M. Hengel*, Die Synagogeninschrift von Stobi, ZNW 57(1966) 145–183.179–183.

Bundeszusagen Gottes, aus denen es die Hoffnung auf Gottes heilvolles Handeln in der Zukunft als seine Geschichte bestimmende Kraft gewann, und es hatte die Gemeinschaft mit Gott. Obwohl der Begriff „Volk Gottes" nicht erscheint, ist mit alledem Israel der Sache nach als das Heilsvolk des Alten Bundes beschrieben. Die Heiden hingegen erscheinen als die aus diesem Volk Ausgegrenzten; ihr heilloser Status wird darauf zurückgeführt, daß sie an den Heilsgaben Israels keinen Anteil hatten. Als die nichtzugehörigen „Fremden" (V.12; vgl. V.19) waren sie zugleich „Ferne" (VV.13.17)[45].

Bei genauerem Zusehen ergibt sich freilich, daß die jüdische Perspektive sich in der Schilderung der Privilegien Israels mit einer spezifisch christlichen verbindet: Genannt wird nur, was auf die Kirche vorausweist und *nach ihrem Selbstverständnis* als Kontinuitätsmerkmal mit Israel galt. So fehlen einerseits Abrahamskindschaft, Beschneidung, Gesetz und Kult[46], andererseits werden die Christuserwartung und die (als in Christus erfüllt geltenden) Verheißungen betont. Vor allem aber dürfte die Bezeichnung Israels als *politeia* als verheißender Hinweis auf die Kirche als Gemeinwesen Gottes gemeint sein[47]. Das Israel, von dem hier die Rede ist, ist also ein auf die Kirche hin angelegtes, auf sie hin offenes Israel. Es ist Israel, wie es in der Kirche seine heilsgeschichtliche Vollendung findet.

3.5.4 Kommt also die Rettung der Heiden aus ihrem einstigen Unheilsstatus dadurch zustande, daß ihnen der Zugang zu dem durch Jesus erneuerten Gottesvolk eröffnet wird? Der Epheserbrief geriete mit einer solchen Sicht in eine unvermutete Nähe zu Lukas (s.o. VI.2). In der Tat könnte die Aussage, die die Wende vom Einst zum Jetzt beschreibt, für sich genommen so verstanden werden: „Jetzt aber, in Christus Jesus, seid ihr, die einst Fernen, zu Nahen geworden durch das Blut des Christus" (V.13). Die unmittelbar folgende Begründung weist jedoch in eine andere Richtung:

> Denn er ist unser Friede, da er die beiden zu einem gemacht und die Scheidewand des Zaunes abgebrochen hat, die Feindschaft, indem er in seinem Fleisch das Gesetz der in Satzungen bestehenden Gebote vernichtet hat, damit er die zwei in sich zu einem neuen Menschen erschaffe, Frieden stiftend, und die beiden in einem Leibe mit Gott versöhne durch das Kreuz, nachdem er (so) in sich die Feindschaft getötet hatte (VV.14–16).

Hier ist der Gottesvolk-Gedanke, der vorher im Blickfeld war, völlig ausgeblendet. An seine Stelle ist das Paradigma *Feindschaft/Versöhnung* getreten. Nicht von einem Hinzukommen der Heiden zu Israel ist die Rede, sondern davon, daß Christus den „Zaun", der Heiden und Juden feindselig voneinander trennte, abge-

---

[45] Jüdische Sicht ist auch hierin aufgenommen: die Heiden gelten als die Fernen (vgl. Bill III 585–587); der Anschluß an die Heilsgemeinde kann mit „Nahebringen" umschrieben werden (1QS 6,16.22; 8,18; 9,15f; 1QH 14,14).

[46] Paulus nennt dagegen in Röm 9,4 ausdrücklich *nomothesia* und *latreia*.

[47] Dies wird sichergestellt durch die Wiederaufnahme des Motivs in der Erfüllungsaussage V. 19: die Heidenchristen als *sympolitai* (Mitbürger) der Heiligen. Vgl. *Gnilka*, Epheserbrief 135: „die civitas Israel" wird „transparent für die himmlische Politeia, die jetzt erbaut wird und mit der Kirche identisch ist."

brochen und durch sein Kreuzesleiden *Versöhnung* gestiftet hat[48]. Dabei wird ganz pragmatisch auf reale Gegebenheiten in der zeitgenössischen Gesellschaft Bezug genommen: Heiden und Juden standen einander in scheinbar unüberwindlicher Feindschaft gegenüber. Von der Seite der Juden her erzwang das Gesetz die Abgrenzung von den als unrein geltenden Heiden. Das Bild vom Gesetz als „Zaun" begegnet, freilich in positiver Ausrichtung, in zahlreichen jüdischen Aussagen: Die Tora galt als der Schutzwall, mit dem Mose Israel umgeben hatte, damit es in seiner Treue gegenüber dem Willen Gottes nicht gefährdet werden sollte[49]. Für die Heiden wurde die Distanz der Juden gegenüber ihren Kulten und Lebensformen zum Anlaß jener Feindschaft, wie sie sich allgemein gegen Außenseiter der Gesellschaft und Andersartige richtet[50]. Bereits in der hellenistischen Spätantike liegen die Wurzeln jenes Antijudaismus, dessen Erbe später das Christentum antreten sollte.

3.5.5 Die *Bedeutung des Gesetzes* wird strikt auf seine faktische trennende Wirkung unter Menschen eingegrenzt: es verhinderte, daß beide Menschengruppen (*ta amfotera*), nämlich Juden und Heiden, zueinander kommen konnten. Der für die Gesetzestheologie des Paulus zentrale Gedanke, daß das Gesetz, indem es menschlichen Ungehorsam provoziert, eine Trennwand zwischen Gott und Mensch aufrichtet, ist hier nicht mehr im Blick[51]. Für den Verfasser ist das Gesetz weder eine Bedrohung, weil es den Zugang zu Gott verstellen könnte, noch eine Herausforderung, weil es in Konkurrenz zu Christus zu treten vermöchte. Es ist für ihn als Heidenchristen vielmehr ein Konglomerat von unverständlichen Satzungen und Bestimmungen, das, obwohl längst obsolet geworden, eine unnötige Trennung zwischen Menschen festschreibt. Er sieht in ihm nicht eine Setzung Gottes, sondern eine Manifestation der auf Feindschaft beruhenden menschlichen Entfremdung. Christus hat das Gesetz beseitigt, indem er Ursache und Anlaß seiner Existenz beseitigte, nämlich die Feindschaft *beider verfeindeter Menschengruppen gegen Gott*. Durch die Hingabe seines Leibes am Kreuz hat er beide zu Gott hingeführt und

---

[48] Im Gefolge von *Schlier* (Christus 18ff) und *Käsemann* (Leib und Leib Christi, 1933 [BHTh9] 138 ff; *ders.*, Problem), möchten manche Ausleger (u.a. *D. Lührmann*, Rechtfertigung und Versöhnung, ZThK 67[1970] 437–452; K. *Wengst*, Christologische Formeln und Lieder des Urchristentums, ²1973 [StNT 7] 181–186; *Fischer*, Tendenz 131–137) in Eph 2,14–18 einen (möglicherweise vom Eph.-Verf. kritisch kommentierten) Erlöserhymnus erkennen, der entweder einem vorchristlichen Gnostizismus entstammt oder zumindest doch gnostisch beeinflußt ist. Dies hätte für die Auslegung erhebliche Folgen, würde es doch zu einem kosmologischen Verständnis nötigen, dem dann auch die geschichtstheologischen Aussagen unterzuordnen wären. Demnach ginge es nämlich um das Gegeneinander von himmlischer und irdischer Sphäre, das Christus dadurch, daß er die trennende Himmelsmauer durchbrach, aufhob. Doch diese Hypothese wurde philologisch durch *Deichgräber*, Gotteshymnus 165–167, theologisch durch *Mußner*, Christus 76ff, und *Stuhlmacher*, „Er ist unser Friede" 225–233, überzeugend widerlegt.

[49] So u.a. der Aristeasbrief (139; 142); Abot I,16; LevR 1,106a; jSanh 5,22d; weitere Belege bei *Mußner*, Epheser 76.

[50] Vgl. hierzu besonders 3Makk 3,3f.

[51] Dies zeigt *Merklein*, Christus 34–40, m.E. überzeugend, während *Stuhlmacher*, „Er ist unser Friede" 237–240, zu stark harmonisierend die spezifischen Konturen der Aussage auflöst.

ihnen die Gemeinschaft mit Gott erschlossen. Diese Versöhnungstat ist zugleich – wie bereits gezeigt – *jener Akt der endzeitlichen Neuschöpfung, durch den die Kirche entsteht.*

3.5.6 Die Kirche ist – wie abschließend in VV.17f gesagt wird – jene neue Wirklichkeit, die durch das versöhnende Handeln Christi bestimmt ist. In ihr erfüllt sich die endzeitliche Friedensverheißung von Jes 57,19: „Friede, Friede den Fernen und den Nahen, spricht der Herr, ich werde sie heilen." Und zwar geschieht dies gemäß der messianischen Hoffnung Israels (vgl. V.12) dadurch, daß der Christus selbst zum Friedensboten wird (Jes 9,5): „Und er kam und verkündete Frieden euch, den Fernen, und Frieden den Nahen" (V.17). Für *beide verfeindeten Menschengruppen*, für die unmittelbar als die „Fernen" angesprochenen Heiden ebenso wie für die „Nahen", nämlich die Juden, ist nunmehr der Zugang „in einem Geist zum Vater" erschlossen. Damit ist für beide eine grundsätzlich neue Situation gegeben, deren konkreter Erfahrungsbereich wohl der christliche Gottesdienst ist[52]. Miteinander bilden sie die neue Gemeinschaft, den „einen Leib", den Christus mit Gott versöhnt hat.

Solche Gemeinschaft kommt nicht in der Weise zustande, daß die vordem Fernen aufgenommen würden in die Nähe der bislang schon Nahen, um an deren Gottesverhältnis Anteil zu bekommen. Vielmehr erfährt die Situation der Nahen ebenfalls eine entscheidende Veränderung. Auch sie werden mit Gott versöhnt und gewinnen so einen unmittelbaren Zugang zu Gott, den sie vorher, trotz ihrer Nähe, nicht hatten; auch für sie fällt die bisherige feindselige Absonderung durch das Gesetz dahin, die sich vordergründig zwar auf den Willen Gottes berief, die letztlich aber Ausfluß der Feindschaft gegen Gott gewesen war. Unterschiedlich waren lediglich die beiden Ausgangspositionen: Während sich für die ehemaligen Juden in der nunmehr entstehenden Kirche jene Verheißungen Gottes erfüllen, von denen sie bereits wußten und mit denen sie lebten, ereignet sich für die ehemaligen Heiden etwas gänzlich Unerwartetes und Überraschendes. Aber dieser Unterschied minimalisiert sich angesichts jenes endzeitlichen Schöpfungsgeschehens, in dem die Kirche aus Juden und Heiden als die schlechthin neue Wirklichkeit entsteht.

3.5.7 Diese Konzeption fordert zu einer differenzierenden *theologischen Sachkritik* heraus. Sicher bildet der Epheserbrief eine bemerkenswerte Ausnahme innerhalb der Israelvergessenheit der dritten christlichen Generation, wenn er betont, daß die Entstehung der Kirche untrennbar mit dem Handeln Gottes an Israel zusammenhängt. Darin, daß er „hier die Ekklesiologie ganz vor dem Horizont Israels entwickelt", erweist er sein Wissen davon, „daß die Kirche ohne ihre ‚Wurzel' Israel ein geschichtsloses Abstractum wäre. Es gibt keine Ekklesiologie ohne Blick auf Israel."[53] Der Überheblichkeit eines Heidenchristentums, das sich selbst für das eigentliche Ziel der Wege Gottes halten und die Bedeutung der Judenchristen als *konstitutiven Bestandteil der Kirche* übersehen möchte, wird hier der Boden entzo-

---

[52] Vgl. *Mußner*, Epheser 87.
[53] *Mußner*, Traktat 48.

gen. Darüber hinaus ist damit jede Form der Beteiligung der christlichen Gemeinde am Judenhaß der zeitgenössischen heidnischen Gesellschaft ausgeschlossen [54].

Aber dieser Blick auf Israel erweist sich doch als vergleichsweise begrenzt. Anders als Paulus zeigt sich der Epheserbrief am Schicksal der nicht zum Glauben an Christus gekommenen Juden uninteressiert. Zwar scheint er nicht in Frage zu stellen, daß Israels Privilegien (V.17) auch für sie grundsätzlich weiter in Geltung stehen. Nirgends jedoch deutet er Konsequenzen daraus hinsichtlich des Verhältnisses zwischen jenem Israel, das nicht den Weg zum Evangelium gefunden hat, und der Kirche an. Und was den Gottesvolk-Gedanken betrifft, so läßt er ihn zwar anklingen; zu einer Integration in den christologischen Ansatz der Ekklesiologie kommt es jedoch nicht. Die vom kosmologischen Denken bestimmte spezifische Ausprägung des Leib-Christi-Gedankens erweist sich als übermächtig und steht solcher Integration im Wege. Die Kontinuität, die er zwischen der Kirche und Israel voraussetzt, ist eine solche der Verheißung; in diesem Sinn kann er die Heiden „Miterben und Mit-Leib und Mitteilhaber der Verheißung" nennen (3,6). Aber sie ist *gebrochene Kontinuität*: die Kirche entsteht nicht, indem die Heiden zum erneuerten Israel hinzukommen[55], sondern indem Christus durch sein Sterben ein Werk endzeitlicher Neuschöpfung ins Leben ruft. Das kommt in die Nähe der später von den Kirchenvätern vertretenen Sicht der Kirche als dem *dritten Geschlecht*, das aus Juden und Heiden hervorgeht.

Die Kirche als das schlechthin Neue ist „das von Gott gesetzte sichtbare Zeichen der Einheit der Menschheit"[56]. Das ist vielleicht *der wichtigste Beitrag des Epheserbriefs zur Ekklesiologie*. Das über die Aufhebung der Feindschaft zwischen Juden und Heiden, den beiden entscheidenden Teilen der Menschheit, Gesagte hat paradigmatischen Charakter; es gilt prinzipiell in gleicher Weise für alle verfeindeten Menschengruppen, für Nationen, Völker, soziale Klassen und Vertreter konträrer Interessen. Der Mensch ist immer in vielfältige Beziehungen zu anderen Menschen eingebunden; er ist ein soziales Wesen. Darum ist weder seine Feindschaft gegen Gott, noch seine Versöhnung mit Gott ein Geschehen, das auf den Bereich seiner privaten religiösen Innerlichkeit beschränkt bleiben kann. Beides wird innerhalb von sozialen Beziehungen erfahren und hat Auswirkungen auf diese. Dem trägt der Epheserbrief Rechnung, wenn er die Kirche als den von der Versöhnungstat Christi her gestalteten *Bereich* versteht, *in dem Versöhnung im Blick auf Gott zugänglich und zugleich im zwischenmenschlichen Verhältnis praktizierbar wird*. Seiner Überzeugung nach hat in der Kirche der Friedenswille Gottes für die gesamte Menschheit konkrete Gestalt gewonnen. Das ist für die Kirche nicht nur Zusage, sondern auch

---

[54] Zu dem in den Jahren nach 70 einen Höhepunkt erreichenden Judenhaß in der heidnischen Gesellschaft s. *Stuhlmacher*, „Er ist unser Friede" 242f.

[55] Dies verkennt *Klappert*, wenn er in einer weithin überzogenen Deutung von Eph 2,11–22 dort das Grundschema der eschatologischen Völkerwallfahrt zum Zion wiederfinden möchte, um von da aus zu folgern, es gehe hier um das Wunder der Aufnahme der Heiden in den großen Verheißungszusammenhang der Erwählungsgeschichte Israels. Fragwürdig ist insbesondere sein Versuch, aus V.15a eine Weitergeltung der Tora herauszulesen: aufgehoben seien lediglich jene Reinheitshalachot, „die zwischen Juden und Heiden trennende Wirkung haben" (Miterben 100).

[56] *F. Mußner*, Die Kraft der Wurzel, Freiburg u.a. 1987, 146.

Verpflichtung. Darin, daß sie in ihren eigenen Reihen die Möglichkeit eines versöhnten Miteinanders verschiedener Menschen und Menschengruppen vorlebt und daß sie sich zugleich über ihre eigenen Grenzen hinaus um die Überwindung von Konflikten bemüht, besteht das ihr aufgetragene Friedenszeugnis für die ganze Welt.

3.6 Die Einheit der Kirche

3.6.1 Die Kirche ist für den Epheserbrief nicht nur eine universale Größe, von der er ausschließlich im Singular spricht; er betont darüber hinaus ihre wesenhafte Einheit. So benennt er in 4,3–6 nicht weniger als *sieben Einheitselemente*:

> Bemüht euch, die Einheit des Geistes zu wahren durch das Band des Friedens – *ein* Leib und *ein* Geist, wie ihr auch zu *einer* Hoffnung durch den Ruf an euch gerufen wurdet, *ein* Herr, *ein* Glaube, *eine* Taufe, *ein* Gott und Vater aller, der über allen und durch alle und in allen ist.

3.6.2 Die *traditionsgeschichtliche Basis* dieser Aussage ist die Taufkatechese. Das geht vor allem aus den letzten drei Gliedern hervor, die an 1Kor 12,13 erinnern[57]. Die Taufe ist der Ursprungsort der kirchlichen Einheit. Ermöglicht und bestimmt wird diese Einheit durch das Wirken des Geistes. Dieses wiederum verweist zurück auf die Schaffung des *einen* Leibes der Kirche durch den sich in den Tod gebenden Christus als ihrem *einen* Herrn (vgl. 2,16); es kann darum nur ein hinsichtlich seiner Ausrichtung ungeteiltes Wirken sein. Dieses wird darin manifest, daß es den *einen* Glauben erweckt. Glaube ist dabei als *fides quae creditur* zu verstehen: es ist das Gott preisende Bekenntnis, wie es in der Gemeinschaft des Gottesdienstes laut wird, die gemeinschaftliche dankbare Antwort der Menschen auf das Heilsgeschehen, in dessen Bereich sie sich vorfinden. Aus der Berufung in die eine Kirche ergibt sich auch die *eine* Hoffnung auf die künftige Teilhabe an dem „Erbe unter den Heiligen" (1,18).

3.6.3 Wo liegt der *Ansatz zu dieser Konzeption von Einheit*? Einheit ist hier nicht gedacht als ein Sich-Zusammenfinden von Menschen, die zuvor je für sich das Heil empfangen haben und in ein persönliches Verhältnis zu Gott getreten sind. Sie ergibt sich nicht aus dem Zusammenklang von Überzeugungen und Interessen. Was diese Einheit begründet, ist vielmehr das Versöhnungshandeln Christi, aus dem die Kirche entstand, und die Erfahrung der in der Kirche realen Versöhnungswirklichkeit mit ihrer die Aufhebung von Feindschaft und Trennung bewirkenden Macht. Der Ansatz dieses Einheitskonzepts ist also christologisch und soteriologisch. In ihrer Einheit entspricht die Kirche der Struktur des Heilsgeschehens, dem sie sich verdankt und das in ihr wirksam ist.

---

[57] Es handelt sich allerdings nicht um das Zitat eines liturgischen Stücks, sondern um eine freie Paraphrase mit liturgischen und katechetischen Anklängen; vgl. *Schnackenburg*, Epheser 162f.

Verhält es sich aber so, dann gehört Einheit zum Wesen der Kirche. Das Nebeneinander einer Pluralität von Kirchen, die sich in je unterschiedlicher Weise auf das Heil in Christus beziehen, aber voneinander isoliert existieren, wäre für den Epheserbrief ein absurder Gedanke. Freilich trägt die Einheit, von der er spricht, nicht die Züge von Uniformität. Die Möglichkeit eines Nebeneinanders verschiedener Ansätze für das Verständnis des Heilsgeschehens und unterschiedlicher Erlebnisebenen, auf denen sich seine Aneignung vollzieht, bleibt dadurch offen, daß die Einheit als im Heilsgeschehen selbst begründet gesehen wird, nicht hingegen in der menschlichen Antwort auf dieses. Besonders wichtig ist dabei, daß die Taufe als der Ort der primären Manifestation der Einheit herausgestellt wird. Es gibt nur das Hineingetauftwerden in die *eine* Kirche. Indem der Mensch durch die Taufe in den vom einheitsstiftenden Handeln Christi bestimmten Bereich der Kirche hineingenommen wird, ergeht an ihn das Angebot der Einheit und die Verpflichtung, dieser Einheit zu entsprechen. Von da her wäre, in der Weiterführung dieses Gedankens, die faktische Gespaltenheit der Kirche als Folge des menschlichen Widerspruchs gegenüber dem Einheit stiftenden Handeln Gottes in der Taufe – und damit als Sünde – zu verstehen.

3.7 Ordnung und Verfassung der Kirche

Der Epheserbrief will in erster Linie ein ideales theologisches Wesensbild der Kirche schildern, während er an der konkreten Gestaltung von Ordnung und Verfassung der Kirche relativ uninteressiert zu sein scheint. Die Kirche des Epheserbriefes ist Heilsgröße, nicht irdische Institution. Sie wird „von oben her" in ihrem Wesen beschrieben, nicht jedoch „von unten her" in ihrer Empirie erfaßt.

3.7.1 Nun spricht der Brief zwar von der Ordnung der Kirche, aber er geht dabei bezeichnenderweise von „oben", von der christologischen Totalperspektive, aus. In dem für dieses Thema maßgeblichen Abschnitt 4,7–16 wird die Einsetzung der Ämter als Folge und Auswirkung des Sieges Christi über die gottfeindlichen Mächte und Gewalten dargestellt[58]. Bei seiner Erhöhung zum Himmel, die ja zugleich Manifestation des Sieges über die aufrührerischen Mächte war, stieg Christus auf „über alle Himmel, um das All zu erfüllen" (V.10). Die Erstlingsgabe, die er vom Himmel her „den Menschen gab", war eine Frucht seines Sieges: er gab der Kirche ihre Ämter. Grund zu dieser Deutung gibt ein Psalmwort (Ps 68,19): „Aufsteigend zur Höhe erbeutete er Gefangene, gab er Gaben den Menschen" (V.8). Daß es sich bei diesen Gaben um die Ämter der Kirche handelt, macht der Verfasser klar, indem er zur Ausdeutung einen Satz anfügt, der in mancher Hinsicht an 1Kor 12,28–31 erinnert[59]:

---

[58] Eine detaillierte Auslegung des Abschnitts bietet *Merklein*, Amt 57–117. Als kritisches Korrektiv dazu *Vögtle*, Reflexionen 554–562.

[59] Ob eine direkte literarische Abhängigkeit vorliegt, ist unsicher; vgl. *Schnackenburg*, Epheser 176.

Und er gab die Apostel, die Propheten, die Evangelisten, die Hirten und Lehrer zur Zurüstung der Heiligen für ein Werk des Dienstes für den Aufbau des Leibes Christi, bis wir alle gelangen zur Einheit des Glaubens und der Erkenntnis des Sohnes Gottes, zum vollkommenen Mann, zum Vollmaß der Fülle Christi (4,11–13).

Wichtig ist zunächst, daß die hier genannten Dienste als *Gaben des erhöhten Christus* verstanden sind, deren Empfängerin die *Kirche* ist. Und zwar dienen die Gaben dazu, diese Kirche als den Leib Christi, und das heißt: als den von ihm beherrschten und durchwalteten Bereich, aufzuerbauen und zu gestalten. Sie sind also für die Kirche *konstitutiv* im vollen Wortsinn. Wenn dieser konstitutive Charakter einzelnen, namentlich genannten Diensten zugeschrieben wird, so ist damit vorausgesetzt, daß es sich dabei nicht um nur gelegentlich hervortretende, von wechselnden Personen ausgeübte Funktionen handelt, sondern um feste, personengebundene Dienste, d.h. um Ämter. Diese hier genannten Ämter werden also als *für die Kirche verbindliche Stiftungen Christi* herausgestellt.

Freilich will der Verfasser mit dieser Aufstellung nicht eine bestimmte Ämterstruktur durchsetzen; es geht ihm vielmehr darum, für jene Ämter, die in den angeschriebenen Gemeinden bereits bekannt waren und in Geltung standen, im Rahmen seiner Kirchenkonzeption eine theologische Begründung zu liefern[60].

3.7.2 Beim *Vergleich mit 1Kor 12,28–31* ist zunächst eine gewisse Verengung augenfällig. Weder karitative und technisch-administrative Funktionen noch Glossolalie und Wunderkräfte werden genannt. Nur fünf Ämter werden aufgeführt. Unter ihnen ist im einzelnen zu differenzieren.

3.7.2.1 Die ersten beiden – *Apostel und Profeten* – müssen aufgrund von 2,20; 3,5 als eigene, von der folgenden Trias abzuhebende Gruppe gelten. Sie sind die kirchengründenden Missionare der Anfangszeit, auf deren Wirken man zurückblickt. Als solche bilden sie mit ihrer Lehre das Fundament, auf dem sich der heilige Gottesbau der Kirche gründet und das für diesen Maß und Norm setzt. Damit ist die in 1Kor 12,28 vorausgesetzte unmittelbare Verbindung von Profeten und Lehrern, die eine ursprüngliche, bis zur Personalunion gehende enge Zuordnung beider Funktionen erkennen ließ, aufgegeben. Darin spiegelt sich die Zurückdrängung der gemeindlichen Profetie in den paulinischen Kirchen der dritten Generation: diese erscheint nur noch im Rückblick als Phänomen der Anfangszeit[61].

3.7.2.2 Die drei Ämter der *Evangelisten, Hirten und Lehrer* werden der kirchlichen Gegenwart zugeordnet. Eine exakte Unterscheidung ihrer jeweiligen Funktionen ist nicht möglich, ja es muß als fraglich erscheinen, ob der Verfasser eine solche überhaupt vor Augen hatte. Geht man davon aus, daß die Ämterbezeichnungen in den Gemeinden, die er mit seinem Rundschreiben erreichen wollte, noch nicht völlig vereinheitlicht waren, so wird man hier eher eine allgemeine Typisierung als eine Aufzählung konkret vorhandener Ämter sehen. Auf alle Fälle sind unter den *Hirten* die Gemeindeleiter zu verstehen (vgl. Apg 20,28; 1Petr 2,25; 5,2). Und zwar werden diese durch das verbindende „und" ganz unmittelbar an die

---

[60] Zur Begründung s. *Merklein*, Amt 116.

[61] Daß nicht die alttestamentlichen, sondern die gemeindlichen Profeten gemeint sind, geht aus 3,5 hervor.

Lehrer herangerückt. Darin dürfte zum Ausdruck kommen, daß zwischen beiden eine enge Verbindung personeller Art vorausgesetzt ist. Die früher eigenständige Gruppe der Profeten und Lehrer ist verschwunden. Stattdessen wird die Lehre zur Aufgabe der Gemeindeleiter. Das Prinzip *Leitung durch Lehre* ist dabei, sich fest zu etablieren. Da dieselbe Entwicklung sich in anderen Gemeinden des paulinischen Kirchengebietes mit dem Episkopenamt verbindet (1Tim 3,2), kann man mit gutem Grund fragen, ob der Epheserbrief mit „Hirten und Lehrern" nicht das Episkopenamt umschreiben will[62]. Auch die Bezeichnung „Evangelisten" meint einen Wortdienst. Man wird dabei wahrscheinlich an übergemeindlich wirkende Wandermissionare zu denken haben (vgl. Apg 21,8)[63].

3.7.2.3 Für alle drei Ämter der *aktuellen* Trias besteht also ein enger Bezug zum Wort. Das verbindet sie mit den vorhergenannten Aposteln und Profeten. Und zwar besteht diese Verbindung des näheren darin, daß sie die Dienste der Gemeindegründung und -leitung im Anschluß an die durch die grundlegende Verkündigung der Apostel und Profeten (2,20) gesetzte Norm ausüben. Für die Existenz der Kirche ist das Vorhandensein dieser Dienste in Gestalt persongebundener Ämter unabdingbar. Sie gehen auf den Willen und die Einsetzung Christi selbst zurück. Nichts deutet jedoch darauf hin, daß die Träger der drei genannten Funktionen als Nachfolger der Apostel und Profeten im Sinne einer juridisch gesicherten Amtsweitergabe gesehen wären[64].

3.7.3 Der Epheserbrief gibt in alledem die paulinische Vorstellung von den der gesamten Gemeinde gegebenen *Charismen* nicht auf. Er strukturiert sie lediglich um. Den Begriff *charisma* gebraucht er zwar nicht, sondern ersetzt ihn durch die Worte *Gnade* (4,7) bzw. *Gaben* (4,8). Wenn er ausdrücklich betont: alle Gemeindeglieder haben Anteil an der „Gnade nach dem Maß der Gabe Christi" empfangen (4,7), so bleibt er damit grundsätzlich der paulinischen Zusammenschau von *Leib Christi* und *Charismen* treu[65]. Allerdings weist er den Ämtern bzw. den an diese gebundenen Funktionen einen *hervorgehobenen Rang* unter den Gaben des erhöhten Herrn zu. In ihnen sieht er nämlich jene Charismen, die dem Christusleib der Kirche gleichsam die ihm angemessene Struktur geben und seine Entwicklung in die rechte Richtung weisen. Sie geben gleichsam den Rahmen vor, dessen die Charismen der übrigen Gemeindeglieder bedürfen, um ihrerseits sinnvoll zum „Aufbau des Leibes Christi" eingesetzt werden zu können (4,12).

---

[62] Der hellenistische Begriff *episkopos* wurde von der alttestamentlich-jüdischen Bildtradition des „Hirten" her gedeutet und inhaltlich gefüllt. So wird der Wortstamm *episkept*- nicht nur in Apg 20,28; 1Petr 2,25 und 5,2 (v.l.) mit dem Wortstamm *poimain*- („weiden") verbunden, sondern auch die Damaskusschrift bringt das Amt des „Aufsehers" (*m^ebaqqer*) der Essener-Gemeinde mit dem alttestamentlichen Bild (Sach 10,3; 11,16; Ez 34,11) des seine Herde leitenden Hirten zusammen (CD 13,7ff).

[63] Dem widerspricht auch 2Tim 4,5 nicht, denn dort ist „Evangelist" unspezifisch für den Verkündiger des Evangeliums gebraucht; anders noch *Roloff*, Art. Amt 523. Ausscheiden muß die altkirchliche Interpretation, derzufolge die Evangelisten Nachfolger der Apostel waren, die, wie jene, die Oberaufsicht über ganze Kirchenprovinzen führten (*Euseb*, HE V 10,2). Der einzige Beleg dafür, Apg 21,8, ist kaum tragfähig.

[64] Vgl. *Vögtle*, Reflexionen 562.

[65] So mit *Schnackenburg*, Epheser 177, gegen *Merklein*, Amt 59f.

3.8 Ausblick

Legt man das klassische konfessionsphänomenologische Deutungsraster zugrunde, so wird man unschwer in der Ekklesiologie des Epheserbriefes *katholische Züge* aufzeigen können. Die Vorordnung der Kirche vor den einzelnen glaubenden Christen, ihre Sicht als universale, für das Heil relevante Größe und nicht zuletzt die hohe Wertung des Amtes als für sie konstitutiv: das alles sind Themen und Aspekte, die für katholische Lehrtradition im weitesten Sinne – also auch für die Ostkirchen und den Anglikanismus – von großer Bedeutung waren und sind. Ob sie sich direkt aus der exegetischen Wirkungsgeschichte des Epheserbriefes ergeben haben – was eher fraglich ist – tut dabei wenig zur Sache. Auf alle Fälle beruft sich diese Lehrtradition im heutigen ökumenischen Gespräch nachdrücklich auf den Epheserbrief als das sie legitimierende biblische Zeugnis. Protestantische Theologie tut sich mit ihm ausgesprochen schwer. Dies gilt vor allem, seit die kritische Forschung ihn als eigenständigen theologischen Entwurf identifiziert hat, der nicht harmonisierend von den großen echten Paulusbriefen her gedeutet werden kann. Die entscheidende Frage, die sich hier stellt, ist, ob der Epheserbrief seinem eigenen Anspruch, eine legitime Weiterentwicklung paulinischer Theologie zu bieten, gerecht wird, oder ob er in einem unaufhebbaren Widerspruch zu Paulus, dem großen apostolischen Zeugen der ersten Generation, steht. Wir meinen, daß diese Frage im ersten Sinne zu beantworten sei. Verhält es sich aber so, dann kann der Epheserbrief für uns heute zu einem ermutigenden Hinweis auf für die bereits im Neuen Testament grundgelegte Vielfalt und Weite der Möglichkeiten, Kirche zu gestalten, werden.

VIII. Gottes geordnetes Hauswesen:
Die Pastoralbriefe

Literatur: J. *Behm,* Die Handauflegung im Urchristentum, Leipzig 1911; E. *Dassmann,* Zur Entstehung des Monepiskopats, JAC 17 (1974) 74–90; B. *Fiore,* The Function of Personal Example in the Socratic and Pastoral Epistles, 1986 (AnBib 105); G. *Kretschmar,* Die Ordination im frühen Christentum, FZPhTh 4/22 (1975) 35–69; P. *Lippert,* Leben als Zeugnis, 1968 (SBM 4); H. *v. Lips,* Glaube – Gemeinde – Amt, 1979 (FRLANT 122); G. *Lohfink,* Paulinische Theologie in der Rezeption der Pastoralbriefe, in: K. Kertelge (Hg.), Paulus in den neutestamentlichen Spätschriften, 1981 (QD 89) 70–121; *ders.,* Weibliche Diakone im Neuen Testament, in: G. Dautzenberg u.a. (Hg.), Die Frau im Urchristentum, 1983 (QD 95) 320–338; *ders.,* Die Normativität der Amtsvorstellungen in den Pastoralbriefen, ThQ 157 (1977) 93–106; L. *Maehlum,* Die Vollmacht des Timotheus nach den Pastoralbriefen, Basel 1969; F. *Mußner,* Petrus und Paulus – Pole der Einheit, 1976 (QD 76); F. *Prast,* Presbyter und Evangelium in nachapostolischer Zeit, 1979 (fzb 29); J. *Rohde,* Urchristliche und frühkatholische Ämter, 1976 (ThA 33); J. *Roloff,* Pfeiler und Fundament der Wahrheit, in: Glaube und Eschatologie, FS W.G. Kümmel, hg. E. Gräßer/O. Merk, Tübingen 1985, 229–267; *ders.,* Der Kampf gegen die Irrlehrer, BiKi 46 (1991) 114–120; *ders.,* Themen und Traditionen urchristlicher Amtsträgerparänese, in: Neues Testament und Ethik, FS R. Schnackenburg, hg. H. Merklein, Freiburg u.a. 1989, 507–526; R. *Schwarz,* Bürgerliches Christentum im Neuen Testament?, 1983 (ÖBS 4); D.C. *Verner,* The Household of God, 1981 (SBLDS 71); A. *Weiser,* Die Kirche in den Pastoralbriefen, BiKi 46(1991) 107–111; M. *Wolter,* Die Pastoralbriefe als Paulustradition, 1988 (FRLANT 146); A.F. *Zimmermann,* Die urchristlichen Lehrer, 1984 (WUNT II.12).

1. Die älteste Kirchenordnung

Weil die beiden Briefe an Timotheus sowie der Brief an Titus nach theologischer Gedankenwelt, Thematik und Zielsetzung weitgehend übereinstimmen, hat sich für sie die übergreifende Bezeichnung *Pastoralbriefe* seit langem eingebürgert. Sie dürften etwa ein bis zwei Jahrzehnte nach dem Epheserbrief, nämlich um 100 n. Chr., entstanden sein und gehören somit zu den spätesten neutestamentlichen Schriften. Ihr Verfasser ist ebenfalls der Paulusschule zuzurechnen; allerdings erweist er sich als Repräsentant einer sich weitgehend vom Kolosser- und Epheserbrief unterscheidenden Richtung dieser Schule (vgl. VII.1).

1.1 Wie im Epheserbrief, so ist auch in den Pastoralbriefen die Kirche das bestimmende Thema. Aber während es dort gleichsam *von oben her* angegangen wird, indem in weitausgreifenden, oft spekulativen Gedanken und kunstvoll bilderreicher Sprache ein ideales Wesensbild der Kirche entworfen wird, wird es hier *von unten her* angepackt. Theologische Höhenflüge sind diesem Verfasser fremd. Statt in gedankliches Neuland vorzustoßen, hält er sich an das Vorgegebene. Eigene Argumente bringt er nur zaghaft hervor, und zwar häufig in der Weise, daß er Traditionen und Zitate zusammenmontiert.

Ekklesiologische Äußerungen grundsätzlicher Art finden sich lediglich an zwei Stellen: 1Tim 3,15f und 2Tim 2,19–21. Das Interesse des Verfassers gilt sonst vornehmlich der Gestaltung der kirchlichen Praxis. Er schärft Verhaltensnormen für den Gottesdienst ein (1Tim 2,1–15), macht Ordnungen für das Gemeindeleben verbindlich (1Tim 5,1–22; Tit 2,1–15), gibt Weisungen für die Gestaltung gemeindlicher Ämter (1Tim 3,1–13; 4,11–16; Tit 1,5–9), fordert Maßnahmen gegen Irrlehrer in den Gemeinden (2Tim 2,14–3,9; Tit 3,8–11) und mahnt zu einem sorgsamen Umgang mit der vom Apostel überkommenen Überlieferung (1Tim 6,20f; 2Tim 1,11–14). Aber hinter diesen praktischen Stellungnahmen wird unschwer ein klar konturiertes Leitbild von Kirche erkennbar.

1.2 Die Briefe geben sich als Schreiben des Apostels Paulus aus, in denen dieser seinen beiden engsten Mitarbeitern Timotheus und Titus Anweisungen für ihre Amtsführung im Blick auf die Gemeinden erteilt. Beide werden als unmittelbar von Paulus beauftragt und ihm gegenüber verantwortlich dargestellt; *zugleich* aber sind sie idealtypische Verkörperungen des gemeindlichen Leitungsamtes[1]. Diese fiktive Entstehungssituation ist von programmatischer Bedeutung, manifestiert sich doch in ihr die Absicht des Verfassers, *Vollstrecker des kirchenordnenden Willens des Paulus* zu sein. Er will aus der Lehre des Paulus, wie er sie versteht, verbindliche Folgerungen für die konkrete Gestalt und Ordnung der Gemeinden der dritten Generation ableiten, und zu diesem Zweck benutzt er die ihm bekannten Paulusbriefe[2]. In dieser Zielsetzung ergänzen sich die drei Briefe: Während der 1. Timotheusbrief und der Titusbrief weitgehend den Charakter von *Kirchenordnungen* haben, verleiht der als Abschiedsrede des dem Märtyrertod entgegengehenden Paulus gestaltete 2. Timotheusbrief der ganzen Briefgruppe das Gewicht des letzten Wortes des großen Apostels und seines Vermächtnisses für die nach ihm kommende Kirche und deren Leiter[3].

1.3 Anlaß für diesen Versuch, Paulus unmittelbar in die aktuelle kirchliche Situation hineinsprechen zu lassen, gaben *eine Reihe von Problemen,* von denen die Gemeinden des paulinischen Kirchengebiets in der Provinz Asien bedrängt waren.

---

[1] Timotheus wurde vom nach Mazedonien weiterreisenden Paulus beauftragt, in seiner Stellvertretung und bis zu seiner Wiederkehr (!) die Gemeinde in Ephesus zu leiten (1Tim 1,3; 3,14); Titus wurde vom Apostel auf Kreta „zurückgelassen", um die dort gegründeten Gemeinden zu ordnen und zu festigen (Tit 1,5).

[2] Gekannt und benutzt hat der Verfasser der Pastoralbriefe vermutlich den Römerbrief sowie die beiden Korintherbriefe; s. hierzu P. *Trummer*, Die Paulustradition der Pastoralbriefe, 1978 (BET 8); *Lohfink*, Paulinische Theologie.

[3] In dieser Zielsetzung besteht eine unmittelbare Parallele zur Abschiedsrede des lukanischen Paulus (Apg 20,17–38); trotzdem verbietet sich angesichts der nicht unerheblichen inhaltlichen Differenz die Annahme eines unmittelbaren literarischen Zusammenhanges, wie sie zuletzt von *W. Schmithals* (s.o. VI. Anm. 69) vorgetragen wurde.

Das gewichtigste innergemeindliche Problem stellte sich durch das Auftreten von Irrlehrern. Diese waren offensichtlich aus dem Kreis der Paulusschule selbst hervorgegangen (1Tim 1,20; 2Tim 2,17)[4] und gewannen dadurch in den Gemeinden großen Einfluß. Ihre Lehre, die sie sowohl in den gesamtgemeindlichen gottesdienstlichen Versammlungen (2Tim 3,8; Tit 3,9) wie auch in den einzelnen Häusern und Hausgemeinden (2Tim 3,1–6; Tit 1,11) verbreiteten, war eine Frühform der christlichen Gnosis. Sie verneinten die Schöpfung als gutes Werk Gottes und forderten zur Distanzierung von der Welt durch Askese auf (1Tim 4,3; Tit 1,15). In dieser kritischen Situation mußte speziell in paulinischen Gemeinden, für die in der Anfangszeit die Autorität des Apostels eine so bedeutende Rolle gespielt hatte, die Frage nach der gültigen Lehrnorm akut werden: Woran soll man sich halten, nachdem die Apostel längst tot waren?

Als ein weiteres Problem erwies sich das Verhältnis der christlichen Gemeinden zur sie umgebenden heidnischen Gesellschaft. Die Krise im Gefolge der Einführung des Kaiserkults in Asien unter Domitian lag nur wenige Jahre zurück. Sie hatte gewiß viele Christen zu jener Haltung schroffer Distanz zur heidnischen Gesellschaft veranlaßt, die wir aus der Johannesoffenbarung kennen. Die Notwendigkeit einer Revision dieser Haltung schien sich nahezulegen.

2. Die Grundlegung: Gottes rettende Gegenwart in der Welt

2.1 Das Kirchenverständnis der Pastoralbriefe steht in einem unmittelbaren Zusammenhang mit deren spezifischem Heilsverständnis. Ansatzpunkt ihrer Soteriologie ist das rettende Kommen Jesu Christi in die Welt: „Zuverlässig ist das Wort und aller Annahme wert, daß Christus Jesus in die Welt gekommen ist, um die Sünder zu retten" (1Tim 1,15). Dieses Kommen Christi ist weder – wie bei Paulus (Gal 4,4) – als Beginn jenes Kampfes gegen die den Menschen versklavenden Mächte Gesetz, Sünde und Tod, der am Kreuz seine dramatische Zuspitzung erfuhr (Gal 3,13f), verstanden, noch – wie bei Lukas – als Beginn eines heilsgeschichtlichen Entwicklungsprozesses, in dessen Mitte die Kirche steht. Vielmehr ist dieses Kommen selbst das zentrale Heilsereignis. In ihm nämlich ist Gottes Heilswille in der Welt öffentlich manifest geworden. So bezeichnen die Pastoralbriefe das Kommen Christi in die Welt als *Epiphanie*, d.h. als *hilfreiches, rettendes Erscheinen der Gottheit*[5]. Die Gnade Gottes ist „offenbar geworden jetzt durch die Erscheinung (*epifaneia*) unseres Retters Christus Jesus, der den Tod zunichte gemacht und Leben und Unsterblichkeit durch das Evangelium hat aufleuchten lassen" (2Tim 1,10). Mit demselben Begriff kann auch das zweite Kommen Christi bezeichnet werden, seine *Parusie*; mit dem gesamten Urchristentum halten die Pastoralbriefe die Parusie-Erwartung fest. Aber in dieser zweiten Epiphanie scheint nichts in Erscheinung zu

---

[4] S. hierzu *Roloff*, Kampf 114–120.
[5] Zu Hintergrund und Bedeutung des Begriffs *epifaneia* s. *E. Pax*, EPIPHANEIA, 1955 (MThS.H 40); *J. Roloff*, Der erste Brief an Timotheus, 1988 (EKK XV) 353f.

treten, was über die erste hinausführt. Sie bringt lediglich die *für alle sichtbare Bestätigung* dessen, was mit der ersten bereits erschienen war, nämlich der „Güte und Menschenfreundlichkeit Gottes, unseres Retters" (Tit 3,4).

Seit dem Kommen Christi in die Welt ist die Bekundung des Rettungswillens Gottes, die *allen Menschen* gilt (1Tim 2,4), sein Evangelium, in der Welt *bleibend gegenwärtig*[6]. Man darf darauf vertrauen, daß es anwesend bleibt, mit den Menschen geht, sie erzieht (Tit 2,12) und an ihnen seine rettende Kraft erweist. Diese bleibende, verläßliche Gegenwart des Evangeliums ist das soteriologische Grundaxiom der Pastoralbriefe. Es erweist sich auch für ihre Sicht der Kirche als bestimmend. Die Kirche ist nämlich das sichtbare, werbende Zeichen dieser Gegenwart.

2.2 In 1Tim 3,15f, der ersten der beiden ekklesiologischen Grundsatzaussagen, wird deutlich, in welchem Sinne die Kirche Zeichen dieser Gegenwart des Heils ist. Man müsse – so wird hier gesagt – „wissen, wie man im *Hause Gottes* wandeln muß, welches ist die *Kirche des lebendigen Gottes, Säule und Fundament der Wahrheit.*"[7]

Die Kirche ist demnach *Haus Gottes*. Damit ist die zentrale ekklesiologische Metapher der Pastoralbriefe genannt: das Haus, verstanden im Sinne des antiken *oikos*, des Hauswesens der Großfamilie. Aber dieses Haus ist, wie der folgende Relativsatz zum Ausdruck bringt, in seinem Wesen dadurch bestimmt, daß es „die Kirche des lebendigen Gottes" ist. Diese altertümliche, judenchristliche Terminologie aufnehmende Wendung (s.o. II.7.4) klingt so stark an 2Kor 6,16 („wir sind nämlich Tempel des lebendigen Gottes") an, daß eine direkte literarische Abhängigkeit vermutet werden darf. Zwar fehlt hier das Wort „Tempel" selbst, aber das Bild des Tempels ist vorhanden und in die Wendung „Säule und Fundament der Wahrheit" eingegangen.

Freilich ist dieses Tempelbild gegenüber Paulus (1Kor 3,10–17) wie auch gegenüber dem Epheserbrief (Eph 2,19–22) völlig anders angelegt. Über das Fundament, auf dem die Kirche gegründet ist – sei es nun Christus selbst oder die apostolische Überlieferung –, wird nämlich hier keineswegs reflektiert; ebensowenig aber wird die Kirche mit einem Fundament verglichen, das etwas anderes – in diesem Fall also die Wahrheit – trägt. Vielmehr geht es um die Kirche selbst *als* feste, sichere, weil durch die Wahrheit bestimmte Gründung[8]. Sie ist ein fester und unerschütterlicher heiliger Bau, weil die Wahrheit in ihr gegenwärtig ist, nämlich jene rettende Wahrheit, die durch das Erscheinen Christi in die Welt gekommen ist. Diese Wahrheit wird im Tempel der Kirche nicht eingeschlossen wie in einem heiligen Schrein, sondern vor der Welt sichtbar bezeugt. Die Spitze des Bildes, wie sie sich aus dem paränetischen Kontext ergibt, besteht nämlich darin, daß die Wahrheit durch die Existenz des heiligen Tempelbaus öffentlich bezeugt werden muß. Mit der „Säule" ist nicht ein tragendes, sondern ein hochaufragendes Bauteil gemeint: Die

---

[6] S. hierzu O. *Merk*, Glaube und Tat in den Pastoralbriefen, ZNW 66 (1975) 91–102.

[7] Zur näheren Begründung dieser Übersetzung s. *Roloff*, Pfeiler 229–247. Kritisch hierzu *Weiser*, Kirche 110–112.

[8] Das berührt sich eng mit der Terminologie der Qumran-Gemeinschaft, die sich als „Gründung des heiligen Geistes zu ewiger Wahrheit" versteht (1QS 9,3f; vgl. 8,5.8).

Kirche ist im gleichen Sinne „Säule der Wahrheit", wie die Wolken- und Feuersäule beim Exodus Zeichen der wegweisenden Anwesenheit Gottes war (Ex 13,21f)[9]. Was bei dieser Variante des Tempelbildes jedoch bezeichnenderweise fehlt, ist der Gedanke der Einwohnung des Heiligen Geistes in diesem Tempel und, damit zusammenhängend, der Hinweis auf dessen endzeitliche Qualität. Die Kirche der Pastoralbriefe ist nicht der Ort, an dem durch den Geist die endzeitliche neue Schöpfungswirklichkeit mitten in der vergehenden Welt zum Aufleuchten gebracht wird; sie ist – viel pragmatischer und handfester – der geordnete Verband von Menschen, der durch sein Zeugnis in Wort und Verhalten öffentlich den aller Welt geltenden Heilswillen Gottes sichtbar werden läßt. Durch sie sollen „alle Menschen zur Erkenntnis der Wahrheit kommen" (1Tim 2,4).

2.3 Befähigt ist die Kirche zu diesem Auftrag, die Wahrheit Gottes vor die Öffentlichkeit der Welt zu bringen, dadurch, daß Gott ihr gegenüber das Geheimnis Christi bereits veröffentlicht hat. Die Wahrheit, welche die Kirche unbeirrbar und als sichtbares Heilszeichen vertritt, ist keineswegs primär (obwohl es häufig so mißverstanden wird) die in bestimmten Überlieferungen faßbare apostolisch-paulinische Lehre, sondern vielmehr die durch das lebendige Verhältnis zu Christus bestimmte umfassende Glaubens- und Lebenspraxis. Das nämlich ist mit dem Begriff „Frömmigkeit" (*eusebeia*) gemeint (1Tim 3,16a)[10]. Wenn in diesem Zusammenhang ein gottesdienstlicher Christushymnus angeführt wird (1Tim 3,16b), so soll damit gesagt werden: diese christliche Lebenspraxis ist bestimmt durch den, der kraft seiner Menschwerdung jetzt für alle Welt offenbar gemacht worden ist, so daß er von Menschen in der Welt geglaubt und als der Herr verkündigt werden kann.

3. Die Kirche als Hauswesen Gottes

3.1 Das Bild des Hauses, die zentrale ekklesiologische Metapher der Pastoralbriefe, hat nicht das Haus als Bauwerk, sondern vielmehr als gegliederte und nach bestimmten Regeln geordnete soziale Grundstruktur im Blick.

Das antike Haus war die Grundzelle gesellschaftlichen Lebens. Alle soziale Existenz in Stadt und Staat wurde nach Analogie des Hauses gedeutet. Vorausgesetzt war dabei, daß die verschiedenen Mitglieder des Hauses in einem durch Natur und Sitte festgelegten Verhältnis von Über- und Unterordnung zueinander stehen und daß sie unterschiedliche Aufgaben und Verantwortungsbereiche haben, auf die sie jeweils angesprochen werden können. So ist der Hausvater für die Ernährung und den Unterhalt der Mitglieder zuständig; er hat die Befehlsgewalt und vertritt das Haus nach außen. Die Frau dagegen wirkt nur im Innern des Hauses; ihr obliegt die Wirtschaftsführung. In der Öffentlichkeit hat sie hingegen zu schweigen. Die Kinder sind gleichermaßen Gegenstand väterlicher Fürsorge und strenger Zuchtmaßnahmen; eigene Rechte haben sie nicht. Die Sklaven schließlich haben die selbstverständliche

---

[9] Ähnlich heißt Jeremia anläßlich seiner Berufung eine „eherne Säule" (Jer 1,18); s. hierzu *U. Wilckens*, ThWNT VII 732–736.

[10] Zum Verständnis dieses den Pastoralbriefen eigentümlichen Begriffs s. *Roloff*, 1. Timotheus 117–119.

Pflicht zum Gehorsam, dürfen aber andererseits auch erwarten, daß ihnen im Haus Nahrung und Schutz gewährt wird.

3.2 Wenn die Pastoralbriefe diese zeitgenössische Vorstellung auf die Kirche anwenden, so geht es ihnen um die *Festigung der Ortsgemeinde*. Daß die Kirche auch eine ortsübergreifende Wirklichkeit hat, ist ihnen zwar bewußt (1Tim 3,15), doch ist das für sie – ganz im Unterschied zum Kolosser- und Epheserbrief – eher selbstverständliche Voraussetzung als Gegenstand spezifischen theologischen Interesses. Wo das Wort *ekklesia* im Zusammenhang mit kirchenordnenden Weisungen erscheint, bezieht es sich auf die Einzelgemeinde am Ort (1Tim 3,5; 5,16).

Man könnte darin zunächst einen Rückgriff auf das paulinische Erbe vermuten. Doch der Unterschied zu Paulus ist deutlich: War für diesen die örtliche *ekklesia* die gottesdienstliche Versammlung, in der das neue Sein „in Christus" im dienenden Miteinander der Glaubenden Gestalt gewann, so ist die *ekklesia* hier ein Ordnungsgefüge, in dem die Verhältnisse der zeitgenössischen *oikia* in idealtypischer Weise verwirklicht sind. Alle genannten Ordnungselemente entsprechen nämlich denen der antiken *Ökonomik*, der Lehre über Leben und Leitung im antiken Hauswesen, sowie wohl auch weitgehend deren praktizierter Wirklichkeit[11]. Ein Stück weit mag dieses Verständnis der Gemeinde als Großfamilie als Reaktion auf das zahlenmäßige Wachstum der Gemeinden einerseits und den Bedeutungsverlust der kleindimensionierten Hausgemeinden andererseits zu erklären sein. Als Ersatz für den „bis dahin selbstverständlichen Zusammenhalt der noch überschaubaren Gruppe" wurde versucht, ein theologisch begründetes Familienbewußtsein zu etablieren[12].

3.3 Die Bezeichnung der Kirche als „Haus Gottes" (1Tim 3,14) ist in diesem Sinne ganz wörtlich zu nehmen: Gott gilt nämlich als „Hausherr" (*despotes*: 2Tim 2,21)[13]. Er hat einen „Hausverwalter" (*oikonomos*) eingesetzt (Tit 1,7), den örtlichen Gemeindeleiter. Dieser *episkopos* nun ist derjenige, der faktisch die Funktion des Hausvaters auszuüben hat. Er muß deshalb über die dafür nötigen Fähigkeiten verfügen und sollte diese bereits in der eigenen Familie unter Beweis gestellt haben. Nur ein guter Familienvater, der seine Kinder zu Ordnung und Anstand erzogen hat, ist dafür geeignet: „denn wer seinem eigenen Hause nicht vorzustehen vermag, wie soll der für die Kirche Gottes sorgen?" (1Tim 3,5). Der Gemeindeleiter muß wissen, „wie man im Hause Gottes wandeln soll", d.h. er muß die für die verschiedenen Gruppen und Stände der Gemeinde geltenden Regeln kennen und sie kraft

---

[11] Zur antiken Ökonomik und ihrem Bezug zum Neuen Testament vgl. *K. Thraede*, Zum historischen Hintergrund der „Haustafeln" des Neuen Testaments, in: Pietas, FS B. Kötting, hg. E. Dassmann/K.S. Frank, 1980 (JAC. E 8) 1980, 359–368; *D. Lührmann*, Neutestamentliche Haustafeln und antike Ökonomie, NTS 27(1981) 83–97; *H.-J. Klauck*, Sozialgeschichtlicher Hintergrund und ekklesiologische Relevanz der neutestamentlichfrühchristlichen Haus- und Gemeindetafelparänese, MThZ 37 (1986) 249–271; *G. Schöllgen*, Hausgemeinden, Oikos-Ekklesiologie und monarchischer Episkopat, JAC 31 (1988) 74–90.

[12] *Schöllgen*, Hausgemeinden 85, sieht eine Parallele dafür in dem „häufig unternommene(n) Versuch, modernen industriellen Großbetrieben ein familiäres Selbstbewußtsein zu vermitteln."

[13] Vgl. *Weiser*, Kirche 108.

seiner hausväterlichen Autorität durchsetzen. Er muß vorstehen (1Tim 3,4), zu-
rechtweisen und gebieten (1Tim 6,17; Tit 3,10). Man erwartet von ihm, daß er die
ihm Anvertrauten in Unterordnung hält (1Tim 3,4; Tit 1,6), aber auch, daß er in
Treue für sie sorgt (Tit 1,6). Deren Pflicht ist es umgekehrt, sich vom *episkopos* leiten
zu lassen und ihm zu gehorchen (1Tim 4,16).

3.4 Das Ordnungsgefüge der Gemeinde wird weitgehend durch die Gruppierung ihrer Glieder nach Geschlecht, Lebensalter und Standeszugehörigkeit bestimmt. So gibt es Regeln für Männer und Frauen (1Tim 2,8–15; 5,1f; Tit 2,1–6),
Alte und Junge (1Tim 5,1f; Tit 2,1–6), Herren und Sklaven (1Tim 6,1f; Tit 2,9f)
sowie Witwen (1Tim 5,3–16). Jeder soll sich so verhalten, wie es seiner spezifischen
Gruppenzugehörigkeit entspricht. Dabei sind die allgemein in der Gesellschaft für
die jeweiligen Gruppen geltenden Normen zugrundegelegt. Besonders drastisch
wirkt sich dieser Grundsatz bei den Weisungen für die *Frauen* in der Gemeinde aus.
Die öffentliche Verkündigung im Gottesdienst wird ihnen untersagt; nur passiv-
schweigend dürfen sie sich beteiligen. Die allgemeinen Regeln hinsichtlich ihrer
untergeordneten Stellung im Haus werden ausdrücklich auch auf ihre Stellung in
der Kirche übertragen:

> Die Frau soll schweigend lernen, in voller Unterordnung. Zu lehren aber erlaube ich der
> Frau ebensowenig wie über den Mann zu herrschen; sie soll sich vielmehr schweigend
> verhalten (1Tim 2,11f)[14].

So wird die christliche Frau auf ihre traditionelle Rolle als Hausfrau und Mutter
verwiesen (1Tim 5,14; Tit 2,5). Mit spürbarer Entschlossenheit tritt der Briefverfasser jenen Tendenzen zur Frauenemanzipation, die in einigen Bereichen der damaligen Gesellschaft durchaus wirksam waren, entgegen. Ihm liegt daran, zu verhindern, daß sie auch in der Kirche Raum gewinnen. Ähnlich warnt die Weisung für die
Sklaven geradezu ängstlich vor jeder emanzipatorischen Tendenz. Christliche Sklaven sollen es an jener gehorsamen Unterordnung unter die Herren, die ihr Stand
von ihnen verlangt, nicht fehlen lassen; ja sie sollen bessere Sklaven sein als die
Heiden (1Tim 6,1; vgl. Tit 2,9f).

Die kritische Feststellung ist unvermeidlich: dies alles steht in eklatantem Widerspruch zu der paulinischen Einsicht, daß die im gesellschaftlichen Leben trennenden Unterschiede „in Christus" ihre identitätsbestimmende Kraft verloren haben.
Jeder Versuch eines Ausgleichs mit Gal 3,28 verbietet sich. Ja es hat fast den
Anschein, als werde hier diese Einsicht in ihr Gegenteil verkehrt, indem die
natürlichen Unterschiede von Geschlecht, Herkunft und Stand in der Gemeinde
festgeschrieben und durch ihren Bezug auf das Heilsgeschehen gleichsam sakrali-
siert werden. Man wird dieser – aus heutiger Sicht reaktionären – Konzeption
freilich nur gerecht, wenn man erkennt, daß hinter ihr in erster Linie, wenn auch
keineswegs ausschließlich, ein *missionarisches Anliegen* steht: die Öffnung der Kirche auf die nichtchristliche Gesellschaft hin.

---

[14] Zu den Wurzeln dieser Weisung in der Tradition des hellenistischen Judentums s. *M. Küchler*,
Schweigen, Schmuck und Schleier, 1986 (NTOA 1).

4. Kirche und Gesellschaft

4.1 Die Pastoralbriefe wollen keineswegs die gegebenen gesellschaftlichen Lebensformen als Ausdruck eines ewigen, unveränderbaren göttlichen Ordnungsplanes verstehen, der als solcher in der Kirche seine primäre, normative Manifestation finden müßte. Anders als der ihnen nahezu gleichzeitige 1. Clemensbrief vertreten sie nicht eine Theologie der statischen natürlichen Ordnungen. Dessen Leitgedanke, daß die Kirche in ihrer äußeren Gestalt die Ordnung des Kosmos abzubilden habe (1Clem 20; 37–38), findet in ihnen keine Entsprechung. Sie gehen vielmehr, wie es der Pragmatik ihres Denkens entspricht, vom Gedanken der *werbenden Lebensführung der Christen* aus[15].

Bereits Paulus war daran gelegen, daß die christliche Gemeinde durch ihr Verhalten das sittliche Empfinden ihrer Umwelt nicht verletzt (1Kor 11,13), sondern umgekehrt ihre Entsprechung zu allgemeingültigen sittlichen Normen unter Beweis stellt (Phil 4,8). Dieser bei Paulus eher untergeordnete Gesichtspunkt wird nun zum leitenden Grundsatz erhoben. Nach den Pastoralbriefen ist es Gottes Wille, daß die Kirche für ihre nichtchristliche Umwelt als der Bereich erkennbar wird, in dem sich deren Erwartungen und Ideale hinsichtlich des menschlichen Gemeinschaftslebens verwirklichen. Es soll deutlich werden, daß christlicher Glaube die allen Menschen bekannten und vertrauten Strukturen menschlichen Gemeinschaftslebens durchdringt, sinnvoll gestaltet und zu ihrer erstrebten Idealgestalt vervollkommnet. Um die Kirche auf die Gesellschaft hin zu öffnen, werden deren ethische Wertvorstellungen weitgehend übernommen[16], bei gleichzeitigem Verzicht auf die Möglichkeit, die vom Evangelium ausgehenden Impulse der Veränderung und Erneuerung in der Gesellschaft zur Geltung zu bringen.

4.2 Die *theologische Problematik* dieser Konzeption tritt vor allem da zutage, wo der Verfasser das Urteil der nichtchristlichen Öffentlichkeit über das Verhalten von Gliedern und Gruppen der Kirche zur maßgeblichen Norm erhebt. So fordert er vom *episkopos*: „er muß auch bei den Außenstehenden einen guten Ruf haben, damit er nicht in üble Nachrede gerät" (1Tim 3,7). Ähnlich wird die Gehorsamsmahnung an die christlichen Sklaven damit begründet, daß „nicht der Name Gottes und die Lehre in Verruf kommt" (1Tim 6,1). Alles im Leben der Kirche, was den vorgegebenen sittlichen Wertvorstellungen und gesellschaftlichen Rollenerwartungen widersprechen könnte, wird konsequent zurückgedrängt, und zwar ohne die Möglichkeit eines Bezugs solcher Lebens- und Gemeinschaftsformen auf das Evangelium überhaupt in Betracht zu ziehen. Besonders eklatant wird dies in den Aussagen über die Gruppe der Gemeindewitwen. Diese Frauen, die soziale Aufgaben wahrnahmen, seelsorgerlich tätig waren und in einer gelübdemäßigen Bindung an Christus streng asketisch lebten (1Tim 5,11), verfallen einem abwertenden, von indirekten Verdächtigungen nicht freien Verdikt: Statt durch ihr Verhalten einen

---

[15] Vgl. *Lippert*, Leben 17–60.
[16] Dieses Phänomen wird im Anschluß an *M. Dibelius*, Die Pastoralbriefe, ⁴1966 (HNT 13), gern mißverständlich und verkürzend als „Christliche Bürgerlichkeit" bezeichnet.

Anlaß für die Verleumdung der Kirche durch ihre Gegner zu liefern, sollten sie besser wieder heiraten, Kinder gebären und so zur Normalität gesellschaftlichen Lebens zurückkehren (1Tim 5,14).

4.3 Solche Anpassung der Kirche an die Gesellschaft war die vielleicht unvermeidliche Kehrseite einer im ganzen Neuen Testament vergleichslosen *Offenheit für die Gesellschaft*[17]. Der Kontrast zu der radikal gesellschaftskritischen Haltung der Johannesoffenbarung, die die gegebene spannungsvolle Situation zwischen Kirche und staatlichen Autoritäten als Auftakt für den bevorstehenden Endkampf zwischen Gott und den gegen ihn aufbegehrenden Weltmächten deutet, könnte größer nicht sein. Dieser Kontrast ist umso erstaunlicher, als beide Schriften bzw. Schriftengruppen in nur kurzem zeitlichem Abstand entstanden sind und denselben kirchlichen Bereich, nämlich die paulinischen Gemeinden der Provinz Asien, ansprechen[18]. Man darf vermuten, daß es sich um zwei konträre Stellungnahmen zu einer diese Gemeinden damals stark beschäftigenden Frage handelt, ja es ist nicht auszuschließen, daß die Pastoralbriefe sich in dieser Hinsicht nur wenig verklausuliert polemisch gegen die von der Offenbarung vertretene Position des schroffen Gegensatzes zwischen Kirche und Gesellschaft wenden.

Für die Pastoralbriefe ist die nichtchristliche Gesellschaft nicht der potentielle Bereich des Aufstands gottfeindlicher Mächte, sondern der aktuelle Bereich der Wirkung des göttlichen Rettungswillens. Weil mit der bleibenden, zuverlässigen Gegenwart des Evangeliums in der Welt gerechnet werden darf, und weil Gott selbst durch die Menschwerdung Jesu Christi seinen universalen, auf alle Menschen ausgerichteten Rettungswillen unmißverständlich bezeugt hat (1Tim 2,4–6), darum darf die Kirche sich als *Vollzugsorgan dieses Rettungswillens* verstehen und vertrauensvoll auf die Gesellschaft zugehen. Sie muß zwar damit rechnen, daß es in ihrem Verhältnis zur Gesellschaft Krisen und Spannungen geben wird; so gehört zum Christuszeugnis des Apostels wie auch seiner Schüler notwendig das Leiden mit Christus (2Tim 2,3.11; 4,6f)[19]. Aber damit wird die Erwartung eines in Aussicht stehenden engen Miteinanders von Kirche und Gesellschaft nicht ernstlich in Frage gestellt. Die Vision einer Durchdringung der Gesellschaft mit dem Evangelium liegt zwar noch jenseits des Horizonts der Pastoralbriefe. Aber sie haben als erste den Weg beschritten, der später die Kirche dieser Vision entgegenführen sollte.

4.4 Über diesem ihrem Zugehen auf die heidnische Gesellschaft hat die Kirche der Pastoralbriefe freilich die andere große Herausforderung, die für die erste Generation durch das Verhältnis Kirche/Israel gegeben war, völlig vergessen. Nur ein einziges Mal erscheint das Gottesvolk-Motiv, und auch hier nur innerhalb eines übernommenen Traditionsstücks (Tit 2,14). Für das Kirchenverständnis bleibt es völlig folgenlos. Die heidenchristliche Kirche, die sich hier artikuliert, versteht sich als den selbstverständlichen Normalfall von Kirche.

---

[17] Das Anliegen einer solchen Öffnung wird lediglich vom lukanischen Geschichtswerk und vom 1.Petrusbrief geteilt, freilich in sehr viel zurückhaltenderer Weise.

[18] S. hierzu *Roloff*, 1. Timotheus 382f.

[19] S. hierzu *J. Roloff*, Der Weg Jesu als Lebensnorm (2Tim 2,8–13), in: Anfänge der Christologie, FS F. Hahn, hg. C. Breytenbach/H. Paulsen, Göttingen 1991, 155–167.

Dieses Defizit ist wohl nicht nur dadurch verursacht, daß kein unmittelbarer äußerer Anlaß für eine Verhältnisbestimmung gegenüber dem Judentum mehr bestand. Es ist vor allem eine Folge des Ausfalls der heilsgeschichtlichen Dimension. Eine Kirche, die sich als Bereich der bleibenden Gegenwart des Heils versteht, muß sich notwendig mit dem Gedanken an ein Heilshandeln Gottes in der Geschichte, das zu unterschiedlichen und wechselnden Ausprägungen führt, schwer tun. Die innere Statik dieser Ekklesiologie, wie sie sich in der Ausgestaltung der Haus-Metapher zeigt, ist mit der Dynamik des Gottesvolk-Gedankens letztlich unvereinbar.

5. Die Kirche als Institution (2Tim 2,19–22)

Dient die Haus (*oikos*)-Metapher, wie wir sahen, dazu, die Kirche als *geordnetes Hauswesen Gottes* darzustellen, das durch seine Existenz gegenüber der Welt die *bleibende Gegenwart der Wahrheit Gottes werbend bezeugt*, so ist damit ihre Anwendungsmöglichkeit noch nicht erschöpft. Der Verfasser gewinnt ihr in seiner zweiten ekklesiologischen Grundsatzaussage (2Tim 2,19–21), noch einen weiteren wichtigen Gesichtspunkt ab: den der Kirche als *Institution*.

5.1 Wie schon in 1Tim 3,15f, wird auch hier die Haus-Metapher mit dem Motiv der *festen Gründung* verbunden. Der Gefährdung der Kirche durch die Irrlehrer setzt der Verfasser die affirmative Aussage entgegen: „Gottes feste Grundlegung bleibt freilich bestehen; sie hat dieses Siegel: ‚Es kennt der Herr die Seinen‘ und: ‚Es halte sich von Ungerechtigkeit fern jeder, der den Namen des Herrn nennt‘!" (V.19). Darin kommt die Gewißheit zum Ausdruck: Gott hat die Kirche fest gegründet[20]; er hat ihr durch die Taufe sein Eigentumszeichen aufgeprägt[21] und sie damit in ein unverbrüchliches Verhältnis zu sich gestellt.

5.2 Es läge nun nahe, als Fortsetzung dieses Gedankens einen Hinweis auf die Konsequenzen zu erwarten, die sich aus der Gabe und Verpflichtung der Taufe für den einzelnen Getauften im Blick auf die Kirche ergeben. Stattdessen folgt jedoch eine Aussage über das Verhältnis der Kirche zu ihren einzelnen Gliedern:

> In einem großen Haus gibt es nicht nur Gefäße aus Gold und Silber, sondern auch aus Holz und Ton; die einen sind zu ehrenvollem, die anderen dagegen zu unehrenhaftem Gebrauch. Wenn sich aber nun jemand reinigt von diesen (unreinen Inhalten), wird er ein Gefäß zu ehrenvollem Gebrauch sein, geheiligt, nützlich für den Hausherrn, zu jedem guten Werk bereitet (VV.20–21).

Dieses kleine Gleichnis spielt auf das Nebeneinander von treuen, gehorsamen Gemeindegliedern und Ungehorsamen, ja Vertretern falscher Lehre in der Kirche

---

[20] Mit *themelios* ist die tragende Grundmauer insgesamt gemeint, die dem Bau seine Festigkeit gibt, nicht ein vom Bau zu unterscheidendes Fundament (vgl. 1Tim 3,15); s. hierzu *K.L. Schmidt*, ThWNT III 63.

[21] „Siegel" und „versiegeln" sind feste Termini für die Taufe (2Kor 1,22; Eph 1,13; 4,30; Offb 7,3ff); auch die Anspielungen auf Num 16,5 und Jes 26,13 dürften liturgisch geprägter Taufterminologie entstammen; s. hierzu *Roloff*, Pfeiler 244f.

an. Weil die Kirche ein „großes Haus" ist, darum muß sie selbstverständlich damit rechnen, daß auch „Gefäße zu unehrenhaftem Gebrauch" in ihr vorhanden sind. Sie wird dadurch nicht erschüttert, weil ihr Bestand durch die – ekklesiologisch gedeutete – Taufe von Gott her unverbrüchlich gefestigt ist. Die Taufe ist das der Kirche als Ganzer aufgeprägte Eigentumssiegel Gottes, das sie ihrer Zugehörigkeit zu Gott gewiß macht, und zwar *unabhängig vom Glaubensstand der einzelnen Getauften*.

5.3 Ist die Kirche somit in ihrer Vorfindlichkeit eindeutig als *corpus permixtum* definiert, so folgt daraus jedoch keineswegs, daß für sie in dieser Hinsicht alle Katzen grau wären und daß sie sich mit der Koexistenz von Gehorsamen und Ungehorsamen, Rechtgläubigen und Irrenden in ihren Reihen bis zur Scheidung am jüngsten Tage untätig abfinden dürfte. Vielmehr ist auch den „Gefäßen zu unehrenhaftem Gebrauch" durch ihre Zugehörigkeit zum „großen Haus" der Kirche die Möglichkeit gegeben, sich zu reinigen und zu „Gefäßen zu ehrenvollem Gebrauch" zu werden. Die Kirche hält allen ihren Gliedern, auch den Treulosen und Ungerechten, die Möglichkeit der Reinigung und Umkehr offen. So sorgt sie dafür, daß die Taufzusage des Herrn an die „Seinen" (V.19) zum Tragen kommt. Sie ist Werkzeug seines die Sünder suchenden Willens (1Tim 1,15) und der von ihm ausgehenden *erziehenden Gnade* (Tit 2,12).

Man wird diesen so auffällig stark gewichteten Gedanken der *Erziehung* als in einem inneren Zusammenhang mit der Haus-Metaphorik sehen müssen: Die Kirche ist das Haus, das die Aufgabe der Erziehung für das Heil leistet. Ihr wird dabei viel zugetraut; sogar die „Erziehung" der Irrlehrer gilt als reale Möglichkeit (1Tim 1,20; 2Tim 2,25).

5.4 Dies bedeutet zwar noch nicht eine *Vorordnung* der Kirche vor die einzelnen Gläubigen[22]. Immerhin aber ist sie als eine *eigenständige Größe* gesehen, die den Gläubigen *gegenübertritt* und deren Aufgabe es ist, an ihnen *zu handeln*. In dieser Hinsicht deckt sich das Kirchenverständnis der Pastoralbriefe trotz der im einzelnen stark unterschiedlichen Denkformen mit dem des Epheserbriefes (s.o. VII.3.3.4). Nimmt man das über sie als Ordnungsgefüge, als bergender Raum und als beständiger Ort der Wahrheit Gesagte hinzu, so trägt die Kirche hier alle Züge der *Institution*.

Darin wird man nicht ohne weiteres einen Abfall von Paulus sehen dürfen. Denn auch bei Paulus hat die Kirche bereits institutionelle Züge, sofern wir den die neuere soziologische Diskussion beherrschenden weiteren Begriff von Institutionalisierung im Sinne einer reziproken Typisierung habitualisierter Handlungen durch Typen von Handelnden zugrunde legen[23]. Institutionalisierung in diesem Sinn „steht am Anfang jeder gesellschaftlichen Situation, die ihren eigenen Ursprung überdauert"[24]. Sie war darum auch für die ihren eigenen Ursprung überdauernde Kirche unumgänglich. Die Kirche der dritten Generation konnte sich dem Problem der Kontinuität gemeinschaftlicher christlicher Existenz in der weiterge-

---

[22] 2Tim 2,19 schließt das aus: was die Kirche zur Kirche macht, ist die am einzelnen Christen vollzogene Taufe; vgl. *Roloff*, Pfeiler 247.
[23] S. hierzu *P.L. Berger/Th. Luckmann*, Die gesellschaftliche Konstruktion der Wirklichkeit, Frankfurt 1977, 60f; *B. Holmberg*, Paul and Power, Philadelphia 1980, 166f.
[24] *Berger/Luckmann*, Konstruktion 61.

henden Geschichte nur in der Weise stellen, daß sie sich selbst als Institution bejahte und ihre institutionellen Züge zum Gegenstand theologischer Reflexion machte. Es ist das Verdienst der Pastoralbriefe, diese Aufgabe grundsätzlich erkannt zu haben.

Freilich wird man urteilen müssen, daß die theologische Lösung dieser Aufgabe nicht tief genug greift. Zu einer umfassenden christologischen und pneumatologischen Begründung des institutionellen Charakters der Kirche kommt es nicht. Andererseits wird die kritische Grenze zu einem theologischen Institutionalismus nirgends überschritten. Die Kirche der Pastoralbriefe ist der von Gott selbst ermöglichte institutionelle Rahmen dafür, daß Menschen dem lebendigen Christus begegnen, im Glauben an ihn bewahrt und in diesem Glauben entsprechenden Lebensformen eingeübt werden können. Diese Kirche ist Werkzeug des Heils, aber sie ist nicht dessen Garantin. Ihre Ordnungen, Traditionen und Lebensformen dienen der Erhaltung des Evangeliums, aber sie drängen sich nicht an dessen Stelle.

6. Die gemeindeleitenden Ämter als Manifestationen der Apostolizität

Die Ordnung der gemeindlichen Ämter und Dienste nimmt in den Pastoralbriefen so breiten Raum ein, daß deren angemessene Behandlung den Rahmen unserer Darstellung sprengen müßte[25]. Das nötigt zur Beschränkung auf einige für das Kirchenverständnis relevante Grundzüge. Das Thema *Amt* wird auf zwei verschiedenen Bezugsebenen behandelt. Einerseits erscheint es im Zusammenhang konkreter Anweisungen für die Ordnung der Gemeinde; hier geht es zumeist um sehr praktische, handfeste Gesichtspunkte. Andererseits aber hat es seinen Ort in den Anweisungen, die die Apostelschüler Timotheus und Titus für ihre eigene Amtsführung erhalten; hier deutet sich eine vertiefte theologische Sicht an, der in erster Linie unser Interesse gelten muß.

6.1 Die konkrete Gestaltung der Ämter

6.1.1 Der Verfasser erwähnt drei verschiedene Ämter: *Episkopen, Diakone und Älteste*; aber er vermeidet es, gleichzeitig von ihnen zu sprechen. Vielmehr behandelt er Episkopen und Diakone gemeinsam innerhalb einer Pflichtentafel für diese beiden Ämter (1Tim 3,1–13), während er in anderem Zusammenhang Weisungen für die Ältesten gibt (1Tim 5,1f.17–19).

Aufschlußreich ist Tit 1,5–9. Auf die Anordnung, Titus solle auf Kreta „in jeder Stadt" Älteste einsetzen (V.5), folgt nämlich scheinbar unvermittelt als Begründung eine Pflichtenlehre für den Episkopen: „Es muß nämlich der Episkope unbescholten sein als Gottes Haushalter" (V.6). Das läßt auf die Absicht des Verfassers schließen,

---

[25] S. hierzu die Exkurse „Die gemeindeleitenden Ämter (Bischöfe, Älteste, Diakone)" und „Die Ordination" in: *Roloff*, 1. Timotheus 169–189.263–281.

die Ältesten, mit deren Vorhandensein er in den angeschriebenen Gemeinden mindestens teilweise rechnet, mit Episkopen gleichzusetzen, um so das Ältestenamt inhaltlich auf das Episkopenamt hin zu interpretieren[26]. Dabei geht es nicht nur um die Ersetzung eines Begriffs durch einen anderen. Die auf jüdische Vorbilder zurückgehende Ältestenverfassung beruhte auf dem Prinzip des natürlichen Ansehens aufgrund von Lebensalter, Erfahrung und gesellschaftlicher Stellung. Das Ältestenamt war ein *Ehrenamt mit stark repräsentativen Zügen*. Glieder des Ältestengremiums wurden die in der Öffentlichkeit angesehenen Gemeindeglieder. Das aber widersprach dem Ansatz beim Charisma, denn in den paulinischen Gemeinden entstanden konkrete Dienste dadurch, daß Charismen anerkannt, bestimmte Fähigkeiten und Gaben für die Auferbauung der Kirche in Dienst genommen wurden (1Kor 12,28–31). Eben auf diesem Prinzip beruht das Episkopenamt; es ist von einem bestimmten Auftrag her definiert und es setzt von daher bestimmte Fähigkeiten und Gaben voraus. Die Pastoralbriefe erweisen sich mit dessen Favorisierung grundsätzlich als dem paulinischen Ansatz beim Charisma verpflichtet[27]. Konkret scheinen sie sich den Übergang von der Ältesten- zur Episkopenordnung so vorzustellen, daß jeweils aus dem Ältestenrat einer Gemeinde einer hervortritt, der in besonderem Maße Verantwortung für Verkündigung und Gemeindeleitung übernimmt und sich so als Episkope qualifiziert (1Tim 5,17). Die unausgesprochene Voraussetzung ist dabei, daß es in jeder Gesamtgemeinde nur *einen Episkopen als verantwortlichen Leiter* geben soll[28]. Sie ergibt sich aus dem Verständnis der Gemeinde als Großfamilie, denn diese kann nur einen Hausvater bzw. -verwalter haben. Eine notwendig auf den *Monepiskopat* hinlaufende Entwicklung ist damit angestoßen.

6.1.2 Dem einen Episkopen stehen mehrere *Diakone* zur Seite (1Tim 3,8), über deren Funktionen wir freilich so gut wie nichts erfahren, weil das Interesse des Verfassers ausschließlich dem Episkopenamt gilt. Von der ursprünglichen Verwurzelung der Begriffe *diakonia* und *diakonein* in der Eucharistiefeier der frühen palästinischen Kirche her liegt die Annahme am nächsten, daß es sich ursprünglich um einen Tischdienst beim Herrenmahl handelte, dem von daher karitative Aufgaben wie die Einsammlung der Gaben und deren Verteilung an bedürftige Gemeindeglieder zuwuchsen (Apg 6,2). Anscheinend war in einem Teil der paulinischen Gemeinden die Zuordnung von Episkopen und Diakonen bereits traditionelle Ordnung (Phil 1,1; vgl. III.8.2). Der Verfasser schließt sich ihr an, weil sie seiner Konzeption der Veramtlichung von Charismen entspricht. Das Grundmodell, von dem er somit – übrigens reichlich pragmatisch – ausgeht, sieht demnach zwei feste

---

[26] Die Analogie zum Vorgehen des Lukas in Apg 20,17–38 ist augenfällig: auch er nämlich läßt Paulus die Ältesten von Ephesus auf ihr Episkopenamt hin ansprechen (s.o. VI.6.5) und verfolgt damit das gleiche Ziel (vgl. 1Petr 5,1–6; 1Clem 40–44).

[27] Übergangsformen zwischen beiden Ämterstrukturen mag es hier und dort schon gegeben haben. Denkbar ist, daß in größeren Gemeinden die Vorsitzenden der einzelnen Hausgemeinden zugleich Mitglieder eines gesamtgemeindlichen Ältestenrates waren.

[28] Es ist schwerlich Zufall, wenn vom Episkopen, im Unterschied zu allen übrigen Amtsträgern, nur im Singular die Rede ist (1Tim 3,2; Tit 1,7).

gemeindliche Ämter vor. Die Vorstellung eines dreigestuften Amtes (Episkope – Älteste – Diakone) liegt hier jedoch noch keineswegs vor[29].

6.1.3 Episkopen- und Diakonenamt werden in nüchterner Sachlichkeit als *Berufe* dargestellt. Man kann sie anstreben (1Tim 3,1), sofern man bestimmten Qualifikationsmerkmalen entspricht, und man erhält bei ihrer Ausübung eine der Leistung entsprechende Bezahlung (1Tim 5,17). Damit wird der Lage in den größer gewordenen Gemeinden Rechnung getragen: Die leitenden Dienste verlangten einen Aufwand an Zeit und Kraft, wie er nur von hauptberuflich Tätigen erbracht werden konnte. Die Gemeinden mußten sich vor der Bestellung ihrer Amtsträger von deren Fähigkeiten vergewissern können. Freilich überrascht die Profanität und Weltlichkeit der in den Episkopen- und Diakonenordnungen (1Tim 3,1–13) genannten Befähigungsmerkmale. Genannt werden neben sittlichen Voraussetzungen – der Episkope soll nur einmal verheiratet sein – vor allem Führungsqualitäten als Hausvater, charakterliche Stabilität und guter Ruf nach außen hin. Als einziges spezifisch geistliches Merkmal wird die *Lehrfähigkeit* des Episkopen aufgeführt: ein erster Hinweis darauf, daß das Amt der Gemeindeleitung für die Pastoralbriefe ein *lehrendes Amt* ist.

6.1.4 Beachtung verdient der Umstand, daß in der Diakonenordnung auch Frauen erwähnt werden. Die Anforderung nämlich, daß „die Frauen in gleicher Weise maßvoll, nicht verleumderisch, nüchtern, zuverlässig in jeder Hinsicht" sein sollen (V.11), gilt schwerlich für die Ehefrauen der Diakone, sondern vielmehr für weibliche Diakone[30]. Das steht nicht in grundsätzlichem Widerspruch zum strikten gottesdienstlichen Lehrverbot und Unterordnungsgebot für die Frauen (1Tim 2,9–15), denn das Diakonenamt war kein lehrendes Amt und überdies vollzog es sich in Unterordnung unter den Episkopen als dem gemeindlichen Familienoberhaupt. Angesichts der generellen Tendenz des Verfassers, Frauen auf ihren häuslichen Lebensbereich einzugrenzen (1Tim 5,14), wird man hier eher eine Kapitulation vor der Macht des Faktischen vermuten. Er hat diese weithin etablierte Institution widerwillig geduldet, ihrer Weiterentwicklung aber keinen Vorschub geleistet.

6.2 Die Apostelschüler als idealtypische Gemeindeleiter

In den Weisungen an die beiden Apostelschüler kommen die theologischen Komponenten des Amtsverständnisses des Verfassers sehr viel deutlicher zur Sprache. Die Gemeindeleiter als indirekte Adressaten sollen sich mit den Apostelschülern identifizieren, um sich von Paulus als ihrem Lehrer über Wesen und Pflichten ihres Amtes instruieren zu lassen. Als die drei wesentlichen Komponenten zeichnen sich dabei der *Bezug auf die Lehre*, die *Teilhabe am apostolischen Auftrag der Gemeindeleitung* sowie die *Bindung an die von Paulus vorgeprägte Verhaltensnorm* ab.

---

[29] Diese Vorstellung findet sich erstmals bei Ignatius von Antiochia (Mg 2; 6,1; 13,1; Tr 2,2f; 3,1; 7,2 u.ö.); s. hierzu *W. Bauer/H. Paulsen*, Die Briefe des Ignatius von Antiochia und der Polykarpbrief, 1985 (HNT 18) 29–31.

[30] S. hierzu den überzeugenden Nachweis bei *Lohfink*, Weibliche Diakone.

6.2.1 Noch entschiedener als der Epheserbrief (VII.3.7.2.2) vertreten die Pastoralbriefe das Prinzip *Leitung durch Lehre*. Der Gemeindeleiter wird mit einer bis zur Einseitigkeit gehenden Konsequenz als Lehrer und Verkündiger dargestellt (1Tim 1,3; 4,11; 6,2). Alle anderen Funktionen treten demgegenüber in den Hintergrund. Zu einem guten Teil mag dies mit der Bedrohung durch die Irrlehrer zusammenhängen: Nur vollmächtige und klare Lehre kann die Gemeinden vor dem Auseinanderbrechen bewahren. Dahinter steht jedoch ein grundsätzlicheres Anliegen, das durch die Irrlehrerkrise akut geworden ist: die Wahrung der Kontinuität der Kirche zu ihren Anfängen. Dies nämlich ist es, was die Pastoralbriefe von der Lehre erhoffen. Und zwar geht es konkret um die auf Paulus zurückgehende Lehrtradition und ihre Bewahrung.

Wie diese Lehrtradition verstanden ist, geht aus ihrer Bezeichnung als *paratheke* („Hinterlassenschaft") hervor: Sie ist das *Erbe*, das der Apostel den Amtsträgern zu treuen Händen anvertraut hat, damit sie es in seinem Auftrag und in seinem Sinn unverändert bewahren, die durch ihren Ursprung verbindlich festgelegte Tradition[31]. Oberste Aufgabe des Amtsträgers ist es, für die unversehrte Weitergabe der apostolischen Lehre zu sorgen und sie gegen alle Entstellungen und Umdeutungen zu verteidigen (1Tim 6,20). Er ist im Blick auf sie zugleich Tradent und Wächter; dazu bedarf er des Beistandes des Heiligen Geistes (2Tim 1,14).

Nach dieser Sicht beruht die Identität der Kirche im Wechsel der Zeiten auf der Kontinuität der apostolischen Lehre. Diese aber ist *keine automatisch wirkende Gegebenheit*; sie ist vielmehr stets bedroht und gefährdet. Deshalb bedarf sie, um wirksam zu werden, einer sie *begleitenden Kontinuität kirchlicher Amtsträger*, die – wie die Apostelschüler Timotheus und Titus – zur treuen Bewahrung des Erbes der Apostel unter der Leitung des Geistes eingesetzt sind.

6.2.2 Die *Beteiligung der Gemeindeleiter am apostolischen Auftrag der Gemeindeleitung* wird durch die fiktive Briefsituation vorausgesetzt, derzufolge Timotheus in Ephesus und Titus auf Kreta zurückgelassen worden sind, um dort das von Paulus begonnene Werk der Gemeindegründung und -leitung in seinem Auftrag und gewissermaßen unter seinen Augen fortzuführen (1Tim 1,3; Tit 1,5). „Paulus" bekundet zwar die Absicht, bald zurückzukehren, um sein Werk fortzusetzen (1Tim 3,14); aber der Leser weiß längst: der Apostel kam nie zurück; seine Schüler müssen darum auf Dauer sein Werk fortsetzen. Es bleibt eben *sein Werk*, in das sie eintreten. Sie sind letztlich nur Vertreter des prototypischen Gemeindeleiters Paulus, und sie unterstehen weiterhin seiner Weisung. Von ihm, das heißt: aus seiner unversehrt weitergegebenen Lehre, erfahren sie, „wie man im Hause Gottes wandeln soll" (1Tim 3,15).

6.2.3 Stark gewichtet wird die *Bindung der Gemeindeleiter an die von Paulus vorgeprägte Verhaltensnorm*. Damit wird ein authentisches paulinisches Motiv aufgenommen: der Apostel stellt sich den Gemeinden zur Nachahmung vor Augen, weil er in Erscheinung und Verhalten vom Christusgeschehen geprägt ist (1Kor 4,16; 11,1). Im Rückblick wurde für die paulinischen Gemeinden Paulus zur

---

[31] S. hierzu *Wolter*, Pastoralbriefe 125f; *Roloff*, 1. Timotheus 371ff.

sichtbaren Verkörperung des Evangeliums und seiner Wirkung schlechthin (1Tim 1,16; Kol 1,24–29; Eph 3,1–13).

Dieses Motiv erfährt, ähnlich wie in Apg 20,28–31 (s.o. VI.6.4.2), eine spezifische Zuspitzung auf den Gemeindeleiter hin. Für ihn, der in den gemeindeleitenden Dienst des Paulus eingetreten ist, ist in besonderer Weise die von Paulus gesetzte Verhaltensnorm verbindlich. Das Bild des Paulus als einer von der Dienstnorm Jesu, des Gekreuzigten, bis ins Leibliche hinein bestimmten Existenz wird zum Leitbild für den Gemeindeleiter.

Beachtlich und aufschlußreich ist der Umstand, daß die sonst im Blick auf das Verhältnis der Christen zu Welt und Gesellschaft so optimistischen Pastoralbriefe nur in diesem Zusammenhang den Gedanken des Leidens und der Leidensnachfolge Jesu Christi zur Sprache bringen. So soll der Apostelschüler sich an Paulus erinnern als an einen, der um Jesu willen gelitten hat (2Tim 1,12), und selbst als „guter Kämpfer Jesu Christi" zum „Mit-Leiden" mit Paulus bereit sein (2Tim 2,3). Darüber hinaus soll er seinerseits diese letztlich als Christus-Norm ausgewiesene apostolische Gestaltnorm weitergeben, indem er „Vorbild" (*typos*) wird für die Gläubigen „im Wort, im Wandel, in Liebe, in Glaube, in Reinheit" (1Tim 4,13).

Ganz generell zeichnen sich in den Pastoralbriefen Ansätze zu einer spezifischen *Ethik des kirchlichen Amtes* ab, und zwar im Sinne eines besonderen Rufs zur Verantwortung, die sich aus der Vorbild-Funktion seines Trägers ergibt[32]. In diesen Bereich gehört wohl auch die Schilderung der Armut und Bedürfnislosigkeit des Paulus, dessen ganzer Besitz in einem Mantel und ein paar Schriftrollen besteht (2Tim 4,13). Sie will durch den Hinweis auf das Vorbild des Paulus die Amtsträger vor der Hingabe an Besitz und Reichtum warnen (vgl. 1Tim 6,6–10).

6.3 Die Ordination

Einzig in den Pastoralbriefen findet sich innerhalb des Neuen Testamentes eine eindeutige Bezeugung der Ordination. Die Art und Weise, in der sie erfolgt, läßt allerdings darauf schließen, daß es sich um einen in den paulinischen Gemeinden der dritten Generation vielfach bekannten und geübten Brauch handelt.

6.3.1 Nur im Zusammenhang mit der Ordination erscheint der Begriff *charisma*. Er bezeichnet das spezifische Amtscharisma, die durch den Heiligen Geist gewirkte Gabe, die zur Ausübung des gemeindlichen Leitungsamtes befähigt. Von einem Charismen-Besitz der übrigen Gemeindeglieder ist nirgends die Rede. Das *charisma* wird in der Ordination mittels Handauflegung übertragen. Und zwar ist es Paulus selbst, der nach 2Tim 1,6 dem neuen Amtsträger die Hände auflegt:

Aus diesem Grunde lege ich dir dringend nahe, das Charisma Gottes neu zu entfachen, das in dir ist durch die Auflegung meiner Hände.

---

[32] S. hierzu *Roloff*, Themen 516–519.

Nach 1Tim 4,14 hingegen hat es den Anschein, als erfolge die Handauflegung durch das in den angeschriebenen Gemeinden als noch vorhanden vorausgesetzte Ältestengremium:

> Vernachlässige nicht das Charisma, das in dir ist, das dir gegeben wurde durch profetisches Zeugnis mittels der Auflegung der Hände des Ältestenrates.

Diese viel diskutierte Differenz läßt sich durch die naheliegende Vermutung erklären, daß 1Tim 4,14 die als üblich vorausgesetzte Praxis wiedergibt, während 2Tim 1,6 bildhaft auf den ihr zugrundeliegenden theologischen Sachverhalt verweist: Es geht in der Ordination, unabhängig von der Form ihres konkreten Vollzugs, um die Unterstellung des Amtsträgers unter die von Paulus herkommende Amtsnorm. Weil Paulus das Modell des Bauens und Leitens der Kirche gesetzt hat, das für den neuen Amtsträger verbindlich sein soll, und weil er der Urheber der verbindlichen Lehrtradition ist, zu deren Bewahrung der neue Amtsträger verpflichtet ist, darum kann von einer Handauflegung durch ihn die Rede sein.

6.3.2 Aus der Differenz beider Aussagen ergibt sich allerdings, daß das Ordinationsverständnis der Pastoralbriefe nicht durch den Gedanken einer auf den Apostel zurückgehenden Sukzessionskette bestimmt gewesen sein kann, *innerhalb derer* die Amtsgnade durch Handauflegung von einem Amtsträger auf den nächsten weitergegeben wird. Betont ist nach 2Tim 1,6 lediglich die Verbindlichkeit der Verpflichtung auf das paulinische Erbe. Das eigentlich entscheidende Moment der Handlung ist jedoch die *Gabe des Geistes*, der zur Ausübung des Amtes fähig macht, und, im Zusammenhang damit, die *Erteilung des Amtsauftrags*: der Ordinierte soll „diesen Auftrag unsträflich bewahren bis zur Erscheinung unseres Herrn Jesus Christus" (1Tim 6,14). Ihm – und nicht etwa Paulus – wird dereinst Rechenschaft über die Amtsführung zu leisten sein. Der Ursprung der durch Handauflegung übermittelten Gabe des Geistes *und* des Amtsauftrags ist weder bei Paulus noch beim Ältestenrat, sondern allein bei Gott. Zugespitzt gesagt: das Amt kommt von Paulus her, der zur Amtsführung erforderliche Geist hingegen kommt von Gott.

In dieser Betonung der Gabe des Geistes liegt der hauptsächliche Unterschied zur jüdischen Gelehrtenordination, die sich freilich erst in der Zeit nach 70 entwickelte. Das für diese bestimmende Motiv war die Absicherung der Sukzession der Lehre: Der ordinierte Rabbi tritt hinein in eine Kette von Lehrern, die sich kontrollierbar zurückführen läßt auf eine am Anfang stehende bestimmende Lehrerautorität. Bei der christlichen Ordination fehlt dieses Motiv der Lehrsukzession zwar keineswegs[33]; das für sie konstitutive Moment ist jedoch die Übermittlung des Amtscharismas als Gabe Gottes.

7. Ausblick

Gerade diese Aussagen über die Ordination geben Anlaß, um kurz über die merkwürdig *gespaltene Wirkungsgeschichte* des Kirchenverständnisses der Pastoralbriefe nachzudenken.

---

[33] Vgl. hierzu *Wolter*, Pastoralbriefe 218–220.

7.1 Einerseits steht außer Frage, daß die Kirchen der Reformation sich in ihm weithin wiederfinden konnten. Ihre Auffassung von der Kirche als lehrender Kirche und vom kirchlichen Amt als einem primär lehrenden Amt scheinen dort ebenso eine Entsprechung zu finden wie ihre Bereitschaft zur Öffnung hin auf Welt und Gesellschaft. Ähnliches gilt von der starken Gewichtung der apostolischen Lehrüberlieferung, die als Bestätigung des reformatorischen Schriftprinzips verstanden werden konnte.

7.2 Mit dem Ordinationsverständnis der Pastoralbriefe haben sich die Reformationskirchen aufgrund ihres Amts- und Sakramentsverständnisses jedoch stets schwer getan; seine Wirkungsgeschichte (deren Problematik hier nicht diskutiert werden kann) führt eher in den katholischen Bereich.

7.3 Hinzu kommt die – in diesem Fall besonders akute – Kontroverse über die Bewertung des nachapostolischen Schrifttums, die im Gefolge der historisch-kritischen Exegese entstanden ist: Protestanten neigen zu dem Urteil, daß es sich hier um einen „frühkatholischen" Abfall vom reinen und ursprünglichen paulinischen Evangelium handelt, während Katholiken eher eine vom Heiligen Geist gesteuerte organische Weiterentwicklung der anfänglichen Wahrheit sehen wollen. So sorgen die Pastoralbriefe durch ihr Vorhandensein im biblischen Kanon dafür, daß das ökumenische Gespräch in seinem Zentrum immer ein Gespräch über die Schrift bleiben muß.

IX. Erwählte Gemeinschaft von Aussenseitern: Der erste Petrusbrief

Literatur: N. Brox, „Sara zum Beispiel . . .", in: Kontinuität und Einheit, FS F. Mußner, hg. P.-G. Müller/W. Stenger, Freiburg u.a. 1981, 484–493; *J.H. Elliott,* A Home for the Homeless, Philadelphia 1981; *ders.,* Ministry and Church Order in the New Testament: A Traditio-Historical Analysis (1Pt 5,1–5 & plls.), CBQ 32 (1970) 366–391; *ders.,* The Elect and the Holy, 1966 (NT.S 12); *R. Feldmeier,* Die Christen als Fremde, 1992 (WUNT 64); *H. Goldstein,* Paulinische Gemeinde im Ersten Petrusbrief, 1975 (SBS 80); *L. Goppelt,* Prinzipien neutestamentlicher Sozialethik nach dem 1. Petrusbrief, in: Neues Testament und Geschichte, FS O. Cullmann, hg. H. Baltensweiler/B.Reicke, Zürich/Tübingen 1972, 285–296; *M. Karrer,* Petrus im paulinischen Gemeindekreis, ZNW 80 (1989) 210–231; *J. Roloff,* Themen und Traditionen urchristlicher Amtsträgerparänese, in: Neues Testament und Ethik, FS R. Schnackenburg, hg. H. Merklein, Freiburg u.a. 1989, 507–526; *F. Schröger,* Gemeinde im 1.Petrusbrief, Passau 1981; *Th. Spörri,* Der Gemeindegedanke im ersten Petrusbrief, 1925 (NTF II/2); *C. Wolff,* Christ und Welt im 1.Petrusbrief, ThLZ 100 (1975) 333–342.

1. Christen als Fremde in der Gesellschaft

1.1 Bereits die einleitende Absender- und Adressenangabe des 1.Petrusbriefes bringt dessen Kirchenverständnis in programmatischer Verdichtung zur Sprache: „Petrus, Apostel Jesu Christi, an die erwählten Fremden in der Diaspora von Pontus, Galatien, Kappadozien, Asien und Bithynien" (1,1). Der pseudonyme Verfasser beruft sich auf die Autorität des Petrus, des erstberufenen Apostels (1Kor 15,5), dessen Ansehen und Geltung in nahezu allen Kirchengebieten und Gemeinden unumstritten war, um sich in einem Rundbrief an die Christen im gesamten geographischen Bereich Kleinasiens zu wenden. Diesen Bereich nämlich wollen die Provinznamen – von Pontus im äußersten Nordosten bis zu dem der Ägäis im Westen zugewandten Asien – umschreiben. Nirgends wird diese Weite und Allgemeinheit des Bezugs durchbrochen; nirgends sind einzelne Gemeinden besonders angesprochen; nirgends wird zur Begründung des Schreibens zurückverwiesen auf ein früheres missionarisches und gemeindegründendes Wirken des Petrus in diesem Bereich. Darüber hinaus fehlt auch jedes Indiz dafür, daß er die Festigung und Weiterführung einer bestimmten Lehrtradition im Auge hätte. So entsteht der Eindruck eines Schreibens, das die Kirche als einzelne Gemeinden und verschiedene Traditionsbereiche übergreifende *weltweite Gesamtgröße* ansprechen und in einen *ökumenischen Horizont* stellen will[1].

---

[1] Vgl. hierzu und zum Folgenden *L. Goppelt,* Der erste Petrusbrief, 1978 (KEK XII/1) 77f.

1.2 Mindestens darin ist die pseudonyme Verfasserangabe beim Wort zu nehmen, daß sich der Brief weder hinsichtlich seiner Herkunft noch seiner Adressaten dem paulinischen Kreis zurechnen läßt. Dies ist gegenüber der verbreiteten Auffassung, daß er in paulinischer Tradition gründe, ja möglicherweise sogar der Gruppe deuteropaulinischer Schriften zugehöre[2], zu betonen[3]. Gewiß finden sich in ihm manche Berührungen mit Paulus und paulinischer Tradition, aber diese verbinden sich mit Einflüssen aus verschiedenen anderen urchristlichen Traditionsbereichen, u.a. aus den synoptischen Evangelien und dem palästinischen Judenchristentum. Er ist ein Zeugnis für jene Angleichung verschiedener Traditionen, durch die sich die großkirchlich-katholische Theologie des zweiten Jahrhunderts vorbereitete. Der Verfassername „Petrus" gewinnt im Zusammenhang mit der Herkunftsangabe „Babylon" in 5,13 schärfere historische Kontur. „Babylon" ist nämlich hier (nicht anders wie Offb 14,8 u.ö.) eine Chiffre für die Welthauptstadt Rom, die diese gleichermaßen als Sitz der widergöttlichen Macht und als Ort von Fremdlingschaft und Exil für die christliche Gemeinde kennzeichnete[4]. Die römische Gemeinde verstand sich als die Bewahrerin des Erbes der beiden großen Apostel Petrus und Paulus (1Clem 5,7) und leitete daraus die Pflicht ab, in gesamtkirchlicher Verantwortung auf Gemeinden in anderen Kirchengebieten Einfluß zu nehmen. Hinter dem 1.Petrusbrief ist darum ein Kreis innerhalb dieser römischen Gemeinde zu vermuten, der sich in besonderer Weise dem Erbe des Petrus verpflichtet wußte[5]. Als Entstehungszeit sind die Jahre zwischen 80 und 90 anzunehmen.

1.3 Alle diese über das weite Gebiet Kleinasiens verstreuten christlichen Gemeinden und Gruppen spricht nun der Brief auf ein ihnen gemeinsames Merkmal an: sie sind *Fremde*, die in einer spannungsvollen Distanz zu ihrer Umgebung leben. Und zwar ist die Ursache ihres Fremdseins ihre *Erwählung durch Gott*. Kontrapunktisch werden mehrfach Aussagen über die *Fremdlingschaft* und über *Gottes erwählendes Handeln* einander zugeordnet (1,1f; 2,4-10; 5,13)[6].

Die zur Umschreibung dieser Situation der Christen herangezogenen Begriffe haben durchweg biblischen Klang und sind fast alle dem griechischen Alten Testament entlehnt, umschreiben aber zugleich jeweils recht exakt einen konkreten sozialen Status: der *Fremde* (*parepidemos* bzw. *xenos*) ist derjenige, der sich ohne Bürgerrecht, ja sogar ohne Gastrecht vorübergehend unter einem anderen Volk aufhält, wie einst Abraham im Verheißungs-

---

[2] So z.B. *Goldstein*, Gemeinde; *K.M. Fischer*, in: H.-M. Schenke/K.M. Fischer, Einleitung in die Schriften des Neuen Testamentes 1, Gütersloh 1978, 199–216. Nach *Fischer* ist der ursprüngliche Absendername „Paulus" in 1,1 sekundär durch „Petrus" ersetzt worden. Doch dagegen zuletzt *Karrer*, Petrus 222.

[3] Auch die Adressatenangabe läßt keinen Bezug zu Paulus und seiner Mission erkennen. Nur für zwei der genannten vier oder fünf Provinzen – Asien und Galatien – sind paulinische Gemeindegründungen bezeugt. Der Brief will aber *alle* Christen in Kleinasien anreden. Nicht nur, daß die Herkunft und Traditionszugehörigkeit der Gemeinden dabei keine erkennbare Rolle spielt – es ist darüber hinaus in keiner Weise eindeutig, ob der Brief überall in dem ins Auge gefaßten geographischen Raum die Existenz größerer Gemeinden mit festen Verfassungsformen voraussetzt; der Augenschein spricht eher dagegen (5,1–5; s.u. 3.).

[4] Für den 1Petr rückt dabei, im Unterschied zur Offb, das zweite Moment in den Vordergrund; s. *N. Brox*, Der erste Petrusbrief, [3]1989 (EKK XXI) 41–43; *Elliott*, Home 270–282.

[5] Die beiden namentlich genannten Mitverfasser, Silvanus und Markus (5,12f), sind wohl ebenfalls „sprechende Pseudonyme", insofern sie auf die Verbindung der petrinischen Tradition mit Jerusalem und dem Judenchristentum verweisen (vgl. Apg 15,22.27–30); vgl. *Goppelt*, 1.Petrusbrief 346f.

[6] S. *Goppelt*, 1.Petrusbrief 80f.

lande (Gen 23,4; vgl. Hebr 11,13); der *Beisasse* (2,11: *paroikos*; vgl. 1,17: *paroikia*) ist jener Fremde, der zwar ein begrenztes Gastrecht genießt, wie einst Israel in Ägypten (Apg 7,6), aber innerhalb des Gemeinwesens (*oikos*) ein verachteter Bürger zweiter Klasse, letztlich unbehauster Außenseiter bleibt[7]; als *Zerstreuung* (*diaspora*) schließlich wurden im hellenistischen Judentum jene Teile des jüdischen Volkes bezeichnet, die aufgrund von Deportation wie auch von freiwilliger Auswanderung außerhalb Palästinas als kleine Gruppen unter den Völkern zwischen Persien und Spanien lebten (Dtn 28,25; 30,4; Jer 41,17 [LXX]; vgl. Sib 3,271)[8].

Der biblische Hintergrund könnte zunächst ein Verständnis dieser Aussagen im Sinne einer typologischen Gegenüberstellung von *Kirche* und *Israel* erwarten lassen. In diesem Fall wären die Adressaten auf ihre *Fremdlingschaft in der Welt* angeredet. Sie wären verstanden als die Heilsgemeinde, die – wie einst das Volk Gottes in Ägypten und in der Wüste – ihrer eigentlichen, ihr von Gott bestimmten Heimat fern ist, die aber hofft, aufgrund ihrer Erwählung der himmlischen Heimat entgegengeführt zu werden. Motivliche Anklänge an andere neutestamentliche Aussagen (Gal 6,16; Phil 3,20; Hebr 11,10.16) scheinen diesem Verständnis entgegenzukommen. Es beherrschte in der Tat bis in die jüngste Gegenwart hinein fast ausschließlich die Auslegung des 1.Petrusbriefes. Zuletzt wurde es durch Forscher wie *W.G. Kümmel*[9], *K.H. Schelkle*[10] und *W. Schrage*[11] vertreten.

Einen neuen, überzeugenderen Interpretationsansatz entwickelte demgegenüber *L. Goppelt*[12], dem sich u.a. *N. Brox*[13] und *J.H. Elliott*[14] anschlossen. Es gelang zu zeigen, daß die genannten Begriffe weder typologisch noch überhaupt in einem spirituellen Sinn, sondern in erster Linie als Beschreibungen der *realen Lage* der kleinasiatischen Christen in bezug auf die sie umgebende Gesellschaft zu verstehen sind. Nicht deshalb sind die Christen Fremde in der Welt, weil sie aufgrund der Verheißung ihr Bürgerrecht in der himmlischen Stadt haben (vgl. Hebr 11,10.16) und dieser nun als Pilger entgegenziehen, sondern *weil sie sich durch ihre Bindung an Jesus sich den Lebensformen der sie umgebenden Gesellschaft entfremdet haben.* Zwar vergewissert der Brief seine Leser ihrer Berufung „zu einem unvergänglichen, unbefleckten und unverwelklichen Erbe, das im Himmel für euch verwahrt ist" (1,4), doch begründet er damit weder ihre Fremdlingschaft in der Welt, noch spielt bei ihm das Motiv der Pilgerschaft zur himmlischen Heimat eine Rolle[15]. Der das christliche Selbstverständnis bestimmende Kontrast ist *nicht kosmologisch, sondern soziologisch*[16]; er ist dadurch verursacht, daß die angeredeten Christen sich von der Lebensweise der Heiden getrennt haben, um

---

[7] S. hierzu *H. Schäfer*, PRE 18/2, 1949, 1695–1707.1699; *Elliott*, Home 25.

[8] S. *K.L. Schmidt*, ThWNT II 98f.

[9] *W.G. Kümmel*, Einleitung in das Neue Testament, Heidelberg ²¹1983, 369: „Gedacht ist an die *Christen als Glieder des wahren Gottesvolkes*, die als Fremdlinge auf der Erde zerstreut wohnen, da ihre wahre Heimat im Himmel ist, vgl. Gal. 6,16; Phil 3,20".

[10] *K.H. Schelkle*, Die Petrusbriefe. Der Judasbrief, 1961 (HThK XIII/2) 18ff.

[11] *W. Schrage*, Die katholischen Briefe, 1973 (NTD 10) 66.76.85.

[12] *Goppelt*, Prinzipien; *ders.*, 1.Petrusbrief, pass.

[13] *Brox*, 1.Petrusbrief 16–24; die (m.E. berechtigte) Kritik von Brox an Goppelt (17f) betrifft letztlich dessen zu weitgehende Tendenz einer anachronistischen Aktualisierung.

[14] *Elliott*, Home 21–49.

[15] An diesem Punkt besteht eine bezeichnende Differenz zum Selbstverständnis der essenischen Gemeinschaft, trotz der frappierenden Übereinstimmung in manchen Einzelmotiven: auch sie weiß sich zugleich als erwählt und in der Fremdlingschaft (CD 3,21–4,6), aber sie begründet dies apokalyptisch mit der Gewißheit der nahen Heimführung; Gott wird „die Exilierten der Söhne des Lichtes aus der Wüste der Völker zurückkehren" lassen (1QM 1,3); vgl. *Goppelt*, 1.Petrusbrief 82.

[16] *Elliott*, Home 49.

stattdessen dem Willen Gottes zu folgen, wie er im Modell des leidenden und sich selbst preisgebenden Christus in Erscheinung getreten ist (4,1).

1.4 Konkreter Ansatzpunkt des Identitätsbewußtseins der Christen ist die *Taufe* (1,3–12). Darin geht der Brief mit dem gesamten Urchristentum einig. Aber während etwa Paulus die Taufe primär als jenes Geschehen faßt, durch das das Sein in Christus zugeeignet und eine neue Weise des Miteinanders von Menschen in der endzeitlichen Heilsgemeinde ermöglicht wird (Gal 3,26–29), steht für den 1.Petrusbrief fast ausschließlich die *soziologische Folge des Taufgeschehens* im Vordergrund. Weil die Taufe Ruf zum Gehorsam gegenüber Christus ist, führt sie notwendig zu einem Verhalten, das den Lebensformen der Umwelt nicht konform ist. Als „Kinder des Gehorsams", die durch den Ruf in die Gemeinschaft des heiligen Gottes in ihrem ganzen Verhalten „heilig" sind, sind sie „nicht mehr angepaßt an die früheren Leidenschaften" (1,14f). Das bringt notwendig Konflikte und Leiden mit sich (1,6). Haben die Christen „in der vergangenen Zeit", d.h. vor ihrer Taufe, „den Willen der Heiden ausgeführt", indem sie sich an die allgemeinen gesellschaftlichen Leitvorstellungen von selbstsüchtigem Lebensgenuß sowie an die üblichen Formen heidnischen religiösen Brauchtums hielten, so ist es damit nun für sie vorbei. Das aber hat Folgen: die Heiden sind „darüber befremdet, daß ihr nicht mehr mitlauft in dieselbe Flut der Heillosigkeit, und lästert" (4,4). Es kommt zu einer Ausgrenzung und Diskriminierung der Christen.

1.5 Allerdings zieht dies seitens der Christen gerade nicht als Reaktion eine Flucht aus der Gesellschaft und eine Preisgabe aller *Außenkontakte* zugunsten einer Stärkung der kirchlichen *Binnenstruktur* nach sich. Der Brief vermeidet die an sich naheliegende Folgerung, den Christen ein Leben in sektenhafter Isolation zu empfehlen[17], und er sollte in dieser Hinsicht beim Wort genommen werden. Er setzt ganz im Gegenteil voraus, daß sich die Konflikte aus deren Eingebundensein in vielfältige soziale Beziehungen mit Nichtchristen ergeben. Als Beispiele dafür nennt er die christlichen Sklaven in nichtchristlichen Häusern (2,18f) und die christlichen Frauen mit heidnischen Ehepartnern (3,1–6). Solche Beziehungen sind für ihn keinesfalls nur ein unvermeidbares Übel; er sieht in ihnen vielmehr Möglichkeiten eines Einwirkens der Christen auf die Gesellschaft. Das Motiv der werbenden Lebensführung spielt bei ihm eine große Rolle (2,18f; 3,1.15f)[18]. Selbst wenn es den Christen nicht gelingt, dem Wort des Evangeliums in ihrer Umgebung Gehör zu verschaffen, so dürfen sie mit der Möglichkeit rechnen, durch ihr Verhaltenszeugnis „ohne Wort" die Ungläubigen zu gewinnen (3,1); zumindest jedoch sollen sie versuchen, „durch Gutestun die Unkenntnis der Unverständigen zum Schweigen zu bringen" (2,15).

---

[17] Anders *Elliott*, Home 102–148, der, unter Verkennung der im Brief gesetzten Akzente, die Kirche des 1Petr soziologisch dem Typus der Sekte zuordnen möchte. Zur Kritik an *Elliott* vgl. *Feldmeier*, Christen 187–191, der zutreffend „das Besondere der petrinischen Ekklesiologie" in einer „Doppelheit" erkennt: „sie verbindet (in zeitbedingten Grenzen) die Offenheit einer Kirche mit der Entschiedenheit einer Sekte" (191).

[18] S. hierzu *Lippert*, Leben 66–84.

1.6 Inhaltlich ist für dieses Verhaltenszeugnis das *Leitbild des Verhaltens Jesu* maßgeblich. Es gilt für die Christen, sich am Vorbild des leidenden und sterbenden Christus zu orientieren. Er hat durch seine Selbsthingabe „für uns" (2,21a; vgl. 3,18), darüber hinaus aber auch durch seine Vergebungsbereitschaft und seine Gewaltlosigkeit (2,22f) eine Spur gelegt, der die ihm Zugehörigen „folgen" sollen (2,21b). Unverkennbar wird hier die Nachfolge-Vorstellung der synoptischen Tradition aufgenommen[19].

Darin berührt sich der 1.Petrusbrief mit dem Matthäusevangelium und der Johannesoffenbarung (Offb 14,4), die ebenfalls die Jesus-Nachfolge als verbindliche Norm für die Gestalt des Lebens der Christen kennen. Die Radikalität dieses Konzepts setzt ihn zugleich in einen beträchtlichen Gegensatz zu den Pastoralbriefen, die zwar ebenfalls das Verhaltenszeugnis der Christen stark betonen, ihm jedoch eine völlig andere inhaltliche Füllung geben: Ist es hier der *Kontrast* zu den Lebensformen und Verhaltensweisen der nichtchristlichen Gesellschaft, durch den die Gemeinde für ihren Auftrag Zeugnis ablegt, so ist es dort die Demonstration der *grundsätzlichen Kompatibilität* ihrer Lebensformen mit den in der Gesellschaft geltenden Normen, durch die die Kirche sich als Bereich darstellt, in dem die bislang unerfüllten Erwartungen dieser Gesellschaft auf ein heiles, um eine religiöse Mitte geordnetes Leben ihr Ziel findet.

1.7 Es legt sich nahe, in dieser zum Leiden in der Nachfolge Jesu berufenen Gemeinschaft von gesellschaftlichen Außenseitern, wie sie der 1.Petrusbrief zeichnet, eine direkte Fortsetzung des in der vorösterlichen Jüngergemeinschaft Jesu gesetzten Modells zu sehen. Diese war eine *Kontrastgesellschaft*, die im Zeichen der anbrechenden Gottesherrschaft die Möglichkeit eines neuen Miteinanders von Menschen demonstrierte, das nicht mehr auf Macht und Herrschaft, sondern auf dem dienendem Dasein füreinander beruht (Mk 10,42–45). Die Aussagen über die christlichen Frauen und Sklaven lassen sich ein Stück weit von da her verstehen. Trotzdem ist die Nähe letztlich begrenzt. Im 1.Petrusbrief ist nämlich der eschatologische Bezugsrahmen verblaßt, ja nahezu ausgeblendet. So hat der Kontrast der Christen zur Gesellschaft jene dem vorösterlichen Jüngerkreis Jesu eigentümliche Funktion eines Zeichens für das endzeitliche In-Erscheinung-Treten der die gesamte Welt – und damit auch das zwischenmenschliche Beziehungsgefüge – verändernden und erneuernden Macht Gottes weitgehend eingebüßt. Die Auswirkung des Leidens der Christen bleibt nunmehr letztlich auf den Bereich individueller Hoffnung beschränkt. Für die Glaubenden ist das Leiden jetzt schon vergewisserndes Zeichen der Christusgemeinschaft und Unterpfand kommender Freude bei der zukünftigen Offenbarung der Herrlichkeit Christi (4,13). In keiner Weise jedoch wird das Leidenszeugnis der Christen als Infragestellung der bestehenden gesellschaftlichen Strukturen von Macht und Herrschaft, Über- und Unterordnung verstanden[20]. Diese werden vielmehr als unhinterfragbare Gegebenheiten aner-

---

[19] Daß es sich um eine bewußte Aufnahme handelt, wird durch die literarische Analyse bestätigt, die 21b als Zusatz des Verfassers zu dem aus der Tradition übernommenen Christuslied 2,21–25 ausweist; vgl. *E. Lohse*, Paränese und Kerygma im 1.Petrusbrief, in: ders., Die Einheit des Neuen Testaments, Göttingen 1973, 307–328.328; *Brox*, 1.Petrusbrief 134f.

[20] S. hierzu die kritischen Überlegungen bei *Feldmeier*, Christen 164–166.

kannt (2,13f.18). Das bedeutet aber, daß die Sicht des Verhältnisses von Kirche und Gesellschaft im 1.Petrusbrief trotz des tiefgreifenden theologischen Unterschiedes gegenüber den Pastoralbriefen letztlich doch auf die gleichen praktischen Konsequenzen hinausläuft.

2. Geheiligtes Haus und erwähltes Volk (1Petr 2,4–9)

Der Begriff *ekklesia* kommt zwar im gesamten Brief nicht vor. Daß es diesem trotzdem nicht an einem geprägten Kirchenverständnis fehlt, läßt der Abschnitt 2,4–9 erkennen. In ihm werden die beiden traditionellen ekklesiologischen Vorstellungen des *heiligen Hauses* und des *Gottesvolkes* aufgenommen und in einer ganz spezifischen Weise miteinander verbunden. Dabei werden nämlich gerade jene Assoziationen, die sonst für diese Vorstellungen charakteristisch waren, zurückgedrängt, wenn nicht sogar vernachlässigt: das *Haus* als die in ihrem Gemeinschaftsleben und ihren Lebensformen wachsende örtliche Gemeinde und das *Gottesvolk* als das zu seiner weltweiten Vollendung gebrachte Israel. Demgemäß greift hier die Alternative zwischen einem an der Ortsgemeinde orientierten und einem weltweit-universalen Kirchenverständnis nicht. Zwar wird, dem ökumenischen Charakter des Briefes entsprechend, ein allgemeines, die jeweiligen örtlichen Erfahrungen überschreitendes Wesensbild von Kirche gezeichnet, doch bleibt das Moment der Universalität ebenso unbetont wie das der Heilsgeschichte. Als für das Kirchenverständnis bestimmend erweisen sich vielmehr zwei Gesichtspunkte: die *Erwählung* und die *Ausgrenzung durch die nichtchristliche Umwelt*. Das aber ist nach unseren bisherigen Beobachtungen keineswegs überraschend.

2.1 So wird das Bild des *heiligen Hauses* auf dem Wege des Schriftbeweises aus drei alttestamentlichen Zitaten (VV.6–8) gewonnen: Christus ist der in Zion gelegte „auserwählte, wertvolle Eckstein; und wer an ihn glaubt, wird nicht zuschanden" (Jes 28,16). Er, „der Stein, den die Bauleute verworfen haben, ist zum Eckstein geworden" (Ps 118,22); zugleich aber bleibt er für die Ungläubigen der „Stein, an dem man sich stößt, und der Fels, über dem man zu Fall kommt" (Jes 8,14)[21].

Alle drei alttestamentlichen Zitate gehörten im Urchristentum zum Repertoire des christologischen Schriftbeweises. Sie erscheinen einzeln (Lk 2,34: Jes 8,14; Lk 20,17: Ps 118,22), vor allem aber in Kombination miteinander (Mk 12,10f par Mt 21,42; Röm 9,33) im thematischen Zusammenhang der Auseinandersetzung mit dem ungläubigen Israel. Vom Bildgehalt dieser christologischen Metapher her legte sich eine Ausweitung auf das ekklesiologische Bild des – auf dem Grund- bzw. Eckstein erbauten – heiligen Hauses nicht unmittelbar nahe; jenes dürfte vielmehr zunächst aus anderen Wurzeln entstanden sein (s. III.5.2)[22]. Lediglich in Eph 2,20 wird das Bild des Ecksteins aus Jes 28,16 in das ekklesiologische Bild integriert. Aber der

---

[21] Die Struktur von 2,4–10 ist komplex: den drei zentralen Zitaten (VV.6–8) wird in VV.4–5 eine vorweggenommene Anwendung vorangestellt. Es folgt in VV.9–10 eine weiterführende Auslegung, die durch die midraschartige Anfügung weiterer alttestamentlicher Motive, vor allem aus Ex 19,6, bestimmt ist. Zur Analyse s. *Elliott*, Elect 16–49; *Brox*, 1.Petrusbrief 94–96.

[22] Zu den traditionsgeschichtlichen Zusammenhängen vgl. *Elliott*, Elect 26–33.

Vergleich zwischen Eph 2,20 und 1Petr 2,4–10 zeigt eine tiefgreifende, jede Harmonisierung ausschließende Differenz: Dort geht es um die Festigkeit, die Heiligkeit und das Wachstum des Baues der Kirche, die durch den „Eckstein" Christus ermöglicht werden, während das Motiv des „Anstoßes" und der kritischen Scheidung völlig ausfällt. Hier hingegen verhält es sich genau umgekehrt: der Anstoß am „Eckstein" Christus und dessen scheidende Wirkung (vgl. Mt 21,42f; Röm 9,33) bleiben im Vordergrund, während weder das Wachstum des auf diesem Stein errichteten Baues noch gar die Bedeutung der Apostel bzw. der von ihnen ausgehenden Tradition (vgl. 1Kor 3,16; Eph 2,20) bei der Gestaltung des Bildes eine Rolle spielen. Letztlich ist der Gedankengang ganz einfach: Der Platz der Christen ist bei dem von Gott erwählten, von Menschen verworfenen „Eckstein" Christus (V.4). „Sie sollen sein, was er ist"[23], nämlich „lebendige Steine" (V.5); sie sollen, wie er, als von den Menschen Verworfene aus der Erwählung durch Gott leben (V.6), und sie allein erkennen seinen Wert, weil sie an ihn glauben, während die Ungläubigen sich an ihm stoßen, insofern sie „dem Wort nicht gehorchen" (VV.7f). Die Christen tragen das gleiche Prädikat wie Christus selbst; sie sind mit Christus durch das gemeinsame Schicksal der Verwerfung durch die Menschen und der Erwählung durch Gott verbunden. Das synoptische Motiv der Jüngergemeinde als Schicksals- und Dienstgemeinschaft mit Jesus klingt hier wieder an.

Die Weiterführung des Bildes der mit Christus verbundenen „lebendigen Steine" zu dem Bild eines „geistigen" Hauses, das von Gott „erbaut" wird, war ebenfalls durch gemeinurchristliche Tradition nahegelegt[24], und dasselbe gilt für das Verständnis dieses Hauses als *Tempel*[25]. Die Kirche ist ein „Haus" im übertragenen Sinn[26], d.h. ein geordnetes Miteinander lebendiger Menschen, und *zugleich* ein für Gott geheiligter Bereich. Dies letztere kommt darin zum Ausdruck, daß das Wesen dieses Hauses zugleich beschrieben wird als „Priesterschaft, um geistige Opfer darzubringen, die Gott gefallen, durch Jesus Christus" (V.5; vgl. V.9). Als die Gott Zugehörigen tun die Christen seinen Willen; sie führen in Reinheit das ihrem Glauben entsprechende Leben, indem sie sich in ihrem Dienst ganz Gott hingeben (vgl. Röm 12,1).

Auf alle Fälle ist die Rede von der „Priesterschaft" der Christen, ebenso wie die von ihren „geistigen Opfern" bildhaft-übertragen zu verstehen. Der Gedanke des *allgemeinen Priestertums aller Gläubigen*, wie ihn vor allem die Reformation entwickelte, ergibt sich zwar als eine durchaus sachgemäße Zusammenschau verschiedener neutestamentlicher Aussagen; man kann jedoch nicht 1Petr 2,5.9 als unmittelbare Belege dafür in Anspruch nehmen. Denn abgesehen davon, daß hier nicht von einem *Priestertum* aller Christen, d.h. davon, daß jeder Christ zum priesterlichen Dienst eingesetzt wäre, die Rede ist, sondern nur allgemein von *den Christen als Priesterschaft*, d.h. als einer für Gott ausgesonderten und geheiligten Schar von Menschen, will dieser Text weder etwas über die unterschiedslose geistliche Voll-

---

[23] *Brox*, 1.Petrusbrief 97.

[24] Es erübrigt sich deshalb die Vermutung von *Brox* (1.Petrusbrief 98), wonach das Wort „Königshaus" in V.9 den Anlaß für das Bild geliefert habe.

[25] *Brox*, 1.Petrusbrief 98, und *Elliott*, Elect 167ff, bestreiten dies m.E. zu Unrecht; doch dagegen *Goppelt*, 1.Petrusbrief 144f.

[26] Dies meint das Adjektiv *pneumatikos*; es ist weder Hinweis auf das Einwohnen des Geistes im Haus der Kirche, noch umschreibt es einen Gegensatz zum irdischen Kult. Der Gedanke des endzeitlichen neuen Tempels liegt hier fern; anders *Klinzing*, Umdeutung 222f.

macht und Kompetenz aller Christen im Blick auf das Wort Gottes noch über die ihnen gegebene priesterliche Vollmacht des freien Zugangs zu Gott oder über ihren priesterlichen Dienst des Eintretens für die Welt vor Gott aussagen.

2.2 Auch die *Gottesvolk-Thematik* ist durch die beiden genannten Gesichtspunkte der *Erwählung durch Gott* und der *Ausgrenzung durch die nichtglaubende Umwelt* bestimmt. Dies geht aus 2,9f, dem bekannten *locus classicus*, hervor:

> Ihr aber seid (das) erwählte Geschlecht, (das) Königshaus, (die) Priesterschaft, (der) heilige Stamm, (das) Volk des Eigentums (für Gott), damit ihr die großen Taten dessen verkündigt, der euch aus der Finsternis in sein wunderbares Licht berufen hat, die ihr einst Nicht-Volk wart, jetzt aber Volk Gottes seid, die ihr einst kein Erbarmen, jetzt aber Erbarmen erfahren habt.

Es sind durchweg aus dem Alten Testament entnommene Ehrentitel Israels, die auf die Kirche übertragen werden: Sie ist „erwähltes Geschlecht" (Jes 43,20), „heiliger Stamm" (Ex 19,6) und „Volk zum Eigentum" (Jes 43,21). Aber weder wird dabei ein heilsgeschichtlicher Zusammenhang der Kirche mit Israel vorausgesetzt, noch wird das Recht dieser Übertragung reflektiert. Weil die Heilige Schrift der Kirche gehört, darum gilt es vielmehr als selbstverständlich und keiner besonderen Begründung mehr bedürftig, daß die Kirche jenes auserwählte Volk ist, von dem die Schrift spricht. Israel spielt im 1.Petrusbrief keine Rolle mehr – weder als Gottesvolk, in dem die Kirche wurzelt und in dessen Geschichte mit Gott sie eingetreten ist, noch auch als das polemische Gegenüber, dessen Nein zum Glauben an Christus zur bedrängenden Herausforderung wird. So werden auch die traditionell in der Auseinandersetzung mit dem Judentum verwurzelten Schriftbeweise über Christus als den anstößigen „Stein" aus diesem Bezug herausgelöst und auf die Ablehnung des Evangeliums in der Völkerwelt übertragen: die Kirche als das von Gott erwählte, ihm geheiligte Volk sieht sich der Menschheit gegenüber, die infolge ihres Unglaubens in der Begegnung mit Christus scheitert (V.7f)[27]. Israel ist dabei, aus dem Gesichtskreis der Kirche zu rücken[28].

Dementsprechend wird auch die Aussage von dem „Nicht-Volk", das nunmehr zum „Volk Gottes" geworden ist (V.10), aus ihrem ursprünglichen Bezug auf Israels Geschichte mit Gott (vgl. Hos 1,6.9f; 2,1.25) völlig gelöst[29] und stattdessen auf die *kirchliche Sozialisationserfahrung der Heidenchristen* übertragen. Mit der Erwählung zum Volk Gottes endete für diese Menschen der vorherige Zustand des „Nicht-Volk"-Seins. Sie wurden herausgelöst aus einer Situation der Vereinzelung, Desori-

---

[27] S. *Goppelt*, 1.Petrusbrief 148.

[28] So sind Abraham und Sara nur noch allgemeingültige ethische Beispiele (3,6), während der Gedanke der Abrahamskindschaft der Christen ausgeklammert bleibt; ähnlich sind die Profeten nur noch als Ankündiger zukünftiger Ereignisse unter der Wirkung des Geistes Christi relevant (1,10–12). S. hierzu *Brox*, „Sara zum Beispiel . . .". Brox kommt zu einem kritischen Fazit, das für sich selbst spricht: „Das Thema Israel ist in die ,Verlustliste' paulinischer Erbstücke im 1.Petrusbrief einzutragen. Daß Israel ,die Wurzel' der Kirche ist, war hier ,schon' nicht mehr aktuell. Der 1.Petrusbrief befindet sich auf dem Weg einer theologischen Vergessenheit Israels im Christentum, ohne Polemik und ohne Interesse" (493).

[29] Zugespitzt formuliert *Karrer*, Petrus 225: „Jedes Vorrecht des alten Heilsvolks erlischt. Ausschließlich Nicht-Volk, Nicht-Erbarmte gab es einst, wie 2,10 Hos 1,6.9 radikalisiert."

entiertheit und Desintegration, um stattdessen eingefügt zu werden in die Lebensgemeinschaft derer, die kraft ihrer Bindung an Christus auch miteinander verbunden sind. Menschen, die vorher einander nicht gekannt hatten und infolge ihrer Armut, ihrer ethnischen und sozialen Entwurzelung, zur recht- und gesichtslosen Masse geworden waren, erfahren nunmehr ihre Zusammengehörigkeit als „Gottes Volk". Die Kirche wird zur Heimat für die Heimatlosen, zum Haus der Unbehausten. Aus dieser ihre gesamte Existenz verändernden Sozialisationserfahrung gewinnen die zum Glauben an Christus gekommenen Heiden auch die Kraft, um nunmehr die Ausgrenzung aus der Gesellschaft um ihres Glaubens willen zu ertragen.

3. Ordnung und Verfassung der Kirche

Es braucht nicht zu überraschen, wenn der 1.Petrusbrief detaillierte Anweisungen zur Gestaltung der inneren Ordnung der Gemeinden vermissen läßt. Dies hängt damit zusammen, daß er als Rundbrief an Gemeinden und kirchliche Gruppen mit teilweise ganz unterschiedlichen Strukturen konzipiert ist. Hierin unterscheidet er sich von Paulus und den deuteropaulinischen Schriften, die im allgemeinen ganz bestimmte innere Gemeindeverhältnisse voraussetzen konnten. Der 1.Petrusbrief übt demgegenüber eine programmatische Beschränkung auf einige Prinzipien, die ihm als allgemein gültig und durchsetzbar gelten. Man sollte ihm nicht mehr abzupressen versuchen, als er tatsächlich sagen will[30].

3.1 Als einzige nichtpaulinische Schrift des Neuen Testaments setzt er eine für die gesamte Gemeinde geltende *Charismen-Ordnung* voraus (4,7–11)[31]. Er betont: jeder Christ hat (vermutlich in der Taufe) als Erweis der Liebe Gottes ein Charisma empfangen[32]. Alle haben darum die Verpflichtung, „als gute Haushalter der mannigfaltigen Gnade Gottes" das Empfangene in das Leben der Gemeinde einzubringen. Der für das paulinische Kirchenverständnis zentrale Gedanke, daß durch das Ineinandergreifen der verschiedenen Charismen die Gemeinde zum „Leib Christi" wird, d.h. zu einem lebendigen Organismus, in dem Christus selbst seine lebensgestaltende Macht erweist (s. III.4.4), bleibt hier freilich ohne Entsprechung. Konkret benannt werden nur zwei Charismen: das *Reden*, d.h. die Verkündigung des Wortes Gottes, sowie das *Dienen* (*diakonein*), d.h. die helfende Zuwendung zum Nächsten.
Daraus läßt sich schwerlich entnehmen, daß der 1.Petrusbrief nur diese beiden Charismen kennt. Eher dürfte es sich dabei um den Versuch der systematischen Zusammenfassung einer breiten Skala möglicher Charismen (vgl. 1Kor 12,28f; Röm 12,6–8) in zwei Grundtypen handeln: den wortbezogenen und den leibhaft

---

30 Gegen diese Regel verstoßen gleichermaßen *Goldstein*, Gemeinde, und *Schröger*, Gemeinde.

31 Vom *charisma* sprechen zwar auch die Pastoralbriefe, beschränken es jedoch einseitig auf die in der Ordination den Amtsträgern zuteilgewordene Geistesgabes (1Tim 4,14; 2Tim 1,6); s.o. VIII.6.3.1.

32 Anders als 1Kor 12,7f.11 werden die Charismen nicht aus dem in der Taufe empfangenen Geist abgeleitet (doch vgl. Röm 12,6).

helfenden Diensten (vgl. Apg 6,1–4)[33]. Entscheidend ist nicht, daß alle Charismen genannt werden, sondern daß verdeutlicht wird: jeder einzelne ist aufgrund seines Charismas für die Gemeinde verantwortlich; er hat einen konkreten Dienst für ihr Zusammenleben zu tun.

3.2 Nur einen einzigen gemeindlichen Dienst spricht der Brief konkret an: den der *Ältesten* (5,1–4). Daraus läßt sich zunächst schließen, daß die vom Judentum übernommene Ältestenverfassung im ausgehenden 1. Jh. n. Chr. in jenen Gemeinden Kleinasiens, die nicht unmittelbar von Paulus geprägt waren, der Normalfall war. Das Bild, das wir anhand der Apostelgeschichte (Apg 20,17) und der Pastoralbriefe (1Tim 5,17; Tit 1,5) gewonnen haben, erfährt hier seine Bestätigung. Es gehört zum Wesen der Ältesten-Institution, daß die Ältesten nicht als Einzelne, sondern nur als Gremium in Erscheinung treten. Dem entspricht, daß von ihnen hier nur im Plural die Rede ist. Allerdings hat es den Anschein, als wolle der Briefverfasser, nicht anders als Lukas (Apg 20,28) und der Verfasser der Pastoralbriefe, der Entwicklung hin auf eine Episkopen-Verfassung Vorschub leisten. Er spricht nämlich die Ältesten auf ihre konkrete Aufgabe an, „die Herde Gottes zu weiden" (V.2), und das heißt: er will sie auf die Funktion des Episkopenamtes hinführen (vgl. VIII.6.1.1). Dabei werden des näheren *drei Antithesen* genannt, die die Verhaltensnormen bestimmen, nach der solches „Weiden" geschehen soll: (a) „nicht gezwungen, sondern freiwillig – Gott gemäß"; (b) „nicht um schändlichen Gewinns willen, sondern mit Hingabe"; (c) „nicht als über die Anteile Herrschende, sondern als solche, die Vorbilder der Herde werden" (VV.2f). Es hat den Anschein, als würden hier Gesichtspunkte zusammengefaßt und auf eine knappe Formel gebracht, die allgemein in der Amtsträgerparänese der Gemeinden eine hervorgehobene Rolle gespielt haben[34]. Auch der 1.Petrusbrief befindet sich also auf dem Weg hin zu einem klar definierten Amt der Gemeindeleitung. Anders als die Deuteropaulinen vertritt er jedoch noch nicht das Prinzip *Leitung durch Lehre*.

---

[33] Vgl. *Goppelt*, 1.Petrusbrief 288.
[34] S. hierzu *Elliott*, Ministry; *Roloff*, Themen 508f.

X. Das Gottesvolk unterwegs zum himmlischen Ruheort: Der Hebräerbrief

Literatur: G. *Bornkamm,* Das Bekenntnis im Hebräerbrief, in: ders., Ges. Aufs. 2, 1959 (BEvTh 28) 188–203; *M. Dibelius,* Der himmlische Kultus nach dem Hebräerbrief, in: ders., Botschaft und Geschichte II, Tübingen 1956, 160–176; *H. Feld,* Der Hebräerbrief, 1985 (EdF 228); *E. Gräßer,* Das Heil als Wort, in: Neues Testament und Geschichte, FS O. Cullmann, hg. H. Baltensweiler/B.Reicke, Zürich/Tübingen 1972, 261–274; *ders.,* Die Gemeindevorsteher im Hebräerbrief, in: Vom Amt des Laien in Kirche und Theologie, FS G. Krause, hg. H. Schröer/G. Müller, 1982 (TBT 39) 79–93; *O. Hofius,* Katapausis, 1970 (WUNT 11); *E. Käsemann,* Das wandernde Gottesvolk, ²1957 (FRLANT 55); *F. Laub,* Bekenntnis und Auslegung, 1980 (BU 15); *ders.,* Verkündigung und Gemeindeamt, 1982 (SNTU A 6/7) 168–190; *B. Lindars,* The Theology of the Letter to the Hebrews, Cambridge 1981; *M. Rissi,* Die Theologie des Hebräerbriefs, 1987 (WUNT 41); *J. Roloff,* Der mitleidende Hohepriester, in: Jesus Christus in Historie und Theologie, FS H. Conzelmann, hg. G. Strecker, Tübingen 1975, 143–166; *F.J. Schierse,* Verheißung und Heilsvollendung, 1955 (MThS.H 9); *F. Schröger,* Der Gottesdienst der Hebräerbriefgemeinde, MThZ 19 (1968) 161–181; *ders.,* Der Verfasser des Hebräerbriefs als Schriftausleger, 1968 (BU 4); *G. Theißen,* Untersuchungen zum Hebräerbrief, 1969 (StNT 2).

1. Ortsbestimmung

1.1 Unbestritten gilt der Hebräerbrief als einer der großen theologischen Entwürfe des Neuen Testaments. In der Eigenständigkeit und inneren Geschlossenheit seiner Gedankenführung ist er nur mit Paulus und den johanneischen Schriften vergleichbar. Sein großes, zentrales Thema ist der Weg Jesu, des Präexistenten, durch die Erniedrigung in der Menschwerdung, hin zu seiner Einsetzung zum ewigen himmlischen Hohenpriester. Er stellt Jesu Eintritt in das himmlische Heiligtum, die Darbringung seines eigenen Blutes als abschließendes und allein wirksames Opfer, als das zentrale Heilsgeschehen heraus (8,1–10,18). Neben dieser christologisch-soteriologischen Thematik ist auch die Eschatologie ein hervorgehobener Gegenstand seiner theologischen Lehre. Die Ekklesiologie bleibt demgegenüber jedoch auffallend unbetont, ja fragmentarisch[1].

Nächst den johanneischen Schriften ist der Hebräerbrief das neutestamentliche Buch mit dem geringsten Interesse am Thema ‚Kirche‘. Ein äußerliches Anzeichen dafür ist bereits das Fehlen einer entsprechenden Begrifflichkeit. Das Wort *ekklesia* erscheint lediglich ganz beiläufig in einem Psalmzitat aus der LXX (2,12) und

---

[1] Vgl. *Lindars,* Theology 127: „Hebrews does not have a developed theology of the church.“

bezieht sich hier wohl auf die himmlische „Versammlung" der Engel. Von der gottesdienstlichen Versammlung der Gemeinde ist ein einziges Mal die Rede, und zwar im Rahmen der mißbilligenden Feststellung, es sei bei „einigen üblich geworden, diese zu verlassen", d.h. sich nicht mehr an den Gottesdienst zu halten (10,25). Das von ihm gebrauchte Wort *episynagoge* ist eine rein technische Bezeichnung für die „Versammlung" und läßt keinen theologischen Bezug erkennen[2].

1.2 In gewissem Sinn kann bereits der Umstand, daß der Brief bis heute hartnäckig allen Versuchen, die Rätsel seiner *Herkunft* und seiner Adressatenschaft zu lösen, hartnäckigen Widerstand entgegensetzt, als Symptom für sein vergleichsweise geringes ekklesiologisches Interesse gelten. Während die Briefe des Paulus die Situation der angeschriebenen Gemeinden so unmittelbar zum Thema machen, daß sie geradezu *Ekklesiologie im Vollzug* sind – und Gleiches gilt in gewissem Maße auch für die Deuteropaulinen und die Johannesoffenbarung –, bleibt der Hebräerbrief in einer merkwürdigen Distanz zu seinen Empfängern, und zwar auch in seinen paränetischen Stücken. Diese ist durch die sich hauptsächlich auf das Fehlen eines brieflichen Anfangs stützende Vermutung, es habe sich ursprünglich nicht um einen echten Brief, sondern um eine schriftlich konzipierte Lehr- und Mahnrede (so die Bezeichnung als *logos parakleseos* in 13,22) gehandelt, allenfalls teilweise erklärbar[3]. Denn nicht nur aus den gemeindebezogenen Weisungen in 13,12–17, sondern auch aus der selbstverständlichen Verwendung einer keineswegs gemeinchristlichen, sondern stark gruppenspezifischen Terminologie und Bilderwelt geht hervor, daß der Verfasser einen konkreten Adressatenkreis im Auge gehabt haben muß. Aber dessen Konturen bleiben unscharf. Deutlich wird lediglich, daß die Adressaten sich sowohl innerlich wie auch äußerlich in einer kritischen Situation befinden. Sie sind müde geworden in ihrem Bemühen um ein Leben aus Glauben (12,3.12f) und dabei, sich der gegenwärtigen Welt und ihren Ordnungen anzupassen (13,13f); ihre Hände sind schlaff und ihre Knie wankend geworden (12,12), weil die Hoffnung auf das Heil ihre bewegende Kraft verloren hat. Es ist also die typische Krise der dritten christlichen Generation, die hier in Erscheinung tritt. Hinzu kommt aber nun noch die akute Gefährdung durch staatliche Maßnahmen: Bereits in der Vergangenheit hat es Verfolgungen gegeben (10,32–34), für die Zukunft sind weitere zu erwarten (12,4).

Die enge Berührung mit der Hohepriester-Christologie des 96 n. Chr. in Rom entstandenen 1.Clemensbriefes (1Clem 36)[4] legt es nahe, die Adressaten in Rom oder zumindest in Italien zu suchen[5] und macht überdies eine Datierung auf die Zeit um 90 n. Chr. wahrscheinlich. Der Verfasser muß ein hellenistischer Judenchrist gewesen sein. Er lebte in der Gedankenwelt Philos von Alexandria, und seine Leser hatten anscheinend keine Schwierigkeit, ihm in diese zu folgen. Trotzdem waren sie keine vorwiegend judenchristliche Gruppe. Daß der Verfasser sie an das typisch heidenchristliche missionarische Kerygma erinnert, aufgrund

---

[2] *H.-F. Weiß*, Der Brief an die Hebräer, 1991 (KEK 13) 534, will zwar unter Hinweis auf 2Makk 2,7 und 2Thess 2,1 die Möglichkeit eines Bezuges auf die „eschatologische Sammlung" des Gottesvolkes offenhalten, benennt jedoch selbst den entscheidenden Einwand dagegen: ein solcher Bezug würde „in dieser Gestalt im Hebr freilich nur an dieser Stelle" vorliegen. Eher dürfte das Urteil von *Dibelius*, Kultus 174, zutreffen, der Verfasser habe diesen profanen Begriff gewählt, um dem Verständnis der christlichen Gemeinde im Sinne einer Kultgemeinschaft entgegenzutreten. S. ferner *W. Schrage*, ThWNT VII 840f.

[3] Für den nichtbrieflichen Charakter zuletzt *E. Gräßer*, An die Hebräer, 1 (Hebr 1–6), 1990 (EKK XVII/1) 18: der Briefschluß 13,22–25 sei „ein Postskript von fremder Hand".

[4] Diese beruht nicht auf einer direkten literarischen Abhängigkeit des 1Clem vom Hebr (so zuletzt *A. Lindemann*, Paulus im ältesten Christentum, 1979 [BHTh 58] 233f; *Feld*, Hebräerbrief 14f), sondern auf einer gemeinsamen (stadtrömischen?) Tradition: so u.a. *K. Beyschlag*, Clemens Romanus und der Frühkatholizismus, 1966 (BHTh 35) 29.

dessen sie einst zum Glauben kamen (6,1f), ist ein Hinweis darauf, daß sie mehrheitlich Heidenchristen waren. Aber war der Adressatenkreis des Briefes überhaupt eine Gemeinde? War er eine übergemeindliche, durch die Besonderheit ihrer Theologie zusammengehaltene Sondergruppe[6]? Oder war er – was ich für die wahrscheinlichste Lösung halte – eine besonders geprägte Hausgemeinde im Rahmen einer Gesamtgemeinde[7]? Wir wissen es nicht.

2. Unter dem gegenwärtigen Wort

Wir sind im folgenden vorwiegend auf den Versuch angewiesen, das Kirchenverständnis des Hebräerbriefes indirekt aus seinen Aussagen zu seinen Zentralthemen zu erschließen. Dieses Verfahren ist gewiß nicht ganz unproblematisch. Es ist nämlich nicht auszuschließen, daß der Verfasser, wenn er selbst sich direkt zum Thema ‚Kirche‘ geäußert hätte, einige jener für urchristliches Kirchenverständnis zentralen Motive und Gesichtspunkte, für die wir meinen, Fehlanzeige erstatten zu müssen, eingebracht hätte. Trotzdem wäre es methodisch unsauber, die Leerstellen auf bloßen Verdacht hin zu füllen. Wir haben den Verfasser beim Wort zu nehmen, d.h. bei dem, was er tatsächlich sagt. Wir gehen dabei zunächst von den beiden Schwerpunkten seiner Christologie aus, der *Inkarnation* und dem *himmlischen Hohepriestertum Jesu*.

2.1 Die *Inkarnation* wird als ein *Akt rettender Solidarisierung* dargestellt. Jesus, der Präexistente, hat sich, indem er sich unter die Engel erniedrigte, der Menschen angenommen (2,6). Was ihn dazu veranlaßte, war seine vorgängige Zusammengehörigkeit mit diesen; wie er waren sie von der Schöpfung her Gottes „Söhne" (2,10) und „Kinder" (2,11)[8]. Nun aber befinden sie sich in einer Lage ausweglosen Verhängnisses. Diese wird ganz im Geiste der damaligen späthellenistischen Weltsicht beschrieben: Tod und Todesfurcht üben eine knechtende Macht aus, die das ganze Leben verdirbt. Eben in diese Situation ist Jesus solidarisch hineingetreten. Er hat wie die Menschen Fleisch und Blut angenommen, ja er hat die Tiefen von Versuchung, Leid und Tod durchschritten und „für einen jeden (Menschen) den Tod geschmeckt" (2,9), „um die zu befreien, die durch die Furcht vor dem Tod ihr Leben lang der Knechtschaft verfallen waren" (2,15). Kraft solcher Solidarität in Niedrigkeit und Leiden schafft der Menschgewordene ein neues *Gemeinschaftsverhältnis* zu den Menschen: „er schämt sich nicht, sie Brüder zu nennen" (2,11). Die „Söhne" bzw. „Kinder" Gottes werden nun zu Brüdern des leidenden Jesus.

2.2 Das Ziel dieses Gemeinschaftsverhältnisses ist durch die Erhöhung Jesu, und das heißt in der spezifischen Denkform des Hebräerbriefs: durch seine *Einsetzung*

---

[5] In die gleiche Richtung könnte 13,24 (im Falle der Ursprünglichkeit des Postskripts) deuten.

[6] So zuletzt *Rissi*, Theologie 24f, der Nähe zum johanneischen Kreis feststellen möchte.

[7] So, im Anschluß an *Th. Zahn*, Einleitung in das Neue Testament II, Leipzig ³1907, 151, zuletzt *Goppelt*, Theologie 571.

[8] Hier liegt ein beachtlicher Unterschied nicht nur zu Paulus (Röm 8,14f.23; Gal 3,26–4,7), sondern zum Hauptstrom urchristlicher Theologie überhaupt (z.B. Offb 21,7) vor, wo *Sohn Gottes* ein eschatologisches Heilsprädikat ist, das in der Taufe verliehen wird und das das Wesen des neuen Seins in der Kirche aussagt; s. III.2.2.2. S. hierzu *H. Hegermann*, Der Brief an die Hebräer, 1988 (ThHK 16) 70; *H.-F. Weiß*, Hebräer 205. Harmonisierende Deutungsversuche (z.B. *E. Schweizer*, ThWNT VIII 392f; *F. Hahn*, EWNT III 925f) sind demgegenüber wenig überzeugend.

zum Hohenpriester im himmlischen Heiligtum, vorgegeben. Damit kommt nun die zweite, entscheidende Komponente dieser christologischen Konzeption ins Spiel. Jesus ist in das himmlische Heiligtum eingetreten, er hat damit seinen Brüdern „einen neuen und lebendigen Weg erschlossen", auf dem sie ihm folgen sollen (10,20). Dadurch, daß er von Gott „vollendet worden" ist, ist er „für alle, die ihm gehorchen, zum Urheber ewigen Heils geworden" (5,9). Er hat für sie eine Hoffnung begründet, die für ihre ganze Existenz bestimmend werden soll. Der konkrete geschichtliche Haftpunkt dieser Hoffnung ist die *Taufe*. Sie wird verstanden als Eintritt in den Status eines *Mitgenossen Christi* (3,14). „Nur der Hebr(äerbrief) beschreibt den gegenwärtigen Heilsstand der Glaubenden als *Christusgenossenschaft*"[9]. Freilich: der Bestand dieser Christusgenossenschaft wird davon abhängig gemacht, „daß wir den anfänglichen festen Stand (*arche tes hypostaseos*) fest bewahren" (3,14). Damit ist die Taufe ganz in die für den Hebräerbrief charakteristische Zukunftsperspektive gerückt. Sie ist der lebensgeschichtliche Ort, an dem man durch die Zusage der Gemeinschaft mit Christus *festen Stand* gewinnt für das Erhoffte. Es gilt, *in diesem festen Stand zu bleiben*: eben dies ist für den Hebräerbrief „Glaube"[10].

Dieses Bild bestätigt sich anhand jener Prädikate, mit denen die Funktion Jesu Christi für die ihm zugehörigen Getauften umschrieben wird. Jesus ist der „Anführer (*archegos*) ihres Heils" (2,10) und der „Anfänger und Vollender des Glaubens" (12,2). Darin kommt nämlich ein Doppeltes zum Ausdruck: zum einen, daß Jesus durch seine Menschwerdung die Ursache für das Heil gesetzt und so den Seinen festen Stand gegeben hat, zum andern aber, daß er sich durch seinen Eingang in das himmlische Heiligtum an die Spitze einer Bewegung gestellt hat, in die die Seinen hineingenommen werden. Jesus ist der *Heilsführer*, der denen, die durch ihn zu „Genossen der himmlischen Berufung" geworden sind (3,1), auf dem von ihm selbst gebahnten Weg voranzieht (10,19f). Dieser Weg führt in die himmlische Welt, die zugleich die Zukunft der göttlichen Heilsvollendung ist. Denn für den Hebräerbrief ist das himmlische „Oben" identisch mit der eschatologischen Zukunft Gottes.

2.3 Aufgrund dieser Beobachtungen ist es möglich, die Konturen des hier vorliegenden Kirchenverständnisses nachzuzeichnen: *Kirche ist die Solidargemeinschaft von Menschen, die Jesus durch seine Menschwerdung ermöglicht hat, und die er kraft der in seiner Einsetzung zum himmlischen Hohenpriester begründeten Hoffnung in Bewegung hin auf Gottes heilvolle Zukunft gesetzt hat.*

2.3.1 Bereits dieser erste vorläufige Definitionsversuch läßt eine markante Leerstelle hervortreten: Während Vergangenheit und Zukunft ihre festen Bezugspunkte in der Christologie haben, gilt dies von der Gegenwart gerade nicht. Gerade weil der Hebräerbrief im Schema *Präexistenz – Erniedrigung – Erhöhung* denkt, läge es nahe, starkes Gewicht auf die gegenwärtige Verbundenheit der Kirche mit ihrem erhöhten Herrn zu legen[11]. Aber der Brief verzichtet auf diese Möglichkeit. Das paulinische

---

[9] *Gräßer*, Hebräer 189f. S. hierzu auch *Bornkamm*, Bekenntnis 191. *Hofius*, Katapausis 33f.149, will die Taufe als Priesterweihe verstehen, die als solche die Christusgemeinschaft konstituiert; doch das ist eine dem theologischen Briefduktus widerstreitende Konstruktion.

[10] S. hierzu *Gräßer*, Hebräer 190.

[11] Darauf verweist *Schweizer*, Gemeinde 101f, zu recht.

Sein „in Christus" findet bei ihm ebensowenig eine Entsprechung wie das matthäische „Mit-Sein" Jesu mit der Jüngergemeinde. Der Aspekt der durch den Geist vermittelten Christusgegenwart fällt aus, und mit ihm auch die Möglichkeit, die Kirche als heilvolles Zeichen der kommenden endzeitlichen Heilsvollendung für die Welt zu verstehen. Ebenso fehlt jeder positive Bezug auf das Abendmahl.

2.3.2 Auch die wenigen Aussagen über den *Heiligen Geist* bleiben ganz auf dieser Linie. Zwar weiß der Verfasser vom Wirken des Geistes in der Kirche. Er erinnert an „Zeichen und Wunder und vielfache Machttaten und Zuteilungen des heiligen Geistes" nach dem Willen Gottes (2,4), aber er wertet diese nicht als Manifestationen der gegenwärtigen Macht des neuen Seins. Sie sind ihm nur bestätigende Hinweise auf das, was gegenwärtig allein das Leben der Kirche trägt und bestimmt: *das verkündigte Wort.* Geist und Wort gehören für ihn unmittelbar zusammen, nicht hingegen Geist und Christus. Wer das Wort gehört hat, der „hat die himmlische Gabe gekostet und ist des Heiligen Geistes teilhaftig geworden" (6,4). „Himmlische Gabe" ist dieses Wort freilich nur in der Weise, daß es die Gewißheit des Glaubens befestigt, festen Stand in der Hoffnung vermittelt und in der Bewegung hin auf das zukünftige Ziel hält.

2.3.3 Die Kirche des Hebräerbriefs ist ausschließlich *Kirche des Wortes.* Sie lebt davon, daß ihr dieses Wort immer wieder gegeben wird. Sie „hat" es weder in der Weise, daß ihr Traditionen anvertraut wären, die sie auslegen und über deren Bewahrung sie wachen müßte, noch ist der Anschluß an eine apostolische Lehrautorität für sie die Voraussetzung der Legitimität ihrer Verkündigung. Es hat ganz den Anschein, als seien die Probleme der Kontinuität zu den Anfängen und der Identität hier nicht existent. Diese Kirche vertraut darauf, daß das Wort allein von der Heiligen Schrift her durch geistgeleitete Lehre sich Gehör verschafft. Der Verfasser war selbst ein Vertreter solcher Lehre. Er lehrte in profetischem Geist, und sein Brief ist ein anschauliches Beispiel dafür, daß die enge Verschränkung von Profetie und Lehre (vgl. 1Kor 12,28) in einigen kirchlichen Gruppen bis zum Ende des 1. Jahrhunderts noch Bestand hatte.

Diese strenge, im innerneutestamentlichen Vergleich karge Theologie des Wortes ist in ihrem Zentrum eine *Theologie der Hoffnung.* Allein das Wort nämlich hält jene die Kirche tragende und bewegende Hoffnung lebendig, die als „sicherer und fester Anker für die Seele" sich festgemacht hat im himmlischen Heiligtum, in das Jesus „als unser Vorläufer" hineingegangen ist (6,19f). Das Wort allein ist es also, das die Kirche mit ihrem Herrn verbindet und so die Kluft zwischen Gegenwart und Zukunft überbrückt.

3. Das eine Gottesvolk (Hebr 3,7–4,11)

Neben dem Ersten Petrusbrief (s.o. IX.2.2) ist der Hebräerbrief das einzige Dokument der dritten christlichen Generation, das der *Gottesvolk-Thematik* breiteren Raum einräumt. Dabei ist hier so wenig wie dort die paulinische Fragestellung von Röm 9–11 nach dem heilsgeschichtlichen Verhältnis der Kirche zu Israel direkt im

Blickfeld. Immerhin aber wird hier diese Fragestellung wenigstens indirekt ange-
rührt.

3.1 Dies geschieht vor allem in der Mahnrede vom *wandernden Gottesvolk* (3,7–
4,11). Ähnlich wie Paulus (1Kor 10,1–13; s. III.6.2.2) deutet auch der Verfasser des
Hebräerbriefs die Ereignisse während der vierzigjährigen Wüstenwanderung Israels
als heilsgeschichtliches Urbild für die gegenwärtige Situation der Kirche, und
ebenso hat auch er dabei eine mahnende Spitze im Blick. Aber während Paulus
direkt auf die Ereignisse aus Israels Frühzeit zurückgreift, nimmt der Hebräerbrief
Ps 95,7–11 zum Ausgangspunkt, einen biblischen Text, der seinerseits bereits diese
Ereignisse als Mahnung für das Israel seiner Gegenwart ausdeutete: Daraus, daß
damals dem durch die Wüste wandernden Volk wegen seines Ungehorsams der
Eingang in den ihm verheißenen Ruheort Gottes versagt geblieben ist, gilt es die
Folgerung zu ziehen, „heute" die Stimme Gottes zu hören und das Herz nicht zu
verhärten. Dieser Text wird nun als direkte Anrede an die christliche Gemeinde
ausgelegt. *Drei Voraussetzungen* spielen dabei eine Rolle:

3.1.1 Diese Gemeinde ist der eigentliche Adressat der Schrift, weil „das Ereignis
in Jesus Christus das einzig von der Schrift immer schon Gemeinte ist"[12]. Sie darf
darum in der Situation des Volkes Israel, das durch die Wüste unterwegs war hin zu
einem von Gott gesetzten Ziel, ihre eigene Situation der Wanderschaft von der
Taufe hin zum zukünftigen Heilsort erkennen.

3.1.2 Das Handeln Gottes, mit dem es diese Gemeinde zu tun hat, ist wesenhaft
dasselbe wie das, mit dem Israel es zu tun hatte. Darum sind auch die an Israel
ergangenen Heilszusagen identisch mit denen, die jetzt im Christusgeschehen an die
Gemeinde ergehen. Grundsätzlich gilt: „Uns ist die gleiche Heilsbotschaft verkündet worden wie jenen" (4,2). So wird der den Israeliten verheißene Ruheort
(*katapausis*) ohne weiteres mit dem von Christus erschlossenen endzeitlichen Heilsort in eins gesetzt: auf diesen hin sei bereits die Wüstenzeitgeneration des Gottesvolkes unterwegs gewesen (4,3).

3.1.3 Die christliche Gemeinde lebt in der Situation abschließender Erfüllung.
Auf sie kommen die bislang unerfüllt gebliebenen Verheißungen Gottes zu. Das ihr
geltende „Heute" der Anrede Gottes ist darum so dringlich, weil es ihr alle bisher
ergangenen heilvollen Zusagen für sein Volk aufschließt (3,13; 4,1.7). Und die
Verheißung des Eingangs in den Ruheort ist ja noch unerfüllt; wegen des Ungehorsams der Wüstengeneration gilt: „Also bleibt noch eine Sabbatruhe dem Volke
Gottes übrig" (4,9). So liegt nun alles daran, daß das Volk Gottes – und das ist
unstreitig *die Kirche* – jetzt von diesem noch offenen Heilsangebot Gebrauch macht.

3.2 Der Hebräerbrief kennt nur ein *einziges Gottesvolk*, zu dem gleichermaßen
Juden und Christen gehören. Eine Ausgrenzung der Juden im Sinne einer Substitu-
tionstheorie nimmt er nirgends vor. Keinesfalls darf nämlich die Wüstenzeit-
Typologie 3,7–4,10 im Sinne eines Heilsverlustes ganz Israels verstanden werden.

---

[12] *F. Schröger*, Verfasser 312.

Denn es ist ja nicht allgemein von Israel die Rede, sondern lediglich von jenem Geschlecht, das in der Wüste starb (3,17; vgl. Num 14,29)[13]. Und ebensowenig wird ein exklusiver Heilsbesitz der christlichen Gemeinde behauptet. Diese befindet sich zwar in der Erfüllungssituation, aber damit ist die grundsätzliche Gefahr des Heilsverlustes für sie nicht weniger akut wie sie es damals für die Wüstenzeitgeneration war. Darum die mehrfache eindringliche Warnung vor Abfall (3,12f), Zurückbleiben hinter der Verheißung (4,1) und Zu-Fall-Kommen (4,11) der Glieder des Gottesvolkes[14], die die eigentliche Spitze der Argumentation darstellt. Das berührt sich mit der Sicht des Matthäus von der Jüngergemeinde als dem Volk, das Frucht bringt (vgl. IV.5).

3.3 Eine Reflexion über das heilsgeschichtliche Verhältnis Kirche-Israel nimmt der Hebräerbrief ebensowenig vor wie er auf die Frage nach Kontinuität und Identität der Kirche eingeht. Das hängt – neben seiner Konzeption vom *einen* Gottesvolk – mit seiner strikten Wort-Gottes-Theologie zusammen. Es ist allein das Reden Gottes im Wort, durch das das Volk Gottes konstituiert wird. Und dessen Kontinuität ist nicht in aufweisbaren geschichtlichen Zusammenhängen und Entwicklungen beschlossen. Sie ist vielmehr allein darin gegeben, daß Gott in der Geschichte immer wieder durch sein Wort gesprochen hat: „einst zu den Vätern durch die Profeten, am Ende dieser Tage zu uns durch den Sohn" (1,1f). Jede Generation – auch die der endzeitlichen Erfüllungssituation – steht grundsätzlich vor der gleichen Herausforderung: Das Wort muß sich „durch den Glauben mit den Hörern" verbinden (4,2). Es gilt, dieses Wort anzunehmen, sich auf die in ihm ergehenden festen Zusagen zu stellen und sich so in Bewegung bringen zu lassen: hin auf das Ziel des endzeitlichen Ruheortes, jenes Heils also, das Christus durch seinen Weg endgültig erschlossen hat. Diese durch das Wort ausgelöste Bewegung des Glaubens auf die Zukunft Gottes hin weist denn auch der Hebräerbrief bereits bei den Männern und Frauen des alten Israel auf (11,1–40), und so kann er von ihnen sagen: „denn sie sollten nicht ohne uns vollendet werden" (11,40). Weil und insofern im vorchristlichen Israel die vom Wort ausgelöste Bewegung des Glaubens sichtbar wird, darum ist es im vollen Sinne Volk Gottes und mit der Kirche identisch.

3.4 Gibt es nur *ein* Gottesvolk, so gibt es aber doch ein Verhältnis der *Steigerung und Überbietung* zwischen der *Situation* des Gottesvolkes in der Zeit des alten Bundes und der des neuen Bundes. Dies kommt in der Haus-Allegorie 3,4–6 zum Ausdruck. Mose und Christus werden hier in ihrer Stellung im von Gott erbauten „Haus" miteinander verglichen, wobei das „Haus" zunächst biblisch (Num 12,7) begründete Metapher für das Hauswesen bzw. die Großfamilie ist, darüber hinausgehend hier jedoch das Volk Gottes meint. Gott selbst hat dieses Haus erbaut (V.4), ja es ist letztlich ein himmlisch-kosmisches Gebilde, Teil seiner endzeitlichen Schöp-

---

[13] Vgl. *Rissi*, Theologie 16; *Gräßer*, Hebräer 217.

[14] *Gräßer*, Hebräer 202, will darin einen Unterschied sehen, daß „die Gefahr, daß wie einst das *ganze* Gottesvolk verworfen werde", „im Neuen Bund nicht mehr" besteht. Ähnlich *Käsemann*, Gottesvolk 6. Aber es handelt sich nach 3,9f lediglich um die Verwerfung einer Generation des Volkes, nicht um dessen Gesamtheit!

fung[15]. Mose hatte in ihm die Funktion des treuen Verwalters; von Christus hingegen heißt es: er „ist treu als Sohn über sein Haus. Dessen Haus sind wir, sofern wir die Zuversicht und den Ruhm der Hoffnung fest bewahren" (V.6).

Die Kirche erscheint hier zwar als Haus Christi. Aber als solches ist sie kein zweites Haus neben dem „Haus Gottes"; sie ist vielmehr mit diesem identisch[16]. Wir gehören dem Haus Gottes an, sofern wir Christus angehören, der als der Sohn besondere Vollmacht über dieses Haus hat. Als Genossen Christi (3,14) sind wir Mitglieder der Großfamilie Gottes[17]. Freilich folgt hier sogleich eine charakteristische Einschränkung: auch die Berufung auf Christus gibt kein endgültiges Recht auf Zugehörigkeit zu dieser Familie. Bei ihr bleiben kann nur, wer in der durch das Wort ausgelösten Bewegung der Hoffnung bleibt.

4. Solidargemeinschaft auf dem Wege

4.1 Gibt dieses in so geradliniger Konsequenz vom Wort Gottes her entwickelte Kirchenverständnis Raum für eine durch die Christusbindung bestimmte *Sozialstruktur*?

E. Käsemann hat seinerzeit in seiner unter dem Eindruck des Kirchenkampfes in der nationalsozialistischen Zeit verfaßten Erstlingsarbeit diese Frage emphatisch bejaht. Er wollte im „Motiv vom wandernden Gottesvolk die heimliche Basis des Hebr(äerbriefs)" erkennen[18]. Mit der Wahl dieses ekklesiologischen Leitgedankens sei dem religiösen Individualismus der Abschied gegeben worden zugunsten der „Durchleuchtung der gemeinschaftlichen Existenz" der Christen: „Der Logos weist den Einzelnen in die von ihm begründete Gemeinschaft, und nur in dieser Gemeinschaft verharrt der Einzelne beim Hören und Bewahren des Logos."[19] Doch dieses Urteil ist gerade am entscheidenden Punkt erheblich einzuschränken. Zwar ist deutlich gesagt, daß der *einzelne* auf seiner Glaubenswanderschaft der Gemeinschaft des Gottesvolkes bedarf. Bliebe er allein zurück, so wäre er verloren (4,1). Es ist nötig, daß die Glieder des Volkes einander mitnehmen, indem sie sich gegenseitig ermutigen und ermahnen (3,13). Es ist gemeinsame Aufgabe aller, „die erschlafften Hände wieder stark und die wankenden Knie wieder fest" zu machen (12,12). Insofern bilden sie auch in ihrem Verhältnis zueinander eine *Schicksals- und Solidargemeinschaft*. Aber diese ist im wesentlichen nur durch die Gemeinsamkeit des Weges und Zieles motiviert. Daß ihr Miteinander durch die *Gegenwart Jesu Christi* bei ihnen als seinem Volk bestimmt sei und daß sich in dessen Lebensformen

---

[15] Zu diesem mitschwingenden kosmischen Bezug vgl. *Schierse*, Verheißung 111.

[16] S. hierzu *Gräßer*, Hebräer 168.

[17] Es ist zu beachten, daß die Haus-Metapher hier ausschließlich in ihrer familiären Bedeutung verwendet wird. Auch wenn sie – was zu vermuten steht – der Verfasser aus geläufiger urchristlicher ekklesiologischer Tradition übernommen hat (vgl. 1Kor 3,9–11; Mt 16,18; Eph 2,19–22; 1Tim 3,15), so hat er die inhärenten Motive des Tempels, der Grundlegung und des Bauens nicht mit aufgenommen: diese haben in seiner Ekklesiologie keinen Raum. Vgl. *Klinzing*, Umdeutung 199.

[18] *Käsemann*, Gottesvolk 9; grundsätzlich als „Basismotiv" bestätigt (abgesehen von Käsemanns gnostischen Anleihen) durch *E. Gräßer*, Das wandernde Gottesvolk, ZNW 77 (1986) 160–179.

[19] *Käsemann*, Gottesvolk 8.

die dienende Selbsthingabe Jesu konkretisiere, wird jedoch nirgends angedeutet. Das Motiv des Leibes Christi findet hier ebensowenig eine Entsprechung wie jenes des In-Christus-Seins der Kirche. Der Gedanke der bleibenden Begleitung des Volkes Gottes durch die Gnadengaben Gottes, der im Mittelpunkt der paulinischen Wüstenzeit-Typologie steht (1Kor 10,1–5), fällt bei der Schilderung der Wüsten-wanderschaft des Gottesvolkes im Hebräerbrief ersatzlos aus.

Das hat zur Folge, daß die Paränese für das innergemeindliche Verhalten flach und unspezifisch bleibt. Sieht man von dem formelhaften Hinweis auf die Bruder-liebe (13,1) ab, so sind es nur die allgemeinen Tugenden der Gastfreundschaft, des Erbarmens mit den Gefangenen, der Reinhaltung der Ehe und der Genügsamkeit, die eingefordert werden (13,1–5a), wobei als einzige Motivation der Hinweis auf die helfende Treue Gottes (13,5b-6) erscheint. Nichts geht hier über den Rahmen allgemeiner, bewährter Regeln für das menschliche Miteinander hinaus.

4.2 Diese Beobachtung, daß der Hebräerbrief nichts von einer besonderen, durch die Gegenwart Christi geprägten Sozialgestalt des Volkes Gottes zu wissen scheint, findet ihr unmittelbares Korrelat in einer weiteren: sie betrifft den völligen *Ausfall des Herrenmahls* innerhalb seines theologischen Denksystems. Es ist einer-seits klar, daß der Verfasser das Herrenmahl samt den ihm zugehörigen Traditionen kennt[20]; ebenso klar ist jedoch andererseits, daß er dem Herrenmahl mit äußerster Reserve begegnet, wenn er es nicht gar für seine Sondergemeinschaft völlig ver-wirft[21]. Auf letzteres könnte die polemische Bemerkung gegen die falsche Lehrmei-nung, wonach das Herz statt mit Gnade mit Speisen gefestigt werden soll (13,9) hinweisen[22]. Maßgeblich für diese Abwertung mag zunächst der Vorbehalt gegen-über allem Kultischen gewesen sein, in dem der Verfasser eine Infragestellung der Einmaligkeit des Selbstopfers Christi auf dem Altar des himmlischen Heiligtums sah. Aber dieser Vorbehalt hätte sich schwerlich so stark auswirken können, wenn das Herrenmahl in die Christologie und Ekklesiologie des Autors fest eingebunden gewesen wäre. Eben dies war aber offensichtlich nicht der Fall. Innerhalb seiner konsequenten Theologie des Wortes war es ein Fremdkörper. Weil das Volk Gottes auf seinem Weg zum himmlischen Verheißungsziel allein durch die Zusage des Wortes Gottes in Bewegung gehalten wird, darum bedarf es einer sakramentalen Gegenwart Jesu Christi nicht.

4.3 Daß dieser Ansatz auch Konsequenzen für das Verhältnis des Gottesvolkes zu *Geschichte und Welt* hat, soll hier nur kurz angedeutet werden.

4.3.1 Die Dimension der *Geschichte* kommt ausschließlich als Glaubensge-schichte in den Blick. Hier entwickelt der Hebräerbrief sogar eine außerordentliche Sensibilität, wenn er betont: es gibt ein Voranschreiten im Glauben, und zwar nicht nur für den einzelnen, sondern für das ganze Gottesvolk. Man darf nicht stehenblei-

---

[20] Herrenmahlsterminologie wird u.a. aufgenommen in 6,4f.; 9,20; 10,29; 13,9f; s. hierzu *Theißen*, Untersuchungen 67–75.
[21] S. hierzu den vorzüglichen Exkurs „Das Abendmahl im Hebräerbrief" bei *Weiß*, Hebräer 726–729.
[22] So *Laub*, Bekenntnis 270.

ben bei den Anfangsgründen (6,1–3), sondern muß fortschreiten in der Erkenntnis. Wer nicht weitergeführt wird von der Bewegung des Gottesvolkes, der bleibt zurück, verliert den Anschluß und fällt aus dem Heil heraus. Es gilt, in jeder geschichtlichen Situation von neuem das „Heute" Gottes wahrzunehmen, den Anruf seines Wortes zu hören und so auf das zu achten, was von Gott her an der Zeit ist.

4.3.2 Im übrigen aber ist die Kirche des Hebräerbriefs dadurch bestimmt, daß sie auf ein *Ziel jenseits von Welt und Geschichte* hin unterwegs ist. Weil sie am Bekenntnis der Hoffnung festhält, darum weiß sie: „wir haben hier nicht eine bleibende Stadt, vielmehr die zukünftige suchen wir" (13,14).

Wie die Johannesoffenbarung (s.o. V.6), so hat auch der Hebräerbrief das Hoffnungsbild der himmlischen Gottesstadt, des von Gott her gegliederten heilvollen Gemeinwesens, vor Augen. Aber es ist dies ein Bild, dessen Wirklichkeit noch in der himmlischen Zukunft verschlossen ist und das nur in der Zusage des Wortes Wirklichkeit gewinnt. Jetzt, in der Gegenwart, sind die Christen lediglich „hinzugetreten zum Berg Zion (und) zur Stadt des lebendigen Gottes, dem himmlischen Jerusalem" (12,22) – sie sind noch nicht dort, es bleibt die Distanz[23]. Und ebensowenig wie ein Herabkommen dieser Gottesstadt auf die endzeitlich erneuerte Erde angekündigt wird (vgl. Offb 21,2), ist von einem Wirksamwerden von Wesenszügen dieser Stadt in der gegenwärtigen Kirche die Rede. Diese Kirche will sich weder als vorlaufendes Zeichen endzeitlicher Heilswirklichkeit für die Welt, noch als Hinweis auf die Herrschaft des Erhöhten über die Geschichte verstehen. Sie überläßt es allein dem Wort, Zeichen und Hinweis des Kommenden zu sein.

5. Disziplin und Verfassung

5.1 Die praktisch-seelsorgerische Antwort des Briefverfassers auf das Problem schwindender Glaubensintensität und wachsender Anpassungsbereitschaft an weltförmiges Leben ist seine Verneinung der *Möglichkeit der Zweiten Buße* (6,4–6; 10,26–31; 12,16f). Es ist dies eine Antwort von unerhörter Radikalität, die im Neuen Testament ohne Parallele ist und wohl auch ohne direkte Nachwirkung im frühchristlichen Schrifttum geblieben ist[24]. Der Begründungszusammenhang, aus dem sie erwächst, ist freilich nicht das Kirchenverständnis. Anders als etwa bei Paulus (1Kor 5,6–13) spielt der Gedanke der endzeitlich reinen Gemeinschaft, die durch die Gegenwart des Geistes geheiligt ist, keine Rolle. Es geht keineswegs darum, die Erfahrung der gegenwärtigen Erfüllungssituation durch die Abwehr ihr

---

[23] S. hierzu *Rissi*, Theologie 100f; anders *Weiß*, Hebräerbrief 674; *Theißen*, Untersuchungen 88, die hier ein – im Hebräerbrief freilich singuläres – Zeugnis einer realisierten Eschatologie sehen möchten.

[24] Auch die Bußlehre des Hermas, die mit der Möglichkeit einer einmaligen postbaptismalen Umkehr rechnet, kann schwerlich als direkte Reaktion auf die des Hebräerbriefs (bzw. der von diesem repräsentierten vorherrschenden stadtrömischen Bußlehre) gelten; sie stellt vielmehr eine anders strukturierte Antwort auf *dasselbe Problem* dar, wie *N. Brox*, Der Hirt des Hermas, 1991 (KAV 7) 476–485, überzeugend gezeigt hat. Anders noch *Goppelt*, Apostolische Zeit 94; *Goldhahn-Müller*, Grenze 64f.

widerstreitender Kräfte lebendig zu erhalten[25]. Vorherrschend ist vielmehr die soteriologische Argumentation, die in eine *individuell-lebensgeschichtliche Perspektive* gerückt wird: Der Abgefallene mißachtet das Heilswerk Jesu Christi in seiner Größe und Einmaligkeit und schlägt damit „den Sohn Gottes noch einmal ans Kreuz" (6,6; vgl. 10,29). Als abgefallen gilt aber bereits ein Christ, der gegenüber der Herausforderung des Wortes Gottes, das ihm auf allen Lebensstufen und in allen Situationen immer wieder neu im Anruf des „Heute" begegnet, versagt. Wer bei dem Anfangsstadium des Glaubens verharrt und sich dem ihn zu stetem Vorwärtsschreiten in Glaube und Erkenntnis in Pflicht nehmenden Wort entzieht, fällt aus der Relation zu diesem Wort unwiderruflich heraus und koppelt sich damit vom Gottesvolk ab (4,1).

Demnach gilt die Sorge des Hebräerbriefs um die Kirche weder dem Gottesvolk in seiner Gesamtheit noch dessen Gestalt als örtlicher Versammlung, sondern der Erhaltung der einzelnen Glaubenden beim Gottesvolk. Ihrem Wesen nach ist für ihn die irdische Kirche *keine sichtbare Größe*[26]; wer zu ihr wirklich gehört, wird erst im Eschaton endgültig sichtbar werden. Verhält es sich aber so, dann muß auch die Gemeindeleitung ganz auf den einzelnen ausgerichtet sein. Sie hat die Aufgabe, für ihn das Wort in seiner jeweiligen Lebenssituation hörbar zu machen und ihn durch konkreten Zuspruch vor dem drohenden Abfall zu bewahren.

5.2 Dem entspricht das Bild kirchlicher *Leitungsdienste*, das sich aus den kargen Andeutungen des Briefes rekonstruieren läßt. Er erwähnt nur ein einziges Amt (13,7.17.24), nämlich das der „Leitenden" (*hegoumenoi*). Bereits dieser Begriff, der sich in seiner nüchternen Funktionsbezogenheit der Einordnung in theologische Bezugsfelder widersetzt, erscheint programmatisch[27]: die zahlreichen Belege aus der profanen Umwelt lassen erkennen, daß es sich dabei um einen Begriff aus der Amts- und Verwaltungssprache handelt, mit dem allgemein die Träger von Leitungsfunktionen bezeichnet werden, der jedoch in keiner Weise an ein bestimmtes Amt gebunden ist[28]. Wir haben uns die „Leitenden" des Hebräerbriefes als einen Kreis von Personen vorzustellen, die auf Dauer mit einem festen, persongebundenen Dienst beauftragt worden sind. Keineswegs handelt es sich um eine je und dann im freien Ineinander verschiedener Charismen in Erscheinung tretende Funktion[29]; nach 13,17 sind die Leitenden vielmehr auf ihren Amtsauftrag hin ansprechbar, sie müssen über dessen Erfüllung Gott gegenüber Rechenschaft ablegen.

---

[25] Gegen *Goldhahn-Müller*, Grenze 111.

[26] Vgl. *Gräßer*, Hebräer 172: „Aufgrund der himmlischen Berufung besitzen die Glaubenden die *Anwartschaft* auf das verheißene ewige Erbe. Das Wesen der Kirche wird so von ihrem Charakter als *ecclesia invisibilis* her erfaßt."

[27] S. hierzu *Laub*, Verkündigung 168–190.

[28] Die neutestamentlichen Belege außerhalb des Hebräerbriefs (Lk 22,26; Apg 15,22) meinen nicht ein bestimmtes Amt, sondern sind generalisierende Umschreibung verschiedener Funktionen. Ähnlich verhält es sich im 1. Clemensbrief, der die Ämter der Diakone, Presbyter und Bischöfe unter den Sammelbegriff *hegoumenoi* stellt (1Clem 1,3; 5,7; 37,3 u.ö.).

[29] Gegen *Campenhausen*, Amt 76–78, der die Kirche des Hebräerbriefs als freie Gemeinschaft ohne Amt sieht.

Der Inhalt des Amtsauftrags ist ausschließlich vom Wort Gottes her bestimmt: Die Leitenden sind *Lehrer*, die der Gemeinde das Wort verkündigen, wobei freilich auch ihr Lebenszeugnis die Verkündigung mitträgt (13,7). Ihre Autorität ist dabei allein von der des Wortes Gottes abgeleitet; eine darüber hinausgehende, mit formal-rechtlichen Kriterien erfaßbare Legitimation – etwa durch die Tradition – wird nicht sichtbar[30]. Die wichtigste Aufgabe der „Leitenden" ist jedoch die nachgehende Sorge für die einzelnen Glieder der Gemeinde. Als diejenigen, die „für eure Seelen wachen" (13,17) tragen sie „seelsorgerliche" Verantwortung. Nichts spricht freilich dafür, daß ihnen dabei eine unmittelbare disziplinarische Vollmacht zur Verfügung gestanden hätte. Einzig darum konnte es für sie gehen, die Angesprochenen dem Wort Gottes zu unterstellen. Allein diesem Wort, das „kraftvoll und schärfer als jedes zweischneidige Schwert" ist und „über Regungen und Gedanken des Herzens richtet" (4,12), ist das Urteil darüber zu überlassen, wer endgültig in jenen himmlischen Ruheort eingehen wird, den es dem Gottesvolk als Ziel seiner Wanderschaft verheißt.

---

[30] Gegen *H. Schürmann*, „. . . und Lehrer". Die geistliche Eigenart des Lehrdienstes und sein Verhältnis zu anderen geistlichen Diensten im neutestamentlichen Zeitalter, in: ders., Orientierungen am Neuen Testament, Düsseldorf 1978, 116–156.169, der die „Leitenden" aufgrund von 13,7 als autorisierte Träger der Überlieferung sehen möchte.

XI. Die Gemeinschaft der Freunde Jesu:
Die johanneischen Schriften

Literatur: R.E. *Brown*, The Community of the Beloved Disciple, New York 1979; R.A. *Culpepper*, The Johannine School, 1975 (SBLDS 26); D. *Faulhaber*, Das Johannes-Evangelium und die Kirche, Kassel 1938; E. *Gräßer*, Die antijudaistische Polemik im Johannesevangelium, in: ders., Der Alte Bund im Neuen, 1985 (WUNT 35) 135–153; K. *Haacker*, Die Stiftung des Heils, 1972 (ATh I.47); E. *Käsemann*, Jesu letzter Wille nach Johannes 17, Tübingen ³1971; H.-J. *Klauck*, Gemeinde ohne Amt?, in: ders., Gemeinde – Amt – Sakrament, Würzburg 1989, 195–222; A. *Kragerud*, Der Lieblingsjünger im Johannesevangelium, Oslo 1959; M. *Lattke*, Einheit im Wort, 1975 (StANT 41); R. *Leistner*, Antijudaismus im Johannesevangelium?, 1974 (Theologie und Wirklichkeit 3); J.L. *Martyn*, History and Theology in the Fourth Gospel, Nashville 1979; T. *Onuki*, Gemeinde und Welt im Johannesevangelium, 1984 (WMANT 56); P. v. d. *Osten-Sacken*, Leistung und Grenze der johanneischen Kreuzestheologie, EvTh 36 (1976) 154–176; G. *Richter*, Zum gemeindebildenden Element in den johanneischen Schriften, in: ders., Studien zum Johannesevangelium, 1977 (BU 13) 383–414; U. *Schnelle*, Johanneische Ekklesiologie, NTS 37 (1991) 37–50; E. *Schweizer*, Der Kirchenbegriff im Evangelium und den Briefen des Johannes, in: ders., Neotestamentica, Zürich/Stuttgart 1963, 254–271; H. *Thyen*, „Das Heil kommt von den Juden", in: Kirche, FS G. Bornkamm, 163–184; K. *Wengst*, Bedrängte Gemeinde und verherrlichter Christus, München 1990; U. *Wilckens*, Der Paraklet und die Kirche, in: Kirche, FS G. Bornkamm, 185–203.

1. Die johanneische Gruppe

1.1 Die johanneischen Schriften – wir verstehen darunter das Johannesevangelium und die drei Johannesbriefe[1] – stellen jenen Bereich des Neuen Testaments dar, in dem das Thema „Kirche" am stärksten zurücktritt. E. *Käsemann* hält es zu Recht für das überraschendste Merkmal des vierten Evangeliums, „daß es keine explizite Ekklesiologie zu entwickeln scheint"[2]. Diese Zurückhaltung bekundet sich bereits in der Terminologie: Das Wort *ekklesia* fehlt im Evangelium und den beiden ersten Briefen, und von den drei Belegen im dritten Brief verbinden sich zwei (3Joh 9f) mit Diotrephes, dem kirchlichen Gegner des Verfassers[3]. Ebensowenig ist von Aposteln

---

[1] Die Johannesoffenbarung kann trotz mancher Berührungen im einzelnen nicht zur Gruppe der johanneischen Schriften gerechnet werden, da sie sich hinsichtlich ihres theologischen Ansatzes wie auch ihres kirchlichen Entstehungsmilieus erheblich von diesen unterscheidet; vgl. O. *Böcher*, Johanneisches in der Apokalypse des Johannes, in: ders., Kirche in Zeit und Endzeit, Neukirchen-Vluyn 1983, 1–12.

[2] *Käsemann*, Wille 65.

[3] Lediglich 3Joh 6 dürfte eine Versammlung der johanneischen Gemeinschaft – wahrscheinlich in Gestalt einer Hausgemeinde – meinen.

im Sinn des kirchlichen Apostolats die Rede[4]. Aber auch die traditionellen ekklesiologischen Bilder und Metaphern wie „Leib Christi" und „Haus" bzw. „Tempel"
werden nicht herangezogen. Darüber hinaus ist die Abwesenheit jeglichen Interesses an kirchlicher Verfassung und Organisation offenkundig[5].

1.2 Auf alle Fälle enthalten die johanneischen Schriften jedoch eine *indirekte
Ekklesiologie*[6]. Man wird ihrer ansichtig, sobald man erkennt: diese Schriften sind
nicht die mehr oder weniger von irdischer Wirklichkeit gelöst entstandenen Werke
einzelner Autoren, sondern sie haben ihren konkreten geschichtlichen Ort in einer
Gemeinschaft von Christen, und sie spiegeln darum auch deren Selbstverständnis in
vielfältiger Weise wider. Die Voraussetzungen für diese Betrachtungsweise sind
durch die neueste Johannesforschung geschaffen worden.

1.2.1 Diese hat gezeigt, daß das Johannesevangelium von seinem Ansatz her
mehr sein will als eine bloße Darstellung der vergangenen Geschichte Jesu. Es läßt
vielmehr das Bild der vorösterlichen Jüngergemeinschaft und ihres Verhältnisses zu
Jesus transparent werden für eine zweite Ebene, auf der die geschichtlichen Erfahrungen, Konflikte und Probleme der johanneischen Gemeinschaft in Erscheinung
treten. Die vom Evangelisten erzählte Geschichte bleibt darum nicht in der Vergangenheit, sondern bezieht die Gegenwart der johanneischen Gemeinschaft bis in
konkrete Einzelheiten mit ein[7].

1.2.2 Hinzu kommt ein Weiteres. Nach der Einsicht heutiger Forschung sind die
johanneischen Schriften nach Verfasserschaft und Entstehungszeit keineswegs einheitlich. Vor allem das Evangelium ist das Ergebnis eines längeren, in mehreren
Phasen abgelaufenen Entwicklungsprozesses. An dessen Ausgang stand eine Fassung von Jesusüberlieferungen, die ihre Tradierung und eigenwillige Ausprägung
jener Lehrerpersönlichkeit verdankt, die zugleich auch die johanneische Gemeinschaft geprägt hat. Sie ist in der geheimnisvollen Gestalt des „Jüngers, den Jesus
liebte" (im folgenden kurz „Lieblingsjünger" genannt) in das Evangelium eingegangen. Dessen Lehre dürfte zunächst in einem längeren mündlichen Diskussions- und
Interpretationsprozeß innerhalb seines Schülerkreises entfaltet worden sein, ehe es
zu der schriftlichen Abfassung des Evangeliums kam. Aber auch diese erfolgte nicht
in einem Zuge. Ein Bearbeiter letzter Hand nahm offensichtlich noch mehrere
Umstellungen vor und fügte dem ursprünglich mit 20,30 schließenden Buch das
Nachtragskapitel 21 als Lesehilfe und Interpretationsschlüssel an. Auf denselben
Bearbeiter geht vermutlich auch der 1. Johannesbrief zurück, ein theologischer
Traktat, der ebenfalls „eine Lesehilfe für das richtige Verständnis des Evangeliums"

---

[4] Der einzige Beleg, Joh 13,16, verwendet das Wort als rein funktionalen Terminus: „der Gesandte",
der zur Verkündigung ausgesandte Bote. Hier mag eine polemische Abwehr des institutionalisierten
Apostolats im Spiele sein; vgl. *Klauck*, Gemeinde 203f.
[5] Vgl. *Bultmann*, Theologie 443.
[6] Die Wahl dieses Begriffes ergibt sich aus der Notwendigkeit einer Unterscheidung von der bei Jesus
aufgewiesenen *impliziten Ekklesiologie* (s. I.1.4): Ging es dort um Motive, die auf eine (noch nicht
vorhandene) Ekklesiologie zulaufen und diese vorbereiten, so geht es hier um Aussagen, aus denen eine
bereits vorhandene Ekklesiologie erschlossen werden kann.
[7] S. hierzu *Wengst*, Gemeinde 43–45; *Martyn*, History; *Brown*, Community.

sein will[8]. So spiegelt sich in den johanneischen Schriften nicht nur die Situation der hinter ihnen stehenden Gemeinschaft zu einem bestimmten Zeitpunkt; sie werden vielmehr für uns zur *Dokumentation der geschichtlichen Entwicklung* dieser christlichen Gruppe.

1.3 Was läßt sich nun konkret über *Wesen und Entwicklung dieser Gruppe* sagen?

1.3.1 Ihre *Anfänge* sind jenen der Kirche des Matthäus weithin parallel. Auch sie ist nämlich aus der palästinisch-syrischen Bewegung profetisch-charismatischer Wandermissionare hervorgegangen. Das Motiv der *Nachfolge* ist für ihre Lebensgestaltung bestimmend (Joh 1,37f.40.43; 6,2; 12,26; 13,36f; 21,19f). Aber während die Kirche des Matthäus ihr Hauptaugenmerk auf die Weitergabe und Anwendung der Lehre Jesu richtet, wird für diese Gruppe die Entwicklung einer vertieften Sicht der Erscheinung Jesu zum zentralen Anliegen. Unter der Leitung ihres Lehrers, des „geliebten Jüngers", gewinnt sie die Gestalt eines schriftgelehrten Kreises, einer „Schule"[9]. Ihre Distanz zur theologischen Entwicklung des übrigen Urchristentums einerseits und ihre Nähe zu Täuferjüngern (Joh 1,35–42) und Samaritanern (Joh 4,1–42) andererseits lassen vermuten, daß sie ihren ursprünglichen Sitz in der Jordangegend bzw. im nördlichen Ostjordanland hatte. *K. Wengst* hat mit plausiblen Gründen eine Lokalisierung in den Landschaften Gaulanitis, Batanäa und Trachonitis vorgeschlagen[10].

1.3.2 Dort, wo sich nach der Katastrophe des Jahres 70 ein wiedererstarkendes, gegenüber allen Abweichungstendenzen aggressiv reagierendes Judentum formierte, dürfte die johanneische Gruppe ihre *erste traumatische Erfahrung* gemacht haben: den Ausschluß aus der Synagoge (Joh 9,22; 12,42; 16,2). Das Instrument dieses Ausschlusses war der „Ketzersegen" (*birkat hammminīm*), die Verfluchung diverser Häretiker, die in das tägliche Achtzehnbittengebet aufgenommen wurde und die kein Christ mehr mitbeten konnte, weil er selbst sich als davon betroffen fühlen mußte[11]. Die Folge war, daß die johanneische Gruppe sich weitgehend auf ihr Eigenleben zurückzog und die Binnenkontakte verstärkte. Missionarische Tätigkeit wurde zwar weiterhin versucht, beschränkte sich jedoch auf die Gewinnung einzelner[12]. Die Gruppe wurde immer mehr zu einer *von profetischer Lehre bestimmten Schule*.

1.3.3 Lehre und Profetie waren im frühen Urchristentum stets eng miteinander verbunden (s. III.8.1). In der johanneischen Gruppe gewann die Komponente des Profetischen eindeutig die Oberhand. Nicht das Bewahren und Weitergeben der Tradition, sondern ihre durch die Gegenwart des Parakleten bevollmächtigte Interpretation und Entfaltung stand im Mittelpunkt. Die besondere Art dieses profetischen Lehrens ist im Evangelium noch deutlich erkennbar. Vor allem im Dialogstil mancher Redestücke, in der Weise, wie Argumentationen im Wechselspiel von Fragen und Antworten vorangetrieben werden (z.B. Joh 16,16–19), hat dieser Schulbetrieb seinen Reflex gefunden[13]. Aufschlußreich ist insbesondere die Entwicklung einer ganz spezifischen theologischen Terminologie, deren Metaphern, Bilder und Begriffe nur den Gruppenmitgliedern verständlich sind. Die zahlreichen Mißverständnis-

---

8 So *Klauck*, Gemeinde 197.
9 S. hierzu *Culpepper*, School.
10 *Wengst*, Gemeinde 157–179.
11 Vgl. *J. Maier*, Geschichte der jüdischen Religion, Berlin 1972, 144–146; *Onuki*, Gemeinde 29–37.
12 Diese Situation spiegelt sich in der starken Gewichtung der Individualmission und -seelsorge: Jesus und Nikodemus (Joh 3); Jesus und die Samaritanerin (Joh 4); Jesus und der Blindgeborene (Joh 9). Analoges gilt auch für die Darstellung der indirekten Jüngerberufung: der zuletzt berufene Jünger gewinnt aus eigener Initiative jeweils den nächsten; vgl. *Onuki*, Gemeinde 66.
13 Vgl. *Klauck*, Gemeinde 207.

Szenen (z.B. Joh 2,18–22; 3,1–8; 6,30–35; 13,36–38) dienen anscheinend dem didaktischen Ziel, die Gruppenzugehörigen in diese Terminologie einzuüben; zugleich wollen sie die sprachliche Abgrenzung von der Umwelt aufweisen. In solcher Tendenz zur Entwicklung einer esoterischen Sprachwelt trifft sich die johanneische Gruppe nicht nur mit der Sektengemeinschaft von Qumran, sondern auch mit anderen antiken Schulen[14]. Faktisch mag der eigentliche Schulbetrieb im wesentlichen von einer kleineren Zahl von Lehrern bestimmt und getragen worden sein, doch wird nirgends ein besonderer Lehrerstand sichtbar[15], und auch sonst fehlt jeder Hinweis auf eine Unterscheidung zwischen Trägern und Empfängern von Lehre. Alle Glieder waren ihrem Selbstverständnis nach gleichermaßen Teilhaber an einem vom Lieblingsjünger begründeten, durch den Parakleten ermöglichten Prozeß wechselseitigen Lehrens und Lernens, der sie immer tiefer in die Wahrheit Jesu hineinführte (Joh 16,13).

1.3.4 Hinsichtlich der *Sozialgestalt* der johanneischen Gruppe sind wir – zumindest was ihre Anfangszeit betrifft – auf Vermutungen angewiesen. Der Schulbetrieb machte ein gewisses Maß an sozialer Kohärenz erforderlich. Es wird ein Zentrum gegeben haben, in dem sich eine größere Zahl von Mitgliedern regelmäßig zusammenfand, gewissermaßen das „Lehrhaus" des Lieblingsjüngers. Aber man hat sich dort keineswegs auf den Lehrbetrieb beschränkt, sondern auch feierliche gemeinsame Mahlzeiten gehalten: Wenn in Joh 13 die Mahlgemeinschaft gleichermaßen als der Ort des Erweises gegenseitiger dienender Liebe (VV.1–17) und als Ort des Lehrgesprächs (VV.21–30) dargestellt wird, so dürfte dies die tatsächliche Praxis widerspiegeln[16]. Daß dieses Mahl das Herrenmahl war, läßt sich schwerlich in Zweifel ziehen[17]. Auch die Taufe hat die johanneische Gruppe gekannt und als Initiationsritus praktiziert (Joh 3,22; 4,1). Von da her mag man mit einem gewissem Recht von einer *johanneischen Gemeinde* sprechen, sofern man damit nicht zugleich das paulinische Verständnis von Gemeinde als örtlicher Gestalt des Gottesvolkes einträgt. Die Mehrzahl der Glieder der Gruppe dürften jedoch geographisch weit verstreut und inmitten einer feindlichen Umwelt isoliert gelebt haben. Allenfalls gab es auf der Basis des Familienverbandes kleine Hausgemeinden[18]. Wandernde Verkündiger und Profeten mußten die Verbindung zwischen ihnen und mit dem Zentrum aufrechterhalten (2Joh 10).

1.3.5 Vieles, vor allem die gewichtige altkirchliche Überlieferung, nach der die johanneischen Schriften in Ephesus entstanden sind, spricht dafür, daß es in einer *zweiten Phase* der Geschichte der johanneischen Gruppe zu einer Schwerpunktverlagerung gekommen ist. Vermutlich um dem unerträglich gewordenen Druck der jüdischen Umwelt im Ostjordanland zu entgehen, zog sie in den Jahren nach 70 nach Kleinasien um, wo um diese Zeit auch zahlreiche palästinische Judenchristen zuwanderten[19]. Hier nun kam es zur *zweiten traumatischen Erfahrung* der johanneischen Gruppe: Auseinandersetzungen über die Christologie

---

[14] S. hierzu *H. Leroy*, Rätsel und Mißverständnis, 1968 (BBB 30); *W.A. Meeks*, The Man from Heaven in Johannine Sectarianism, JBL 91(1972) 44–72; *Culpepper*, School 262.

[15] Neben Jesus, der im Evangelium „Lehrer" genannt wird (1,38; 11,28; 13,13f; 20,16), erscheint nur noch Nikodemus, der „Lehrer Israels" (3,10).

[16] Vgl. *Culpepper*, School 279.

[17] Selbst wenn Joh 6,51c-58 nicht derselben literarischen Schicht wie der Kontext von Kp. 6 angehören sollte, läßt sich der Abschnitt nicht als Zutat einer späten „kirchlichen" Redaktion klassifizieren. Seine sprachliche Gestalt weist ihn vielmehr als Bestandteil alter johanneischer Tradition aus. S. hierzu *Wengst*, Gemeinde 22f; *U. Schnelle*, Antidoketische Christologie im Johannesevangelium, 1987 (FRLANT 144) 221–228.

[18] Vgl. *Klauck*, Gemeinde 205.

[19] Zu diesen gehörte auch der Verfasser der Johannesoffenbarung; s. hierzu *J. Roloff*, Die Offenbarung des Johannes, ²1987 (ZBK.NT 18) 17.

führten zu ihrer Spaltung. Ein Teil ihrer Glieder (1Joh 2,19) gelangte in Weiterführung des Ansatzes einer „hohen" Christologie zu der Überzeugung, der Gottessohn sei nicht wirklich Fleisch geworden (1Joh 4,2). Mit dieser *doketischen Christologie* näherte er sich der gnostischen Bewegung an. Der andere – vermutlich sehr viel kleinere – Teil der Gruppe, der mit Entschiedenheit an der Realität der Fleischwerdung Jesu Christi festhielt, geriet dadurch in eine äußerst kritische Situation. Er begegnete ihr, indem er die maßgeblichen Überlieferungen, die wahrscheinlich damals bereits in der Grundgestalt einer Evangelienschrift vorlagen, in einer Weise überarbeitete, die ein doketisches Verständnis der darin vertretenen Christologie ausschloß. Das Ergebnis war die uns vorliegende Endfassung des Johannesevangeliums, die etwa auf die Zeit um 90 zu datieren ist. Etwas später, etwa um 100, dürfte der 1.Johannesbrief entstanden sein. Er will den rechtgläubig gebliebenen Teil der Gruppe stabilisieren, indem er das in der Abgrenzung gegen die Irrgläubigen errungene Verständnis der Christologie bekräftigt. Zugleich ist er der Versuch, aus dem isolierten Status der Kleingruppe durch eine Annäherung an die werdende Großkirche herauszukommen. Vor allem Joh 21, das der letzten Überarbeitungsschicht des Evangeliums zugehörige Schlußkapitel, weist deutlich in diese Richtung. Sie dürfte denn auch beschritten worden sein. Der verbliebene Rest der johanneischen Gruppe ging in der Großkirche des 2. Jahrhunderts auf, wo sich seine Eigenart wohl sehr schnell verlor. Die einzige bleibend sichtbare Spur, die sie hinterlassen hat, sind ihre in den kirchlichen Kanon eingegangenen Schriften, deren Querständigkeit sich in ihrer Wirkungsgeschichte immer wieder erwiesen hat.

2. Vom Geist in die Wahrheit geführt

2.1 Johannes schreibt ein Evangelium und keinen theologischen Traktat. Im Bild der vorösterlichen Jünger bringt er die Kirche unmittelbar mit der erzählten Geschichte Jesu von Nazaret zusammen. Damit will er deutlich machen: allein diese Geschichte ist die Voraussetzung, von der die Kirche lebt, in ihr gibt Gott sich selbst der Welt kund, sie ist Offenbarungsgeschehen[20]. Allerdings stellt Johannes, im Unterschied zu Matthäus (s. IV.4), nicht einfach die vorösterliche Jüngerschaft als Urbild seiner Gemeinde dar[21]. Vielmehr setzt er, nicht anders wie Lukas, einen Abstand voraus. Und doch ist seine Sicht dieses Abstands eine grundlegend andere. Lukas zeichnet ein Nacheinander; für ihn sind die Zeit Jesu und die Epoche der Kirche einander zugeordnet als Teile eines geschichtlichen Ablaufs innerhalb eines linearen Zeitkontinuums. Die Kirche steht bei ihm im Bereich der Geschichte, und diese ist gleichermaßen Chance wie auch Herausforderung für die Bewährung der Identität. Johannes hingegen scheint vom Problem der Geschichte völlig unberührt zu sein; sie ist für ihn weder Chance noch Herausforderung. Der Unterschied zwischen der Jesuszeit und der nachösterlichen Kirche wird von ihm nicht als geschichtlicher Abstand, sondern als *Standortveränderung* begriffen: Weil Jesus sein Werk vollendet hat (Joh 19,30), weil er durch seine „Erhöhung" in Kreuz und Auferstehung seinen Weg als Offenbarer zum Abschluß gebracht hat, darum ist *erst jetzt* die Möglichkeit, ihn zu verstehen und an ihn zu glauben, in vollem Umfang

---

[20] Vgl. *Wengst*, Gemeinde 219–223.
[21] S. hierzu *Wilckens*, Paraklet 196.

gegeben. Durch Karfreitag und Ostern wurde die Jüngergemeinschaft auf einen neuen Standort gestellt, denn nunmehr tritt für sie der Glaube an den Sohn Gottes an die Stelle eines unzulänglichen, durch Mißverstehen gefährdeten leiblich-physischen Sehens (20,29). Die johanneische Gemeinschaft weiß sich dadurch begründet, daß ihr im Rückblick der wahre Sinn des Offenbarungsgeschehens erschlossen ist[22]. Dieser Standortwechsel ist die Voraussetzung der Kirche[23]. Das wird programmatisch im Kommentar des Evangelisten zu dem geheimnisvollen Wort Jesu bei der Tempelreinigung zum Ausdruck gebracht: „Er aber sprach vom Tempel seines Leibes. Als er aber von den Toten auferweckt war, da erinnerten sich seine Jünger, daß er dies gesagt hatte, und sie glaubten der Schrift und dem Wort, das Jesus gesagt hatte" (2,21f).

Dieses neue Verständnis der Person Jesu – um nichts anderes geht es nämlich[24] – ist möglich, weil der Auferstandene selbst den Jüngern an Ostern den Geist verliehen hat (20,22).

2.2 Die Eigenart der johanneischen Geistvorstellung kommt in der Identifizierung des Geistes mit der Gestalt des *Parakleten* zum Ausdruck. Der Paraklet ist *Beistand, Helfer und Anwalt* der Jünger[25], und er ist zugleich der vollmächtige *Interpret* Jesu[26]. In den fünf Parakletsprüchen der Abschiedsreden wird ein Bild der Vielfalt seiner Funktionen entworfen: Er nimmt als der „andere Paraklet" nach dem Weggang Jesu dessen Stelle bei den Jüngern ein, um bei ihnen beständig zu bleiben (14,16f); er ist der „heilige Geist", der in Jesu Namen und auf seine Bitte hin (vgl. 14,16) vom Vater gesandt wird, um die Jünger an alle Worte Jesu zu erinnern (14,26); er legt Zeugnis ab von Jesus und befähigt damit die Jünger zur Zeugenschaft (15,26); er führt die Jünger in die ganze Wahrheit ein und kündigt ihnen „die kommenden Dinge" an, wobei er freilich nicht aus Eigenem redet, sondern stets auf Jesus zurückverweist (16,13f); und schließlich erweist er sich als der Anwalt der Jünger gegenüber der Welt, indem er diese ihres Unglaubens überführt und somit richtet (16,8–11).

Zwar ist in alledem die Rückbindung des Parakleten an Jesus, seine Geschichte und seine Worte, zum Ausdruck gebracht. Der Geist fügt dem Offenbarungsgeschehen nichts Neues hinzu, er bringt es lediglich zur Sprache. Alles, was er sagt, ist bereits mit der Erscheinung Jesu in der Welt und seinem Hingang zum Vater

---

[22] Vgl. *Onuki*, Gemeinde 59.

[23] Es greift demgegenüber zu kurz, wenn *Haacker*, Stiftung 37–56, bei Johannes den Gedanken einer „Stiftung" der Kirche durch den irdischen Jesus finden will. Ähnlich *Schnelle*, Ekklesiologie 47, unter Hinweis auf 4,1.

[24] Das Wort V.21 ist ohne Zweifel als christologische, nicht als ekklesiologische Aussage zu verstehen: *soma* meint die Person Jesu; vgl. *Onuki*, Gemeinde 58f.

[25] Der traditionsgeschichtliche Ansatz für dieses Geistverständnis dürfte in den synoptischen Logien vom Beistand des heiligen Geistes vor Gericht (Mk 13,11; Lk 12,11f par Mt 10,19f [Q]) zu suchen sein; s. hierzu R. *Schnackenburg*, Das Johannesevangelium, 3, 1975 (HThK IV/3) 163–169.

[26] Diese Funktionenvielfalt kann von keiner der religions- und traditionsgeschichtlich belegbaren Übersetzungsmöglichkeiten für das Wort *parakletos* angemessen wiedergegeben werden. S. hierzu v.a. G. *Bornkamm*, Der Paraklet im Johannes-Evangelium, in: ders., Geschichte und Glaube I,1968 (BEvTh 48) 68–89; *U.B. Müller*, Die Parakletenvorstellung im Johannesevangelium, ZThK 71 (1974) 31–77; *J. Becker*, Das Evangelium nach Johannes, 11–21, 1981 (ÖTK 4/2), 470–475; *F. Porsch*, Pneuma und Wort, 1974 (FTS 16) 215–324; *Onuki*, Gemeinde 72f.

vorgegeben. Aber das Gewicht liegt nicht auf der Weitergabe und Bewahrung des Zeugnisses von der Offenbarung, sondern auf der gegenwärtigen pneumatischen Bezeugung der Wirklichkeit dieser Offenbarung. Der Paraklet sagt das, was der irdische Jesus noch nicht sagen konnte und was die vorösterlichen Jünger noch nicht verstehen konnten (16,12). Er führt in die „ganze Wahrheit" ein; diese nämlich ist der Gemeinde erst durch den vom Geist erschlossenen Rückblick auf das Ganze des Offenbarungsgeschehens zugänglich (16,13).

Das Johannesevangelium ist seinem Selbstverständnis nach ein solcher vom Geist erschlossener Rückblick auf das Offenbarungsgeschehen. Es verdankt sich dem Zeugnis des Parakleten, der der Gemeinde das über Jesus sagt, was die Jünger vorösterlich noch nicht verstehen konnten. Aber mit seiner Abfassung ist dieses Zeugnis keineswegs zu seinem Abschluß gekommen. Vielmehr greift die Ankündigung, der Paraklet werde „das Kommende verkündigen" (16,13), über die Gegenwart des Evangelisten hinaus: auch in Zukunft ist mit dem Zeugnis des Parakleten zu rechnen; die Möglichkeit einer weitergehenden, noch tiefer in „alle Wahrheit" führenden pneumatischen Deutung der Erscheinung Jesu ist grundsätzlich gegeben[27]. Die johanneische Gemeinschaft lebt in der Gewißheit, unter der Führung des Parakleten das lebendige Zeugnis der Wahrheit Jesu Christi eindeutig und in stetig sich vertiefender Weise erkennen zu können. Für sie ist der Paraklet der eigentliche Lehrer: „jener wird euch alles lehren" (14,26a)[28]. Darin unterscheidet sie sich von der Kirche des Matthäus, die sich auf den irdischen Jesus als den alleinigen Lehrer verwiesen sieht.

2.3 Zumindest was die Offenbarungserkenntnis betrifft, weiß sich die johanneische Gemeinschaft in einer *Erfüllungssituation*. Die Ankündigung Jesu bei seinem Abschied, daß sie ihn „in Kürze" wiedersehen werde (16,19) und daß sie ihn „an jenem Tage nichts mehr fragen" werde (16,23), ist nicht als Verweis auf die Parusie gemeint, sondern will die gegenwärtige Situation umschreiben: Jetzt schon ist kraft der Gegenwart des Geistes das Sehen Jesu im Glauben, die volle Erkenntnis seiner Wahrheit möglich[29]. Diese Gewißheit wird durch keinen eschatologischen Vorbehalt beeinträchtigt. Und so bleibt auch von da her die Möglichkeit einer Bedrohung von Identität und Kontinuität der Kirche völlig außer Betracht. Die Probleme der weitergehenden Zeit und der Geschichte werden durch das alles überstrahlende Jetzt der im Geist geschenkten Wahrheit verdrängt. Hier ist eine Kirche, für die es „eigentlich keinen Weg mehr zu gehen, keinen Kampf zu bestehen, kein Ziel zu erreichen" gibt[30].

2.4 Johannes hat ein streng *personhaftes Geistverständnis*. Das kommt gleichermaßen durch die Darstellung des Geistes als Paraklet wie auch als Nachfolger Jesu (14,16) zum Ausdruck. Wie Jesus den vorösterlichen Jüngern als Person begegnete, so begegnet auch der Geist den Gliedern der Gemeinde als Person, und das heißt

---

[27] Vgl. *Onuki*, Gemeinde 77; ähnlich *Schnelle*, Ekklesiologie 43.

[28] Dahinter steht freilich als Voraussetzung die Überzeugung, daß die Lehre des Parakleten Anhalt an der Lehre Jesu haben müsse (14,26b).

[29] Zur Verschränkung von Ostern und Parusie in 16,19–33 vgl. *Schnackenburg*, Johannesevangelium 3, 179.

[30] *Schweizer*, Kirchenbegriff 264.

zugleich: als unteilbares Ganzes. Für den Gedanken an *Charismen* ist bei Johannes kein Platz, denn sowohl der Gedanke der Aufteilbarkeit des Geistes wie auch die Unterscheidung zwischen dem Geist und seinen Wirkungen widerspricht diesem personhaften Verständnis. Wie es im Verhältnis zu Jesus nur um ihn selbst, nicht jedoch um seine Gaben gehen kann, so auch im Verhältnis zum Geist. Die Gegenwart des Geistes in der Kirche wirkt sich in der Weise aus, daß der je einzelne Christ ihm begegnet, von ihm belehrt und in die Wahrheit geführt wird. Nirgends ist in der johanneischen Literatur von einer Wirkung des Geistes im transpersonalen Bereich die Rede. Für das Miteinander der Glaubenden in der Gemeinde spielt der Geist keine erkennbare Rolle[31].

2.5 Nichts deutet aber auch darauf hin, daß der Geistbesitz auf einige wenige Glieder der Gemeinde, etwa auf Amtsträger, beschränkt wäre. Grundsätzlich ist vielmehr damit gerechnet, daß alle Glaubenden gleichermaßen mit dem Geist begabt sind. So werden die Adressaten des 1. Johannesbriefs daran erinnert, daß sie das „Salböl vom Heiligen" – und das heißt doch wohl: den Heiligen Geist – empfangen haben und dadurch „alle Wissende" sind (1Joh 2,20). Und daraus wird die Folgerung gezogen: „Ihr habt es nicht nötig, daß euch jemand belehrt. Vielmehr, wie euch sein Salböl über alles belehrt, so ist es wahr und keine Lüge" (2,27).
    Nimmt man das beim Wort, so ist damit *jede Lehrautorität innerhalb der Gemeinde für überflüssig erklärt*. Ist jeder Christ kraft seines unmittelbaren Verhältnisses zum lehrenden Geist gewissermaßen autark, so ist für eine Funktion gemeindeleitenden Lehrens weder Platz noch Bedarf. So ist es denn auch konsequent, wenn der Briefverfasser den impliziten Autoritätsanspruch seiner Lehre selbst relativiert, um die Empfänger stattdessen an die Autorität der von ihnen selbst gewußten Wahrheit zu verweisen: „Ich schreibe euch nicht, weil ihr die Wahrheit nicht wißt, sondern weil ihr sie wißt" (1Joh 2,21). Ist der Geist der alleinige Lehrer jedes einzelnen Glaubenden, so kann der Auftrag eines gemeindlichen Lehrers allenfalls darin bestehen, die allen bekannte Wahrheit ins Gedächtnis zu rufen und ihren gemeinschaftlichen Ausdruck zu vermitteln[32]. Daß diese Konzeption der Herausforderung durch die in der Gemeinde aufbrechende Irrlehre nicht gewachsen war, mag man zwar bedauern; überraschen sollte es jedoch nicht.

3. Der Lieblingsjünger

3.1 Unzweifelhaft besteht zwischen dem Parakleten und der geheimnisvollen Gestalt des Lieblingsjüngers ein Zusammenhang. Die Funktionen beider sind nämlich ein Stück weit deckungsgleich: auch der Lieblingsjünger ist vollmächtiger Interpret Jesu (Joh 13,23–26a); er ist der erste Zeuge, der die Wahrheit des Kreuzesgeschehens kundtut (Joh 19,34f), und er wird vom sterbenden Jesus als sein legitimer Nachfolger eingesetzt (Joh 19,25–27). Und doch ist der Lieblingsjünger keineswegs

---

[31] S. hierzu *Onuki*, Gemeinde 72f.
[32] S. hierzu *Klauck*, Gemeinde 216f.

mit dem Parakleten identisch. Aber auch alle übrigen Versuche, ihn als bloße Symbolfigur – entweder für den wahren Jünger[33] oder für den urchristlichen Wanderprofetismus[34] – zu deuten, müssen als verfehlt gelten. Er ist vielmehr *eine reale historische Gestalt*, der in der johanneischen Gruppe eine über das bloß Historische hinausreichende Bedeutung zugewachsen ist, d.h. er ist für diese Gruppe zur *Identifikationsfigur* geworden.

Im Nachtragskapitel Joh 21 wird auf seinen Tod als auf ein einschneidendes, von der Gruppe nur schwer zu bewältigendes Ereignis zurückgeblickt (VV.20–23), und zugleich wird er als der Verfasser des Evangeliums benannt (V.24). Versucht man, diese Angaben *einerseits* mit dem literarischen Befund hinsichtlich der komplexen Entstehungsgeschichte dieses Evangeliums, *andererseits* mit der Sicht des Lieblingsjüngers als des einzigen Jesus wirklich verstehenden, zu seiner Deutung fähigen Jüngers zusammenzubringen, so gelangt man zu dem Ergebnis: es handelt sich bei dieser Gestalt um den *Begründer und langjährigen Leiter der johanneischen Schule*, der zugleich das für sie maßgebliche *pneumatische Interpretationsmodell der Geschichte Jesu* geschaffen hat. Daß der Lieblingsjünger Glied des vorösterlichen Jünger- kreises und damit wenigstens teilweise Augenzeuge der Geschichte Jesu war (1Joh 1,1; Joh 19,35), ist möglich, aber keineswegs sicher[35]: die entsprechenden Aussagen könnten auch dadurch zustandegekommen sein, daß die johanneische Gruppe im Rückblick und in antidoketischer Tendenz das profetische Zeugnis ihres Begründers zum Augenzeugnis umge- deutet hätte. Keinesfalls jedoch war der Lieblingsjünger Glied des Zwölferkreises[36].

3.2 Aber wie dem auch sei – auf alle Fälle ist der Lieblingsjünger für die johanneische Gruppe nicht in erster Linie *Tradent* von Überlieferungen über Jesus, sondern *vollmächtiger Interpret* der Geschichte Jesu. Wenn sein Name nicht genannt wird und er stets nur unter der Bezeichnung „der Jünger, den Jesus liebte" erscheint, so will das als Hinweis auf jene Funktion verstanden werden, kraft derer er für die johanneische Gruppe wichtig wurde: er ist der Jünger, der Jesus unmittelbar nahe ist, von ihm erkannt wird und ihn kennt. Wie Jesus „an der Brust des Vaters" liegt und wahre Kunde vom Vater bringen kann (Joh 1,18), so liegt der „geliebte Jünger" „an der Brust Jesu" (Joh 13,23) und wird dadurch zu dessen verstehendem Ausle- ger. Indem sie sich auf ihn beruft, erhebt die johanneische Gruppe den Anspruch, an seiner das wahre Wesen Jesu erfassenden Interpretation teilzuhaben.

3.3 Damit beansprucht sie zugleich für sich eine weitgehende *Exklusivität*. Das wird anhand der pointierten Darstellung des Verhältnisses zwischen dem *Lieblings- jünger und Petrus* bzw. dem Zwölferkreis sichtbar. Der Lieblingsjünger ist jenen näm- lich in seiner Nähe zu Jesus durchweg voraus. Jesus gibt ihm unmittelbar Auskunft, wo die übrigen verlegen herumrätseln (Joh 13,21–30); er steht als einziger Jünger

---

[33] So zuletzt *Wilckens*, Paraklet 202f: Der Lieblingsjünger „repräsentiert die nachösterliche Gemeinde *so*, wie sie durch das Kommen des Parakleten neu konstituiert (sic!) und aufgrund des Wirkens des Geistes immer bleibt".

[34] So *Kragerud*, Lieblingsjünger 84–112.

[35] S. hierzu *Brown*, Community 31–34.

[36] Nirgends im Evangelium wird er mit dem Zwölferkreis in Verbindung gebracht. Ob man den ungenannten Jünger in der Berufungsszene Joh 1,35–40 mit dem Lieblingsjünger identifizieren darf, ist angesichts fehlender textinterner Hinweise dafür mehr als fraglich. S. hierzu *J. Roloff*, Der johanneische ‚Lieblingsjünger' und der Lehrer der Gerechtigkeit, NTS 15 (1968/69) 129–151.

unter dem Kreuz als Empfänger von Jesu letzter Anweisung, während die übrigen
fern bleiben (Joh 19,26f); er gewinnt am Ostermorgen angesichts des leeren Grabes
als erster den Osterglauben, allein aufgrund seiner Kenntnis Jesu, während der vor
ihm dort angelangte Petrus ratlos und verlegen über das bloße Konstatieren äußerer
Fakten nicht hinausgelangt (20,1–10); ja selbst die Erscheinung des Auferstandenen
kann Petrus erst erkennen, nachdem ihm der Lieblingsjünger gesagt hat: „Es ist der
Herr" (21,7). Zwar wird nicht in Frage gestellt, daß Petrus und die übrigen Jünger sich
um die Erkenntnis Jesu bemühten und darin auch einige Fortschritte machten. Aber
dieser Erkenntnisweg ist von geradezu quälender Mühsamkeit und immer wieder
durch Mißverständnisse blockiert. Von alledem ist der Lieblingsjünger ausgenom-
men. Sein Erkennen Jesu erscheint mühelos und von fragloser Selbstverständlichkeit.
Sicher spiegelt sich auch in dieser auffälligen Konstellation das Selbstverständnis der
johanneischen Gruppe. Sie weiß sich dem Normaltyp kirchlichen Christentums,
wie er sich gegen Ende des 1. Jahrhunderts durchsetzte, überlegen. Gelten diesem
Petrus und die Apostel als die maßgeblichen Überlieferungsträger und Begründer
kirchlicher Lehre, so beruft sich die johanneische Gruppe auf einen Lehrer, *der Jesus*
besser kennt als Petrus und die Apostel ihn kennen. Dabei geht es nicht so sehr um
Vorbehalte gegenüber den sich herausbildenden großkirchlichen Ordnungsstrukturen mit festen Ortsgemeinden und Ämtern als vielmehr um einen Protest gegen das
Zurücktreten des prophetischen Elements zugunsten der Pflege von Tradition im
zeitgenössischen kirchlichen Christentum. Vergleicht man das johanneische Verständnis von Lehre mit dem der Pastoralbriefe, so wird deutlich, was gemeint ist.
Diesem kirchlichen Christentum wird nicht die Kenntnis Jesu abgestritten[37]; sie
wird lediglich – und das ist schon gravierend genug – als unzureichend abgewertet.

Allerdings hat es den Anschein, als werde dieser Exklusivitätsanspruch im
Nachtragskapitel Joh 21 zugunsten eines Ausgleichs mit der kirchlichen Mehrheit
abgemildert. Einerseits wird hier nämlich Petrus in ein unerwartet günstiges Licht
gerückt: das durch ihn repräsentierte „Hirtenamt" der Gemeindeleitung wird
ausdrücklich auf Jesu Befehl zurückgeführt (VV.15–17), und sein Märtyrertod wird
als Zeichen der Treue zu seinem Auftrag gedeutet (VV.18f). Andererseits aber gibt
der Auferstandene Petrus gegenüber eine Willenserklärung im Blick auf den Lieblingsjünger ab: „Wenn ich will, daß er bleibt, bis ich komme, was kümmert's dich?
Du folge mir!" (V.22). Das klingt ganz wie ein Appell an die Großkirche um
Verständnis für das johanneische Christentum[38]. Dessen kritische Lage nach dem
Schisma bildet dafür vermutlich den geschichtlichen Hintergrund.

4. Die Christusgemeinschaft

4.1 *Nach johanneischem Verständnis ist die Existenz von Kirche eine Funktion der*
Christusgemeinschaft der einzelnen Glaubenden. Weil Christus die Glaubenden zu

---

[37] *Klauck*, Gemeinde 297, konstatiert zutreffend „eine eigenartige Mischung von Selbstbewußtsein
und Konzilianz".
[38] Vgl. *Schnackenburg*, Johannesevangelium 3, 441.

seinen Freunden und Vertrauten gemacht hat, darum gibt es Kirche als Gemeinschaft der Freunde Jesu, die als solche auch untereinander Freunde sind.

4.1.1 Der zentrale Beleg für dieses Verständnis ist die Bildrede vom Weinstock (Joh 15,1–8). Ihr Thema ist das Verhältnis zwischen Christus und der Kirche. Insofern ist sie das johanneische Äquivalent zum paulinischen Bild vom „Leib Christi" (1Kor 12,12–31; s. III.4.4). Aber in ihrem inhaltlichen Gefälle unterscheidet sie sich davon in charakteristischer Weise. Liegt bei Paulus alles Gewicht darauf, daß die Christen, indem sie von dem *einen* (eucharistischen) „Leib" leben, selbst zum Leib, d.h. zum lebendigen geschichtlichen Organismus werden, der als solcher *ekklesia* und Leib Christi ist, so betont Johannes ausschließlich das Verhältnis des je einzelnen Christen zu Christus: Wie Reben mit dem Weinstock, so sind die Glaubenden mit Christus, dem „wahren Weinstock", verbunden. Aus ihm bezieht jede Rebe ihre Lebenskraft. Jede einzelne Rebe wird gepflegt, aber auch danach gemessen, ob sie Frucht bringt. Isoliert, abgeschnitten vom Weinstock, bleibt sie ohne Ertrag, ja verliert ihre Lebensfähigkeit. Darum kommt alles darauf an, daß sie am Weinstock bleibt. Das Bleiben des Glaubenden bei Christus nämlich ermöglicht jene enge Gemeinschaft, die mit der johanneischen Reziprozitätsformel „er in mir und ich in ihm" (VV.5.7; vgl. Joh 6,56; 14,20; 17,23; 1Joh 3,6.24) beschrieben wird. Ganz anders als bei Paulus kommt die Gemeinschaft der Christen untereinander in dieser Bildrede nicht in den Blick. Diese *Individualisierung* ist umso auffälliger, als das verwendete Bildmaterial einen Bezug auf das Volk Gottes als Gottes Weinstock bzw. Weinberg nahegelegt hätte.

4.1.2 Eine ähnliche Individualisierung erfolgt in der johanneischen Anwendung des Hirtenbildes (Joh 10,11–16). Dieses ist traditionsgeschichtlich wohl eine freie Weiterentwicklung des synoptischen Gleichnisses Lk 15,3–7. Aber an die Stelle des dort geschilderten dynamischen Vorgangs, der vom Gedanken der Sammlung des als Herde Gottes verstandenen Gottesvolkes beherrscht wird, ist hier eine überraschende Statik getreten. Die zentrale Pointe ist, daß Jesus, der „gute Hirte", *jedes einzelne Schaf* seiner Herde „kennt" und von jedem gekannt wird (V.14), sowie daß er sich für jedes einsetzt, um es gegen Bedrohungen von außen zu verteidigen (V.15).

Wer in der Christusgemeinschaft steht, hat im Grunde alles. Er ist hineingenommen in das Kraftfeld der Liebesgemeinschaft zwischen Vater und Sohn; wie der Vater den Sohn liebt, so liebt der Sohn die Seinen. Unterpfand und unverbrüchliches Zeichen dieser Liebe des Sohnes zu den Seinen ist seine Lebenshingabe für sie: „Eine größere Liebe als diese hat niemand, als wenn einer sein Leben hingibt für seine Freunde" (15,13). Weil Liebesgemeinschaft zugleich die volle gegenseitige Erkenntnis erschließt, darum werden die von Jesus Geliebten zugleich seine Vertrauten, die ihn kennen und die an seiner, des geliebten Sohnes, Erkenntnis des Vaters teilhaben. Die von Jesus Geliebten sind deshalb nicht mehr „Knechte"; sie haben so den Status bloßer unmündiger Empfänger von Befehlen, in dem Menschen sonst allgemein gegenüber der Gottheit verharren, hinter sich zurückgelassen: „Euch aber habe ich Freunde genannt, denn alles, was ich vom Vater gehört habe, habe ich euch kundgetan" (15,15). Allen Gliedern der johanneischen Gruppe wird damit jener Status zugesprochen, den der Lieblingsjünger bereits vorlaufend als erster erreicht hatte. Sie alle wissen sich als die geliebten Freunde des Herrn[39].

4.2 Angesichts der so als *Erfüllungssituation* gezeichneten Christusgemeinschaft des einzelnen stellt sich die Frage: hat für Johannes das Miteinander der Glaubenden, die *Sozialstruktur* der Kirche, überhaupt theologische Bedeutung?

4.2.1 *E. Schweizer* hat diese Frage im Zuge einer minimalistischen Interpretation der johanneischen Ekklesiologie verneint. Er konstatiert einen sich selbst genügenden *Heilsindividualismus*: „Wer den Vater geschaut hat, besitzt alles. Er bedarf darum eigentlich des andern nicht mehr. Es sind lauter gleiche, in sich abgerundete, schon vollkommene Einheiten, die hier nebeneinander leben."[40] Daran ist zweifellos Richtiges. Bei Johannes kommt die transpersonale Dimension des Heilsgeschehens kaum in den Blick. Weder wird hier deutlich, daß die Gegenwart Jesu Christi in der Kirche diese zu einem Lebensbereich werden läßt, in dem das neue, von Christus bestimmte Sein sich unmittelbar in der Ermöglichung eines neuen Sozialverhaltens auswirkt, noch wird Gewicht darauf gelegt, daß die Kirche Zeichen der kommenden neuen Schöpfung Gottes ist. Hierin wirken sich gleichermaßen der Verzicht auf die heilsgeschichtliche Perspektive wie die Engführung der Eschatologie aus.

4.2.2 Besonders auffällig ist, daß die johanneische Interpretation der *Sakramente* deren transpersonalen Bezug völlig ausblendet. Zwar wird die Eucharistie höchst massiv als Essen des Fleisches des Menschensohnes und Trinken seines Blutes verstanden (6,53), doch ist nur von einer Wirkung dieses Vorgangs auf den einzelnen Glaubenden, nicht jedoch von seiner Relevanz für die Kirche die Rede: Der einzelne Glaubende, der die Gabe Jesu empfängt, „hat ewiges Leben", wird auferweckt werden (6,54) und wird in der persönlichen Gemeinschaft mit Christus „bleiben" (6,56). Ebenso ist die Taufe Wiedergeburt des je einzelnen Glaubenden „aus Wasser und Geist" (3,15).

4.2.3 Trotzdem vertritt Johannes kein rein individualistisches Christentum. Der Glaube hat auch für ihn eine Dimension der Gemeinschaftlichkeit. Diese wird freilich nicht unmittelbar durch das Heilsgeschehen selbst konstituiert, sondern ergibt sich lediglich als dessen notwendige Folge. Christusgemeinschaft des einzelnen und Gemeinschaftlichkeit in der Kirche stehen zueinander im Verhältnis von *Indikativ und Imperativ*. Freund Jesu kann nur sein, wer das *tut*, was Jesus ihm aufträgt (Joh 15,14). Jesus lieben heißt, sein Gebot der geschwisterlichen Liebe innerhalb der Jüngergemeinschaft zu erfüllen: „Das ist mein Gebot, daß ihr einander liebt, wie ich euch geliebt habe" (Joh 15,12; vgl. 14,15.23). An der Erfüllung des Liebesgebotes bewährt sich die Freundschaft zu Jesus; weil die Jünger ihn kennen, kennen sie auch das, was er will, und erfahren seinen Willen aus seinem Handeln.

Dies kommt vor allem in der Zuordnung der beiden Deutungen der *Fußwaschungsszene* zum Ausdruck. Ist deren erste Deutung (13,6–11) die zeichenhafte Darstellung jener hingebenden Liebe, die Jesus jedem der Seinen unmittelbar

---

[39] Wenn Lazarus als „Freund" Jesu und seiner Jünger bezeichnet wird (Joh 11,11), so hat das wohl paradigmatische Funktion; vgl. *G. Stählin*, ThWNT IX 129; *Culpepper*, School 272; *H.-J. Klauck*, Kirche als Freundesgemeinschaft?, MThZ 42 (1991) 1–14.4f.

[40] *Schweizer*, Kirchenbegriff 262f.

zuwendet, so verweist die zweite Deutung (13,12–20), die *R. Bultmann* zutreffend das „Lebensgesetz" der Gemeinde genannt hat[41], auf die Konsequenzen der erfahrenen Willenskundgabe Jesu für das gegenseitige Verhalten in der Jüngergemeinschaft[42]: „Wenn also ich, der Meister und Herr, euch die Füße gewaschen habe, so müßt auch ihr einander die Füße waschen. Ich habe euch nämlich ein Beispiel gegeben, damit auch ihr tut, wie ich an euch getan habe" (VV.14f). Das Dienen, das die Jünger als zeichenhafte Darstellung des zentralen Freundschaftserweises Jesu, seiner Lebenshingabe für sie (Joh 10,11; 15,13), erkannt haben, soll nun auch zur bestimmenden Norm für ihr Verhalten untereinander werden. Als die von Jesus Geliebten sind sie zur Liebe untereinander berufen. Dieses *Lebensgesetz* der Gemeinde bleibt, wie der unmittelbar in den Kontext der Fußwaschungsdeutung gestellte Hinweis auf den Verräter Judas (Joh 13,18–20) betont, nur auf das Verhältnis ihrer Glieder untereinander beschränkt. Judas gehört nicht zu den von Jesus Erwählten; er hat die Freundesliebe Jesu zurückgewiesen (V.18). Darum ist er keiner der von Jesus „Gesandten", an denen die Jünger jene Liebe, zu der Jesus sie verpflichtet hat, bewähren (V.20)[43].

Auch für die johanneischen Schriften gibt es also eine für das Miteinander der Christen verbindliche *Sozialstruktur*, die *christologisch und soteriologisch begründet* ist, nämlich die Bruderliebe (vgl. 1Joh 4,16b-21). Insofern bleiben sie innerhalb des übergreifenden Konsenses des neutestamentlichen Kirchenverständnisses. Christusgemeinschaft und Liebesgemeinschaft der Glaubenden sind einander untrennbar zugeordnet. Dies berücksichtigt die These vom radikalen johanneischen Heilsindividualismus trotz ihres Wahrheitsgehalts zu wenig. Andererseits ist deutlich, daß die Liebesgemeinschaft als Auswirkung und Bewährung der Christusgemeinschaft der je einzelnen verstanden ist, nicht jedoch als der Ort, an dem sich Christusgemeinschaft unmittelbar ereignet. Die Kirche ist somit lediglich Folge des Heils, nicht aber Ort der Ereignung von Heil.

5. Die „Juden" und die „Welt"

5.1 Der für den heutigen Leser wohl befremdlichste Zug des Johannesevangeliums ist die ebenso pauschale wie negative Darstellung des Judentums. Als Gesprächspartner und Kontrahenten Jesu werden hier nicht mehr, wie in den Synoptikern, die Angehörigen verschiedener Gruppen in Israel – Pharisäer, Sadduzäer und Herodianer, Arme und Reiche – genannt; sie alle sind vielmehr unter der (71mal erscheinenden) Bezeichnung „die Juden" zusammengefaßt. Bereits dies ruft den

---

[41] *R. Bultmann*, Das Evangelium des Johannes, 1941 (KEK II) 349.351.

[42] Literarkritische Hypothesen, die VV.12–17 gegenüber VV.6–11 isolieren und einer späten kirchlichen Redaktionsschicht zuweisen wollen (so z.B. *G. Richter*, Die Fußwaschung Joh 13,1–20, in: ders., Studien 42–57; *Becker*, Johannes 11–21, 426–428), erweisen sich als nicht überzeugend. Joh 13 ist vielmehr, unbeschadet einer dahinter stehenden komplizierten Überlieferungsgeschichte, in der vorliegenden Gestalt, als eine in sich geschlossene, dem gedanklichen Duktus johanneischer Theologie entsprechende Komposition zu beurteilen; vgl. *Wengst*, Gemeinde 226.

[43] S. hierzu *Onuki*, Gemeinde 75, der die sachliche Parallelität zu Mk 9,33–35 betont.

Eindruck einer Distanzierung hervor. Die Geschichte Jesu erscheint so nämlich nicht mehr als eine sich innerhalb des jüdischen Volkes abspielende Geschichte, sondern als eine Geschichte der kritischen Konfrontation mit diesem Volk.

Vollends die Gespräche Jesu mit den „Juden" in den Kp. 5–10 bieten das Bild einer unversöhnlichen, keinerlei Annäherung oder gar Verständigung mehr zulassenden Gegnerschaft. Diskutiert werden hier nämlich nicht Fragen des jüdischen Horizonts wie Sabbat und Reinheitsgebot, Umkehr und Zugehörigkeit zur Gottesherrschaft, sondern die Präsenz Gottes in Jesus, sein „Kommen" und „Gehen", sowie deren Bedeutung für das Heil der Welt – also die „hohe" johanneische Christologie[44]. Auf den mit fast monotoner Eindringlichkeit erhobenen Anspruch Jesu, der alleinige Offenbarer Gottes zu sein, und auf die Aufforderung zum Glauben an ihn reagieren die „Juden" mit immer neuen Versuchen, ihn zu vernichten (5,16.18; 7,1.19.25; 8,59 u.ö.), die nur darum ihr Ziel verfehlen, weil Jesu „Stunde" noch nicht gekommen ist (7,30; 8,20). Der Gipfel dieser Auseinandersetzungen wird in jener Szene erreicht, in der Jesus die Tötungsabsicht der Juden damit quittiert, daß er ihnen die Abrahamskindschaft, auf die sie sich voller Stolz berufen (8,39), abspricht und sie stattdessen als Kinder des Teufels bezeichnet, weil ja der Teufel „ein Menschenmörder von Anfang an" war und „nicht in der Wahrheit steht" (8,44a).

5.2 Es ist unbedingt nötig, zwischen der ursprünglichen Intention dieser Aussagen und ihrer katastrophalen Wirkungsgeschichte, die sie zum Ausgangspunkt des christlichen Antijudaismus werden ließ, zu unterscheiden, auch wenn das nicht leicht fällt. Man kann Johannes schwerlich eine prinzipielle Judenfeindschaft unterstellen. Seine Darstellung der Juden ist weithin geprägt von den aktuellen Erfahrungen der johanneischen Gruppe als diskriminierter Minderheit innerhalb einer jüdischen Umwelt. Das Judentum, das er zeichnet, ist ein sich unter pharisäischer Führung in rigider Tora-Observanz verfestigendes und gegenüber allen Randgruppen abgrenzendes Judentum der Zeit nach 70. Die vom Judentum scheidende Wirkung, die das Bekenntnis zu Jesus damals tatsächlich gewann, wird vom Evangelisten in die Situation Jesu zurückprojiziert. Außerdem läßt sich beobachten, daß Johannes das Bild des Judentums nicht nur in einheitlichem Schwarz malt, sondern auch Zwischentöne bringt, die „auf eine differenzierte Wahrnehmung der Wirklichkeit schließen" lassen[45]: so kennt er Synedriumsmitglieder wie Nikodemus (3,1.10) und Josef von Arimatäa (19,38) als geheime Sympathisanten Jesu, läßt Jesus als „König Israels" (1,49; 12,13) bzw. als „König der Juden" (19,19) kennzeichnen und weist im Passionsbericht keineswegs die gesamte Schuld am Tode Jesu den Juden zu.

Jedenfalls erweist sich die berühmte These R. Bultmanns als unhaltbar, derzufolge die für Johannes charakteristische Wendung „die Juden" die Glieder des jüdischen Volkes in ihrer Gesamtheit zusammenfaßt, „so wie sie als Vertreter des Unglaubens (und damit . . . der

---

[44] S. hierzu *Gräßer*, Polemik 144; *Wengst*, Gemeinde 128ff.

[45] S. hierzu *Wengst*, Gemeinde 137–152; *Thyen*, „Das Heil . . .". Einen zu weit gehenden Versuch, die antijüdischen Töne im Johannesevangelium wegzuinterpretieren, unternimmt *Leistner*, Antijudaismus.

ungläubigen ‚Welt' überhaupt) vom christlichen Glauben aus gesehen werden", nämlich als dieses Volk „nicht in seinem empirischen Bestande, sondern in seinem Wesen."[46] Johannes will weder ein Wesensbild des jüdischen Volkes zeichnen, dessen zentraler Zug der Unglaube wäre, noch will er gar das besondere Gottesverhältnis dieses Volkes in seiner Geschichte bestreiten und es damit paganisieren. Er weiß nicht nur, daß Jesus zu diesem Volk gesandt war, sondern auch, daß seine Erscheinung vielfältige und unterschiedliche Reaktionen unter dessen Gliedern hervorrief – vom Bekenntnis Natanaels, des „wahren Israeliten, an dem kein Falsch ist" (1,47), zu Jesus als dem Sohn Gottes, über das unverbindliche Interesse etwa des Ratsherrn Nikodemus (3,1–13) bis hin zur dezidierten Ablehnung durch die große Mehrheit. In dieser Hinsicht kennt die johanneische Darstellung des Verhältnisses Jesu zu den Juden sogar sehr viel mehr Zwischentöne als die des Matthäus (s. IV.3).

5.3 Auch für Johannes ist Jesus die *Krise Israels*. Da, wo er pauschal und negativ von den „Juden" als den unversöhnlichen Gegnern Jesu spricht, zieht er das Fazit aus dieser Krise, wie es sich für ihn zu seiner Zeit, also etwa 90 n. Chr., darstellte, und zwar nicht allein aufgrund des Auftretens Jesu selbst, sondern vor allem auch des Wirkens der johanneischen Gruppe innerhalb des Judentums: die überwiegende Mehrheit des jüdischen Volkes hat sich dem Glauben an Jesus verweigert. Jene Scheidung und Entscheidung, die sich in der Begegnung mit Jesus und seinem Wort vollzog, ist zum die kollektive Existenz dieser Mehrheit bestimmenden Faktor geworden. Insofern sind „die Juden" für Johannes die Verkehrung dessen, was Israel nach Gottes ursprünglichem Willen hätte sein können und sollen"[47]. Dasselbe, was von den „Juden" gilt, gilt aber auch vom „Kosmos", d.h. von der gesamten Menschenwelt: durch sein Kommen in sie hat Jesus sie als Gottes Eigentum reklamiert (3,16); aber in dem Maße wie sie sich gegen das von ihm gebrachte „Licht" und damit für die Finsternis entschied (8,12), wurde sie zum geschichtlich auf die Feindschaft gegen Gott festgelegten Bereich (1,3–10; 7,7; 14,17; 15,18f; 1Joh 4,5). Das erlaubt den Schluß: in den als Feinde Jesu dargestellten Juden veranschaulicht sich das Wesen des „Kosmos", wie es in der durch Jesu Kommen ausgelösten Krise manifest geworden ist[48]. Die Krise Israels ist letztlich nur *ein besonders hervorgehobenes Zeichen jener großen Krise, die die gesamte Welt betrifft*[49].

5.4 Wie aber steht es dann mit der *heilsgeschichtlichen Rolle Israels*? Die johanneischen Äußerungen zu dieser Frage sind von einer seltsamen Gebrochenheit.

5.4.1 Sicher ist zunächst: die *heilsgeschichtliche Prärogative Israels* wird nicht geleugnet[50]. Israel hat in singulärer Weise alle Voraussetzungen, um Gott zu erkennen und in Gemeinschaft mit ihm zu treten; ihm ist durch Mose das Gesetz gegeben (1,17); es hat die „Schriften", die es als Quelle ewigen Lebens durchforscht (5,39), und es hat den Tempel in Jerusalem als den Ort legitimer Gottesverehrung,

---

[46] *Bultmann*, Johannes 59.
[47] Vgl. *Goppelt*, Christentum 258: „„Die Juden' sind die Verkehrung des Eigentumsvolkes in das Widerspiel seiner selbst"; ähnlich *Gräßer*, Polemik 150.
[48] Schön formuliert *Mußner*, Traktat 289: „Es geht aber in Wirklichkeit nicht um das Wesen des Judentums, sondern des ‚Kosmos'".
[49] S. hierzu *J. Blank*, Krisis, Freiburg 1964, 314.
[50] So auch *Gräßer*, Polemik 151; *Thyen*, „Das Heil . . ." 171f.

im Blick auf den der johanneische Jesus sagen kann: „Wir beten das an, was wir kennen, denn das Heil stammt von den Juden" (4,22)[51]. Freilich: Gesetz, Schrift und Tempel werden nur dann sachgemäß wahrgenommen, wenn sie nicht als in sich selbst ruhende Werte, sondern als Zeugnisse für die außerhalb ihrer selbst liegende Heilsoffenbarung Jesu Christi genommen werden. Sie werden *entwirklicht* zugunsten der alleinigen heilvollen Christuswirklichkeit[52].

5.4.2 Solche *Entwirklichung* widerfährt aber nicht nur dem, was Israel gegeben ist, sondern ihm selbst als Volk Gottes. Die Zugehörigkeit zu jenem Volk, von dem „das Heil stammt", bedeutet die Möglichkeit, das Zeugnis von Jesus in einer unvergleichlichen Nähe zu hören – mehr nicht. Jesus wirkt im jüdischen Volk, und er gewinnt unter den jüdischen Menschen einzelne zum Glauben an ihn, niemals aber wendet er sich dem Volk in seiner Gesamtheit zu, nirgends wird seine Sendung zur endzeitlichen Sammlung *ganz Israels* thematisiert, und auch die auf Israel gerichtete Symbolik des Zwölferkreises bleibt ausgeblendet. Der johanneische Jesus ist nicht der messianische Hirte des ganzen Gottesvolkes (vgl. Mt 9,36); seine Hirtenfürsorge beschränkt sich auf jene Schafe, die ihn kennen und seine Stimme hören (10,14.16). Das sind zunächst die Schafe „aus diesem Hof", d.h. aus dem jüdischen Volk; aber Jesus „hat" auch noch „andere Schafe", die er führen muß und die auf seine Stimme hören werden (10,16). Das bedeutet, daß auch die Heiden in gleicher Weise wie die jüdischen Menschen mit dem Zeugnis Jesu konfrontiert werden. Der Ruf zum Glauben mag an die Heiden insofern unter anderen Voraussetzungen ergehen, als er deren größere Distanz zum Gott Israels überbrücken muß; grundsätzlich jedoch hat er die gleiche Struktur und die gleichen Folgen. Auch der Nichtjude wird, wenn er sich ihm öffnet, in die Freundesgemeinschaft Jesu aufgenommen und so zum „Kind Gottes"; auch er wird, wenn er sich ihm verweigert, zum Repräsentanten des gottfeindlichen „Kosmos".

5.4.3 Der Übergang der Heilsbotschaft zu den Nichtjuden und deren Eingliederung in die Kirche ist – wie wir sahen – für alle neutestamentlichen Schriftsteller ein erhebliches Problem, wenn nicht gar das ekklesiologische Schlüsselproblem schlechthin. Nicht so für Johannes. Das zeigt sich schon darin, daß er bereits den irdischen Jesus samt seinen Jüngern unter den Samaritanern missionarisch tätig sein läßt (4,4–38). Wenn Jesus die Bitte der Griechen, ihn „sehen" zu dürfen, zunächst abschlägig beantwortet (12,20f), so lediglich deshalb, weil dafür die Zeit noch nicht da ist: Erst muß Jesus durch seinen Tod und seinen Hingang zum Vater sein Werk vollenden; als der am Kreuz Erhöhte wird er dann „alle zu sich ziehen" (12,32), so daß alle, Juden und Heiden, „*eine* Herde" unter *einem* Hirten werden (10,16). In der Betonung dieser zeitlichen Abfolge wird man schwerlich mehr sehen dürfen als die Erinnerung an die tatsächliche geschichtliche Entwicklung sowie das Festhalten an einem gewissen *relativen* Vorrang der Juden gegenüber den Heiden. Anders als etwa Matthäus oder Paulus bedarf Johannes keiner sachlichen Begründung dafür,

---

[51] 4,22 einer späten Redaktion zuzuschreiben (so, im Gefolge von *Bultmann*, Johannes 139, eine Reihe neuerer Ausleger) besteht kein Anlaß; s. hierzu *Wengst*, Gemeinde 148f.
[52] S. hierzu *M. Theobald*, Die Fleischwerdung des Logos, 1988 (NTA.NF 20) 360.

daß das ursprünglich dem Gottesvolk gehörende Evangelium zu den Heiden geht –
denn ein solches exklusives Zugehörigkeitsverhältnis gibt es für ihn offensichtlich
nicht[53].

5.4.4 Die einzige Stelle, an der das Gottesvolk-Motiv erscheint, ist zugleich ein Beleg für
dessen Entwirklichung. Es ist das doppelbödige Wort des Hohenpriesters Kajafas an das
Synedrium: „Ihr wißt nichts und bedenkt nicht, daß es besser für euch ist, daß ein einziger
Mensch *für das Volk* stirbt und nicht *die ganze Nation* zugrunde geht" (11,50). Ihm fügt der
Evangelist in Erklärung seines prophetischen Hintersinns an, es gehe darum, „daß Jesus *für die
Nation* sterben solle, und nicht allein *für die Nation*, sondern auch um die zerstreuten Kinder
Gottes zu sammeln" (11,51b.52). Die Aussage, daß Jesus „für das Volk" (*hyper tou laou*)
stirbt, nimmt zwar christliche Bekenntnissprache auf, doch in ihrer Weiterführung wird der
ekklesiologisch qualifizierte Begriff „Volk" (*laos*) durch den politisch-technischen Begriff
„Nation" (*ethnos*) ersetzt[54], der dann auch in der folgenden Erklärung aufgenommen wird:
Jesus stirbt zwar *auch* für die jüdische Nation, aber sein Sterben gilt *gleichermaßen* den
„zerstreuten Kindern Gottes", d.h. den Heiden. Durch seinen Tod werden Juden und Heiden
zusammengebracht. Aber dies geschieht eben nicht in der Weise, daß die Heiden zum
„Gottesvolk" Israel hinzuströmen; weder der Gedanke der eschatologischen Völkerwallfahrt
hat hier Raum[55], noch soll gesagt werden, daß Gott über die aus der Zerstreuung gesammelten Israeliten hinaus noch die Völker dazusammeln will[56]. Allein darum geht es, daß aufgrund
des Todes Jesu jene Menschen aus dem jüdischen Volk und aus dem weltweiten Bereich des
Heidentums, die zum Christusglauben berufen und erwählt sind, *gleichberechtigt* als Kinder
Gottes zusammenkommen. Was so entsteht, ist zwar eine neue Einheit aus Juden und
Heiden, es wird jedoch gerade *nicht unter den Begriff des Gottesvolkes subsumiert*[57]. Allenfalls
gehört Israel als Gottesvolk zu den Voraussetzungen dieser neuen Einheit; dies freilich nur in
der Weise, daß es in ihr aufgehoben ist.

5.4.5 Nach Johannes ist die Gemeinschaft der an Jesus Glaubenden weder das
um die Heiden erweiterte, noch das durch die Heiden ersetzte Gottesvolk Israel.
Weil diese neue Gemeinschaft auf einer völlig anderen Ebene angesiedelt ist als das
Gottesvolk Israel, darum ist die Frage nach Kontinuität oder Diskontinuität letztlich
gegenstandslos. Das Ziel des Heilsgeschehens besteht für ihn in dem Miteinander
der jeweils im Glauben mit Jesus verbundenen einzelnen. Woher diese kommen –
ob aus dem jüdischen Volk oder aus den Heiden –, wird unwesentlich angesichts
dessen, was sie nunmehr sind. Die Existenz der Heilsgemeinde bedeutet nicht die
heilsgeschichtliche Vollendung des Gottesvolkes, sondern dessen Entwirklichung.
So ist der *Gedanke der Heilsgeschichte* bis auf Rudimente *preisgegeben*.

---

[53] Gegen *Thyen*, „Das Heil . . ." 175, der aus 12,20 herauslesen möchte, daß für Johannes, wie für
Paulus, „erst die Verwerfung des Heilsangebotes durch die Juden dessen Weg zu den Heiden" ermögliche.

[54] S. hierzu *S. Pancaro*, ‚People of God' in St. John's Gospel, NTS 16 (1970) 114–129.

[55] S. hierzu *Schnackenburg*, Das Johannesevangelium 2, 1971 (HThK IV/2).

[56] Gegen *O. Hofius*, Die Sammlung der Heiden zur Herde Israels (Joh 10,16; 11,51f), ZNW 78 (1967)
289–291, der hier einen Bezug auf Jes 56,3–8 postuliert.

[57] Gegen *Wengst*, Gemeinde 148, der hier herauslesen will, „daß sich die johanneische Gemeinde trotz
allem mit den Juden verbunden weiß in der Kontinuität der Geschichte Gottes mit seinem Volk".

6. Die Einheit der Glaubenden

Das Motiv der Einheit der Glaubenden erscheint im Johannesevangelium an hervorgehobener Stelle. Im Abschiedsgebet, das zugleich Summe und Abschluß der Abschiedsreden ist, bittet Jesus zunächst für die Jünger der Erdentage, „damit sie eins sein sollen, wie auch wir (d.h. der Vater und der Sohn) eins sind" (17,11). Darüber hinaus aber bittet er auch für die zukünftig durch das Zeugnis der Jünger zum Glauben Kommenden, „damit alle eins sind; wie du, Vater, in mir bist und ich in dir bin, so sollen auch sie in uns sein, damit die Welt glaubt, daß du mich gesandt hast" (17,21).

Wie wird diese Einheit konstituiert und wie wirkt sie sich aus?

6.1 Deutlich ist zunächst: sie ist ein Geschehen, das allein von Gott bewirkt wird. Jesus bittet den Vater um Einheit für die Seinen[58]. Aber sie ist mehr als nur etwas von Gott Gegebenes und Ermöglichtes; sie ist vielmehr ihrem Wesen nach die Relation der Glaubenden zum himmlischen Bereich. Bestimmend ist für sie nämlich ausschließlich *die Vertikale*[59]: Einheit kommt dadurch zustande, daß die Glaubenden Anteil bekommen an der unmittelbaren Liebesgemeinschaft, die den Sohn mit dem Vater verbindet. Die Einheit *von* Vater und Sohn, wie sie in der Reziprozitätsformel „du in mir und ich in dir" (V.21a; vgl. 14,10f.20) ausgesagt ist, ist zugleich Modell und Ermöglichungsgrund für die Einheit der Glaubenden *mit* Vater und Sohn[60]. Und zwar ist es Jesus, der die Glaubenden durch seine Verbindung mit ihnen in diese Einheit hineinnimmt und ihnen so Anteil an der göttlichen Herrlichkeit (*doxa*) gibt: „Und ich habe die Herrlichkeit, die du mir gegeben hast, ihnen gegeben, damit sie eins sind, wie wir eins sind: ich in ihnen und du in mir" (17,22.23a). Wie die Verbindung der Glaubenden mit Jesus, so ist auch die daraus entstehende Einheit nicht mystisch, sondern personhaft; ihr Medium ist die *Liebe*, die sich nach johanneischem Verständnis im Erkennen und Hören sowie in der Gemeinschaftlichkeit des Willens und Handelns realisiert, und das heißt: sie hat *worthaften Charakter*[61].

Mit einem gewissen Recht läßt sich diese Einheitsaussage als eine Weiterführung der Weinstockparabel (15,1–8) verstehen. Die Grundgegebenheit der Einheit ist das „Bleiben" der Rebe am Weinstock, das Bleiben des Glaubenden in der Gemeinschaft mit Christus (V.6). Denn die Gemeinschaft mit ihm bewirkt zugleich die Hineinnahme in das Verhältnis zwischen Vater und Sohn[62]. Umgekehrt wird hier

---

[58] Vgl. *R.E. Brown*, The Gospel According to John XIII–XXI, 1970 (AncB 29A) 776: „The very fact that Jesus prays to the Father for this unity indicates that the key to it lies within God's power."

[59] Zugespitzt formuliert *Käsemann*, Wille 139: „Ausgedrückt wird damit die Solidarität des Himmlischen."

[60] Das johanneische *kathos* („wie") ist zugleich vergleichend und begründend; vgl. 5,23; 12,50; 13,15.34; 15,9.12; 17,2.11.23 u.ö.).

[61] Vgl. *Lattke*, Einheit 205; *Käsemann*, Wille 139.

[62] Dieses von der Vertikale bestimmte Verständnis von Einheit macht es unmöglich, die „Einung" (*jaḥad*) der Sektengemeinschaft von Qumran als religionsgeschichtliche Parallele heranzuziehen. Anders als hier steht dort die brüderliche Gemeinschaft der Sektenglieder im Vordergrund; vgl. *H. Braun*, Qumran und das Neue Testament I, Tübingen 1966, 134f. Anders allerdings *Brown*, John XIII–XXI, 777.

auch deutlich, daß der *Gegensatz zur Einheit* nach johanneischem Verständnis nicht
etwa – wie bei Paulus – das Verharren im Partikularismus und die Spaltung der
Gemeinde in rivalisierende Gruppen ist, sondern vielmehr das Abgeschnittenwerden
der Rebe vom Weinstock, das *Herausfallen aus der Christusgemeinschaft*. Mit der
Betonung der vertikalen Dimension ist also zugleich eine *Individualisierung* des
Einheitsverständnisses gegeben: die Entscheidung über die Einheit fällt darin, ob der
einzelne Christ in der Christusgemeinschaft bleibt – oder ob er aus ihr herausfällt.

6.2 Zwar fehlt die *horizontale Dimension* keineswegs, doch ist sie deutlich zu-
rückgestuft. Ihr Verhältnis zur Vertikalen ist das von Grund und Folge: „Wenn wir
im Licht wandeln, wie er selbst im Licht ist, haben wir Gemeinschaft (*koinonia*)
miteinander" (1Joh 1,7a). Zur Veranschaulichung läßt sich auch das Verhältnis
zwischen der ersten und zweiten Deutung der Fußwaschung heranziehen: Aus der
Erfahrung der Liebe Jesu und der von ihm eröffneten Gemeinschaft (Joh 13,1–11)
ergibt sich gleichermaßen die Möglichkeit wie auch die Verpflichtung zum Liebeser-
weis untereinander (13,12–17). Es kann zwar nicht zweifelhaft sein, daß Johannes in
der sichtbaren Gemeinschaft der Christen den konkreten Ertrag der von Gott
geschenkten Einheit sieht. Aber was ihn dabei bestimmt, ist weder der Gedanke des
Zusammenkommens von Juden und Heiden zum *einen* Volk Gottes (Eph 2,16)
noch die Erwartung der Überwindung aller menschlichen Abgrenzungen und
Partikularismen durch die eschatologische Christus-Wirklichkeit (Gal 3,28). Er
denkt vielmehr nur an die Gemeinschaft jener Glaubenden, die zum Kreis der
„Freunde" Jesu Christi und der Kinder Gottes gehören, d.h. an die johanneische
Gruppe. Deren Glieder stehen als mit Vater und Sohn zur Einheit Verbundene in
striktem Gegensatz zur „Welt"; und zu dieser Welt wird auch jeder gerechnet, der
eine andere Gestalt christlicher Lehre, speziell eine andere Christologie, vertritt
(1Joh 2,22–25; 2Joh 9). Einem solchen Abweichler ist nicht nur die Aufnahme in
das Haus, sondern sogar der Gruß zu verweigern: „Denn wer ihm den Gruß
entbietet, nimmt an seinen bösen Werken teil" (2Joh 10f). Zugespitzt gesagt: zur
johanneischen Einheit gehört wesenhaft die Exklusivität; sie ist *Einheit in der
Abgrenzung*. Ein sektenhafter Zug ist unverkennbar.

Es ist in sich kein Widerspruch, wenn der Gemeinschaft der Geeinten trotz ihrer
Abgrenzung von der Welt eine unmittelbare Wirkung auf die Welt zugeschrieben
wird: „So sollen sie vollkommen eins sein, damit die Welt erkenne, daß du mich
gesandt und sie geliebt hast, wie du mich geliebt hast" (Joh 17,23). Gerade in ihrer
gottverbundenen Existenz wird die Gemeinschaft der Glaubenden zum Zeugnis für
die gottferne Menschenwelt. Wenn hier speziell die Einheit als das Zeugnis wirksam
machender Faktor hervorgehoben wird, so soll damit freilich keinesfalls – wie sich
das als Mißverständnis dem modernen Leser nahelegen könnte – die Einheit der
Christen als den Einheitswillen Gottes für seine Schöpfung und damit als Hoffnung
gebendes Zeichen für die Welt dargestellt werden. Es geht vielmehr um eine letzte,
fast spekulativ zu nennende Konsequenz aus dem johanneischen Einheitsgedanken: wie das Zeugnis Jesu selbst durch seine Einheit mit dem Vater glaubwürdig und
kräftig wird, so kann das Zeugnis der Gemeinde nur darum glaubwürdig und
kräftig werden, weil sie Repräsentantin eben dieser Einheit ist[63].

6.3 Das Gebet des johanneischen Jesus „damit alle eins sind" (Joh 17,21) hat in der modernen ökumenischen Bewegung große Bedeutung gewonnen. Es wurde zum Motto, ja geradezu zum Legitimationsgrund des Bemühens um die Wiederherstellung der verlorenen Einheit der Kirche. Man könnte versucht sein, darin so etwas wie eine theologiegeschichtliche Ironie zu sehen. Denn der johanneische Einheitsgedanke hat eine andere Blickrichtung als die heutige ökumenische Bewegung: Hinter ihm steht keineswegs das Programm der Sammlung des weltweiten Volkes Gottes zur sichtbaren geschichtlichen Einheit gemeinsamen Bekennens und Bezeugens; er will vielmehr das Selbstverständnis einer kleinen Gruppe von wahrhaft Glaubenden in Abgrenzung gegenüber der Welt und in Distanz gegenüber der Geschichte artikulieren. Gleiches gilt ganz allgemein vom johanneischen Kirchenverständnis. Dieses nämlich erweist sich insofern als *rudimentär*, als es auf jene Motive und Fragestellungen, die in der Mehrzahl der übrigen neutestamentlichen Schriften die Sicht der Kirche bestimmen, weitgehend verzichtet.

Von Johannes her läßt sich *kein Programm* für die heutige ökumenische Bewegung entwickeln – wohl aber bietet er für sie gerade in seinem Einheitsgedanken *ein unerläßliches Korrektiv*. Er verdeutlicht: Einheit ist nicht „moralische oder organisatorische ‚Leistung' der Gemeinde, sondern ganz und gar göttliche Gabe"[64]. Sie erwächst nicht aus dem Konsens der Glieder der Kirche, sondern ist etwas, von dem sie immer bereits herkommt.

---

[63] Zur Problematik dieses Gedankens s. *Brown*, John XIII–XXI, 778 f.
[64] *J. Blank*, Das Evangelium nach Johannes, Düsseldorf 1977, 282.

XII. Rückblick:
Vielfalt und Einheit
des neutestamentlichen Kirchenverständnisses

1. Normativer Anspruch und geschichtliche Vielfalt

1.1 Als zunächst sehr allgemeines Ergebnis ist festzuhalten: in allen behandelten neutestamentlichen Schriften bzw. Schriftengruppen zeichneten sich ekklesiologische Konzeptionen von beachtlicher Konsequenz und Geschlossenheit ab. Es traten uns jeweils ganz scharf umrissene theologische Vorstellungen über Wesen, Funktion und Gestalt von Kirche vor Augen. Wobei diese Vorstellungen zwar von der Selbstwahrnehmung erfahrener kirchlicher Wirklichkeit ausgingen, dabei jedoch keinesfalls stehenblieben: in Anknüpfung *und* Widerspruch der eigenen Erfahrung mit der Kirche, sollte jeweils erfaßt werden, was Kirche nach dem Willen Gottes *ist*, und was sie darum auch *sein soll*. Neutestamentliches Reden von der Kirche will deshalb als *normatives Reden* verstanden sein.

1.2 Dieser normative Anspruch scheint nun freilich durch die Beobachtung in Frage gestellt zu werden, daß im Neuen Testament eine *Vielzahl von Vorstellungen von der Kirche* nebeneinanderstehen. Es ist heute nicht mehr möglich, an das Neue Testament mit der Erwartung heranzugehen, in ihm eine einheitliche Lehre von der Kirche zu finden, die sich als solche, weil schriftgemäß, unmittelbar auf unsere gegenwärtigen Verhältnisse übertragen ließe. Und das ist gut so, denn faktisch lief dieses Verfahren zumeist nur darauf hinaus, daß man im Neuen Testament nur die Bestätigung jener Vorstellungen über Wesen und Gestalt der Kirche wiederfand, die für die eigene konfessionelle Tradition maßgeblich waren. Die historisch-kritische Forschung wirkt hier als Korrektiv, das einer zu raschen Vereinnahmung neutestamentlicher Aussagen durch uns Widerstand entgegensetzt. Sie lehrt uns deren Vielfalt und damit zugleich auch deren Fremdheit erkennen. Sie läßt uns aber nicht ratlos angesichts solcher Vielfalt und Fremdheit zurück, sondern fordert uns auf, indem sie den Reichtum der neutestamentlichen Gedankenwelt erschließt, in einen *differenzierenden Verstehensprozeß* einzutreten.

Deutlich sollte dabei zunächst werden: die verschiedenen Konzeptionen von Kirche, die uns im Neuen Testament begegnen, dürfen nicht als Alternativen verstanden werden, unter denen man wie in den Angeboten eines Supermarktes je nach Bedürfnis auswählen kann. Das wäre ein zu vordergründiges Verfahren, mit dem der Bezug jedes dieser Entwürfe auf eine bestimmte geschichtliche Situation, die in keinem Fall mit der unseren deckungsgleich ist, verkannt wäre. Zwar werden wir jeweils in einzelnen Konzeptionen Elemente wiederfinden, die uns aus unserer eigenen konfessionellen Tradition vertraut sind und uns darum besonders ansprechen. So gibt es eine gewisse Nähe der lutherischen Tradition zu den Pastoralbriefen mit ihrer Nüchternheit, ihrer Betonung von Bekenntnis und Tradition sowie ihrem Verständnis des Amtes als eines lehrenden (wobei freilich gerade einige Züge des Amtsverständnisses der Pastoralbriefe, vor allem die personale Rückbindung des Amtes an den Apostel, dem Luthertum fremd sind). „Katholisches" im weitesten Sinn klingt im Epheserbrief, vor allem in seinem Verständnis der Kirche als Heilsbereich, an. Freikirchliche Gruppen mit einer rigorosen Binnenstruktur oder monastische Gemeinschaften werden sich hingegen bei Matthäus am besten aufgehoben fühlen. Aber gerade das Bewußtsein solcher Nähe zu einer bestimmten Konzeption sollte durch die Besinnung auf das Ganze des neutestamentlichen Zeugnisses von der Kirche sowie durch die kritische Besinnung auf deren mögliche Verkürzungen, Einseitigkeiten und Defizite erweitert werden.

Angesichts des differenzierten exegetischen Befundes sollten sich aber auch zwei Sichtweisen, die ein Stück weit vom neuzeitlichen konfessionellen Denken bestimmt sind, als unangemessen erweisen.

Auf evangelischer Seite ist es die Reduktion des Schriftprinzips auf eine „Mitte der Schrift", die man im Zeugnis der ersten Generation, vor allem aber bei Paulus sucht. Gerade das starke Hervortreten des Themas „Kirche" in den Spätschriften – zu denen faktisch ja der Großteil des neutestamentlichen Kanons gerechnet werden muß – wird gern als Bestätigung des diesen Spätschriften geltenden Frühkatholizismus-Verdachts gewertet. Aber abgesehen davon, daß das Thema Kirche bereits bei Paulus mit einer erstaunlichen – allerdings in der üblichen protestantischen Auslegungstradition nur unzureichend zur Kenntnis genommenen – Intensität behandelt wird, sollte deutlich sein, daß die Spätschriften mit ihren Aussagen über die Kirche Stellung nehmen wollen zu den erst in der zweiten und dritten Generation entstandenen Problemen der Identität der Kirche in der weitergehenden Geschichte, ihres sachgemäßen Umgangs mit dem Erbe der Ursprungszeit des Evangeliums sowie ihres Verhältnisses der Kirche zur nichtchristlichen Gesellschaft. Eben dies aber sind jene Probleme, die auch heutiger Ekklesiologie zur Lösung aufgegeben sind. Hierbei kann uns gerade das Gespräch mit der dritten christlichen Generation und ihrem Kirchenverständnis wichtige Impulse geben.

Katholische Theologie hingegen, die dem Gedanken des Wachstums der Wahrheitserkenntnis und der vielfältigen Fülle nahesteht, ist in ihrem Schriftgebrauch dem Gedanken der Fülle und des gleichsam organischen Wachstums der Wahrheit des Evangeliums verpflichtet. Weil für sie die Ekklesiologie immer eine zentrale Rolle gespielt hat, neigt sie dazu, nicht nur die Spätschriften als Zeugnisse einer schon weiter entfalteten Wahrheit aufzuwerten, sondern aus ihnen eine organische, von Gott gewollte Entwicklung abzulesen, die mehr oder weniger geradlinig hineinführt in die kirchlichen Ordnungs- und Amtsstrukturen der Alten Kirche. Diese Sicht scheitert jedoch an der Pluralität der dritten Generation. Gerade in den Zeugnissen des Kirchenverständnisses der dritten Generation zeigen sich erhebliche Differenzen. In der Auseinandersetzung mit jenen Fragen, die der Kirche der dritten Generation aufgegeben waren, brechen Gegensätze auf und werden Konflikte sichtbar, die weder innerneutestamentlich noch nachkanonisch auf dem Weg einer „katholischen" Synthese einer Lösung zugeführt werden konnten.

1.3 Generell läßt sich sagen, daß die Vorstellung einer von der dritten Generation ausgehenden, mehr oder weniger einheitlichen Größe „Frühkatholizismus", ganz gleich, ob man sie negativ als Abfall vom Ursprünglichen oder positiv als dessen

Erfüllung bewertet, den sehr viel komplexeren Realitäten nicht gerecht wird. Diese Einsicht war, neben dem Problem des Umfangs, maßgeblich für die Entscheidung, außerkanonische Schriften wie den *Ersten Clemensbrief*, die *Briefe des Ignatius von Antiochia*, die *Didache* und den *Hirt des Hermas* nicht in die vorliegende Darstellung mit einzubeziehen. Sicher finden sich in diesen teilweise den neutestamentlichen Spätschriften zeitgleichen Schriften ebenso profilierte wie wirkungsgeschichtlich bedeutsame Aussagen über Struktur und Ordnung der Kirche, in denen einzelne neutestamentliche Ansätze aufgenommen werden. So gelangt *Ignatius* aufgrund der Verbindung von Motiven johanneischer Theologie mit Ansätzen aus dem deutero-paulinischen Bereich zu einem Kirchenverständnis, in dessen Zentrum die Ortsge-meinde als eucharistische Versammlung um den – Christus repräsentierenden – Episkopen steht (Ign Sm 8,1). Im Zusammenhang damit entwickelt er erstmals die Vorstellung eines *dreigestuften hierarchischen Amtes* (Episkope, Älteste und Diako-nen), dessen Vorhandensein ihm als äußeres Zeichen für Rechtgläubigkeit und Legitimität von Kirche gilt (Ign Mg 6,1; 7,1; Tr 2,2 u.ö.)[1]. Und der *Erste Clemens-brief*, in dem sich judenchristliche Traditionen mit Motiven stoischer Philosophie verbinden, will die Kirche als Ordnungssystem begreifen, das in gültig-vollkomme-ner Weise die ewige göttliche Weltordnung abbildet (1Clem 37f; 40,1)[2]. Aber in die-sen Fällen handelt es sich nicht um direkte Weiterführungen einer im Neuen Testa-ment angelegten „frühkatholischen" Entwicklung; und erst recht nicht markieren diese Konzeptionen die Zielpunkte, auf die hinführend die neutestamentlichen Zeugnisse der dritten Generation gelesen werden dürften. Diese Zeugnisse haben vielmehr als Teile des für die Christenheit maßgeblichen neutestamentlichen Kanons ein Recht darauf, zu allererst mit dem, was sie selbst sagen wollen, gehört zu werden.

2. Kirche als Folge des Wirkens Jesu

Wir gingen aus von der Feststellung: Jesus hat weder während seines Erdenwirkens die Kirche unmittelbar gegründet, noch hat er ihre Gründung für die Zeit nach seinem Lebensausgang vorbereitet. Dieses eindeutige historische Urteil bleibt je-doch noch im Vorfeld des eigentlich theologisch relevanten Sachverhaltes stehen. Es zeigte sich nämlich, daß die Frage nach der *Gründung der Kirche* durch Jesus diesem Sachverhalt unangemessen ist, weil sie eine verkehrte Optik einbringt. Sie geht nämlich – bewußt oder unbewußt – von einer Sicht des Christentums als einer neuen, von Jesus begründeten Religion aus, um von daher die Kirche als Gemein-schaft zur Pflege und Verbreitung des von Jesus stammenden neuen religiösen Gedankengutes zu verstehen. *Jesus war nicht der Gründer, sondern ist der Grund der Kirche*[3]. Darin sind sich alle neutestamentlichen Zeugen einig. Keiner von ihnen postuliert nämlich einen kirchengründenden Akt Jesu! Vielmehr ist die Existenz der

---

[1] S. hierzu *H. Paulsen*, Studien zur Theologie des Ignatius von Antiochien, 1978 (FKDG 29) 145–157.
[2] S. hierzu *K. Beyschlag*, Clemens Romanus und der Frühkatholizismus, 1965 (BHTh 35) 339–353.
[3] Vgl. *G. Ebeling*, Theologie und Verkündigung, ²1963 (HUTh 1) 97f.

Kirche die Folge eines Geschehens, an dessen Ausgangspunkt Botschaft und Wirken Jesu von Nazaret standen. Und weil dieses Geschehen der Überzeugung der neutestamentlichen Zeugen nach ein Handeln Gottes war, darum gilt ihnen die Existenz der Kirche nicht als dessen geschichtlich zufällige, sondern als dessen notwendige Folge. Man kann in Analogie zur *impliziten Christologie* beim vorösterlichen Jesus von einer *impliziten Ekklesiologie* sprechen[4]. In beiden Fällen nämlich sind es Worte und Handlungen Jesu, die unter den veränderten Bedingungen der nachösterlichen Situation den Ansatz für ein neues, weiterführendes Verständnis bilden. Wie Selbstzeugnis und Vollmachtsanspruch Jesu Impulse für die Christologie sind, so sind es sein berufendes Handeln und die Sozialgestalt seines Jüngerkreises für Gestalt und Selbstverständnis der Kirche. Des näheren sind es die folgenden von Jesus ausgehenden Impulse, die sich als richtungweisende Vorgaben für das neutestamentliche Reden von Kirche auswirkten:

2.1 Im Zeichen der anbrechenden *basileia* begann Jesus mit der Sammlung der endzeitlichen Heilsgemeinde. *Gottes Herrschaft und Gottes Volk gehörten für ihn unmittelbar zusammen.* Hier liegt die Voraussetzung dafür, daß die nachösterliche Jüngergemeinschaft, indem sie die Auferstehung Jesu als den Beginn des endzeitlichen Heilsgeschehens begriff, zugleich sich selbst als Ansatz und Kern des endzeitlich gesammelten Gottesvolkes verstehen lernte. Von da her stehen Eschatologie und Ekklesiologie in einem unaufgebbaren Verhältnis zueinander (vgl. 3.1).

2.2 Jesus wußte sich zu *Israel* gesandt. Die endzeitliche Heilsgemeinde, um deren Sammlung er sich bemühte, sollte in ihrem Kern *das vollendete und erneuerte Zwölfstämmevolk* sein. Diese Sendung Jesu zu Israel kam während seines Erdenwirkens nicht zu einem sichtbaren Ziel. Dennoch blieb sie für die beiden ersten Generationen der Kirche verpflichtende Norm. Das ekklesiologische Grundproblem, das sich für diese stellte, läßt sich (in freier Abwandlung des berühmten Satzes von *A. Loisy* [s.o. I.1.5]) so formulieren: *Jesus wollte Israel sammeln, was jedoch zustande kam, war die Kirche aus Juden und Heiden!* Daß einerseits Israel sich in seiner überwiegenden Mehrheit dem Glauben an Jesus versagte und daß andererseits die Heiden dem Ruf zu Umkehr und Glauben an ihn Folge leisteten, war ein Umstand, der der theologischen Begründung bedurfte. Hier liegt denn auch der eigentliche Ansatzpunkt für die ekklesiologische Reflexion des Urchristentums. Es ist die Frage nach dem Verhältnis der Kirche aus Juden und Heiden zu Israel, um deren Beantwortung je auf ihre Weise sowohl Paulus wie auch Matthäus und Lukas ringen und die selbst noch für den Verfasser des Epheserbriefs eine gewisse Rolle spielt. Bei aller Unterschiedlichkeit ihrer Antworten sind sich diese Autoren darin einig, daß die Kirche in einem unauflöslichen Verhältnis zu Israel steht und daß ihre Berufung zum Heil eine unmittelbare Folge der von Jesus begonnenen Sammlung des Gottesvolkes ist.

2.3 Jesu Zuwendung zu Israel war nicht exklusiv, sondern inklusiv. Nicht einen heiligen Rest, sondern das ganze Volk bis hin zu seinen äußersten Rändern –

---

[4] Vgl. *W. Trilling*, Die Botschaft Jesu, Freiburg 1978, 57ff; *Kühn*, Kirche 143.

den Zöllnern und Sündern – wollte er für Gott und seine Herrschaft sammeln. Zumindest indirekt kamen dabei auch die Heiden in den Blick: das ganz Israel umfassende endzeitliche Heil kann vor den Weltvölkern nicht Halt machen. Diese *inklusivische Perspektive auf die Heiden* eröffnete Jesus vor allem abschließend im Becherwort des letzten Mahles (Mk 14,24), dessen Bedeutung für die nachösterliche Legitimation der Heidenmission außer Frage steht.

2.4 Jesus hat auf das Entstehen einer neuen *Sozialstruktur* im Kreis der von ihm gesammelten Menschen hingewirkt. Das betraf in erster Linie die in die Lebensform der *Nachfolge* berufenen Jünger, läßt sich aber nicht auf sie eingrenzen. Diese Sozialstruktur war bestimmt von der Nähe der Gottesherrschaft. Verzicht auf Macht und Herrschaft, dienendes Dasein für andere und die Bereitschaft, einander in Liebe anzunehmen waren ihre wesentlichen Merkmale. So wurde die Jüngergemeinschaft zur *Kontrastgesellschaft*, die durch ihre Existenz ein werbendes und Hoffnung gebendes Zeichen für die von Gott verheißene heilvolle Veränderung aller Verhältnisse im Zeichen seiner anbrechenden Herrschaft war. Dies erwies sich als ein für das Selbstverständnis der frühen Kirche zentraler Faktor. Naturgemäß blieb es vor allem in stark von einer apokalyptischen Geschichtstheologie bestimmten kirchlichen Gruppen (Johannesoffenbarung) bzw. in Gemeinden, die sich als Minderheiten in feindseliger Umgebung behaupten mußten (Matthäus; 1. Petrusbrief; johanneische Schriften), lebendig. Aber selbst da, wo im Zuge einer Öffnung auf die nichtchristliche Gesellschaft hin das Kontrastbewußtsein in den Hintergrund trat (Pastoralbriefe), blieb als dessen Rest die Einsicht erhalten, daß die christliche Gemeinde der heidnischen Gesellschaft das Zeugnis ihres Verhaltens schuldig sei.

2.5 Ermöglicht wurde diese neue Sozialstruktur der Jesusjünger durch den an sie ergangenen Ruf Jesu bzw. durch die von ihm gewährte Gemeinschaft. Es war *Jesus selbst, der die Gestalt des neuen, von der Nähe der Gottesherrschaft bestimmten Lebens verkörperte*; vor allem aber war er es, der den Zugang zu diesem Leben eröffnete – endgültig und definitiv in der Zuwendung seines Sterbens an die Jüngergemeinschaft im letzten Mahl. Die Gegenwart Jesu bei den ihm zugehörigen Menschen, sein Für-sie-Dasein und Mit-ihnen-Sein, ist von daher eine entscheidende Voraussetzung für die Existenz von Kirche.

3. Die Erfahrungen und Entscheidungen der apostolischen Generation

Welche Marksteine für das Kirchenverständnis hat die apostolische Generation, die durch Paulus und in den indirekt erschlossenen Zeugnissen der frühen nachösterlichen Zeit zu Wort kommt, gesetzt?

3.1 Zunächst ist auf die zentrale *Gewichtung der Eschatologie* zu verweisen. Ohne Zweifel hat das Kirchenbewußtsein seinen Ursprung in der *Erfahrung der Gegenwart des endzeitlichen Gottesgeistes* in der nachösterlichen Jüngergemeinschaft. Diese lernte sich als Mitte und Kristallisationspunkt für jene Erneuerung des Gottesvolkes verstehen, deren Ausgangspunkt die Erhöhung Jesu zu Gott war.

Pfingsten bedeutete keinen Bruch mit Israels bisheriger Geschichte, sondern deren endzeitliche Erfüllung; es war Abschluß und eschatologische Überbietung der bisherigen Bundsetzungen Gottes für sein Volk. So liegen hier Eschatologie und Heilsgeschichte unmittelbar ineinander. Das als gegenwärtig erfahrene Neue wurde als letztes Ziel jenes geschichtsmächtigen Handelns Gottes verstanden, durch das er in der Vergangenheit sein Volk immer wieder berufen, erneuert und zu sich ins Verhältnis gesetzt hatte.

Diese Verbindung von Eschatologie und Heilsgeschichte, wie sie terminologisch in der Selbstbezeichnung *ekklesia Gottes* ihren Niederschlag fand, war wohl auch bestimmend für die sich durchhaltende Einsicht der *wesenhaften Einheit der Kirche*: Wie Israel das eine Volk war, an dem Gott sein geschichtsmächtiges Handeln bezeugte und das Zeichen seiner Herrschaft war, so kann auch das größere Volk, durch das Gott sein auf das Ganze von Welt und Geschichte zielendes endzeitliches Handeln bezeugt und das gegenwärtiges Zeichen seiner neuen Schöpfung ist, nur *eines* sein. Aus dieser Einsicht heraus hat die Kirche der Anfangszeit allen naheliegenden Versuchungen, sich in Analogie zu anderen Kultgemeinschaften ausschließlich in voneinander unabhängigen, jeweils von regionalen und kulturellen Gegebenheiten bestimmten Verbänden zu gestalten, beharrlich widerstanden. Die entscheidende Bewährungsprobe dieser Einheit war das Apostelkonzil. Hier wurde erstmals deutlich, was solche Einheit konstituiert und gewährleistet: nicht organisatorische und strukturelle Gleichheit, sondern das gemeinsame Sich-Unterstellen unter die manifesten Erweise des endzeitlichen Heilshandelns Gottes, von denen die *ekklesia* Gottes lebt.

3.2 Grundlegend war ferner die Entscheidung für die *Heidenmission*. Ein wesentliches, wenn nicht gar das entscheidende Motiv für ihr Zustandekommen wird man in der Neudeutung des universalen Becherwortes Jesu beim letzten Mahl (Mk 14,24), wie sie im Horizont der gegenwärtigen eschatologischen Erfahrung möglich war, zu sehen haben. Die von Jesus als Ertrag seines Sterbens angekündigte Sammlung der „Vielen" erzeigte sich nunmehr als von Gott selbst in Kraft gesetzte endzeitliche Wirklichkeit. In die gleiche Richtung verweist das im Auferstehungsglauben begründete Motiv der Erhöhung Christi zum endzeitlichen Herrn über Welt und Geschichte: Die Universalität der Herrschaft Jesu Christi manifestiert sich zeichenhaft in der durch ihn ermöglichten weltweiten Sammlung eines Volkes für Gott.

3.3 In diesen Zusammenhang gehört auch die *christologische Neuinterpretation der Taufe*. Das nachösterliche Verständnis der Taufe als eines von Gott ausgehenden Geschehens, durch das Menschen dem Bereich der gegenwärtigen endzeitlichen Herrschaft Christi im Geist eingegliedert werden, drängte weiter auf die Erkenntnis der die Beschneidung übergreifenden Wirkung der Taufe. Diese wurde als jenes Handeln Gottes verstanden, durch das Juden und Heiden gleichermaßen in das endzeitliche Volk Gottes, die Kirche, eingegliedert wurden. Sicher wurde die Taufe von Anfang an als ein Geschehen verstanden, durch das der *Einzelne* mit Christus in Verbindung trat, als Akt der personhaften Bindung an ihn und als Einbeziehung in das von ihm gewirkte Heil. Das kommt schon in den formelhaften Wendungen vom Taufen „auf den Namen Christi" bzw. „in seinem Namen" zum Ausdruck. So war die Taufe Weiterführung und Umformung des vorösterlichen Rufes Jesu in seine Jüngerschaft unter den neuen Bedingungen der nachösterlichen Situation. Aber wie dieser Ruf in die Jüngerschaft nicht nur ein persönliches Verhältnis des Berufenen zu Jesus, sondern damit zugleich die Zugehörigkeit zur Gemeinschaft der Jesusjünger begründete, wurde auch die Taufe zum Akt der Eingliederung in die Gemeinschaft der Kirche und damit zum *Initiationsakt*. Der Getaufte wurde der Gemeinschaft jener Menschen „hinzugetan" (Apg 2,41), die bereits als konkrete Sozialgestalt im Bereich des endzeitlichen Heilsgeschehens stand. Zwischen dem Getauften und der Kirche wurde so ein *Verhältnis beiderseitiger Verbindlichkeit* hergestellt. Es ist eben dieses Verständnis der Taufe als nachösterliche Entsprechung zum Ruf Jesu in die Jüngergemeinschaft, das die Voraussetzung dafür bildet, daß drei der vier kanonischen Evangelien – Lukas mit seiner historisierenden Sicht ist die bemerkenswerte Ausnahme – ihr Bild der Kirche weitgehend in den Rahmen der Geschichte der vorösterlichen Jüngergemeinschaft einzeichnen konnten.

3.4 Paulus verknüpft *Ekklesiologie und Christologie* in einer vor ihm unerreichten Dichte. Er beschreibt die Kirche als Gemeinschaft jener Menschen, die durch die Teilhabe an der Gabe des sich selbst „für die Vielen" in den Tod dahingebenden Jesus zusammengeführt werden zu der *koinonia* des einen „Leibes". Die Kirche ist nach Paulus ein lebendiger Organismus, dessen Lebensbezüge durch das ihn konstituierende Christus-Prinzip des dienenden Daseins für andere bestimmt sind. Damit trägt Paulus der konstitutiven Bedeutung des eucharistischen Mahles für die Kirche Rechnung. Sein ekklesiologisches Grundmodell ist die gottesdienstliche Tischgemeinschaft am Tisch des Herrn, die notwendig zugleich Lebensgemeinschaft ist. Seine Konkretion erfährt dieses Grundmodell in der *örtlichen Versammlung*, denn nur in dieser ist dieses Ineinander von eucharistischer Gemeinschaft und Lebensgemeinschaft möglich und erfahrbar. Indem Kirche als *örtliche Versammlung*, d.h. als *Gemeinde* existiert, gewinnt sie die Gestalt des durch die Tischgemeinschaft Jesu geprägten verbindlichen Miteinanders und Füreinanders. Nur dadurch, daß sie *als Gemeinde* lebt, wird die Kirche davor bewahrt, sich als bloße Gesinnungsgemeinschaft religiöser Individuen zu verstehen. Nur so auch kann sie ihre Funktion, gegenüber der sie umgebenden Gesellschaft Zeichen des heilvollen Handelns Gottes mit der Welt zu sein, wahrnehmen. Alle heutigen Versuche, die Gemeinde durch andere, angeblich den sozialen Gegebenheiten der modernen Gesellschaft gemäßere Organisationsformen von Kirche zu ersetzen, haben das entschiedene theologische Veto des Paulus gegen sich![5]

3.5 Indem Paulus so dem Gedanken der *verbindlichen Sozialgestalt* der Kirche scharfes Profil gab, verdeutlichte er: es gehört zu ihrem Wesen, daß sie *sichtbare Kirche* ist. Ihre Sozialgestalt wird der Kirche dadurch aufgeprägt, daß sie zum *Leib Christi* wird, zum lebendigen Organismus, in dem der sich selbst dienend dahinge-

---

[5] Dies gilt etwa im Blick auf die jüngst in einem landeskirchlichen „Positionspapier" vorgetragene Anregung, Spannungen zwischen verschiedenen kirchlichen Gruppen und Richtungen durch die Einrichtung von „Richtungssprengeln" zu beheben, in denen sich je nach Bedarf Charismatiker, sozial- und umweltpolitisch Engagierte oder stärker traditionsbestimmte Christen zusammenfinden könnten. Die Einheit der Kirche wäre damit zwar gewahrt, letzlich aber auf eine bloß fiskalische Einheit eines Kirchensteuerverbandes reduziert.

bende Jesus wirksam und gegenwärtig ist. Und sichtbar ist sie, indem die neue
Schöpfung Gottes, deren Erstling Christus ist, in ihr zeichenhaft und werbend in
Erscheinung tritt. Paulus spricht damit von seinem christologischen Ansatz her nur
das aus, was letztlich die Überzeugung aller neutestamentlichen Schriftsteller war.
Es will beachtet sein, daß er sich an diesem Punkt, bei allen sonstigen theologischen
Unterschieden, eng mit Matthäus berührt. Auch das erste Evangelium betont die
verbindliche Sozialgestalt und damit zugleich die Sichtbarkeit der Kirche: Sie ist die
Jüngergemeinschaft, die in der Nachfolge Jesu und im radikalen Gehorsam gegenüber seinen Geboten lebt und damit für die Welt ein Hoffnung gebendes Zeichen
der Nähe Gottes ist.

3.6 Paulus setzte nun freilich das von der Christologie ausgehende Deutungsmuster der Kirche als „Leib", so stark er es auch gewichtete, nicht absolut, sondern
führte zugleich das traditionelle Deutungsmuster, das die Kirche als endzeitliches
Gottesvolk sah, weiter. Die so entstehende *Bipolarität des Kirchenverständnisses* ist
nicht Ausdruck theologischer Unentschlossenheit oder Inkonsequenz, sondern
verdankt sich der Einsicht, daß das Wesen der Kirche sich aus einer einzigen
Perspektive nicht hinreichend erfassen läßt, vielmehr eine zweidimensionale Betrachtungsweise erfordert. Das Deutungsmuster „Volk Gottes" bringt die *heilsgeschichtliche* und damit auch die *eschatologische* Dimension der Kirche zur Geltung.
Es stellt heraus: die Kirche ist der Ertrag jenes geschichtsmächtigen Handelns, kraft
dessen der Gott Israels sich in der Geschichte *sein Volk erwählt* hat. Sie ist aufgrund
dieses Handelns Gottes in eine bleibende Kontinuität zu Israel gestellt und damit in
der Vergangenheit verwurzelt. Eben dieses Handeln Gottes ist es aber auch, kraft
dessen sie zum Zeichen des Kommenden, der neuen Welt Gottes, geworden ist. Mit
dem Deutungsmuster „Volk Gottes" wird so gleichsam die *geschichtliche Horizontale* des Wesens der Kirche, ihr Bezogensein auf das Ganze von Geschichte und
Welt, zum Ausdruck gebracht. Das christologische Deutungsmuster mit seinen
zentralen Metaphern „Leib" und „Bau" bzw. „Tempel" steht hingegen gleichsam
für die *Vertikale* der im Geist vermittelten Christusgegenwart. Es sagt aus, was die
Kirche als gegenwärtige Wirklichkeit bestimmt und sich in ihrer konkreten Sozialgestalt als *koinonia* sichtbar auswirkt. Indem Paulus beide Deutungsmuster aufnahm und sich – trotz bleibender Spannungen – um ihre Verbindung bemühte, hat
er eine verbindliche Norm gesetzt, an der sich alles weitere Reden und Nachdenken
über die Kirche wird messen lassen müssen.

3.7 Unter den für die erste Generation bedeutsamen Faktoren ist schließlich
auch noch das *Apostelamt* zu nennen. In der spezifischen Ausprägung, die es vor
allem durch Paulus erhielt, wurde es zu dem personalen Bindeglied zwischen
Christus und der Kirche. Der Apostel war Träger und Übermittler der auf die
Sammlung des endzeitlichen Gottesvolkes zielenden Botschaft des Evangeliums.
Zugleich aber war er auch der Gesandte Christi, der in seiner Person die von
Christus, dem Dienenden und sich Hingebenden, bestimmte Existenzform in einer
für das Leben der Kirche normgebenden Weise repräsentierte. Dieses Bild des
Apostels bildete den Ansatz für das Verständnis des gemeindlichen Leitungsdien-
stes, wie es sich vor allem in den paulinischen Gemeinden entwickeln sollte.

4. Probleme und Lösungsansätze der dritten Generation

4.1 Für die dritte christliche Generation ergab sich ein Befund von geradezu verwirrender Vielfalt. Konzeptionen von Kirche wurden sichtbar, die sich nicht nur in der Dichte ihrer Ausarbeitung, sondern vor allem auch hinsichtlich ihres Ansatzes und ihrer Struktur nicht unerheblich voneinander unterscheiden. Angesichts dieses Sachverhalts wird die Frage nach *Kriterien* für die Einordnung und theologische Beurteilung unausweichlich.

4.1.1 Ein zentrales Kriterium, vor allem aus der Sicht evangelischer Theologie, ist die Übereinstimmung mit dem grundlegenden, von der apostolischen Generation gewonnenen Verständnis von Kirche bzw. das Ausmaß der Distanz davon. Wendet man es auf die ekklesiologischen Entwürfe der dritten christlichen Generation an, so ergibt sich als wohl auffälligster Befund, daß kaum einer von ihnen es vermocht hat, die Bipolarität des paulinischen Kirchenverständnisses, die im Nebeneinander der beiden Deutungsmuster „Volk Gottes" und „Leib Christi" ihren Ausdruck findet, aufzunehmen. Dies hat zur Folge, daß die Sicht der Kirche nunmehr die paulinische Mehrdimensionalität und Tiefenschärfe nicht mehr erreicht, ja daß Einseitigkeiten und Defizite auftreten.

So betonen auf der einen Seite Lukas sowie der Kolosser- und Epheserbrief je auf ihre Weise die geschichtlich-heilsgeschichtliche Dimension; sie verstehen die Kirche als das endzeitliche Gottesvolk und als weltweite Größe, aber die christologisch begründete Lebenswirklichkeit der Gemeinde kommt darüber zu kurz. Das extreme Gegenbeispiel dazu liefern die johanneischen Schriften mit ihrem christozentrischen Ansatz, der die geschichtlich-heilsgeschichtliche Dimension von Kirche als Gottesvolk nahezu völlig ausblendet.

4.1.2 Aber dieses Kriterium der Übereinstimmung mit dem Zeugnis der apostolischen Generation reicht nicht aus. Es kann der Tatsache nicht gerecht werden, daß die dritte christliche Generation auch einen weiterführenden Beitrag zur Ekklesiologie geleistet hat. Dieser besteht darin, daß man die zwei entscheidenden Lebensfragen, vor die sich diese Generation gestellt sah, erkannte und im Nachdenken über das, was Kirche sei, zu beantworten suchte: (1.) die Frage nach der *Identität und Kontinuität des Volkes Gottes in der weitergehenden Geschichte* und (2.) die Frage nach dessen *Verhältnis zu Welt und Gesellschaft.* Auch diese Antworten sind selbstverständlich an dem Kriterium ihrer Übereinstimmung mit dem Kirchenverständnis der apostolischen Generation zu messen. Das ergibt sich bereits aus dem Anspruch der Mehrzahl der Schriften der dritten Generation, sachgemäße Entfaltung des apostolischen Zeugnisses zu sein. Besonders hier darf unser Urteil die jeweiligen geschichtlichen Rahmenbedingungen nicht außer acht lassen.

4.2 Die Frage nach ihrer *Identität und Kontinuität* stellte sich für die Kirche im Gefolge der Erfahrung der weitergehenden Geschichte. Angesichts der schwindenden Naherwartung der Parusie erwies sich das Selbstverständnis der Kirche als endzeitlich im Namen Jesu gesammeltes, kraft seiner Existenz auf die kommende Neuschöpfung Gottes zeichenhaft vorausweisendes Gottesvolk wenn nicht als unzureichend, so doch als ergänzungsbedürftig. Die Kirche mußte sich nunmehr Rechenschaft geben über ihr Verhältnis zur Geschichte. Sie mußte angesichts der äußeren Veränderungen, die sie an sich selbst wahrnahm und deren spektakulärste der Übergang in die Heidenwelt war, Klarheit über das gewinnen, was sich von Jesus und der Generation der ersten Zeugen her als für ihre Existenz in der Geschichte grundlegend und bestimmend erwiesen hatte. Zugleich aber mußte sie nach Möglichkeiten suchen, dieses Grundlegende und Bestimmende gegen alle Gefährdungen zu bewahren und es in eine verbindliche Gestalt zu bringen, um so seine bleibende Wirkkraft auch für die Zukunft sicherzustellen. Mit anderen Worten: aus der Erfahrung der Geschichte ergab sich die Aufgabe der *Institutionalisierung*. Diese war notwendig und theologisch legitim. Ansätze, auf die man dabei zurückgreifen konnte, waren bereits in der ersten Generation – vor allem durch Paulus – vorgegeben. Freilich haben sich keineswegs alle neutestamentlichen Zeugen der dritten Generation dieser Aufgabe mit der gleichen Bereitwilligkeit geöffnet.

4.2.1 Was die Begründung der *Identität* der Kirche anlangt, so ist die Tendenz zu einem christologischen Ansatz unverkennbar. Dabei wird das christologische Deutungsmuster des Paulus, das von der gottesdienstlichen Christusgegenwart ausgeht, bezeichnenderweise nicht aufgenommen: Es war in seiner Ausrichtung auf die örtliche Versammlung nicht geeignet, den jetzt im Vordergrund stehenden Aspekt der Kirche als weltweiter geschichtlicher Gesamtgröße zu begründen[6]. Es ist entweder der *lehrende Jesus*, der durch sein Wort die – als Jüngergemeinschaft verstandene – Kirche sammelt (so Matthäus und Johannes); oder es ist der erhöhte Christus, der als *Herrscher über Welt und Geschichte* die Kirche als irdisches Zeichen seiner Herrschaft, der Herrschaft des Gekreuzigten, bestimmt (so die Johannnesoffenbarung und der Kolosserbrief); oder es ist der Christus, der kraft seiner *Menschwerdung* das Wort der Heilsbotschaft bleibend gegenwärtig in der Welt gemacht und die Kirche mit der Verwaltung dieses Wortes beauftragt hat (so die Pastoralbriefe). Eine Extremform dieses christologischen Ansatzes bietet der Epheserbrief, der die Kirche als Erstlingswerk der Schöpfungsmittlerschaft Christi versteht.

Demgegenüber tritt das heilsgeschichtliche Begründungsmodell weitgehend zurück. Lediglich bei Lukas, der die Kirche als Ergebnis des Juden und Heiden gleichermaßen umfassenden Geschichtshandelns Gottes begreifen will, und bei Matthäus, der sie als das nunmehr anstelle des ungehorsamen Israel zum Gehorsam berufene Volk darstellt, nimmt es noch breiten Raum ein. Im Epheserbrief erscheint es allenfalls noch in der Rolle eines untergeordneten Nebenmotivs. Sonst aber verstärkt sich immer mehr die Neigung, die Kirche als einzige legitime Besitzerin des von Israel fälschlich okkupierten Heils darzustellen (1. Petrusbrief; Hebräerbrief) bzw. sie als Heilsgemeinschaft zu zeichnen, durch deren Existenz Israel als Gottesvolk entwirklicht wird (Johannes). Man wird urteilen müssen, daß damit die dritte Generation das für die erste Generation und besonders für Paulus grundlegende ekklesiologische Problem verdrängt hat. Sie hat nicht hinreichend wahrge-

---

[6] Lediglich im Kirchenmodell des Ignatius von Antiochia, das Kirche als die um den Bischof versammelte eucharistische Gemeinde versteht, kommt es, freilich gebrochen, zur Geltung.

nommen, *daß für die Identität der Kirche die Kontinuität zu Israel konstitutiv ist.*
Damit hat sie späteren Generationen eine unerledigte theologische Aufgabe hinterlassen, deren Gewicht wir erst heute ganz zu erkennen vermögen.

Man wird im übrigen auch fragen müssen, ob nicht dieses Zurückdrängen der
heilsgeschichtlichen Perspektive einen Gewichtsverlust der leiblich-eschatologi-
schen Komponente zur Folge hatte. Denn nur wer vom geschichtlichen Heilshandeln Gottes mit seinem Volk in der Vergangenheit zu reden vermag, kann letztlich
den Bezug dieses Volkes auf die kommende leibhafte Heilsvollendung der neuen
Schöpfung Gottes in den Blick bekommen.

4.2.2 Das Thema der *Kontinuität* und ihrer Sicherung hat vor allem in den Paulus
und dem Paulinismus nahestehenden Schriften großes Gewicht erhalten. Das ist
keineswegs überraschend, sondern ergibt sich letztlich als Konsequenz aus der
Bedeutung, die Paulus der engen Zuordnung von *Evangelium* und *Apostel* beimißt.
Es ist der Apostel, der als personhafter, vom Herrn selbst beauftragter Gesandter die
Struktur des Evangeliums aufweist und es so zum Zuge bringt, daß dadurch Kirche
entsteht und gestaltet wird. Diese Funktion des dem Evangelium zugeordneten
personhaften Dienstes wurde nach dem Tode des Apostels in den paulinischen
Gemeinden von den gemeindlichen Leitungsämtern aufgenommen und weiterge-
führt. Die sich am entschiedensten in den Pastoralbriefen abzeichnende Theologie
des Amtes will ein Werkzeug zur Gestaltung kirchlicher Kontinuität schaffen.
Gewiß erweist sie sich in mancher Hinsicht als fragwürdig: Sie gewichtet das
Moment des im Amt institutionalisierten Charismas einseitig auf Kosten des Reich-
tums der freien Charismen aller übrigen Gemeindeglieder und gefährdet damit die
Gestalt der Gemeinde als „Leib Christi"; sie überträgt das patriarchalische Grundmodell der zeitgenössischen Gesellschaft auf die Kirche und stellt damit den
christologisch begründeten Dienstcharakter aller gemeindlichen Funktionen in
Frage; sie schaltet das profetische Element zugunsten der Tradition aus und gibt so
dem freien Wirken des Geistes keinen Raum. Aber trotz solcher Kritik sollte man
nicht übersehen, daß sich im nachpaulinischen Amtsverständnis auch zentrale von
Jesus und der apostolischen Generation vorgeprägte Impulse ausgewirkt haben. So
wird dem Patriarchalismus durch Betonung der Orientierung des Amtsträgers an
der Lebensnorm des dienenden und leidenden Apostels, hinter der letztlich die
Christusnorm steht, gegengesteuert. Vor allem aber die Etablierung des Prinzips
Leitung durch Lehre ist von erheblichem theologischem Gewicht. Denn damit ist
einer autonomen Verselbständigung der gemeindlichen Leitungsfunktionen ein
Riegel vorgeschoben: diese muß sich gegenüber der übergeordneten Norm der
apostolischen Lehre verantworten.

4.2.3 Ungleich schlichter ist das Modell von Kontinuität, das *Matthäus* vertritt
(und das wir ähnlich auch für den Jakobusbrief voraussetzen dürfen). Es ist ganz
stark von jüdischen Denkvoraussetzungen her konzipiert. Was hier Kontinuität
stiftet, ist einerseits das Wort des lehrenden Jesus als abschließende vollmächtige
Auslegung des Gesetzes Gottes, andererseits aber der Gehorsam der Jüngergemeinschaft, die dieses Wort befolgt. Kirche gewinnt Kontinuität, indem sie sich als
Jüngergemeinschaft in radikalem Gehorsam bewährt. Auch dieses Modell kommt

freilich weder ohne Tradition noch ohne Amt aus, denn es setzt ein geordnetes Lehren innerhalb der Jüngergemeinschaft in der Zuständigkeit christlicher Schriftgelehrter voraus. Ermöglicht wird diese Einfachheit durch die direkte Rückbindung an den Lehrer Jesus ohne das Zwischenglied des Apostels sowie durch das Fehlen einer ausgeprägten Theologie der Gemeinde.

4.2.4 Anders verhält es sich in den *johanneischen Schriften*. Wir identifizierten sie als das Werk einer christlichen Gruppe, die in bewußtem und programmatischem Protest gegenüber allen institutionalisierenden Tendenzen existierte. Obwohl Traditionen für sie faktisch eine nicht unerhebliche Bedeutung hatten und es wohl in ihr auch Ansätze einer Ämterbildung gegeben haben mag, waren Tradition und Amt für sie keine Gegenstände theologischer Reflexion. Maßgeblich für sie war allein das freie profetische Zeugnis, durch das der Erhöhte zu den Seinen sprach. Insofern haben wir es hier mit einem dem nachpaulinischen ekklesiologischen Programm diametral entgegengesetzten Konzept zu tun. Bietet dieses eine mögliche, zu Unrecht in der seitherigen Kirchengeschichte verdrängte Alternative, die auf ihre Neuentdeckung durch uns Heutige wartet? So wird zuweilen gefragt. Doch das, was wir über die mutmaßliche Entwicklung der johanneischen Gruppe historisch feststellen können, mahnt eher zu zurückhaltender Skepsis. Vieles spricht dafür, daß diese Gruppe wegen des nicht gelösten Problems der Kontinuität dem Gnostizismus anheimfiel und damit ihre christliche Identität verlor.

4.2.5 Eine noch über die johanneischen Schriften hinausgehende Extremposition wird im *Hebräerbrief* sichtbar. Identität und Kontinuität werden hier ausschließlich dem Wort Gottes beigemessen. Es ist allein dieses Wort, das die Brücke zwischen dem vergangenen Heilshandeln Gottes und der erwarteten Heilszukunft schlägt. Von seiner Nähe lebt das Gottesvolk auf seiner Wanderschaft dieser Zukunft entgegen. Die Frage nach Identität und Kontinuität der Kirche stellt sich hier nicht. Dies hat aber zur Folge, daß die Kirche nicht mehr als der konkrete geschichtliche Ort erkannt werden kann, wo Gottes Heilshandeln gegenwärtig erfahren und bezeugt wird.

4.2.6 Die Antworten auf die Frage nach Identität und Kontinuität fallen also nicht nur unterschiedlich aus; sie sind auch jeweils in sich noch eher tastend und unfertig. Dies legt das Urteil nahe, daß wir es hier mit Beiträgen zu einem innerhalb der dritten Generation noch längst nicht abgeschlossenen Gespräch zu tun haben.

4.3 Gleiches gilt fast noch in verstärktem Maße von den Antworten auf die Frage nach dem *Verhältnis der Kirche zu Welt und Gesellschaft*. Ihre Bandbreite wird durch zwei *Extrempositionen*, deren Unvereinbarkeit auf der Hand liegt, markiert.

4.3.1 Auf der einen Seite steht die *Johannesoffenbarung*, deren Kirchenverständnis aus einer radikalen endgeschichtlichen Christologie herauswächst. Nach ihr ist die Kirche in den Endkampf Christi gegen seine Widersacher, die politisch-gesellschaftlichen Mächte, verwickelt. Als Christus zugehörig und zugleich in der Welt existierend, kann sie gar nicht anders, als deren Feindschaft gegen Christus, den wahren Weltherrscher, durch ihr Zeugnis zu provozieren und diese Feindschaft in passiv-leidendem Widerstand zu ertragen. Nach dieser Sicht steht die Kirche in einem Gegensatz zu Welt und Gesellschaft, der in ihrem Wesen als Herrschaftsbereich Christi gründet und darum innerweltlich nicht überwindbar ist. Das Motiv der *Kontrastgesellschaft* erfährt hier eine letzte Steigerung. Ähnlich, wenn auch weniger radikal, gehen auch der Kolosser- und Epheserbrief von einer Zuordnung der Kirche zur endzeitlichen Herrschaft Christi aus.

4.3.2 Das andere Extrem markieren die *Pastoralbriefe*. Ausgehend von der Voraussetzung der bleibenden Gegenwart des Evangeliums in der Welt seit dem Kommen Jesu Christi sehen sie das Ziel des Zeugnisses der Kirche in der Realisierung des allen Menschen geltenden Heilswillens Gottes. Kirche und Gesellschaft sind hier nicht voneinander geschieden, sondern nach dem Willen Gottes aufeinander bezogen, ja es wird eine grundlegende Bereitschaft der Gesellschaft, sich für die Botschaft der Kirche zu öffnen, erkannt. Dieser Bereitschaft dadurch entgegenzukommen, daß sie sich den Normen und Denkweisen dieser Gesellschaft annähert, wird die Kirche ausdrücklich ermutigt. *Lukas* geht zwar nicht so weit wie die Pastoralbriefe, bewegt sich aber doch in einer gewissen Nähe zu deren Position, wenn er in der Apostelgeschichte die positive Gestaltung des Verhältnisses der Kirche zum Römischen Weltreich und seiner Gesellschaft als erhoffte Möglichkeit andeutet.

4.3.3 Ein Ausgleich des Gegensatzes zwischen diesen beiden Positionen ist unmöglich. Trotzdem gibt es einen allen Zeugnissen der dritten Generation eigenen Zug, der diesen Gegensatz überwölbt: es ist das Vertrauen auf die Wirkung der *werbenden Lebensführung* der christlichen Gemeinde. Die Kirche wirkt durch ihr Verhaltenszeugnis verändernd in die Welt hinein – sei es, um damit die latente Feindschaft der Welt gegen Christus zu provozieren, sei es auch, um dadurch Verständnis für die Heilsbotschaft zu bewirken (so der 1.Petrusbrief) oder die Erfüllbarkeit der ethischen Ideale der Gesellschaft aufzuweisen (so die Pastoralbriefe). Der zentrale Auftrag der Kirche ist es demnach, die *unangepaßte Andersartigkeit* ihrer Lebensweise für die sie umgebende Gesellschaft sichtbar werden zu lassen. Davon, daß sie als vom Dienstauftrag Jesu geprägte Kontrastgesellschaft in der Welt und in der Gesellschaft lebt, ist Veränderung zu erhoffen.

5. Folgerungen

Wir sahen: das engagierte Gespräch, das die dritte christliche Generation über die Kirche führte, hat keinen wirklichen Abschluß gefunden. Es ist nach wie vor offen. Es weiterzuführen ist unsere Aufgabe. Wir können dies, indem wir die ganze Breite heutiger ökumenischer Erfahrung dessen, was Kirche sein kann, einbringen. Der neutestamentliche Befund kann uns dabei, trotz seiner Unabgeschlossenheit, einige hilfreiche Einsichten vermitteln, auf die wir nicht leichthin verzichten sollten. Einige Folgerungen, die sich aus diesen Einsichten ergeben könnten, seien hier nur stichwortartig und ohne Anspruch auf Vollständigkeit als Anregungen zum Weiterdenken angedeutet.

Ganz obenan sollte die Folgerung stehen, daß wir, statt institutionelle Momente leichthin als geistfern abzuqualifizieren, uns um institutionelle Formen bemühen, die dem Wirken des Geistes nicht widersprechen. Denn nur so kann vermieden werden, daß „die Institution Kirche eine tote Hülse und der Geist eine weltflüchtige Spiritualität" werden[7].

Nicht minder wichtig sollte die Folgerung sein, daß wir statt auf Präsenz und Mitsprache der Kirche in allen Bereichen der bestehenden Gesellschaft zu dringen, die der Kirche wesenhafte Sozialgestalt einer vom dienenden Dasein für andere und von gegenseitiger Annahme geprägten Gemeinschaft in klaren Konturen hervortreten zu lassen, um so der Gesellschaft jenes Zeichen zu geben, das Hoffnung auf Gottes Zukunft eröffnet und dadurch Veränderung in der Gegenwart ermöglicht. Konkret könnte dies unter anderem bedeuten, daß wir statt das kirchliche Funktionärstum durch die Schaffung immer neuer Spezialfunktionen zu fördern, mehr als bisher über Möglichkeiten personaler Identifikation von Amtsträgern mit dem Evangelium nachdenken und daß wir, statt die Taufe unter dem Druck volkskirchlicher Erwartungen zu einen bloßen Akt individuellen Segenszuspruchs zurückzunehmen, ihren Bezug auf Glauben und Leben der Kirche wieder stärker zur Geltung bringen.

Eine ernsthafte Herausforderung für die Kirche stellt das im Neuen Testament nicht abschließend gelöste Problem ihres Verhältnisses zum Judentum dar. Statt die sich daraus ergebenden latenten Antijudaismen unreflektiert fortzuschreiben, sollte sie eine Neuorientierung in ihrem Verhältnis zum Judentum als theologische und geschichtliche Notwendigkeit erkennen.

Für die heute im ökumenischen Horizont lebenden Kirchen wird es schließlich wichtig sein, daß sie statt in selbstgenügsamer Isolation verharren, Konsequenzen aus der wesenhaften Einheit des Volkes Gottes ziehen und daß sie, statt sich gegenüber einer unsicher erscheinenden Zukunft durch die ängstliche Wahrung ihres gegebenen konfessionellen und kulturellen Besitzstandes abzusichern, im Vertrauen auf die Gegenwart des Heiligen Geistes den Aufbruch zu jenem Neuen wagen, das ihnen als Werk des Geistes zugesagt ist.

---

[7] *Luz*, Charisma 94.

Stellenregister

Altes Testament

Neues Testament

Jüdische Schriften (außerhalb der Bibel)

Apostolische Väter und altkirchliches Schrifttum

Stichwortregister

(von Markus Müller und Reinhard Sels)